메가스터디 N제

사회탐구영역 사회·문화

430제

구성과 특징 STRUCTURE

⊘ 2015 개정 교육과정이 적용된 **수능, 평가원, 교육청의 출제 경향에 맞추어 새로운 문항을 개**발했습니다.

⊘ 교육과정과 기출 분석을 토대로 **아이템별로 수능 유형 자료를 수록**하였습니다.

⊘ **한 권으로 수능 대비를 완성**할 수 있도록 교과서 핵심 개념 분석, 수능 유형 자료, 기출 문제, 수능 예상 문제까지 단계별 구성을 하였습니다.

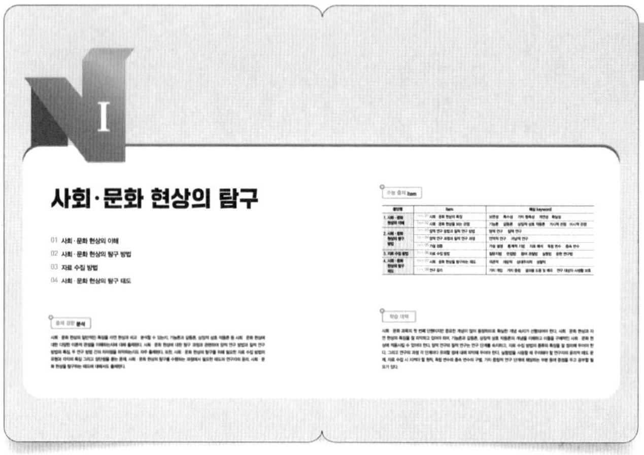

STEP 1 수능 출제 item 한눈에 보기

출제 경향 분석 및 수능 출제 item

최근 수능 출제 경향을 분석하여 대단원별로 살펴볼 수 있도록 하였으며, item별로 수능 출제 핵심 Keyword를 정리하여 한 눈에 파악할 수 있도록 하였습니다.

수능 고득점을 위한 학습 대책

출제 경향을 근거로 수능 고득점을 위한 학습 대책을 제시하였습니다.

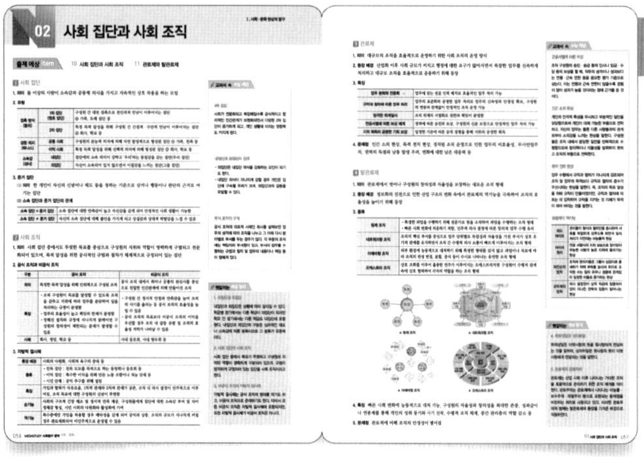

STEP 2 교과서 개념 정리하기

자세한 개념 정리

중단원별로 교과서의 핵심 내용을 정리하여 수록하였습니다. 핵심 개념을 학습하기 쉽도록 요약식·도표식으로 정리하였습니다.

교과서 속 수능 개념

수능에 출제될 확률이 높은 교과서의 내용 및 자료를 제시하여 연계 출제 문제에 대비할 수 있도록 하였습니다.

헷갈리는 개념 정리

수능에 자주 출제되는 개념 중 혼돈하기 쉬운 개념을 명확하게 이해할 수 있도록 공통점, 차이점, 특징을 비교하여 제시하였습니다.

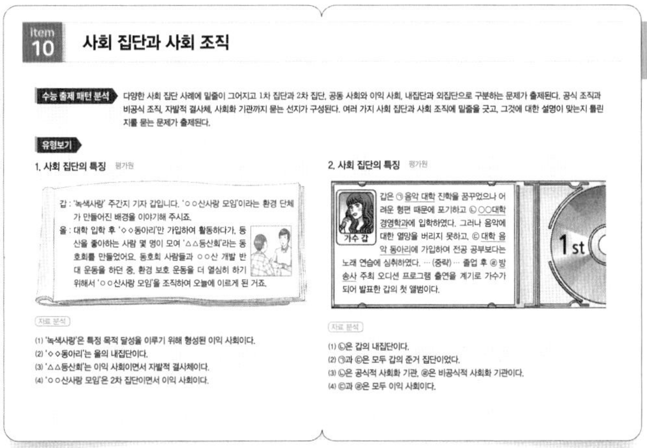

STEP 3 아이템별 유형 자료 보기

수능 출제 패턴 분석
item별로 수능에서 출제되는 패턴을 분석하여 수능 출제 경향을 확인할 수 있도록 하였습니다.

유형 보기
교과서와 기출 문제를 토대로 수능 출제 item을 대표적으로 보여 줄 수 있는 자료를 제시하여 알기 쉽게 설명하였습니다.

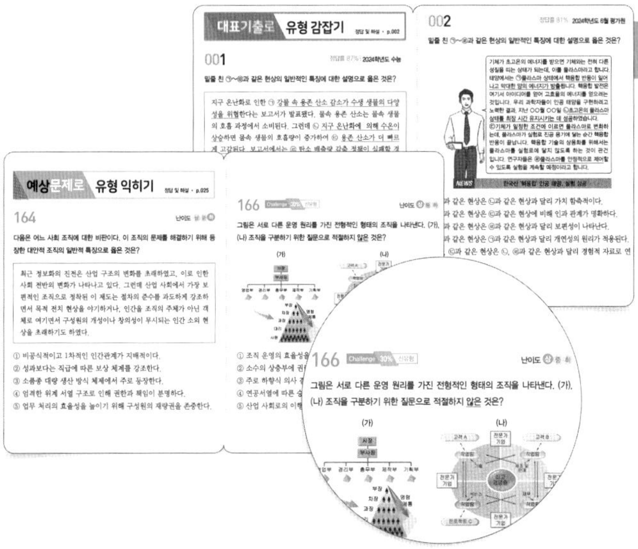

STEP 4 수능 유형 마스터하기

대표 기출 문제로 유형 감잡기
item별로 문제 유형을 파악하기 쉽도록 기출 문제를 유형별, 자료별, 난이도별로 분석하여 대표 기출 문제를 선별 수록하였습니다. 정답률을 따로 표시하였습니다.

예상 문제로 유형 익히기
item별로 익힌 주요 학습 내용을 다양한 유형 문제로 제시하여 수능에 출제될 수 있는 출제 예상 문제를 확인할 수 있도록 하였습니다.

Challenge 30% 도전 문제
기출 문제 분석을 토대로 예측, 선별된 고난도, 신유형 문항을 Challenge 30% 문항으로 개발 수록하였습니다.

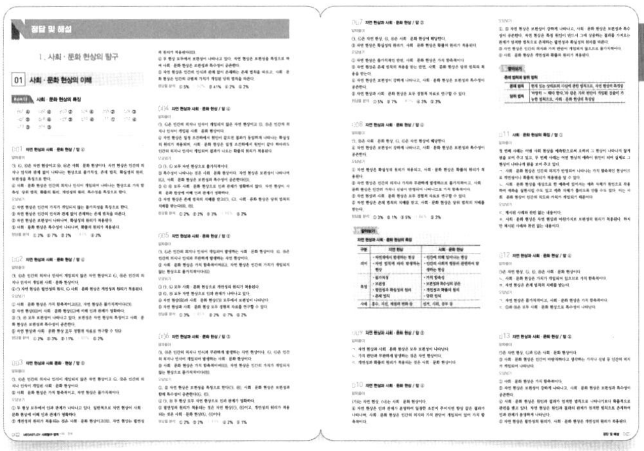

STEP 5 정답 및 해설

알짜풀이와 오답넘기
충실한 해설과 틀린 문제에 대한 상세한 해설을 수록하여 틀린 이유를 확인하고 점검할 수 있도록 하였습니다.

더 알아보기
이 문제 유형과 관련하여 꼭 알아 두어야 할 핵심 개념과 학습 자료를 수록하여 개념에 대한 정확한 이해를 할 수 있도록 하였습니다.

이 책의 차례

I 사회 · 문화 현상의 탐구

II 개인과 사회 구조

I

사회·문화 현상의 탐구

출제 경향 분석

사회 · 문화 현상의 일반적인 특징을 자연 현상과 비교 · 분석할 수 있는지, 기능론과 갈등론, 상징적 상호 작용론 등 사회 · 문화 현상에 대한 다양한 이론적 관점을 이해하는지에 대해 출제된다. 사회 · 문화 현상에 대한 탐구 과정과 관련하여 양적 연구 방법과 질적 연구 방법의 특징, 두 연구 방법 간의 차이점을 파악하는지도 자주 출제된다. 또한, 사회 · 문화 현상의 탐구를 위해 필요한 자료 수집 방법의 유형과 각각의 특징 그리고 장단점을 묻는 문제, 사회 · 문화 현상의 탐구를 수행하는 과정에서 필요한 태도와 연구자의 윤리, 사회 · 문화 현상을 탐구하는 태도에 대해서도 출제된다.

수능 출제 item

중단원	item	핵심 keyword
1. 사회 · 문화 현상의 이해	item 01 사회 · 문화 현상의 특징	보편성 특수성 가치 함축성 개연성 확실성
	item 02 사회 · 문화 현상을 보는 관점	기능론 갈등론 상징적 상호 작용론 거시적 관점 미시적 관점
2. 사회 · 문화 현상의 탐구 방법	item 03 양적 연구 방법과 질적 연구 방법	양적 연구 질적 연구
	item 04 양적 연구 과정과 질적 연구 과정	연역적 연구 귀납적 연구
	item 05 가설 검증	가설 설정 통계적 기법 자료 해석 독립 변수 종속 변수
3. 자료 수집 방법	item 06 자료 수집 방법	질문지법 면접법 참여 관찰법 실험법 문헌 연구법
4. 사회 · 문화 현상의 탐구 태도	item 07 사회 · 문화 현상을 탐구하는 태도	객관적 개방적 상대주의적 성찰적
	item 08 연구 윤리	가치 개입 가치 중립 결과물 도용 및 왜곡 연구 대상자 사생활 보호

학습 대책

사회 · 문화 과목의 첫 번째 단원이지만 중요한 개념이 많이 등장하므로 확실한 개념 숙지가 선행되어야 한다. 사회 · 문화 현상과 자연 현상의 특징을 잘 파악하고 있어야 하며, 기능론과 갈등론, 상징적 상호 작용론의 개념을 이해하고 이들을 구체적인 사회 · 문화 현상에 적용시킬 수 있어야 한다. 양적 연구와 질적 연구는 연구 단계를 숙지하고, 자료 수집 방법의 종류와 특징을 잘 정리해 두어야 한다. 그리고 연구의 과정 각 단계마다 유의할 점에 대해 파악해 두어야 한다. 실험법을 사용할 때 주의해야 할 연구자의 윤리적 태도 문제, 자료 수집 시 지켜야 할 원칙, 독립 변수와 종속 변수의 구별, 가치 중립적 연구 단계에 해당하는 부분 등에 중점을 두고 공부할 필요가 있다.

01 사회 · 문화 현상의 이해

출제 예상 item 01 사회 · 문화 현상의 특징 02 사회 · 문화 현상을 보는 관점

1 사회 · 문화 현상과 자연 현상

1. 사회 · 문화 현상 인간의 의지와 행동에 따라 인위적으로 나타나는 현상 예 선거, 결혼, 생산 활동 등

가치 함축적	인간의 의지와 가치 판단, 신념 등이 개입되어 있음
당위(當爲) 법칙	'마땅히 ~해야 한다.', '그러하지 말아야 한다.'와 같이 사회의 규범적 요구가 반영됨
개연성과 확률의 원리	원인과 결과가 엄격한 법칙으로 대응하기보다는 확률적으로 관련을 맺고 있어 예외적인 현상이 나타날 수 있음
보편성과 특수성	보편성이 존재하며, 사람들이 추구하는 가치가 시대와 사회에 따라 다르기 때문에 시간적 · 공간적 특수성을 가짐

2. 자연 현상 인간의 의도와 상관없이 자연의 원리에 따라 발생하는 현상 예 가뭄, 태풍, 지진 등

몰(沒)가치적	인간의 의지나 가치와는 상관없이 자연계의 원리에 의해 발생하는 현상임
존재 법칙	인간의 인식 여부와 상관없이 사실 그대로 존재하는 현상임
필연성과 확실성의 원리	특정 원인이 반드시 그에 상응하는 결과를 가져오는 관계가 엄격한 법칙으로 존재하며, 예외가 없음
보편성	시간과 공간이 달라도 조건이 같으면 동일한 현상이 나타남

2 사회 · 문화 현상을 보는 관점

1. 거시적 관점과 미시적 관점

거시적 관점	• 사회 제도나 구조에 초점을 두고 사회라는 큰 체제 속에서 사회 · 문화 현상을 파악함 • 기능론, 갈등론이 이에 해당함
미시적 관점	• 사회적 행위자인 구성원 간의 상호 작용에 초점을 맞추어 사회 · 문화 현상을 파악함 • 상징적 상호 작용론이 이에 해당함

2. 기능론, 갈등론, 상징적 상호 작용론

기능론	• 사회가 마치 살아 있는 유기체처럼 항상 조화와 균형을 이루고 있다고 봄 • 각 집단과 조직, 제도 등은 사회의 유지와 존속에 필요한 기능을 수행하고 서로 밀접하게 관련되어 있다고 봄 • 사회 갈등과 불안정은 일시적인 현상으로, 사회는 항상 균형 상태로 회복하려는 경향이 있다고 봄 • 혁명과 같은 급격한 사회 변동을 설명하는 데 한계가 있음 • 변화에 부정적인 보수주의적 관점이라는 비판을 받음
갈등론	• 사회에는 희소한 재화나 권력의 배분을 둘러싸고 집단 간의 갈등이 끊임없이 존재한다고 봄 • 투쟁에서 승리한 집단은 교육이나 물리적인 힘을 통해 지배 관계와 기득권을 유지하려 하고, 피지배 집단은 이에 저항하기 때문에 갈등이 사라지지 않는다고 봄 • 갈등과 대립은 사회 변동을 위해 필연적으로 존재한다고 봄 • 사회적 합의를 경시한다는 한계가 있음 • 사회의 각 구성 요소가 합리적인 조정을 통해 잘 유지되는 상황을 설명하는 데 한계가 있음
상징적 상호 작용론	• 인간이 다른 사람들과 끊임없이 접촉하고 상호 작용하는 가운데 발생하는 일상적인 현상에 초점을 두고 그러한 현상을 만들어 내는 인간의 주관적인 동기와 의미를 중시함 • 모든 사회 · 문화 현상은 인간과 인간이 일상생활의 상징 행위를 통해 상호 작용을 한 결과 발생한 주관적인 의미가 담긴 현상이라고 봄 • 사회 행위자에 영향을 미치는 사회 구조적 측면을 간과한다는 한계가 있음

교과서 속 수능 개념

개연성

일정한 조건 아래에서 어떤 현상이 일어날 가능성이 있다는 의미로, 어느 정도의 원인과 결과는 존재하지만 확실하지 않은 사회 · 문화 현상의 특징과 관련 있다. 자연 현상의 필연성과 대비되는 개념이다.

자연 현상의 몰(沒)가치성

몰가치성은 인간의 사물에 대한 평가 기준인 가치가 포함되어 있지 않다는 것을 의미한다.

상징 행위

인간의 행위나 언어에 담긴 특정한 의미를 말한다. 사회에서는 이러한 부분이 일정 부분 서로 공유된다고 보기 때문에 개인 간의 상징을 통해 상호 작용을 분석할 수 있다.

헷갈리는 개념 정리

1. 보편성과 특수성

자연 현상은 시간과 장소를 불문하고 동일한 조건하에 동일한 현상이 발생하지만, 사회 · 문화 현상은 시대와 사회에 따라 다르게 나타난다. 그러나 의식주, 혼인, 가족 제도 등과 같이 사회 · 문화 현상 역시 보편성이 나타날 수 있다.

2. 거시적 관점과 미시적 관점

거시적 관점은 사회 · 문화 현상을 사회 전체와의 관련 속에서 폭넓게 탐구하는 관점을 말하며, 미시적 관점은 세밀하면서 자세하게 대상을 관찰하는 것을 말한다. 거시적 관점이 나무보다 숲을 보려 하는 것이라면, 미시적 관점은 나무를 중심으로 살펴보는 것이라고 비유할 수 있다.

item 01

사회 · 문화 현상의 특징

수능 출제 패턴 분석 밑줄 친 현상이 사회 · 문화 현상인지, 자연 현상인지를 구분하고 그 특징으로 옳은 것을 고르는 문제가 출제된다.

유형보기

1. 자연 현상과 사회 · 문화 현상의 특징 비교 수능

○○연구팀은 ㉠ 평균 기온이 2℃ 오르면 범죄는 15 %, 집단 분쟁은 50 % 이상 증가한다는 연구 결과를 발표하면서, ㉡ "급격한 기온 상승이 농작물의 생육을 저해하고, 이로 인해 경제가 어려워져 개인이나 집단 간에 갈등이 증가하면서 분쟁이 늘어난다."라고 설명하였다. 이에 대해 □□연구팀은 "폭염으로 인한 스트레스와 긴장 때문일 수도 있다. ㉢ 인간 신체는 과도한 열에 반응하여 스트레스 호르몬을 생성하는데 이 호르몬의 활동은 공격성과 연결되어 있다."라고 주장하였다.

(자료 분석)

(1) ㉠은 자연 현상의 영향을 받은 사회 · 문화 현상이다.
(2) ㉡과 ㉢은 인간의 의지와 상관없이 발생한 자연 현상이다.
(3) 사회 · 문화 현상은 인간의 의지가 작용하고 가변적이기 때문에 인과 관계가 불분명하여 자연 현상과 다르게 예외가 존재한다. 따라서 사회 · 문화 현상은 확률의 원리, 자연 현상은 확실성의 원리를 따른다.
(4) 자연 현상은 보편성이 강하게 나타나고, 사회 · 문화 현상은 보편성과 특수성이 공존한다.

2. 사회 · 문화 현상의 특징 평가원

- 갑국에서 1960년대 집전화는 부의 상징이었으나 1980년대에는 필수품이 되었다. 2000년대에는 인터넷 전화와 휴대 전화의 발달로 인해 집전화는 보완적 통신 매체의 역할을 수행하고 있다.
- 을국에서 도시화 초기에 아파트는 빈민촌의 전형적인 주거 형태였으나 점차 중산층의 보편적인 주거지가 되었다. 최근에는 아파트 가격의 폭등과 함께 아파트가 상류층의 부를 과시하는 수단이 되었다.

(자료 분석)

(1) 갑국에서는 집전화와 관련된 사회 · 문화 현상이 시대와 인터넷 전화 및 휴대 전화의 발달이라는 사회적 상황에 따라, 을국에서는 아파트와 관련된 사회 · 문화 현상이 시대와 아파트 가격의 폭등이라는 사회적 상황에 따라 변동하고 있음이 나타나 있다.
(2) 두 사례에서 공통적으로 도출할 수 있는 사회 · 문화 현상의 특징은 사회 · 문화 현상에는 사회적 상황과 시대에 따라 변화하는 특성이 나타난다는 점이다.

대표기출로 유형 감잡기

정답 및 해설 • p.002

001

정답률 87% | 2024학년도 수능

밑줄 친 ㉠~㉤과 같은 현상의 일반적인 특징에 대한 설명으로 옳은 것은?

> 지구 온난화로 인한 ㉠ 강물 속 용존 산소 감소가 수생 생물의 다양성을 위협한다는 보고서가 발표됐다. 물속 용존 산소는 물속 생물의 호흡 과정에서 소비된다. 그런데 ㉡ 지구 온난화에 의해 수온이 상승하면 물속 생물의 호흡량이 증가하여 ㉢ 용존 산소가 더 빠르게 고갈된다. 보고서에서는 ㉣ 탄소 배출량 감축 정책이 실패할 경우 얕은 강에서 특정 어종이 사라질 정도로 수(水) 생태계의 ㉤ 생물 다양성이 훼손될 것으로 예측했다.

① ㉠과 같은 현상은 가치 함축적이다.
② ㉡과 같은 현상은 당위 법칙을 따른다.
③ ㉢과 같은 현상은 보편성보다 특수성이 강하게 나타난다.
④ ㉣과 같은 현상은 개연성의 원리가 적용된다.
⑤ ㉤과 같은 현상은 확실성의 원리가 적용된다.

002

정답률 81% | 2024학년도 6월 평가원

밑줄 친 ㉠~㉣과 같은 현상의 일반적인 특징에 대한 설명으로 옳은 것은?

기체가 초고온의 에너지를 받으면 기체와는 전혀 다른 성질을 띠는 상태가 되는데, 이를 플라스마라고 합니다. 태양에서는 ㉠플라스마 상태에서 핵융합 반응이 일어나고 막대한 양의 에너지가 방출됩니다. 핵융합 발전은 여기서 아이디어를 얻어 고효율의 에너지를 얻으려는 것입니다. 우리 과학자들이 인공 태양을 구현하려고 노력한 결과, 지난 ○○월 ○○일 ㉡초고온의 플라스마 상태를 최장 시간 유지시키는 데 성공하였습니다. ㉢기체가 일정한 조건에 이르면 플라스마로 변화하는데, 플라스마가 실험로 진공 용기에 닿는 순간 핵융합 반응이 끝납니다. 핵융합 기술의 상용화를 위해서는 플라스마를 실험로에 닿지 않도록 하는 것이 관건입니다. 연구자들은 ㉣플라스마를 안정적으로 제어할 수 있도록 실험을 계속할 예정이라고 합니다.

NEWS 한국산 '핵융합' 인공 태양, 실험 성공

① ㉠과 같은 현상은 ㉡과 같은 현상과 달리 가치 함축적이다.
② ㉡과 같은 현상은 ㉢과 같은 현상에 비해 인과 관계가 명확하다.
③ ㉢과 같은 현상은 ㉣과 같은 현상과 달리 보편성이 나타난다.
④ ㉣과 같은 현상은 ㉠과 같은 현상과 달리 개연성의 원리가 적용된다.
⑤ ㉠, ㉢과 같은 현상은 ㉡, ㉣과 같은 현상과 달리 경험적 자료로 연구할 수 있다.

003

정답률 50% | 2023학년도 수능

밑줄 친 ㉠~㉣과 같은 현상의 일반적인 특징에 대한 설명으로 옳은 것은?

우리 몸에 있는 대부분의 미생물은 면역계 유지에 필요하다. ㉠ 미생물은 적당한 습기와 충분한 먹이가 있는 환경을 선호하여 대장에 많이 서식한다. 대장 내 미생물 중 유익균은 식이 섬유에서 영양분을 얻고, 이를 분해할 때 면역 세포를 안정시키는 물질을 만든다. 그런데 식생활에서 가공 식품과 ㉡ 정제된 탄수화물 섭취 비중이 증가하고 유익균이 줄게 되면서 대장 내 미생물 분포가 달라졌다. 뇌와 장은 내분비계, 신경계 등을 통해 신호를 주고받는데, 미생물 분포 변화로 장내 면역 체계에 이상이 생기면 뇌 질환 발생 가능성이 높아진다. 뇌 질환자 상당수가 장 질환을 앓고 있으며, 일상에서 ㉢ 과도한 스트레스를 받으면 장에 탈이 나는 것을 볼 수 있다. 따라서 장 건강을 위해서는 채식 위주의 식단을 유지하고, ㉣ 장내 미생물을 무차별적으로 죽이는 항생제를 남용하지 않아야 한다.

① ㉠과 같은 현상은 ㉡과 같은 현상과 달리 인과 관계가 나타난다.
② ㉡과 같은 현상은 ㉢과 같은 현상과 달리 가치 함축적이다.
③ ㉢과 같은 현상은 ㉣과 같은 현상과 달리 개연성의 원리가 적용된다.
④ ㉣과 같은 현상은 ㉠과 같은 현상과 달리 보편성이 나타난다.
⑤ ㉠, ㉡과 같은 현상은 ㉢, ㉣과 같은 현상과 달리 존재 법칙의 지배를 받는다.

004

정답률 90% | 2023학년도 9월 평가원

밑줄 친 ㉠~㉣과 같은 현상의 일반적인 특징에 대한 설명으로 옳은 것은?

최근 ㉠ 일부 약제의 부작용이 남성에 비해 여성에게 더 많이 발생한다는 연구가 보고되었다. 이 연구에 따르면, ㉡ 약의 효능에 영향을 주는 특정 단백질이 여성에게 부족한 것이 원인이라고 한다. 이에 대해 관련 분야의 일부 전문가들은 신약 개발 과정에서 ㉢ 남녀 신체의 생물학적 차이를 무시하고, 관행적으로 ㉣ 남성의 신체를 연구의 표준으로 간주하여 임상 실험을 해 온 것이 문제라고 지적하고 있다.

① ㉠과 같은 현상은 ㉡과 같은 현상과 달리 몰가치적이다.
② ㉡과 같은 현상은 ㉢과 같은 현상과 달리 특수성이 나타난다.
③ ㉢과 같은 현상은 ㉣과 같은 현상과 달리 인과 관계가 명확하다.
④ ㉠, ㉡과 같은 현상은 ㉢, ㉣과 같은 현상과 달리 확실성의 원리가 적용된다.
⑤ ㉡, ㉢과 같은 현상은 ㉠, ㉣과 같은 현상과 달리 존재 법칙의 지배를 받는다.

005

정답률 85% | 2023학년도 6월 평가원

밑줄 친 ㉠~㉣과 같은 현상의 일반적인 특징에 대한 설명으로 옳은 것은?

인상파 화가인 모네(C. Monet)는 빛에 의해 끊임없이 변화하는 나무와 꽃의 색깔, ㉠ 햇빛과 물빛의 조화를 담은 작품을 창작했다. 모네의 작품에 나타난 ㉡ 색채와 표현 방식의 변화는 그가 백내장에 걸렸음을 알 수 있는 실마리가 된다. 백내장에 걸리면 ㉢ 눈에서 렌즈 역할을 하는 수정체가 혼탁해져 사물이 흐리게 보이고, 더 진행되면 수정체가 노랗게 변한다. 이 경우 수정체에서 노란색의 보색인 남색 등은 차단되고, ㉣ 상대적으로 파장이 긴 노란색과 붉은색은 통과한다. 실제로 모네의 작품은 후기로 갈수록 노란색과 붉은색 계통이 주를 이루고 사물의 선과 면의 경계가 불분명한 특징이 나타난다.

① ㉠과 같은 현상은 ㉡과 같은 현상과 달리 개연성의 원리가 적용된다.
② ㉡과 같은 현상은 ㉢과 같은 현상과 달리 가치 함축적이다.
③ ㉢과 같은 현상은 ㉣과 같은 현상과 달리 인과 관계가 나타난다.
④ ㉣과 같은 현상은 ㉠과 같은 현상과 달리 보편성이 나타난다.
⑤ ㉢, ㉣과 같은 현상은 ㉠, ㉡과 같은 현상과 달리 경험적 자료로 연구할 수 있다.

006

정답률 93% | 2022학년도 수능

밑줄 친 ㉠~㉣과 같은 현상의 일반적인 특징에 대한 설명으로 옳은 것은?

비가 오지 않는 지역으로 유명한 ㉠ 아라비아반도 남부 지역에 열대성 저기압이 상륙해 하루 만에 300 mm가 넘는 비를 뿌렸다. 세계 기상 기구(WMO)는 이처럼 ㉡ 유례없는 강수량이 집중되는 현상은 앞으로 더 빈번해질 것이라고 경고했다. 문제는 지구 온난화로 인한 이상 기후 현상을 대비할 수 있는 국가 차원의 ㉢ 기상 데이터와 예보 시스템을 보유하지 못한 나라들이 너무 많다는 것이다. 이러한 나라들은 ㉣ 강수 패턴과 농업이 가능한 계절의 변화 때문에 앞으로 식량 안보 위기에 처할 것이다.

① ㉠과 같은 현상은 ㉡과 같은 현상에 비해 특수성이 강하다.
② ㉡과 같은 현상은 ㉢과 같은 현상과 달리 보편성이 나타난다.
③ ㉢과 같은 현상은 ㉣과 같은 현상과 달리 가치 함축적이다.
④ ㉣과 같은 현상은 ㉠과 같은 현상과 달리 인과 관계가 분명하다.
⑤ ㉠, ㉢과 같은 현상은 필연성의 원리가, ㉡, ㉣과 같은 현상은 개연성의 원리가 적용된다.

007

정답률 80% | 2018학년도 6월 평가원

밑줄 친 ㉠~㉣과 같은 현상의 일반적인 특징을 고려하여 자신에게 주어진 질문에 모두 옳게 응답한 학생은?

최근 도심에 ㉠ 새끼 멧돼지가 먹이를 찾아 자주 출몰하고 있습니다. 이에 대한 원인과 대책을 설명해 주시기 바랍니다.
그 이유는 어미 멧돼지가 ㉡ 데리고 있던 새끼를 독립시키는 시기인데다, ㉢ 사람들의 주거지 개발로 서식지가 파괴되어 먹이가 부족해졌기 때문입니다. 이를 막으려면 ㉣ 야생 동물의 서식지를 보존하려는 노력이 필요합니다.
앵커
기자

학생	질문	응답			
		㉠	㉡	㉢	㉣
갑	몰가치적 현상인가?	×	○	○	×
을	당위 법칙의 적용을 받는가?	○	×	○	○
병	확실성의 원리가 적용되는가?	○	○	×	×
정	보편성과 특수성이 공존하는가?	○	×	×	×
무	경험적 자료에 의해 연구할 수 있는가?	○	○	×	×

(○ : 예, × : 아니요)

① 갑 ② 을 ③ 병 ④ 정 ⑤ 무

008

정답률 86% | 2020학년도 6월 평가원

밑줄 친 ㉠~㉣과 같은 현상의 일반적인 특징에 대한 설명으로 옳은 것은?

> ㉠ 초미세먼지 주의보가 연일 발령되고 있습니다. 초미세먼지 농도가 짙어지면 ㉡ 빛이 여러 방향으로 흩어지거나 먼지에 흡수돼 가시거리가 감소합니다. 이 현상은 습도가 높을수록 더욱 심해지는데, 그 이유는 ㉢ 대기 중 오염 물질이 수분을 흡수해 미세먼지가 증가하기 때문입니다. 운전자들은 가시거리를 감안해 ㉣ 차간 거리를 넉넉하게 유지하고 속도를 줄여 운전하는 것이 필요합니다.
>
> * 가시거리 : 사람의 눈으로 구분할 수 있는 곳까지의 최대 거리

① ㉠과 같은 현상은 ㉢과 같은 현상과 달리 확실성의 원리가 적용된다.
② ㉡과 같은 현상은 ㉣과 같은 현상과 달리 인간의 가치가 반영되어 나타난다.
③ ㉢과 같은 현상은 ㉣과 같은 현상과 달리 경험적 자료로 연구할 수 있다.
④ ㉠과 같은 현상은 ㉡, ㉢과 같은 현상과 달리 보편성과 특수성이 공존한다.
⑤ ㉢과 같은 현상은 ㉡, ㉣과 같은 현상과 달리 존재 법칙의 지배를 받는다.

예상문제로 유형 익히기

정답 및 해설 • p.002

009

Challenge 30% 신유형 — 난이도 상 **중** 하

표는 자연 현상과 사회 · 문화 현상을 구분한 것이다. (가)~(다)에 들어갈 적절한 질문만을 〈보기〉에서 고른 것은?

구분 \ 질문	(가)	(나)	(다)
자연 현상	예	아니요	예
사회 · 문화 현상	아니요	예	예

〈보기〉
ㄱ. 보편성이 나타나는가?
ㄴ. 가치 판단과 무관하게 발생하는가?
ㄷ. 개연성과 확률의 원리가 적용되는가?

	(가)	(나)	(다)
①	ㄱ	ㄴ	ㄷ
②	ㄴ	ㄱ	ㄷ
③	ㄴ	ㄷ	ㄱ
④	ㄷ	ㄱ	ㄴ
⑤	ㄷ	ㄴ	ㄱ

010

Challenge 30% 신유형 — 난이도 **상** 중 하

다음은 (가), (나) 현상의 특징을 비교한 것이다. A, B에 들어갈 내용으로 옳은 것은?

> (가) 물이 가열되어 100℃가 되면 끓어서 기체로 변화한다.
> (나) 정부가 통화량을 증가시키면 물가가 상승할 확률이 높다.

특징 \ 현상	(가)	(나)
A	강함	약함
B	없음	있음

	A	B
①	특수성	필연성
②	보편성	확실성
③	보편성	몰가치성
④	인과 관계	가치 함축성
⑤	확률의 원리	개연성

011

난이도 상 중 하

다음 사례를 통해 알 수 있는 사회 · 문화 현상의 특징만을 〈보기〉에서 고른 것은?

> • 경기 침체가 예상되어 정부는 재정 정책과 통화량 증대 정책을 추진하게 되었고 이후의 경제는 기존의 예상보다 훨씬 호전된 상태가 되었다.
> • 연말에 주식 시장의 폭락을 예상하는 경제 전문가의 발표를 담은 신문 기사가 나가자 사람들은 앞다투어 주식을 팔기 시작했고 전문가의 예상보다 앞서 주식 시장은 폭락 사태를 맞이하였다.

〈보기〉

ㄱ. 사회 · 문화 현상은 개연성과 확률의 원리가 적용된다.
ㄴ. 인간의 예측으로 인해 사회 · 문화 현상은 변모될 수 있다.
ㄷ. 사회 · 문화 현상은 연구자의 가치에 따라 연구 결과가 달라진다.
ㄹ. 자연 현상과 달리 사회 · 문화 현상은 보편성의 원리가 적용되지 않는다.

① ㄱ, ㄴ ② ㄱ, ㄷ ③ ㄴ, ㄷ
④ ㄴ, ㄹ ⑤ ㄷ, ㄹ

012

난이도 상 중 하

밑줄 친 ㉠~㉣과 같은 현상의 일반적인 특징에 대한 옳은 설명만을 〈보기〉에서 고른 것은?

> ㉠ 기록적인 폭염이 한풀 꺾였지만 국지성 폭우와 태풍, 사람들의 미온적인 대처가 이어지면서 도로 유실, 농작물 침수 등 피해가 속출하고 있다. 특히 농작물 피해가 극심해지자 아예 ㉡ 경작을 포기하는 농가가 늘어나면서 이로 인해 상추와 시금치 등 ㉢ 채소 가격까지 급등함에 따라 그 부담이 고스란히 시민들에게 전가되고 있다. 많은 전문가들은 이상 기후와 폭염이 잦아지고 있다고 경고하며, 환경 오염을 줄이고 ㉣ 에너지를 절약하는 것을 캠페인 수준에서 그칠 것이 아니라 정책 차원에서 추진해야 한다고 강조하였다.

〈보기〉

ㄱ. ㉠, ㉡과 같은 현상은 몰가치적이다.
ㄴ. ㉡, ㉢과 같은 현상은 가치 함축적이다.
ㄷ. ㉢과 같은 현상은 ㉣과 같은 현상과 달리 특수성이 나타난다.
ㄹ. ㉠과 같은 현상은 ㉣과 같은 현상과 달리 존재 법칙의 지배를 받는다.

① ㄱ, ㄴ ② ㄱ, ㄷ ③ ㄴ, ㄷ
④ ㄴ, ㄹ ⑤ ㄷ, ㄹ

013

난이도 상 중 하

밑줄 친 ㉠~㉢과 같은 현상의 일반적인 특징에 대한 설명으로 옳은 것은?

> 세계 보건 기구(WHO)는 시에라리온, 기니, 라이베리아 등 서아프리카 3개국 국경 인근으로 에볼라 바이러스가 확산하는 것이 우려된다고 공표했다. 서아프리카 지역 이외에서도 에볼라 바이러스에 대한 공포는 커지고 있다. 영국과 미국은 여행자를 대상으로 ㉠ 에볼라 바이러스에 감염되었을 가능성이 있는지 묻고, 체온을 재는 방식의 ㉡ 입국 검사를 시작했다. 한편, 각국의 ㉢ 증권가는 에볼라 사태에 민감하게 반응을 보이기 시작했다. 시험 단계의 치료제는 물론, 보호복과 마스크, 세정제 등의 수요가 늘면서 관련 주의 주가가 적게는 10%에서 많게는 50% 가까이 급등했다.

① ㉢과 같은 현상은 몰가치적이다.
② ㉠, ㉡과 같은 현상은 특수성을 지닌다.
③ ㉡, ㉢과 같은 현상은 인간의 의지가 반영된다.
④ ㉢과 같은 현상은 ㉡과 같은 현상과 달리 인과 관계가 분명하다.
⑤ ㉠과 같은 현상은 ㉡과 같은 현상과 달리 개연성의 원리가 적용된다.

014

난이도 상 중 하

다음 글에서 추론할 수 있는 내용으로 가장 적절한 것은?

> 남아메리카가 원산지인 뉴트리아는 1985년 식용 및 모피 사용 목적으로 국내에 수입되어 농가에 보급되었다. 하지만 생김새에 대한 거부감 등으로 모피 값이 떨어지자 농가에서는 뉴트리아 사육에 대한 매력을 잃고 심지어 자연에 풀어놓는 지경에 이르렀다. 이후 뉴트리아는 늪지나 하천 주변을 중심으로 개체 수가 급격히 늘어났고 토종 생태계를 교란시키고 농작물에 피해를 주고 있다.

① 사회 · 문화 현상은 보편성을 지니고 있다.
② 자연 현상의 발생은 사회 · 문화 현상과 무관하다.
③ 사회 · 문화 현상은 자연 현상의 원인이 될 수 있다.
④ 사회 · 문화 현상보다 자연 현상에 대한 예측이 어렵다.
⑤ 자연 현상도 사회 · 문화 현상처럼 인과 관계가 분명하지 않을 수 있다.

item 02
사회 · 문화 현상을 보는 관점

수능 출제 패턴 분석 제시문이 기능론, 갈등론, 상징적 상호 작용론 중 어느 관점과 관련 있는지를 파악하고, 그 관점에 대한 옳은 설명을 고르는 문제가 출제된다.

유형보기

1. 기능론과 갈등론 평가원

성 역할 분담은 남성이 가부장적인 지배 질서를 유지하기 위해 여성의 역할을 육아와 가사 노동의 틀 안에 묶어 둔 결과야.
아니야. 남성은 직장 일을 하고, 여성은 가사를 맡는 식으로 성 역할을 상호 보완적으로 분담하는 것은 사회적 필요에 의한 자연스러운 현상이야.
갑
을

자료 분석

(1) 갑의 관점은 갈등론, 을의 관점은 기능론에 해당한다.
(2) 갈등론은 사회 규범이 사회 전체의 합의나 필요가 아닌 지배 집단의 합의나 필요에 의해 형성된다고 본다.
(3) 기능론은 사회가 스스로 균형을 유지하려는 속성을 지니고 있으며, 사회 변동을 균형으로 돌아가기 위한 일시적인 과정으로 본다.

2. 상징적 상호 작용론 평가원

사랑하는 사람들이 빨간 장미 꽃다발을 주고받는 이유는 무엇일까? 연인에게 빨간 장미는 단순히 꽃이 아니라 꽃말에 담겨 있는 열정적 사랑을 전하는 상징물이기 때문입니다.

자료 분석

(1) 상징적 상호 작용론은 개인과 개인 간의 관계가 의미와 해석을 공유하는 과정을 통해 형성된다고 본다.
(2) 상징적 상호 작용론은 인간이 의미를 추구하는 존재임을 가정하며, 상황 정의를 매개로 한 인간관계에 주목한다.
(3) 상징적 상호 작용론은 사람들은 자신에게 전달되는 사회적 상황이나 자극을 이해 · 해석하여 의미를 부여하고 그 부여된 의미에 기초하여 반응을 한다고 본다.
(4) 상징적 상호 작용론은 개별 행위자들이 일상생활에서 주관적인 의미를 부여하고 해석하면서 다른 개인들과 상호 작용한다고 보기 때문에 개인에 영향을 미치는 사회 구조의 힘을 간과한다는 비판을 받는다.

대표기출로 유형 감잡기

정답 및 해설 · p.004

015

정답률 80% | 2020학년도 수능

그림은 질문에 따라 사회 · 문화 현상을 보는 관점 A~C를 구분한 것이다. 이에 대한 설명으로 옳은 것은? (단, A~C는 각각 기능론, 갈등론, 상징적 상호 작용론 중 하나이다.)

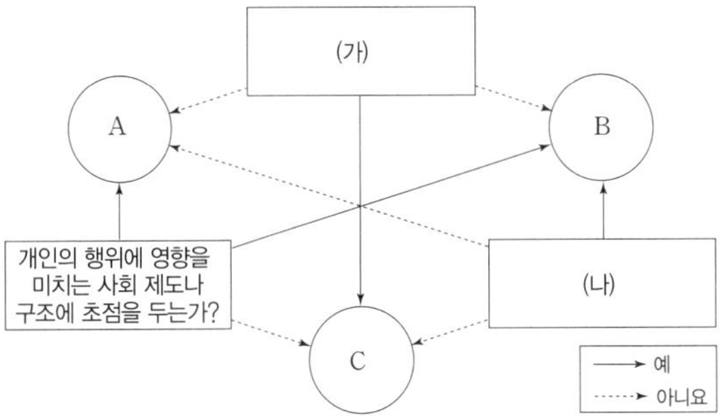

① (가)에는 '인간을 사물이나 행위에 주관적인 의미를 부여하는 주체로 보는가?'가 들어갈 수 없다.
② A가 갈등론이라면, (가)에는 '사회는 스스로 균형을 유지하는 속성을 지닌다고 보는가?'가 들어갈 수 있다.
③ B가 기능론이라면, (나)에는 '사회적 희소가치를 둘러싼 집단 간 대립 관계에 주목하는가?'가 들어갈 수 있다.
④ C는 A, B와 달리 행위자의 능동적, 자율적 측면을 간과한다.
⑤ (나)가 '사회에는 어느 시점에나 구조적 모순이 내재되어 있다고 보는가?'라면, A는 기득권층의 이익을 대변하는 논리로 이용될 우려가 있다는 비판을 받는다.

016

정답률 76% | 2024학년도 수능

사회 · 문화 현상을 바라보는 관점 A~C에 대한 설명으로 옳은 것은? (단, A~C는 각각 기능론, 갈등론, 상징적 상호 작용론 중 하나임.)

> 교사 : A, B, C 중 하나를 선택한 후 해당 관점에 대해 설명해 보세요.
> 갑 : A는 사회가 생물 유기체처럼 균형을 유지한다고 전제합니다. 조화와 균형은 정상적 상태로, 부조화와 불균형은 병리적 상태로 봅니다.
> 을 : B는 사회를 구성하는 하위 요소가 사회 전체의 존속과 통합을 위한 역할을 수행한다고 봅니다. 또한 B는 사회 각 부분에 존재하는 복잡한 관계를 지배와 피지배의 관계로 단순화합니다.
> 교사 : 갑은 옳게, 을은 틀리게 설명했습니다. 을의 설명에는 정작 B의 내용은 없고, A와 C의 내용만 있네요.

① A는 B와 달리 개인의 상황 정의와 의미 해석을 강조한다.
② B는 C와 달리 사회에 내재한 구조적 모순을 중심으로 사회 현상을 설명한다.
③ C는 A와 달리 기득권층의 이익을 옹호한다는 비판을 받는다.
④ '대립과 갈등을 사회의 본질적 속성으로 보는가?'라는 질문으로 A와 B를 구분할 수 없다.
⑤ '사회 각 제도의 상호 의존적 관계에 주목하는가?'라는 질문으로 B와 C를 구분할 수 있다.

017

정답률 66% | 2024학년도 9월 평가원

다음은 사회 · 문화 현상을 바라보는 관점 A~C를 구분하는 질문에 대한 학생의 답변과 교사의 채점 결과이다. 이에 대한 설명으로 옳은 것은? (단, A~C는 각각 기능론, 갈등론, 상징적 상호 작용론 중 하나임.)

질문	답변		
	갑	을	병
A는 B와 달리 지배 집단과 피지배 집단 간 갈등이 사회 발전의 원동력이라고 보는가?	아니요	아니요	예
A, C는 B와 달리 개인의 행위를 강제하는 사회 구조를 중시하는가?	예	아니요	예
(가)	예	아니요	아니요
(나)	예	아니요	예
채점 결과	3점	2점	3점

*교사는 질문별로 채점하고, 질문당 옳은 답변을 쓴 경우는 1점, 틀린 답변을 쓴 경우는 0점을 부여함.

① A는 C와 달리 사회가 본질적으로 변동을 지향한다고 본다.
② B는 A와 달리 다양한 사회 제도의 상호 의존 관계에 주목한다.
③ C는 B와 달리 인간이 상황 정의에 기초하여 행동한다고 본다.
④ (가)에는 'B는 A와 달리 행위자의 능동성을 중시하는가?'가 들어갈 수 있다.
⑤ (나)에는 'A는 C와 달리 기득권층의 이익을 대변한다는 비판을 받는가?'가 들어갈 수 있다.

018

정답률 80% | 2024학년도 6월 평가원

사회 · 문화 현상을 바라보는 관점 A, B에 대한 설명으로 옳은 것은?

> A : 지배 집단과 피지배 집단은 재화나 권위 또는 권력과 같은 희소 자원을 차지하기 위해 서로 끊임없이 투쟁한다. 두 집단의 이익은 양립할 수 없으므로 갈등은 필연적이고 자연스러운 현상이다.
> B : 사회 체계는 기본적으로 균형 상태를 유지하기 때문에 적대, 긴장, 모순, 투쟁과 같은 갈등은 일시적인 현상이다. 따라서 갈등은 균형을 유지하려는 사회 체계의 속성으로 인하여 머지않아 조화롭게 조정된다.

① A는 상황 정의에 기초한 개인 간 상호 작용을 중시한다.
② B는 사회적 희소가치의 불균등한 분배가 불가피하다고 본다.
③ A는 B와 달리 기득권층의 이익을 대변하는 논리로 사용된다는 비판을 받는다.
④ B는 A와 달리 질서와 안정성을 바탕으로 한 점진적인 사회 변동을 설명하기 어렵다.
⑤ A와 B는 모두 개인에 대한 사회 구조의 영향력을 간과한다는 비판을 받는다.

019

정답률 76% | 2023학년도 수능

다음 글에서 사회 · 문화 현상을 바라보는 필자의 관점에 대한 설명으로 옳은 것은?

> 인구 증가는 사람들 간 접촉과 상호 작용을 증가시킨다. 이때 경쟁이 치열해지면, 그 치열한 경쟁이 갈등을 유발하고 사회 질서를 위협한다. 자원을 둘러싼 경쟁은 생존 가능한 자리를 찾으려는 개인들의 노력을 낳고 이는 업무 전문화로 이어진다. 전문화는 개인들로 하여금 상호 의존을 하도록 압박하고 상호 의무를 수용하려는 의지를 강화한다. 전문화로 인한 업무 분화는 무한 경쟁이 파괴할 수 있는 질서를 유지하는 데 필수적이다.

① 사회의 안정보다는 변동을 중시한다.
② 상황 정의에 기초한 개인 간 상호 작용을 중시한다.
③ 사회에는 어느 시점에나 구조적 모순이 내재되어 있다고 본다.
④ 사회 제도를 지배와 피지배 관계의 재생산을 위한 수단으로 본다.
⑤ 지배 집단의 이익을 대변하는 논리로 활용될 수 있다는 비판을 받는다.

020

정답률 84% | 2017학년도 6월 평가원

사회 · 문화 현상을 바라보는 갑~병의 서로 다른 관점에 대한 설명으로 옳은 것은?

> 사회자 : 최근 증가하고 있는 아동 학대 사건의 원인에 대한 의견을 말씀해 주십시오.
> 갑 : 자녀를 학대하는 부모들만의 문제가 아닙니다. 가족, 학교, 사회가 모두 제 기능을 못하고 있어 발생한 문제입니다.
> 을 : 최근 사건을 보면 대부분 빈곤층에서 발생하고 있어요. 자녀 양육에 필요한 사회적 자원을 기득권층에서 독점하는 구조가 문제입니다.
> 병 : 이 문제는 제도적 결함이나 구조적 불평등에서 비롯된 것이 아닙니다. 자녀의 행동에 대한 부모의 잘못된 상황 정의와 부모와 자녀 간의 왜곡된 상호 작용이 원인입니다.

① 갑의 관점은 을의 관점과 달리 행위 주체인 인간이 부여하는 의미를 중시한다.
② 을의 관점은 갑의 관점에 비해 사회 구성원들 사이의 사회적 합의를 중시한다.
③ 병의 관점은 갑의 관점과 달리 다양한 제도들이 상호 의존하는 관계에 주목한다.
④ 병의 관점은 을의 관점에 비해 사회적 희소가치 배분의 불평등 구조에 주목한다.
⑤ 갑, 을의 관점은 병의 관점과 달리 사회 · 문화 현상을 사회 구조적 측면에서 바라본다.

021

정답률 87% | 2022학년도 수능

표는 사회 · 문화 현상을 바라보는 관점 A~C를 구분한 것이다. 이에 대한 옳은 설명만을 <보기>에서 고른 것은? (단, A~C는 각각 기능론, 갈등론, 상징적 상호 작용론 중 하나이다.)

구분	A	B	C
(가)	예	아니요	아니요
기득권층의 이익을 대변하는 논리로 사용된다는 비판을 받는가?	아니요	아니요	예
사회 · 문화 현상을 사회 구조적 측면에서 설명하는가?	아니요	예	예

<보기>

ㄱ. A는 B와 달리 집단 간 갈등을 사회 변동의 원동력으로 본다.
ㄴ. B는 C와 달리 사회 각 부분의 통합과 균형을 강조한다.
ㄷ. C는 A와 달리 다양한 사회 제도들의 상호 의존 관계에 주목한다.
ㄹ. (가)에는 '인간이 상황 정의에 기초하여 행동한다고 보는가?'가 들어갈 수 있다.

① ㄱ, ㄴ ② ㄱ, ㄷ ③ ㄴ, ㄷ ④ ㄴ, ㄹ ⑤ ㄷ, ㄹ

022

정답률 93% | 2022학년도 9월 평가원

사회 · 문화 현상을 바라보는 갑~병의 관점에 대한 설명으로 옳은 것은? (단, 갑~병의 관점은 각각 갈등론, 기능론, 상징적 상호 작용론 중 하나이다.)

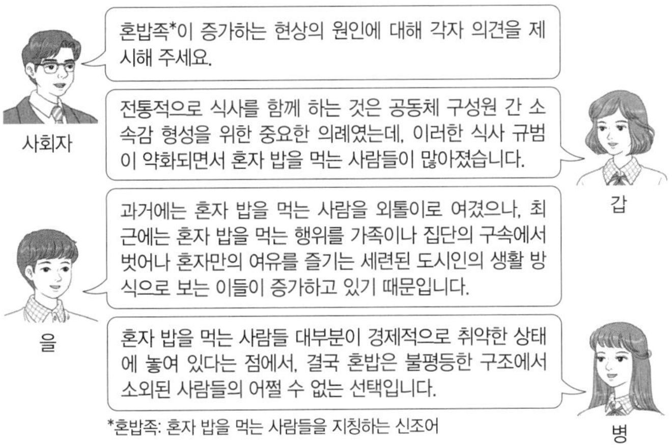

혼밥족*이 증가하는 현상의 원인에 대해 각자 의견을 제시해 주세요.
사회자
전통적으로 식사를 함께 하는 것은 공동체 구성원 간 소속감 형성을 위한 중요한 의례였는데, 이러한 식사 규범이 약화되면서 혼자 밥을 먹는 사람들이 많아졌습니다.
갑
과거에는 혼자 밥을 먹는 사람을 외톨이로 여겼으나, 최근에는 혼자 밥을 먹는 행위를 가족이나 집단의 구속에서 벗어나 혼자만의 여유를 즐기는 세련된 도시인의 생활 방식으로 보는 이들이 증가하고 있기 때문입니다.
을
혼자 밥을 먹는 사람들 대부분이 경제적으로 취약한 상태에 놓여 있다는 점에서, 결국 혼밥은 불평등한 구조에서 소외된 사람들의 어쩔 수 없는 선택입니다.
병

*혼밥족: 혼자 밥을 먹는 사람들을 지칭하는 신조어

① 갑의 관점은 개인의 행동이 상황에 대한 주관적 해석에 기초하여 이루어진다고 본다.
② 을의 관점은 기득권층의 이익을 대변하는 논리로 사용된다는 비판을 받는다.
③ 병의 관점은 집단 간 갈등이 필연적이며 사회 변동의 원동력이라고 본다.
④ 을의 관점은 갑의 관점과 달리 사회 문제를 설명하는 데 사회 구조적 요인을 중시한다.
⑤ 을, 병의 관점은 모두 사회 구성 요소의 기능과 역할이 사회적으로 합의된 것으로 본다.

023

정답률 57% | 2020학년도 6월 평가원

사회 · 문화 현상을 바라보는 관점을 활용한 다음 게임에 대한 설명으로 옳은 것은?

게임의 규칙

- A 상자 안에 총 7장의 카드가 있다. 카드마다 점수를 부여하는데, 각 카드의 내용이 기능론, 갈등론, 상징적 상호 작용론 중 하나에만 해당하면 1점, 두 개에만 해당하면 2점, 세 개 모두에 해당하면 3점을 부여한다.
- A 상자에서 갑과 을은 카드를 3장씩 뽑는다. 단, 한 번 뽑은 카드는 A 상자에 다시 넣지 않는다.
- 3장의 카드로 획득한 총점이 높은 사람이 이긴다.

A 상자	카드 1 사회 문제의 발생 원인을 설명할 수 있다.	카드 2 대립과 갈등을 사회 구조의 필연적 속성으로 본다.	카드 3 거시적인 측면에서 사회 변동을 설명한다.
카드 4 사회의 각 부분이 상호 유기적인 관계에 있다고 본다.	카드 5 개인들이 구성해 내는 주관적 생활 세계를 중시한다.	카드 6 개인의 행위를 구속하는 사회 체계에 초점을 맞춘다.	카드 7 사회 규범이 지배 집단의 합의에 의해 구성된다고 본다.

① 카드 3장의 조합으로 얻을 수 있는 최소 점수는 4점이다.
② 카드 3장의 조합으로 얻을 수 있는 최대 점수는 8점이다.
③ 기능론에 해당하는 내용이 있는 3장의 카드로 얻을 수 있는 최대 점수는 6점이다.
④ 상징적 상호 작용론에 해당하는 내용이 없는 3장의 카드로 얻을 수 있는 최대 점수는 5점이다.
⑤ 갑이 카드 1, 카드 5, 카드 6을 뽑았다면 을이 이길 수 있는 카드의 조합은 1가지이다.

024

정답률 84% | 2015학년도 6월 평가원

가족을 보는 갑, 을의 관점에 부합하는 설명으로 옳은 것은?

가족은 구성원에게 사회가 기대하는 바를 가르침으로써 사회의 유지와 통합에 기여해.
내 생각은 달라. 가족은 구성원 간의 권력 관계를 통해 가부장적 사회 질서를 강화할 뿐이야.
갑
을

① 갑은 가족 내 구성원 간의 갈등을 자연스럽고 정상적인 현상으로 이해한다.
② 갑은 불평등한 가족 관계가 가족 구성원의 사회화를 통해 고착화된다고 본다.
③ 을은 안정적인 가족 관계를 위해 가족 내의 성별 분업이 필요하다고 본다.
④ 을은 가족 구성원이 역할을 제대로 수행하지 못해서 가족 문제가 발생한다고 본다.
⑤ 갑, 을 모두 가족 제도를 사회 구조와 연관하여 본다.

025

정답률 73% | 2022학년도 6월 평가원

사회 · 문화 현상을 바라보는 (가)~(다)의 관점에 대한 설명으로 옳은 것은?

> (가) 질병은 구성원 각자가 부여하는 의미나 가치에 의해 사회적으로 규정될 수 있다. 예컨대 19세기 유럽에서는 폐결핵에 걸린 지식인과 예술인의 마른 자태를 열정과 낭만의 징표로 인식하기도 하였다.
> (나) 질병은 사회 체계 유지라는 측면에서 볼 때 사회 통합에 긍정적으로 작용하지 못하기 때문에 사회 문제로 규정된다. 따라서 질병 치료는 일종의 사회 통제라고 볼 수 있다.
> (다) 질병으로부터 자신을 보호할 자원이 부족한 이들에게는 사회 구조적 모순이 고스란히 전달되어 질병으로 나타난다. 질병에 걸릴 위험은 사회 계급에 따라 차등적으로 분포되어 있기 때문이다.

① (가)의 관점은 사회 구조가 개인에게 미치는 영향을 간과한다는 비판을 받는다.
② (나)의 관점은 사회 제도를 통해 기존의 불평등한 사회 구조가 재생산된다고 본다.
③ (가)의 관점은 (나)의 관점과 달리 사회 각 부분이 상호 보완적 역할을 수행한다고 본다.
④ (나)의 관점은 (다)의 관점과 달리 대립과 갈등을 사회 구조의 필연적 속성으로 본다.
⑤ '사회 · 문화 현상의 의미가 발생 상황과 행위 주체에 따라 달라진다고 보는가?'라는 질문으로는 (가)와 (다)의 관점을 구분할 수 없다.

026

정답률 86% | 2021학년도 수능

사회 · 문화 현상을 바라보는 갑~병의 관점에 대한 설명으로 옳은 것은? (단, 갑~병의 관점은 각각 기능론, 갈등론, 상징적 상호 작용론 중 하나이다.)

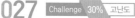

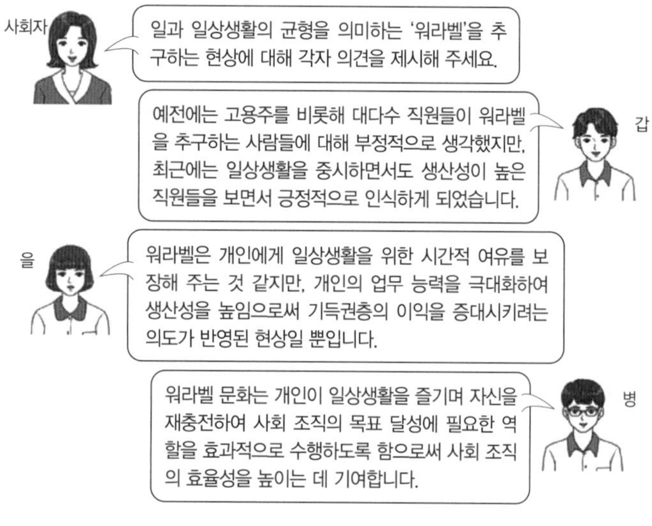

사회자
일과 일상생활의 균형을 의미하는 '워라벨'을 추구하는 현상에 대해 각자 의견을 제시해 주세요.
갑
예전에는 고용주를 비롯해 대다수 직원들이 워라벨을 추구하는 사람들에 대해 부정적으로 생각했지만, 최근에는 일상생활을 중시하면서도 생산성이 높은 직원들을 보면서 긍정적으로 인식하게 되었습니다.
을
워라벨은 개인에게 일상생활을 위한 시간적 여유를 보장해 주는 것 같지만, 개인의 업무 능력을 극대화하여 생산성을 높임으로써 기득권층의 이익을 증대시키려는 의도가 반영된 현상일 뿐입니다.
병
워라벨 문화는 개인이 일상생활을 즐기며 자신을 재충전하여 사회 조직의 목표 달성에 필요한 역할을 효과적으로 수행하도록 함으로써 사회 조직의 효율성을 높이는 데 기여합니다.

① 갑의 관점은 사회 · 문화 현상을 사회 구조적 측면에서 설명한다.
② 을의 관점은 지배 집단의 이익을 대변하는 논리로 활용될 수 있다는 비판을 받는다.
③ 병의 관점은 사회 각 부분이 상호 의존적 관계를 맺는다고 본다.
④ 갑의 관점은 을의 관점과 달리 대립과 갈등을 사회의 본질적 속성으로 본다.
⑤ 병의 관점은 을의 관점과 달리 행위자의 능동성을 중시한다.

예상문제로 유형 익히기

정답 및 해설 • p.004

027

Challenge 30% 고난도

난이도 상 중 하

다음에서 사회 · 문화 현상을 이해하는 일관된 관점을 가지고 있는 학생은?

〈사회 · 문화 현상을 보는 관점에 대한 응답〉

관점에 따른 진술 \ 학생	갑	을	병	정	무
사회 내부의 집단 간 갈등은 사회 발전에 기여한다.	×	○	×	×	○
사회의 구성 요소들은 상호 의존성을 지니며 결합되어 있다.	○	×	×	×	○
특정 집단에게 이익이 되는 사회 제도는 다른 집단에게 불이익이 된다.	×	○	○	○	×
사회 · 문화 현상에 대한 상황 정의를 중시한다.	×	×	○	○	○
전체 구성원들이 합의한 규범이나 가치가 존재한다.	○	○	×	×	×
사회 현상의 의미는 고정되어 있지 않고 행위 주체인 인간에 의해 변화한다.	×	×	○	×	○

(○ : 동의한다, × : 동의하지 않는다)

① 갑 ② 을 ③ 병 ④ 정 ⑤ 무

028

난이도 상 중 하

다음 글에 나타난 사회 · 문화 현상을 바라보는 관점에 대한 설명으로 가장 적절한 것은?

> 감정을 얼굴 표정으로 나타내는 것이 천성적인 측면을 갖고 있다 하더라도, 정확한 안면 운동 형태와 그런 표정이 적용될 수 있는 상황에 대한 인식은 개인적 · 문화적 요인들에 의해 영향을 받을 것이다. 예를 들어 사람들이 어떻게 웃는가 하는 것, 즉 입술과 다른 얼굴 근육들의 정밀한 운동 형태와 그리고 웃음을 얼마나 지속하는가 등은 매우 다양하며, 각자가 받아들이는 의미는 상호 작용의 과정 속에서 천차만별로 나타난다.

① 사회에서 불가피하게 갈등이 일어남을 전제한다.
② 사회 행위자에 영향을 미치는 사회 구조적 측면을 간과한다는 비판을 받을 수 있다.
③ 집단과 조직은 사회의 유지와 존속에 필요한 기능을 수행한다고 본다.
④ 사회 구성원은 사회의 안정과 조화에 필요한 역할을 수행해야 한다고 본다.
⑤ 개인의 행위에 대한 의미 이해를 위해 사회 구조에 대한 이해가 전제되어야 한다고 본다.

029

난이도 상 중 하

다음 글에 나타난 사회 · 문화 현상을 보는 관점에 대한 옳은 설명만을 〈보기〉에서 고른 것은?

> 어떤 원시 부족 사회에서는 일부다처제가 시행되고 있는데, 여성이 돼지고기 한 근이나 조개껍데기 몇 줌과 교환되기도 한다. 이러한 결혼 관행은 그 부족 사회의 친족 제도나 정치적 역할, 종교적 신념 등과 밀접하게 연결되어 전통적으로 유지되어 온 것이다. 이처럼 하나의 사회적 관습 혹은 사회 제도의 기능을 연구하는 것은 그 관습이나 제도가 사회 전체를 유지하는 데 기여하는 것을 분석하는 것이다.

〈보기〉

ㄱ. 개인에 외재하는 사회 구조의 강제력을 간과한다.
ㄴ. 사회를 내재적 모순으로 인한 불안정 상태로 본다.
ㄷ. 사회 변동을 균형으로 돌아가기 위한 일시적인 과정으로 이해한다.
ㄹ. 사회 구성원은 사회의 안정과 조화에 필요한 역할을 수행해야 한다고 본다.

① ㄱ, ㄴ ② ㄱ, ㄷ ③ ㄴ, ㄷ
④ ㄴ, ㄹ ⑤ ㄷ, ㄹ

030

난이도 상 중 하

표는 사회 · 문화 현상을 보는 관점 A~C를 구분한 것이다. 이에 대한 설명으로 옳은 것은? (단, A~C는 각각 기능론, 갈등론, 상징적 상호 작용론 중 하나이다.)

질문 \ 관점	A	B	C
사회 구조가 개인에게 미치는 영향력을 강조하는가?	아니요	예	예
사회 질서가 특정 집단의 합의를 통해 유지된다고 보는가?	아니요	아니요	예

① A는 특정 집단이 사회적 희소가치의 분배를 결정한다고 본다.
② B는 사회적 행위의 주관적 의미나 동기를 강조한다.
③ C는 갈등은 사회의 보편적인 현상으로 사회 발전에 기여한다고 본다.
④ A는 B와 달리 사회가 스스로 균형을 유지하려는 속성을 지닌다고 본다.
⑤ B는 C와 달리 사회화가 현재의 불평등 구조를 정당화하는 수단이라고 본다.

031

난이도 상 중 하

(가), (나)에 나타난 사회 · 문화 현상을 바라보는 관점의 일반적인 특징에 대한 설명으로 가장 적절한 것은?

> (가) 성 차별은 가치 있는 사회적 자원이 남녀 간에 불평등하게 배분된 결과 형성된 남녀 간의 지배 · 피지배 관계에 기인한다. 남성들은 농경 사회에서부터 지배적인 위치를 이용하여 여성들을 구조적으로 착취하기 위해 성 차별적 환경을 유지해 왔다. 또한 여성들이 차별받는다는 의식을 갖지 못하도록 각종 법과 제도, 교육 등을 통해 성 차별을 정당화시켜 왔다.
> (나) 심장과 같은 신체 기관을 연구하기 위해 우리는 심장이 다른 신체 기관과 어떻게 관련되는가를 보여 줄 필요가 있다. 심장은 몸 전체에 혈액을 밀어 보내 유기체로서 생명을 유지하는 데 절대적인 역할을 한다. 이와 유사하게 한 사회적 항목의 기능을 분석하는 것은, 그 사회적 항목이 한 사회를 유지하는 데 기여하는 바를 보여 주는 것을 의미한다.

① (가)의 관점은 사회 질서의 전면적 재구성을 통해 사회 갈등을 해결할 수 있다고 본다.
② (가)의 관점은 분화와 갈등을 낳는 요인보다 사회를 응집시키는 요소를 중시한다.
③ (나)의 관점은 급격한 사회 변동을 설명하기에 적합하다.
④ (나)의 관점은 사회 구성 요소의 기능과 역할이 강제적으로 결정된다고 본다.
⑤ 사회 변동에 대해 (가)의 관점은 사회 문제의 원인으로, (나)의 관점은 사회 발전의 원동력으로 이해한다.

032

난이도 상 중 하

사회 · 문화 현상을 바라보는 (가), (나) 관점의 일반적인 특징에 대한 설명으로 옳은 것은?

> (가) 사회는 상호 관련되어 있고 의존적인 부분들로 이루어진 복잡한 체계이고 사회의 각 부분들은 서로 영향을 미친다. 그리고 사회의 각 부분들은 사회 전체의 존속과 번영을 유지하는 데 핵심적인 기능을 수행하기 위해 존재한다.
> (나) 사회는 각자의 이익을 추구하는 구별되는 집단으로 구성되어 있으며, 불평등한 사회 구조로 인해 특정한 집단이 다른 집단보다 더 많은 이익을 가지게 된다.

① (가)는 사회 · 문화 현상의 이해에 있어 주관적 상황 정의를 중시한다.
② (나)는 사회가 지속적으로 안정을 유지하려는 경향이 있다고 본다.
③ (가)는 사회 변동, (나)는 사회 안정을 중시하다.
④ (가)는 (나)와 달리 사회 구조나 제도 등에 초점을 맞춰 사회 · 문화 현상을 분석한다.
⑤ (나)는 (가)와 달리 사회 제도가 계급 재생산의 도구로 사용될 수 있다고 본다.

033

난이도 상 중 하

다음 글에 나타난 관점에 대한 설명으로 적절한 것은?

> 인간이 사용하는 모든 기호에는 의미가 있고, 인간은 생활 환경을 구성하는 모든 사물에 주관적으로 의미를 부여한다. 또한 사람들은 사회적 상호 작용의 과정에서 타인들과 상징적으로 의미를 교환한다. 상대방은 그 상징을 자신의 해석에 기초하여 해석하면서 어떻게 반응할 것인지를 결정한다.

① 사회 변동이 갈등과 대립의 관계에서 온다고 본다.
② 사회가 지속적으로 안정을 유지하려는 경향이 있다고 본다.
③ 개인을 사회 구조의 영향을 받는 수동적인 존재로 규정한다.
④ 제도는 사회적 기능 및 사회적 욕구를 충족시키는 데 기여한다고 본다.
⑤ 인간의 주관적인 동기와 의미를 사회 · 문화 현상을 이해하는 데 중요한 요소로 파악한다.

034

난이도 상 중 하

사회 · 문화 현상을 보는 (가), (나) 관점의 일반적인 특징에 대한 설명으로 옳은 것은?

> (가) 공동체의 기본적인 질서를 유지하기 위한 규칙이나 규범들이 모든 사람, 모든 집단에 공평하게 적용되는 것은 아니다. 그리고 이러한 불평등은 다양한 사회화 과정을 통해 은폐되거나 정당화된다.
>
> (나) 우리 몸은 음식을 먹으면 소화 효소를 내보내고, 산소가 부족하면 하품을 하게 하며, 더우면 땀을 흘려서 체온을 조절한다. 우리가 의식하지 않아도 저절로 그렇게 되는 것이며, 사회 구조도 마찬가지이다.

① (가)는 사회가 조화와 균형을 추구한다고 본다.
② (가)는 사회 구성 요소 간의 합리적 역할 분담을 강조한다.
③ (나)는 사회 문제 해결을 위해 사회 제도의 개혁을 중시한다.
④ (나)는 인간의 능동적 사고와 자율적 행위의 측면을 강조한다.
⑤ (가), (나) 모두 사회 · 문화 현상을 거시적 측면에서 분석한다.

035

난이도 상 중 하

다음 글에 나타난 가족을 보는 관점에 대한 설명으로 옳지 않은 것은?

> 가족의 경제적 부양을 담당하던 한 가정의 아버지가 갑자기 실직하게 되면 그 가족은 빈곤 문제에 직면하게 될 가능성이 크다. 이러한 아버지의 실직이 경기 침체로 인한 직장 내 인력 구조 조정의 결과라고 한다면, 이로 인해 경제력이 상실되어 가장의 역할을 하지 못하는 것으로 인식되는 아버지와 가족 구성원(배우자, 자녀 등)들 간의 정서적 유대감과 교류는 약해질 수 있다. 따라서 가족 문제의 해결을 위해서는 가족의 기능 상실을 예방하거나 정상적인 기능 회복을 위해 가족 관련 복지 제도를 확충하는 일이 중요하다고 볼 수 있다.

① 가족의 갈등과 해체를 병리적인 현상으로 간주한다.
② 가족 문제를 가족의 기능이 원활하게 수행되지 못하는 상태로 본다.
③ 가족의 역기능적 상태 지속은 사회적으로 바람직하지 않다고 본다.
④ 가족 문제의 발생 원인이 가치관 및 태도 결함, 역할 기대와 역할 수행 사이의 부조화라고 본다.
⑤ 특정한 행위를 가족 문제라고 의미를 부여할 때 가족 문제가 발생한다고 본다.

036

난이도 상 중 하

표는 가족 문제를 바라보는 관점 (가)~(다)를 나타낸 것이다. (가)~(다)에 해당하는 관점을 바르게 연결한 것은?

구분	(가)	(나)	(다)
가족 문제에 대한 규정	가족 구성원 사이의 갈등이 표출된 상태	가족 기능이 원활하게 수행되지 못하는 상태	구성원의 상호 작용과 의미 부여에 따라 상이함
가족 문제의 발생 원인	가족 구성원 사이의 불평등한 관계, 가부장제 등	가치관 및 태도 결함, 역할 기대와 역할 수행 사이의 부조화 등	상호 작용 및 의미 부여 과정에서의 문제, 신중하지 못한 사회적 낙인 등
가족 문제에 대한 평가	가족 구성원 사이에서 발생하는 갈등은 자연스러운 현상	가족의 역기능적 상태 지속은 사회적으로 바람직하지 않음	가족 문제는 고정된 것이 아니므로 특별히 문제시할 필요가 없음

	(가)	(나)	(다)
①	갈등론	기능론	상징적 상호 작용론
②	갈등론	상징적 상호 작용론	기능론
③	기능론	갈등론	상징적 상호 작용론
④	기능론	상징적 상호 작용론	갈등론
⑤	상징적 상호 작용론	기능론	갈등론

037 Challenge 30% 고난도

난이도 상 중 하

그림은 가족 문제를 보는 관점 (가)~(다)를 구분한 것이다. 이에 대한 설명으로 옳지 않은 것은? (단, (가)~(다)는 각각 기능론, 갈등론, 상징적 상호 작용론 중 하나이다.)

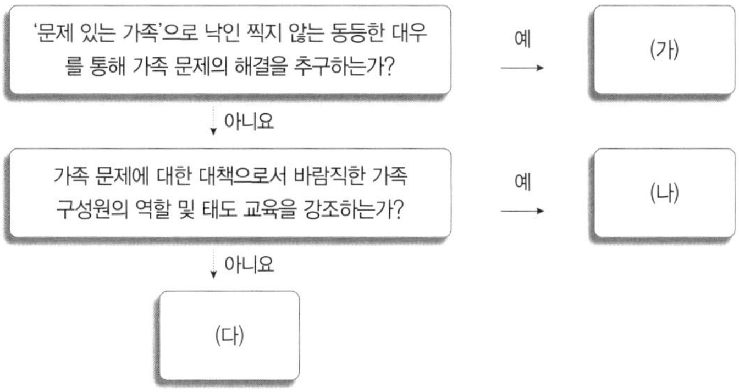

'문제 있는 가족'으로 낙인 찍지 않는 동등한 대우를 통해 가족 문제의 해결을 추구하는가?

가족 문제에 대한 대책으로서 바람직한 가족 구성원의 역할 및 태도 교육을 강조하는가?

① (가)는 상징적 상호 작용론이다.
② (나)는 가족 기능이 정상적으로 이루어지지 않을 때 가족 문제가 발생한다고 본다.
③ (다)는 가족 제도 자체를 사회 불평등 구조의 산물로 인식한다.
④ (나)는 (다)와 달리 가족 구성원 간의 갈등을 당연한 것으로 본다.
⑤ (나), (다)는 (가)와 달리 가족 문제를 사회 구조와의 관계 속에서 파악한다.

038

난이도 상 중 하

그림은 교육 제도의 기능에 대한 관점 (가), (나)를 나타낸다. 이에 대한 옳은 설명만을 〈보기〉에서 있는 대로 고른 것은?

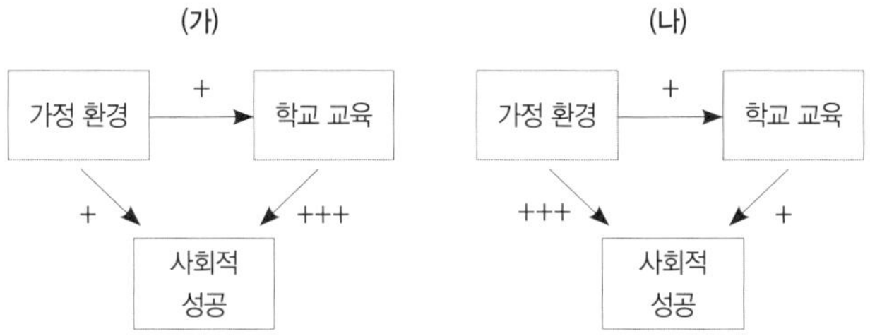

*+의 수가 많을수록 화살표 방향으로 미치는 영향력이 큼을 의미함

〈보기〉

ㄱ. (가)는 교육이 사회 통합을 위해 필수적이라고 본다.
ㄴ. (나)는 학교 교육 내용이 지배 집단의 가치를 반영한 것이라고 본다.
ㄷ. (가)는 (나)와 달리 교육을 통한 사회 이동의 사례를 설명하지 못한다는 한계를 지닌다.
ㄹ. (나)는 (가)와 달리 학업 성취에 대한 가정 배경의 영향력을 과소평가한다는 비판을 받는다.

① ㄱ, ㄴ　② ㄱ, ㄹ　③ ㄴ, ㄷ
④ ㄱ, ㄴ, ㄹ　⑤ ㄴ, ㄷ, ㄹ

039

난이도 상 중 하

교육 제도를 바라보는 갑, 을의 관점에 대한 옳은 설명만을 〈보기〉에서 고른 것은?

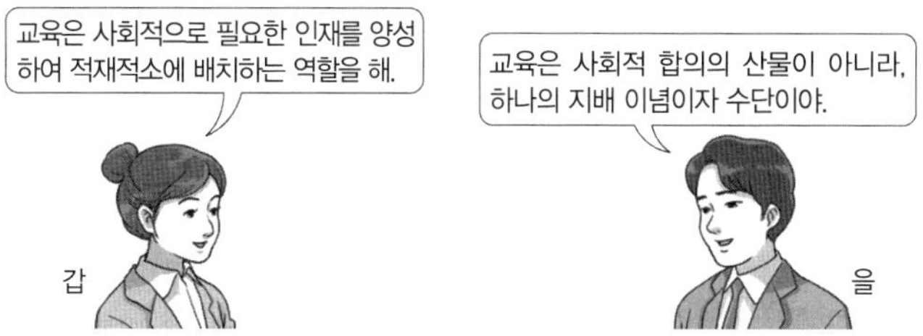

교육은 사회적으로 필요한 인재를 양성하여 적재적소에 배치하는 역할을 해.
교육은 사회적 합의의 산물이 아니라, 하나의 지배 이념이자 수단이야.
갑
을

〈보기〉

ㄱ. 갑의 관점은 갈등론, 을의 관점은 기능론에 해당한다.
ㄴ. 갑의 관점은 교육이 사회라는 체계를 유지하기 위해 필요한 인력의 선발 기능을 담당한다고 본다.
ㄷ. 을의 관점은 교육이 기존의 불평등 구조를 고착화시키는 기제로 작용한다고 본다.
ㄹ. 을의 관점과 달리 갑의 관점은 지배 계급과 피지배 계급 간 갈등이 불가피한 현상이라고 본다.

① ㄱ, ㄴ　② ㄱ, ㄹ　③ ㄴ, ㄷ
④ ㄴ, ㄹ　⑤ ㄷ, ㄹ

02 사회 · 문화 현상의 탐구 방법

출제 예상 item 03 양적 연구 방법과 질적 연구 방법 04 양적 연구 과정과 질적 연구 과정 05 가설 검증

1 양적 연구 방법(실증적 연구 방법)

1. 전제 방법론적 일원론(사회 과학 연구 방법=자연 과학 연구 방법)

2. 연구 목적 사회 · 문화 현상의 보편적인 인과 법칙을 발견하여 미래를 예측하고자 함

3. 특징

(1) 사회 · 문화 현상에 대한 측정을 통해 수량화하거나 통제된 실험이 가능하다고 봄

(2) 수집된 자료의 계량화 및 통계적 분석을 통해 가설을 검증함

(3) 사회 · 문화 현상을 객관적으로 관찰할 수 있도록 개념을 조작적으로 정의하는 과정을 거침

(4) 주로 공식적 자료나 수량된 자료를 중시함

4. 유용성

(1) 사회 · 문화 현상에 대한 정확하고 정밀한 연구가 가능함

(2) 연구 대상에 대한 객관화가 가능하고, 일반적인 법칙 발견에 유리함

5. 한계

(1) 계량화하여 분석하기 곤란한 사회 · 문화 현상의 연구에는 적합하지 않음

(2) 인간의 정신과 행위에 대한 깊이 있는 이해가 어려움

(3) 사회 · 문화 현상을 인간의 가치나 동기와 분리하여 연구하는 본질적 한계를 가짐

6. 양적 연구의 탐구 절차

문제 인식 및 연구 주제 선정	연구자는 관심 있는 사회 · 문화 현상에 대한 선행 연구를 검토하고, 기존 이론을 발전시키거나 검증하기 위해 연구 주제를 선정함
가설 설정	기존의 연구 결과와 이론 등을 참고하여 가설을 설정함
연구 설계	개념의 조작적 정의, 연구 대상과 조사 기간의 결정, 자료 수집 및 자료 분석 방법 등을 정함
자료 수집 및 분석	• 주로 질문지법, 실험법 등을 통해 자료를 수집함 • 통계적 기법을 활용하여 자료를 분류하고 분석함
가설 검증 및 결론 도출	• 자료 분석 결과를 토대로 가설의 수용 여부를 결정함 • 가설이 입증된 경우에는 일반화함

2 질적 연구 방법(해석적 연구 방법)

1. 전제 방법론적 이원론(사회 과학 연구 방법+자연 과학 연구 방법)

2. 연구 목적 사회적 행위에 담긴 인간의 행위 동기나 목적에 대해 심층적으로 이해하고자 함

3. 특징

(1) 직관적 통찰과 감정 이입적 이해를 통해 인간 행위의 동기와 의도를 심층적으로 이해하고자 함

(2) 인간의 행위에 대한 올바른 이해는 행위자의 가치, 목적, 상황, 조건 등에 대한 해석을 통해 가능함

(3) 대화록, 관찰 일지, 비공식적 문서 등의 자료를 중요하게 활용함

4. 유용성

(1) 사회 · 문화 현상의 의미를 심층적으로 이해하는 데 유리함

(2) 계량화할 수 없는 인간의 주관적 세계에 대한 문제의 연구에 적합함

5. 한계

(1) 개별 사례에 집중하기 때문에 일반화된 지식을 얻기 어려움

(2) 연구자의 주관이 지나치게 개입될 소지가 있어 객관성 확보가 어려움

6. 질적 연구의 탐구 절차

문제 인식 및 연구 주제 선정	• 주관적 세계에 대한 심층적 이해의 필요성을 느끼는 사회 · 문화 현상을 연구 주제로 선정함 • 가설을 세우지 않는 것이 일반적임
연구 설계	연구 대상과 연구 기간을 결정하고 자료 수집 방법을 선택함
자료 수집 및 해석	• 주로 면접법, 참여 관찰법 등을 통해 자료를 수집함 • 연구자의 감정 이입이나 직관적 통찰을 중시함
결론 도출	자료 해석에 기초하여 발견한 의미를 중심으로 결론을 내림

교과서 속 수능 개념

개념의 조작적 정의

'인강을 많이 듣는 학생일수록 학업 성적이 향상될 것이다.'라는 가설에서 '인강'은 인터넷을 이용한 원격 수업으로, '많이 듣는'은 1주일에 5시간 이상으로, '학업 성적'은 중간 고사와 기말 고사 간의 점수 차이로 지표를 정하는 것이 추상적인 개념을 조작적으로 정의한 것이다.

일반화

자료 분석을 통해 얻은 연구 결과를 연구 대상과 유사한 다른 대상에게 적용하는 것을 말한다.

직관적 통찰

사회 · 문화 현상의 본질을 꿰뚫어 보는 것으로, 연구자의 지식과 판단 능력에 의존하여 감각적으로 현상의 의미를 파악하는 것이다.

좋은 가설의 조건

가설은 연구자가 입증하고자 하는 변수들의 잠정적인 결론이다. 검증 가능성, 검증 필요성, 변수 간 명확한 관계, 가치 중립적인 진술, 간단 명료성 등이 좋은 가설의 요건이다.

연역적 연구의 귀납적 연구

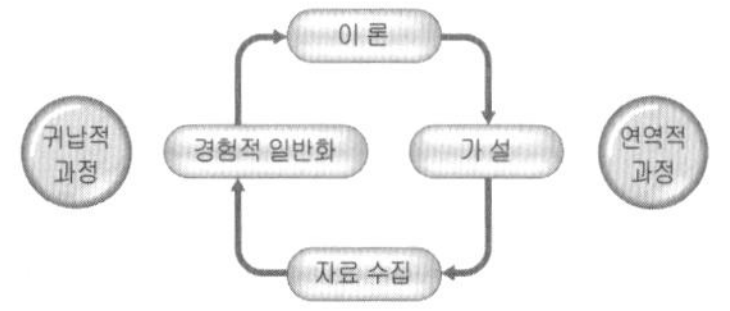

헷갈리는 개념 정리

1. 방법론적 일원론과 방법론적 이원론

방법론적 일원론은 자연 현상과 사회 · 문화 현상의 연구 방법이 같다고 보는 입장이고, 방법론적 이원론은 자연 현상과 사회 · 문화 현상의 연구 방법이 다르다고 보는 입장이다.

2. 귀납적 연구와 연역적 연구

귀납적 연구는 경험적인 자료나 사례를 바탕으로 결론을 이끌어내는 과정으로, 일반적으로 질적 연구 방법에서 많이 사용한다. 어떤 연구에서 든 연구 방법을 떠나서 자료를 수집하고 결론을 도출하는 과정은 귀납적 연구의 과정이다. 연역적 연구는 가설을 설정하고 이를 입증할 자료를 분석하는 과정으로, 일반적으로 양적 연구 방법에서 많이 사용한다. 연구의 전체 과정에서 연구 문제를 찾아내고 가설을 설정하는 과정이 연역적 연구의 과정이다.

item 03

양적 연구 방법과 질적 연구 방법

수능 출제 패턴 분석 제시문이 양적 연구 방법인지, 질적 연구 방법인지를 구분하고 그 특징을 비교하여 묻는 문제가 출제된다. 연구 방법을 적용하기에 적절한 연구 주제를 찾는 문제도 출제된다.

유형보기

1. 양적 연구와 질적 연구의 특징 비교 수능

교사와의 상담과 학생 자존감 간의 상관관계를 연구하려고 해요.

자료 분석

(1) 갑은 양적 연구를, 을은 질적 연구를 적용하고자 한다.
(2) 양적 연구는 변수와 변수 간의 상관관계를 밝혀 법칙을 발견하는 것을 목적으로 한다. 양적 연구는 방법론적 일원론과 관련 있다.
(3) 질적 연구는 주로 연구 대상자와의 정서적 교감을 통해 연구 대상자의 생활을 파악하고 행위 이면에 담긴 동기나 목적에 연구의 초점을 맞춘다. 질적 연구는 방법론적 이원론과 관련 있다.

2. 양적 연구와 질적 연구에 적합한 주제 평가원

(가)	(나)
• 청소년들의 대화에 나타난 은어 사용 빈도 • 자아 정체감과 학교 생활 적응 간의 상관관계 • 신도시 주민들의 주관적 계층 의식 분포	• 초임 교사의 학교 문화 적응 과정 • 팬클럽 구성원의 행위 규범 형성 과정 • 베이비붐 세대의 은퇴 이후 삶에 대한 생애사 연구

자료 분석

(1) (가)는 양적 연구에, (나)는 질적 연구에 적합한 주제이다.
(2) 양적 연구는 두 변수 간의 상관관계와 같이 일반적인 법칙 발견을 목적으로 한다. 양적 연구는 잘 고안된 도구로 정확하게 연구할 수 있다는 특징이 있다.
(3) 질적 연구는 사회 · 문화 현상 속에 담긴 인간의 동기나 목적 등 주관적 행위 요소를 깊이 있게 이해할 수 있으며, 주로 참여 관찰법, 면접법을 통해 자료를 수집한다.

대표기출로 유형 감잡기

정답 및 해설 • p.008

040

정답률 87% | 2022학년도 6월 평가원

다음은 학생들이 제출한 수행 평가 과제에 대해 교사가 평가한 내용이다. 이에 대한 설명으로 옳은 것은?

A조 과제에 대한 평가	B조 과제에 대한 평가
A조는 '에고서핑(ego−sufing)'의 의미를 찾아 ㉠'인터넷으로 자신에 대한 정보나 댓글을 검색하는 것'이라고 소개한 후 '에고서핑을 많이 하는 사람일수록 자존감이 낮을 것이다.'라는 가설을 세워 검증하였습니다. A조가 제출한 과제는 일반인을 대상으로 가설과 관련한 일반적인 경향성을 적절히 규명한 연구입니다.	B조는 '에고서핑(ego−sufing)'을 하는 사람들의 심리를 알기 위해 심층 인터뷰를 실시하였습니다. B조가 제출한 과제는 인터넷상에 나타난 자신에 대한 정보나 댓글에 매우 민감한 연예인, 유명 인터넷 1인 방송인 등을 대상으로 그들이 왜 불편한 감정을 감수하고 에고서핑을 하는지에 대해 적절히 조사한 연구입니다.

① ㉠은 A조가 연구 과정에서 실시한 개념의 조작적 정의이다.
② B조가 사용한 연구 방법은 법칙 발견을 목적으로 한다.
③ A조가 사용한 연구 방법은 B조가 사용한 연구 방법에 비해 계량화가 어려운 인간의 주관적 영역에 대해 탐구하기 곤란하다.
④ B조가 사용한 연구 방법은 A조가 사용한 연구 방법과 달리 자료 수집 과정에서 연구자의 가치 중립이 요구된다.
⑤ A조가 사용한 연구 방법은 방법론적 이원론을, B조가 사용한 연구 방법은 방법론적 일원론을 전제로 한다.

041

정답률 87% | 2022년 4월 교육청

갑, 을이 활용한 사회 · 문화 현상의 연구 방법의 일반적인 특징에 대한 설명으로 옳은 것은?

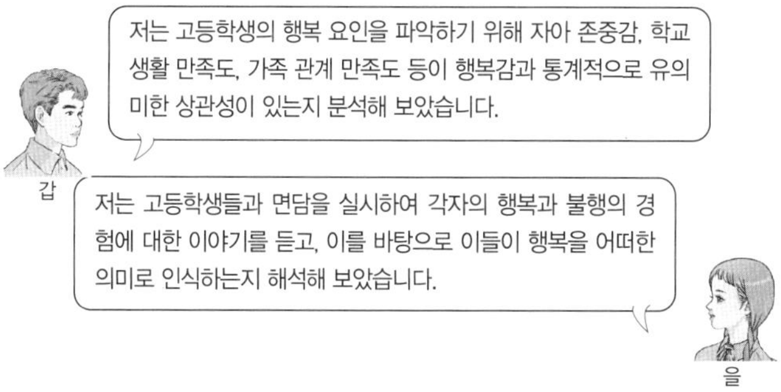

저는 고등학생의 행복 요인을 파악하기 위해 자아 존중감, 학교 생활 만족도, 가족 관계 만족도 등이 행복감과 통계적으로 유의미한 상관성이 있는지 분석해 보았습니다.
갑
저는 고등학생들과 면담을 실시하여 각자의 행복과 불행의 경험에 대한 이야기를 듣고, 이를 바탕으로 이들이 행복을 어떠한 의미로 인식하는지 해석해 보았습니다.
을

① 갑의 방법은 연구 대상자에 대한 감정 이입적 이해를 중시한다.
② 을의 방법은 변수들 간 관계에 대한 법칙 발견을 목적으로 한다.
③ 갑의 방법은 을의 방법과 달리 경험적 자료를 토대로 사회 · 문화 현상을 연구한다.
④ 을의 방법은 갑의 방법과 달리 개념의 조작적 정의를 필요로 한다.
⑤ 갑의 방법은 방법론적 일원론을, 을의 방법은 방법론적 이원론을 전제로 한다.

042

정답률 79% | 2022년 3월 교육청

다음 자료의 (가)에 들어갈 내용으로 옳은 것은?

> 교사: 표는 사회 · 문화 현상의 연구 방법 A와 B를 비교한 것입니다. 이를 보고 A, B에 대하여 설명해 보세요.
>
> | 구분 | A | B |
> |---|---|---|
> | 의미 | 계량화된 자료의 수집과 통계 분석을 통해 결론을 도출하는 방법 | 연구 대상자의 주관적 생활 세계에 대한 자료를 수집하여 연구자의 해석을 통해 결론을 도출하는 방법 |
> | 전제 | 방법론적 일원론 | 방법론적 이원론 |
>
> 갑: A를 적용하는 연구에서는 주로 참여 관찰법이 활용됩니다.
> 을: B는 사회 · 문화 현상이 자연 현상과 본질적으로 다른 특성을 지니고 있다고 봅니다.
> 병: [(가)]
> 교사: 두 학생만 옳은 설명을 하였습니다.

① A는 사회 · 문화 현상에 규칙성이 존재하지 않음을 강조합니다.
② B는 연구자의 직관적 통찰을 통한 자료 수집을 중시합니다.
③ A는 B와 달리 사회 · 문화 현상에 대한 심층적인 이해를 목적으로 합니다.
④ B는 A와 달리 비공식적 자료의 수집을 배제합니다.
⑤ 소득과 행복 간의 상관관계를 파악하려는 연구에는 A보다 B가 적합합니다.

043

정답률 76% | 2020년 4월 교육청

다음 자료에 대한 설명으로 옳은 것은?

> 사회 · 문화 현상의 연구 방법 중 A는 연구 대상이 되는 현상을 관찰하여 규칙성을 찾는 데 목적이 있다. 반면 B는 사회 · 문화 현상에 담긴 의미를 이해하고 해석하는 데 목적이 있다. 그림은 A, B의 일반적인 특징을 연결한 것이다.
>
> 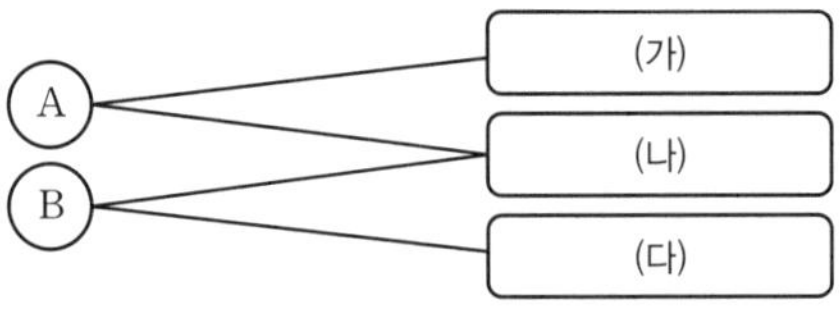
>

① A는 행위 자체보다 행위의 동기를 주된 분석 대상을 삼는다.
② B는 계량화된 자료의 통계 분석을 중시한다.
③ (가)에는 '연구자와 연구 대상을 분리할 수 없다고 본다.'가 들어갈 수 있다.
④ (나)에는 '직관적 통찰을 통해 사회 · 문화 현상의 의미를 해석한다.'가 들어갈 수 있다.
⑤ (다)에는 '사회 · 문화 현상과 자연 현상은 본질적으로 다르다고 전제한다.'가 들어갈 수 있다.

예상문제로 유형 익히기

정답 및 해설 • p.008

044

난이도 상 **중** 하

표의 (가), (나)는 대표적인 사회 과학의 두 연구 방법이다. 이에 대한 옳은 설명만을 〈보기〉에서 고른 것은?

연구 방법	(가)	(나)
연구 주제 예시	• 동아리 구성원의 행위 규범 형성 과정 • 도박 중독자의 내면 심리 상태 연구	• 직업별 여가 생활 만족도 비교 • 학생의 거주 지역과 학업 성취도의 관계

〈보기〉

ㄱ. 자료의 계량적 분석을 통해 가설을 검증한다.
ㄴ. 주로 실험법이나 질문지법을 통해 자료를 수집한다.
ㄷ. 연구자의 직관적 통찰을 통해 연구 대상의 의미를 파악한다.
ㄹ. 사회 · 문화 현상이 자연 현상과 본질적으로 다르다고 전제한다.

	(가)	(나)
①	ㄱ, ㄴ	ㄷ, ㄹ
②	ㄱ, ㄷ	ㄴ, ㄹ
③	ㄱ, ㄹ	ㄴ, ㄷ
④	ㄴ, ㄹ	ㄱ, ㄷ
⑤	ㄷ, ㄹ	ㄱ, ㄴ

045

난이도 **상** 중 하

그림 (가), (나)는 각각 사회 과학의 연구 과정이다. 이에 대한 설명으로 옳은 것은?

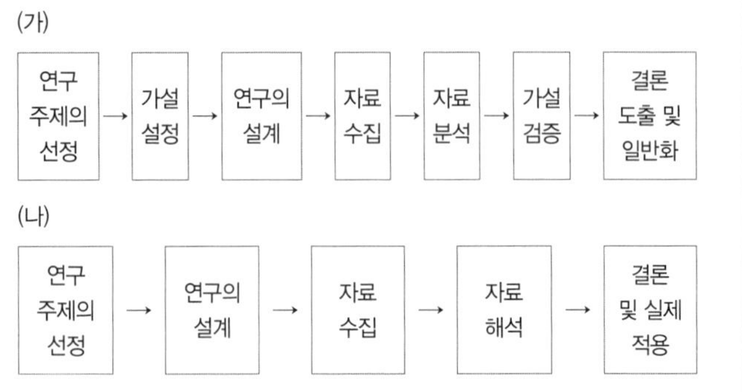

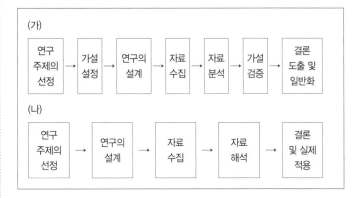

① (가)는 사회 · 문화 현상과 자연 현상이 본질적으로 다르다는 전제에서 상황 맥락 속의 의미 규정을 강조한다.
② (나)는 사회 · 문화 현상에 내재된 규칙성을 발견하여 일반화하는 것을 목적으로 삼는다.
③ (가)와 달리 (나)는 경험적인 자료를 중시한다.
④ (가)는 (나)보다 사회 · 문화 현상의 주관적 측면을 심층적으로 이해하는 데 유리하다.
⑤ (나)는 (가)에 비해 연구자의 주관적 가치 개입의 우려가 크다.

046

난이도 상 **중** 하

그림에서 갑과 을이 주장하는 연구 방법에 적합한 주제만을 〈보기〉에서 고른 것은? (단, 갑과 을이 주장하는 연구 방법은 각각 양적 연구와 질적 연구 중 하나이다.)

인간의 사회적 행위는 반드시 의미를 가지고 있기 때문에 그것을 이해하지 않으면 그 행위를 올바르게 파악했다고 할 수 없습니다.
소수 사례를 깊이 연구하는 것보다 일반화된 결과를 도출하는 게 연구 목적에 더 부합합니다.
갑
을

〈보기〉

ㄱ. 경제 성장과 범죄 발생의 상관관계 연구
ㄴ. 이민 2세의 자아 정체성에 관한 심층 연구
ㄷ. 청소년의 약물 남용 실태에 관한 통계적 연구
ㄹ. 사회과 교실 수업에서의 일상생활에 대한 기술적 연구

	갑	을
①	ㄱ, ㄴ	ㄷ, ㄹ
②	ㄱ, ㄷ	ㄴ, ㄹ
③	ㄱ, ㄹ	ㄴ, ㄷ
④	ㄴ, ㄹ	ㄱ, ㄷ
⑤	ㄷ, ㄹ	ㄱ, ㄴ

047

난이도 **상** 중 하

그림은 사회 · 문화 현상의 연구 방법 (가), (나)를 구분한 것이다. 이에 대한 설명으로 옳은 것은?

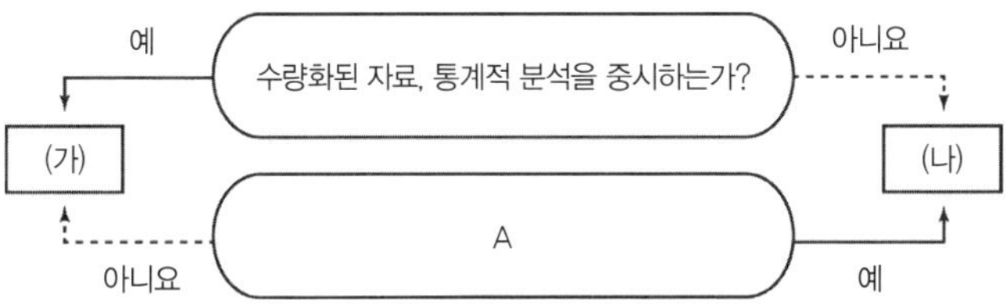

① A에는 '주로 문화기술지적 연구에 활용되는가?'가 들어갈 수 있다.
② (가)는 직관적 통찰을 통한 법칙 발견을 추구한다.
③ (나)는 사회 현상에 대한 인과 관계의 규명을 중시한다.
④ (가)는 (나)에 비해 비공식적 자료의 활용을 중시한다.
⑤ (가), (나)는 모두 연구 대상자가 구성하는 생활 세계를 탐구한다.

048

난이도 **상** 중 하

다음 연구에 대한 설명으로 적절하지 않은 것은?

미국의 인류학자 루스 베네딕트는 제2차 세계 대전 중 미국 국무부로부터 일본에 대한 연구를 의뢰받았다. 서구인의 입장에서 이해하기 힘들었던 전쟁 상대를 이해하기 위해 베네딕트는 일본을 방문하지 않고 도서관의 연구 자료와 일본인 이민자들과의 인터뷰 등에 의존해 보고서를 작성해야 했다. 그녀는 일본의 독특한 계층 제도가 일본인의 정서를 만들었다고 분석하였다. 계층 제도에 대한 일본인의 신뢰가 일본식 행동 양식을 만들었다는 것이다.

① 1차 자료만으로 보고서가 작성되었다.
② 연구자의 직관적 통찰력이 활용되었다.
③ 방법론적 이원론에 입각한 연구 과정이 포함되었다.
④ 사회 제도가 구성원의 심리에 미치는 영향을 분석하였다.
⑤ 인간 행위의 동기나 의도를 파악하여 사회 · 문화 현상의 의미를 이해하고자 한다.

049

난이도 상 **중** 하

연구 방법 (가), (나)에 대한 설명으로 옳은 것은?

(가)	(나)
Ⅱ. 이론적 배경 및 연구 가설 Ⅲ. 연구 설계 1. 자료 수집 및 표본 특성 2. 측정 도구 Ⅳ. 결과 분석 1. 상관관계 분석 결과 ………	Ⅱ. 이론적 배경 Ⅲ. 연구 설계 1. 연구 성격 : 사례 연구, 문화 기술지 연구 2. 관찰 및 해석의 틀 3. 연구 대상 및 절차 Ⅳ. 행위에 대한 해석 1. 인식 변화 ………

① (가)는 직관적 통찰이나 감정 이입을 통해 사람들의 행동을 이해하려고 한다.
② (가)는 사회 · 문화 현상이 자연 현상과 본질적으로 다르다는 인식에 기초한다.
③ (가)는 사회 · 문화 현상을 행위자의 동기나 가치로부터 분리하여 연구한다.
④ (나)는 경험적 증거를 통한 가설 검증을 중시한다.
⑤ (나)는 일반적으로 연역적 과정을 통해 결론을 도출한다.

050 Challenge 30% 신유형

난이도 상 중 하

그림은 사회 · 문화 현상의 연구 방법을 구분한 것이다. (가)~(다)에 들어갈 적절한 질문만을 〈보기〉에서 고른 것은?

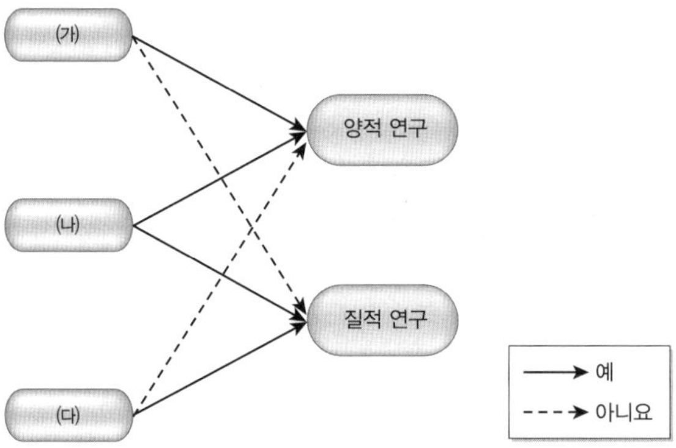

〈보기〉

ㄱ. 통계 처리와 계량화가 용이한가?
ㄴ. 인간 행위의 해석과 의미 부여를 강조하는가?
ㄷ. 연구 결과를 이론 정립과 정책 수립 등에 활용할 수 있는가?

	(가)	(나)	(다)
①	ㄱ	ㄴ	ㄷ
②	ㄱ	ㄷ	ㄴ
③	ㄴ	ㄱ	ㄷ
④	ㄴ	ㄷ	ㄱ
⑤	ㄷ	ㄴ	ㄱ

051

난이도 상 중 하

다음 연구 논문에서 활용한 연구 방법에 대한 옳은 설명만을 〈보기〉에서 고른 것은?

Ⅰ. 서론

Ⅱ. 이론적 배경

Ⅲ. 연구 설계
1. 연구 목적 : 다문화 가정 청소년들의 학교 생활 경험 이해
2. 연구 대상 : 다문화 가정 남녀 청소년 6명
3. 연구 절차 : 6개월간 심층 면접

Ⅳ. 자료에 대한 해석
1. 공부와 성적에 대한 성취 동기 부족 및 교우 관계의 어려움 발견
… (후략) …

〈보기〉

ㄱ. 개념의 조작적 정의가 이루어진다.
ㄴ. 연구 대상의 행위 맥락을 깊이 있게 이해하고자 한다.
ㄷ. 정밀한 연구를 통한 일반화나 법칙 발견에 유리하다.
ㄹ. 연구자의 주관이 개입될 우려가 있고, 연구의 객관성에 대한 문제 제기를 받을 수 있다.

① ㄱ, ㄴ ② ㄱ, ㄷ ③ ㄴ, ㄷ
④ ㄴ, ㄹ ⑤ ㄷ, ㄹ

item 04

양적 연구 과정과 질적 연구 과정

수능 출제 패턴 분석 양적 연구 과정을 보여 주는 자료가 주어지고, 표본 집단이 모집단을 잘 대표하고 있는지, 연구 결과를 일반화할 수 있는지, 독립 변수와 종속 변수를 구분할 수 있는지, 개념의 조작적 정의가 잘 이루어졌는지 등을 묻는 문제가 출제된다.

유형보기

1. 사회 과학 연구의 사례 분석 평가원

- 연구 가설 : 온라인 게임을 많이 하는 고등학생이 그렇지 않은 고등학생에 비해 문제 행동을 더 많이 할 것이다.
- 자료 수집 : 1) ○○지역에서 무작위로 선정한 고등학생 500명에 대해 설문 조사 실시
  2) 설문 조사 대상자 중 하루 3시간 이상 온라인 게임을 하는 10명에 대해 심층 면접 실시
- 연구 내용 : 온라인 게임 이용 실태 파악, 온라인 게임 이용 정도에 따른 문제 행동 빈도 분석, 온라인 게임 후 심리적 변화 이해 등

(자료 분석)

(1) 고등학생 500명을 대상으로 설문 조사한 것은 양적 연구와 관련 있고, 이 중에서 10명에 대해 심층 면접을 실시한 것은 질적 연구와 관련 있다. 하지만 ○○지역의 고등학생 500명 중 온라인 게임을 한 학생 10명만을 대상으로 심층 면접을 하였기 때문에 ○○지역의 청소년들에게 조사 결과를 일반화할 수 없다.
(2) 온라인 게임 이용 정도가 원인에 해당하므로 독립 변수이고, 문제 행동 빈도는 온라인 게임 이용 정도에 대한 결과에 해당하므로 종속 변수이다.

2. 사회 · 문화 현상의 탐구 절차 수능

(가) 학력이 높을수록 성공적으로 노화(老化)한다는 점을 ○○지역의 특성에 맞게 활용할 수 있는 정책 제안
(나) ○○지역의 사람들은 학력이 높을수록 성공적으로 노화했다는 점을 확인
(다) ○○지역의 주민을 대상으로 자료 수집
(라) ○○지역에서도 학력이 높을수록 성공적으로 노화할 것이라고 잠정적 결론 도출
(마) 학력과 성공적 노화와의 관계를 고학력자들이 밀집한 ○○지역에서 탐구하는 것이 중요하다는 주장 제기

(자료 분석)

(1) (가)는 연구 결과의 활용 단계, (나)는 자료 분석 단계, (다)는 자료 수집 단계, (라)는 가설 설정 단계, (마)는 문제 인식 단계에 해당한다. 따라서 연구는 (마) → (라) → (다) → (나) → (가)의 순서로 진행된다.
(2) 제시된 연구 과정은 가설을 설정하고 자료를 수집하였으므로 연역적이다.
(3) (나), (다)는 자료 수집 및 분석 단계이므로 가치 중립적 자세를 견지해야 한다.

대표기출로 유형 감잡기

정답 및 해설 • p.009

052

정답률 79% | 2020학년도 9월 평가원

밑줄 친 ㉠~㉧에 대한 설명으로 옳은 것은?

연구 주제 : 다문화 교육이 고등학생의 다문화 수용성에 미치는 영향

- 연구 가설
  - ㉠ 가설 : 다문화 교육을 받은 고등학생이 받지 않은 고등학생에 비해 다문화 수용성이 높을 것이다.
- ㉡ 자료 수집
  - 연구 참여에 동의한 ○○고등학교 학생 60명을 무작위로 각각 30명씩 A, B 두 집단으로 나누고, 두 집단 모두를 대상으로 다문화 수용성 지수를 측정하는 ㉢ 설문 조사를 실시함
  - ㉣ A 집단에는 다문화 교육을 3개월간 실시하고, ㉤ B 집단에는 다문화 교육을 실시하지 않음
  - 이후 A, B 두 집단 모두를 대상으로 다문화 수용성 지수를 측정하는 ㉥ 설문 조사를 실시함
- ㉦ 자료 분석
  - 수집한 자료를 분석한 결과, 가설을 채택함
- ㉧ 결론
  - 고등학생의 다문화 수용성 제고를 위해서는 다문화 교육을 실시해야 한다.

① ㉠에서 독립 변인은 '다문화 교육의 효과'이다.
② ㉢에서 1차 자료를, ㉥에서 2차 자료를 수집하였다.
③ ㉣은 실험 집단, ㉤은 통제 집단이다.
④ ㉦에 따르면, ㉤은 ㉣과 달리 다문화 수용성이 낮아졌다.
⑤ ㉡ → ㉦ → ㉧으로 가는 과정은 연역적이다.

053

정답률 76% | 2024학년도 9월 평가원

다음 연구에 대한 설명으로 옳은 것은?

> 연구자 갑은 집단 간 경쟁이 자신이 속한 집단 구성원에 대한 긍정적 평가를 증가시킬 것이라고 예상하며 연구를 진행하였다. 갑은 서로 모르는 사이의 청소년을 연구 참여자로 모집한 후 무작위로 네 모둠으로 구분하였다. 모둠 A와 모둠 B는 숲 체험 활동을 하였고, 모둠 C는 모둠 A의, 모둠 D는 모둠 B의 활동을 관리하였다. 1일 차에 모둠 A와 모둠 B는 서로의 존재를 알지 못하는 상태에서 주어진 과업을 독립적으로 수행하였다. 갑은 2일 차에 모둠 A와 모둠 B에게 경쟁 모둠의 존재를 알리고, 과업을 먼저 해결하는 모둠에게만 별도의 상품을 제공한다고 공지하였다. 한편 모둠 C와 모둠 D는 자신이 관리하는 모둠 A와 모둠 B가 과업 수행 중 나눈 대화에 나타난 칭찬과 비난의 횟수를 관찰하여 일자별로 기록하였다. 갑이 ㉠ 모둠 C와 모둠 D가 관찰하며 기록한 자료를 분석한 결과, 모둠 A와 모둠 B 모두에서 1일 차 대비 2일 차에 소속 모둠원에 대한 ㉡ 칭찬 횟수는 증가하였고, ㉢ 비난 횟수는 감소하였다.

① 갑은 양적 연구 방법과 질적 연구 방법을 모두 활용하였다.
② 모둠 A와 B는 실험 집단이고, 모둠 C와 D는 통제 집단이다.
③ 1일 차와 2일 차 모두 독립 변수에 대한 처치가 이루어졌다.
④ ㉠은 갑의 연구에서 1차 자료에 해당한다.
⑤ ㉢은 ㉡과 달리 종속 변수에 대한 조작적 정의이다.

054

정답률 87% | 2024학년도 6월 평가원

다음 자료에 대한 옳은 설명만을 〈보기〉에서 고른 것은?

갑은 '소비 활동으로 느끼는 행복'이라는 ㉠ 연구 주제를 설정하였다. ㉡ 관련 연구를 검토한 뒤, 소득 수준에 따라 소비 활동으로 느끼는 행복감이 소비 활동 유형별로 어떻게 다른지 파악하기 위해 가설을 설정하였다. 아래는 가설 중 하나이다.

〈가설〉 소득 수준이 높은 집단이 소득 수준이 낮은 집단보다 [A] 활동으로 느끼는 행복감이 높을 것이다.

갑은 ㉢ 가설 검증을 위해 성인 2,000명을 대상으로 ㉣ 설문 조사를 실시하였다. 소득 수준은 응답자의 월평균 소득을 기준으로 상위 50%를 ㉤ 소득 수준이 높은 집단, 나머지를 ㉥ 소득 수준이 낮은 집단으로 구분하였다. 소비 활동의 유형은 일상적 소비(생활용품 구입 등)와 문화적 소비(여가 활동비 지출 등)로 구분하였고, 각 유형별 소비 활동으로 느끼는 행복감은 5점 척도(점수가 클수록 행복감이 높음)로 측정하였다.

자료 분석 결과, 일상적 소비 활동으로 느끼는 행복감은 소득 수준이 높은 집단에서 2.6점, 소득 수준이 낮은 집단에서 3.6점으로 나타났다. 문화적 소비 활동으로 느끼는 행복감은 소득 수준이 높은 집단에서 3.6점, 소득 수준이 낮은 집단에서 2.0점으로 나타났다. 분석 결과는 통계적으로 유의미하였다.

〈보기〉

ㄱ. ㉠ 단계는 ㉢ 단계와 달리 연구자의 가치 중립이 요구된다.
ㄴ. ㉡은 2차 자료를, ㉣은 1차 자료를 수집하기 위한 것이다.
ㄷ. ㉤은 실험 집단, ㉥은 통제 집단이다.
ㄹ. 〈가설〉은 A가 '일상적 소비'이면 기각되고, '문화적 소비'이면 수용된다.

① ㄱ, ㄴ ② ㄱ, ㄷ ③ ㄴ, ㄷ ④ ㄴ, ㄹ ⑤ ㄷ, ㄹ

055

정답률 49% | 2019학년도 9월 평가원

밑줄 친 ㉠~㉥에 대한 설명으로 옳은 것은?

- 연구 주제 : 부부 간 친밀도에 영향을 미치는 요인
- 연구 가설 : – ㉠ 부부 간 대화 시간이 많을수록 부부 간 친밀도가 높다.
  – 부부 간 의견 일치 정도가 높을수록 부부 간 친밀도가 높다.
- 연구 설계 : – 조사 방법 : 기혼자 1,000명을 대상으로 설문 조사
  – 조사 항목 : ㉡ 부부 간 대화 시간, ㉢ 부부 간 의견 일치 정도, 부부 간 친밀도
- 분석 결과 : – 부부 간 대화 시간에 따라 세 개의 집단으로 구분한 결과, ㉣ 많은 집단의 부부 간 친밀도는 2.8, 중간 집단은 3.5, 적은 집단은 4.2였으며, ㉤ 통계적으로 유의미한 차이가 나타남
  – 부부 간 대화 시간에 따라 구분한 ㉥ 위 세 개의 집단 각각에서 부부 간 의견 일치 정도와 부부 간 친밀도는 통계적으로 유의미한 양(+)의 상관관계가 있는 것으로 나타남

* 조사 항목은 모두 3점 척도이며, 숫자가 높을수록 그 정도가 많거나 높음

① ㉠은 기각되었다.
② ㉡은 종속 변인, ㉢은 독립 변인이다.
③ ㉣은 실험 집단 중 하나이다.
④ ㉤은 2차 자료를 분석하여 얻은 결과이다.
⑤ ㉥을 통해 ㉠이 검증되었다.

056

정답률 45% | 2023학년도 9월 평가원

밑줄 친 ㉠~㉦에 대한 옳은 설명만을 〈보기〉에서 고른 것은?

갑은 반려견 양육 경험이 반려견을 양육하는 사람의 주관적 행복감에 미치는 영향을 파악하기 위해 ㉠ 가설을 설정하고 연구를 진행하였다. 갑은 반려견을 양육하고 있는 성인 500명을 대상으로 구조화된 질문지를 활용해 반려견을 키운 기간, 반려견과 같이 보내는 시간을 조사하고, ㉡ 우울감 정도, 생활 만족도는 5점 척도로 조사하였다. 갑은 수집한 ㉢ 자료를 통계 프로그램으로 분석하여 결론을 도출하였다.
한편, 을은 현대인이 반려견 양육에 부여하는 의미를 심층적으로 파악하고자 하였다. 이를 위해 을은 반려견 양육 경험이 없는 사람들을 ㉣ A 집단, 반려견 양육 경험이 있는 사람들을 ㉤ B 집단으로 각각 10명씩 구분하였다. A 집단에는 반려견을 키우지 않는 이유, 반려견 양육 의향 등에 대해, B 집단에는 ㉥ 반려견 양육 동기, 반려견에게 느끼는 감정 등에 대해 직접 물어보면서 연구 대상자의 답변을 녹취하였다. 을은 수집한 ㉦ 자료를 해석하여 결론을 도출하였다.

〈보기〉

ㄱ. ㉠에서 독립 변수는 '반려견 양육 경험의 유무'이다.
ㄴ. ㉡은 ㉥과 달리 해당 연구에서 종속 변수에 대한 조작적 정의에 해당한다.
ㄷ. ㉢과 ㉦은 모두 해당 연구자가 언어적 상호 작용이 필수적인 자료 수집 방법을 활용해 얻은 1차 자료이다.
ㄹ. ㉣은 통제 집단, ㉤은 실험 집단이다.

① ㄱ, ㄴ ② ㄱ, ㄷ ③ ㄴ, ㄷ ④ ㄴ, ㄹ ⑤ ㄷ, ㄹ

057

정답률 50% | 2018학년도 수능

다음 연구에 대한 설명으로 옳은 것은? (단, (가)~(라)는 연구 과정을 순서 없이 나열한 것이다.)

- 연구 주제 설정 : 정보 격차 문제를 파악하기 위해 A 지역 고등학생의 인터넷 이용 형태에 부모의 경제 수준 및 부모의 인터넷 이용 형태가 미치는 영향을 탐구하기로 하였다.

(가) ㉠ 부모의 경제 수준이 높을수록 자녀의 정보 지향적 인터넷 이용 정도가 높아지고, ㉡ 부모의 정보 지향적 인터넷 이용 정도가 높을수록 자녀의 정보 지향적 인터넷 이용 정도가 높아질 것이라고 가설을 설정하였다.
(나) A 지역에서 선정된 6개 ㉢ 고등학교 학생 1,000명 중 ㉣ 부모도 응답 가능한 300명을 대상으로 구조화된 질문지를 통해 자료를 수집하였다.
(다) 경제 수준은 ㉤ 월평균 소득으로, 정보 지향적 인터넷 이용 정도는 ㉥ 인터넷 이용 시간 중 정보 검색 시간 비중으로 측정하기로 하였다.
(라) 부모의 월평균 소득에 따라 자녀의 정보 검색 시간 비중은 통계적으로 유의미한 차이가 나타나지 않았다. 반면 부모의 정보 검색 시간 비중이 높을수록 자녀의 정보 검색 시간 비중은 통계적으로 유의미하게 높아지는 것으로 나타났다.

① ㉠은 독립 변수, ㉡은 종속 변수이다.
② ㉢은 모집단, ㉣은 표본이다.
③ ㉤은 ㉠의, ㉥은 ㉡의 조작적 정의에 해당한다.
④ (라)로 보아 가설은 검증되었다.
⑤ (다)–(나)–(가)–(라) 순서로 연구가 진행되었다.

058

정답률 81% | 2022학년도 수능

다음 자료에 대한 설명으로 옳은 것은?

> 연구자 갑은 ㉠ "학업 성취도에 자기 통제력이 정(+)의 영향을 미칠 것이다."라는 가설을 검증하기 위해 아동 90명을 대상으로 연구하였다. 갑은 아동에게 "초콜릿 1개를 받고 바로 먹어도 되지만 15분 동안 먹지 않고 기다리면 1개를 더 먹을 수 있다."는 조건에서 자신의 ㉡ 기다림 행동 정도(바로 먹음, 기다리다 중간에 먹음, 끝까지 기다림)를 예측하여 기입하게 하였다. 해당 아동의 ㉢ 학업 성적을 구하여 통계 분석한 결과, '끝까지 기다림' 집단이 나머지 집단보다 학업 성적이 높았다.
> 연구자 을은 갑의 가설을 재검증하기 위해 아동 900명을 대상으로 아동의 기다림 행동 정도와 학업 성적을 갑의 연구와 동일하게 수집하였다. 추가적으로 아동에 대한 가정의 경제적 배경을 조사하여 연구 대상자를 ㉣ 두 집단으로 구분한 후 자료를 분석하였다. 갑의 가설과 자신이 추가한 가설을 모두 검증하기 위해 분석한 결과, 기다림 행동 정도에 따른 학업 성적의 차이는 통계적으로 유의미하지 않았고, ㉤ 가정의 경제적 배경에 따른 학업 성적의 차이는 통계적으로 유의미한 것으로 나타났다.

① 갑은 실험법, 을은 질문지법을 사용하였다.
② ㉠은 갑, 을의 연구 모두에서 수용되었다.
③ ㉡은 갑, 을의 연구 모두에서 독립 변수의 조작적 정의이다.
④ ㉢은 갑의 연구에서, ㉤은 을의 연구에서 종속 변수이다.
⑤ ㉣은 을의 연구에서 실험 집단과 통제 집단을 구분하기 위한 과정이다.

059

정답률 76% | 2019학년도 수능

다음 연구에 대한 옳은 설명을 〈보기〉에서 고른 것은?

• 연구 주제 : 중 · 고등학생의 게임 몰입이 주변 사람과의 대화에 미치는 영향

• 연구 가설
〈가설 1〉 게임을 적게 할수록 부모와 대화는 많을 것이다.
〈가설 2〉 (가)

• 자료 수집
– 조사 방법 : 중 · 고등학생 1,000명을 무작위 선정하여 설문 조사
– 조사 내용 : ㉠ 게임 시간 정도, ㉡ 부모와 대화 정도, 친구와 대화 정도

• 자료 분석 결과
– 자료 분석 결과는 아래 표와 같고, 부모와 대화 정도 및 친구와 대화 정도는 게임 시간 정도에 따라 통계적으로 유의미한 차이가 있는 것으로 나타났다.

(단위 : 명)

대화 정도 \ 게임 시간 정도		많음	중간	적음
부모와 대화 많음	친구와 대화 많음	78	100	120
	친구와 대화 적음	52	70	80
부모와 대화 적음	친구와 대화 많음	172	100	A
	친구와 대화 적음	48	B	C

* 무응답이나 복수 응답 없음.
** A+B=C=3A

〈보기〉

ㄱ. 게임을 많이 한 집단은 실험 집단, 게임을 적게 한 집단은 통제 집단이다.
ㄴ. 분석 결과에 따르면 ㉠과 ㉡은 양(+)의 관계이다.
ㄷ. 부모와 대화 정도가 적다는 응답자가 친구와 대화 정도가 적다는 응답자보다 많다.
ㄹ. (가)가 '게임을 적게 할수록 친구와 대화는 많을 것이다.'라면, 〈가설 2〉는 기각된다.

① ㄱ, ㄴ ② ㄱ, ㄷ ③ ㄴ, ㄷ
④ ㄴ, ㄹ ⑤ ㄷ, ㄹ

060

정답률 79% | 2020학년도 6월 평가원

다음 연구에 대한 옳은 설명만을 〈보기〉에서 있는 대로 고른 것은?

• 연구 주제 : 청소년의 스마트폰 의존도와 여가 활동의 관계

• 연구 가설
〈가설 1〉 스마트폰 의존도가 높은 청소년은 낮은 청소년에 비해 스포츠 활동에 참여하지 않을 가능성이 높다.
〈가설 2〉 스마트폰 의존도가 높은 청소년은 낮은 청소년에 비해 컴퓨터 게임을 이용하지 않을 가능성이 높다.

• 자료 수집
– 조사 방법 : ㉠ 중 · 고등학생을 대상으로 1,000명을 무작위 선정하여 질문지를 통한 조사 실시
– 조사 내용 : ㉡ 지난 일주일간 하루 평균 스마트폰 사용 시간, ㉢ 지난 일주일간 스포츠 활동 참여 여부, ㉣ 지난 일주일간 컴퓨터 게임 이용 여부

• 자료 분석 결과
– 분석 결과는 아래 표와 같고, 스마트폰 사용 시간에 따른 스포츠 활동 참여 및 컴퓨터 게임 이용 여부는 통계적으로 유의미한 차이가 있는 것으로 나타남

(단위 : 명)

스마트폰 사용 시간	스포츠 활동 참여함		스포츠 활동 참여 안 함	
	컴퓨터 게임 이용함	컴퓨터 게임 이용 안 함	컴퓨터 게임 이용함	컴퓨터 게임 이용 안 함
많음	96	64	108	132
적음	189	231	72	108

〈보기〉

ㄱ. 구조화된 도구를 활용하여 자료를 수집하였다.
ㄴ. ㉠으로 인하여 표본의 대표성이 확보되었다.
ㄷ. ㉡~㉣은 모두 개념의 조작적 정의에 해당한다.
ㄹ. 분석 결과는 〈가설 1〉, 〈가설 2〉를 지지하는 근거가 된다.

① ㄱ, ㄷ ② ㄴ, ㄷ ③ ㄴ, ㄹ
④ ㄱ, ㄴ, ㄹ ⑤ ㄱ, ㄷ, ㄹ

061

정답률 64% | 2023학년도 수능

다음 자료에 대한 설명 및 추론으로 옳은 것은?

> 갑은 직장인의 업무 과부하와 직무 스트레스 간의 관계를 파악하기 위해 연구를 진행하였다. 갑은 ○○ 기업 직원 전체를 대상으로 ㉠ 업무량, ㉡ 업무 이해도, 직무 스트레스를 각각 5점 척도 문항으로 측정한 후, 이 자료를 분석하여 업무 과부하가 직무 스트레스를 높인다는 결론을 얻었다. 한편, 을은 직장인의 직무 스트레스와 상사의 정서적 지원 간의 관계를 알아보기 위해 다음과 같이 연구를 수행하였다. 우선 을은 갑의 연구를 통해 직무 스트레스가 업무량과 업무 이해도로부터 영향을 받는다는 사실을 확인하고, 과도한 업무량에서 비롯된 업무 과부하를 ㉢ 양적 과부하로, 낮은 업무 이해도에서 비롯된 업무 과부하를 ㉣ 질적 과부하로 구분하였다. 다음으로 △△ 기업 고충 상담실의 도움을 받아 △△ 기업 직원 중 양적 과부하로 인해 직무 스트레스를 경험하고 있는 직원 40명을 무작위로 뽑아 A 집단에 배치하고, 질적 과부하로 인해 직무 스트레스를 경험하고 있는 직원 40명을 무작위로 뽑아 B 집단에 배치하였다. 이어 A 집단을 무작위로 20명씩 A_1, A_2로 나누고, 같은 방식으로 B 집단을 B_1, B_2로 나눈 뒤, A_1과 B_1에만 직속 상사가 일정 기간 동안 격려와 신뢰를 표현하도록 했다. 이러한 연구 절차에 따라 수집된 사전 · 사후 검사 자료를 분석한 결과, 상사의 정서적 지원은 B 집단이 겪는 유형의 직무 스트레스를 낮추는 데는 효과가 있었지만, A 집단이 겪는 유형의 직무 스트레스를 낮추지는 못하는 것으로 나타났다.

① 갑의 연구에서 표본은 ○○ 기업 직원 전체이고, 을의 연구에서 모집단은 △△ 기업 직원 전체이다.
② 을의 연구에서 ㉢은 ㉠의 조작적 정의에, ㉣은 ㉡의 조작적 정의에 해당한다.
③ 을의 연구에서 직속 상사가 일정 기간 동안 격려와 신뢰를 표현한 것은 실험 처치에 해당한다.
④ 을의 사후 검사 결과에 따르면, B_1의 직무 스트레스 수치는 A_1의 직무 스트레스 수치보다 낮을 것이다.
⑤ 을의 연구 결과는 업무 과부하가 직무 스트레스에 영향을 준다는 갑의 연구 결과를 반박한다.

062

정답률 71% | 2021학년도 수능

다음 연구에 대한 옳은 설명만을 〈보기〉에서 고른 것은?

- 연구 주제 : 독서 프로그램이 초등학생의 스트레스 및 자아 존중감에 미치는 영향
- 연구 가설
  - 가설 1 : (가)
  - 가설 2 : 독서 프로그램은 초등학생의 자아 존중감을 향상시킬 것이다.
- 연구 설계 및 자료 수집 : ○○ 초등학교 3학년, 6학년 각 100명을 무작위로 선정한 후 제비뽑기를 통해 학년별로 50명씩 A, B 두 집단으로 나누었음. 1개월간 A 집단에는 독서 프로그램을 적용하고, B 집단은 평소와 같이 생활하게 하였음. 프로그램 적용 전후에 검사지를 사용하여 스트레스 정도와 자아 존중감 정도를 스스로 평가하게 하였음.
- 자료 분석 및 가설 검증 : 자료 분석 결과는 표와 같으며, 가설 1과 가설 2 중 하나만 수용되었음.

(단위 : 점)

학년	집단	㉢ 스트레스		㉣ 자아 존중감	
		사전	사후	사전	사후
㉠ 3학년	A	6.0	5.0	6.9	7.3
	B	5.9	5.8	6.9	7.2
㉡ 6학년	A	5.9	5.0	6.9	6.8
	B	6.0	5.9	6.9	6.9

*표의 점수는 각각 스트레스와 자아 존중감을 10점 만점으로 한 해당 집단의 평균값이며, 점수가 높을수록 그 정도가 높음.
** 분석 결과는 통계적으로 유의미함.

〈보기〉

ㄱ. ㉠은 실험 집단, ㉡은 통제 집단이다.
ㄴ. ㉢, ㉣은 모두 종속 변수이다.
ㄷ. ㉣의 경우, ㉠의 B 집단은 ㉡의 B 집단과 달리 독서 프로그램의 영향을 받았다.
ㄹ. (가)에는 '독서 프로그램은 초등학생의 스트레스를 감소시킬 것이다.'가 들어갈 수 있다.

① ㄱ, ㄴ ② ㄱ, ㄷ ③ ㄴ, ㄷ ④ ㄴ, ㄹ ⑤ ㄷ, ㄹ

063

정답률 60% | 2024학년도 수능

다음 자료에 대한 설명으로 옳은 것은?

> 연구자 갑은 정부 정책 도입에 대한 여론 조사 연구에서 '정보 제공이 응답자의 ㉠ 응답 반응에 영향을 미칠 것이다.'라는 가설을 설정하였다. 이를 검증하기 위해 질문 방식을 정부 정책에 대한 정보 제시 없이 정부 정책 도입에 대한 동의 여부를 묻는 것(유형 A), 정부 정책에 대한 중립적인 정보를 제시한 후 정부 정책 도입에 대한 동의 여부를 묻는 것(유형 B), ㉡ 정부 정책에 대한 긍정적인 정보를 제시한 후 정부 정책 도입에 대한 동의 여부를 묻는 것(유형 C)으로 구분한 후, 다음과 같이 두 단계에 걸쳐 연구를 진행하였다.
> - 1단계 : 동일한 정부 정책 도입에 대해 비슷한 시기에 수행된 여론 조사 결과를 수집하였다. 자료 분석을 통해 여론 조사에서 ㉢ 정보 제공 여부가 응답자의 의사 결정에 영향을 미칠 수 있음을 확인하였다.
> - 2단계 : 1단계에서 확인한 결과를 경험적으로 검증하기 위해 성인 200명을 무작위로 선정한 후 실험을 실시하였다. 유형 A를 배부하여 ㉣ 정부 정책 도입에 대한 찬반 여부를 측정한 결과 응답자의 60%가 제안된 정책에 반대하였다. 반대한 사람을 40명씩 무작위로 세 집단으로 나눈 뒤, 첫째 집단에는 유형 A에, 둘째 집단에는 유형 B에, 셋째 집단에는 유형 C에 각각 응답하도록 하였다. 세 집단의 응답을 분석한 결과, 첫째 집단과 둘째 집단 간, 첫째 집단과 셋째 집단 간에는 제안된 정책에 반대하는 비율이 유의미하게 차이가 났지만, 둘째 집단과 셋째 집단 간에는 유의미한 차이가 없었다.

① 2단계에서 갑은 사전 검사를 실시하지 않았다.
② 유형 B에 응답한 사람들은 통제 집단, 유형 C에 응답한 사람들은 실험 집단이다.
③ ㉠은 ㉣에 대한 조작적 정의이다.
④ ㉡은 질문지 작성 시 특정 응답을 유도한 것이므로 갑의 연구 결과를 일반화할 수 없다.
⑤ 2단계에서 도출한 분석 결과는 ㉢을 지지한다.

예상문제로 유형 익히기

정답 및 해설 • p.009

064

난이도 상 중 **하**

다음은 연구 과정을 순서 없이 나열한 것이다. 이에 대한 설명으로 옳지 않은 것은?

> (가) 문제 인식
> (나) 자료 수집
> (다) 연구 결과 활용
> (라) 자료 분석
> (마) 가설 설정 단계

① (가), (다)에서는 연구자의 가치가 개입된다.
② (나) 이전 단계에서 개념의 조작적 정의가 필요하다.
③ 연구자의 주관과 가치를 배제해야 하는 단계는 (나), (라)이다.
④ (마)에서 (나)로 이르는 단계는 귀납적 과정이다.
⑤ 연구는 (가) → (마) → (나) → (라) → (다)의 순서로 진행된다.

065

난이도 상 **중** 하

다음 연구에 대한 분석 및 추론으로 적절하지 않은 것은?

> 아이들을 세 집단으로 나누어 첫 번째 집단에게는 인형을 발로 걷어차고 방망이로 치며 욕설을 하는 장면을 보여 주었다. 두 번째 집단에게는 인형에게 잘했다고 칭찬을 해 주고 사탕과 과자를 선물로 나누어 주는 장면을 보여 주었다. 세 번째 집단에게는 인형에 무관심하고 아무 행동을 하지 않는 장면을 보여 주었다. 영상을 본 후 인형과 방망이가 있는 공간으로 아이들을 데려가서 그들의 반응을 살핀 결과 첫 번째 집단이 가장 공격적인 반응을 보였다.

① 연구 결과를 청소년 전체로 일반화할 수 있다.
② 질적 자료보다 양적 자료를 중시하고 있다.
③ 연구 과정이 윤리적으로 문제시 될 수 있다.
④ 세 집단에게 각기 다른 장면을 보여 주는 것은 독립 변수에 해당한다.
⑤ 연구자는 매체가 전달하는 서로 다른 영상 내용이 아이들에게 끼치는 영향에 대한 문제 인식을 했을 것이다.

066

난이도 상 중 하

다음 연구에 대한 설명으로 옳지 않은 것은?

[연구 주제 선정] 고등학생의 가정 폭력 경험이 학교 폭력 가해 행동에 미치는 영향
[가설 설정] 가정 폭력에 많이 노출된 학생일수록 학교 폭력 가해 행동은 증가할 것이다.
[연구 방법]
• 서울 지역을 네 개의 권역으로 나눈 후, 권역당 두 개의 고등학교를 선정한다.
• 고등학교 3학년 학생 913명을 대상으로 설문 조사를 실시한다.
[자료 분석 및 결론]
가정 폭력 노출 경험이 많을수록 학교 폭력 가해 행동은 증가한다.

① 연역적 연구 과정과 귀납적 연구 과정이 모두 나타난다.
② 연구 단계에서 주관적 가치가 개입되는 단계가 나타난다.
③ 개념의 조작적 정의가 이루어졌을 것이다.
④ 독립 변수는 가정 폭력 노출 경험, 종속 변수는 학교 폭력 가해 행동이다.
⑤ 학교 폭력 문제의 다양한 배경을 종합적으로 이해하기 위한 조사가 실시되었다.

067

난이도 상 중 하

다음은 갑과 을의 연구 과정을 나타낸 것이다. 이에 대한 설명으로 옳은 것은?

〈갑〉
• **연구 주제** : 산간 지역 주민들의 정치 참여에 대한 민속지적 연구
• **연구 과정** : 문제 제기 → 연구 설계 → ㉠ 자료 수집 → 자료 해석 → 결론 도출

〈을〉
• **연구 주제** : 학력 수준과 정치 참여도의 상관관계 연구
• **연구 과정** : 문제 제기 → 가설 설정 → 연구 설계 → ㉡ 자료 수집 → 자료 분석 → 결론 도출

① ㉠에서는 주로 질문지법을 사용한다.
② ㉡에서는 주로 참여 관찰법을 사용한다.
③ ㉠과 ㉡에서는 가치 개입을 배제해야 한다.
④ 갑의 연구는 연구자의 주관이 배제되고 현상에 대한 예측이 가능하다.
⑤ 을의 연구는 보편적 법칙 발견보다 사회 현상의 이면에 담긴 의미 이해를 목적으로 한다.

068

난이도 상 중 하

사회 과학 연구 과정의 단계 (가), (나)에 대한 설명으로 옳은 것은?

• (가)는 변인 간의 관계를 잠정적으로 진술하는 단계이다.
• (나)는 연구 방법과 자료 수집 방법, 조사 대상의 범위, 조사 기간, 분석 도구의 결정 등 연구에 대한 구체적인 계획을 세우는 단계이다.

① (가)는 일반적으로 질적 연구에서 나타난다.
② (가)는 연구 주제와 관련된 기존의 이론과 연구물을 검토하는 과정을 통해 이루어진다.
③ (나)는 질적 연구와 달리 양적 연구에서만 행해진다.
④ (가)와 (나)는 철저하게 가치 중립을 유지해야 한다.
⑤ 일반적으로 (나)는 (가)에 앞서 행해진다.

069

Challenge 30% 고난도

난이도 상 중 하

빈칸 (가)~(마)에 들어갈 내용으로 옳지 않은 것은? (단, 학생들은 중간고사 이전까지 강의식 수업만을 받아왔고, 기말고사 이전에 실험이 이루어졌다.)

(1) 연구 주제 : 토론식 수업이 학생들의 학업 성취도에 미치는 영향
(2) 가설 : (가)
(3) 개념 규정 : (나)
(4) 연구 설계
(5) 가설의 채택 여부 : (마)

구분		통제 집단	실험 집단
연구 설계	사례 수	30	30
	남녀 비율	50 : 50	50 : 50
	중간고사 평균 성적	72	71
	평균 지능 지수	103	104
	자극(학습 방법)	(다)	(라)
결과	기말고사 평균 성적	74	83

① (가) : 토론식 수업이 학생들의 학업 성취도를 향상시킬 것이다.
② (나) : 학생들의 학업 능력은 평균 지능 지수로 측정한다.
③ (다) : 강의식 수업
④ (라) : 토론식 수업
⑤ (마) : 채택됨

070

난이도 상 중 하

다음은 어느 연구 과정을 요약한 것이다. 이에 대한 설명으로 옳지 않은 것은?

청소년의 컴퓨터 게임 중독이 학교 적응에 어떤 영향을 미치는지 알아보고자 한다.

⬇

(가) 컴퓨터 게임 중독 정도가 높은 청소년일수록 학교 적응도가 낮을 것이라는 잠정적 결론을 내린다.

⬇

(나) (   )

⬇

(다) 청소년을 대상으로 컴퓨터 게임 이용 실태와 교우 관계, 수업 적응도, 학업 성적 등을 질문지법과 학교 적응 검사지 등을 이용해 조사 · 수집한다.

⬇

(라) 수집된 자료의 분석을 통해 컴퓨터 게임을 하는 시간이 많을수록 학교 적응 수준이 낮음을 확인하였다.

① 연구를 통해 가설이 수용되었다.
② (가)에서 '컴퓨터 게임 중독 정도'는 독립 변수이고, '학교 적응도'는 종속 변수이다.
③ (나)에서는 '컴퓨터 게임 중독 정도'의 측정을 위한 개념의 조작화가 이루어진다.
④ (다)에서는 독립 변수와 종속 변수의 측정을 위한 질적 자료와 양적 자료의 수집이 함께 이루어졌다.
⑤ (다), (라)에서는 연구자의 가치 중립적 자세가 요구된다.

071

난이도 상 중 하

다음 연구에 대한 옳은 설명만을 〈보기〉에서 고른 것은?

1. 연구 대상 : 서울과 경기 지역의 학군 또는 경제적 수준을 고려하여 학교 선생님으로부터 소개받은 학생 12명
   (1) 아르바이트 경험이 있는 학생 10명, 아르바이트 경험이 없는 학생 2명
   (2) 중학교 2학년 1명, 고등학교 1학년 6명, 고등학교 2학년 4명
2. 연구 방법 : 개별 면접, 3~4명씩 집단으로 심층 면접
3. 연구 결과
   (1) 주된 아르바이트는 패스트푸드점과 주유소 근무, 오토바이 음식 배달 등이다.
   (2) 아르바이트를 주로 하는 경우는 용돈 부족을 해결할 때, 특별한 물건을 사고 싶을 때 또는 하고 싶은 일이 생길 때였다.
   (3) 아르바이트를 통해 청소년들은 '살아 있는 사회 경험'을 배울 수 있다고 답했다.

〈보기〉

ㄱ. 연구 결과를 전국 중 · 고등학생에 일반화할 수 있다.
ㄴ. 경험적인 자료의 계량화를 통해 사회 현상을 분석하고자 하였다.
ㄷ. 사회 현상의 내면에 담긴 의미 파악과 맥락적 이해에 중점을 두었다.
ㄹ. 조사자의 주관이 개입될 우려가 큰 자료 수집 방법이 활용되었다.

① ㄱ, ㄴ　② ㄱ, ㄷ　③ ㄴ, ㄷ
④ ㄴ, ㄹ　⑤ ㄷ, ㄹ

item 05 가설 검증

수능 출제 패턴 분석 가설이 주어지고, 그 가설을 검증하기 위해 필요한 자료를 적합하게 수집했는지를 묻는 문제가 출제되거나 가설 설정 요건을 묻는 문제가 출제된다.

유형보기

1. 가설의 설정 요건 평가원

사회 조사에서 가설은 일반적으로 다음과 같은 요건을 충족해야 합니다.
* 가설의 설정 요건
(가) 사회 과학 연구로서 검증할 필요성이 있어야 한다.
(나) 경험적으로 증명이 가능하도록 진술해야 한다.
(다) 변수 간 관계가 분명하게 드러나도록 진술해야 한다.
⋮

(자료 분석)

(1) 가설은 연구자가 입증하고자 하는 변수들의 관계에 대한 잠정적인 결론을 말한다.
(2) '소득 수준이 높은 다문화 가구일수록 한국 사회에 대한 신뢰 수준이 높을 것이다.', '이주 노동자의 유입으로 인한 국제 결혼 증가가 다문화 가구 증가의 가장 큰 원인일 것이다.' 등은 위의 가설 설정 요건을 충족한다.

2. 개념의 조작적 정의 평가원

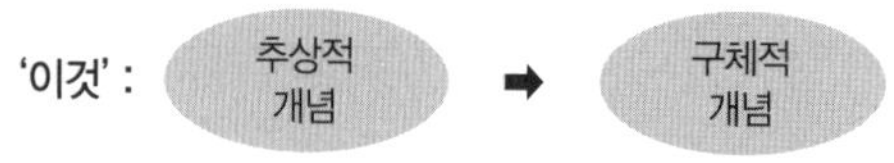

'이것'은 연구 주제나 핵심 개념을 구체적인 현상에 적용할 수 있도록 명확하게 만드는 것이다. 이런 절차를 통해 연구 문제는 검증 가능한 형태가 된다.

(자료 분석)

(1) 연구 주제나 핵심 개념을 구체적인 현상에 적용할 수 있도록 하기 위해 경험적으로 검증 가능하고 계량화할 수 있는 지표로 바꾸어야 한다. 이를 개념의 조작적 정의라고 한다.
(2) 개념의 조작적 정의는 가설 설정 및 연구 설계 단계에서 이루어진다.

대표기출로 유형 감잡기

정답 및 해설 • p.012

072

정답률 70% | 2018학년도 수능

다음 탐구 활동을 적절하게 수행한 모둠을 고른 것은?

〈모둠별 탐구 활동〉

가족 제도 및 가족 문제와 관련하여 모둠별로 주어진 가설을 검증하기에 적절한 자료를 제시하시오.

모둠	가설	자료
A	수도권 지역은 비수도권 지역에 비해 핵가족의 비율이 높을 것이다.	수도권과 비수도권 각각의 1세대 가구 수와 2세대 가구 수 및 3세대 이상 가구 수
B	기혼자의 가사 노동 시간은 연령대가 낮을수록 성별 격차가 작을 것이다.	결혼 여부에 따른 성인의 연령별 주당 평균 가사 노동 시간
C	도시는 농촌에 비해 1인 가구의 비율이 높을 것이다.	도시와 농촌 각각의 가구 구성원 수별 가구 수
D	맞벌이 가정은 외벌이 가정에 비해 부부 간의 대화 시간이 적을 것이다.	기혼자와 그 배우자 각각의 직업 유무에 따른 부부 간 하루 평균 대화 시간

① A 모둠, B 모둠
② A 모둠, C 모둠
③ B 모둠, C 모둠
④ B 모둠, D 모둠
⑤ C 모둠, D 모둠

073

정답률 55% | 2020학년도 9월 평가원

다음 자료에 대한 옳은 분석만을 〈보기〉에서 있는 대로 고른 것은?

○ 과제: 교육 관련 연구를 위한 가설을 설정하고, 이를 검증하기 위해 필요한 자료를 3개만 수집하시오.

모둠	가설 A	수집한 자료
A	도시 지역은 농촌 지역보다 고등학교 졸업생의 대학 진학률이 높을 것이다.	• 농촌 지역과 도시 지역 각각의 고등학교 졸업생 수 • 농촌 지역에 거주 중인 대학생 수 • 도시 지역에 거주 중인 대학생 수
B	가구 소득이 높을수록 자녀 교육비에서 사교육비의 비중이 높을 것이다.	• 자녀가 있는 가구들의 가구별 소득액 • 가구별 자녀 교육비 지출액 • 가구별 자녀 사교육비 지출액
C	비수도권 지역 고등학교는 수도권 지역 고등학교보다 교사 1인당 학생 수가 적을 것이다.	• 수도권 지역과 비수도권 지역 각각의 고등학생 수 • 수도권 지역의 교사 수 • (가)

모든 모둠이 가설을 검증하기 위한 3개의 자료를 수집해 왔군요. B 모둠은 수집한 3개의 자료 모두가 가설 검증에 필요합니다. A 모둠은 2개, C 모둠은 1개의 자료가 가설 검증에 적합하지 않습니다.

〈보기〉

ㄱ. A 모둠에서 수집한 자료 중 '농촌 지역과 도시 지역 각각의 고등학교 졸업생 수'는 가설 검증에 적합하지 않은 것 중 하나이다.
ㄴ. B 모둠의 가설은 가정의 경제적 요인이 자녀 교육에 미치는 영향을 확인하는 데 활용될 수 있다.
ㄷ. A, C 모둠은 모두 교육적 측면에서 나타난 지역 간 차이를 확인하고자 한다.
ㄹ. (가)에는 '비수도권 지역의 교사 수'가 들어갈 수 있다.

① ㄱ, ㄷ
② ㄱ, ㄹ
③ ㄴ, ㄷ
④ ㄱ, ㄴ, ㄹ
⑤ ㄴ, ㄷ, ㄹ

074

정답률 56% | 2014학년도 9월 평가원

다음 자료에 제시된 수행 평가의 활동을 적절하게 수행한 모둠을 고른 것은?

〈수행 평가〉

모둠별로 주어진 사회 문제에 관한 연구 가설을 검증하기에 적합한 자료 수집 활동을 제시하시오.

구분	연구 가설	자료 수집 활동
모둠 1	노인 인구 비율이 높은 지역일수록 의료비 부담이 클 것이다.	지역별 노인 인구 비율 및 의료비 총지출액에 대한 통계 자료 조사
모둠 2	청 · 장년층 인구가 적은 지역일수록 절대 빈곤층 인구의 비율이 높을 것이다.	지역별 및 연령별 국민 기초 생활 수급자의 분포에 대한 통계 자료 조사
모둠 3	정규직과 비정규직 노동자 간 임금 격차가 클수록 비정규직 노동자의 직장 만족도가 낮을 것이다.	정규직 · 비정규직 노동자 대상 임금 수준 및 직장 만족도에 대한 질문지 조사
모둠 4	양육비 부담을 크게 느낄수록 자녀 출산을 기피할 것이다.	가구별 양육비 부담에 대한 인식 및 희망 자녀 수에 대한 질문지 조사

① 모둠 1, 모둠 2 ② 모둠 1, 모둠 3 ③ 모둠 2, 모둠 3 ④ 모둠 2, 모둠 4 ⑤ 모둠 3, 모둠 4

예상문제로 유형 익히기

정답 및 해설 • p.012

075

난이도 상 중 하

다음은 모둠별로 만든 가설이다. 이를 검증하기 위해 각 모둠이 활용할 자료로 가장 적절한 것은?

1모둠 : 농촌이 도시보다 1인 가구 비율이 더 높다.
2모둠 : 노동 시장에서의 여성의 지위가 남성보다 더 불안정하다.
3모둠 : 가구 소득이 높은 지역일수록 인터넷 이용 시간이 더 많을 것이다.
4모둠 : 젊은 세대일수록 성별에 관계 없이 인터넷 이용 시간이 더 많을 것이다.
5모둠 : 사회 · 경제적 지위가 낮은 사람일수록 악성 댓글을 더 많이 작성할 것이다.

① 1모둠 : 농촌과 도시의 1인 가구 수 및 우리나라 총 가구 수
② 2모둠 : 전체 노동자에 대한 비정규직 노동자 비율
③ 3모둠 : 가구 소득이 높은 지역의 인터넷 이용 시간
④ 4모둠 : 연령 및 성별 인터넷 이용 시간
⑤ 5모둠 : 악성 댓글을 많이 작성하여 신고 당한 사람 중 저소득층의 비중

076

난이도 상 중 하

그림의 (가)에 들어갈 가설로 가장 적절한 것은?

〈좋은 가설 설정의 요건〉

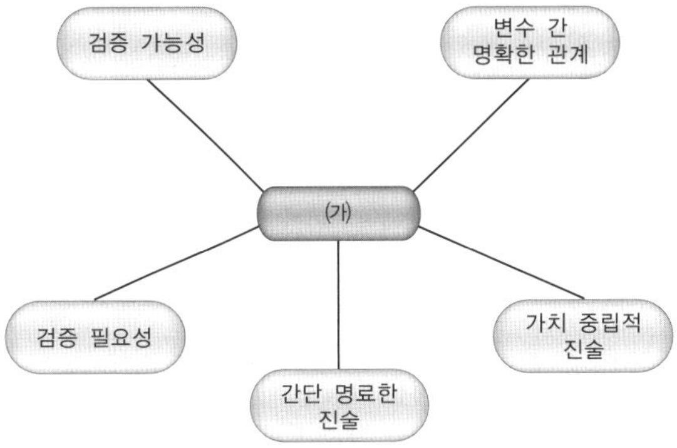

① 공부 시간과 성적은 관계가 있다.
② 학기별 시험 점수가 좋으면 학점이 좋을 것이다.
③ 고학력자일수록 인터넷 이용 시간이 더 많을 것이다.
④ 최근 10년간 다문화 가구가 급격히 증가하였을 것이다.
⑤ 바람직한 사회 발전을 위해서는 다문화 가구의 증가가 필요할 것이다.

077

난이도 상 중 하

다음은 좋은 가설을 충족하기 위한 조건들이다. 이 조건들을 모두 충족하는 가설만을 〈보기〉에서 고른 것은?

• 검증이 가능한가?
• 검증할 필요성이 있는가?
• 변수 간 관계 설정이 명확한가?

〈보기〉

ㄱ. 국내 총생산이 증가하면 GDP는 증가할 것이다.
ㄴ. 소득이 높은 가구일수록 삶의 만족도가 높을 것이다.
ㄷ. 확대 가족보다 핵가족에서 가족 해체 현상이 더 많이 나타날 것이다.
ㄹ. 고령화 사회로의 진입을 늦추기 위해서는 출산 장려 정책을 강화해야 한다.

① ㄱ, ㄴ ② ㄱ, ㄷ ③ ㄴ, ㄷ ④ ㄴ, ㄹ ⑤ ㄷ, ㄹ

03 자료 수집 방법

출제 예상 item 06 자료 수집 방법

1. 질문지법

의미	조사 내용을 질문지로 작성하여 조사 대상자에게 기입하도록 하는 방법
특징	• 대규모 조사에 적합하고, 계량화된 자료 수집에 유리함 • 표본의 대표성 확보에 유의해야 함
장점	• 시간과 비용이 절약됨 • 대량의 자료 수집이 가능함 • 분석 기준이 명확하여 비교가 용이함
단점	• 문맹자에게 적용이 곤란함 • 회수율이 낮을 경우 신뢰도에 문제가 생길 수 있음 • 응답자가 무성의하게 응답할 가능성이 있음

2. 면접법

의미	연구자 또는 면접 조사자가 연구 대상자를 만나서 나눈 대화 내용으로 자료를 수집하는 방법
특징	비교적 소수의 응답자로부터 심층적 정보를 수집할 필요가 있을 때 활용함
장점	• 문맹자에게도 적용 가능함 • 심층적인 자료를 얻을 수 있음 • 자료 수집 과정에서 연구자가 유연성이나 융통성을 발휘할 수 있음
단점	• 연구 대상 선정이 쉽지 않음 • 시간과 비용이 많이 듦 • 연구자의 주관이 개입될 가능성이 높음 • 대규모 조사에 부적합함

3. 참여 관찰법

의미	연구자가 연구 집단의 삶의 터전을 직접 방문하여 그들과 함께 생활하면서 연구 대상자를 관찰하여 자료를 수집하는 방법
특징	질문지나 면접이 곤란한 경우(문맹자, 어린이, 원시 부족)의 자료 수집에 적합함
장점	• 생생한 자료로서 자료의 실제성이 보장됨 • 언어로 표현하기 어려운 경우에도 조사가 가능함 • 연구 대상자의 일상생활 세계를 심층적으로 이해하는 데 유리함
단점	• 예상하지 못한 변수의 통제가 곤란함 • 관찰자의 편견과 주관이 개입될 소지가 큼 • 관찰하고자 하는 현상이 나타날 때까지 기다려야 하므로 시간과 비용이 많이 소요됨

4. 실험법

의미	실험 집단과 통제 집단을 설정하고 실험 집단에게 일정한 조작을 가하여 그로 인해 나타나는 변화를 통제 집단과 비교하여 자료를 수집하는 방법
특징	가장 실증적이며 자연 과학의 방법에 근접함
장점	• 인과 관계를 정확하게 분석 가능함 • 집단 간 비교 분석이 용이함
단점	• 인간을 대상으로 한 실험은 윤리 문제가 제기될 가능성이 높음 • 실험 과정에 외부 변수가 개입되는 것을 통제하기 어렵고, 통제된 실험과 실제 현실 사이의 차이가 클 수 있음

5. 문헌 연구법

의미	기존의 연구물이나 역사적인 문헌을 통해 자료를 수집하는 방법
특징	양적 연구와 질적 연구 모두에서 활용됨
장점	• 시간과 비용이 절약됨 • 기존의 연구 동향 파악에 용이함
단점	• 문헌의 정확성과 신뢰성 확보 문제가 발생함 • 문헌 해석 시 연구자의 주관이 개입될 가능성이 있음

교과서 속 수능 개념

표본 집단의 대표성

표본 집단이 모집단의 특성을 고스란히 가지고 있는 정도를 대표성이라고 한다. 이는 표본 조사 결과를 모집단으로 일반화하기 위해 표본 집단이 필수적으로 갖춰야 할 조건이다. 모집단을 대표할 수 있는 표본을 선정할 때에는 표본의 수가 너무 적지 않아야 하고, 특정 집단만을 대상으로 선정하지 않도록 해야 한다.

질문지 작성 시 유의점

- 조사자의 가치 판단이 배제된 중립적 질문을 한다.
- 한 문항에서 한 가지 내용만 묻고 복합적인 질문은 피한다.
- 응답 항목 간 의미가 중복되지 않도록 응답 항목 간에는 배타성이 있어야 한다.
- 조사 대상자가 응답 항목 중에서 하나를 선택할 수 있도록 질문의 응답 항목이 포괄성을 갖추어야 한다.

실험법

1단계	대상자를 실험 집단과 통제 집단으로 구분
2단계	실험 집단과 통제 집단 모두 사전 검사 실시
3단계	실험 집단에 대해서만 독립 변수 처치
4단계	실험 집단과 통제 집단 모두 사후 검사 실시
5단계	두 집단에서 유의미한 변화가 나타나면 가설 채택, 유의미한 변화가 없으면 가설 기각

헷갈리는 개념 정리

1. 1차 자료와 2차 자료

1차 자료는 조사자가 직접 수집하거나 작성한 원초적 자료를 말하고, 2차 자료는 다른 사람이 수집한 1차 자료를 가공한 자료를 말한다.

2. 독립 변인과 종속 변인

어떠한 현상이나 결과에 영향을 주는 변인을 독립 변인이라고 하고, 다른 변인이 변함에 따라 함께 변하는 변인을 종속 변인이라고 한다. 'X를 시행하면 Y라는 결과가 나올 것이다.'라는 가설에서 X는 독립 변인이고, Y는 종속 변인이다.

3. 실험 집단과 통제 집단

실험 집단은 실험의 효과 검증을 위해 실험 조작(처치)을 하는 집단을 말하고, 통제 집단은 실험 집단과 비교하기 위해 아무런 조작을 가하지 않는 집단으로 비교 집단이라고도 한다.

item 06

자료 수집 방법

수능 출제 패턴 분석 질문지법, 면접법, 참여 관찰법, 실험법의 특징을 비교하는 문제가 출제된다. 질문지의 일부를 제시하고 잘못된 부분을 찾는 문제가 출제되거나 실험법을 다룬 문제가 출제되기도 한다.

유형보기

1. 자료 수집 방법의 특징 비교 평가원

항목 / 자료 수집 방법	경제성	자료 수집 상황에 대한 통제 수준
면접법	낮음	낮음
(가)	낮음	매우 낮음
(나)	낮음	매우 높음
(다)	높음	높음

* (가)~(다)는 각각 실험법, 질문지법, 참여 관찰법 중 하나임

(자료 분석)

(1) (가)는 참여 관찰법, (나)는 실험법, (다)는 질문지법이다.
(2) 참여 관찰법은 연구 대상자와의 정서적 유대를 중시한다.
(3) 실험법은 실험 집단과 통제 집단을 설정하고 실험 집단에게 일정한 조작을 가하여 그로 인해 나타나는 변화를 통제 집단과 비교하여 자료를 수집하는 방법이다. 즉, 실험법은 독립 변수의 효과를 측정하기 적절한 방법이다.
(4) 질문지법에서는 일반적으로 표본 조사를 하기 때문에 모집단을 잘 대표할 수 있는 표본을 선택하는 것이 중요하다.

2. 실험법 수능

연구자 갑은 타인의 기대가 있으면 이에 부응하는 쪽으로 행동이 변할 것이라는 가설을 세웠다. 이를 검증하기 위해 ○○ 기업 사원을 대상으로 ㉠ 업무 수행 능력 검사를 한 후, 각 부서에서 무작위로 ㉡ 20%의 사원을 선정하였다. 그 명단을 부장에게 주면서 ㉢ '업무 수행 능력 점수가 높은 사원들'이라고 믿게 하였고, 부장은 이들을 지속적으로 격려하였다. 1년이 지난 후 ㉣ 동일한 전체 사원을 대상으로 업무 수행 능력 검사를 실시하였다. 그 결과 명단에 속한 사원 집단이 ㉤ 다른 사원 집단보다 ㉥ 업무 수행 능력 점수의 향상 정도가 높았다.

(자료 분석)

(1) ㉠은 사전 검사를 통해 1차 자료를 수집하는 방법이다.
(2) ㉡은 실험 집단, ㉤은 통제 집단이다.
(3) ㉣은 위의 가설을 검증하기 위해 필요한 과정이다.
(4) 독립 변인은 '타인의 기대 여부', 종속 변인은 '업무 수행 능력 점수의 향상 정도'이다.

대표기출로 유형 감잡기

정답 및 해설 • p.013

078

정답률 50% | 2024학년도 수능

자료 수집 방법 A~C의 일반적인 특징에 대한 설명으로 옳은 것은?

○ 갑은 진로 집중 학기제의 효과를 연구하기 위해 ○○고등학교 1학년 학생들의 학습 활동을 한 학기 동안 참관하며 관찰 일지를 작성하였다. 이후 해당 학교 학생과 교사를 대상으로 진로 집중 학기제의 효과에 대해 어떻게 인식하고 있는지 알아보기 위한 설문 조사를 진행하였다.
○ 을은 학생들의 교우 관계와 학교생활 만족도 간의 관계를 파악하기 위해 청소년 관련 연구 기관이 발행한 심층 면접 조사 결과를 분석하였다. 이후 □□지역 고등학생들을 대상으로 구조화된 문항에 응답하도록 하였다.
갑은 A와 B를, 을은 B와 C를 사용하였습니다.

① A는 B와 달리 변인 간의 관계를 파악하는 연구에 주로 사용된다.
② B는 C와 달리 연구 대상자와의 언어적 상호 작용이 필수적이다.
③ C는 A에 비해 연구 대상자와의 정서적 교감 형성을 중시한다.
④ A는 B, C에 비해 다수를 대상으로 한 자료 수집에 유리하다.
⑤ C는 A, B와 달리 질적 자료의 수집에 주로 활용된다.

079

정답률 67% | 2024학년도 9월 평가원

다음 자료에 대한 설명으로 옳은 것은?

> (가) 는 자료 수집 방법 A, B, C의 공통점과 차이점을 알아보기 위한 질문이다. (가) 에 대한 '예', '아니요'의 응답을 통해 A와 B를 구분할 수 있지만, B와 C를 구분할 수 없다. 단, A~C는 각각 질문지법, 면접법, 참여 관찰법 중 하나이다.

① A가 질문지법이라면, (가)에는 '주로 질적 자료를 수집할 때 활용합니까?'가 들어갈 수 없다.
② A가 면접법이라면, (가)에는 '언어나 문자로 의사소통할 수 없는 대상으로부터 자료 수집이 가능합니까?'가 들어갈 수 있다.
③ C가 참여 관찰법이라면, (가)에는 '자료 수집 과정에서 연구 대상자의 응답이 필수적입니까?'가 들어갈 수 없다.
④ C가 질문지법이라면, (가)에는 '자료 수집 과정에서 표준화·구조화된 도구의 사용이 필수적입니까?'가 들어갈 수 있다.
⑤ (가)에 '문맹자에게 사용하기 어렵습니까?'가 들어간다면, B는 주로 방법론적 일원론을 전제로 한 연구에 활용된다.

080

정답률 93% | 2020학년도 수능

A~D의 일반적 특징에 대한 설명으로 옳은 것은? (단, A~D는 각각 면접법, 문헌 연구법, 질문지법, 참여 관찰법 중 하나이다.)

연구 조건	자료 수집 방법
갑은 소방관 스트레스 완화 방안에 대한 연구를 위해 상담 사례집 내용을 분석하여 스트레스 유형을 분류하고, 비구조화된 질문으로 소방관들과 심층 면담을 하여 그들의 스트레스 경험을 조사하였다.	A, C
을은 소방관 근무 만족도 연구에 필요한 설문 문항 개발을 위해 선행 연구를 검토하여 질문 내용을 구성하고, 30개의 구조화된 문항을 통해 소방관 500명을 대상으로 근무 만족도에 대해 조사하였다.	B, C
병은 소방관 안전 실태 연구를 위해 6개월간 소방관들과 함께 생활하며 그들이 겪는 위험 상황을 관찰하고, 정서적 교감이 형성된 소방관 15명과 깊은 대화를 통해 현장에서 느끼는 위험 요인에 대해 조사하였다.	A, D

① C는 A에 비해 시간과 장소의 제약이 크다.
② D는 B에 비해 수집된 자료를 통계적으로 처리하기가 용이하다.
③ A, D는 B에 비해 연구자의 가치가 개입될 가능성이 높다.
④ C는 B, D와 달리 조사 대상자와의 언어적 상호 작용이 필수적이다.
⑤ C, D는 A, B와 달리 질적 연구에만 사용 가능하다.

081

정답률 80% | 2018학년도 수능

다음은 자료 수집 방법 A~D를 분류한 것이다. 이에 대한 설명으로 옳은 것은? (단, A~D는 각각 면접법, 실험법, 질문지법, 참여 관찰법 중 하나이다.)

구분		주로 계량화된 자료를 수집하는 데 활용되는가?	
		예	아니요
(가)	예	A	B
	아니요	C	D

① (가)는 '인위적으로 통제된 상황에서 변수의 효과를 관찰하는 방법인가?'가 적절하다.
② (가)가 '언어적 상호 작용에 의한 자료 수집이 필수적인가?'라면 A는 질문지법, D는 참여 관찰법이다.
③ (가)가 '자료 수집 시 연구 대상자의 응답이 필수 요건인가?'라면 B는 면접법, C는 질문지법이다.
④ A가 질문지법이라면 (가)는 '다수를 대상으로 한 자료 수집에 주로 사용되는가?'가 적절하다.
⑤ B가 참여 관찰법이라면 (가)는 '연구자가 현상이 실제로 발생한 현지에 가서 연구해야 하는가?'가 적절하다.

082

정답률 39% | 2023학년도 수능

다음 자료의 (가)~(다)에 들어갈 내용으로 옳은 것은?

〈자료 1〉은 갑, 을의 연구 사례이고, 〈자료 2〉는 갑이 사용한 자료 수집 방법 A와 을이 사용한 자료 수집 방법 B의 일반적인 특징을 연결하여 A, B의 공통점 및 차이점을 나타낸 것이다.

〈자료 1〉

- 갑은 도심 재생 사업이 지역 공동체 복원에 미치는 영향을 파악하기 위해 최근에 도심 재생 사업을 추진한 ○○ 지역의 도심 재생 사업 위원회가 지역 주민 300명을 대상으로 실시한 설문 조사 자료집을 분석하였다. 설문 조사에 사용된 질문지에는 도심 재생 사업 효과의 평가 및 주민 만족도, 사업 후 이웃 간 협력과 신뢰 정도 등을 묻는 문항이 포함되어 있다.
- 을은 토론 학습 방식이 문화권에 따라 차이가 있는지 파악하기 위해 한국과 미국에서 학급당 학생 수가 동일한 중학교 학급을 각각 1개씩 선정하였다. 그리고 각 교실에서 나타나는 학생 간 토론과 관련한 다양한 대화 상황을 직접 관찰하고 토론 학습이 어떻게 이루어지는지를 자세히 기록하였다.

〈자료 2〉

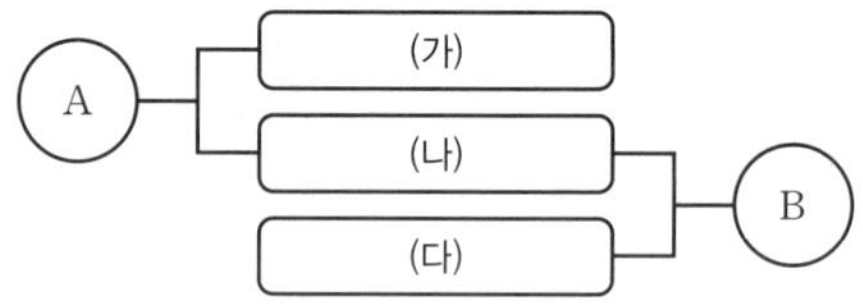

① (가) — 다수의 응답자를 대상으로 실시하는 데 적합하다.
② (가) — 기존 연구 동향이나 성과를 파악하는 데 적합하다.
③ (나) — 인과 관계 파악을 통한 법칙 발견에 유리하다.
④ (나) — 연구자와 연구 대상자 간 언어적 상호 작용이 필수적이다.
⑤ (다) — 인위적으로 통제된 상황에서 변수의 효과를 관찰하기 용이하다.

083

정답률 95% | 2022학년도 수능

자료 수집 방법 A~C의 일반적인 특징에 대한 설명으로 옳은 것은? (단, A~C는 각각 문헌 연구법, 질문지법, 면접법 중 하나이다.)

연구자의 수행 내용	사용한 자료 수집 방법
• 연구 대상자의 협조를 얻기 위해 연구 대상자와 친밀한 관계를 형성하였다. • 연구 대상자의 언어적 응답뿐만 아니라 표정 등의 비언어적 단서에도 주목하였다.	A
• 동일한 연구 문제를 다룬 연구가 있는지 확인하였다. • 연구자 자신의 주장을 지지할 수 있는 기존 연구를 검토하였다.	B
• 하나의 문항에서 하나의 내용만 묻고 있는지 점검하였다. • 수집한 양적 자료 중에서 무응답이나 불성실한 응답이 있는지 확인하였다.	C

① A는 B에 비해 자료 수집 과정에서 시 · 공간적 제약이 작다.
② B는 C와 달리 연구 대상자와의 언어적 상호 작용이 필수적이다.
③ C는 A에 비해 연구자의 주관적 가치가 개입될 가능성이 낮다.
④ A는 B, C와 달리 수집된 자료의 통계 처리가 가능하다.
⑤ C는 A, B에 비해 대규모 집단을 대상으로 자료를 수집하기에 불리하다.

084

정답률 80% | 2019학년도 6월 평가원

표는 자료 수집 방법 A~C의 일반적인 특징을 나타낸 것이다. 이에 대한 옳은 설명을 〈보기〉에서 고른 것은? (단, A~C는 각각 실험법, 질문지법, 면접법 중 하나이다.)

자료 수집 방법	A	B	C
일반적인 특징	(가)	(가)	(나)
	(다)	(라)	

〈보기〉

ㄱ. A가 질문지법이고, (가)가 '독립 변수와 종속 변수의 관계를 검증하는 연구에 적합하다.'라면, (나)는 '자료 수집 과정에서 연구자가 유연성이나 융통성을 발휘하기 어렵다.'가 적절하다.

ㄴ. C가 면접법이고, (다)가 '인위적으로 상황을 통제함으로써 변수의 효과를 관찰하기에 용이하다.'라면, (라)는 '대규모 집단을 대상으로 한 자료 수집에 용이하다.'가 적절하다.

ㄷ. (가)가 '연구 대상자와 언어를 매개로 한 상호 작용이 필수적이다.'라면, (나)는 '실제성이 높은 생생한 자료를 수집하기에 용이하다.'가 적절하다.

ㄹ. (나)가 '소수의 응답자로부터 깊이 있는 정보를 수집하기에 용이하다.'라면, (가)는 '수집된 자료를 통계적으로 처리하기에 용이하다.'가 적절하다.

① ㄱ, ㄴ ② ㄱ, ㄷ ③ ㄴ, ㄷ
④ ㄴ, ㄹ ⑤ ㄷ, ㄹ

085

정답률 95% | 2020학년도 9월 평가원

자료 수집 방법 A~C의 일반적인 특징에 대한 설명으로 옳은 것은? (단, A~C는 각각 면접법, 질문지법, 참여 관찰법 중 하나이다.)

모둠별 연구 주제	교사 의견
분단 비용과 통일 비용에 대한 고등학생의 성별 인식 차이	계량화가 용이한 방법인 A를 활용해 연구해 보세요.
고등학생이 생각하는 남북 통일의 의미	언어적 상호 작용이 필수적인 B를 활용하세요. 이때, 정서적 교감을 형성하는 것이 중요합니다.
고등학교 사회 수업에서 이루어지는 통일 교육의 실제	C를 활용하면 실제성이 높은 생생한 자료를 수집할 수 있습니다.

① A는 B에 비해 문맹자에게 사용하기에 유리하다.
② B는 A에 비해 자료 수집 과정에서 연구자의 주관이 개입될 가능성이 낮다.
③ B는 C에 비해 예상치 못한 상황을 통제하기가 곤란하다.
④ C는 A에 비해 일상을 심층적으로 파악하기에 용이하다.
⑤ B, C는 모두 양적 연구에서 주로 활용된다.

예상문제로 유형 익히기

정답 및 해설 • p.013

086

난이도 상 **중** 하

다음 설문 문항에 대한 평가로 옳지 않은 것은?

음주와 흡연의 실태 및 의견 조사

※ 아래의 문항에 대해 V 표시하시오.

당신은 음주나 흡연을 좋아하십니까?	① 예 ② 아니요
술을 정기적으로 마십니까?	① 예 ② 아니요
주로 술을 마시는 장소는 어디입니까?	① 집 ② 동네 술집
만취자들로 인한 피해 사례가 증가하고 있다고 합니다. TV 주류(酒類) 광고 규제에 대해 찬성하십니까?	① 예 ② 아니요

① 특정 응답을 유도하는 문항이 있다.
② 연구 주제와 관련 없는 문항이 있다.
③ 한 문항에서 두 가지 사항을 묻는 문항이 있다.
④ 묻는 것이 명료하지 않아 혼란을 주는 문항이 있다.
⑤ 답지가 모든 경우의 수를 포함하지 못하는 문항이 있다.

087

난이도 **상** 중 하

표는 자료 수집 방법의 일반적 특성을 알아보기 위해 일부 항목을 비교한 것이다. (가)~(다)에 대한 설명으로 옳은 것은? (단, (가)~(다)는 각각 질문지법, 면접법, 실험법 중 하나이다.)

자료 수집 방법 \ 항목	경제성의 정도	수집된 자료의 심층 정도	주관성의 개입 정도
(가)	높음	낮음	낮음
(나)	낮음	높음	높음
(다)	낮음	낮음	낮음

① (가)는 (나)와 달리 문맹자에게 실시할 수 있다.
② (나)는 (가)에 비해 응답의 정확성을 기대할 수 있다.
③ (나)는 (가)와 달리 연구 대상자가 모집단을 대표하는지를 중시한다.
④ (다)는 (나)에 비해 연구 대상자와의 정서적 유대를 중시한다.
⑤ (나)는 (가), (다)와 달리 방법론적 일원론에 기초한 연구 방법에 적합하다.

088

난이도 상 중 하

다음 내용의 학습 주제로 가장 적절한 것은?

> 1936년 미국 대통령 선거는 공화당의 랜던 후보와 민주당의 루스벨트 후보와의 대결이었다. 리터러리 다이제스트라는 잡지사는 전화번호부와 자동차 등록부를 근거로 하여 1,000만 명의 유권자에게 설문지를 우송한 뒤 230만 명으로부터 회수한 응답을 분석하였고, 공화당 후보가 여유 있게 당선될 것이라고 예측하였다. 그러나 실제 선거 결과는 민주당의 후보가 압도적인 지지로 당선되었다. 당시의 경제 상황에서 자동차와 전화를 가지고 있는 사람은 중산층 이상의 계층에 해당되었을 것이고 이들은 대개 보수적 성향을 띠었을 것이므로 선거 결과의 예측이 실제와 달랐던 것이다.

① 질문지 작성 시 유의사항은 무엇인가?
② 표본의 대표성을 어떻게 확보할 것인가?
③ 좋은 가설의 여부는 어떻게 평가할 것인가?
④ 자료의 실제성을 보장하는 방법은 무엇인가?
⑤ 연구 과정에서 객관적 태도를 유지해야 하는가?

089

난이도 상 중 하

(가)~(다)에서 활용한 자료 수집 방법의 일반적인 특징에 대한 설명으로 옳은 것은?

> (가) 지속적인 무력감과 불면증에 시달리는 청소년들의 주관적 심리 상태를 알아보기 위해 면담을 실시하였다.
> (나) 노인 요양 시설에서 생활하는 노인들의 삶을 이해하기 위해 요양 시설에서 함께 생활하면서 그들을 관찰하였다.
> (다) 수도권에 거주하는 대학생들의 학교 생활 만족도를 알아보기 위해 설문지를 작성 · 배포하여 조사를 실시하였다.

① (다)는 (가)에 비해 조사 대상자와의 정서적 교감을 중시한다.
② (다)는 (가)에 비해 조사 과정에서 연구자의 유연한 대처가 용이하다.
③ (가)는 (다)에 비해 대량의 수치화된 자료를 얻기 용이하다.
④ (다)는 (나)에 비해 조사 대상자의 사생활 침해 가능성이 높다.
⑤ (나)는 (가), (다)와 달리 의사소통이 어려운 대상에게 실시하기 적합하다.

090

Challenge 30% 신유형

난이도 상 중 하

그림은 자료 수집 방법을 구분한 것이다. A~C에 대한 옳은 설명만을 〈보기〉에서 고른 것은? (단, A~C는 각각 질문지법, 실험법, 면접법 중 하나이다.)

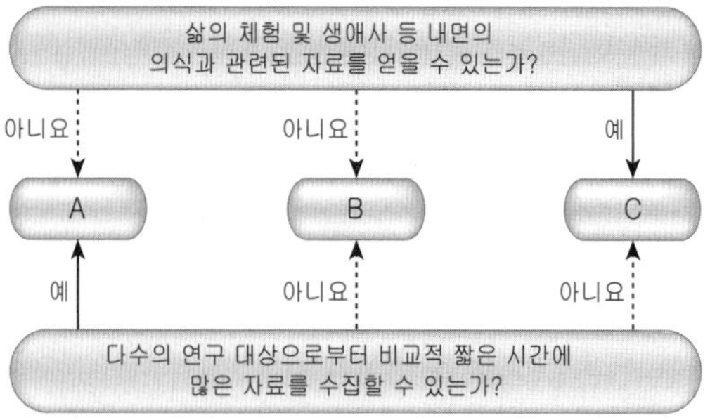

〈보기〉

ㄱ. 사회 · 문화 현상의 심층적 의미를 해석하고 이해하고자 한다.
ㄴ. 조사 결과를 통계적으로 분석하여 집단 간 비교 분석에 용이하다.
ㄷ. 인간을 실험 대상으로 한다는 점에서 윤리 문제가 제기되기도 한다.

	A	B	C
①	ㄱ	ㄴ	ㄷ
②	ㄱ	ㄷ	ㄴ
③	ㄴ	ㄱ	ㄷ
④	ㄴ	ㄷ	ㄱ
⑤	ㄷ	ㄱ	ㄴ

091

난이도 상 중 하

갑~병이 사용한 자료 수집 방법에 대한 설명으로 옳은 것은?

① 갑의 방법은 질적 연구에서만 사용된다.
② 을의 방법은 시간과 비용의 측면에서 효율적이다.
③ 병의 방법은 연구자의 주관을 배제하는 데 유리하다.
④ 병의 방법은 을의 방법에 비해 연구 결과의 일반화를 목적으로 하는 연구에 활용된다.
⑤ 을의 방법은 갑, 병의 방법에 비해 자료의 실제성을 보장할 수 있다.

092 Challenge 30% 고난도

난이도 상 중 하

그림의 (가)~(라)는 자료 수집 방법을 구분한 것이다. (가)~(라)가 사용된 연구 사례만을 〈보기〉에서 고른 것은? (단, (가)~(라)는 각각 질문지법, 면접법, 참여 관찰법, 실험법 중 하나이다.)

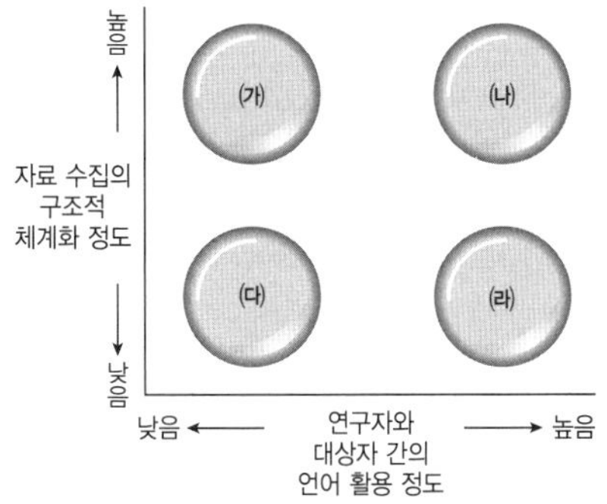

〈보기〉

ㄱ. 비행을 저지르는 청소년과 면담을 통해 그 원인을 알아본다.
ㄴ. 근무 중 낮잠 시간이 주었을 때 생산량이 어떻게 변하는지 실험한다.
ㄷ. 교도소 수감자의 생활 모습을 제3자의 입장에서 관찰하고 기록한다.
ㄹ. 학교 급식에 대한 만족도 조사를 위해 설문지를 만들어 학생들에게 기재하게 한다.

	(가)	(나)	(다)	(라)
①	ㄱ	ㄴ	ㄷ	ㄹ
②	ㄱ	ㄷ	ㄹ	ㄴ
③	ㄴ	ㄱ	ㄷ	ㄹ
④	ㄴ	ㄹ	ㄷ	ㄱ
⑤	ㄷ	ㄹ	ㄱ	ㄴ

093

난이도 상 중 하

그림의 자료 수집 방법 A~C의 일반적인 특징에 대한 설명으로 옳은 것은? (단, A~C는 각각 질문지법, 실험법, 참여 관찰법 중 하나이다.)

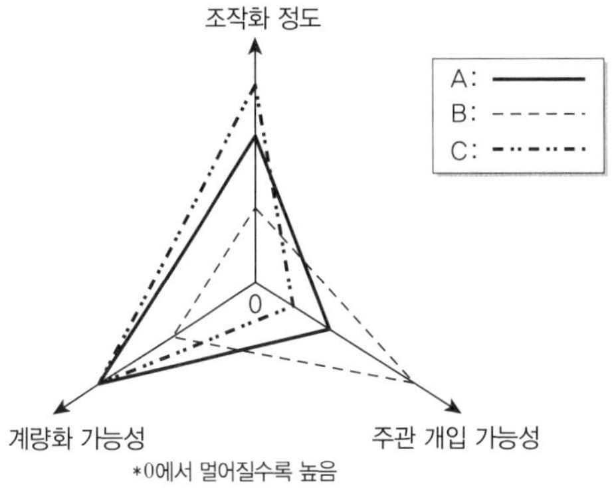

① A는 주로 질적 연구에서 활용된다.
② B는 주로 비언어적 방법을 활용한다.
③ C를 통해 얻는 자료는 주로 2차 자료에 해당한다.
④ B는 A보다 시간적 제약을 덜 받는다.
⑤ B는 C보다 구조화된 도구를 사용한다.

04 사회 · 문화 현상의 탐구 태도

출제 예상 item 07 사회 · 문화 현상을 탐구하는 태도 08 연구 윤리

1 사회 · 문화 현상을 탐구하는 태도

객관적 태도	• 연구의 과정에서 자신의 주관을 배제하는 태도 • 제3자의 입장에서 사실을 바탕으로 탐구해야 함 • 연구자 자신과 그가 속한 집단의 가치와 이해관계를 배제해야 함
개방적 태도	• 탐구 방법과 결과에 대해 여러 가지 가능성이 공존한다는 사실을 인정하는 태도 • 아무리 완벽한 주장이나 이론이라도 경험적인 증거에 의해 검증되기 전에는 하나의 가설로만 받아들여야 함
상대주의적 태도	• 역사적 · 문화적 배경과 현실적 여건 등을 고려하여 사회 · 문화 현상을 맥락적으로 이해하는 태도 • 사회 · 문화 현상의 탐구를 통해 얻어 낸 결론을 다른 사회에 무조건적으로 적용시키지 않아야 함
성찰적 태도	• 사회 · 문화 현상 내면의 인과 관계나 의미를 파악하여 사회적 적합성 여부를 살펴보는 태도 • 현상에 담긴 의미나 경향에 대하여 그대로 받아들이지 않고 의문을 품는 태도 • 연구자가 연구 절차나 방법, 연구 윤리 등을 제대로 지키며 탐구하고 있는지 되짚어 보는 태도

2 사회 · 문화 현상의 탐구와 가치 중립

1. 과학적 연구에서의 가치 문제 사회 과학에서는 가치 중립이 어렵지만 연구자는 주관적인 가치를 배제하고 경험적인 근거에 의해 탐구해야 함

2. 사실과 가치의 구분 필요성

(1) 사실과 가치는 서로 다른 특성을 갖기 때문에 사회 과학자는 연구에 있어서 이 두 가지를 구분해야 함

(2) 사회 · 문화 현상에서의 사실 문제와 가치 문제는 관련성을 가지고 있음

3. 연구 단계와 가치 문제

가치 개입	• 연구 주제 선정 • 가설 설정 • 연구 설계 • 연구 결과의 활용
가치 중립	• 자료 수집 및 분석 • 가설 검증 • 결론 도출

3 사회 · 문화 현상의 탐구와 연구 윤리

1. 연구 대상자와 관련된 윤리 문제

(1) 연구자는 연구 대상자에게 동의를 얻어야 함

(2) 연구자는 연구에 참여하는 것이 연구 대상자에게 어떠한 영향을 미치는지 정확하고 자세하게 설명해 주어야 함

(3) 연구자는 연구 대상자의 안전과 이익을 우선적으로 고려해야 함

(4) 연구자는 연구 대상자의 익명성을 보장해야 함

(5) 연구자는 사생활 관련 정보 및 개인 정보를 연구 목적 이외의 용도로 활용해서는 안 됨

2. 연구 과정 및 결과 활용과 관련된 윤리 문제

(1) 연구 목적이나 결과가 악용되지 않도록 유의해야 함

(2) 타인의 연구 결과물을 도용하는 행위는 연구 윤리에 위배됨

(3) 자료를 조작하여 연구하거나 결과 발표 과정에서 결과를 왜곡해서는 안 됨

교과서 속 수능 개념

가치 중립

연구자가 자신의 주관적 가치를 배제하는 입장을 취하는 것을 말한다. 사회 · 문화 현상을 과학적으로 탐구한다는 것은 연구자의 주관적 가치를 배제하고 객관적인 증거에 입각하여 가치 중립적으로 탐구하는 것을 의미한다.

연구 윤리

연구자가 자신의 연구와 관련하여 지켜야 할 법이나 도덕 및 윤리와 같은 규범을 가리킨다.

헷갈리는 개념 정리

1. 객관적 태도와 개방적 태도

객관적 태도는 연구자의 선입견이나 특정 집단의 가치와 관점에서 벗어나 제3자의 눈으로 바라볼 때 사회 · 문화 현상을 정확하게 인식할 수 있다는 점을 강조한다. 개방적 태도는 새로운 증거가 나타나면 자신의 주장을 바꿀 수 있는 열린 마음의 자세로서 비판 가능성, 반증 가능성 등이 핵심적인 요소이다.

2. 사실 판단과 가치 판단

존재하고 있는 현상을 객관적으로 서술하는 것이 사실 판단이고, 그것을 주관적으로 평가하여 좋다거나 나쁘다고 서술하는 것이 가치 판단이다. 사실 판단은 증거에 의해 증명되므로 참과 거짓이 분명하고 관련된 문제의 정답이 일정하지만, 가치 판단은 개인의 주관적인 평가이므로 정답이 없다.

item 07 사회 · 문화 현상을 탐구하는 태도

수능 출제 패턴 분석 제시문에서 강조하고 있는 사회 · 문화 현상을 탐구하는 태도에 대한 옳은 설명을 고르는 문제가 출제된다.

유형보기

1. 사회 · 문화 현상을 탐구하는 태도의 비교 평가원

(가) 연구자 역시 특정 사회의 가치와 규범을 내면화하기 때문에, 사회 · 문화 현상을 연구할 때 현상이 가진 사실에만 근거하여 파악해야 한다.
(나) 연구자는 올바른 절차를 거쳐 사회 · 문화 현상을 검증했을지라도 자신의 연구 결과에 대한 다른 연구자의 반증 가능성을 인정해야 한다.

자료 분석

(1) (가)에는 객관적 태도, (나)에는 개방적 태도가 나타나 있다.
(2) 객관적 태도는 탐구 과정에서 자신의 주관적 가치나 편견, 이해관계 등을 배제하려는 태도를 말한다.
(3) 개방적 태도는 자신의 주장과 다른 주장이 존재할 수 있음을 인정하고, 자신의 주장에 대해 비판을 허용하는 태도로, 사회 · 문화 현상 연구에서 유연하고 수용적인 태도를 갖는 것을 강조한다.

2. 가치 개입과 가치 중립 수능

연구자는 사회 현상의 연구 과정에서 가치 개입과 가치 중립의 문제에 직면한다. 연구자는 학문적 객관성을 위해 가급적 (가) 을/를 지켜야 한다. 하지만 연구 과정에서 어떠한 가치 판단도 전제하지 않는 연구는 불가능하므로 (나) 이/가 용인되는 단계도 있다.

자료 분석

(1) (가)는 가치 중립, (나)는 가치 개입이다.
(2) 연구 단계에서 가치가 개입되는 경우와 가치 중립을 지켜야 할 경우는 다음과 같다.

연구 주제의 선정	가치 개입
가설 설정	가치 개입
자료 수집 및 자료 분석	가치 중립
가설 검증 및 결론 도출	가치 중립
결론 적용 및 대안 모색	가치 개입

대표기출로 유형 감잡기

정답 및 해설 • p.016

094

정답률 91% | 2017학년도 수능

다음에서 공통적으로 나타나는 사회 · 문화 현상의 탐구 태도에 대한 진술로 가장 적절한 것은?

- 사회학자의 임무는 어떤 사회 · 문화 현상에 대해 정확하게 보고하는 것이다. 사회학자의 보고에는 그의 취향이나 선호가 반영되지 않아야 한다.
- 사회학의 연구 대상은 경험한 것이나 경험할 수 있는 것에 한정되어야 한다. 또한 사회학자는 인간의 삶과 행위의 관찰 과정에서 제3자의 관점을 취해야 한다.

① 사회 · 문화 현상을 보는 관점이 다양할 수 있음을 인정해야 한다.
② 사회 · 문화 현상의 탐구 시 주관적 가치와 이해관계를 배제해야 한다.
③ 사회 · 문화 현상의 탐구 시 해당 사회의 문화적 맥락을 고려해야 한다.
④ 사회 · 문화 현상의 복잡성을 인정하고 이면의 원인 파악을 위해 노력해야 한다.
⑤ 사회 · 문화 현상에 대한 연구 결과가 사회에 미칠 수 있는 영향을 고려해야 한다.

095

정답률 70% | 2014학년도 수능

(가), (나)에서 강조하고 있는 사회 · 문화 현상의 탐구 태도에 대한 설명으로 가장 적절한 것은?

(가) 연구자는 사회 · 문화 현상 연구에서 얻은 결과를 확정하려고 고집하기보다는 잠정적 결론으로 보고 다른 연구자의 의견을 고려함으로써 좀 더 타당한 주장이나 결론으로 대체할 수 있음을 인정해야 한다.
(나) 동일한 사회 · 문화 현상이라도 시대와 사회에 따라 그 현상이 가지는 의미가 달라질 수 있으므로 연구자는 사회 · 문화 현상 연구에서 역사적 전통과 사회적 맥락을 충분히 고려해야 한다.

① (가)는 현상을 사실 그 자체에 초점을 두어 파악하는 태도이다.
② (나)는 타인의 비판을 편견 없이 받아들이는 태도이다.
③ (가)는 (나)와 달리 현상에 대한 깊이 있는 성찰을 중시한다.
④ (나)는 (가)와 달리 현상이 지닌 고유한 가치에 대한 인정을 중시한다.
⑤ (가)는 연구 대상자의 관점, (나)는 제3자의 관점을 중시한다.

096

정답률 72% | 2014학년도 9월 평가원

(가), (나)는 사회 · 문화 현상의 탐구 태도이다. 이에 대한 옳은 설명을 〈보기〉에서 고른 것은?

> (가) 연구자 역시 특정 사회의 가치와 규범을 내면화하기 때문에, 사회 · 문화 현상을 연구할 때 현상이 가진 사실에만 근거하여 파악해야 한다.
> (나) 연구자는 올바른 절차를 거쳐 사회 · 문화 현상을 검증했을지라도 자신의 연구 결과에 대한 다른 연구자의 반증 가능성을 인정해야 한다.

〈보기〉

ㄱ. (가)는 연구자가 연구 진행 과정에서 주관적인 가치와 편견을 배제하려는 태도이다.
ㄴ. (나)는 사회 · 문화 현상 연구에서 유연하고 수용적인 태도를 갖는 것을 강조한다.
ㄷ. (나)는 (가)와 달리 연구자가 연구 절차나 방법이 제대로 수행되었는지 살펴보는 것을 강조한다.
ㄹ. (가)는 제3자의 입장에서, (나)는 상대방의 입장에서 연구를 진행하는 것을 강조한다.

① ㄱ, ㄴ ② ㄱ, ㄷ ③ ㄴ, ㄷ ④ ㄴ, ㄹ ⑤ ㄷ, ㄹ

예상문제로 유형 익히기

정답 및 해설 • p.016

097

난이도 상 **중** 하

다음은 연구 단계 (가)~(마)를 순서 없이 나열한 것이다. (가)~(마) 중 가치 판단이 배제되어야 할 단계로 옳은 것은?

> (가) 연구 결과를 교육 정책에 반영
> (나) 설문지법을 이용하여 자료 수집
> (다) 수집된 자료의 분석 및 결론 도출
> (라) 청소년 범죄와 교우 관계에 초점을 둔 연구 수행을 결정
> (마) 청소년 범죄가 심각한 사회 문제를 일으키고 있다고 판단

① (가), (나) ② (나), (다)
③ (다), (라) ④ (다), (마)
⑤ (라), (마)

098

Challenge 30% 신유형

난이도 **상** 중 하

표는 사회 · 문화 현상을 탐구할 때의 올바른 태도를 구분한 것이다. (가)~(라)에 들어갈 적절한 내용만을 〈보기〉에서 고른 것은?

구분	방법
집단적 편견이나 선입견이 연구에 영향을 주지 않도록 하는 태도	(가)
자신의 주장에 대한 타인의 비판을 허용하는 태도	(나)
사회적 · 문화적 특수성을 고려하여 사회 · 문화 현상을 탐구하는 태도	(다)
사회 · 문화 현상을 능동적으로 대하고 유의미성을 끊임없이 탐구하는 태도	(라)

〈보기〉

ㄱ. 사회 · 문화 현상을 탐구할 때에는 객관적으로 현상을 바라봐야 한다.
ㄴ. 남들이 당연시하는 현상을 새롭게 바라볼 수 있는 안목을 가져야 한다.
ㄷ. 어떠한 주장이 경험적으로 확인되기 전까지는 가설로만 받아들여야 한다.
ㄹ. 특정한 문화의 잣대로 다른 사회의 풍습이나 문화를 재단해서는 안 된다.

	(가)	(나)	(다)	(라)
①	ㄱ	ㄴ	ㄷ	ㄹ
②	ㄱ	ㄷ	ㄹ	ㄴ
③	ㄴ	ㄱ	ㄹ	ㄷ
④	ㄷ	ㄱ	ㄹ	ㄴ
⑤	ㄷ	ㄴ	ㄱ	ㄹ

099

난이도 상 중 **하**

밑줄 친 '이 태도'에 대한 설명으로 옳은 것은?

> 연구자가 속한 사회 내부의 사회 · 문화 현상을 연구할 때에도 이 태도는 중요하다. 한 사회 내에도 다양한 집단과 계층, 연령 범주 등이 존재하므로 사회 · 문화 현상이 위치한 상황 맥락 속에서 이해하는 태도가 필요하다.

① 인간과 자연의 조화를 중시하는 태도
② 다양한 가능성의 공존을 인정하는 태도
③ 자신의 편견을 배제하고 객관적으로 탐구하는 태도
④ 경험적으로 검증되기 전까지는 가설로 받아들이는 태도
⑤ 사회 · 문화적 특수성을 고려하여 사회 · 문화 현상을 탐구하는 태도

item 08

연구 윤리

수능 출제 패턴 분석 제시된 연구 사례에서 연구 윤리가 지켜지지 않은 부분을 찾는 문제가 주로 출제된다.

유형보기

1. 연구 윤리에 관한 주장 평가원

(가) 연구 윤리의 핵심어는 '충실성'이다. 충실성은 바람직한 연구가 무엇인지를 압축하여 표현한 개념으로서 절차적 투명성과 내용적 객관성을 포괄한다.

(나) 연구가 연구 대상자에게 부정적인 영향을 미친다면 연구 윤리에 위배된다. 예컨대, 개인 정보가 보고서나 논문을 통해 유출되어 연구 대상자에게 피해를 주는 경우 등이다.

자료 분석

(1) (가)는 과학자는 절차적 투명성과 내용적 객관성의 원칙에 따라 연구를 진행하면 된다는 입장을 취하고 있다. 따라서 연구 논문에서 자료 수집 방법과 과정을 명확하게 밝혀 연구의 절차적 투명성을 보장하는 것을 강조할 것이다.

(2) (나)는 연구가 연구 대상자에게 미칠 영향을 고려해야 한다는 입장을 취하고 있다. 따라서 연구가 연구 대상자에게 부정적인 영향을 미쳐서는 안 되므로 연구자는 연구 목적을 연구 대상자에게 알려줌으로써 연구 참여 여부를 연구 대상자가 스스로 결정할 수 있도록 해야 함을 강조할 것이다.

2. 연구에서 나타난 문제점 평가원

(가) 갑은 직장 여성의 소비 실태에 대한 심층 면접을 실시하였다. 면접 대상자 중 일부는 질문 내용에 불편함을 느끼고 면접 중단을 요구하였으나 갑은 면접을 계속 진행하였다.

(나) 을은 ○○대학교 측의 의뢰로 기숙사 생활 실태에 대한 연구를 수행하였다. 조사를 통해 기숙사생의 60% 정도가 음주 규정을 위반했음이 밝혀졌다. 을은 연구 결과 공표 시 발생할 학교의 명예 실추를 우려하여 최종 보고서에서 이 내용을 누락시켰다.

자료 분석

(1) 갑은 연구 대상자의 거부 의사에도 불구하고 면접을 계속 진행하여 연구 윤리를 위반하였다. 즉, (가)에서는 연구 대상자의 자발적 참여가 보장되지 않았다.

(2) 을은 자료 분석 결과 나타난 내용을 ○○대학교에게 불리하다는 이유로 누락시켜 객관성이 결여된 연구 결과를 발표하였다. 즉, (나)에서는 연구 결과 작성 과정에서 가치 개입이 이루어졌다.

대표기출로 유형 감잡기

정답 및 해설 • p.017

100

정답률 75% | 2024학년도 9월 평가원

밑줄 친 ㉠~㉣을 연구 윤리 측면에서 적절하게 평가한 것만을 〈보기〉에서 고른 것은?

연구자 갑은 설문 조사 참여에 동의한 노인들을 대상으로 노인 문제에 관한 연구를 진행하였다. 갑은 조사에 앞서 ㉠ 연구 대상자가 응답 중단을 요청할 경우 즉각 조사가 중단된다고 설명하였다. 갑은 실제로 조사 진행 중 응답 중단을 요청하는 노인들에 대해 조사를 중단하고 ㉡ 해당 답변 자료를 폐기하였다. 노인들이 연구 목적을 알게 되면 연구에 영향을 미친다고 판단한 갑은 ㉢ 연구 결과를 발표한 후에도 연구 대상자에게 연구 목적을 알리지 않았다. 갑은 자신이 발표한 연구 논문에 관심을 가진 □□ 기업이 연구 자료를 요청하자, 연구비 지원을 받는 대가로 ㉣ 연구 대상자의 개인 정보를 삭제하고 나머지 모든 연구 자료를 제공하였다.

〈보기〉

ㄱ. ㉠은 연구 대상자의 자발적 참여를 보장한 것이므로 연구 윤리에 위배되지 않는다.

ㄴ. ㉡은 연구 자료 조작이라고 볼 수 없으므로 연구 윤리에 위배되지 않는다.

ㄷ. ㉢은 연구 자료의 객관성을 보장하기 위한 것이므로 연구 윤리에 위배되지 않는다.

ㄹ. ㉣은 연구 대상자의 익명성을 보장한 것이므로 연구 윤리에 위배되지 않는다.

① ㄱ, ㄴ ② ㄱ, ㄷ ③ ㄴ, ㄷ ④ ㄴ, ㄹ ⑤ ㄷ, ㄹ

101

정답률 94% | 2023학년도 9월 평가원

갑, 을의 연구에 대한 설명으로 가장 적절한 것은?

갑은 '온라인 수업에 나타난 교사와 학생 간 상호 작용'을 주제로 연구를 수행하기 위해 수도권 소재 3개 초등학교의 교사와 학생들을 연구 대상자로 선정하였다. 갑은 수업 담당 교사의 동의를 얻어, 학생들이 눈치채지 못하도록 온라인 수업에 접속하여 수업 장면을 관찰하였다.	을은 '고등학생의 학생 자치활동 참여 경험과 시민 의식 간의 관계'를 주제로 연구를 수행하기 위해 ○○고등학교장의 추천을 받은 남녀 학생 300명을 대상으로 설문 조사를 하였다. 이후 을은 연구 대상자의 실명이 포함된 응답 자료를 유사 연구에 착수한 동료 학자에게 제공하였다.

① 갑은 수집된 자료를 임의로 조작하였다.
② 을은 연구 대상자의 개인 정보를 유출하였다.
③ 갑은 을과 달리 연구 자료를 연구 이외의 목적으로 사용하였다.
④ 을은 갑과 달리 연구 대상자의 사전 동의를 얻지 않고 자료를 수집하였다.
⑤ 갑과 을의 연구는 모두 표본의 대표성을 확보하였다.

102

정답률 76% | 2021학년도 수능

다음 사례를 연구 윤리 측면에서 평가한 진술로 가장 적절한 것은?

청소년의 팬덤 활동에 부정적이었던 갑은 중학생의 팬덤 활동이 소비 행태에 미치는 영향을 연구하였다. 갑은 연구 대상 중학생과 그 보호자의 동의를 받고 질문지 조사를 실시하였다. 그 후 추가 조사에 대한 설명 없이 연구 대상 중 특정 학생들에게 심층 면접을 실시하여 자료를 수집하였다. 갑은 가설 검증을 위해 무성의하게 응답한 일부 자료를 제외하고 분석하였으며, 그 결과 가설이 수용되었다. 이후 갑은 방송에 출연하여 연구 결과를 설명하였다.

① 개인적 이해관계를 반영하여 자료를 선별하였다.
② 면접 과정에서 연구 대상의 익명성을 보장하지 않았다.
③ 자료 수집에 대한 충분한 정보를 연구 대상에게 제공하지 않았다.
④ 연구 대상에게 미칠 불이익을 고려하지 않고 연구 결과를 공표하였다.
⑤ 자료 분석 과정에서 사회에 미칠 부정적 영향을 고려하여 자료를 조작하였다.

103

정답률 91% | 2021학년도 9월 평가원

(가), (나)를 연구 윤리 측면에서 평가한 진술로 가장 적절한 것은?

(가) 연구자 갑은 폭력물 시청이 정서에 미치는 영향을 알아보고자 하였다. 모집 공고를 읽고 지원한 실험 대상자를 두 집단으로 나누어 한 집단에는 자극적인 폭력물, 다른 집단에는 가족 드라마를 보여주었다. 이 과정에서 폭력물을 시청하던 일부가 스트레스를 호소하며 실험 중단을 요청하였으나, 갑은 이를 허락하지 않고 실험을 계속 진행하였다.
(나) 연구자 을은 공공시설 낙서 행위에 대한 연구를 위해 몰래카메라를 활용하여 낙서 행위자의 행동을 기록·분석하였다. 추가 정보를 얻기 위해 낙서 행위자의 차량 번호를 기록하고 관계 기관을 통해 그들의 이름과 거주지 등을 추적하여 개인 정보를 수집하였다.

① (가)에서는 연구 과정에서 수집된 개인 정보를 동의 없이 연구에 활용하였다.
② (가)에서는 연구 과정에서 알게 된 연구 대상자의 비밀을 보호해야 하는 의무를 준수하지 않았다.
③ (나)에서는 연구 대상자에게 자발적 참여 기회가 주어지지 않았다.
④ (나)에서는 연구 결과의 공표가 연구자에게 미칠 악영향을 고려하여 연구 내용을 왜곡하였다.
⑤ (가), (나) 모두에서 연구자가 예측하지 못한 해로운 영향이 연구 과정에서 발생함을 인지하고도 연구를 즉시 중단하지 않았다.

예상문제로 유형 익히기

정답 및 해설 • p.017

104

난이도 상 중 하

다음 실험에서 요구되는 사회 과학 연구자의 연구 윤리로 가장 적절한 것은?

1971년 미국 스탠포드 대학의 심리학자 필립 짐바르도 교수는 '교도소의 생활이 인간의 심리에 미치는 영향'을 알아보는 실험을 진행하였다. 실험 당시 24명의 신청자들은 아무 조건 없이 죄수와 교도관으로 나누어 감옥에 갇힌 채 생활하였다. 아무런 지시를 하지 않았음에도 불구하고 교도관들은 죄수들에게 점점 심한 학대를 가했고, 죄수들이 정신적 이상을 보여 2주로 예정되어 있던 실험은 5일 만에 종료되었다.

① 공공의 이익에 봉사하도록 노력해야 한다.
② 탐구 과정에서 조사 대상자의 인권을 보호해야 한다.
③ 전문가로서의 활동을 수행할 때 편견을 갖지 말아야 한다.
④ 학문적인 공동체에 속하는 다른 학자들을 존중해야 한다.
⑤ 학문 분야에서 최고 수준의 역량을 유지하도록 노력해야 한다.

105

난이도 상 중 하

다음 연구에 대한 비판으로 가장 적절한 것은?

미국 사회심리학자 스탠리 밀그램은 권위와 복종에 관한 실험을 계획했다. 실험은 자원자들을 '선생님' 역할을 하는 집단과 '학생' 역할을 하는 집단으로 각각 나누어 학생이 테스트에서 틀리면 선생님 역할을 맡은 이가 전기충격을 가하게 하고 한 번 틀릴 때마다 전압을 높이라고 지시했다. 최고 전압인 450볼트까지 전압을 높이는 참가자가 0.1% 이하일 것이라는 예상을 깨고, 전체 참가자의 65%가 450볼트까지 전압을 높였다. 하지만 이 실험의 궁극적인 목적은 불합리한 권위에서 사람들은 어떻게 반응하는지를 연구하기 위한 것이었다. 실험에서 학생 역할을 맡은 사람들은 사전에 시나리오대로 움직이는 사람들로서 실제 전기충격이 가해지지 않았다. 실험을 통해 사람들이 인권이 훼손되는 특정 상황에서도 권위에 순응하는 경향이 있음을 확인했지만, 실험 내용에 대한 많은 비판이 쏟아지기도 했다.

① 연구 대상자의 익명성을 보장하지 않았다.
② 연구 대상자의 자발적 참여를 보장하지 않았다.
③ 연구 결과가 미치는 사회적 파장을 고려하지 않았다.
④ 피실험자에게 실험의 정확한 내용을 고지하지 않았다.
⑤ 연구 과정에서 초래될 수 있는 물리적 위험에 대해 사전에 고지를 하지 않았다.

106

난이도 상 중 하

다음 연구에 대한 분석 및 추론으로 적절하지 않은 것은?

> 애쉬(Asch, S.)는 사람들이 집단 압력에 동조하는 경향을 측정하기 위해 다음과 같은 실험을 실시했다. 실험에서 대상자들은 D와 같은 길이의 선을 A~C 중에서 고르라고 요청받게 되며, 7명에서 9명 정도의 인원이 한자리에서 차례차례 대답을 하게 된다. 하지만 이 실험에서 진짜 피험자는 1명뿐이고, 나머지는 모두 실험 관계자로 A와 D의 길이가 같다고 먼저 답하도록 되어 있다. 여러 차례의 실험 결과 A와 D가 같은 길이라고 답한 피험자는 전체 인원 중 36.8%에 달했다.
>
> 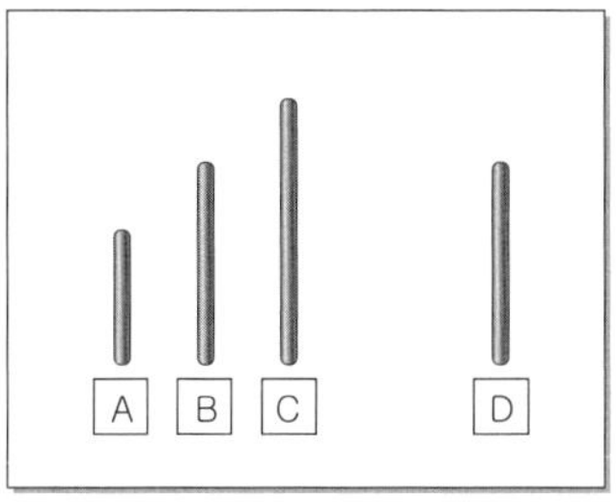
>

① 연구 목적에 대하여 거짓말을 하거나 감추고 연구를 진행하였다.
② 연구 목적을 속인 것으로 연구 윤리를 위반하였다는 비판을 받을 수 있다.
③ 피실험자 단독으로 실험을 진행하더라도 같은 연구 결과를 얻었을 것이다.
④ 사후에 대상자들에게 진실을 알려주는 것은 연구 윤리에 부합한다.
⑤ 대상자를 속이지 않고는 실험을 통해 동조 현상을 연구할 수 없는 불가피성도 존재한다.

107

난이도 상 중 하

다음 내용을 토대로 할 때 연구 윤리를 위반하지 않은 것은?

> • 연구 과정 등을 인위적으로 조작하거나 데이터를 임의로 변형·삭제함으로써 연구 내용 또는 결과를 왜곡하는 변조 행위
> • 타인의 연구 내용 및 결과 등을 정당한 승인 또는 인용 없이 도용하는 표절 행위
> • 동일한 내용의 논문을 두 개 이상의 학술지에 중복 게재한 행위
> • 기타, 관련 학계에서 통상적으로 용인되는 범위를 심각하게 벗어난 행위

① 본인의 학력에서 사소한 부분을 허위로 진술하였다.
② 가설을 설정하면서 연구자의 주관적 가치를 개입하였다.
③ 출처를 확인할 수 없는 자료 활용에 대해서는 언급하지 않았다.
④ 타인의 아이디어라는 것을 밝히지 않고 표현을 바꾸어 서술하였다.
⑤ 사전 접촉을 통해 얻은 공개되지 않은 학술 자료를 저자의 동의를 얻지 않고 인용하였다.

Ⅱ

개인과 사회 구조

출제 경향 분석

사회화, 지위와 역할 등 다양한 사회학적 개념을 묻는 문제가 주로 출제된다. 지위와 역할에서는 귀속 지위와 성취 지위를 구분하는 문제, 역할과 역할 행동을 구분하는 문제, 역할 갈등과 역할 갈등이 아닌 경우를 구분하는 문제 등이 주로 출제된다. 사회 집단과 사회 조직에서는 1차 집단과 2차 집단, 공동 사회와 이익 사회, 내집단과 외집단, 공식 조직과 비공식 조직, 자발적 결사체 등 여러 사회 집단 및 사회 조직에 대한 개념을 정확하게 이해하고 있는지를 묻는 문제가 출제된다. 또한 관료제와 탈관료제를 비교하는 문제도 출제되며, 개인과 사회를 바라보는 관점에서 사회 명목론과 사회 실재론의 비교, 일탈 이론에서는 아노미 이론, 낙인 이론, 차별 교제 이론 등을 묻는 문제가 출제되고 있다.

수능 출제 item

중단원	item	핵심 keyword
1. 인간의 사회화	item 09 사회화, 지위와 역할	재사회화 지위 역할 역할 행동 역할 갈등 사회화 기관
2. 사회 집단과 사회 조직	item 10 사회 집단과 사회 조직	1차 집단 2차 집단 공동 사회 이익 사회 내집단 외집단 준거 집단 공식 조직 비공식 조직 자발적 결사체
	item 11 관료제와 탈관료제	업무의 분화·전문화 규약과 절차 목적 전치 인간 소외
3. 개인과 사회의 관계, 일탈 행동	item 12 개인과 사회의 관계를 보는 관점	사회 명목론 사회 실재론 사회 계약설 사회 유기체설
	item 13 일탈 이론	아노미 이론 낙인 이론 차별 교제 이론 갈등 이론

학습 대책

다양한 사회화 기관을 유형별로 정리하고 의미와 사례를 알아 두어야 하며, 사회화를 바라보는 기능론과 갈등론, 상징적 상호 작용론에 대해 정확히 알고 있어야 한다. 지위와 관련하여 귀속 지위와 성취 지위를 구분할 수 있어야 하고, 역할과 역할 행동의 차이를 이해해야 한다. 역할 갈등의 의미에 대해서도 잘 알아두어야 한다. 사회 명목론과 사회 실재론의 차이에 대해 공부하고 일탈 이론에 대해 학습해 두어야 한다. 사회 집단을 구분하는 기준과 유형 및 특징, 공식 조직과 비공식 조직의 개념, 자발적 결사체의 의미와 등장 배경, 관료제와 탈관료제의 의미와 특징에 대해 알아 두어야 한다.

01 인간의 사회화

출제 예상 item 09 사회화, 지위와 역할

1 사회화

1. 의미 사회적 상호 작용을 통해 한 사회의 지식 · 기능 · 가치 · 규범 등을 내면화하는 과정

2. 사회화를 보는 관점

기능론	• 사회 구성원은 사회화를 통해 사회가 합의한 공통적인 행위 기준을 내면화하고 사회적 관계 속에서 자아를 실현함 • 사회화는 사회 질서를 유지하고 사회가 지속적으로 발전하는 데 기여함
갈등론	• 사회화는 한 사회의 지배 집단이 그들에게 유리한 가치나 행동 양식을 사회 구성원에게 학습시킴 • 지배 집단에 의해 규정된 가치와 문화가 사회화를 통해 보편적인 것으로 전달됨
상징적 상호 작용론	• 사회화는 사회 구성원 간 또는 개인과 집단 간의 상호 작용을 통해 이루어짐 • 사람들이 다양한 방법으로 의사소통하고 서로를 이해하는 과정에서 자아가 형성됨

2 사회화 기관

1. 유형

사회화의 내용에 따라	1차적 사회화 기관	기초적인 수준의 사회화를 담당하는 기관 예 가족, 또래 집단 등
	2차적 사회화 기관	전문적인 지식, 기능의 사회화를 담당하는 기관 예 학교, 직장, 대중 매체 등
설립 목적에 따라	공식적 사회화 기관	사회화를 목적으로 설립된 기관 예 학교, 직업 훈련소 등
	비공식적 사회화 기관	사회화를 목적으로 하는 기관은 아니지만 부수적으로 사회화 기능을 수행하는 기관 예 가족, 직장, 대중 매체 등

2. 특징

가족	• 개인이 최초로 경험하는 사회화 기관임 • 가족과의 상호 작용을 통해 행동을 모방하며 사회화를 경험함 • 가장 기초적이면서 영향력이 큼
또래 집단	또래 집단 내에서 공유되는 행동 양식이나 언어를 통해 그들만의 규범이나 독특한 문화를 형성함
학교	• 대표적인 공식적 사회화 기관임 • 학생들에게 다양한 지식과 사회적 관계 형성에 필요한 규범과 태도를 가르침
직장	사람들은 직장에서 직업 생활에 필요한 지식이나 기술, 태도를 배우고 다양한 재사회화를 경험함
대중 매체	• 신문, TV, 인터넷 등 사람들의 행동 양식이나 가치관에 큰 영향을 미침 • 현대 사회에서 영향력이 확대되고 있음

3 지위와 역할

1. 지위 개인이 사회 속에서 차지하는 위치

귀속 지위	태어나면서 자연스럽게 갖게 되는 지위 예 여자, 아들, 귀족, 평민 등
성취 지위	개인의 의지와 노력에 의해 후천적으로 얻게 되는 지위 예 학급 회장, 아버지, 아내 등

2. 역할, 역할 행동, 역할 갈등

(1) **역할** 사회에서 개인이 갖는 사회적 지위에 따라 요구되는 일정한 행동 방식

(2) **역할 행동(역할 수행)**

• 사회적 지위에 따라 요구되는 역할을 개인이 실제로 수행하는 것을 말함
• 동일한 지위라 하더라도 역할 행동은 사람마다 다양하게 나타남
• 역할 행동이 사회적 기대에 부합하는 경우 상을 받거나 칭찬을 받는 등 보상을 받게 되어 특정한 역할 행동이 강화되는 반면, 역할 행동이 사회적 기대에 어긋날 경우 제재나 비난을 받게 됨

(3) **역할 갈등** 한 개인에게 두 가지 이상의 역할이 동시에 요구되는 경우에 발생 → 여러 역할 중 어떤 것이 더 중요한지 합리적으로 판단하고 우선순위를 정하여 역할을 수행해야 함

교과서 속 수능 개념

쿨리의 '거울에 비친 자아'

쿨리에 따르면 사람들은 다른 사람에게 비추어지는 자신의 모습을 상상하고, 자신에 대한 다른 사람의 생각이나 판단을 통해 정체성을 형성해 간다.

미드의 '일반화된 타자'

미드에 따르면 사람들은 타인의 행동이나 말을 단순히 모방하는 단계에서 시작해서 다른 사람의 역할을 이해하고 흉내 내는 단계를 거쳐, 사회적 규칙을 이해하고 자신의 역할과 태도를 이해하면서 자아를 형성하게 된다. 이때 사람들이 옳고 그름을 판단하는 기준이 되는 사람을 '일반화된 타자'라고 한다.

역할 행동에 따른 보상과 제재

주어진 역할 행동을 잘 수행하면 보상을 받게 되고, 잘 수행하지 못하면 제재를 받게 된다. 여기서 보상과 제재는 역할 행동에 대한 결과이지 역할에 대한 것이 아니다. 보상은 지위에 맞는 행동을 촉진하기 위해 주는 물건이나 칭찬을 말하며, 제재는 행동을 제한하거나 금지하기 위한 심리적 또는 물리적 처벌을 의미한다.

헷갈리는 개념 정리

1. 재사회화, 탈사회화, 예기 사회화

재사회화는 사회 변화에 적응하기 위해 새로운 가치와 행동 양식을 배우는 것을 의미한다. 탈사회화는 새로운 가치나 규범을 수용하기 위해 기존의 사회적 가치관이나 규범을 버리는 것을 의미한다. 예기 사회화는 미래 환경에 적응하기 위해 새로운 환경에 필요한 규범이나 기술 등을 미리 습득하는 것을 의미한다.

2. 역할과 역할 행동(역할 수행)

역할은 일정한 지위에 대하여 기대되는 행동 방식이나 부과된 임무를 말하며, 역할 행동(역할 수행)은 개인마다 역할을 수행하는 실제적인 행동을 말한다.

3. 역할 모순과 역할 긴장

역할 모순은 두 가지 이상의 지위에서 요구되는 역할들이 서로 충돌을 일으키는 현상이고, 역할 긴장은 하나의 지위에 따른 두 개 이상의 역할이 충돌을 일으키는 현상이다.

item 09

사회화, 지위와 역할

수능 출제 패턴 분석 사회화, 지위, 역할과 관련한 사회학적 개념에 밑줄을 긋고, 이에 대한 옳은 설명을 고르는 문제가 출제된다. 성취 지위와 귀속 지위의 구분, 역할 갈등인지 단순한 고민인지, 사회화 기관의 구분, 재사회화와 예기 사회화의 개념 등을 묻는 선지로 구성된다. 사회화를 바라보는 관점을 묻는 문제도 출제된다.

유형보기

1. 사회학적 개념 수능

〈다큐멘터리 등장 인물 소개〉

주인공 갑 : 1960년 집성촌인 ㉠ ○○마을에서 태어남. 맏형의 대학 진학으로 인해 ㉡ 가족들은 도시로의 이주를 ㉢ 심각하게 고민하였으나 자신은 부모와 함께 남아 농사를 지음. 얼마 전에 ㉣ 영농 후계자에 선정되어 ㉤ 소정의 교육을 이수함. 7년 전 외국인 아내 을과 결혼했음. …(후략)…

아내 을 : △△국 출신으로 갑의 아내가 되어 집안의 ㉥ 맏며느리 역할을 함. 부업을 하기 위해 읍내 학원에서 운영하는 ㉦ 제과 제빵 프로그램을 수강하고 있음. 최근 자녀 교육 문제로 ㉧ 도시로 이주할까 고민 중임. …(후략)…

(자료 분석)

(1) ㉠과 ㉡은 구성원들의 자연 발생적 의지로 결합된 공동 사회이자 1차적 사회화 기관에 해당한다.
(2) ㉢과 ㉧은 모두 개인의 선택과 관련한 고민이므로 역할 갈등으로 볼 수 없다.
(3) ㉣은 갑의 성취 지위, ㉥은 을의 성취 지위에 해당한다.
(4) ㉤은 갑에게 재사회화, ㉦은 을에게 예기 사회화에 해당한다.

2. 사회학적 개념 수능

㉠ 화가가 되기를 원했던 갑은 교사가 되기를 바라는 부모의 뜻을 거역하고 싶지 않아 ㉡ 마음이 복잡했다. 그러나 ㉢ 담임교사가 부모를 설득하여 ㉣ 미술 대학 진학을 허락받았다. 그는 서양화과에 지원하려고 했지만 부모는 동양화과를 권유했다. 갑은 부모가 미술 대학 진학을 허락했기 때문에 일단은 ㉤ 동양화과를 가지 않으면 안 된다고 생각했다. 지금 그는 ㉥ 동양화의 대가로 인정받고 있다.

(자료 분석)

(1) ㉠은 갑의 준거 집단이다. 준거 집단은 사람들이 자신의 판단이나 행동의 기준으로 삼는 집단을 말한다.
(2) ㉡과 ㉤은 갑의 심리적 갈등으로 역할 갈등에 해당하지 않는다. 역할 갈등은 둘 이상의 역할이 충돌하는 현상을 말한다.
(3) ㉠과 ㉢은 후천적 노력에 의해 획득된 성취 지위에 해당한다.
(4) ㉣은 공식적 사회화 기관이면서 2차적 사회화 기관이다.
(5) ㉥은 갑의 화가로서의 역할 수행에 대한 보상이다.

대표기출로 유형 감잡기

정답 및 해설 • p.018

108

정답률 85% | 2024학년도 6월 평가원

밑줄 친 ㉠~㉦에 대한 설명으로 옳은 것은?

> ㉠ 청소년 시절, K－pop에 매료되었던 외국인 갑은 한국으로 유학을 결심하고 ㉡ ○○대학교 ㉢ 조선공학과에 입학하였다. 졸업 후 대기업인 ㉣ △△조선에 취직했지만, 어릴 적부터 동경하던 ㉤ 항공기 정비사가 되기 위해 ㉥ 2년 만에 자진 퇴사를 하였다. 이후 항공사에 입사한 갑은 ㉦ 항공기 정비 업무에 필요한 사내 교육 과정을 수료하고 항공기 정비 업무와 기술 교육을 맡고 있다.

① ㉢은 2차 집단이자 비공식 조직이다.
② ㉥은 갑의 역할 행동에 대한 제재이다.
③ ㉦은 1차적 사회화 기관을 통해 이루어진 사회화이다.
④ ㉠과 ㉤은 모두 성취 지위이다.
⑤ ㉡은 ㉣과 달리 공식적 사회화 기관이다.

109

정답률 56% | 2017학년도 수능

밑줄 친 ㉠~㉥에 대한 설명으로 옳은 것은?

기자

□□영화제에서 ㉠ 신인상을 받으셨습니다. 영화계에 입문한 계기는 무엇입니까?

영화배우 갑

○○대학 시절 인문학부의 ㉡ 공연 관람 동아리 활동을 통해 ㉢ 연극배우가 되겠다고 결심을 하였습니다. 졸업 후, ㉣ ◇◇대학 연극학과에 합격하였지만 영화 오디션을 통해 주연으로 발탁되어 입학을 포기하고 영화배우가 되었습니다.

기자

올해 새로운 대중 영화에 출연하셨고 △△독립 영화제 ㉤ 집행 위원장까지 맡으셨는데요, 어려운 점은 없나요?

영화배우 갑

독립 영화제의 홍보에 힘쓸지, 제가 출연한 영화의 홍보에 힘쓸지 ㉥ 고민이 큽니다.

① ㉠은 갑의 역할에 대한 보상이다.
② ㉡과 ㉣은 모두 공식적 사회화 기관이다.
③ ㉢과 ㉤은 모두 갑의 성취 지위이다.
④ ㉣에서 갑은 재사회화를 경험하였다.
⑤ ㉥은 갑의 역할 갈등이다.

110

정답률 79% | 2022학년도 수능

밑줄 친 ㉠~㉥에 대한 설명으로 옳은 것은?

> 급진적 ㉠ 이상주의자였던 아버지의 영향으로 사회 개혁에 관심이 컸던 갑은 경제적 이유로 소설가의 꿈을 접고 회사원이 된다. ㉡ 납품 업체가 제공하는 금품과 향응을 매번 거절한 그는 '혼자만 깨끗한 척한다.'며 ㉢ 빈정대는 동료와 갈등을 빚는다. 그는 고민 끝에 회사를 그만두고 신춘문예를 통해 ㉣ 소설가로 등단한다. 하지만 순수 문학의 힘에 한계를 느낀 그는 영화계에 입문하여, ㉤ 시나리오 작가와 조연출을 거쳐 늦은 나이에 영화감독으로 데뷔한다. ㉥ 분단의 아픔, 도시화와 산업화의 그늘, 소시민의 삶을 다룬 작품들로 평단의 호평과 권위주의 정권의 감시를 동시에 받은 그는 리얼리즘 계열 영화의 거장으로 존경받고 있다.

① ㉠은 갑의 아버지가 획득한 성취 지위이다.
② ㉡은 회사원으로서 갑의 역할 행동이다.
③ ㉢은 갑이 경험한 역할 갈등이다.
④ ㉣은 ㉤이 되기 위한 갑의 예기 사회화이다.
⑤ ㉥은 영화감독으로서 갑의 역할 행동에 따른 보상이다.

111

정답률 87% | 2022학년도 9월 평가원

밑줄 친 ㉠~㉤에 대한 설명으로 옳은 것은?

> ㉠ 고등학교 재학 중 공부에 관심이 없었던 갑은 아버지가 운영하던 ㉡ 전기회사에서 아르바이트를 했으나 회사 일에도 흥미를 느끼지 못했다. 고등학교 졸업 후 우연히 ㉢ 어릴 적 동네 친구들 중 하나인 을을 만나, 그가 입은 경찰 제복에 매료되어 경찰이 되기로 하였다. 경찰 공무원 시험에 합격한 갑은 경찰 양성을 목적으로 하는 ㉣ 경찰학교의 기본 교육 및 훈련 과정을 수료한 후 ㉤ 경찰청에 발령받아 근무하면서 행복하게 살아가고 있다.

① ㉠은 기초적인 사회화가 이루어지는 1차적 사회화 기관이다.
② ㉡은 체계적이고 전문적인 내용을 전수하기 위한 공식적 사회화 기관이다.
③ ㉢은 비공식적 사회화 기관이자 2차적 사회화 기관이다.
④ ㉣은 예기 사회화를 담당하는 사회화 기관이다.
⑤ ㉣과 ㉤은 사회화를 목적으로 설립되지는 않았으나 사회화 기능을 하는 기관이다.

112

정답률 80% | 2017학년도 9월 평가원

밑줄 친 ㉠~㉤에 대한 설명으로 옳은 것은?

> 최근 아나운서 출신 갑이 언론의 주목을 받고 있다. 갑은 어린 시절부터 꿈꾸어 왔던 아나운서가 되기 위해 ㉠ ○○ 방송사에 입사한 후 다양한 프로그램에서 종횡무진으로 활동하였다. 이후 갑은 ㉡ 더 큰 무대로 진출할 것인지, 안정된 직장을 선택할 것인지 고민하다가 ○○ 방송사를 그만두며 프리랜서를 선언하고 ㉢ 연기자가 되었다. 이후 비교적 짧은 기간에 여러 편의 드라마에 출연하는 등 ㉣ 대중의 인기를 얻었으나, 해외에서 어려운 아이들을 돕는 프로그램에서 참여한 것을 계기로 △△국의 빈민 지역으로 이주하여 현재 ㉤ 자원 봉사자로 활동하고 있다.

① ㉠은 갑의 내집단이자 준거 집단이다.
② ㉡은 갑이 겪었던 역할 갈등이다.
③ ㉢이 되기 위해 갑은 ㉠에서 재사회화를 경험하였다.
④ ㉣은 ㉢으로서의 갑의 역할에 대한 보상이다.
⑤ ㉤은 갑의 성취 지위이다.

113

정답률 56% | 2021학년도 수능

다음 사례에 대한 옳은 분석만을 <보기>에서 고른 것은?

> • 갑은 대형 유통 업체에 취업하기 위해 회사를 알아보던 중, 영세한 식품 회사를 운영 중인 부모님이 함께 일하자고 간곡하게 요청하여 고민에 빠졌다. 결국 부모님의 회사에 입사하여 신입 사원 연수를 받았다. 그 후 회사 매출이 늘어나자 자신의 선택에 뿌듯해 하였다.
> • 을은 자신이 원하던 연구소에 취업하여 만족감을 느끼고 있었다. 동물 보호 단체 회원이기도 한 을은 연구소로부터 동물 대상 실험을 시행하라는 요구를 받자 고민에 빠졌다. 결국 을은 실험을 거부하고 동물 실험 반대 운동을 주도하여 동물 보호 단체로부터 감사장을 받았다.

<보기>

ㄱ. 갑은 귀속 지위와 성취 지위에 따른 역할 갈등을 경험하였다.
ㄴ. 을은 서로 다른 2차적 사회화 기관에서의 각 지위에 따른 역할 갈등을 경험하였다.
ㄷ. 갑은 을과 달리 공식적 사회화 기관에서 예기 사회화를 경험하였다.
ㄹ. 을은 갑과 달리 역할 행동에 대한 보상을 받았다.

① ㄱ, ㄴ ② ㄱ, ㄷ ③ ㄴ, ㄷ ④ ㄴ, ㄹ ⑤ ㄷ, ㄹ

114

정답률 82% | 2021학년도 9월 평가원

밑줄 친 ㉠~㉥에 대한 옳은 설명만을 〈보기〉에서 고른 것은?

> 갑은 환경 문제를 접한 후 8세에 ㉠ 채식주의자가 되었고, 15세에 ㉡ 환경 운동가가 되었다. 갑은 ㉢ 비행기 대신 태양광 요트를 타고 대서양을 건너 UN 기후 행동 정상 회의에 참석하여 환경 문제 해결에 미온적인 세계 정상들을 비판하였다. 갑은 세계 정상들과 설전을 주고 받을 만큼 ㉣ 갈등을 겪었지만, 지지자들로부터 '어른의 ㉤ 선생님', '지구의 가장 위대한 변호인'이라는 극찬을 받기도 했다. 이후 그는 학생 신분으로 2019년 ㉥ 노벨 평화상 후보에 올랐고, 타임지의 올해의 인물로 선정되었다.

〈보기〉

ㄱ. ㉠, ㉤은 갑이 획득한 성취 지위이다.
ㄴ. ㉢은 ㉡으로서 갑의 역할 행동이다.
ㄷ. ㉣은 학생과 환경 운동가 사이에서 발생한 갑의 역할 갈등이다.
ㄹ. ㉥은 ㉡으로서 갑의 역할 행동에 대한 보상이다.

① ㄱ, ㄴ ② ㄱ, ㄷ ③ ㄴ, ㄷ ④ ㄴ, ㄹ ⑤ ㄷ, ㄹ

115

정답률 82% | 2018학년도 수능

밑줄 친 ㉠~㉦에 대한 설명으로 옳은 것은?

> 유명 연예인인 어머니의 반대에도 불구하고, 배우가 되고 싶었던 갑은 ㉠ 연예인 2세라는 것을 숨기고 ㉡ A 인터넷 쇼핑몰에서 모델로 일하며 ㉢ 연기 학원에서 연기와 노래를 배우고 있었다. 갑은 스스로 인지도를 높이기 위해 ㉣ 시청자 평가단의 투표 결과에 따라 ㉤ 가수 데뷔가 결정되는 ㉥ TV 프로그램에 지원하여 치열한 경쟁 과정을 통해 가수로 데뷔하였다. 인기가 높아지자 갑은 가수로 계속 활동해야 할지 가수를 그만두고 원래 계획했던 대로 배우로 전향해야 할지 ㉦ 고민이다.

① ㉠, ㉤ 모두 개인의 능력과 노력에 의해 획득한 지위이다.
② ㉡은 비공식적 사회화 기관, ㉢은 2차적 사회화 기관이다.
③ ㉣은 갑의 외집단이자 준거 집단이다.
④ ㉥은 재사회화에 해당한다.
⑤ ㉦은 갑의 역할 갈등에 해당한다.

116

정답률 85% | 2019학년도 6월 평가원

밑줄 친 ㉠~㉥에 대한 설명으로 옳은 것은?

> 갑은 교사가 되길 원하던 어머니의 희망대로 ㉠ 사회교육과에 진학하였다. 그러나 어릴 적부터 간절히 진학을 꿈꿔 온 ㉡ 미술 대학이 아니었기 때문에 갑은 점점 ㉢ 학업에 흥미를 잃고 강의에도 자주 결석하였다. 사범 대학을 계속 다닐지 말지 거듭 ㉣ 고민하던 갑은 두 학과의 교육과정을 모두 이수할 수 있는 복수 전공제가 있다는 것을 알고 미술교육과의 강의를 듣기 시작하였다. 또한, 미술교육과 친구들이 추천한 ㉤ 교육 봉사 동아리에 가입하여 열심히 활동하였다. 이 과정에서 가르침의 보람을 느끼게 된 갑은 졸업식장에서 ㉥ 성적 최우수상을 받을 것을 기대하며 학과 공부에 매진하고 있다.

① ㉠은 2차적 사회화 기관, ㉤은 공식적 사회화 기관이다.
② ㉡은 갑의 내집단이자 비공식적 사회화 기관이다.
③ ㉢의 원인은 소속 집단과 준거 집단 간의 불일치에 있다.
④ ㉣은 갑이 겪은 역할 갈등이며, 제도적 뒷받침에 의해 해결되었다.
⑤ ㉥은 갑의 역할에 대한 보상에 해당한다.

117

정답률 66% | 2020학년도 6월 평가원

밑줄 친 ㉠~㉦에 대한 설명으로 옳은 것은?

> 부부 소방관인 갑과 갑의 ㉠ 남편은 큰 화재를 진압한 공로가 인정되어 정부로부터 ㉡ 표창을 받았고, 여러 ㉢ 방송사로부터 출연 요청도 받았다. 방송 출연을 원했던 갑의 남편과 달리 세간의 이목이 집중되는 것이 부담스러웠던 갑은 남편과 ㉣ 갈등을 겪기도 했으나, ㉤ 막내딸의 중재로 화해하고 결국 부부가 방송에 출연하였다. 현재 갑은 남편의 정년퇴직을 기념하기 위해 부부 동반 해외여행을 준비 중이고, 막내딸은 오랜 시간 준비해 온 ㉥ 소방공무원 채용 면접 시험을 앞두고 있다. 갑은 자신의 응원을 기대하는 막내딸의 면접일과 해외여행 기간이 겹쳐 어떻게 해야 할지 ㉦ 고민 중이다.

① ㉠과 ㉤은 모두 귀속 지위이다.
② ㉡은 ㉠으로서의 역할 행동에 대한 보상이다.
③ ㉢은 2차적 사회화 기관이자 공식적 사회화 기관이다.
④ ㉥은 ㉤의 예기 사회화에 해당한다.
⑤ ㉦은 ㉣과 달리 갑의 역할 갈등에 해당한다.

118

정답률 88% | 2019학년도 9월 평가원

다음은 갑의 일기 중 일부이다. (가), (나)에 대한 설명으로 옳은 것은?

(가) 2010년 ○월 ○일

의과 대학에 입학한 지 벌써 1년이 넘었지만, 여전히 이곳에 대한 애착 없이 나만 겉돌고 있다. 얼마 전 학점 취득을 위해 봉사 활동을 다녀온 후 구호 단체에서 일하는 것이 의미 있다는 확신을 갖게 되었다. 병원장의 아들로서 가업을 잇기를 바라는 부모님께 이런 생각을 어떻게 말씀드려야 할지 고민이다.

(나) 2018년 ○월 ○일

의사가 아닌 다른 길을 잘 선택한 것 같다. 간절히 원하던 □□ 국제 구호 기관에서 일한 지 벌써 1년이 되었다. 오늘부터 기관 연수원에서 해외 파견 활동가 교육을 받기 시작했다. 외동아들을 멀리 떠나보낼 아버지의 걱정에도 불구하고 교육을 마치면 외국에서 일하게 된다. 그런데 외국에 가게 되면 사랑하는 여자 친구와 사이가 멀어질까 봐 고민이다.

① (가)와 달리 (나)에는 갑의 귀속 지위가 나타나 있다.
② (가)와 달리 (나)에는 갑의 내집단과 준거 집단이 일치하고 있다.
③ (나)와 달리 (가)에는 갑의 역할 행동이 나타나 있다.
④ (나)와 달리 (가)에는 공식적 사회화 기관이 나타나 있다.
⑤ (가), (나) 모두 갑의 역할 갈등이 나타나 있다.

119

정답률 50% | 2020학년도 9월 평가원

밑줄 친 ㉠~㉦에 대한 설명으로 옳은 것은?

㉠ 영화배우 갑은 극중 인물과의 동일시를 위해 극중 인물의 삶을 직접 체험하는 것으로 유명하다. 몸이 불편한 화가 역할을 위해 촬영 전부터 휠체어에서 생활하거나 북미 지역의 원주민 역할을 위해 ㉡ 직접 사냥한 고기만으로 식사를 하기도 하였다. 한번은 영화 속 원수인 상대 배우에게 실제로 적대감을 드러내 동료에게 ㉢ 비난을 받기도 하였다. ㉣ 배역에 대한 지나친 몰입으로 촬영이 끝난 후에 극심한 ㉤ 정체성의 혼란을 겪은 갑은 돌연 은퇴를 선언하였다. 그는 ㉥ 영화 제작사 임원 자리 제안을 거절하고 화가가 되겠다며 ㉦ 예술 대학원에 입학하였다.

① ㉠, ㉣은 모두 갑의 성취 지위이다.
② ㉡은 ㉠으로서 갑의 역할 행동이다.
③ ㉢은 갑의 역할에 대한 제재이다.
④ ㉤은 갑이 경험한 역할 갈등이다.
⑤ ㉥, ㉦은 모두 공식적 사회화 기관이다.

120

정답률 86% | 2018학년도 9월 평가원

〈자료 1〉의 밑줄 친 ㉠~㉣을 〈자료 2〉의 (가)~(다)로 옳게 분류한 것은?

〈자료 1〉

A국에서 ㉠ 대학을 다니던 갑은 난민 신청 절차를 거쳐 B국으로 입국하였다. B국에서 갑은 경제 및 의료 지원 프로그램을 운영하는 ㉡ '○○난민 지원 센터'로부터 정착을 위한 서비스를 제공받고 있다. ㉢ 신문에서 A국과 관련된 기사를 볼 때마다 갑은 고향에 두고 온 ㉣ 가족이 떠올라 잠을 이루지 못한다. 하지만 갑은 낯선 B국에 정착하기 위하여 노력하고 있다.

〈자료 2〉

질문 \ 사회화 기관	(가)	(나)	(다)
사회화를 목적으로 설립되었는가?	예	아니요	아니요
기초적 수준의 사회화를 담당하는가?	아니요	아니요	예

	(가)	(나)	(다)
①	㉠	㉡	㉢, ㉣
②	㉠	㉡, ㉢	㉣
③	㉡	㉢	㉠, ㉣
④	㉢	㉡, ㉣	㉠
⑤	㉠, ㉡	㉣	㉢

예상문제로 유형 익히기

정답 및 해설 • p.018

121

Challenge 30% 신유형

난이도 상 중 하

다음 사례에 대한 옳은 설명만을 〈보기〉에서 고른 것은?

오늘은 학교에서 학급회장 선거를 했다. 학급회장은 학급을 이끌며 선생님과 학생들 간의 소통을 원활하게 해 주고, 학급 행사 등을 주도하는 일을 주로 하게 된다. 우리 학급에서는 코미디언처럼 재미있는 성격을 가진 갑이 학급회장으로 당선되었다. 갑이 또래 집단에게 인기가 많았기 때문이다. 갑은 학급회장이 된 이후에도 우리 반을 늘 즐겁게 해 주지만 종종 선생님들께 학급회장답지 않게 수업 시간에 분위기를 깨고 산만하게 한다고 혼이 나기도 한다.

〈보기〉

ㄱ. 3개의 성취 지위와 1개의 귀속 지위가 등장한다.
ㄴ. 갑은 역할 갈등 상황을 겪고 있다.
ㄷ. 공식적 사회화 기관과 비공식적 사회화 기관이 모두 등장한다.
ㄹ. 공식 조직은 나타나 있지만 비공식 조직은 나타나 있지 않다.

① ㄱ, ㄴ ② ㄱ, ㄷ ③ ㄴ, ㄷ
④ ㄴ, ㄹ ⑤ ㄷ, ㄹ

122

난이도 상 중 하

표의 A~C에 대한 옳은 설명만을 <보기>에서 고른 것은? (단, A~C는 각각 가족, 대학교, 기업 중 하나이다.)

질문	사회화 기관		
	A	B	C
사회화를 목적으로 설립되었는가?	아니요	예	아니요
2차적 사회화 기관에 해당하는가?	예	예	아니요

<보기>

ㄱ. A와 달리 C는 재사회화를 주로 담당한다.
ㄴ. C와 달리 B는 공식적 사회화 기관에 해당한다.
ㄷ. A, B는 C보다 개인의 인성 형성에 중요한 역할을 한다.
ㄹ. B는 A, C보다 사회화 과정 및 내용의 체계성 정도가 높다.

① ㄱ, ㄴ ② ㄱ, ㄷ ③ ㄴ, ㄷ
④ ㄴ, ㄹ ⑤ ㄷ, ㄹ

123

난이도 상 중 하

빈칸 ㉠, ㉡에 들어갈 사회화 기관에 대한 옳은 설명만을 <보기>에서 있는 대로 고른 것은?

인간이 개인적 존재에서 사회적 존재로 성장하는 데 영향을 주는 사회적 관계 또는 장소를 사회화 기관이라고 한다. 사회화 기관을 목적에 따라 분류할 때, (㉠)은 사회화를 목적으로 설립하여 체계적으로 사회화를 수행하는 기관을 의미하고, (㉡)은 본연의 목적이 따로 있으나 부수적으로 사회화 기능을 담당하는 기관을 의미한다.

<보기>

ㄱ. 학교는 ㉠에, 대중 매체는 ㉡에 해당한다.
ㄴ. ㉠은 1차적 사회화 기관, ㉡은 2차적 사회화 기관이다.
ㄷ. ㉠은 ㉡과 달리 전문적인 사회화를 담당한다.
ㄹ. ㉡은 ㉠과 달리 정서적인 부분의 사회화를 담당한다.

① ㄱ, ㄴ ② ㄱ, ㄷ ③ ㄴ, ㄷ
④ ㄱ, ㄷ, ㄹ ⑤ ㄴ, ㄷ, ㄹ

124

난이도 상 중 하

밑줄 친 ㉠~㉣에 대한 옳은 설명만을 <보기>에서 고른 것은?

최근 집단 따돌림 현상이 사회 문제가 되고 있다. 집단 따돌림의 원인은 여러 가지로 분석되고 있지만 폭력이 만연한 사회적인 분위기와 이를 조장하는 ㉠ 대중 매체, 그리고 ㉡ 학교에서 적절한 대응과 조치가 취해지지 않기 때문이라는 의견이 많다. 처음에는 주도하는 사람이 있지만, 점차 ㉢ 또래 집단들이 이에 동조하며 따돌림 현상이 심각해지고 있다. 하지만 가해자의 범위가 넓어지고 범죄 의식은 더 희박해지면서, 피해자 역시 ㉣ 가정에서 부모님에게조차 말을 하지 못하고 당하는 경우가 많다.

<보기>

ㄱ. ㉠, ㉡은 사회화를 목적으로 설립된 기관이다.
ㄴ. ㉠, ㉢은 비공식적 사회화 기관이다.
ㄷ. ㉡, ㉢은 2차적 사회화 기관이다.
ㄹ. ㉢, ㉣에서는 기초적인 사회화가 이루어진다.

① ㄱ, ㄴ ② ㄱ, ㄷ ③ ㄴ, ㄷ
④ ㄴ, ㄹ ⑤ ㄷ, ㄹ

125

난이도 상 중 하

밑줄 친 ㉠~㉥에 대한 설명으로 옳은 것은?

갑은 의로운 아버지와 씩씩한 어머니의 ㉠ 외아들로 태어났다. 집안은 가난했지만 늘 배움에 힘썼고, 20대에는 ㉡ 의병으로 활동하였다. 3 · 1운동이 일어나자 ㉢ 고민 끝에 민족의 독립 없이는 자신이 존재할 수 없음을 깨닫고, ㉣ 독립 운동가로서 ㉤ 대한민국 임시 정부에 참여하였다. 그 후 독립을 준비하기 위해 군대를 조직하여 ㉥ 군인들을 양성하였다.

① ㉠과 ㉡은 갑의 귀속 지위이다.
② ㉢은 갑의 역할 갈등이다.
③ ㉣은 갑의 성취 지위이다.
④ ㉤은 갑의 지위에 따른 역할이다.
⑤ ㉥은 갑이 경험한 재사회화 과정이다.

126

난이도 상 중 하

밑줄 친 ㉠~㉦에 대한 설명으로 옳은 것은?

> 갑은 우리나라 프로 야구를 대표하는 ㉠ 전설적인 야구 선수이다. 최근 ㉡ 언론을 통해 발표된 그의 은퇴 소식에 팬들은 충격을 금할 수 없었다. ㉢ 40대의 최고령 선수지만 성적과 기량은 젊은 선수들 못지 않았기 때문에 팬들의 아쉬움은 더욱 컸다. ㉣ 구단은 갑에게 ㉤ 코치 연수와 ㉥ 은퇴식을 제안하였고 갑도 이를 수락하였다. 갑은 기자 회견에서 ㉦ 이번 시즌까지 선수 생활을 유지할까 하는 고민도 했었지만 좋은 모습일 때 마무리하고 싶어 은퇴 결정을 하게 되었다고 밝혔다.

① 갑에게 ㉠은 성취 지위, ㉢은 귀속 지위이다.
② ㉡과 ㉣은 공식적 사회화 기관이다.
③ 갑에게 ㉤은 재사회화이자 예기 사회화이다.
④ ㉥은 갑의 역할에 대한 보상이다.
⑤ ㉦은 갑의 역할 갈등이다.

127

난이도 상 중 하

밑줄 친 ㉠~㉣에 대한 옳은 설명만을 〈보기〉에서 고른 것은?

> 면접관 : 지원자의 장래 희망은 무엇입니까?
> 갑 : 저는 ㉠ □□대학교 ㉡ 정치외교학과에서 국제관계 이론과 다양한 언어를 배웠습니다. 졸업 후에는 ㉢ 국가 간의 분쟁이나 갈등을 조정하는 국제 협력 기구에서 활동하는 것이 목표입니다. 제 꿈을 이루기 위해 고등학교 3년 동안 교내 ㉣ 모의 UN 동아리에서 열심히 활동을 하였습니다.

〈보기〉
ㄱ. ㉠은 비공식적 사회화 기관이다.
ㄴ. ㉡은 갑이 예기 사회화를 기대하는 기관이다.
ㄷ. ㉢은 갑에게 요구되는 사회적 기대이자 역할 행동이다.
ㄹ. ㉣은 2차적 사회화 기관이다.

① ㄱ, ㄴ ② ㄱ, ㄷ ③ ㄴ, ㄷ
④ ㄴ, ㄹ ⑤ ㄷ, ㄹ

128

난이도 상 중 하

밑줄 친 ㉠~㉥에 대한 설명으로 옳은 것은?

> 전쟁 중에 부모를 잃고 ㉠가장의 책임을 지게 된 갑은 어쩔 수 없이 독일로 떠나 ㉡광부가 되었지만, 광부 생활에 대한 불만과 ㉢가족에 대한 그리움으로 힘들어 하였다. 그곳의 간호사와 결혼한 후 귀국한 갑은 ㉣동생들의 학비 마련과 가족 부양을 위해 선장이 되고 싶었던 오랜 꿈을 접고 베트남으로 건너가 사업을 시작하였다. 사업에 성공한 갑은 ㉤○○방송국의 헤어진 가족 찾기 프로그램에 출연하여 전쟁 중에 헤어진 ㉥막내 동생을 찾게 되었다.

① ㉠은 갑의 역할 행동이다.
② ㉡은 갑의 준거 집단이다.
③ ㉣은 갑의 역할 갈등이다.
④ ㉡은 성취 지위, ㉥은 귀속 지위이다.
⑤ ㉢은 공식적 사회화 기관, ㉤은 비공식적 사회화 기관이다.

129

난이도 상 중 하

밑줄 친 ㉠~㉣에 대한 옳은 설명만을 〈보기〉에서 고른 것은?

> '학생다운 행동'이란 학업 수행이나 교칙 준수 등 ㉠ 학생의 지위에 대해 기대되는 행동을 의미한다. 이처럼 '~다운 행동'에는 한 개인이 집단 내에서 차지하고 있는 위치에 대해 기대되는 행동 양식이 담겨 있다. 일반적으로 한 개인의 지위는 하나에 그치지 않는다. 예를 들면 나는 아버지의 아들이고, 내 아들의 아버지이다. 동시에 ㉡ 회사의 사원이자, ㉢ 가족의 가장이다. 이와 같은 상황에서 한 개인에게는 여러 가지 '~다운 행동'이 ㉣ 중첩적으로 기대된다.

〈보기〉
ㄱ. ㉠은 역할 행동이다.
ㄴ. ㉡은 2차적 사회화 기관이다.
ㄷ. ㉢은 사회화를 목적으로 결성된 집단이다.
ㄹ. ㉣은 역할 갈등의 원인이 된다.

① ㄱ, ㄴ ② ㄱ, ㄷ ③ ㄴ, ㄷ
④ ㄴ, ㄹ ⑤ ㄷ, ㄹ

130

난이도 상 중 하

밑줄 친 ㉠~㉣에 대한 옳은 설명만을 〈보기〉에서 고른 것은?

> 갑은 다니고 있는 ㉠ 회사에서 받는 ㉡ 연봉에 불만이 많아 ㉢ 이직을 고려 중이다. 매출액에 대한 기여도가 낮다는 이유로 후배 사원보다 연봉이 적기 때문이다. 그래서 갑은 ㉣ 임금을 결정할 때 경력을 가장 중시하는 회사를 물색하고 있다.

〈보기〉

ㄱ. ㉠은 구성원 간 전인격적 관계가 중심이 되는 사회 집단이다.
ㄴ. ㉡은 갑의 역할 행동에 대한 보상이다.
ㄷ. ㉢은 갑의 역할 갈등에 해당한다.
ㄹ. ㉣은 보상 방식 측면에서 관료제의 특성이 강하다.

① ㄱ, ㄴ ② ㄱ, ㄷ ③ ㄴ, ㄷ
④ ㄴ, ㄹ ⑤ ㄷ, ㄹ

131

난이도 상 중 하

밑줄 친 ㉠~㉧에 대한 설명으로 옳은 것은?

> 2005년 8월 5일 : 우리 ㉠ 가족의 첫 아이가 태어났다. 내 품에 안고 나서 ㉡ 아버지가 되었다는 감격에 눈물이 났다. 작명소에서 지어 온 두 가지 이름 중에서 ㉢ 어떤 것을 선택해야 할지 고민하고 있다.
>
> 2007년 2월 2일 : 걷기 시작한 ㉣ 딸은 수저 사용법을 배우고 있다.
>
> 2010년 2월 8일 : 딸에게 심한 꾸중을 했다. 요즘 버릇이 없고 고집이 세어진 딸에게 ㉤ 아버지로서 엄하게 대해야 하는지, 친구처럼 자상하게 대해야 하는지 고민스럽다.
>
> 2014년 4월 10일 : 딸이 ㉥ 학교에서 ㉦ 부반장을 맡았는데 분리수거를 잘하여 선생님이 ㉧ 칭찬을 자주 해 주신다고 한다.

① ㉠은 공식적 사회화 기관, ㉥은 비공식적 사회화 기관이다.
② ㉡과 달리 ㉦은 귀속 지위이다.
③ ㉢, ㉤은 ㉡의 역할 갈등에 해당한다.
④ ㉣은 예기 사회화이자 탈사회화이다.
⑤ ㉧은 ㉦의 역할 행동에 대한 보상이다.

132

난이도 상 중 하

학교에서의 사회화를 보는 관점 (가)~(다)의 일반적인 특징에 대한 설명으로 옳은 것은?

> (가) 사회가 요구하는 다양한 지식과 기술, 규범을 학교를 통해 배우게 된다. 예컨대 상벌점제는 학생들에게 해야 할 일과 하지 말아야 할 일을 알려줌으로써 사회 통합에 기여한다.
> (나) 학교에서의 사회화는 사회 불평등을 재생산할 뿐이다. 학교에서 배우는 지식이나 가치는 모두 지배 계급에게 유리한 것이고 지배 계층의 자녀가 좋은 학교에 갈 가능성이 더 크다.
> (다) 사회화는 학교에서 어떤 선생님과 친구들을 만나 어떻게 상호 작용하느냐에 따라 달라진다. 교사가 학생들에 대한 기대가 실제 학생들의 행동에 영향을 미친다.

① (가)는 사회화가 차별적 가치나 규범을 학습시킨다고 본다.
② (나)는 재사회화를 통해 사회를 안정적으로 유지할 수 있다고 본다.
③ (다)는 원초적 관계를 형성하는 사람과의 관계를 중시한다.
④ (가)는 거시적 관점, (나)와 (다)는 미시적 관점에 해당한다.
⑤ (가)와 (나)는 사회적 불평등이 사회 구성원의 합의에 근거한다고 본다.

133

난이도 상 중 하

갑과 을의 사회화를 보는 관점에 대한 옳은 설명만을 〈보기〉에서 고른 것은?

> 갑 : 사회화는 국가가 학교, 교회, 언론 등을 통해 지배적 이념을 개인에게 학습시킴으로써 지배 계급의 이익을 위한 기존의 사회적 관계를 안정적으로 재생산하는 과정입니다.
> 을 : 사회화는 개인이 사회의 공통적인 가치 기준을 내면화함으로써 사회 체계의 요구에 맞게 행동하도록 하는 과정입니다. 규범의 내면화를 통한 본능적 욕구의 억제와 자아 형성이 중요합니다.

〈보기〉

ㄱ. 갑의 관점은 사회화를 사회적 기대를 고려하여 자신의 정체성을 형성해 나가는 과정으로 이해한다.
ㄴ. 갑의 관점은 사회화를 현재의 불평등한 구조를 정당화하는 수단으로 간주한다.
ㄷ. 을의 관점은 사회 통합에 있어 사회화가 긍정적인 역할을 수행한다고 본다.
ㄹ. 을의 관점은 상징을 매개로 한 타인과의 상호 작용을 통해 개인의 자아가 형성된다고 본다.

① ㄱ, ㄴ ② ㄱ, ㄷ ③ ㄴ, ㄷ
④ ㄴ, ㄹ ⑤ ㄷ, ㄹ

02 사회 집단과 사회 조직

출제 예상 item 10 사회 집단과 사회 조직 11 관료제와 탈관료제

1 사회 집단

1. 의미 둘 이상의 사람이 소속감과 공동체 의식을 가지고 지속적인 상호 작용을 하는 모임

2. 유형

접촉 방식 (쿨리)	1차 집단 (원초 집단)	구성원 간 대면 접촉으로 전인격적 만남이 이루어지는 집단 예 가족, 또래 집단 등
	2차 집단	특정 목적 달성을 위해 구성원 간 간접적 · 수단적 만남이 이루어지는 집단 예 회사, 학교 등
결합 의지 (퇴니스)	공동 사회	구성원의 본능적 의지에 의해 자연 발생적으로 형성된 집단 예 가족, 친족 등
	이익 사회	특정 목적 달성을 위해 선택적 의지에 의해 형성된 집단 예 회사, 학교 등
소속감 (섬너)	내집단	집단에의 소속 의식이 강하고 '우리'라는 동질감을 갖는 집단(우리 집단)
	외집단	자신이 소속되어 있지 않으면서 이질감을 느끼는 집단(그들 집단)

3. 준거 집단

(1) **의미** 한 개인이 자신의 신념이나 태도 등을 정하는 기준으로 삼거나 행동이나 판단의 근거로 여기는 집단

(2) **소속 집단과 준거 집단의 관계**

소속 집단 = 준거 집단	소속 집단에 대한 만족감이 높고 자신감을 갖게 되어 안정적인 사회 생활이 가능함
소속 집단 ≠ 준거 집단	자신의 소속 집단에 대해 불만을 가지게 되고 상실감과 상대적 박탈감을 느낄 수 있음

2 사회 조직

1. 의미 사회 집단 중에서도 뚜렷한 목표를 중심으로 구성원의 지위와 역할이 명백하게 구별되고 전문화되어 있으며, 목적 달성을 위한 공식적인 규범과 절차가 체계적으로 규정되어 있는 집단

2. 공식 조직과 비공식 조직

구분	공식 조직	비공식 조직
의미	특정한 목적 달성을 위해 인위적으로 구성된 조직	공식 조직 내에서 취미나 공통의 관심사를 중심으로 친밀한 인간관계에 의해 만들어진 조직
특징	• 조직 구성원이 목표를 달성할 수 있도록 조직을 갖추고 지위에 따라 업무를 분담하여 일을 처리하는 규정이 분명함 • 업무의 효율성이 높고 책임의 한계가 분명함 • 정해진 절차와 규정에 지나치게 얽매이면 구성원의 창의성이 제한되는 문제가 발생할 수 있음	• 구성원 간 정서적 안정과 만족감을 높여 조직의 사기를 올리는 등 공식 조직의 효율성을 높일 수 있음 • 공식 조직의 목표보다 비공식 조직의 이익을 우선할 경우 조직 내 갈등 유발 및 조직의 효율성 저하가 나타날 수 있음
사례	회사, 정당, 학교 등	사내 동호회, 사내 향우회 등

3. 자발적 결사체

등장 배경	사회의 다원화, 사회적 욕구의 증대 등
종류	• 친목 집단 : 친목 도모를 목적으로 하는 동창회나 동호회 등 • 이익 집단 : 특수한 이익을 위해 만든 노동 조합이나 직능 단체 등 • 시민 단체 : 공익 추구를 위해 설립
특징	가입과 탈퇴가 자유로움, 1차적 관계와 2차적 관계가 공존, 조직 내 의사 결정이 민주적으로 이루어짐, 조직 목표에 대한 구성원의 신념이 뚜렷함
순기능	사회의 구조적 긴장 해소 및 정서적 만족 제공, 구성원들에게 집단에 대한 소속감 부여 및 자아 정체감 형성, 시민 사회의 다원화와 활성화에 기여
역기능	특수층에만 가입을 허용할 경우 배타성을 갖게 되어 공익과 상충, 조직의 규모가 지나치게 커질 경우 관료제화되어 비민주적으로 운영될 수 있음

교과서 속 수능 개념

2차 집단

사회가 전문화되고 복잡해질수록 공식적이고 합리적인 인간관계가 보편화되면서 다양한 2차 집단이 증가하게 되고, 개인 생활에 미치는 영향력도 커지게 된다.

내집단과 외집단의 관계

• 외집단은 내집단 의식을 강화하는 요인이 되기도 한다.
• 내집단 의식이 지나치게 강할 경우 개인은 집단에 구속될 우려가 크며, 외집단과의 갈등을 유발할 수 있다.

공식 조직의 구성

공식 조직의 대표적 사례인 회사를 살펴보면 업무의 성격에 따라 조직을 나누고 그 아래 다시 분야별로 부서를 두는 경우가 많다. 각 부문의 조직에는 책임자와 부서원이 있고, 부서의 업무를 수행하는 규정과 절차 및 업무의 내용이나 책임 등이 정해져 있다.

헷갈리는 개념 정리

1. 내집단과 외집단

내집단과 외집단은 상황에 따라 달라질 수 있다. 학급별 경기에서는 다른 학급이 외집단이 되지만 학교 간 경기에서는 다른 학급도 내집단에 포함된다. 내집단과 외집단의 구분은 심리적인 태도나 소속감에 따른 분류이므로 그 분류가 유동적이다.

2. 사회 집단과 사회 조직

사회 집단 중에서 목표가 뚜렷하고 구성원의 지위와 역할이 명확하게 구분되어 있으며, 규범이 엄격하게 규정되어 있는 집단을 사회 조직이라고 한다.

3. 비공식 조직과 자발적 결사체

자발적 결사체는 공식 조직의 형태를 띠기도 하고, 비공식 조직으로 존재하기도 한다. 따라서 모든 비공식 조직은 자발적 결사체에 포함되지만, 모든 자발적 결사체가 비공식 조직은 아니다.

3 관료제

1. 의미 대규모의 조직을 효율적으로 운영하기 위한 사회 조직의 운영 방식

2. 등장 배경 산업화 이후 사회 규모가 커지고 행정에 대한 요구가 많아지면서 복잡한 업무를 신속하게 처리하고 대규모 조직을 효율적으로 운용하기 위해 등장

3. 특징

업무 분화와 전문화	업무에 맞는 전문 인력 배치로 효율적인 업무 처리 가능
규약과 절차에 따른 업무 처리	업무의 표준화와 공정한 업무 처리로 업무의 신속성과 안정성 확보, 구성원의 변동과 관계없이 안정적인 조직 운영 가능
엄격한 위계질서	조직 위계의 서열화로 권한과 책임이 분명함
연공서열에 따른 보상 체계	경력에 따른 승진과 보상, 구성원의 신분 보장으로 안정적인 업무 처리 가능
지위 획득의 공평한 기회 보장	일정한 기준에 따른 공개 경쟁을 통해 지위의 공정한 획득

4. 문제점 인간 소외 현상, 목적 전치 현상, 경직된 조직 운영으로 인한 업무의 비효율성, 무사안일주의, 권력의 독점과 남용 발생 우려, 변화에 대한 낮은 대응력 등

4 탈관료제

1. 의미 관료제에서 벗어나 구성원의 창의성과 자율성을 보장하는 새로운 조직 형태

2. 등장 배경 정보화의 진전으로 인한 산업 구조의 변화 속에서 관료제의 역기능을 극복하여 조직의 효율성을 높이기 위해 등장

3. 종류

팀제 조직	• 특정한 과업을 수행하기 위해 전문가로 팀을 조직하여 과업을 수행하는 조직 형태 • 빠른 사회 변화에 적응하기 적합, 민주적 의사 결정에 따른 창의적 업무 수행 유리
네트워크형 조직	조직의 핵심 부서를 중심으로 업무 단위별로 독립성과 자율성을 가진 부서가 상호 유기적 관계를 유지하면서 조직 간 수평적 의사 소통이 빠르게 이루어지는 조직 형태
아메바형 조직	외부 환경에 능동적으로 대처하기 위해 특정한 형태를 갖지 않고 과업이나 목표에 따라 조직의 편성 변경, 분할, 증식 등이 수시로 나타나는 유연한 조직 형태
오케스트라 조직	상호 조화를 이루어 훌륭한 연주가 이루어지는 오케스트라처럼 구성원이 수평적 관계 속에 상호 협력하여 각자의 역할을 하는 조직 형태

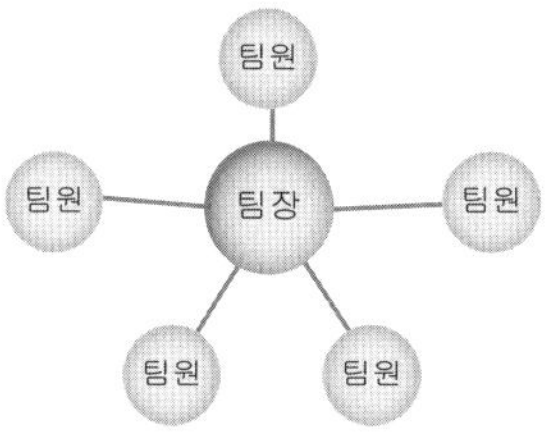

▲ 팀제 조직

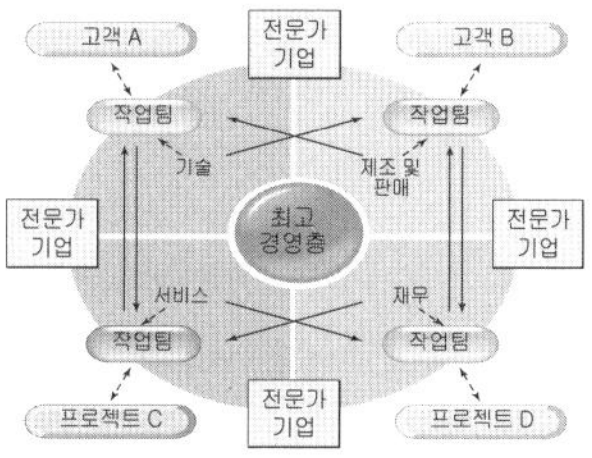

▲ 네트워크형 조직

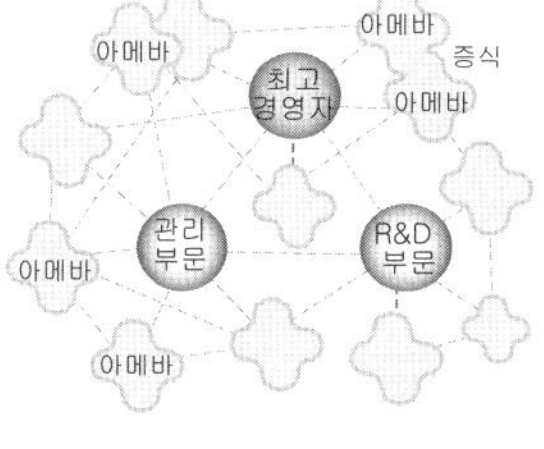

▲ 아메바형 조직

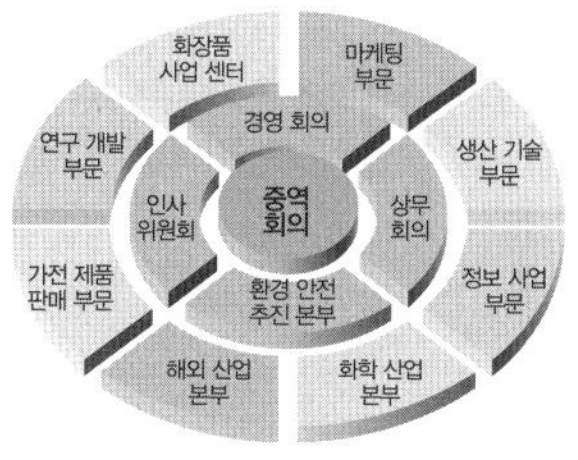

▲ 오케스트라 조직

4. 특징 빠른 사회 변화에 능동적으로 대처 가능, 구성원의 자율성과 창의성을 최대한 존중, 성과급이나 연봉제를 통해 개인의 성취 동기와 사기 진작, 수평적 조직 체계, 중간 관리층의 역할 감소 등

5. 문제점 관료제에 비해 조직의 안정성이 떨어짐

교과서 속 수능 개념

연공서열에 따른 보상

조직 구성원의 승진 · 승급 등의 인사나 임금 · 수당 등의 보상을 할 때, 직무의 성격이나 성과보다는 연령 · 근속 연한 등을 중요한 평가 기준으로 삼는다. 이는 연령과 근속 연한이 많을수록 경험이 많아 성과가 높을 것이라는 점에 근거를 둔 것이다.

인간 소외 현상

개인의 인격적 특성을 무시하고 부분적인 일만을 담당함으로써 개인이 대체 가능한 부품으로 전락하고, 자신의 업무는 물론 다른 사람들과의 관계로부터 소외감을 느끼는 현상을 말한다. 구성원들은 조직 내에서 분담한 일만을 반복적으로 수행함으로써 창의력이나 자율성을 발휘하지 못하고 조직의 부품으로 전락한다.

목적 전치 현상

업무 수행에서 규칙과 절차가 지나치게 강조되어 조직 및 업무의 목적보다 규칙과 절차의 준수가 우선시되는 현상을 말한다. 즉, 조직의 목표 달성을 위해 규칙이 만들어졌지만, 규칙과 절차에 따르는 데 집착하여 규칙을 지키는 것 자체가 목적이 되어 버리는 것을 말한다.

관료제의 역기능

레드 테이프	관리들이 형식과 절차만을 중시하여 서류를 복잡하게 갖추도록 하면서 일의 처리가 지연되는 비능률적 현상
피터의 원리	연공 서열식의 지위 상승으로 말미암아 무능한 사람이 높은 지위에 올라가는 현상
파킨슨의 법칙	조직의 관리자층은 그들이 상급자로 출세하기 위해 부하를 늘리려 하므로 조직원 수는 일의 유무나 경중에 관계없이 일정한 비율로 증가하는 현상
과두제의 법칙	의사 결정권이 상위 직급에 집중되어 있어 지나친 권력의 집중이 일어나는 현상

헷갈리는 개념 정리

4. 하의상달과 상의하달

하의상달은 아랫사람의 뜻을 윗사람에게 전달하는 것을 말하며, 상의하달은 윗사람의 뜻이 아랫사람에게 전달되는 것을 말한다.

5. 관료제와 관료주의

관료제는 산업 사회 이후 나타나는 거대한 조직을 효율적으로 관리하기 위한 조직 체계를 의미한다. 관료주의는 관료제에서 나타나는 비능률 · 보수주의 · 파벌주의 등으로 표현되는 문제점을 비판하는 의미로 사용되고 있다. 이러한 관료주의적 병폐는 탈관료제의 등장을 가져온 배경으로 작용하였다.

사회 집단과 사회 조직

수능 출제 패턴 분석 다양한 사회 집단 사례에 밑줄이 그어지고 1차 집단과 2차 집단, 공동 사회와 이익 사회, 내집단과 외집단으로 구분하는 문제가 출제된다. 공식 조직과 비공식 조직, 자발적 결사체, 사회화 기관까지 묻는 선지가 구성된다. 여러 가지 사회 집단과 사회 조직에 밑줄을 긋고, 그것에 대한 설명이 맞는지 틀린지를 묻는 문제가 출제된다.

유형보기

1. 사회 집단의 특징 평가원

갑 : '녹색사랑' 주간지 기자 갑입니다. '○○산사랑 모임'이라는 환경 단체가 만들어진 배경을 이야기해 주시죠.
을 : 대학 입학 후 '◇◇동아리'만 가입하여 활동하다가, 등산을 좋아하는 사람 몇 명이 모여 '△△등산회'라는 동호회를 만들었어요. 동호회 사람들과 ○○산 개발 반대 운동을 하던 중, 환경 보호 운동을 더 열심히 하기 위해서 '○○산사랑 모임'을 조직하여 오늘에 이르게 된 거죠.

자료 분석

(1) '녹색사랑'은 특정 목적 달성을 이루기 위해 형성된 이익 사회이다.
(2) '◇◇동아리'는 을의 내집단이다.
(3) '△△등산회'는 이익 사회이면서 자발적 결사체이다.
(4) '○○산사랑 모임'은 2차 집단이면서 이익 사회이다.

2. 사회 집단의 특징 평가원

갑은 ㉠ 음악 대학 진학을 꿈꾸었으나 어려운 형편 때문에 포기하고 ㉡ ○○대학 경영학과에 입학하였다. 그러나 음악에 대한 열망을 버리지 못하고, ㉢ 대학 음악 동아리에 가입하여 전공 공부보다는 노래 연습에 심취하였다. … (중략) … 졸업 후 ㉣ 방송사 주최 오디션 프로그램 출연을 계기로 가수가 되어 발표한 갑의 첫 앨범이다.

자료 분석

(1) ㉡은 갑의 내집단이다.
(2) ㉠과 ㉢은 모두 갑의 준거 집단이었다.
(3) ㉡은 공식적 사회화 기관, ㉣은 비공식적 사회화 기관이다.
(4) ㉢과 ㉣은 모두 이익 사회이다.

3. 사회 집단의 범주 교육청

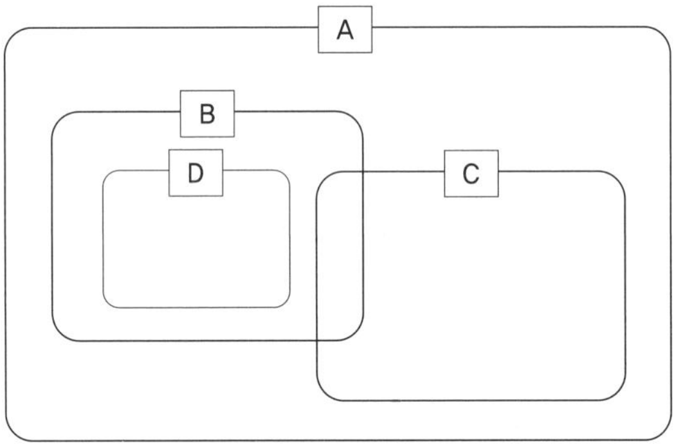

* 그림에 나타난 사회 집단의 관계는 개념상의 관계를 의미함
** A~D는 각각 사회 집단, 공식 조직, 비공식 조직, 자발적 결사체 중 하나임

자료 분석

(1) A는 사회 집단으로, 둘 이상의 사람이 소속감을 가지고 지속적인 상호 작용을 하는 집단이다.
(2) B는 자발적 결사체로, 가입과 탈퇴가 자유롭고 공통의 목표를 가진 사람들이 자발적으로 만든 집단이다.
(3) C는 공식 조직으로, 구성원의 지위와 역할이 명확히 규정되고 정해진 절차에 의해 특정 목적을 달성하기 위한 조직이다.
(4) D는 비공식 조직으로, 모든 비공식 조직은 자발적 결사체에 포함된다.

4. 공식 조직과 비공식 조직 평가원

〈A 집단 회칙〉

- **제1조** 본 단체는 우리 사회의 경제 정의와 사회 정의를 실현하기 위한 평화적 시민 운동을 전개함을 목적으로 한다.
- **제2조** 본 단체의 목적에 동의하여 본 단체의 사업에 참여하려는 자는 자신의 의사에 따라 본 단체의 회원이 된다.
- **제3조** 본 단체는 총회, 중앙위원회, 상임집행위원회로 구성된다.

〈B 집단 회칙〉

- **제1조** 본 회의 명칭은 ○○기업의 '구에미(야구에 미친 사람들) 동호회'라 칭한다.
- **제2조** ○○기업에 근무하면서 야구를 좋아하는 사람들 중 본 회에 참여를 희망하는 자는 본 회의 회원이 된다.
- **제3조** 본 회의 회원은 매월 정해진 회비를 납부해야 하며, 3개월 이상 미납 시에는 탈퇴하는 것으로 간주한다.

자료 분석

(1) 회칙을 통해 A 집단은 공익 실현을 목적으로 하는 시민 단체임을 알 수 있다. 시민 단체는 과업 중심의 공식 조직이다.
(2) 회칙을 통해 B 집단은 구성원의 관심사에 바탕을 둔 비공식 조직임을 알 수 있다.
(3) A 집단과 B 집단은 모두 이익 사회에 해당한다.
(4) A 집단과 B 집단은 모두 자발적 결사체에 해당하므로 가입과 탈퇴가 자유롭고, 구성원들의 뚜렷한 신념과 자발적 참여를 바탕으로 조직이 운영된다.

대표기출로 유형 감잡기

정답 및 해설 • p.022

134

정답률 64% | 2024학년도 수능

다음 자료에 대한 설명으로 옳은 것은?

예능 프로그램 〈인연 만들기〉 대본

[장면 1] (내레이션): 이번 회는 연하남, 연상녀와 결혼하고 싶은 사람들의 특집입니다. 먼저 자기소개를 들어볼까요?

[장면 2] 갑: ㅁㅁ기업에서 프로그래머로 근무 중입니다. 대학교 때는 경영학을 공부했으나, 진로에 대한 고민 끝에 선택한 현재 직업에 매우 만족하고 있습니다. 바다낚시 동호회에서 함께 활동하고 있는 을과 낚시를 자주 다닙니다.

[장면 3] 을: 여행을 좋아하여 △△은행 사내 여행 동아리에서 활동한 적이 있습니다. 해외 여행 관련 회사 창업을 고민하던 중에 고등학교 총동창회에서 함께 활동하고 있는 병의 조언에 따라 은행을 그만두고, 대학원에 진학하여 관광 경영에 관한 공부를 다시 하고 있습니다.

[장면 4] 병: ○○방송국의 프로듀서로 일하면서 영화감독이 되기 위해 시나리오를 구상 중입니다. 대학교를 졸업한 후 을과 함께 △△은행에서 주최한 모의 주식 투자 대회에서 입상한 적이 있습니다. 주말에는 동물 보호 단체 회원으로 봉사 활동을 합니다.

① [장면 1]에 적혀 있는 내용에는 성취 지위가, [장면 3]에 적혀 있는 내용에는 비공식 조직이 있다.
② [장면 2]에 적혀 있는 이익 사회의 개수는 [장면 4]에 적혀 있는 비공식적 사회화 기관의 개수보다 적다.
③ 갑은 을과 달리 역할 갈등이 해소되어 준거 집단과 소속 집단이 일치한다.
④ 을이 속해 있는 자발적 결사체의 개수는 병이 속해 있는 2차 집단의 개수보다 적다.
⑤ 대본에는 갑의 재사회화와 을, 병의 예기 사회화 내용이 적혀 있다.

135

정답률 88% | 2022학년도 9월 평가원

(가)에 들어갈 내용으로 옳은 것은? (단, A~D는 각각 가족, 노동조합, 사내 동호회, 회사 중 하나이다.)

교사 : A와 C는 자발적 결사체에, A와 D는 공식 조직에 해당합니다. A, B, C, D를 사회 집단 및 사회 조직의 특징을 고려하여 분류하거나 설명해 보세요.
학생 : (가)

① A는 전인격적 인간관계가 주로 이루어지는 집단에 해당합니다.
② B는 가입과 탈퇴가 비교적 자유로운 집단에 해당합니다.
③ B는 C와 달리 공식 규범을 통해 구성원을 통제하는 집단에 해당합니다.
④ C, D는 모두 뚜렷한 목적을 가진 과업 지향적인 집단에 해당합니다.
⑤ A, C, D는 이익 사회에, B는 공동 사회에 해당합니다.

136

정답률 59% | 2023학년도 수능

다음 자료에 대한 설명으로 옳은 것은?

제○○호 □□시립 도서관 소식지(○○월)

지난주 토요일 우리 도서관에서는 여러 분야의 외부 강사를 초빙하여 청소년 진로 직업 체험 캠프를 실시하였다.

A 고등학교 학생 갑의 소감문

환경 보호를 위해 같은 시민 단체에 함께 가입하여 활동하고 있는 같은 학교 친구 을과 만나, 광고 회사 직원 병의 강의에 참여하였다. 평소 나의 관심 분야는 아니었지만 광고 영상을 직접 편집해 보니 생각보다 흥미로웠다.

B 고등학교 학생 정의 소감문

같은 테니스 동호회 회원인 을의 추천으로 캠프에 참여했다. 지역 드론 조종사 협회 회장을 맡고 있는 무의 강의를 들으며 드론을 작동해 보니 재미있었다. 이 분야에 관심이 생겨 관련 직업을 더 찾아봐야겠다고 생각했다.

① 을이 속해 있는 비공식적 사회화 기관은 3개이다.
② 갑과 을이 함께 속해 있는 공식 조직은 1개이다.
③ 갑과 달리 병은 2차적 사회화 기관에 속해 있다.
④ 을과 정이 함께 속해 있는 비공식 조직이 나타나 있다.
⑤ 갑~무 중 병을 제외한 4명은 자발적 결사체에 속해 있다.

137

정답률 72% | 2023학년도 9월 평가원

다음 자료에 대한 옳은 설명만을 〈보기〉에서 고른 것은?

웹(Web) 소설 다음 회 예고

A 회사 회계 팀 직원 갑은 오늘도 회사 복지 팀으로부터 호출을 받았다. 회사는 사원들의 사내 동호회 결성과 참여를 장려하고 있는데, 갑은 회사 생활을 하면서 다른 직원들과의 갈등으로 마음고생을 한 경험이 있어 모든 사내 동호회 가입을 거부하고 있기 때문이다.

A 회사 복지 팀 팀장 을은 회사 내 같은 노동조합에서 활동하고 있는 갑 때문에 신경이 쓰인다. 을은 갑의 사정을 알면서도 사내 동호회 가입을 권유하는 것은 동료 직원으로서 해서는 안 된다고 생각한다. 하지만 직원들의 사내 동호회 참여율을 높이라는 경영진의 지시가 있어 갑에게 자신이 활동 중인 회사 내 사진 동호회라도 가입하라고 해야 할지 고민이다.

〈보기〉
ㄱ. 갑의 역할 갈등과 을의 역할 갈등이 나타나 있다.
ㄴ. 갑과 을이 모두 소속된 자발적 결사체 1개가 나타나 있다.
ㄷ. 갑과 을이 모두 소속된 공식적 사회화 기관이 나타나 있다.
ㄹ. 갑이 소속된 공식 조직과 을이 소속된 비공식 조직이 나타나 있다.

① ㄱ, ㄴ ② ㄱ, ㄷ ③ ㄴ, ㄷ ④ ㄴ, ㄹ ⑤ ㄷ, ㄹ

138
정답률 48% | 2022학년도 수능

그림에서 갑~병이 속해 있는 사회 집단 및 사회 조직에 대한 진술로 옳은 것은?

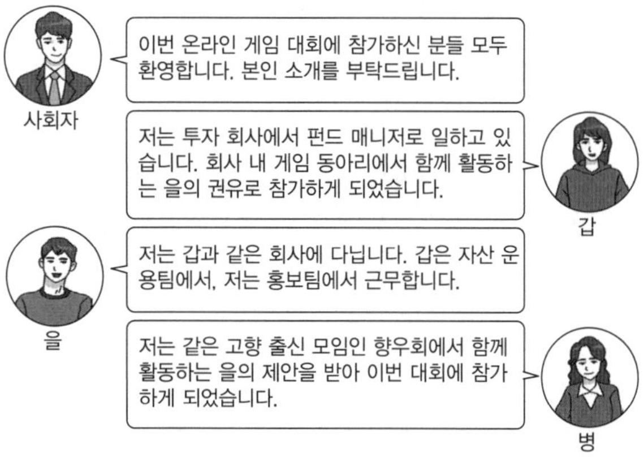

사회자
이번 온라인 게임 대회에 참가하신 분들 모두 환영합니다. 본인 소개를 부탁드립니다.
저는 투자 회사에서 펀드 매니저로 일하고 있습니다. 회사 내 게임 동아리에서 함께 활동하는 을의 권유로 참가하게 되었습니다.
갑
저는 갑과 같은 회사에 다닙니다. 갑은 자산 운용팀에서, 저는 홍보팀에서 근무합니다.
을
저는 같은 고향 출신 모임인 향우회에서 함께 활동하는 을의 제안을 받아 이번 대회에 참가하게 되었습니다.
병

① 갑은 공동 사회와 이익 사회 모두에 속해 있다.
② 을은 공식 조직과 비공식 조직 모두에 속해 있다.
③ 병은 1차 집단과 비공식 조직 모두에 속해 있다.
④ 갑은 을과 달리 자발적 결사체에 속해 있다.
⑤ 을은 갑, 병과 달리 2차 집단에 속해 있다.

139
정답률 41% | 2024학년도 9월 평가원

다음 자료에 대한 설명으로 옳은 것은?

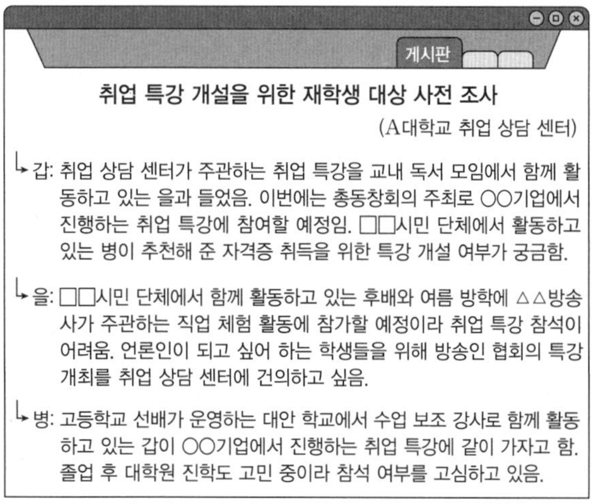
게시판

취업 특강 개설을 위한 재학생 대상 사전 조사

(A대학교 취업 상담 센터)

↳ 갑: 취업 상담 센터가 주관하는 취업 특강을 교내 독서 모임에서 함께 활동하고 있는 을과 들었음. 이번에는 총동창회의 주최로 ○○기업에서 진행하는 취업 특강에 참여할 예정임. □□시민 단체에서 활동하고 있는 병이 추천해 준 자격증 취득을 위한 특강 개설 여부가 궁금함.

↳ 을: □□시민 단체에서 함께 활동하고 있는 후배와 여름 방학에 △△방송사가 주관하는 직업 체험 활동에 참가할 예정이라 취업 특강 참석이 어려움. 언론인이 되고 싶어 하는 학생들을 위해 방송인 협회의 특강 개최를 취업 상담 센터에 건의하고 싶음.

↳ 병: 고등학교 선배가 운영하는 대안 학교에서 수업 보조 강사로 함께 활동하고 있는 갑이 ○○기업에서 진행하는 취업 특강에 같이 가자고 함. 졸업 후 대학원 진학도 고민 중이라 참석 여부를 고심하고 있음.

① 갑이 작성한 내용에 나타난 공식 조직의 개수는 을이 작성한 내용에 나타난 2차적 사회화 기관의 개수보다 많다.
② 을이 작성한 내용에 나타난 자발적 결사체의 개수는 을이 속해 있는 자발적 결사체의 개수와 같다.
③ 병이 속해 있는 공식적 사회화 기관의 개수는 갑이 속해 있는 공식적 사회화 기관의 개수보다 많다.
④ 갑과 병이 함께 속해 있는 2차 집단의 개수는 병이 속해 있는 비공식적 사회화 기관의 개수보다 적다.
⑤ 갑과 을이 함께 속해 있는 비공식 조직은 없지만 을과 병이 함께 속해 있는 이익 사회는 있다.

140
정답률 77% | 2018학년도 수능

다음은 어느 가족의 주간 일정표이다. 이에 대한 옳은 설명만을 〈보기〉에서 있는 대로 고른 것은?

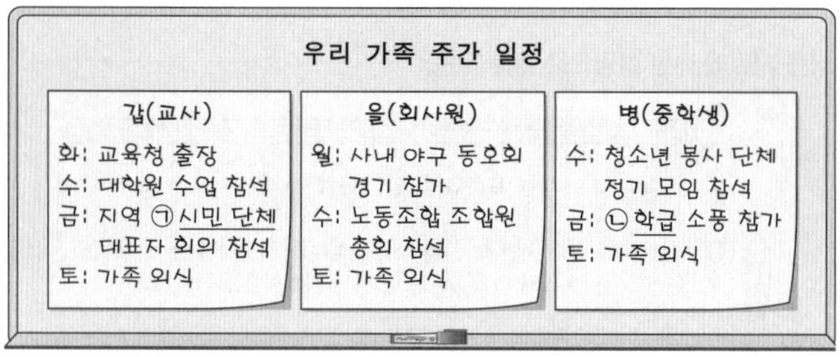

〈보기〉

ㄱ. ㉠, ㉡은 선택적 의지에 의해 형성되는 이익 사회이다.
ㄴ. 갑, 을은 병과 달리 자발적 결사체에 소속되어 있다.
ㄷ. 을, 병은 갑과 달리 비공식 조직에 소속되어 있다.
ㄹ. 갑~병 모두 공동 사회와 공식 조직에 소속되어 있다.

① ㄱ, ㄴ ② ㄱ, ㄹ ③ ㄴ, ㄷ
④ ㄱ, ㄷ, ㄹ ⑤ ㄴ, ㄷ, ㄹ

141
정답률 78% | 2022학년도 6월 평가원

그림은 사회 집단 및 사회 조직의 유형 A, B와 자발적 결사체의 포함 관계를 나타낸 것이다. 이에 대한 설명으로 옳은 것은? (단, A와 B는 각각 비공식 조직, 이익 사회 중 하나이다.)

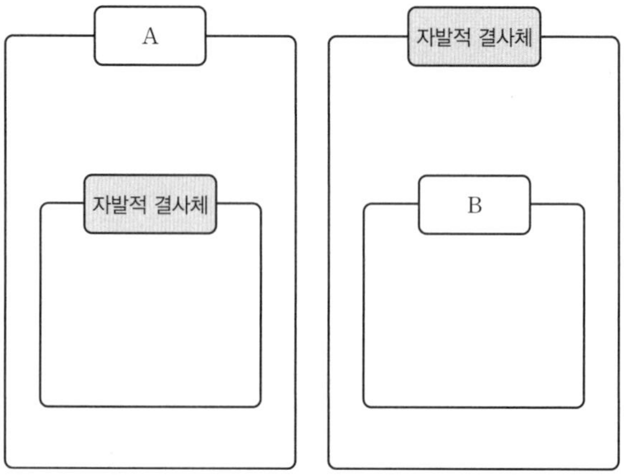

① A는 비공식적 제재가 지배적이다.
② B는 형식적, 수단적 인간관계가 지배적이다.
③ A는 자발적 결사체와 달리 가입과 탈퇴가 자유롭다.
④ A는 B와 달리 선택 의지에 의해 인위적으로 형성된 집단이다.
⑤ A의 사례로는 학교를, B의 사례로는 사내 동호회를 들 수 있다.

142

정답률 77% | 2021학년도 수능

다음 자료에 대한 옳은 설명만을 〈보기〉에서 고른 것은? (단, A~D는 각각 공동 사회, 이익 사회, 공식 조직, 자발적 결사체 중 하나이다.)

• 과제: 갑의 일상에 나타난 밑줄 친 사회 집단 및 사회 조직을 A, B, C, D에 맞게 분류하시오.

〈갑의 일상〉

갑은 평일에는 직장의 ㉠ 노동조합 모임이나 ㉡ 사내 탁구 동호회에서, 주말에는 ㉢ 가족 행사가 없으면 주로 ㉣ 대학교 졸업 후 참여했던 ㉤ 조기 축구회나 유기견 관련 ㉥ 시민 단체에서 활동한다.

〈분류 결과〉

A	㉠, ㉣, ㉥
B	㉠, ㉡, ㉣, ㉤, ㉥
C	(가)
D	㉢

• 평가 : 사회 집단 및 사회 조직을 모두 맞게 분류하였음.

〈보기〉

ㄱ. ㉠~㉥중 비공식 조직의 개수는 2개이다.
ㄴ. (가)는 '㉠, ㉡, ㉤, ㉥'이다.
ㄷ. A는 공식 조직, B는 이익 사회이다.
ㄹ. C는 D와 달리 집단의 결합 자체가 집단 형성의 목적이다.

① ㄱ, ㄴ ② ㄱ, ㄷ ③ ㄴ, ㄷ
④ ㄴ, ㄹ ⑤ ㄷ, ㄹ

143

정답률 81% | 2019학년도 수능

표는 자발적 결사체 A~C를 질문 (가)~(다)의 응답에 따라 분류한 것이다. 이에 대한 설명으로 옳은 것은? (단, A~C는 각각 친목 집단, 이익 집단, 시민 단체 중 하나이다.)

질문 \ 응답	예	아니요
(가)	B	A, C
(나)	A, B, C	-
(다)	A, C	B

① (가)에는 '가입과 탈퇴가 자유로운가?'가 들어갈 수 있다.
② (나)에는 '본질 의지에 의해 자연 발생적으로 형성된 집단인가?'가 들어갈 수 있다.
③ (다)에는 '공통의 관심사나 목표를 가지고 결성한 집단인가?'가 들어갈 수 있다.
④ A와 C가 각각 시민 단체와 친목 집단 중 하나라면, (가)에는 '사회 다원화에 기여하는가?'가 들어갈 수 있다.
⑤ B가 친목 집단이라면, (다)에는 '과업 지향적인 집단인가?'가 들어갈 수 있다.

144

정답률 63% | 2020학년도 6월 평가원

그림은 사회 집단 또는 사회 조직 A, B를 질문 (가), (나)에 따라 구분한 것이다. 이에 대한 설명으로 옳은 것은?

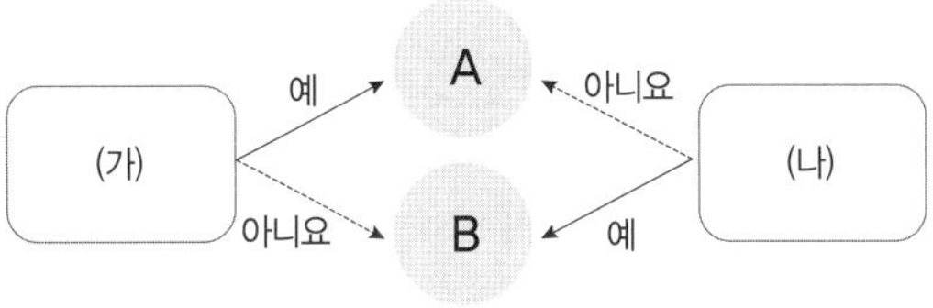

① (가)가 '구성원의 선택적 의지에 따라 형성된 집단인가?'라면, A에는 가족이, B에는 종친회가 들어갈 수 있다.
② (나)가 '형식적 · 수단적 인간 관계가 지배적으로 나타나는가?'라면, A에는 회사가, B에는 또래 집단이 들어갈 수 있다.
③ A가 시민 단체라면, (가)에는 '구성원의 지위와 책임이 명확하게 규정되어 있는 집단인가?', (나)에는 '구성원의 의지와 무관하게 자연 발생적으로 형성된 집단인가?'가 들어갈 수 있다.
④ B가 회사 내 동호회라면, (가)에는 '공통의 이해관계와 관심을 가진 사람들이 자발적으로 만든 집단인가?', (나)에는 '공식 조직 내에서 구성원 간의 친밀한 관계를 바탕으로 형성된 조직인가?'가 들어갈 수 있다.
⑤ A가 기업의 노동 조합이고 B가 대학 총동창회라면, (가)에는 '주로 공식적 규범을 통해 구성원을 통제하는가?', (나)에는 '구성원들의 직접적인 접촉을 통한 전인격적 관계에 기초한 집단인가?'가 들어갈 수 있다.

예상문제로 유형 익히기

정답 및 해설 • p.022

145

난이도 상 **중** 하

밑줄 친 ㉠~㉣에 대한 옳은 설명만을 〈보기〉에서 고른 것은?

> 갑 : 모두들 잘 지냈니? 나는 이번에 ㉠ ○○기업으로 회사를 옮겼어. 다행히 일이 적성에 맞는 것 같아.
> 을 : 그래? 그거 참 다행이다. 나는 이번에 ㉡ 과장으로 승진했어. 그리고 ㉢ 회사 내 테니스 동호회에도 가입했어.
> 병 : 나는 요즘 ㉣ 지역 환경 단체에서 일하고 있어. 보람을 많이 느낄 수 있지만 경제적으로는 좀 어려워.

〈보기〉

ㄱ. ㉠에서는 전인격적인 관계가 지배적이다.
ㄴ. ㉡은 을의 역할에 대한 사회적 보상이다.
ㄷ. ㉢은 비공식 조직이자 비공식적 사회화 기관이다.
ㄹ. ㉣은 자발적 결사체이면서 이익 사회에 해당한다.

① ㄱ, ㄴ ② ㄱ, ㄷ ③ ㄴ, ㄷ
④ ㄴ, ㄹ ⑤ ㄷ, ㄹ

146

난이도 상 **중** 하

다음은 갑의 일기이다. 밑줄 친 ㉠~㉣에 대한 옳은 설명만을 〈보기〉에서 고른 것은?

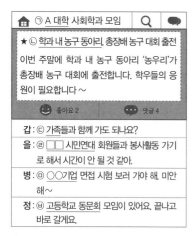

> 개학이 일주일 남은 오늘 하루도 바쁘게 지나갔다. 오전에는 ㉠시립 도서관에서 운영하는 인문학 특강을 들었고, 오후에는 ㉡교내 댄스 동아리 모임에서 즐거운 마음으로 공연 연습을 하였다. 저녁에는 ㉢지역 인권 단체가 주최하는 인권 집회에 ㉣가족과 함께 참가하였다.

〈보기〉

ㄱ. ㉠은 구성원들의 선택 의지에 따라 형성된 1차 집단이다.
ㄴ. ㉡은 비공식 조직이면서 갑의 내집단이다.
ㄷ. ㉢은 공익을 추구하는 이익 사회이다.
ㄹ. ㉣은 공동 사회이면서 자발적 결사체이다.

① ㄱ, ㄴ ② ㄱ, ㄷ ③ ㄴ, ㄷ
④ ㄴ, ㄹ ⑤ ㄷ, ㄹ

147

난이도 상 **중** 하

그림은 갑이 소속된 집단을 나타낸 것이다. ㉠~㉤에 대한 옳은 설명만을 〈보기〉에서 있는 대로 고른 것은?

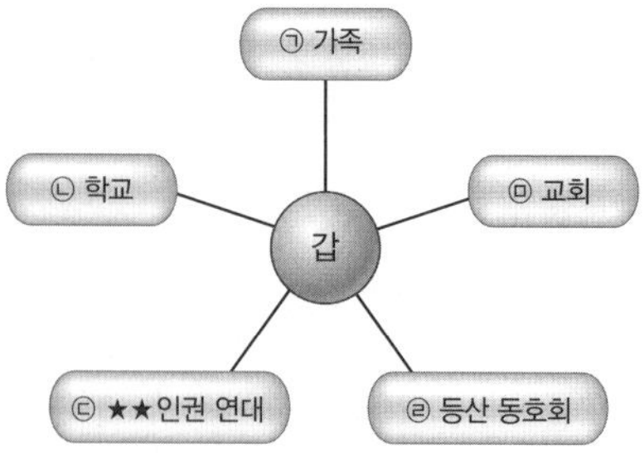

〈보기〉

ㄱ. ㉠은 1차 집단, ㉡은 2차 집단이다.
ㄴ. ㉡은 공식 조직, ㉢은 비공식 조직이다.
ㄷ. ㉡, ㉤은 목표가 뚜렷하고 행위 규범을 명시적으로 규정한다.
ㄹ. ㉣은 공동의 관심과 취미에 따른 친밀한 인간관계를 바탕으로 한다.

① ㄱ, ㄴ ② ㄱ, ㄹ ③ ㄴ, ㄷ
④ ㄱ, ㄷ, ㄹ ⑤ ㄴ, ㄷ, ㄹ

148

난이도 상 **중** 하

밑줄 친 ㉠~㉥에 대한 옳은 설명만을 〈보기〉에서 있는 대로 고른 것은?

> ㉠ A 대학 사회학과 모임
>
> ★ ㉡ 학과 내 농구 동아리, 총장배 농구 대회 출전
> 이번 주말에 학과 내 농구 동아리 '농우리'가 총장배 농구 대회에 출전합니다. 학우들의 응원이 필요합니다~
> 좋아요 2 댓글 4
>
> 갑 : ㉢ 가족들과 함께 가도 되나요?
> 을 : ㉣ □□ 시민연대 회원들과 봉사활동 가기로 해서 시간이 안 될 것 같아.
> 병 : ㉤ ○○기업 면접 시험 보러 가야 해. 미안해~
> 정 : ㉥ 고등학교 동문회 모임이 있어요. 끝나고 바로 갈게요.

〈보기〉

ㄱ. ㉠보다 ㉡에서 구성원 간 친밀한 대면 접촉이 지배적이다.
ㄴ. ㉡, ㉣은 모두 2차 집단이면서 비공식 조직이다.
ㄷ. ㉢과 ㉤에서는 비공식적 수단에 의한 통제가 일반적이다.
ㄹ. ㉣, ㉥은 모두 자발적 결사체에 해당한다.

① ㄱ, ㄴ ② ㄱ, ㄹ ③ ㄴ, ㄷ
④ ㄱ, ㄷ, ㄹ ⑤ ㄴ, ㄷ, ㄹ

149

난이도 상 중 하

밑줄 친 ㉠에 대한 옳은 설명만을 <보기>에서 있는 대로 고른 것은?

> ○○기업 ㉠ 낚시 동호회 대모집
>
> • 활동 기간 : 2020. 3월 ~ 12월(10개월)
> • 모집 기간 : 2020. 2. 1(수) ~ 2. 20(목)
> • 모집 대상 : ○○기업에 다니고 낚시에 관심이 있는 분
> • 신청인 : ○○기업 △△부 홍길동
> • 신청 방법 : 홈페이지에서 신청서 다운로드 작성 후 방문 및 이메일로 신청
> • 활동 내용 : 전국의 이름난 낚시터 방문

<보기>

ㄱ. 가입과 탈퇴가 비교적 자유롭다.
ㄴ. 조직의 목표보다는 규칙과 절차가 중시된다.
ㄷ. 친밀한 인간관계를 바탕으로 자연적으로 형성된다.
ㄹ. 조직 구성원의 만족감과 사기를 높이는 역할을 한다.

① ㄱ, ㄴ ② ㄱ, ㄹ ③ ㄴ, ㄷ
④ ㄱ, ㄷ, ㄹ ⑤ ㄴ, ㄷ, ㄹ

150 Challenge 30% 신유형

난이도 상 중 하

사회 조직 A, B에 대한 옳은 설명만을 <보기>에서 고른 것은?

> 일반적으로 사회 조직이라고 할 때에는 A를 의미한다. A는 특정한 목표를 달성하기 위해 구성원들의 지위와 역할 분담 및 업무 수행의 절차가 명시적으로 규정되어 있는 조직이다. 한편, A 안에서 형성되는 또 다른 성격의 조직을 B라고 한다. B는 A와 다른 목적, 즉 개인적인 취미나 공통의 관심사를 중심으로 결합되며 구성원 간의 친밀한 인간관계가 나타난다.

<보기>

ㄱ. A에서는 주로 수단적이고 간접적 접촉이 이루어진다.
ㄴ. A와 B는 모두 가입과 탈퇴가 자유롭다.
ㄷ. B의 활성화로 인해 A에서의 업무 공정성이 저해되기도 한다.
ㄹ. B는 A와 달리 본질적 의지에 따라 결합된 공동 사회이다.

① ㄱ, ㄴ ② ㄱ, ㄷ ③ ㄴ, ㄷ
④ ㄴ, ㄹ ⑤ ㄷ, ㄹ

151 Challenge 30% 고난도

난이도 상 중 하

밑줄 친 '이러한 모임'에 대한 옳은 설명만을 <보기>에서 있는 대로 고른 것은?

> 회사 내에는 입사 동기 모임, 직장 맘 모임, 조기 축구회 모임 등 친근한 이름의 조직이 있다. 때로는 특별한 이름을 붙이지 않았지만, 사내의 '친한 친구들'도 있기 마련이다. 이러한 모임의 '대표'들은 회사의 주요 의사 결정이 이루어지는 자리에 자신의 조직 이름을 걸고 참여할 수 없다. 예를 들어, 사내 조기 축구회 회장이 회사의 구조 조정 회의에서 의결권을 갖는 것은 분명 어색한 일이다. 하지만 사내의 이러한 모임이 가지고 있는 감성적 연결선은 때로 의결권 이상의 힘을 발휘하기도 한다.

<보기>

ㄱ. 자발적 결사체에 해당한다.
ㄴ. 이익 사회보다 공동 사회에 가깝다.
ㄷ. 권한의 수직적인 위계 서열이 뚜렷하다.
ㄹ. 조직의 효율성을 높이는 데 기여할 수 있다.

① ㄱ, ㄴ ② ㄱ, ㄹ ③ ㄴ, ㄷ
④ ㄱ, ㄴ, ㄹ ⑤ ㄴ, ㄷ, ㄹ

152

난이도 상 중 하

밑줄 친 ㉠~㉤에 대한 설명으로 옳지 않은 것은?

> 의대생인 갑이 소속된 ㉠ ○○의료봉사 동아리는 다음 달에 개발도상국의 ㉡ □□병원에서 의료 봉사 및 위문 공연을 실시할 계획이다. 그래서 갑은 공연에 필요한 ㉢ △△악기회사 제품을 인터넷 쇼핑으로 구입했는데, 악기가 파손된 채로 배송되었다. 화가 난 갑은 판매자에게 전화를 했지만 판매자로부터 교환이나 환불이 안 된다는 말을 듣게 되었다. 이에 갑은 ㉣ ◇◇소비자시민연대에 문의하여, 소비자 보호를 위해 설립된 ㉤ 한국소비자원에 피해 구제 신청을 하였다.

① ㉠은 이익 사회이면서 자발적 결사체에 해당한다.
② ㉡의 구성원들 간에는 형식적 · 수단적인 관계가 일반적이다.
③ ㉢은 공식적 규범에 의한 통제가 지배적이다.
④ ㉣은 시민들의 공동 관심사를 기반으로 형성된 공식 조직이다.
⑤ ㉤은 조직의 목표보다는 구성원 간의 인간관계를 중시한다.

153

난이도 상 중 하

밑줄 친 ㉠~㉥에 대한 옳은 설명만을 〈보기〉에서 고른 것은?

> 갑이 근무하는 ㉠ 회사에서는 ㉡ 해외 지사에서 근무할 사원을 모집한다. 이 회사에서는 승진하는 데 해외 근무 경력이 중요하기 때문에 ㉢ 과장 승진을 원하는 갑도 응모할 예정이다. 하지만 갑은 고민에 빠지게 되었는데, ㉣ 아내가 임신을 했기 때문이다. 해외에 ㉤ 가족 모두와 함께 갈 수 없어서 걱정이지만 오랫동안 ㉥ 승진하지 못한 갑은 이번 기회를 놓치고 싶지 않다.

〈보기〉

ㄱ. ㉠은 공식 조직, ㉡은 비공식 조직이다.
ㄴ. ㉢은 성취 지위, ㉣은 귀속 지위이다.
ㄷ. ㉥은 ㉠에서의 갑의 역할 수행에 대한 평가 결과이다.
ㄹ. ㉠과 달리 ㉤은 결합 자체를 목적으로 하는 사회 집단이다.

① ㄱ, ㄴ ② ㄱ, ㄷ ③ ㄴ, ㄷ
④ ㄴ, ㄹ ⑤ ㄷ, ㄹ

154

난이도 상 중 하

(가)~(다)에 해당하는 사회 집단에 대한 설명으로 옳은 것은?

> (가) 공식 조직 내에서 친밀감과 공통의 관심사를 중심으로 자연스럽게 형성된 조직
> (나) 특별한 목적 달성 위해 선택적 의지에 의해 형성된 사회 집단
> (다) 공동의 목표를 가진 사람들이 자발적으로 만든 사회 집단

① (가) – 공식적인 규정에 따라 운영된다.
② (가) – 조직 구성원의 긴장감을 완화시킬 수 있다.
③ (나) – 개인적 이익보다 사회 전체의 공익을 표방한다.
④ (나) – 전인격적 인간관계를 바탕으로 한다.
⑤ (다) – 자발적으로 형성한 특정 집단만의 이익을 추구한다.

155

난이도 상 중 하

밑줄 친 ㉠~㉤과 관련 있는 사회 집단 및 사회 조직의 유형으로 옳은 것은?

> 다음 주에는 드디어 내가 근무하는 ㉠ ○○ 기업에서 체육 대회가 열린다. 회사 내에 10개의 ㉡ 동호회가 장기자랑을 펼치며 부서별로 경쟁을 벌인다. 협력사인 ㉢ △△ 기업에 다니는 ㉣ □□ 초등학교 동창인 갑도 다른 사원들과 함께 우리 회사를 방문한다고 한다. 사실 갑과 몇몇 친구들은 나와 □□ 초등학교 동기 이전에 오랜 ㉤ 동네 친구들이다.

① ㉠ – 이익 집단 ② ㉡ – 공식 조직
③ ㉢ – 공동 사회 ④ ㉣ – 이익 사회
⑤ ㉤ – 2차 집단

156

난이도 상 중 하

빈칸 (가)에 해당하는 사회 조직의 일반적인 특징만을 〈보기〉에서 고른 것은?

> 현대 사회는 과거보다 직업이나 계층 등이 다양해지고 사회 구성원의 사회 참여 욕구가 증대되고 있다. 이에 따라 공통의 목표나 이해관계를 추구하는 사람들이 자발적으로 만든 집단인 (가) 이/가 생겨나고 있다. (가) 의 대표적 사례로는 자연 습지 보호를 위한 환경 단체, 노동자의 권익 보호를 위한 노동조합, 친목 도모를 위해 결성한 산악회 등을 들 수 있다.

〈보기〉

ㄱ. 시민 사회의 다원화와 활성화에 기여한다.
ㄴ. 1차적 인간관계와 2차적 인간관계가 공존한다.
ㄷ. 구성원의 의지와 무관하게 자연 발생적으로 형성된다.
ㄹ. 대규모 조직을 효율적으로 운영하기 위해 등장하였다.

① ㄱ, ㄴ ② ㄱ, ㄷ ③ ㄴ, ㄷ
④ ㄴ, ㄹ ⑤ ㄷ, ㄹ

관료제와 탈관료제

수능 출제 패턴 분석 관료제와 탈관료제의 특징을 비교하는 문제가 표나 그래프 등을 활용하여 출제된다. 관료제의 문제점을 묻는 문제가 출제되기도 한다.

유형보기

1. 관료제와 탈관료제 평가원

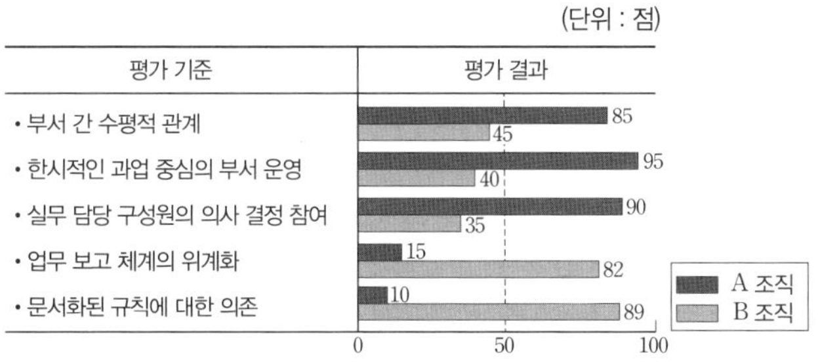

자료 분석

(1) A 조직은 탈관료제 조직이고, B 조직은 관료제 조직이다.
(2) A 조직은 B 조직에 비해 상황이나 목적에 따라 업무 부서를 자유롭게 구성하고 해체시키며, 빠르게 변화하는 사회 환경에 유연하게 대처할 수 있다.
(3) A 조직은 B 조직에 비해 업무 담당자가 제시하는 의견을 의사 결정에 반영하기가 용이하고, 구성원 간 업무에 대한 자유로운 의사 소통을 더 많이 장려한다.
(4) B 조직은 A 조직에 비해 표준화된 업무 처리 방식을 통해 안정적으로 조직을 운영할 수 있다.

2. 관료제의 문제점 평가원

(가) 복잡한 규정으로 많은 서류가 만들어지는 과정에서 본연의 업무 처리가 지연될 수 있다.
(나) 의사 결정권이 상위 직급에 집중되어 권력의 남용이나 쏠림이 일어날 수 있다.
(다) 승진 시 경력을 중시하므로 무능한 사람이 자기 능력 이상의 자리를 차지할 수 있다.

자료 분석

(1) (가)는 레드 테이프 현상으로, 목표 성취를 위해 융통성을 발휘할 수 있는 여지를 확대함으로써 완화할 수 있다.
(2) (나)는 과두제의 법칙으로, 다양한 의사 결정 구조와 방식을 적용함으로써 완화할 수 있다.
(3) (다)는 피터의 원리로, 인사 관리에서 연공서열보다 성과를 중시함으로써 완화할 수 있다.

대표기출로 유형 감잡기

정답 및 해설 • p.025

157

정답률 92% | 2024학년도 수능

A, B의 일반적인 특징에 대한 설명으로 옳은 것은? (단, A, B는 각각 관료제, 탈관료제 중 하나임.)

> ○○ 버거 회사는 명확한 위계 구조 속에서 직급별 권한과 책임을 세분화하고 메뉴, 조리법 등을 표준화하여 관리하는 A로 운영하였다. 최근 이윤이 급감하자 ○○ 버거 회사는 어떤 직원의 제안이든 창의적인 메뉴라면 수용하고 수평적인 의사 결정 구조를 채택하는 등 B를 도입하여 회사의 이윤 증대를 꾀하고 있다.

① A는 B에 비해 업무 수행 과정의 예측 가능성이 높다.
② A는 B와 달리 외부 환경 변화에 대한 유연한 대처가 용이하다.
③ B는 A에 비해 목적 전치 현상이 나타날 가능성이 높다.
④ B는 A와 달리 효율적인 목표 달성이 조직 운영의 핵심이다.
⑤ A는 능력에 따른 보상을, B는 경력에 따른 보상을 중시한다.

158

정답률 64% | 2024학년도 9월 평가원

A, B의 일반적인 특징에 대한 옳은 설명만을 〈보기〉에서 고른 것은? (단, A, B는 각각 관료제, 탈관료제 중 하나임.)

너희들이 다니는 회사 중에 어디로 이직할지 고민 중이야.
갑
병이 다니는 회사는 업무 처리 절차나 규칙이 문서로 정해져 있어서 자신이 할 일이 명확하고, 주어진 업무만 수행하면 시간이 갈수록 급여가 높아져서 참 좋아 보여.
을
나는 을이 다니는 회사가 업적과 성과에 따라 연봉이 결정되고, 업무 처리 절차보다는 구성원의 자율성과 창의성을 중시하는 점이 부러워.
병
을이 다니는 회사는 A의 특성이, 병이 다니는 회사는 B의 특성이 강하게 나타나는구나.
갑

〈보기〉

ㄱ. A는 B에 비해 업무 수행의 안정성을 확보하기가 용이하다.
ㄴ. A는 B에 비해 외부 환경 변화에 대한 유연한 대처가 용이하다.
ㄷ. B는 A에 비해 목적 전치 현상이 나타날 가능성이 낮다.
ㄹ. A는 의사 결정의 분권화, B는 업무 수행의 분업화가 강조된다.

① ㄱ, ㄴ ② ㄱ, ㄷ ③ ㄴ, ㄷ ④ ㄴ, ㄹ ⑤ ㄷ, ㄹ

159

정답률 90% | 2024학년도 6월 평가원

A, B의 일반적인 특징에 대한 설명으로 옳은 것은? (단, A, B는 각각 관료제, 탈관료제 중 하나임.)

> □□기업은 의사 결정 권한이 분산되어 있고 업무의 범위와 분담 체계를 개별 담당 부서에서 자율적으로 결정한다. □□기업의 조직 운영 방식은 A의 사례이다. ○○기업의 의사 결정은 관리자 중심으로 이루어지며 모든 부서는 표준화된 규약과 절차에 따라 업무를 수행한다. ○○기업의 조직 운영 방식은 B의 사례이다.

① A는 B에 비해 외부 환경 변화에 유연하게 대처하기 용이하다.
② A는 B와 달리 공식적 규범에 의한 통제가 이루어진다.
③ B는 A에 비해 구성원이 창의성을 발휘하기 용이하다.
④ B는 A와 달리 업무 수행의 효율성을 추구한다.
⑤ A는 연공서열에 따른 보상을, B는 성과에 따른 보상을 중시한다.

160

정답률 85% | 2023학년도 수능

A, B의 일반적인 특징에 대한 설명으로 옳은 것은? (단, A, B는 각각 관료제, 탈관료제 중 하나임.)

> A에서 조직이 최고의 목적을 위한 최적의 수단을 취할 때, 개인은 그 목적을 향해 객관적으로, 정확하게, 영혼 없이 업무를 수행한다. 그 과정에서 개인은 조직이라는 기계의 작은 톱니가 되어 경직된 업무 시스템에 파묻히고 창의성과 자율성을 발휘하기 어려워진다. 이에 따라 조직이 환경 변화에 유연하게 대응하지 못하게 되고 결국 효율성이 떨어지는 문제가 나타나, 이를 개선하기 위해 B가 등장하였다.

① A는 B에 비해 과업 수행 절차의 예측 가능성이 높다.
② A는 B에 비해 업무 담당자에게 주어진 재량권이 크다.
③ B는 A에 비해 연공서열에 따른 보상 체계를 중시한다.
④ B는 A에 비해 업무 체계의 전문화와 세분화 정도가 높다.
⑤ A는 상향식 의사 결정 방식이, B는 하향식 의사 결정 방식이 지배적이다.

161

정답률 83% | 20023학년도 9월 평가원

A, B의 일반적인 특징에 대한 설명으로 옳은 것은? (단, A, B는 각각 관료제, 탈관료제 중 하나임.)

> • A는 단순 반복적 업무 수행으로 인해 저하되는 구성원의 자율성을 높이기 위한 방안으로 제시되었다. 급변하는 사회에 대응하기 위해 경직된 조직을 유연하게 운영하는 원리를 적용한 것이다.
> • B는 정부의 행정 조직 운영에서 자의성을 줄일 수 있는 방안으로 제시되었다. 공동의 문제를 해결하기 위해 대규모의 조직을 합리적으로 운영하는 원리를 적용한 것이다.

① A는 B에 비해 과업 수행 절차의 예측 가능성이 높다.
② A는 B와 달리 공식적 규약과 절차에 의해 구성원을 통제한다.
③ B는 A에 비해 업무의 표준화와 세분화를 중시한다.
④ B는 A와 달리 상향식 의사 결정 방식이 지배적이다.
⑤ A는 연공서열에 따른 보상을, B는 성과에 따른 보상을 중시한다.

162

정답률 88% | 2023학년도 6월 평가원

다음 자료에 대한 설명으로 옳은 것은? (단, A, B는 각각 관료제, 탈관료제 중 하나임.)

> 수평적 의사 결정 방식의 확대, 탄력적인 조직 운영 등을 특징으로 하는 A는 환경 변화에 더 유연하게 대응할 수 있다는 점에서 B와 구분된다. B는 구성원의 권한과 책임을 분명히 하고 세분화된 업무 수행을 강조함으로써 대규모 조직을 효율적으로 운영할 수 있다는 평가를 받는다. 반면, 예상 밖의 문제가 발생했을 때에도 기존 조직의 틀 내에서 새로운 부서를 추가하는 식으로 문제를 해결하려 한다는 비판을 받는다. 한 사회학자는 B의 이러한 특징을 ㉠ <u>카멜리펀트(Camelephant)</u>라고 표현하였는데, 이는 낙타와 코끼리를 합친 것처럼 느리고 둔하여 변화에 적절히 대응하지 못한다는 점을 지적한 것이다.

① A는 인간 소외 문제를 해결하기 위해 산업화 초기에 등장하였다.
② B는 목적 전치 현상을 해결하기에 용이하다.
③ A는 B에 비해 조직 구성원의 재량권 및 자율성이 낮다.
④ B는 A에 비해 연공서열에 따른 보상 체계를 중시한다.
⑤ ㉠의 문제는 조직 구성원의 위계적 서열을 강화함으로써 해결된다.

163

정답률 84% | 2017학년도 9월 평가원

사회 조직의 유형 A~C에 대한 설명으로 옳은 것은?

> • A, B는 각각 과업 달성을 위한 조직이며, 조직의 효율성을 제고하기 위한 운영 원리가 적용된다.
> • A에서는 의사 결정의 권한이 분산되어 있으며, 외부 환경 변화에 대한 유연한 대처와 신속한 의사 결정이 가능하다. B에서는 조직 내 지위가 경력에 따라 서열화되어 있으며, 규약과 절차에 따른 구성원들의 업무 수행을 강조한다.
> • A 또는 B의 구성원들이 조직 내에서 친밀한 인간관계에 바탕을 두고 자발적으로 결성한 것이 C이다.

① 기업의 노동조합은 C에 해당한다.
② A, B는 공식적 제재를 통해 구성원을 통제한다.
③ B는 A에 비해 상향식 의사 결정 방식을 강조한다.
④ A, C는 B와 달리 구성원들의 가입과 탈퇴가 자유롭다.
⑤ C에서는 A, B와 달리 구성원 간 수단적 만남과 간접적 접촉이 이루어진다.

예상문제로 유형 익히기

정답 및 해설 • p.025

164

난이도 상 중 **하**

다음은 어느 사회 조직에 대한 비판이다. 이 조직의 문제를 해결하기 위해 등장한 대안적 조직의 일반적 특징으로 옳은 것은?

> 최근 정보화의 진전은 산업 구조의 변화를 초래하였고, 이로 인한 사회 전반의 변화가 나타나고 있다. 그런데 산업 사회에서 가장 보편적인 조직으로 정착된 이 제도는 절차의 준수를 과도하게 강조하면서 목적 전치 현상을 야기하거나, 인간을 조직의 주체가 아닌 객체로 여기면서 구성원의 개성이나 창의성이 무시되는 인간 소외 현상을 초래하기도 하였다.

① 비공식적이고 1차적인 인간관계가 지배적이다.
② 성과보다는 직급에 따른 보상 체계를 강조한다.
③ ~~소품종~~ 대량 생산 방식 체제에서 주로 등장한다.
④ 엄격한 위계 서열 구조로 인해 권한과 책임이 분명하다.
⑤ 업무 처리의 효율성을 높이기 위해 구성원의 재량권을 존중한다.

165

난이도 상 중 **하**

다음과 같은 조직 개편안이 통과될 경우 나타날 수 있는 현상을 바르게 말한 학생만을 〈보기〉에서 고른 것은?

구분	기존 방식	개편안
보상 방식	지위가 같으면 동일하게, 지위가 다르면 다르게 지급	같은 지위라도 성과에 따라 차등 지급 방식 도입
인사 방식	사원 중에서 경력에 따라 승진	공개 경쟁에 의한 외부 인사 영입 확대
의사 결정 방식	하향식 의사 결정	상향식 의사 결정

〈보기〉

> 갑 : 업무 수행 과정에서 수직적 관계가 강조될 거야.
> 을 : 업무 처리가 표준화된 규약과 절차에 따를 거야.
> 병 : 외부 업무 환경 변화에 능동적으로 대처할 수 있을 거야.
> 정 : 조직 내에서 발생하는 인간 소외 현상이 줄어들 거야.

① 갑, 을 ② 갑, 병 ③ 을, 병
④ 을, 정 ⑤ 병, 정

166

Challenge 30% 신유형 난이도 **상** 중 하

그림은 서로 다른 운영 원리를 가진 전형적인 형태의 조직을 나타낸다. (가), (나) 조직을 구분하기 위한 질문으로 적절하지 않은 것은?

(가)

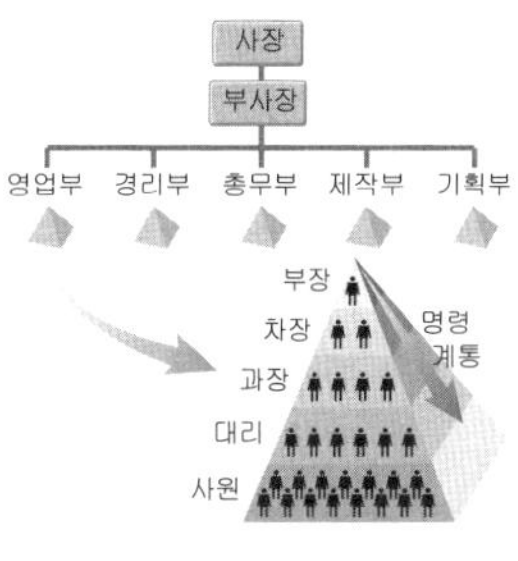

(나)

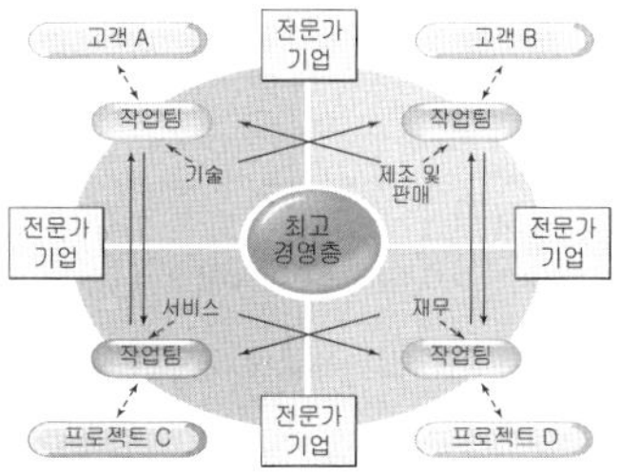

① 조직 운영의 효율성을 강조하는가?
② 소수의 상층부에 권력이 집중되는가?
③ 수로 하향식 의사 결정 방식을 따르는가?
④ 연공서열에 따른 승진과 보상을 중시하는가?
⑤ 산업 사회로의 이행 과정에서 확산되었는가?

167 Challenge 30% 고난도

난이도 상 중 하

(가)~(라)는 어느 사회 조직의 특징을 나타낸 것이다. 이에 대한 옳은 설명만을 〈보기〉에서 고른 것은?

(가) 모든 구성원의 권한과 책임이 명확하며 재량권은 제한된다.
(나) 구성원들의 경험을 중시하며 연공서열에 따른 보상이 이루어진다.
(다) 표준화된 규칙에 의해 운영되며 모든 업무는 절차와 규정에 의해 처리된다.
(라) 조직 구성원들은 전문성을 갖추고 있고 분업화된 체계 속에서 분담된 업무를 수행한다.

〈보기〉

ㄱ. (가)로 인해 환경 변화에 유연하게 대처할 수 있다.
ㄴ. (나)로 인해 무능한 사람이 승진하는 경우가 나타날 수 있다.
ㄷ. (다)로 인해 온정주의와 같은 비합리적인 요소가 나타날 수 있다.
ㄹ. (라)로 인해 복잡하고 방대한 업무를 효율적으로 처리할 수 있다.

① ㄱ, ㄴ ② ㄱ, ㄷ ③ ㄴ, ㄷ
④ ㄴ, ㄹ ⑤ ㄷ, ㄹ

168

난이도 상 중 하

다음은 A 회사의 회장 연설 중 일부이다. 이 회사의 앞으로의 조직 구조에 대한 예측으로 가장 적절한 것은?

직원 여러분 반갑습니다. 우리 회사는 창업 이후 최근까지 위계서열을 중시하고, 표준화된 업무 처리를 강조하는 등 안정적 조직 관리를 통해 꾸준히 성장하여 현재에 이르렀습니다. 이제 우리는 조직을 개편하여 유연한 조직 구조를 통해 앞으로의 급변하는 기업 환경에 대처해 나갈 것입니다.

① 중간 관리층의 역할이 커질 것이다.
② 과업 수행의 예측 가능성이 높아질 것이다.
③ 구성원의 업무에 대한 자율성이 높아질 것이다.
④ 승진에서 연공서열이 차지하는 비중이 증가할 것이다.
⑤ 규약과 절차에 따른 업무 수행이 더욱 강조될 것이다.

169

난이도 상 중 하

(가)~(다)에 대한 옳은 설명만을 〈보기〉에서 고른 것은?

(가)	(나)	(다)
영국에서 관리들이 서류를 묶던 붉은색 끈에서 유래된 말로 형식과 절차만을 중시하여 일처리가 지연되는 현상	경력에 따라 조직 내 지위가 결정되기 때문에 지위가 올라갈수록 무능함이 드러나는 현상	스스로 확장하려는 경향이 있어 시간이 갈수록 불필요한 인력이 늘어나 조직의 효율성이 낮아지는 현상

〈보기〉

ㄱ. (가)를 해소하기 위해 목적보다 수단을 강조하는 표준화된 규칙이 요구된다.
ㄴ. (나)는 능력과 성과가 반영된 승진 제도를 도입함으로써 완화될 수 있다.
ㄷ. (다)는 조직의 과업과 목적에 따라 조직 형태가 수시로 변화하는 과정에서 발생한다.
ㄹ. (가), (나), (다)는 모두 관료제의 역기능과 관련 있다.

① ㄱ, ㄴ ② ㄱ, ㄷ ③ ㄴ, ㄷ
④ ㄴ, ㄹ ⑤ ㄷ, ㄹ

170

난이도 상 중 하

갑국은 최근 그림과 같이 (가)에서 (나)로 조직을 개편하였다. 이로 인해 나타날 현상에 대한 추론으로 가장 적절한 것은?

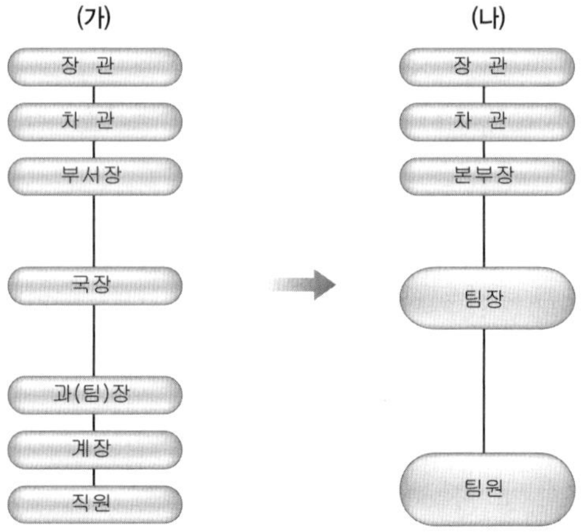

① 개인의 업무가 세분화 · 전문화될 것이다.
② 인간 소외 현상이 나타날 가능성이 높아질 것이다.
③ 개인의 자율성을 발휘하기 쉽고, 책임의 범위가 넓어질 것이다.
④ 조직의 업무 효율성은 낮아지나 개인의 창의성은 높아질 것이다.
⑤ 사회 변화와 국민의 요구에 능동적으로 대처하기 어려워질 것이다.

171

난이도 상 **중** 하

밑줄 친 '정책'의 효과로 적절한 것만을 〈보기〉에서 고른 것은?

> **공 고 문**
>
> 우리 ○○회사에서는 그동안의 주먹구구식의 업무 처리 방식에서 벗어나 모든 업무에 있어 표준화된 업무 처리 지침을 보급하고 앞으로는 이를 바탕으로 모든 업무가 진행되도록 할 것입니다.

〈보기〉

ㄱ. 직원들의 업무 수행에 있어 안정성이 강화될 것이다.
ㄴ. 목적 전치 현상이 나타나는 것을 방지할 수 있다.
ㄷ. 외부의 환경 변화에 대한 회사의 빠른 대응을 저해할 수 있다.
ㄹ. 개인의 재량권을 축소시켜 업무 처리의 속도가 느려질 것이다.

① ㄱ, ㄴ ② ㄱ, ㄷ ③ ㄴ, ㄷ
④ ㄴ, ㄹ ⑤ ㄷ, ㄹ

172

Challenge 30% 신유형

난이도 **상** 중 하

그림은 업무 처리 방식을 기준으로 사회 조직을 유형화한 것이다. (가), (나) 조직에 대한 옳은 설명만을 〈보기〉에서 고른 것은?

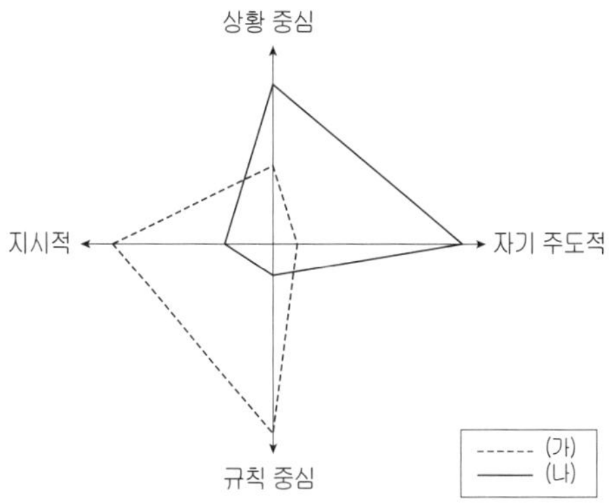

〈보기〉

ㄱ. (가)는 업무의 세분화와 재량권을 중시한다.
ㄴ. (나)는 서열과 경력 대신 능력과 동기 부여를 중시한다.
ㄷ. (가)는 (나)에 비해 상향식 의사 결정을 중시한다.
ㄹ. (나)는 (가)보다 환경 변화에 능동적으로 대처할 수 있다.

① ㄱ, ㄴ ② ㄱ, ㄷ ③ ㄴ, ㄷ
④ ㄴ, ㄹ ⑤ ㄷ, ㄹ

03 개인과 사회의 관계, 일탈 행동

출제 예상 item 12 개인과 사회의 관계를 보는 관점 13 일탈 이론

1 개인과 사회의 관계

1. 개인과 사회의 관계를 보는 관점

구분	사회 명목론	사회 실재론
기본 입장	사회는 개인의 집합체에 붙여진 이름에 불과하고, 실제로 존재하는 것은 개인뿐임 → 사회보다 개인의 우월성 강조	사회는 개인의 단순한 합 이상이며, 구성원 개개인의 특성만으로는 설명할 수 없는 독특한 특성을 가진 실체임 → 개인보다 사회의 우월성 강조
특징	• 개인의 외부에 별도로 존재하는 사회는 있을 수 없다고 봄 • 사회 구성원의 자율성과 능동성을 강조함	• 사회는 개인의 외부에 실제로 존재한다고 봄 • 사회의 구성원인 개인은 사회의 영향에서 벗어날 수 없다고 봄
사회 연구 방법	개인의 행위에 초점을 두어 사회를 연구하고, 사회 문제의 해결을 위한 방법으로 개인의 의식 개선을 중시함	사회 현상을 이해하거나 사회 문제의 원인을 파악할 때 개인보다 사회 제도나 사회 집단에 주목함
관련 사상	사회 계약설, 자유주의, 개인주의	사회 유기체설, 전체주의, 공동체주의

2. 개인과 사회의 관계를 바르게 이해하기 위한 관점

(1) 한 사회를 올바르게 이해하기 위해서는 개개인에 대한 분석과 함께 사회 제도나 구조를 병행해서 파악해야 함

(2) 사회 명목론과 사회 실재론을 상호 보완적으로 적용하는 것이 필요함

2 일탈 행동

1. 의미 다수의 사람이 지키는 사회적 규범에 어긋나는 행위

2. 일탈 행동의 상대성

(1) 일탈 행동으로 규정되는 행위의 기준은 시대에 따라 달라짐

(2) 어떤 행위가 이루어지는 공간에 따라 일탈 행동은 달리 규정됨

(3) 일탈 행동은 사회적 가치의 변화에 따라 달라짐

3. 일탈 행동에 관한 이론

구분	일탈의 원인	해결 방안
아노미 이론	• 뒤르켐의 아노미 이론 : 사회의 지배적인 규범이 약화되거나 전통적인 규범과 새로운 규범이 혼재되어 있는 아노미 상태에서 일탈 행동이 발생 • 머튼의 아노미 이론 : 사회 구성원이 추구하는 문화적 목표와 이를 달성하기 위한 제도적 수단이 일치하지 않는 아노미 상태에서 합법적인 수단을 사용하지 않고 목표를 달성하려고 할 때 일탈 행동이 발생	• 사회 구성원이 합의하는 지배적 규범을 확립 • 사회 구성원에게 사회적 목표를 달성할 수 있는 합법적인 수단이 골고루 돌아갈 수 있도록 보장
차별 교제 이론	일탈 행동을 하는 집단이나 사람들과의 접촉을 통해 일탈 행동이 학습되어 발생	일탈 행동을 하는 사람들과의 교류를 차단
낙인 이론	• 사회적으로 특정한 행위를 일탈로 규정하고 이러한 행위를 한 사람을 일탈 행위자로 낙인 찍으면 일탈 행동이 발생 • 1차적 일탈 행위로 인해 사회적으로 문제가 되고 낙인 찍히면 행위자는 자신을 일탈자로 여기면서 일탈 행동이 습관화되는 2차적 일탈 발생	특정 행동을 일탈로 규정할 때 신중한 사회적 합의 필요
갈등 이론	• 자본주의 체제의 불평등과 구조적 모순으로 일탈 행동 발생 • 지배 집단은 권력을 유지하기 위한 수단으로 피지배 집단의 행동을 일탈로 몰아가고 사회적으로 크게 부각시킴 • 법은 권력자들의 특권을 유지하기 위한 도구에 불과하며 사회 구성원에게 균등하게 적용되지 않음	공정한 법 집행과 같은 구조적인 개혁이 필요

교과서 속 수능 개념

사회 계약설과 사회 명목론

사회 계약설은 사회와 국가는 자연권을 가진 개인들 간의 계약에 의해 형성되었다고 보는 입장으로, 국가와 정치 제도 등은 계약을 지탱하는 개인의 의지에 따라 그 존재가 좌우되는 인공적 기구에 불과하다고 본다. 따라서 사회 계약설은 사회에 대한 개인의 우월성을 강조하는 사회 명목론과 맥락을 같이 한다.

사회 유기체설과 사회 실재론

사회 유기체설은 사회를 생물 유기체에 비유하고, 사회 구성원으로서의 개인을 생물 유기체의 기관에 비유한 것으로 개인은 사회 유기체의 한 부분으로서 활동하고 각각의 역할을 수행하기 때문에 사회를 떠나서는 존재할 수 없다는 입장이다. 따라서 사회 유기체설은 개인에 대한 사회의 우월성을 강조하는 사회 실재론에 부합한다.

헷갈리는 개념 정리

1. 뒤르켐의 아노미와 머튼의 아노미

프랑스 사회학자 뒤르켐(Durkheim, E.)은 인간의 욕구를 억제하고 행위를 규제하는 규범이 무너진 상태를 아노미라고 보았다. 미국의 사회학자 머튼(Merton, R. K.)은 사회에서 사람들이 달성하고자 하는 문화적 목표와 이 목표를 달성하기 위한 합법적이고 제도적인 수단 간의 괴리 상태를 아노미라고 보았다.

2. 1차적 일탈과 2차적 일탈

일시적이고 비의도적으로 발생하는 바람직하지 않은 행동, 즉 특별히 문제시되지 않는 경우의 일탈을 1차적 일탈이라고 한다. 범죄자로 형사 처분을 받은 전과자가 한 번 범죄자로 낙인 찍히고 나면 사회적으로 믿을 수 없는 사람이 되어 다시 범죄 행위를 하게 되는 경우의 일탈을 2차적 일탈이라고 한다. 1차적 일탈 행위로 인해 일탈자라는 자아를 갖게 되면서 일탈 행동이 습관화된 경우 2차적 일탈이 발생할 가능성이 크다.

item 12 개인과 사회의 관계를 보는 관점

수능 출제 패턴 분석 개인과 사회의 관계를 보는 관점이 문제에 등장하면 사회 실재론과 사회 명목론을 묻는 것이다. 제시문에 나타난 관점에 대한 설명이 맞는지 틀린지를 묻는 문제가 출제된다.

유형보기

1. 개인과 사회의 관계를 보는 관점 평가원

(가) 사회는 개인의 외부에 존재한다. 개인은 각자의 사회적 역할을 수행하면서 사회 유지와 발전에 기여한다.
(나) 개인이 없으면 사회도 없다. 개인의 권리와 안전을 지키기 위해 개개인이 합의하여 만든 것이 사회이다.

자료 분석

(1) (가)의 관점은 사회 실재론이다. 사회 실재론은 사회가 개인의 단순한 합 이상이며, 구성원 개개인의 특성만으로는 설명할 수 없는 독특한 특성을 가진 실체라고 본다. 이 관점에 따르면 개인의 외부에 실제로 존재하는 사회가 있고, 구성원인 개인은 사회의 영향에서 벗어날 수 없다.
(2) (나)의 관점은 사회 명목론이다. 사회 명목론은 사회가 단순히 개인의 집합체에 불과하고 실제로 존재하는 것은 개인뿐이라고 본다. 이 관점에 따르면 사회는 구성원인 개인의 단순한 합에 불과하며, 개인의 외부에 별도로 존재하는 사회란 있을 수 없다.

2. 개인과 사회의 관계를 보는 관점 수능

(가) 전체는 단지 외부의 힘으로부터 각 구성원의 신체와 재산을 방어하고 보호해 주는 하나의 연합 형태일 뿐이다. 따라서 개인이 모여 전체를 이룬다 하더라도 각 개인은 자기 자신에게만 복종하기 때문에 이전과 마찬가지로 여전히 자유로울 수 있다.
(나) 인간 개개인은 얼마든지 도덕적일 수 있어도 그런 개인들이 모여 집단이 되면 전혀 다른 특성이 나타난다. 즉, 집단으로서 이익을 추구하는 새로운 논리와 생리를 갖게 됨으로써 사회는 비도덕적이 된다.

자료 분석

(1) (가)의 관점은 사회 명목론이다. 사회 명목론은 사회 구성원의 자율성과 능동성을 전제로 개인의 능력과 노력에 의해 사회가 유지되고 발전한다는 입장이다. 그러나 사회 명목론은 사회가 개인에게 미치는 영향을 설명하는 데 한계가 있다.
(2) (나)의 관점은 사회 실재론이다. 사회 실재론은 사회 현상을 이해하거나 사회 문제의 원인을 파악할 때 개인보다 사회 제도에 주목한다. 그러나 사회 실재론은 개인의 자율성에 기초한 능동적 행동을 설명하는 데 한계가 있다.

대표기출로 유형 감잡기

정답 및 해설 • p.028

173

정답률 90% | 2020학년도 수능

다음에 나타난 개인과 사회의 관계를 바라보는 관점에 부합하는 진술만을 〈보기〉에서 고른 것은?

> 모든 사회에는 세대에서 세대로 전수되며 집단적 삶의 통일성과 연속성의 기반이 되는 공통적인 관념과 감정들이 존재한다. 그것들은 심리학적 성격을 갖는데 개인적 차원이 아닌 사회적 차원으로 접근할 수 있다. 왜냐하면 종교적 전통, 정치적 세계관, 언어 등의 현상은 개인적 차원을 훨씬 넘어서기 때문이다. 이러한 관념 및 감정들은 실질적인 사회적 삶과 관련되며 개인은 그것들을 존중하고 준수하도록 요구받는다.

〈보기〉

ㄱ. 개인은 사회 속에서만 존재의 의미를 갖는다.
ㄴ. 사회는 개인의 외부에서 독자적으로 작동한다.
ㄷ. 조직의 역량은 구성원들의 능력을 합한 것과 같다.
ㄹ. 사회는 개인의 이익을 실현해 주는 수단에 불과하다.

① ㄱ, ㄴ ② ㄱ, ㄷ ③ ㄴ, ㄷ
④ ㄴ, ㄹ ⑤ ㄷ, ㄹ

174

정답률 86% | 2024학년도 수능

다음 글에서 개인과 사회의 관계를 바라보는 필자의 관점에 대한 옳은 설명만을 〈보기〉에서 고른 것은?

> 돈 자체가 가치를 지닌다는 믿음과 돈이 삶의 궁극적 목표라는 인식이 있다. 하지만 돈의 가치는 인간의 욕구에서 기인하는 심리적 사실에 불과하다. 돈은 인간이 그것을 갈망할 때 비로소 가치를 부여받는다. 또한 돈은 사회적 결사의 매개체일 뿐이다. 사람은 돈을 매개로 아름다운 사회를 만들 수도, 차별과 위선이 만연한 사회를 만들 수도 있다. 결국 돈의 가치는 상대적, 수단적인 것이다. 돈은 '더 나은 삶'에 도달하기 위한 다리에 불과하며, 인간은 다리에서 살아갈 수 없다.

〈보기〉

ㄱ. 사회의 속성을 개인의 속성으로 환원할 수 있다고 본다.
ㄴ. 사회는 개인의 이익을 실현해 주는 도구에 불과하다고 본다.
ㄷ. 사회는 개인의 외부에 존재하는 독자적인 실체라고 본다.
ㄹ. 사회의 구속력이 개인의 자유 의지보다 우위에 있다고 본다.

① ㄱ, ㄴ ② ㄱ, ㄷ ③ ㄴ, ㄷ
④ ㄴ, ㄹ ⑤ ㄷ, ㄹ

175

정답률 91% | 2018학년도 9월 평가원

다음 글에 나타난 개인과 사회의 관계를 보는 관점과 부합하는 진술을 〈보기〉에서 고른 것은?

> 인간은 결코 혼자서는 행복하고 안녕한 삶을 누릴 수 없는 존재이기에 집단의 일원으로 살아간다. 그런데 개인은 집단에 소속된 순간부터 자신의 행복과 안녕보다 집단의 존속과 유지를 위해 살아야 한다는 압력을 받게 된다. 각 개인의 자유 의지는 집단 규범이 허용한 범위 안에서만 발현된다. 자유 의지 발현에 대한 집단 규범의 허용 범위가 바뀌는 경우는 집단이 불안정한 상태로 접어들거나 집단 내 구조적 모순이 발생할 때이다.

〈보기〉

ㄱ. 개인의 의식과 행위는 사회에 의해 규정된다.
ㄴ. 사회의 특성은 개인적 행동이 반영된 결과이다.
ㄷ. 사회의 구속력이 개인의 자유 의지보다 우위에 있다.
ㄹ. 집단 행동은 개인이 갖고 있는 자유 의지의 총합으로 표출된다.

① ㄱ, ㄴ ② ㄱ, ㄷ ③ ㄴ, ㄷ
④ ㄴ, ㄹ ⑤ ㄷ, ㄹ

176

정답률 92% | 2024학년도 6월 평가원

다음 글에 나타난 개인과 사회의 관계를 바라보는 관점에 대한 옳은 설명만을 〈보기〉에서 고른 것은?

> 사회는 개인의 주관적인 의식 세계를 초월하여 개인의 외부에 객관적으로 존재한다. 또한 사회는 그 자체 논리에 따른 질서와 구조를 가지며 이를 통하여 개인의 행동에 영향을 미친다.

〈보기〉

ㄱ. 개인이 주체적이고 능동적인 존재임을 강조한다.
ㄴ. 사회 구조에 대한 개인의 불가항력성을 강조한다.
ㄷ. 사회의 속성은 개인의 속성에 의해 결정된다고 본다.
ㄹ. 사회 문제의 발생 원인을 개인의 의식보다 사회 제도와 구조에서 찾는다.

① ㄱ, ㄴ ② ㄱ, ㄷ ③ ㄴ, ㄷ
④ ㄴ, ㄹ ⑤ ㄷ, ㄹ

177

정답률 93% | 2023학년도 수능

다음 글에서 개인과 사회의 관계를 바라보는 필자의 관점에 대한 옳은 설명만을 〈보기〉에서 고른 것은?

> 개인은 그 자신이 목적이며 다른 어떤 것도 그에게는 아무 의미가 없다. 다만 개인은 자신의 욕구 충족을 위해 타인을 필요로 한다. 타인도 같은 이유로 다른 이가 필요하다. 이처럼 이기적인 개인 간 상호 작용의 결과로 사회가 형성되지만, 개인의 욕구가 충족되지 않을 때 그 사회는 해체된다.

〈보기〉

ㄱ. 사회의 속성은 개인의 속성에 의해 결정된다고 본다.
ㄴ. 사회 규범은 개인들이 옳다고 믿기에 존재한다고 본다.
ㄷ. 사회가 개인의 외부에 존재하는 독립적인 실체라고 본다.
ㄹ. 사회 규범의 구속력이 개인의 자율성보다 우선한다고 본다.

① ㄱ, ㄴ ② ㄱ, ㄷ ③ ㄴ, ㄷ
④ ㄴ, ㄹ ⑤ ㄷ, ㄹ

178

정답률 83% | 2019학년도 수능

다음 자료에서 교사의 질문에 옳게 응답한 학생을 고른 것은?

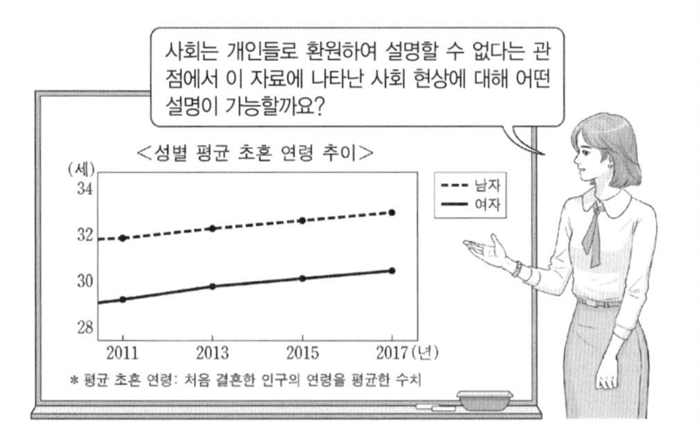

갑 : 결혼이 필수라고 생각하지 않아 자발적으로 독신을 선택한 사람이 늘어난 결과입니다.
을 : 경기 침체로 취업난이 날로 심해지면서 결혼 시기를 놓친 사람이 늘어난 결과입니다.
병 : 결혼보다 다른 개인적 가치 추구를 더 중시하여 결혼을 미루는 사람이 늘어난 결과입니다.
정 : 주택 가격 폭등으로 신혼집 마련이 어려워 결혼을 늦출 수밖에 없는 사람이 늘어난 결과입니다.

① 갑, 을 ② 갑, 병 ③ 을, 병
④ 을, 정 ⑤ 병, 정

예상문제로 유형 익히기

정답 및 해설 • p.028

179

난이도 상 중 하

다음 글에 나타난 개인과 사회의 관계를 바라보는 관점에 대한 옳은 설명만을 〈보기〉에서 고른 것은?

> 사회는 사람들의 의식적인 행위와 노력으로 형성된 인위적인 산물이다. 사람들은 자연 상태에서 발생하는 분쟁을 극복하고, 자신의 '생명과 자유와 재산'을 더 안전하게 지키고 향유하기 위해 각자가 스스로 동의한 계약을 통해 자연 상태를 시민 사회로 전환하였다. 이때 사회 구성원 각자가 자연적 권력을 포기하고 양도하는 자연적 권리는 공동선을 위한 것 이상으로 확대되어서는 안 되며, 시민 사회가 제정한 법에 의해 공공의 안전과 복지를 위해 필요한 정도 만큼만 규제되어야 한다.

〈보기〉

ㄱ. 개인은 사회 속에서만 존재 의미를 갖는다고 본다.
ㄴ. 사회는 개인으로 환원하여 설명될 수 있다고 본다.
ㄷ. 사회는 개인의 외부에서 독자적으로 작동한다고 본다.
ㄹ. 개인의 능동성이 사회 규범의 구속성보다 우선한다고 본다.

① ㄱ, ㄴ ② ㄱ, ㄷ ③ ㄴ, ㄷ
④ ㄴ, ㄹ ⑤ ㄷ, ㄹ

180

난이도 상 중 하

(가), (나)에 나타난 개인과 사회의 관계를 바라보는 관점에 대한 옳은 설명만을 〈보기〉에서 있는 대로 고른 것은?

> (가) 대학의 강의는 참여하는 구성원 개인의 특성에 따라 결정된다. 강의의 질은 교수의 능력에 따라 결정되며, 강의에 대한 평가도 학생들의 개인적 반응에 근거하여 이루어진다.
> (나) 대학의 강의에는 교수와 학생 간의 권력 구조가 존재하며, 교수가 학생들의 학업 정도에 따라 성적을 부여하는 평가 시스템이 존재한다. 또한 강의실에는 수업 시간 준수와 같이 교수와 학생이 따라야 하는 행동 규칙이 작용한다.

〈보기〉

ㄱ. (가)는 개인의 이익이 곧 사회 전체의 이익이라고 본다.
ㄴ. (나)는 사회가 개인으로 환원하여 설명할 수 없는 고유한 성격을 지닌다고 본다.
ㄷ. (가)는 (나)와 달리 개인은 집단 전체와의 관련 속에서만 존재 의미를 지닌다고 본다.
ㄹ. (나)는 (가)와 달리 개인의 자율성보다 사회 규범의 구속성을 중시한다.

① ㄱ, ㄷ ② ㄱ, ㄹ ③ ㄴ, ㄷ
④ ㄱ, ㄴ, ㄹ ⑤ ㄴ, ㄷ, ㄹ

[181~182] 다음 글을 읽고 물음에 답하시오.

> (가) 시민 사회는 사람들의 의식적인 행위와 노력으로 형성되는 인위적인 산물이다. 사람들은 자연 상태에서 발생하는 분쟁을 극복하기 위해 각자가 스스로 동의한 계약을 통해 자연 상태를 시민 사회로 전환시킨다.
> (나) 사회는 구성원 개인만으로 이루어지는 것이 아니다. 사회의 구성원들은 출생과 사망, 이주 등으로 인해 바뀌어도 사회는 건재하다. 사회의 규범이나 문화, 민족성 등은 개인의 생각이나 행동에 지대한 영향을 미친다.

181

난이도 상 중 하

(가), (나)에 나타난 개인과 사회의 관계를 바라보는 관점에 대한 옳은 설명만을 〈보기〉에서 있는 대로 고른 것은?

〈보기〉

ㄱ. (가)는 개인 행위의 의미를 사회 속에서 찾는다.
ㄴ. (가)는 개인의 이익이 늘어나면 사회 전체의 이익도 증가하는 것으로 본다.
ㄷ. (나)는 인간의 행위를 사회적 조건에 의해 설명 가능한 것으로 본다.
ㄹ. (나)는 사회 속의 개인은 자신의 외부에 존재하는 의무를 수행하며 살아가는 것으로 본다.

① ㄱ, ㄴ ② ㄱ, ㄷ ③ ㄷ, ㄹ
④ ㄱ, ㄴ, ㄹ ⑤ ㄴ, ㄷ, ㄹ

182

난이도 상 중 하

(가)의 관점에 부합하는 진술로 가장 적절한 것은?

① 개인은 사회의 그림자에 불과하다.
② 혼인을 하는 데 있어 중요한 것은 배우자가 속한 가문이다.
③ 사회 문제의 해결책으로 의식 개혁보다 제도 개선이 중요하다.
④ 개인은 각자 자신의 주관적 관점에 따라 다양한 사회상을 만들어 낼 수 있다.
⑤ 선거에서 중요한 판단 기준은 후보자 개인의 됨됨이보다는 후보자가 속한 정당이다.

item 13

일탈 이론

수능 출제 패턴 분석 한 가지 일탈 이론을 묻기보다는 아노미 이론, 차별 교제 이론, 낙인 이론, 갈등 이론 등을 동시에 묻는 형태로 출제된다.

유형보기

1. 아노미 이론과 차별 교제 이론 수능

(가) 구성원에게 물질적 성공이라는 가치를 고무시키는 사회에서 모두가 이러한 성공에 도달할 수 있는 합법적 수단을 갖는 것은 아니다. 그래서 제도적 수단이 제한적인 하층에서 범죄를 저지를 가능성이 높다.

(나) 범죄도 학습의 산물이다. 친구나 가족으로부터 범죄 태도와 행동을 배운다. 특히 약물 범죄의 경우 약물에 대한 우호적 태도와 사용 기술이 요구되므로 경험자와의 연줄이 중요하다.

자료 분석

(1) (가)는 머튼의 아노미 이론이다. 머튼은 사회 구성원이 추구하는 문화적 목표와 이를 달성하기 위한 제도적 수단이 일치하지 않는 상태를 아노미라고 규정하였다. 이 이론은 합법적인 수단을 사용하지 않고 목표를 달성하려고 할 때 아노미적 일탈이 발생한다고 본다. 따라서 문화적 목표에 도달할 기회의 제공을 해결 방안으로 제시한다.

(2) (나)는 차별 교제 이론이다. 차별 교제 이론에서는 일탈 행동을 하는 집단이나 사람들과의 접촉을 통해 일탈 행동이 학습된다고 설명한다. 따라서 일탈 행동을 하는 사람들과의 교류를 차단함으로써 일탈 행동을 막을 수 있다고 본다.

2. 낙인 이론과 아노미 이론 교육청

갑 : 특정 행동을 하는 청소년을 '문제아'로 바라보는 주위의 따가운 시선과 차별이 다시 비행을 저지르게 만드는 것입니다.

을 : 급속한 정보화로 인해 규범들이 혼재되어서 청소년들이 가치관의 혼란을 겪는 것이 원인입니다. 따라서 청소년들에게 명확한 가치 기준을 제공해야 합니다.

자료 분석

(1) 갑은 낙인 이론으로 일탈 행동을 설명하고 있다. 낙인 이론은 사람들이 일탈 행위를 하는 이유가 사회적으로 특정한 행위를 일탈로 규정하고 이러한 행위를 한 사람을 일탈 행위자로 낙인 찍기 때문이라고 본다. 따라서 일탈 행위를 줄이기 위해서는 특정 행동을 일탈로 규정할 경우에 신중한 사회적 합의가 필요하다고 본다.

(2) 을은 뒤르켐의 아노미 이론으로 일탈 행동을 설명하고 있다. 뒤르켐은 사회의 지배적인 규범이 약화되거나 전통적 규범과 새로운 규범이 혼재되어 있는 상태를 아노미 상태라고 하고, 아노미 상태에서 일탈 행동이 발생한다고 본다. 일탈 행동을 방지하기 위해서는 사회 구성원이 합의하는 지배적 규범 확립이 필요하다고 본다.

대표기출로 유형 감잡기

정답 및 해설 • p.029

183

정답률 95% | 2022학년도 수능

일탈 이론 A, B에 대한 설명으로 옳은 것은? (단, A, B는 각각 낙인 이론, 차별 교제 이론 중 하나이다.)

〈수행 평가〉

※ 문제: 청소년 범죄에 대한 형사 처벌을 강화하자는 주장에 대해 일탈 이론 A, B에 근거하여 의견을 서술하시오.

A	B
어렸을 때에는 누구나 잘못을 할 수 있습니다. 청소년기에 형사 처벌을 받으면 주변 사람들로부터 따가운 시선을 받게 될 것입니다. 그로 인해 범죄자로서의 부정적 자아 정체성을 갖게 되어 다시 범죄를 저지를 가능성이 높습니다. 그러므로 반대합니다.	어린 나이에 일탈 행동을 일삼는 또래와 어울리면 범죄를 저지를 수 있습니다. 이로 인해 청소년기에 형사 처벌을 받아 교정 시설로 가게 되면, 그곳에서 만난 사람들로부터 범죄에 대한 우호적 태도를 강화하여 다시 범죄를 저지를 가능성이 높습니다. 그러므로 반대합니다.

① A는 일탈이 행위의 속성에 의해서가 아니라 그에 대한 사회적 반응에 의해 규정된다고 본다.

② B는 일탈 행동의 원인을 차별적인 제재에서 찾는다.

③ A는 B와 달리 타인과의 상호 작용을 통해 일탈 행동이 학습된다고 본다.

④ B는 A와 달리 2차적 일탈 행동의 발생 과정에 초점을 맞춘다.

⑤ A는 정상 집단과의 교류 촉진을, B는 일탈 행동에 대한 신중한 규정을 일탈 행동에 대한 대책으로 강조한다.

184

정답률 72% | 2024학년도 수능

다음 자료에 대한 설명으로 옳은 것은?

사회자 : 뒤르켐의 아노미 이론, 머튼의 아노미 이론, 차별 교제 이론, 낙인 이론 중 하나를 선택하여 최근 우리 사회에서 나타나는 범죄 현상을 설명해 주십시오.

갑 : 급속한 사회 변동으로 경제적 성취와 개인주의라는 새로운 가치가 나타나고 있습니다. 이로 인해 과거에 작동했던 전통적 규범과 새롭게 등장한 가치가 혼재되면서 삶의 기준을 상실한 사람들의 범죄가 늘어나고 있습니다.

을 : 성공에 필요한 합법적 기회가 있는 사람들마저도 범죄를 저지릅니다. 이들은 비합법적 수단으로 큰돈을 번 사람들과 빈번하게 교류하며 그들의 방식과 태도를 습득함으로써 범죄를 저지르고 있습니다.

병 : 청소년 시기에 전과자가 된 사람들은 충분한 교육을 받지 못합니다. 이로 인해 경제적 성공을 위한 경쟁이 치열한 사회에서 물질적 성공에 필요한 기회가 제한되어 범죄를 저지르고 있습니다.

① 갑의 관점은 을의 관점과 달리 정상 집단과의 교류를 일탈 행동의 해결 방안으로 제시한다.

② 을의 관점은 병의 관점과 달리 차별적인 사회적 제재를 일탈 행동의 원인으로 본다.

③ 병의 관점은 갑의 관점과 달리 문화적 목표와 제도화된 수단의 괴리를 일탈 행동의 원인으로 본다.

④ 갑, 을의 관점은 병의 관점과 달리 사회 구조적 관점에서 일탈 행동을 설명한다.

⑤ 을, 병의 관점은 갑의 관점과 달리 개인이 타인과의 상호 작용을 통해 일탈자가 되어가는 과정에 주목한다.

185

정답률 85% | 2024학년도 6월 평가원

일탈 이론 A~C에 대한 설명으로 옳은 것은? (단, A~C는 각각 머튼의 아노미 이론, 차별 교제 이론, 낙인 이론 중 하나임.)

> A : 폐가의 유리창을 깨고 지붕을 오르는 행위는 아이들에게 일종의 놀이에 불과하나, 지역 주민들은 그런 행위를 하는 아이들을 점차 구제 불능이라고 규정하게 된다. 이런 사회적 평가를 내면화하여 아이들은 점점 더 심각한 비행으로 나아가게 된다.
> B : 법을 어기는 사람과 지키는 사람의 차이는 타고난 소질보다는 그들이 배워 온 내용에 있다. 범죄가 적은 지역에서 성장하는 사람은 법 위반에 대한 비우호적 태도를, 범죄가 많은 슬럼 지역에서 성장하는 사람은 법 위반에 대한 우호적 태도를 더 많이 배울 것이다.
> C : 물질적 성공에 대한 문화적 강조는 '가능하다면 정당한 방법으로, 필요하다면 잘못된 방법으로라도' 그 목표를 추구하라는 압력으로 작용한다. 따라서 성공 목표에 대한 지나친 강조는 규칙에 대한 감정적 지지를 훼손하고 제도적 규제의 효과적인 작용을 방해한다.

① A는 일탈에 대한 대책으로 낙인의 신중한 적용을 강조한다.
② B는 차별적인 사회적 제재를 일탈 행동의 원인으로 본다.
③ C는 일탈 행동을 규정하는 객관적 기준이 존재하지 않는다고 본다.
④ A는 B와 달리 개인이 타인과의 상호 작용을 통해 일탈자가 되어 가는 과정에 주목한다.
⑤ B는 C와 달리 범죄 예방을 위해 소외 계층에게 더 나은 취업 기회를 제공하는 정책을 뒷받침한다.

186

정답률 77% | 2024학년도 9월 평가원

일탈 이론 A~C에 대한 설명으로 옳은 것은? (단, A~C는 각각 머튼의 아노미 이론, 차별 교제 이론, 낙인 이론 중 하나임.)

> 일탈 이론 A, B, C의 사례로 일탈을 저지른 갑, 을, 병의 진술을 살펴보았다. 각각의 진술에 나타난 가장 두드러진 특징은 다음과 같다. 갑은 문화적 목표를 이루기 위한 합법적 수단이 부족했던 적이 한번도 없었다. 을은 일탈자들과 어울리거나 그들의 행동을 따라 하려고 했던 적이 한번도 없었다. 병은 여러 사회 규범을 위반했음에도 비난이나 제재를 받았던 적이 한번도 없었다. 이러한 특징을 바탕으로 갑, 을, 병에게 서로 다른 일탈 이론을 적용해 보면 갑의 일탈은 A나 B, 을의 일탈은 B나 C, 병의 일탈은 A나 C로 설명하는 것이 타당하다.

① A는 일탈에 대한 대책으로 제도화된 기회의 확대를 중시한다.
② B는 타인과의 상호 작용을 통한 일탈의 학습 과정에 주목한다.
③ C는 정상 집단과의 교류를 일탈의 해결 방안으로 제시한다.
④ B는 A, C와 달리 일탈을 규정하는 객관적 기준이 없다고 본다.
⑤ C는 A, B와 달리 일탈에 대한 대책으로 사회 규범의 통제력 강화를 강조한다.

187

정답률 47% | 2020학년도 수능

다음은 일탈 이론 A~C에 대한 수행 평가 및 교사의 채점 결과이다. 이에 대한 옳은 설명만을 〈보기〉에서 있는 대로 고른 것은? (단, A~C는 각각 낙인 이론, 머튼의 아노미 이론, 차별 교제 이론 중 하나이다.)

〈수행 평가 과제〉

학생	과제 내용
갑	A와 구분되는 B의 특징 3가지 서술하기
을	B와 구분되는 C의 특징 3가지 서술하기
병	C와 구분되는 A의 특징 3가지 서술하기

〈각 학생의 서술 및 교사의 채점 결과〉

학생	서술 내용	점수
갑	1. 차별적인 제재가 일탈 행동의 원인이라고 본다. 2. 일탈 행동이 발생하는 과정에서 나타나는 상호 작용에 주목한다. 3. 일탈자로 규정하는 것에 대한 신중한 접근이 필요하다고 본다.	2점
을	1. 사회 규범의 통제력 회복을 일탈 행동의 근본적인 해결 방안으로 본다. 2. 일탈 행동의 원인을 부정적 자아 정체성 형성에서 찾는다. 3. 일탈 행동을 규정하는 객관적 기준이 존재한다고 본다.	㉠
병	1. 정상적인 사회 집단과의 교류가 일탈 행동을 억제한다고 본다. 2. 일탈 행동에 대한 사회적 반응이 지속적인 일탈 행동의 원인이라고 본다. 3. ______(가)______	1점

* 교사는 각 서술별로 채점하고, 서술 하나가 맞을 때마다 1점씩 부여함

〈보기〉

ㄱ. ㉠은 2점이다.
ㄴ. (가)에는 '일탈 행동은 비행 집단과의 접촉을 통해 학습된다고 본다.'가 들어갈 수 있다.
ㄷ. B는 최초의 일탈 행동보다 반복적 일탈 행동에 초점을 맞춘다.
ㄹ. C는 일탈 행동 예방 방안으로 소외 계층에 대한 교육 지원, 직업 훈련 프로그램 제공을 지지할 것이다.

① ㄱ, ㄴ ② ㄱ, ㄹ ③ ㄷ, ㄹ
④ ㄱ, ㄴ, ㄷ ⑤ ㄴ, ㄷ, ㄹ

188

정답률 89% | 2019학년도 9월 평가원

표는 일탈 이론 A~C를 비교한 것이다. 이에 대한 설명으로 옳은 것은?

구분	A	B	C
원인	급격한 사회 변동과 전통적 규범의 통제력 약화	(가)	(나)
대책	(다)	일탈에 대해 우호적인 집단과의 교류 차단	일탈로 규정하는 것에 대한 신중한 접근

① (가)에는 '문화적 목표를 달성하기 위한 합법적 수단의 부족'이 적절하다.
② (나)에는 '일탈자로부터 일탈 행동의 모방'이 적절하다.
③ (다)에는 '대립하는 집단 간 갈등의 해소'가 적절하다.
④ A는 C와 달리 일탈 행동을 규정하는 객관적 기준이 없다고 본다.
⑤ B는 A와 달리 타인과의 상호 작용이 일탈 행동에 미치는 영향을 중시한다.

189

정답률 87% | 2022학년도 6월 평가원

그림은 일탈 이론 (가), (나)를 적용하여 청소년을 특성별로 분류한 것이다. 이에 대한 설명으로 옳은 것은?

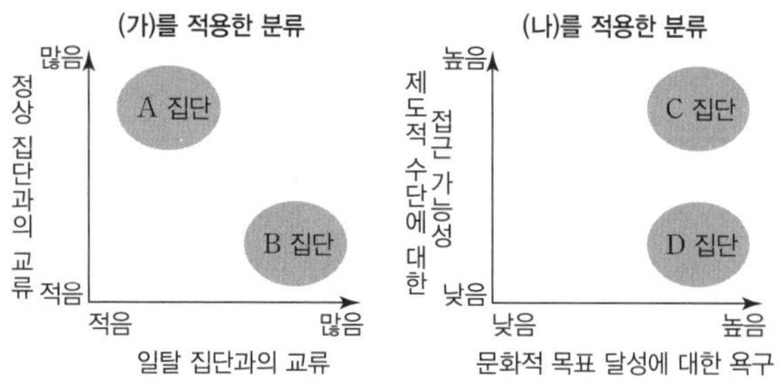

① (가)에 따르면, B 집단보다 A 집단에 속한 청소년이 일탈 행동을 할 가능성이 높다.
② (나)에 따르면, C 집단보다 D 집단에 속한 청소년이 일탈 행동을 할 가능성이 높다.
③ (가)는 (나)와 달리 일탈 행동의 대책으로 사회 규범의 통제력 강화를 중시한다.
④ (나)는 (가)와 달리 일탈 행동을 규정하는 객관적인 기준이 없다고 본다.
⑤ (가), (나)는 모두 일탈 행동의 원인으로 타인과의 상호 작용을 중시한다.

190

정답률 49% | 2020학년도 6월 평가원

그림은 일탈 이론 A~C를 구분한 것이다. 이에 대한 설명으로 옳은 것은? (단, A~C는 각각 낙인 이론, 뒤르켐의 아노미 이론, 차별 교제 이론 중 하나이다.)

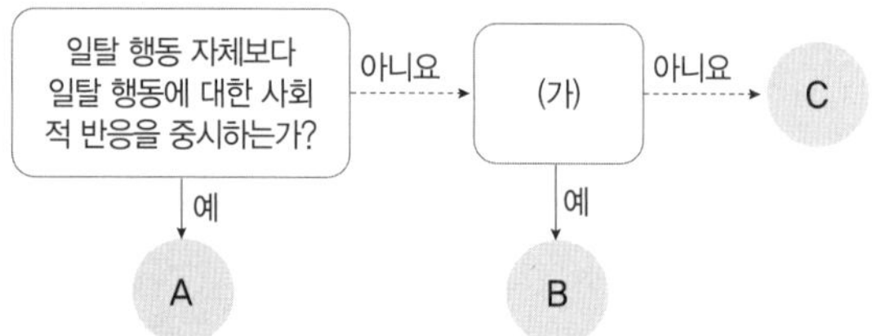

① A는 문화적 목표에 도달할 수 있는 제도적 수단의 제공을 일탈 행동의 해결 방안으로 본다.
② B가 새로운 가치관의 확립으로 일탈 행동을 줄일 수 있다고 본다면, (가)에는 '일탈 행동을 규정하는 객관적 기준이 존재한다고 보는가?'가 들어갈 수 있다.
③ C가 일탈 행동을 학습의 산물로 본다면, (가)에는 '사회 불평등 구조의 개혁을 통해 일탈 행동을 완화할 수 있다고 보는가?'가 들어갈 수 있다.
④ (가)가 '일탈 행동에 우호적인 집단과의 교류 차단을 일탈 행동에 대한 해결 방안으로 보는가?'라면, C는 일탈자로서의 자아 정체성 형성이 반복적인 일탈 행동의 원인이라고 본다.
⑤ (가)가 '급격한 사회 변동이 일탈 행동을 야기한다고 보는가?'라면, A, C 모두 타인과의 상호 작용이 일탈 행동의 발생 과정에 미치는 영향을 중시한다.

예상문제로 유형 익히기

정답 및 해설 • p.029

191

난이도 상 중 하

일탈 이론 (가), (나)에 대한 옳은 설명만을 〈보기〉에서 고른 것은?

> 갑 : 청소년 비행은 (가) 이론으로 설명할 수 있어요. (가) 이론에서는 비행 친구와 어울린 이후에 최초의 비행을 저지른다고 봐요. 비행 친구와 어울리면서 그들의 가치나 태도를 배워 비행을 저지르게 되는 거예요.
> 을 : 어떤 이유로든 비행을 저지른 이후에 비행 청소년은 따가운 주위의 시선과 소외를 경험하면서 자아가 부정적으로 변해요. 그래서 다시 비행을 저지르게 되는 거예요. 이 과정에 초점을 두어 비행을 설명하는 것이 (나) 이론이에요.

〈보기〉
ㄱ. (가)는 사회 규범의 통제력 회복을 해결 방안으로 제시한다.
ㄴ. "까마귀 노는 곳에 백로야 가지 마라."는 (가)와 관련 있다.
ㄷ. (나)는 정상적인 사회 집단과의 교류 확대를 해결 방안으로 제시한다.
ㄹ. (나)는 일탈을 규정하는 절대적인 기준이 없다고 본다.

① ㄱ, ㄴ ② ㄱ, ㄷ ③ ㄴ, ㄷ
④ ㄴ, ㄹ ⑤ ㄷ, ㄹ

192

난이도 상 중 하

일탈 행동과 관련한 갑, 을의 관점에 대한 옳은 설명만을 〈보기〉에서 고른 것은?

〈보기〉
ㄱ. 갑의 관점은 문화적 목표와 제도적 수단 간의 괴리 상태가 일탈의 원인으로 작용한다고 본다.
ㄴ. 을의 관점은 지배 집단이 자신들의 이익에 반하는 행위를 일탈로 규정하며 규제한다고 본다.
ㄷ. 갑, 을의 관점은 모두 일탈의 원인을 사회 구조적 측면에서 찾는다.
ㄹ. 갑의 관점은 을의 관점과 달리 타인과의 상호 작용이 일탈 행동에 미치는 과정에 초점을 맞춘다.

① ㄱ, ㄴ ② ㄱ, ㄷ ③ ㄴ, ㄷ
④ ㄴ, ㄹ ⑤ ㄷ, ㄹ

193

난이도 상 **중** 하

그림은 일탈 이론 (가)~(다)를 도식화한 것이다. (가)~(다)의 사례를 바르게 연결한 것만을 〈보기〉에서 고른 것은?

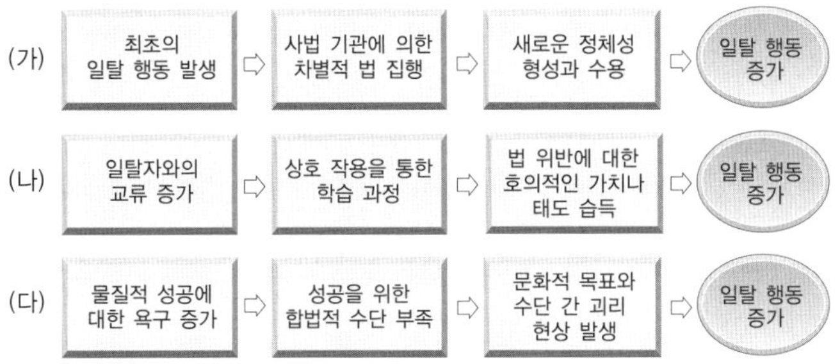

〈보기〉

ㄱ. (가) – 청소년들을 교육이라는 미명하에 억압하는 사회 구조 속에서 청소년 범죄가 증가하고 있다.
ㄴ. (나) – 모범생이었던 고교생이 불량 학생들과 어울리며 일탈 행동을 저지르고 있다.
ㄷ. (다) – 야구 선수가 좋은 성적을 거두기 위해 금지 약물을 복용하였다.
ㄹ. (다) – 가출을 경험한 학생이 학교에서 문제아로 낙인 찍힌 후 또다시 가출을 하였다.

① ㄱ, ㄴ ② ㄱ, ㄷ ③ ㄴ, ㄷ
④ ㄴ, ㄹ ⑤ ㄷ, ㄹ

194

난이도 상 **중** 하

다음은 일탈 행동을 보는 어떤 관점을 뒷받침하기 위한 사례이다. 이 관점에 대한 옳은 설명만을 〈보기〉에서 고른 것은?

영국 버밍엄 대학교의 스튜어트 홀은 1970년대 영국 사회에서 상당히 문제가 되었던 노상강도에 대해 연구를 하였다. 많은 신문이 노상강도 사건을 크게 보도하였는데, 노상강도범으로 흑인이 압도적으로 많이 지목되면서 사회 붕괴의 책임이 이민자들에게 있다는 여론이 조성되었다. 홀은 이러한 현상 속에 당시 사회에서 실업 증가와 임금 삭감 등 불안한 사회 구조적 문제에 관한 국민의 관심을 다른 곳으로 돌리려는 의도가 숨어 있다고 주장했다. 그는 실제로 당시의 흑인과 동양인이 사회 문제의 가해자가 아닌 피해자인 경우가 더 많았다는 연구 결과를 내놓았다.

〈보기〉

ㄱ. 사회화의 실패에서 일탈 행동의 원인을 찾는다.
ㄴ. 법이 사회 구성원 모두에게 균등하게 적용된다고 본다.
ㄷ. 불평등한 사회 구조에서 일탈 행동이 비롯된다고 본다.
ㄹ. 사회 구조적 개혁을 통해 일탈 행동을 줄일 수 있다고 본다.

① ㄱ, ㄴ ② ㄱ, ㄹ ③ ㄴ, ㄷ
④ ㄴ, ㄹ ⑤ ㄷ, ㄹ

195

난이도 상 **중** 하

일탈 행동을 보는 다음 관점에 대한 옳은 설명만을 〈보기〉에서 고른 것은?

가출팸*이 청소년 탈선을 부추기는 것으로 조사되었다. 청소년들이 처음 가출할 때에는 가정불화나 스트레스 등을 회피하는 수단으로 가출이 충동적으로 이루어지지만, 일단 가출을 경험하고 가정이나 학교에서 문제아로 낙인될 경우 재가출로 이어지기 쉽다는 것이다. 조사에 따르면 가출팸을 경험한 학생들의 가출 횟수는 평균 9.2회로, 한 번 가출을 경험한 학생일수록 재가출률이 높다는 사실을 알 수 있다.

* 가출팸 : '가출'과 영어 '패밀리'의 단어를 합쳐 집을 나온 청소년들이 가족처럼 함께 모여 생활하는 것

〈보기〉

ㄱ. 거시적 관점에 해당한다.
ㄴ. 일탈 행동의 객관적 기준이 있다고 본다.
ㄷ. 차별적인 제재가 일탈 행동의 원인이라고 본다.
ㄹ. 개인이 일탈자로 규정되는 과정과 이유에 관심을 둔다.

① ㄱ, ㄴ ② ㄱ, ㄷ ③ ㄴ, ㄷ
④ ㄴ, ㄹ ⑤ ㄷ, ㄹ

196

난이도 상 **중** 하

다음은 청소년 일탈 사례에 대해 서로 다른 관점에서 분석한 것이다. 갑~병의 관점을 바르게 연결한 것은?

사례 : 가난한 집안 형편 때문에 고등학교를 중퇴한 18세 A군과 그의 친구들은 편의점에서 도둑질을 하다가 경찰에 잡혀 실형이 선고되었다.
갑 : 청소년 일탈은 사회가 급격히 변화하는 과정에서 사회 규칙이 붕괴되는 무규범 상태가 발생했기 때문에 일어나는 현상이야.
을 : A군이 범죄자가 된 것은 지배층이 정한 법과 규범이 피지배층에게 불리하게 적용되기 때문이야.
병 : A군의 도둑질 행위 그 자체보다 그것을 범죄로 규정하면서 그를 일탈 행위자로 만드는 것이 문제야.

	갑	을	병
①	아노미 이론	낙인 이론	갈등 이론
②	아노미 이론	갈등 이론	낙인 이론
③	갈등 이론	낙인 이론	아노미 이론
④	갈등 이론	차별 교제 이론	낙인 이론
⑤	차별 교제 이론	아노미 이론	갈등 이론

Ⅲ

문화와 일상생활

출제 경향 분석

문화의 의미, 문화의 속성, 문화 이해의 관점, 문화 이해 태도, 전체 문화와 하위문화, 문화 변동은 자주 출제되는 주제이며, 이 주제 안에서 3~4문항이 출제된다. 특히, 문화 변동의 양상과 문화 이해 태도는 매해 빠지지 않고 출제되고 있다. 2015 개정 교육과정이 적용되는 대수능에서는 현재의 출제 경향을 유지해 나갈 것으로 예상된다.

수능 출제 item

중단원	item	핵심 keyword
1. 문화의 이해	item 14 문화의 의미와 구성 요소	좁은 의미의 문화　넓은 의미의 문화　물질문화　제도문화　관념 문화
	item 15 문화의 속성	학습성　공유성　총체성　축적성　변동성
	item 16 문화 이해의 관점	총체론적 관점　상대론적 관점　비교론적 관점
	item 17 문화 이해 태도	문화 사대주의　자문화 중심주의　문화 상대주의
2. 현대 사회의 다양한 문화 양상	item 18 전체 문화와 하위문화	하위문화의 상대성　반문화
	item 19 대중문화와 대중 매체	고급문화의 대중화　상업화　획일화　대중 조작　인쇄 매체　음성 매체　영상 매체　뉴미디어
3. 문화 변동의 이해	item 20 문화 변동	발명　발견　직접 전파　간접 전파　자극 전파　문화 공존　문화 동화　문화 융합　문화 지체

학습 대책

문화 변동의 요인과 양상에 관한 고난도 문항은 꾸준히 출제될 것으로 예상된다. 따라서 평소에 교과서를 두 번 이상 정독하고 탐구 활동의 내용들도 소홀히 다루어서는 안 되며, 최대한 문화 관련 사례들을 많이 읽어 보고 사례 속에서 문화 관련 개념들을 찾아보는 습관을 갖는 것이 중요하다. 특히, 문화의 의미(좁은 의미, 넓은 의미), 문화 요소의 유형(물질문화, 비물질문화), 문화의 속성, 문화 절대주의(자문화 중심주의, 문화 사대주의)와 문화 상대주의, 문화 이해의 관점(총체론적 · 비교론적 · 상대론적 관점), 전체 문화와 하위문화의 관계, 반문화, 문화 변동의 요인과 양상을 확실하게 학습해 두어야 한다.

01 문화의 이해

출제 예상 item 14 문화의 의미와 구성 요소 15 문화의 속성 16 문화 이해의 관점 17 문화 이해 태도

1 문화의 의미와 특징

1. 문화의 의미

좁은 의미	고상하거나 세련된 것, 고급스러운 것, 교양있는 것, 예술적인 것, 계몽되고 발전된 것 등 일반적이거나 일상적이지 않은 특별한 의미 예 문화인, 문화 행사, 문화 시설, 문화 산업, 문화생활 등
넓은 의미	한 사회의 구성원들과 집단에서 공유하는 모든 생활 양식(가치 및 규범, 의식주, 사고 방식 등)의 총체 예 한국 문화, 민족 문화, 청소년 문화, 지역 문화, 대중문화 등

2. 문화의 특성

보편성	• 서로 다른 사회가 가지는 생활 양식의 공통점 • 인간의 생물학적 · 유전적 특성이 비슷하기 때문에 공통적인 양상이 나타남
특수성	• 사회에 따른 생활 양식의 차이 • 각 사회는 독특한 자연환경, 역사적 배경, 사회적 상황 속에서 각기 고유한 문화를 발전시키며 사회마다 다양한 생활 양상이 나타남

3. 문화의 속성

학습성	• 의미: 문화는 선천적 · 유전적으로 나타나는 습성이 아니라 후천적인 학습에 의해 형성됨 • 특성: 개인은 학습을 통해 사회화되고, 사회는 문화를 개인에게 사회화시킴으로써 사회를 유지시킴
공유성	• 의미: 문화는 한 사회의 구성원들이 공통적으로 가지고 있는 생활 양식임 • 특성: 사고와 행동의 동질성을 형성하여 타인의 행동을 예측하고 이해할 수 있게 해 주며, 원활한 상호 작용의 토대가 됨
총체성 (전체성)	• 의미: 문화는 여러 구성 요소들이 상호 유기적인 관련을 맺으면서 존재하는 총체이므로 부분이 아닌 전체로서 의미를 지님 • 특성: 문화 요소 간의 상호 연관성으로 인해 한 부분에 변동이 일어나면 연쇄적으로 다른 부분에도 영향을 주어 변동이 일어남
축적성	• 의미: 문화는 인간의 학습 능력과 상징체계를 통해 세대 간 전승되면서 새로운 요소가 추가되어 점점 더 풍부해짐 • 특성: 문화가 발전할 수 있는 원동력이 되며, 인간의 문화와 여타 동물들의 후천적으로 학습된 행동을 구별해 주는 기준이 됨
변동성	• 의미: 문화는 시간이 흐르면서 그 형태나 내용, 의미가 변화(창조 · 소멸 · 변동)함 • 특성: 새로운 환경에 인간이 적응하기 위해 끊임없이 변화를 추구하기 때문에 나타남

2 문화의 요소와 기능 및 상호 연관성

1. 문화 요소의 의미 한 사회의 문화를 구성하는 가장 기본이 되는 문화의 최소 단위로, 한 사회의 문화에서 총체적으로 나타나는 독특한 문화 복합체를 설명하는 기본 요소

2. 다양한 문화 요소

기술	• 의미: 인간이 욕구 충족을 위해 자연이나 사물을 이용하는 방식 및 그 결과물의 총칭 • 특성: 인간의 욕구 충족을 가능하게 하고 인간의 삶을 편리하게 해 줌
상징	• 의미: 추상적인 의미를 구체적으로 드러내기 위해 사용되는 매개물이나 기호 • 특성: 사회 구성원 간에 공유됨으로써 의미를 전달하고 문화를 전수하는 수단이 됨
언어	• 의미: 사회 구성원 간 의사 소통 및 문화 전승을 위한 수단 • 특성: 정보를 저장하게 하고 의사소통을 가능하게 하며, 인간의 경험과 지식을 보존하고 전달할 수 있게 함
예술	• 의미: 인간의 심미적 욕구에 의해 창조되는 활동이나 그 결과물 • 특성: 자신의 감정이나 상상을 다른 사람과 공유하게 하며 인간의 창조와 아름다움에 대한 욕구를 충족시켜 줌

교과서 속 수능 개념

문화의 어원

'문화(Culture)'라는 말은 라틴어의 'cultus'에서 유래되었는데, 이는 본래 경작이나 재배를 의미하는 말이다. 즉, 문화는 주어진 자연환경에 대해 인간이 인위적인 노력을 더했다는 의미를 가진다.

문화의 정의

• 인간은 다른 동물과 달리 주어진 환경에 단순히 순응하지 않고 사고력과 창조력을 통해 자신의 욕구를 최대한 효과적으로 충족하는 방안을 만든다. 더 나아가 환경을 극복하고 개선하기도 하는데, 인간이 자연환경을 적극 활용하고 자연환경에 적응하는 과정에서 획득한 성과를 통틀어서 문화라고 한다.
• 영국의 인류학자 타일러(Tylor, E. B.)는 '지식, 신앙, 예술, 도덕, 법률, 풍속 및 사회 구성원으로서 인간이 획득한 능력과 습성들의 총체'를 문화라고 정의하였다.

문화 요소의 유형

물질문화		인간이 삶을 영위하기 위해 만들고 사용하는 인공물이나 그것을 제작 · 사용하는 기술 예 자동차, 컴퓨터, 휴대폰 등
비물질 문화	제도문화 (규범 문화)	사회적 행동 양식을 규정하는 각종 규범과 제도 예 가족, 교육, 정치, 경제 등
	관념 문화	인간의 존재 의미와 지적 욕구를 충족시켜 주는 사고 방식 및 가치 체계 예 신화, 철학, 언어, 예술 등

헷갈리는 개념 정리

1. 좁은 의미의 문화와 넓은 의미의 문화

좁은 의미의 문화는 문화를 평가의 대상으로 보고 우열을 나눌 때 많이 사용되지만, 넓은 의미의 문화는 문화를 이해의 대상으로 볼 때 사용되는 개념이다.

2. 문화의 변동성과 축적성

이전 세대로부터 물려받은 문화는 발명이나 발견을 통해 새로운 내용이 더해지거나 외부의 문화 요소가 유입되면서 점차 변하는 변동성을 갖는다. 이 과정에서 문화의 내용은 점점 더 복잡하고 다양해지는데, 문화는 이전 세대로부터 물려받아 그것에 기초하여 새로운 내용이 쌓여 가는 축적성을 가지고 있으며, 이로 인해 문화는 발전하게 된다.

가치	• 의미: 사람들이 가지고 있는 바람직함에 대한 평가 기준이나 지향하는 목표 • 특성: 옳고 그름에 대한 판단 기준을 제공하며 행동 선택에 영향을 줌
규범	• 의미: 사회 구성원들이 공유하는 행동 통제의 기준이나 규칙 • 특성: 사회 구성원들의 행동 규제를 통해 사회 질서를 유지함

3. 문화의 기능

(1) 개인이 사회의 구성원으로서 배워야 할 적응 방식과 주위 상황에 대한 해석 방식을 제공함

(2) 사회 구성원의 심리적인 욕구를 충족해 주며 사회를 통합하고 유지함

(3) 인간이 가진 지식과 기술을 축적하고 확장하게 함

4. 문화 요소 간의 상호 연관성

(1) 기술, 상징, 언어, 예술, 가치와 규범 등의 문화 요소는 상호 밀접하게 연결되어 하나의 전체 혹은 체계를 이루고 있음

(2) 개별 문화 요소의 의미와 성격은 다른 문화 요소와의 관계 속에서 결정되고 변화함

3 문화 이해의 관점

총체론적 관점	문화를 한 측면에서만 부분적으로 이해하지 않고 그 사회의 다른 문화 요소나 전체와의 관련 속에서 이해하려는 관점
상대론적 관점	어떤 사회의 문화를 그 사회의 역사적 · 문화적 배경과 사회적 맥락 속에서 고유한 의미를 찾고 이해하려는 관점
비교론적 관점	서로 다른 문화들 간의 공통점과 차이점을 분석하여 문화가 갖는 보편성과 특수성을 이해하려는 관점

4 문화 이해 태도

1. 문화 절대주의(문화의 상대성을 부정하는 태도)

구분	자문화 중심주의	문화 사대주의
의미	자기 문화만을 우수한 것으로 인정하고 타문화는 부정적으로 평가 절하하는 태도	타문화를 우수하다고 동경 및 추종하고 숭상하며 자문화를 경시하는 태도
순기능	문화적 주체성 확립, 사회 통합과 안정에 기여, 집단 내 일체감 강화	타문화의 수용 용이, 자문화의 낙후성 개선
역기능	국제적 고립을 초래할 가능성 존재, 국수주의의 위험성, 제국주의 침략의 정당화	자문화의 주체성 상실 우려, 외래 문화의 비판적 수용이 어려움, 전통 문화 발전의 장애

2. 문화 상대주의(문화를 이해하는 바람직한 태도)

(1) **의미** 문화를 우열 평가가 아닌 이해의 대상으로 간주하며, 각 문화가 해당 사회의 맥락에서 갖는 고유한 의미를 존중하는 태도

(2) **전제** 문화 간에 열등하거나 우월한 것을 평가할 수 없으며, 문화에 대한 평가는 그 문화 자체의 기준에 따라 이루어져야 함

(3) **순기능** 타문화를 올바르게 이해함으로써 문화적 다양성을 보존하는 데 기여할 수 있음

(4) **역기능** 극단적 상대주의로 치우쳐 보편적 가치의 실현과 문화의 질적 발전을 저해할 수 있음

3. 극단적 문화 상대주의

(1) **의미** 무조건 다른 사회의 문화를 존중해야 한다는 입장에서 문화의 특수성과 다양성을 지나치게 강조하여 인류의 보편적 가치를 무시하는 문화마저도 인정하려는 태도 예 여성 할례, 독재 정치, 명예 살인 등을 인정하는 태도

(2) **문제점** 생명, 자유, 행복 등과 같이 모든 인간이 누려야 할 기본적인 권리를 억압하고 인간의 존엄성과 같은 인류의 보편적 가치를 부정하는 문화 현상에 대해서도 그 의미와 가치를 인정하게 됨. 문화 결정론으로 귀결될 위험성이 존재하며 타문화에 대한 존중보다 오히려 방관과 무관심을 초래할 수 있음

(3) **극복 방안** 인류의 보편적 가치와 진리, 규범에 대한 회의를 가져와 용인되기 어려운 현상이나 행동으로 판단될 경우에는 그 가치와 의미를 인정하지 말아야 함

교과서 속 수능 개념

총체론적 관점

문화 인류학자 마빈 해리스는 문화의 발전 과정을 이해하는 핵심은 인간의 생태학적 적응 양식, 즉 인구와 생산력임을 강조하였다. 이를 통해 인간의 가족 제도와 재산 관계, 정치 · 경제적 제도, 종교, 음식 문화 등의 진화나 발전의 원인과 결과를 이해할 수 있다고 보았다. 이는 한 사회의 문화를 올바르게 이해하기 위해서는 총체론적 관점이 필요함을 보여 준다.

문화 사대주의

• 소중화(小中華) 사상은 중국 이외의 나라에서 중화 사상의 영향을 받아 발달한 자민족 중심주의 사상으로 한족(漢族)의 중국을 이상적으로 생각한다.
• 탈아입구(脫亞入歐) 사상은 아시아를 벗어나 서구 사회를 지향해야 한다는 일본 개화기의 사상으로 문화 사대주의에 바탕을 두고 있다.

문화 제국주의

자기 문화를 우월시하는 자문화 중심주의의 입장에서 열등한 민족을 계몽한다는 명분하에 식민 지배를 합리화하려는 태도이다. 오늘날에는 경제적으로 우위에 있는 선진국 문화가 후진국 문화에 지배적인 영향을 미쳐 문화 식민지를 확대하는 것을 의미한다.

헷갈리는 개념 정리

3. 문화의 구성 요소 중 가치와 규범의 차이

가치는 옳고 그름과 좋고 나쁨에 대해 사람들이 가지는 신념으로, 인간 행동의 기본적인 방향을 결정하는 힘을 지니고 있다. 한편, 규범은 생활 영역에서의 체계화된 행동 지침이라고 할 수 있는데, 사회의 구성원들이 다른 이들과 더불어 살아갈 때 준수해야 할 행위 양식을 규정한다.

4. 문화 이해의 관점과 문화 이해 태도

문화 이해의 관점에는 총체론적 관점, 비교론적 관점, 상대론적 관점이 있고, 문화 이해 태도에는 문화 절대주의(자문화 중심주의, 문화 사대주의)와 문화 상대주의가 있다.

5. 문화 상대주의와 경계해야 할 극단적 문화 상대주의

문화 상대주의는 문화를 자연환경 및 사회적 · 역사적 배경 속에서 이해하고, 문화 요소들 간의 관계를 총체적으로 고려하여 존중하자는 의미를 갖는 태도이지, 비인간적인 문화까지도 용인하고 보호하자는 태도는 아니다.

item 14

문화의 의미와 구성 요소

수능 출제 패턴 분석 문화 관련 개념을 복합적으로 물어보는 형태로 출제된다. 문화의 좁은 의미와 넓은 의미, 문화의 구성 요소, 문화의 속성, 문화 변동까지 폭넓게 선지가 구성된다.

유형보기

1. 문화의 의미 평가원

- 문화가 일상적 삶을 설명하는 핵심 코드가 되어 가는 오늘날에는 '보다 발전되고 고양된 상태'를 뜻하는 좁은 의미의 문화 이해 방식을 넘어설 필요가 있다.
- 문화는 일정한 영토 내에 사는 사람들이 공유하고 있는 보편적 특성이라는 관념이 흔들리고 있다. 문화적 양상의 혼재가 일반화되고 있어 지역적, 국가적 차이를 설명하는 데 집중되어 온 문화 개념의 확장이 요구된다.

자료 분석

(1) 첫 번째 제시문은 '문화'를 좁은 의미로 이해하는 것은 자칫 문화의 우열을 나눌 수 있으므로 넓은 의미로 문화를 이해해야 한다고 주장하고 있다.
(2) 두 번째 제시문은 한 국가 및 한 지역 내에서도 서로 다른 문화가 공존할 수 있으므로 '문화'를 넓은 의미로 이해해야 한다고 주장하고 있다.

2. 문화의 의미와 구성 요소 평가원

동아프리카의 키크유족은 ㉠ 상대의 손바닥에 침을 뱉어 반가움을 표현한다. 일부 사람들은 이러한 ㉡ 인사 문화에 대해 더럽다거나 상대방의 기분을 고려하지 않는다고 생각하기도 한다. 그러나 이러한 인사법은 물이 귀한 이 지역에서 수분을 함께 나눈다는 뜻으로 이해할 수 있다. 또한, 행운을 기원하는 ㉢ 주술의 의미도 포함되어 있다.

자료 분석

(1) ㉠은 인사법으로, 문화 요소 중 한 사회 구성원들이 공유하는 행위의 기준이나 규칙을 의미하는 '규범'에 해당한다.
(2) ㉡에서의 문화는 '한국 문화', '민족 문화'에서의 '문화'와 같이 생활 양식이라는 넓은 의미로 사용되었다.
(3) ㉡은 제도문화, ㉢은 관념 문화로, 이는 모두 비물질문화에 해당한다.

대표기출로 유형 감잡기

정답 및 해설 • p.032

197

정답률 86% | 2024학년도 6월 평가원

밑줄 친 ㉠~㉤에 대한 설명으로 옳은 것은?

갑국에서는 ㉠ 종교가 계층별 생활 양식을 비롯한 사회생활 전반에 영향을 크게 미친다. 예컨대 사회적으로 높은 위치에 있는 사람들은 종교 교리의 영향을 받아 육식을 멀리한다. 그래서 갑국 사람들은 이들처럼 고상하게 보이려고 ㉡ 직장 등에서 여러 사람과 함께 식사할 때는 채식을 당연시한다. 그런데 최근 갑국에서 ㉢ 스마트폰과 배달 애플리케이션 사용이 일상화되면서, 고기가 들어간 도시락 판매가 크게 증가하였다. 이는 ㉣ 육식 문화에 대한 부정적인 시각이 여전한 상황에서 ㉤ 타인의 눈치를 보지 않고 육류를 먹으려고 도시락을 주문하는 사람들이 증가하여 나타난 현상이다.

① ㉠에는 문화의 변동성이 부각되어 있다.
② ㉡에는 문화의 공유성이 부각되어 있다.
③ ㉢은 비물질문화에 해당한다.
④ ㉣에서 '문화'는 좁은 의미의 문화이다.
⑤ ㉤은 문화 지체의 사례로 볼 수 있다.

198

정답률 84% | 2023학년도 수능

밑줄 친 ㉠~㉤에 대한 설명으로 옳은 것은?

배트 플립(bat flip)은 야구 경기에서 타자가 홈런을 친 후 ㉠ 야구 방망이를 던지는 동작으로 자신의 타격을 과시하거나 기쁨을 표현하는 것이다. ㉡ 배트 플립이 한국 야구에서는 일종의 볼거리로 여겨지지만, 미국 야구에서는 홈런 맞은 투수를 자극하는 행위로 간주되어 금기시된다. 몇 년 전 미국 언론을 통해 한국의 다양한 배트 플립 영상이 소개되어 ㉢ 한국의 독특한 야구 문화가 화제가 되었다. ㉣ 미국 야구에 익숙한 사람이라면 한국의 배트 플립 문화가 놀랍고 신기할 수밖에 없었다. 그런데 요즘 미국에서도 배트 플립을 하는 선수가 늘어나면서 이에 대한 여러 반응이 나오고 있다. ㉤ 배트 플립을 부정적으로 보는 사람이 여전히 많지만, 자기 표현에 익숙한 젊은 세대 중 일부는 우호적인 반응을 보이기도 한다.

① ㉠은 비물질문화에 해당한다.
② ㉡에는 문화의 총체성이 부각되어 있다.
③ ㉢에서 '문화'는 넓은 의미로 사용되었다.
④ ㉣에는 문화의 변동성이 부각되어 있다.
⑤ ㉤은 문화 지체의 사례에 해당한다.

199

정답률 74% | 2023학년도 9월 평가원

밑줄 친 ㉠~㉥에 대한 설명으로 옳은 것은?

> 최근 젊은 세대를 중심으로 ㉠ 짠테크 문화가 유행처럼 번지고 있다. 이는 ㉡ 과시적 소비를 추구했던 지난 몇 년 전과는 반대의 현상이다. 짠테크 열풍으로 물건을 빌리거나 나누는 사람들이 늘어나면서, ㉢ 온라인 중개 플랫폼 기술을 활용해 관련 서비스를 제공하는 기업이 급성장하고 있다. 한편 ㉣ SNS를 통해 짠테크 방법에 대한 ㉤ 부정확한 정보가 무차별적으로 유포되어 피해를 입는 경우가 간혹 발생하고 있어, 피해 방지를 위해 관련 ㉥ 법률의 정비가 필요하다.
>
> * 짠테크 : 인색하다는 뜻의 '짜다'와 자산 관리의 기법을 일컫는 '재테크'의 합성어로 적은 돈까지 알뜰하게 관리하는 것을 의미함.

① ㉠에서 '문화'는 좁은 의미로 사용되었다.
② ㉡에는 문화의 축적성이 부각되어 있다.
③ ㉣은 정보 생산자와 정보 소비자 간 구분이 명확한 매체이다.
④ ㉤은 대중문화의 확산으로 문화의 획일화가 심화되었음을 보여주는 사례이다.
⑤ ㉥은 ㉢과 달리 비물질문화에 해당한다.

200

정답률 74% | 2022학년도 6월 평가원

밑줄 친 ㉠~㉥에 대한 설명으로 옳은 것은?

> 코로나 19의 확산으로 ㉠ 사회적 거리 두기가 장기화되면서 ㉡ '홈코노미(homeconomy)' 문화가 빠른 속도로 확산되고 있다. 이제 집은 단순한 주거 공간이 아니라 재택 근무, 온라인 쇼핑을 비롯한 각종 경제 활동을 하고 ㉢ 문화생활을 즐기는 공간으로 인식되고 있다. 이와 같이 ㉣ 집을 중심으로 다양한 활동이 이루어지면서 관련 산업들이 급성장하고 있다. 특히 ㉤ 동영상 전송 기술의 발달과 콘텐츠의 다양화로 인해 콘텐츠 서비스 이용자 수도 폭발적으로 증가하고 있다. 그 결과 ㉥ 많은 이용자가 한꺼번에 접속하면서 서비스 이용에 장애가 발생하기도 한다.
>
> * 홈코노미 : 집(home)과 경제(economy)가 합쳐져서 만들어진 신조어이다.

① ㉠에는 문화의 축적성이 부각되어 있다.
② ㉡과 ㉢에서의 '문화'는 모두 좁은 의미로 사용되었다.
③ ㉣은 문화의 총체성으로 설명할 수 있다.
④ ㉤은 비물질문화에 해당한다.
⑤ ㉥은 문화 지체 현상에 해당한다.

예상문제로 유형 익히기

정답 및 해설 • p.032

201

난이도 상 중 하

다음 글에 나타난 '문화'에 대한 옳은 설명만을 〈보기〉에서 고른 것은?

> 프랑스와 같은 문화 선진국에서는 메세나라는 활동이 활발하게 이루어지고 있다. 메세나는 문화 예술가들에 대한 지원을 아끼지 않은 로마의 정치가 마에케나스에서 유래한 프랑스 말로서 기업의 경제적 · 비경제적 문화 예술 후원 활동을 가리킨다.

〈보기〉

ㄱ. 프랑스인들이 공유하고 있는 생활 양식의 총체이다.
ㄴ. 대중문화에서의 '문화'와 같은 범주의 의미로 사용되었다.
ㄷ. 미개 상태와 대비하여 계몽되고 발전된 상태를 의미한다.
ㄹ. 문화에 대해 우월하다고 평가할 수 있는 의미가 내포된 개념이다.

① ㄱ, ㄴ ② ㄱ, ㄷ ③ ㄴ, ㄷ
④ ㄴ, ㄹ ⑤ ㄷ, ㄹ

202

난이도 상 중 하

다음 사례를 통해 추론할 수 있는 문화의 특성으로 적절한 것은?

> • 우리나라 사람들은 절인 배추에 여러 가지 양념을 곁들여 김치라는 음식을 만들어 먹는 독특함을 가지고 있지만, 다른 나라에서도 우리나라처럼 채소를 식품으로 사용하는 공통점을 보인다.
> • 중앙아시아의 유목인들은 천막, 이누이트족은 이글루, 제주도에서는 초가집이 그 지역의 생활 양식을 반영하는 건축물이다. 지역에 따라 주택의 양식과 구조는 차이가 나지만 주택을 이용한다는 점은 같다.

① 문화 현상은 보편성과 특수성을 동시에 가지고 있다.
② 문화 현상은 국가와 지역에 따라 매우 독특하게 나타난다.
③ 문화는 환경에 적응하는 수단이므로 사회마다 다양하게 나타난다.
④ 다른 문화를 자기 문화의 입장에서 판단하여 우열을 정해서는 안 된다.
⑤ 인간의 본성은 비슷하므로 문화 현상은 어느 사회에서나 공통점을 보인다.

203

난이도 상 중 하

그림은 문화 요소를 분류한 것이다. (가)~(다)에 대한 옳은 설명만을 〈보기〉에서 있는 대로 고른 것은? (단, (가)~(다)는 각각 관념 문화, 물질문화, 제도문화 중 하나이다.)

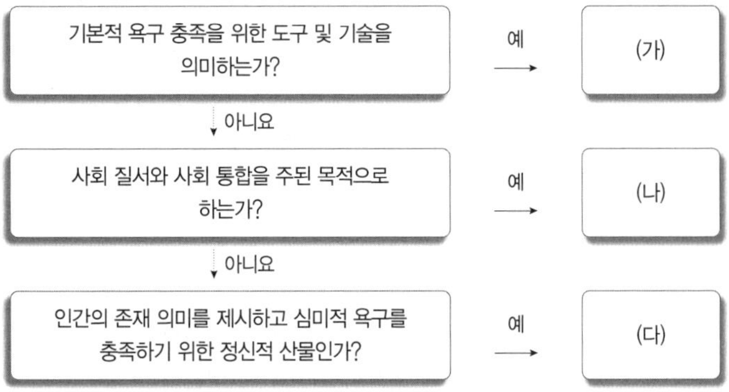

〈보기〉

ㄱ. (가)는 물질문화이다.
ㄴ. (나)의 예로는 가족 제도, 정치 제도, 교육 제도 등을 들 수 있다.
ㄷ. (다)는 한 사회의 문화 유산을 전달하는 언어와 지식 등을 포함한다.
ㄹ. (가), (나)와 달리 (다)는 사회 구성원 간 의사소통을 가능하게 하고 일탈 행위에 대한 규제를 한다.

① ㄱ, ㄴ ② ㄴ, ㄷ ③ ㄴ, ㄹ
④ ㄱ, ㄴ, ㄷ ⑤ ㄱ, ㄷ, ㄹ

204

난이도 상 중 하

밑줄 친 ㉠~㉤에 대한 옳은 설명만을 〈보기〉에서 있는 대로 고른 것은?

문화는 한 사회의 구성원들이 ㉠ 후천적으로 습득하여 공통으로 가지는 의식주, 언어, ㉡ 기술, 신앙, ㉢ 예술, ㉣ 규범 등을 포함한다. 다른 나라의 문화적 환경 속에서 성장한 사람이 우리나라에 와서 혼란과 어려움을 겪는 이유는 ㉤ 문화는 특정한 사회 기반의 구성원들이 생각하고 행동하는 방식인 생활 양식이기 때문이다.

〈보기〉

ㄱ. ㉠은 문화의 학습성과 관련 있다.
ㄴ. ㉡, ㉣은 ㉢과 달리 물질문화에 해당한다.
ㄷ. ㉢은 자신의 감정이나 상상을 다른 사람과 공유하게 한다.
ㄹ. 이슬람권 출신 국내 외국인 노동자들의 돼지고기 금식 문화는 ㉤으로 설명할 수 있다.

① ㄱ, ㄴ ② ㄱ, ㄷ ③ ㄴ, ㄹ
④ ㄱ, ㄷ, ㄹ ⑤ ㄴ, ㄷ, ㄹ

205

난이도 상 중 하

다음 사례를 통해 추론할 수 있는 내용으로 옳지 않은 것은?

컴퓨터와 인터넷이 발달하자 수많은 신조어가 탄생하고, 새로운 직업이 등장하였으며, 채팅이나 이메일로 인해 상호 작용 방식이 확대되었다. 또한 전자 상거래, 인터넷 뱅킹 등 사람들의 경제 생활을 변화시켰다. 아울러 사이버 범죄를 규제하는 법이 제정되고, 인터넷의 역기능과 순기능에 대한 여러 입장도 나타났다.

① 개별 문화 요소들은 유기적으로 관련을 맺고 있다.
② 개별 문화 요소들은 상호 간 영향을 미치면서 한 사회의 문화를 구성한다.
③ 컴퓨터와 인터넷의 발달은 다른 문화 요소의 변화를 유발한다.
④ 문화를 올바르게 이해하기 위해 총체론적 관점이 필요하다.
⑤ 다양한 문화 요소들은 별개로 떨어져 존재하므로 독립적이다.

206

난이도 상 중 하

빈칸 (가)에 들어갈 개념에 대한 설명으로 옳은 것은? (단, 두 학생의 대답은 모두 옳다.)

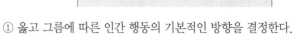

① 옳고 그름에 따른 인간 행동의 기본적인 방향을 결정한다.
② 본래 지닌 특징 이외의 다른 어떤 것을 의미하거나 대표한다.
③ 인간의 창의력과 아름다움을 표현하는 활동과 그 결과물이다.
④ 자연을 인간 생활에 유용한 형태로 가공하는 능력이나 수단이다.
⑤ 사회 구성원들이 준수해야 할 생활 영역에서의 체계화된 행동 지침이다.

item 15 문화의 속성

수능 출제 패턴 분석 제시된 사례에서 부각되는 문화의 속성을 찾는 문제가 자주 출제된다.

유형보기

1. 문화의 속성 평가원

- A국에서는 남는 음식을 제공하는 사람이 이를 얻어 가는 걸인에게 고마움을 표시한다. 이는 덥고 습한 지역이 많은 A국에서는 다모작이 가능하여 식량이 풍족하게 생산되는 반면, 음식을 오래 보관하기 곤란하다는 것과 관련이 깊다.
- 유목 생활을 하는 B민족은 화장(火葬) 문화를 가지고 있다. 이는 잦은 이동 생활로 인해 무덤에 대한 지속적인 사후 관리가 용이하지 않다는 것과 관련이 깊다.

자료 분석

(1) 첫 번째 사례는 A국은 덥고 습한 지역이 많아 음식을 오래 보관하기 곤란하므로 남는 음식을 얻어 가는 걸인에게 고마움을 표시한다는 내용이다.
(2) 두 번째 사례는 B국은 유목 생활을 하여 지속적인 무덤 관리가 어렵기 때문에 화장(火葬) 문화를 가지고 있다는 내용이다.
(3) 두 사례에서 공통적으로 부각되는 문화의 속성은 총체성이다. 이는 문화는 여러 요소들이 유기적으로 결합된 하나의 체계이며, 부분이 아닌 전체로서 의미를 갖기 때문에 문화 요소 간에 서로 영향을 끼친다는 의미를 가진다.

2. 문화의 속성 수능

자료 분석

(1) ㉠은 문화의 변동성에 해당한다. 문화의 변동성이란 문화는 시간이 흐르면서 그 형태나 내용, 의미가 변화해 간다는 것이다. 문화는 기존의 문화 요소가 소멸되거나 새로운 문화 요소가 나타나기도 한다.
(2) ㉡은 문화의 공유성에 해당한다. 문화를 공유함으로써 사고와 행동의 동질성이 형성되며, 이는 타인의 행동을 예측하고 이해할 수 있게 해 줌으로써 사회 질서 유지에 기여한다.

대표기출로 유형 감잡기

정답 및 해설 • p.033

207

정답률 82% | 2020학년도 6월 평가원

다음 두 사례에 공통적으로 부각되어 있는 문화의 속성에 대한 옳은 설명만을 〈보기〉에서 고른 것은?

- 갑국에서 사람들이 하나의 큰 냄비에 담긴 찌개류 등 각종 음식을 자연스럽게 나누어 먹는 것은 농경 문화 및 공동체 의식과 관련된 것이다.
- 을국에서 각종 '○○ 데이'를 만들어 기념하여 즐기는 것은 평범한 일상 중 하루라도 더 재미있고 특별하게 보내고 싶어하는 사람들의 놀이 문화와 기업의 마케팅이 결합된 것이다.

〈보기〉

ㄱ. 문화는 고정된 것이 아니라 지속적으로 변화한다.
ㄴ. 문화는 사회 구성원 간 원활한 상호 작용의 토대가 된다.
ㄷ. 문화는 여러 요소들이 관련을 맺으며 하나의 체계를 형성한다.
ㄹ. 문화는 세대 간 전승되면서 새로운 요소가 추가되어 더욱 풍부해진다.

① ㄱ, ㄴ　② ㄱ, ㄷ　③ ㄴ, ㄷ
④ ㄴ, ㄹ　⑤ ㄷ, ㄹ

208

정답률 66% | 2017학년도 수능

밑줄 친 ㉠~㉣에 나타난 문화의 속성에 대한 옳은 설명을 〈보기〉에서 고른 것은?

갑국의 ○○는 면발을 물에 끓여 먹던 △△에서 유래한 것이다. ○○는 ㉠ 기름에 튀겨 면발을 가공하는 기술이 △△에 접목되어 새롭게 만들어진 것이다. ㉡ 쌀 위주의 식생활을 하는 갑국에서 밀가루 음식인 ○○가 처음에는 국민들의 관심을 끌지 못했다. 그러나 국민들은 ○○를 ㉢ 간편하게 먹을 수 있다는 것을 알게 되었고, 갑국 정부는 쌀 부족으로 인한 식량 문제를 해결하기 위해 분식을 장려하였다. 이제 ○○는 ㉣ 국민 대다수가 즐겨 먹는 음식이 되었다.

〈보기〉

ㄱ. ㉡은 전승된 문화를 바탕으로 새로운 문화가 창출된다는 것을 보여 준다.
ㄴ. ㉢은 문화가 후천적으로 습득된다는 것을 보여 준다.
ㄷ. ㉣은 ㉠과 달리 문화 현상이 고정된 것이 아니라 지속적으로 변화함을 보여 준다.
ㄹ. ㉡, ㉣은 모두 문화가 구성원의 사고와 행동을 구속한다는 것을 보여 준다.

① ㄱ, ㄴ　② ㄱ, ㄷ　③ ㄴ, ㄷ
④ ㄴ, ㄹ　⑤ ㄷ, ㄹ

209

정답률 58% | 2024학년도 9월 평가원

다음 자료에 대한 설명으로 옳은 것은?

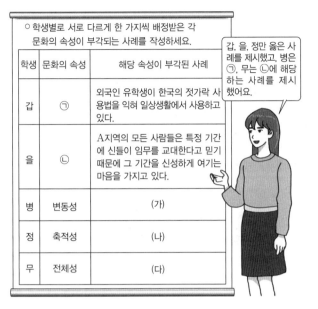

○ 학생별로 서로 다르게 한 가지씩 배정받은 각 문화의 속성이 부각되는 사례를 작성하세요.

학생	문화의 속성	해당 속성이 부각된 사례
갑	㉠	외국인 유학생이 한국의 젓가락 사용법을 익혀 일상생활에서 사용하고 있다.
을	㉡	A지역의 모든 사람들은 특정 기간에 신들이 임무를 교대한다고 믿기 때문에 그 기간을 신성하게 여기는 마음을 가지고 있다.
병	변동성	(가)
정	축적성	(나)
무	전체성	(다)

갑, 을, 정만 옳은 사례를 제시했고, 병은 ㉠, 무는 ㉡에 해당하는 사례를 제시했어요.

① ㉠은 문화가 세대 간 전승을 통해 더욱 복잡하고 풍부해지는 것임을 의미한다.
② ㉡은 문화가 여러 요소들이 상호 유기적으로 연관되어 나타나는 것임을 의미한다.
③ (가)에는 '내비게이션 등장 이후 운전할 때 종이 지도로 길을 찾는 사람들은 거의 사라졌다.'가 들어갈 수 있다.
④ (나)에는 '예전에는 혈액형으로 성향을 파악했지만, 요즘은 성격 검사 결과를 통해 성향을 파악하는 것을 즐긴다.'가 들어갈 수 있다.
⑤ (다)에는 '팬클럽마다 좋아하는 연예인을 상징하는 색깔을 정하고 그 색깔을 응원에 활용한다.'가 들어갈 수 있다.

210

정답률 83% | 2023학년도 6월 평가원

다음 두 사례에 공통적으로 부각되어 있는 문화의 속성에 대한 옳은 진술만을 〈보기〉에서 고른 것은?

- 갑국 사람들은 ㅁㅁ빵을 번영과 풍요의 상징으로 여겨 이 빵을 만드는 방법을 대대로 전수하고 있다. 갑국에서는 ㅁㅁ빵을 칼로 자르는 행위가 불운을 가져온다고 믿으며, 이 빵을 버리거나 던지는 행위도 금기시된다.
- 을국 사람들은 평소 절제를 중시하여 식사조차도 즐거운 행위가 아닌 생명 유지를 위한 행위 정도로 여긴다. 그래서 을국에서는 먹고 싶은 것을 참거나 때때로 단식하는 것을 자랑스럽게 생각한다.

〈보기〉

ㄱ. 문화는 시간이 흐르면서 지속적으로 변화한다.
ㄴ. 문화는 세대 간 전승을 통해 점차 복잡하고 풍부해진다.
ㄷ. 문화는 한 사회 구성원 간 원활한 상호 작용의 토대가 된다.
ㄹ. 문화는 특정 상황에서 상대방의 행동 방식을 예측하게 한다.

① ㄱ, ㄴ ② ㄱ, ㄷ ③ ㄴ, ㄷ ④ ㄴ, ㄹ ⑤ ㄷ, ㄹ

211

정답률 79% | 2019학년도 6월 평가원

밑줄 친 ㉠~㉢에 부각되어 있는 문화의 속성에 대한 설명으로 가장 적절한 것은?

뉴기니의 ○○ 부족 사회에서 남자는 아름답고 예술적인 것을 추구하는 존재로서, 여자는 공적인 일을 경영하고 추진하는 존재로서 각각 역할을 수행한다. 만약 ㉠ 그와 반대로 성 역할을 구분하는 사회의 구성원이 ○○ 부족을 만나 함께 생활한다면 어색함을 느낄 것이다. 이것은 성 역할이 하나의 문화로서 사회마다 다르다는 것을 의미한다. 사실 ㉡ 타고난 특성에서 기인한다고 생각하는 성 역할도 사회 속에서 후천적으로 획득된다. 최근 우리 사회에서는 성 역할에 대한 인식의 변화와 함께 성 평등 관련 제도의 도입, 여성의 경제적 지위 향상 등 다양한 요인에 의해 전통적인 성 역할 문화에 큰 변화가 일어나고 있다. ㉢ 이는 결혼 문화와 가족 형태에도 영향을 미치고 있다.

① ㉠은 문화가 계승되고 발전하는 현상임을 보여 준다.
② ㉠은 한 문화 요소의 변화가 다른 문화 요소에 연쇄적 변화를 가져옴을 보여 준다.
③ ㉡은 시간의 흐름에 따라 기존 문화 요소가 사라지거나 변화함을 보여 준다.
④ ㉢은 특정 상황에서 상대방의 행동 방식을 예측할 수 있음을 보여 준다.
⑤ ㉢은 문화 요소가 다른 문화 요소와 관련을 맺으며 하나의 전체를 형성하고 있음을 보여 준다.

212

정답률 86% | 2022학년도 수능

(가)와 달리 (나)에만 부각되는 문화의 속성에 대한 진술로 옳은 것은?

(가) 사람의 몸과 정신이 연결되어 있다는 믿음을 가졌던 전통 사회에서는 질병의 원인을 누군가의 원한이나 주술이라고 생각했기 때문에 아픈 사람을 굿으로 치료하려고 하였다. 반면, 질병의 원인을 과학에 근거하여 바이러스나 세균에서 찾는 오늘날에는 누구나 아픈 경우에 병원에 가서 치료하려고 한다.
(나) 판소리는 북장단에 맞춰 소리, 아니리, 발림을 섞은 전통 민속 악이다. 최근에 판소리는 소리꾼의 소리에 베이스, 드럼, 댄스를 더해 남녀노소가 쉽게 즐기는 퓨전 음악으로 재탄생했다. 판소리의 이야기가 갖는 서사성은 유지하면서도 중독성 강한 리듬과 흥겨운 춤이 더해져 판소리와 랩의 경계를 넘나드는 새로운 장르로 발전하고 있다.

① 문화는 상징을 통해 후천적으로 학습된다.
② 문화는 세대를 전승하며 더욱 풍부해진다.
③ 문화는 유기적으로 연결된 총체로서 존재한다.
④ 문화는 시간이 흐르면서 그 형태나 내용이 변화된다.
⑤ 문화는 구성원들의 사고와 행동에 동질성을 갖게 한다.

213

다음 두 사례에서 공통적으로 부각된 문화의 속성에 대한 진술로 가장 적절한 것은?

> • A 사회에서는 가족 중 누군가가 사망하면 남은 가족 모두가 흰색 옷을 입고 추모하는 것이 일반적이다.
> • B 부족민 일부가 착용한 조개 목걸이와 팔찌는 관광객에게 평범한 장신구로 보이지만, 해당 부족민에게는 사회적 위세를 과시하는 상징물로 여겨진다.

① 고정되어 있지 않고 지속적으로 변화한다.
② 문화 요소들이 관련을 맺으며 하나의 체계를 형성한다.
③ 구성원 간에 사고와 행동의 동질성을 형성하게 해 준다.
④ 새로운 삶의 방식들이 더해지면서 문화 요소가 풍부해진다.
⑤ 한 문화 요소의 변화가 다른 요소의 연쇄적 변화를 가져온다.

214

다음 자료에 대한 설명으로 옳은 것은?

> 문화의 속성 5가지를 서로 다르게 1가지씩 배정했습니다. '자전거'를 소재로 각자 배정받은 속성이 부각된 사례를 말해 볼까요? ─ 교사

> 갑 ─ 출퇴근 수단으로 ○○국 사람들이 자전거를 떠올리는 것은 A가 부각된 사례입니다.

> 을 ─ 예전과 다르게 짧은 거리를 이동할 때 택시를 이용하는 대신 자전거를 이용하는 사람이 늘어난 것은 B가 부각된 사례입니다.

> 병 ─ (가) 은 축적성이 부각된 사례입니다.

> 정 ─ (나) 은 전체성이 부각된 사례입니다.

> 무 ─ (다) 은 변동성이 부각된 사례입니다.

> 갑과 정은 각각 배정받은 속성이 부각된 사례를 제시하였습니다. 하지만 을은 무가 배정받은 속성, 병은 학습성, 무는 병이 배정받은 속성이 부각된 사례를 제시하였습니다. ─ 교사

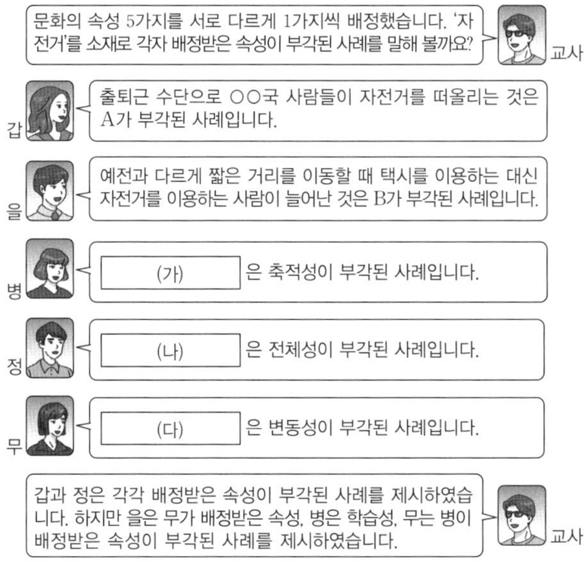

① A는 문화가 시간이 지남에 따라 변화하는 것을 의미한다.
② B는 사회 구성원이 문화를 후천적으로 습득하는 것을 의미한다.
③ (가)에는 '어릴 적 자전거 타는 방법을 부모에게 배워 능숙하게 자전거를 탈 수 있게 된 것'이 들어갈 수 없다.
④ (나)에는 '기존의 자전거에 변속기가 추가되고 충격 흡수 장치가 더해지는 것'이 들어갈 수 있다.
⑤ (다)에는 '자전거 이용자가 늘어나자 기업이 자전거를 이용하는 공유 경제 상품을 개발하고, 정부가 전용 도로를 건설하는 것'이 들어갈 수 있다.

215

다음 사례에서 부각되는 문화의 속성으로 옳은 것은?

> 목초지가 펼쳐진 서유럽에서는 목축업이 발달하였으며, 밀, 유제품, 육류를 중심으로 하는 식생활 문화가 형성되었다. 양모를 활용하여 의복을 만들고, 농가 주택에는 치즈를 만들거나 가축을 도축하는 데 사용되는 공간이 있는 주거 문화가 형성되었다. 이러한 서유럽의 농촌 문화와 같이 문화는 다양한 구성 요소들이 서로 긴밀하게 연결되어 통합된 체제로 존재한다.

① 학습성 ② 공유성 ③ 총체성
④ 축적성 ⑤ 변동성

216

다음 글에 나타난 문화의 속성 사례로 가장 적절한 것은?

> 일정한 환경 속에서 집단을 이루고 함께 살아가는 사람들 사이에서는 사고방식과 행동 양식, 감정 표현 방식 등에서 상당한 공통점이 발견된다. 문화의 이와 같은 속성은 인간의 집단생활을 가능하게 하는 전제가 되며, 한 사회의 구성원들이 서로의 행동을 이해하고 예측할 수 있게 한다.

① 한국인이지만 어렸을 때부터 미국에서 자라면 우리의 인사법을 낯설어 한다.
② 장례 방식으로 매장(埋葬)보다는 화장(火葬)을 선택하는 한국인들이 늘고 있다.
③ '함 사세요!'라고 외치는 소리를 들으면 한국 사람들은 이웃집의 자녀가 결혼할 것이라고 생각한다.
④ 현재의 수학적 지식은 피타고라스의 정리, 원주율 계산 등 고대의 수학적 지식들이 쌓여 형성된 것이다.
⑤ 한글의 창제로 농민들이 문자를 사용하게 되고, 한글 소설이 등장하면서 백성들의 의식 수준이 높아졌다.

217

난이도 상 중 하

(가), (나)에 부각되어 있는 문화의 속성을 바르게 연결한 것은?

> (가) 산업화는 우리 사회에 많은 변화를 초래하였는데, 인구가 도시로 집중되면서 도시화가 진행되었고, 핵가족 형태가 자리를 잡게 되었다. 또한 개인의 이익이 중시되면서 개인주의적 가치관이 확산되었다.
> (나) 본래 우리 민족의 김치는 고춧가루가 들어가지 않은 백김치였다. 그런데 임진왜란을 거치면서 고추가 전래되고 김치 담그는 데 고춧가루가 양념으로 추가되어 그 맛이 더욱 풍부해지면서 오늘날 김치의 모습이 갖추어졌다.

	(가)	(나)
①	총체성	축적성
②	학습성	공유성
③	공유성	변동성
④	축적성	총체성
⑤	변동성	학습성

218

난이도 상 중 하

교사의 질문에 대한 답변으로 옳은 것은?

① 갑 : 훈민정음의 자음은 원래 19자였으나 지금은 14자만 사용되고 있어요.
② 을 : 마사이족들은 서로의 얼굴에 침을 뱉는 행위를 반가움의 표시로 여겨요.
③ 병 : 인터넷의 발명으로 전자 상거래를 할 수 있고, 온라인 강의도 들을 수 있어요.
④ 정 : 쌍둥이라도 어린 시절 서로 다른 나라에 입양을 가게 되면 서로 다른 문화를 배우게 돼요.
⑤ 무 : 우리나라 사람들은 라면을 먹을 때 자연스럽게 김치를 찾기 때문에 분식집에서 라면을 주문하면 김치가 함께 나올 것이라고 생각해요.

219

난이도 상 중 하

다음 사례에서 파악할 수 있는 문화의 속성만을 〈보기〉에서 있는 대로 고른 것은?

> 식사할 때 한국 사람은 서양 사람과 달리 젓가락을 사용한다. 물론 모든 한국 사람이 젓가락 사용에 익숙한 것은 아니지만 대부분 어린 시절부터 밥상머리 교육을 통해 젓가락 사용법을 익혀 왔기 때문에 익숙한 편이다. 이러한 식습관으로 인해 포크와 나이프를 보면 음식을 생각하는 서양 사람과 달리 한국 사람은 젓가락과 숟가락을 보면 음식을 생각하게 된다. 하지만 근래 서양 문화가 유입되면서 우리나라 식탁에서도 포크와 나이프가 숟가락과 젓가락을 대신하는 빈도가 증가하고 있다.

〈보기〉
ㄱ. 총체성　　ㄴ. 공유성
ㄷ. 학습성　　ㄹ. 변동성

① ㄱ, ㄴ　② ㄴ, ㄷ　③ ㄴ, ㄹ
④ ㄱ, ㄷ, ㄹ　⑤ ㄴ, ㄷ, ㄹ

220 Challenge 30% 고난도

난이도 상 중 하

다음 사례에서 부각되는 문화의 속성에 대한 진술로 가장 적절한 것은?

> 문화의 조직 구성은 마치 커다란 나무와 같다. 따라서 일부 문화의 요소는 나무의 뿌리이고, 일부는 줄기이고 가지이며, 과일인 것이다. 금목걸이를 예로 들면, 그것은 인간의 노동을 통하여 제조된 생산품이며 일종의 물질문화이다. 그것은 한 공장에서 생산된 사회 조직에 의한 생산품이며 그것을 목에다 거는 행위는 인간들이 미에 대한 정신을 추구한다는 의미이다. 이 목걸이를 남성이나 여성, 혹은 어느 누가 착용할 것인지는 각 민족의 풍속에 따라 서로 다르다.

① 문화는 각 부분의 합 이상의 의미를 갖는 하나로서의 전체이다.
② 인간은 사회화 과정을 거치면서 문화를 후천적으로 배우게 된다.
③ 문화가 전승될 때 기존의 문화에 새로운 문화가 추가되어 쌓인다.
④ 문화는 새로운 특성이 생성되거나 기존의 특성이 소멸되기도 한다.
⑤ 한 사회의 구성원들은 유사한 언어나 행동 양식 및 사고방식을 보인다.

item 16

문화 이해의 관점

수능 출제 패턴 분석 제시문에 주어진 사례가 어떤 관점에서 연구되었는지를 파악하고, 그 관점에 부합하는 설명을 고르는 문제가 출제된다. 총체론적 관점과 비교론적 관점을 비교하는 문제가 주로 출제된다.

유형보기

1. 상대론적 관점 수능

특정 문화 현상의 의미를 이해하기 위해서는 그 문화 현상이 해당 사회의 문화적 전통과 사회적 맥락에 의해 형성된 것임을 고려해야 한다. 독수리에게 죽은 이의 시체를 먹게 하는 장례 문화처럼 외부인에게는 낯설고 이상하게 보이는 문화 현상도 그 사회 나름의 합리적인 근거를 지니고 있기 때문이다.

자료 분석

(1) 어떤 문화 현상이 해당 사회의 문화적 전통과 사회적 맥락에 의해 형성된 것임을 고려하는 것은 상대론적 관점에 해당한다.
(2) 상대론적 관점은 해당 문화를 향유하는 사회 구성원의 관점에서 문화의 의미를 파악하는 것이다.

2. 비교론적 관점과 총체론적 관점 평가원

(가) 세계 각지에 존재하는 매장(埋葬), 화장(火葬), 수목장(樹木葬), 조장(鳥葬) 등 다양한 유형의 장례 문화를 조사하여 공통점과 차이점을 연구하였다.
(나) 고산 지대에 사는 ○○족의 장례 문화가 그들의 종교, 경제, 가족 제도 등 다른 문화 요소들과 어떻게 연관되어 있는지 연구하였다.

자료 분석

(1) (가)는 비교론적 관점, (나)는 총체론적 관점에 해당한다.
(2) (가)의 관점은 자문화의 특징을 타문화와 비교하여 파악하는 데 유용하다.
(3) (나)의 관점은 문화가 부분이 아닌 전체로서의 의미를 갖는 생활 양식임을 중시한다.

대표기출로 유형 감잡기

정답 및 해설 • p.035

221

정답률 95% | 2023년 4월 교육청

다음 글에 나타난 문화 이해의 관점에 대한 설명으로 가장 적절한 것은?

> A국에는 마스크 착용을 기피하는 문화가 나타난다. 이러한 문화에는 마스크를 쓴 사람을 전염병 환자나 수상한 사람으로 여기는 구성원들의 인식, 그리고 무더운 기후 때문에 마스크 착용이 불편하다는 환경적 요인이 반영되어 있다. 또한 마스크를 파는 곳이 적어 마스크를 구하기가 어렵다는 사회적 요인과도 관련이 깊다.

① 타 문화와 문화적 마찰을 초래할 우려가 있다.
② 자문화를 기준으로 타 문화를 평가하고자 한다.
③ 서로 다른 문화 간의 공통점과 차이점을 파악하고자 한다.
④ 타 문화를 우월한 것으로 여겨 자문화를 열등하다고 본다.
⑤ 문화 요소를 다른 요소나 전체와 관련지어 파악하고자 한다.

222

정답률 78% | 2022년 4월 교육청

(가), (나)에 나타난 문화 이해의 관점에 대한 옳은 설명만을 〈보기〉에서 고른 것은?

> (가) 쌀을 많이 먹는다는 점에서 스페인과 우리나라의 음식 문화에는 유사성이 있다. 하지만 우리나라에서는 생쌀을 물에 불려서 밥을 짓는 반면, 스페인에서는 생쌀을 볶아서 익힌다는 점에서 조리 방식의 차이가 있다.
> (나) 늦은 시간에 저녁을 먹는 스페인의 식사 문화는 '시에스타'라는 낮잠 문화와 관련이 있다. 스페인에는 태양의 열기가 뜨거운 한낮에 잠을 자며 쉬는 풍습이 있어, 많은 상점이나 관공서가 오후에 긴 휴게 시간을 가진 후 업무를 재개한다. 이러한 근무 방식이 식사 문화에도 영향을 미친 것이다.

〈보기〉

ㄱ. (가)의 관점은 자문화를 객관적으로 이해하는 데 기여한다.
ㄴ. (나)의 관점은 문화 요소 간의 유기적 연관성을 강조한다.
ㄷ. (가)의 관점은 (나)의 관점과 달리 문화 간의 우열을 평가할 수 있다고 본다.
ㄹ. (나)의 관점은 (가)의 관점과 달리 문화의 보편성과 특수성을 파악하고자 한다.

① ㄱ, ㄴ ② ㄱ, ㄷ ③ ㄴ, ㄷ ④ ㄴ, ㄹ ⑤ ㄷ, ㄹ

223

정답률 74% | 2020년 4월 교육청

갑과 을이 가진 문화 이해의 관점에 대한 옳은 설명만을 〈보기〉에서 고른 것은?

- 갑은 멕시코와 미국의 유령 관련 축제를 연구하며 멕시코에서는 유령을 가족이 돌아온 것이라고 믿어 이들을 환영의 대상으로 여기는 반면, 미국에서는 유령이 산 자를 괴롭힌다고 믿어 유령을 피해야 할 대상으로 여기는 인식 차이에 주목하였다.
- 을은 영국의 차(茶) 문화를 연구하며 물에 석회 성분이 많아서 식수로 적합하지 않은 환경적 요인, 영국의 식민지에서 저렴한 가격으로 차를 들여올 수 있었던 경제적 요인 등이 차 문화와 어떤 관련을 맺고 있는지에 주목하였다.

〈보기〉

ㄱ. 갑의 관점은 문화 간의 보편성과 특수성을 파악하고자 한다.
ㄴ. 을의 관점은 특정 문화 현상을 다른 문화 요소와의 관계 속에서 이해하고자 한다.
ㄷ. 을의 관점은 갑의 관점과 달리 자문화의 객관적인 이해에 기여한다.
ㄹ. 갑의 관점은 총체론적 관점에, 을의 관점은 비교론적 관점에 해당한다.

① ㄱ, ㄴ ② ㄱ, ㄷ ③ ㄴ, ㄷ
④ ㄴ, ㄹ ⑤ ㄷ, ㄹ

224

정답률 89% | 2017학년도 9월 평가원

갑과 을이 가진 문화 이해의 관점에 대한 옳은 설명을 〈보기〉에서 고른 것은?

- 갑은 경제적 측면에 치우친 주택에 대한 연구 경향을 비판하며, 주택의 문화적 의미에 대해 연구하였다. 그 결과 갑은 주택이 경제적 의미뿐만 아니라 사회적 성향, 자연 조건, 자원의 영향과 밀접하게 관련되어 있다는 사실을 규명하였다.
- 을은 남태평양의 여러 섬에서 나타나는 선물 문화를 연구한 결과, 선물의 형태가 각 지역의 특성에 따라 다양하지만 선물을 주고받는 것은 어느 사회에서나 사회를 유지하는 데 중요한 기능을 한다는 결론을 내렸다.

〈보기〉

ㄱ. 갑의 관점은 문화가 부분이 아닌 전체로서의 의미를 갖는다고 본다.
ㄴ. 을의 관점은 여러 문화를 비교하면서 공유되는 보편성을 파악한다.
ㄷ. 갑의 관점은 을의 관점과 달리 자문화를 객관적으로 파악해야 한다고 본다.
ㄹ. 을의 관점은 갑의 관점과 달리 모든 문화는 고유한 가치를 지닌다고 본다.

① ㄱ, ㄴ ② ㄱ, ㄷ ③ ㄴ, ㄷ
④ ㄴ, ㄹ ⑤ ㄷ, ㄹ

225

정답률 78% | 2019학년도 수능

(가), (나)에 나타난 문화 이해의 관점에 대한 옳은 설명만을 〈보기〉에서 있는 대로 고른 것은?

(가) 벌레를 섭취하는 ○○족의 음식 문화가 그들의 자연환경, 관습, 정치 제도 등 다양한 문화 요소들과 어떤 관련을 맺고 있는지 전체적으로 연구하였다.
(나) 벌레를 섭취하는 ○○족의 음식 문화를 해당 사회의 문화적 전통과 사회적 맥락 속에서 연구하여 부족한 단백질 보충이라는 그 사회 나름의 합리적 근거를 찾아내었다.

〈보기〉

ㄱ. (가)의 관점은 문화에 대한 편협하고 왜곡된 이해를 방지하는 데 기여한다.
ㄴ. (나)의 관점은 해당 문화를 향유하는 사회 구성원의 입장에서 문화의 의미를 파악하는 데 초점을 둔다.
ㄷ. (나)의 관점은 (가)의 관점과 달리 문화를 평가의 대상으로 인식한다.
ㄹ. (가), (나)의 관점은 모두 문화 간 비교를 통해 자기 문화를 객관적으로 이해하는 데 유용하다.

① ㄱ, ㄴ ② ㄱ, ㄷ ③ ㄷ, ㄹ
④ ㄱ, ㄴ, ㄹ ⑤ ㄴ, ㄷ, ㄹ

예상문제로 유형 익히기

정답 및 해설 • p.035

226

난이도 상 중 하

다음 사례에 부각되어 있는 문화 이해의 관점에 부합하는 진술로 가장 적절한 것은?

> 서태평양의 트로브리안드 섬 사람들은 이웃 섬들을 방문하여 선물을 교환하는 쿨라(Kula)라는 교환 풍습을 가지고 있다. 이때 교환되는 선물은 경제적으로는 거의 가치가 없는 조개껍질 장신구이며, 그들 사이에서는 명예와 지위를 나타내는 것이다. 그러나 쿨라를 단지 의례적 측면에서만 파악하려 한다면, 매년 위험한 항해를 무릅쓰고 벌어지는 이 행위가 사회 전체적으로 갖는 여러 가지 다양한 의미를 간과해 버리게 된다. 이 풍습을 수십 년 동안 연구한 인류학자 ◯◯교수에 의하면, 쿨라는 교환에 참여하는 섬 사람들 간에 긴밀한 유대 관계를 형성시켜 주고, 혼인 관계와 농산물 교역, 군사적 동맹이 이루어지게 하는 등 다양한 사회적 · 경제적 · 정치적 기능을 수행한다는 것이다.

① 자신의 문화와 타문화를 편견과 차별 없이 이해해야 한다.
② 자기 문화와 다른 문화 간의 보편성과 특수성을 파악해야 한다.
③ 다른 문화와의 비교를 통해 보다 객관적으로 잘 이해해야 한다.
④ 인류가 지켜야 할 보편적 가치를 기준으로 문화를 바라봐야 한다.
⑤ 문화 요소는 서로 유기적으로 연결되어 있으므로 문화 요소들 간의 상호 관련성을 고려해야 한다.

227

난이도 상 중 하

갑, 을의 문화 이해의 관점을 바르게 연결한 것은?

> 갑은 중국의 여러 소수 민족 사회에서 나타나는 혼인 방식 및 가족 형태 간에 나타나는 공통점과 차이점에 관한 연구를 하였다. 을은 갑의 연구를 읽고, 장족의 전통적인 일부다처제에 관심을 갖게 되었다. 그래서 을은 장족의 혼인 방식 및 가족 형태에 담겨 있는 의미를 이해하기 위해 그들의 종교, 경제 생활 등 다양한 영역에 관한 조사를 실시하였다.

	갑	을
①	비교론적 관점	총체론적 관점
②	총체론적 관점	상대론적 관점
③	상대론적 관점	비교론적 관점
④	총체론적 관점	비교론적 관점
⑤	상대론적 관점	총체론적 관점

228

난이도 상 중 하

문화 이해의 관점 A~C를 바르게 연결한 것은?

질문 \ 문화 이해 관점	A	B	C
해당 문화를 향유하는 사회 구성원들의 입장에서 문화의 고유한 의미를 파악하는가?	×	×	○
문화의 각 구성 요소들은 상호 유기적인 관계를 맺으면서 하나로서의 전체를 이루고 있는가?	○	×	×
문화에 대한 객관적 이해를 위해 여러 사회 문화의 보편성과 특수성을 파악하는가?	×	○	×

(예 : ○, 아니요 : ×)

	A	B	C
①	총체론적 관점	상대론적 관점	비교론적 관점
②	총체론적 관점	비교론적 관점	상대론적 관점
③	비교론적 관점	총체론적 관점	상대론적 관점
④	비교론적 관점	상대론적 관점	총체론적 관점
⑤	상대론적 관점	총체론적 관점	비교론적 관점

229

난이도 상 중 하

다음 사례에서 부각되는 문화 이해의 관점에 대한 설명으로 옳은 것은?

> 우리나라와 베트남 모두 유교의 영향을 받았다는 점에서 유사성을 보인다. 이를 바탕으로 양국의 장례 방식을 살펴보면, 베트남 사람들의 장례식은 우리나라 농촌의 장례식과 공통점이 많다는 점을 발견할 수 있게 된다. 그런데 어머니의 장례식에서 베트남의 상주들이 뒷걸음질로 가고 있는 이상한 광경을 보게 되면 우리나라의 장례 방식과 차이가 있음을 확인할 수 있게 된다.

① 문화 간의 우열을 결정하는 일정한 기준이 존재한다고 본다.
② 특정 문화 요소를 그 사회의 전체적인 맥락에서 이해하고자 한다.
③ 문화를 평가할 수 있는 인류의 보편타당한 가치 기준이 존재한다고 본다.
④ 문화는 보편성과 특수성의 파악을 통해 객관적으로 이해될 수 있다고 본다.
⑤ 문화의 구성 요소들이 상호 밀접한 관련이 있다고 본다.

230 Challenge 30% 신유형

난이도 상 중 하

그림은 문화 이해의 관점 A~C를 분류한 것이다. 이에 대한 옳은 설명만을 〈보기〉에서 있는 대로 고른 것은? (단, A~C는 각각 비교론적 관점, 상대론적 관점, 총체론적 관점 중 하나이다.)

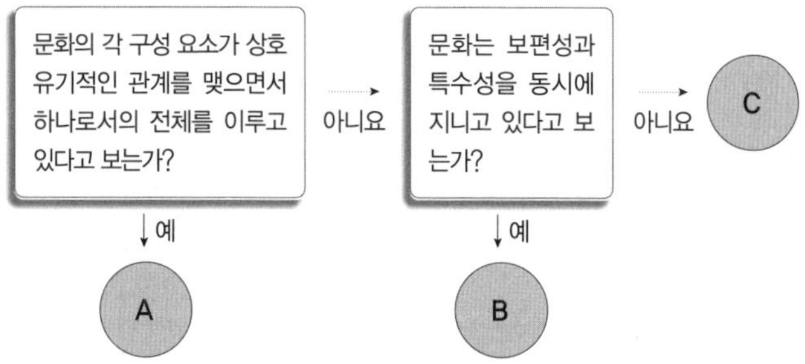

〈보기〉

ㄱ. A는 총체론적 관점이다.
ㄴ. B는 문화를 객관적으로 이해하려는 관점이다.
ㄷ. C는 해당 문화를 향유하는 구성원의 입장에서 고유한 의미를 파악한다.
ㄹ. B는 A, C와 달리 문화의 우열을 판단하는 기준이 없다는 관점에서 문화를 이해한다.

① ㄱ, ㄴ ② ㄱ, ㄷ ③ ㄴ, ㄹ
④ ㄱ, ㄴ, ㄷ ⑤ ㄴ, ㄷ, ㄹ

231 Challenge 30% 고난도

난이도 상 중 하

갑~병의 문화 이해의 관점에 대한 옳은 설명만을 〈보기〉에서 고른 것은?

교사 : 발효 음식에 관한 연구 계획을 말해 볼까요?
갑 : 우리나라뿐만 아니라 아시아 5개국 정도를 선정해서 각국의 발효 음식에 담긴 역사적 · 사회적 의미의 공통점과 차이점을 파악해 볼 계획입니다.
을 : 한국, 중국, 일본의 발효 음식을 조사한 후 발효 음식을 먹게 된 이유를 각국 국민의 입장에서 각국의 독특한 자연환경과 역사적 · 사회적 맥락에서 이해해 보고자 합니다.
병 : 우리나라는 김치뿐만 아니라 발효 음식들이 많은데요. 발효 음식이 한국 사회의 어떤 문화 요소들과 관련 있고, 어떤 이유로 만들어졌는지 전체적인 측면에서 알아보고 싶습니다.

〈보기〉

ㄱ. 갑의 관점은 총체론적 관점이다.
ㄴ. 을의 관점은 3개국의 고유한 발효 음식 문화에 대한 편견 없는 이해가 가능하다.
ㄷ. 병은 문화의 한 부분인 발효 음식이 독립적으로는 의미를 갖기 어렵다는 관점에서 접근할 계획이다.
ㄹ. 갑, 병과 달리 을은 3개국 발효 음식 문화의 객관적 이해를 목표로 연구할 계획이다.

① ㄱ, ㄴ ② ㄱ, ㄷ ③ ㄴ, ㄷ
④ ㄴ, ㄹ ⑤ ㄷ, ㄹ

item 17 문화 이해 태도

수능 출제 패턴 분석 제시된 사례에 해당하는 문화 이해 태도를 찾은 후, 이에 대한 설명으로 옳은 것을 고르는 문제가 출제된다.

유형보기

1. 문화 이해 태도 비교 평가원

타문화를 받아들임에 있어서 A는 B에 비해 수용적이지만, 자기 문화의 정체성을 보존하는 데는 B가 A보다 유리하다. 한편 문화의 다양성 신장을 위해서는 A, B보다 C가 필요하다.

자료 분석

(1) 타문화를 받아들임에 있어서 수용적인 태도는 문화 사대주의이고, 자기 문화의 정체성을 보존하는 데 유리한 태도는 자문화 중심주의이며, 문화의 다양성 신장을 위해 필요한 태도는 문화 상대주의이다. 따라서 A는 문화 사대주의, B는 자문화 중심주의, C는 문화 상대주의이다.

(2) 외국 브랜드 제품에 대한 맹목적인 선호 풍조는 A의 사례이고, 연장자에게 악수를 청하는 외국인을 보고 무례하다고 비난하는 것은 B의 사례이며, 외국의 특정 음식에 대해 거부감은 있지만 그들의 생활 양식으로 이해하는 것은 C의 사례이다.

(3) A, B 모두 문화에 대한 우열 비교가 가능하다고 보며, B는 국수주의에, C는 극단적 상대주의에 빠질 가능성이 높다는 비판을 받는다.

2. 문화 사대주의와 자문화 중심주의 수능

(가) 예전에 많은 한국인들은 품질과 상관없이 국산 가전 제품을 하찮게 여기고 수입 가전 제품을 동경하였다. 요즘도 의류나 화장품을 선택할 때 한국 제품보다 외국 제품을 동경하는 경향이 있다.

(나) 16세기에 아메리카 대륙으로 이주한 유럽인들은 원주민들을 서구의 사상을 바탕으로 한 교양을 갖추지 않았다는 이유로 이성을 지닌 인간이 아닌 야수라고 보았다.

자료 분석

(1) (가)에는 품질과 상관없이 한국 상품보다 외국 상품을 동경하는 한국인들의 문화 사대주의 태도가 나타나 있고, (나)에는 아메리카 대륙의 원주민들을 교양을 갖추지 않은 야수라고 본 유럽인들의 자문화 중심주의 태도가 나타나 있다. (가), (나) 태도 모두 문화 간 우열이 있음을 전제한다.

(2) (가) 태도는 문화적 주체성을 상실할 가능성이 높고, 타문화의 장점을 객관적으로 인식하는 데 장애가 될 수 있다.

(3) (나) 태도는 집단 구성원의 결속력을 강화시킬 수 있으나, 문화 제국주의로 변질될 가능성이 높다.

대표기출로 유형 감잡기

정답 및 해설 • p.036

232

정답률 94% | 2024학년도 수능

갑~병의 문화 이해 태도에 대한 설명으로 옳은 것은?

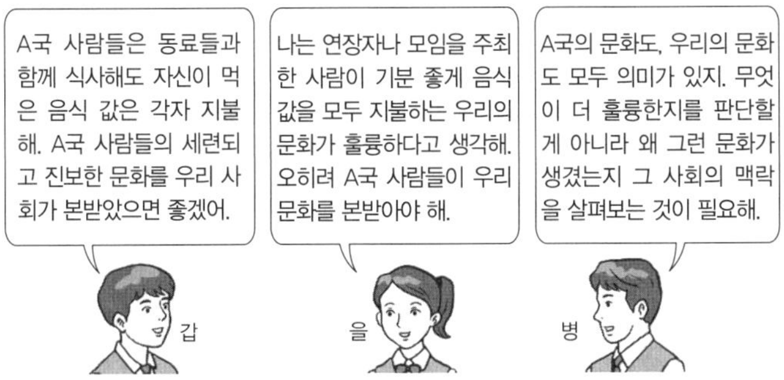

A국 사람들은 동료들과 함께 식사해도 자신이 먹은 음식 값은 각자 지불해. A국 사람들의 세련되고 진보한 문화를 우리 사회가 본받았으면 좋겠어.
나는 연장자나 모임을 주최한 사람이 기분 좋게 음식 값을 모두 지불하는 우리의 문화가 훌륭하다고 생각해. 오히려 A국 사람들이 우리 문화를 본받아야 해.
A국의 문화도, 우리의 문화도 모두 의미가 있지. 무엇이 더 훌륭한지를 판단할게 아니라 왜 그런 문화가 생겼는지 그 사회의 맥락을 살펴보는 것이 필요해.
갑
을
병

① 갑의 태도는 선진 문물 수용에 적극적이지 않다는 비판을 받는다.
② 을의 태도는 자국의 문화 정체성을 약화한다는 비판을 받는다.
③ 병의 태도는 문화 제국주의로 나아갈 수 있다는 비판을 받는다.
④ 갑, 을의 태도는 모두 문화의 다양성을 저해할 수 있다는 비판을 받는다.
⑤ 을, 병의 태도는 모두 특정 문화를 기준으로 문화 간 우열을 가린다는 비판을 받는다.

233

정답률 92% | 2024학년도 9월 평가원

갑~병의 문화 이해 태도에 대한 설명으로 옳은 것은?

여행 가서 B국 피자를 먹어 본 이후로 ㅁㅁ피자는 쳐다보지도 않아요. 우리 나라에서 피자를 만드는 사람들은 B국의 정통 피자 조리법을 그대로 따라야 합니다.
ㅁㅁ피자는 피자의 본고장인 우리 나라 피자와 비교하면 식재료와 맛이 너무 달라 피자라고 볼 수 없습니다. 저는 이 음식에 피자라는 이름을 붙이는 것조차 불쾌합니다.
ㅁㅁ피자는 A국 고유의 식재료로 국민들의 입맛에 맞춰 만든 피자입니다. 그 나라의 상황에 맞게 만들어진 음식이므로 그 자체로 존중받아야 합니다.
A국의 ㅁㅁ피자에 대해 어떻게 생각하십니까?
진행자
A국 국민 갑
B국 국민 을
C국 국민 병

① 갑의 태도는 선진 문물 수용에 소극적이라는 비판을 받는다.
② 을의 태도는 문화 제국주의로 변질될 수 있다는 비판을 받는다.
③ 병의 태도는 특정 문화를 기준으로 타 문화를 평가한다는 비판을 받는다.
④ 갑의 태도는 을의 태도와 달리 타 문화와의 마찰을 일으킬 수 있다는 비판을 받는다.
⑤ 을의 태도는 병의 태도와 달리 자기 문화의 정체성을 상실할 수 있다는 비판을 받는다.

234

정답률 81% | 2020학년도 수능

표는 문화 이해의 태도 A~C를 질문 (가)~(다)에 따라 구분한 것이다. 이에 대한 옳은 설명만을 〈보기〉에서 고른 것은? (단, A~C는 각각 문화 사대주의, 문화 상대주의, 자문화 중심주의 중 하나이다.)

태도 \ 질문	(가)	(나)	(다)
A	예	아니요	예
B	예	아니요	아니요
C	아니요	예	아니요

〈보기〉

ㄱ. A가 자문화 중심주의라면, (가)에는 '국수주의적 태도로 인해 문화 다양성을 거부하는가?'가 들어갈 수 있다.

ㄴ. B가 자문화 중심주의, C가 문화 사대주의라면, (다)에는 '타문화를 일방적으로 추종하는가?'가 들어갈 수 있다.

ㄷ. (가)가 '문화 간 우열을 평가할 수 있다고 보는가?'라면, (나)에는 '개별 사회가 향유하고 있는 문화의 고유한 가치를 존중하는가?'가 들어갈 수 있다.

ㄹ. (나)가 '자기 문화의 정체성을 상실할 우려가 있다는 비판을 받는가?'이고, (다)가 '자기 문화의 가치만을 중시하는가?'라면, B는 문화 상대주의이다.

① ㄱ, ㄴ ② ㄱ, ㄷ ③ ㄴ, ㄷ
④ ㄴ, ㄹ ⑤ ㄷ, ㄹ

235

정답률 91% | 2018학년도 9월 평가원

갑~병의 문화 이해 태도에 대한 옳은 설명을 〈보기〉에서 고른 것은?

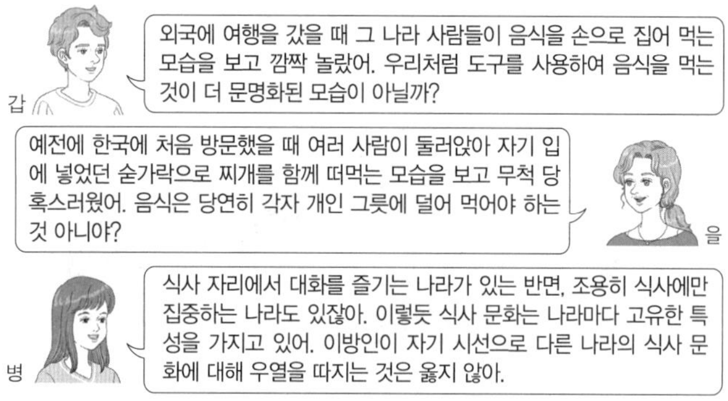

갑
외국에 여행을 갔을 때 그 나라 사람들이 음식을 손으로 집어 먹는 모습을 보고 깜짝 놀랐어. 우리처럼 도구를 사용하여 음식을 먹는 것이 더 문명화된 모습이 아닐까?
을
예전에 한국에 처음 방문했을 때 여러 사람이 둘러앉아 자기 입에 넣었던 숟가락으로 찌개를 함께 떠먹는 모습을 보고 무척 당혹스러웠어. 음식은 당연히 각자 개인 그릇에 덜어 먹어야 하는 것 아니야?
병
식사 자리에서 대화를 즐기는 나라가 있는 반면, 조용히 식사에만 집중하는 나라도 있잖아. 이렇듯 식사 문화는 나라마다 고유한 특성을 가지고 있어. 이방인이 자기 시선으로 다른 나라의 식사 문화에 대해 우열을 따지는 것은 옳지 않아.

〈보기〉

ㄱ. 갑의 태도는 자국의 문화 정체성을 약화시킬 우려가 있다.

ㄴ. 을의 태도는 문화를 평가가 아닌 이해의 대상으로 본다.

ㄷ. 병의 태도는 문화를 사회적 상황과 연결시켜 파악한다.

ㄹ. 갑과 을의 태도는 병의 태도와 달리 문화의 다양성을 저해할 수 있다.

① ㄱ, ㄴ ② ㄱ, ㄷ ③ ㄴ, ㄷ
④ ㄴ, ㄹ ⑤ ㄷ, ㄹ

236

정답률 87% | 2019학년도 6월 평가원

갑~병이 가진 문화 이해 태도에 대한 설명으로 옳은 것은?

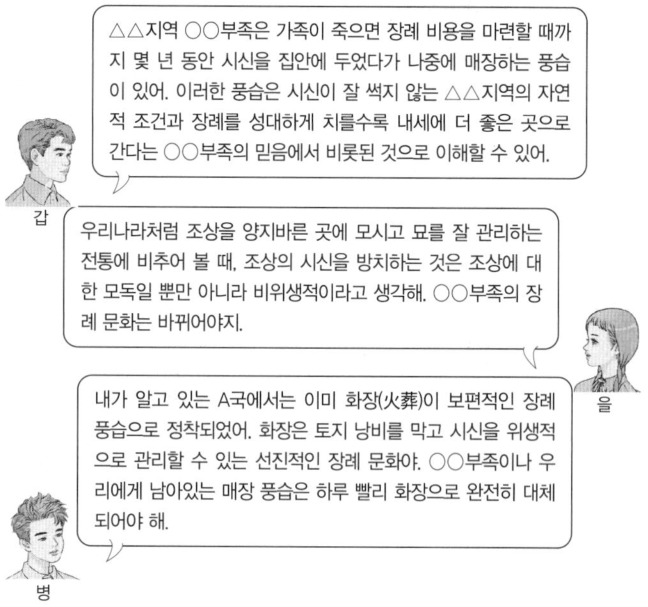

△△지역 ○○부족은 가족이 죽으면 장례 비용을 마련할 때까지 몇 년 동안 시신을 집안에 두었다가 나중에 매장하는 풍습이 있어. 이러한 풍습은 시신이 잘 썩지 않는 △△지역의 자연적 조건과 장례를 성대하게 치를수록 내세에 더 좋은 곳으로 간다는 ○○부족의 믿음에서 비롯된 것으로 이해할 수 있어.

우리나라처럼 조상을 양지바른 곳에 모시고 묘를 잘 관리하는 전통에 비추어 볼 때, 조상의 시신을 방치하는 것은 조상에 대한 모독일 뿐만 아니라 비위생적이라고 생각해. ○○부족의 장례 문화는 바뀌어야지.

내가 알고 있는 A국에서는 이미 화장(火葬)이 보편적인 장례 풍습으로 정착되었어. 화장은 토지 낭비를 막고 시신을 위생적으로 관리할 수 있는 선진적인 장례 문화야. ○○부족이나 우리에게 남아있는 매장 풍습은 하루 빨리 화장으로 완전히 대체되어야 해.

① 갑의 태도는 을의 태도와 달리 문화 간에 우열이 존재한다고 본다.
② 을의 태도는 갑의 태도에 비해 타문화 수용에 적극적이다.
③ 을의 태도는 병의 태도에 비해 문화의 다양성 확보에 유리하다.
④ 병의 태도는 을의 태도와 달리 집단 구성원의 결속력을 높이는 데 기여한다.
⑤ 을, 병의 태도는 모두 특정 사회의 문화를 기준으로 타문화를 평가할 수 있다고 본다.

237

정답률 83% | 2020학년도 6월 평가원

다음 대화에 나타난 문화 이해 태도에 대한 설명으로 옳은 것은?

교사 : 문화 이해 태도 A~C에 대해 설명해 볼까요?
갑 : A와 B 모두 문화 간 우열이 존재한다고 봅니다.
을 : A는 C와 달리 다른 사회의 문화에 대해 배타적 태도를 취할 가능성이 높습니다.
병 : B는 A와 달리 [(가)] 라는 문제가 있습니다.
교사 : 세 학생 모두 잘 이해하고 있네요.

① A는 자문화에 대한 객관적 이해를 가능하게 한다.
② B는 자문화를 다른 사회에 이식하는 것을 당연시한다.
③ A는 B와 달리 자문화의 고유성을 상실할 우려가 높다.
④ C는 A와 달리 각 사회의 문화가 형성된 역사와 사회적 맥락을 중시한다.
⑤ (가)에는 '자문화와 다른 사회 문화 간 갈등을 초래할 가능성이 높다.'가 들어갈 수 있다.

238

정답률 75% | 2023학년도 수능

다음은 문화 이해의 태도 A~C를 구분하는 질문에 대한 학생의 답변과 교사의 채점 결과이다. 이에 대한 설명으로 옳은 것은? (단, A~C는 각각 자문화 중심주의, 문화 사대주의, 문화 상대주의 중 하나임.)

질문	답변	
	갑	을
A는 B, C와 달리 특정 사회의 문화를 기준으로 자문화를 낮게 평가하는가?	예	예
C는 A, B와 달리 국수주의로 변질될 수 있다는 비판을 받는가?	예	아니요
(가)	㉠	아니요
(나)	㉡	예
점수	4점	2점

* 교사는 질문별로 각각 채점하고, 각 질문당 옳은 답변을 쓴 경우는 1점, 틀린 답변을 쓴 경우는 0점을 부여함.

① ㉠이 '예'라면, (나)에는 'C는 B와 달리 문화 간 우열을 평가할 수 없다고 보는가?'가 들어갈 수 있다.
② ㉡이 '아니요'라면, (가)에는 'A는 C와 달리 타문화와의 마찰을 초래할 가능성이 큰가?'가 들어갈 수 없다.
③ (가)가 'B는 A와 달리 문화의 다양성을 보존하는 데 기여하는가?'라면, ㉡은 '아니요'이다.
④ (나)가 'B는 C와 달리 자기 문화의 가치만을 중시하는가?'라면, ㉠은 '아니요'이다.
⑤ (가)가 'A는 B와 달리 자문화의 정체성을 상실할 수 있다는 비판을 받는가?'라면, (나)에는 'C는 A와 달리 타문화를 무비판적으로 수용할 가능성이 높은가?'가 들어갈 수 있다.

239

정답률 79% | 2023학년도 9월 평가원

그림의 A~C에 대한 설명으로 옳은 것은? (단, A~C는 각각 자문화 중심주의, 문화 사대주의, 문화 상대주의 중 하나임.)

〈서술형 평가〉

[문항 1] A, C와 달리 B에만 해당하는 특징 하나를 서술하시오.
자기 문화적 정체성을 상실할 우려가 있다. (점수 : 1점)

[문항 2] B, C와 달리 A에만 해당하는 특징 하나를 서술하시오.
문화의 다양성을 보존하는 데 기여한다. (점수 : 0점)

* 문항별로 각각 채점하고 맞으면 1점, 틀리면 0점을 부여함.

① A는 타문화를 수용하는 데 적극적이다.
② B는 국수주의로 변질될 수 있다는 비판을 받는다.
③ A는 C와 달리 특정 문화를 기준으로 타문화를 평가한다.
④ A는 B, C와 달리 타문화에 대한 긍정적 인식에서 비롯된다.
⑤ C는 A, B에 비해 타문화와 문화적 마찰을 일으킬 가능성이 높다.

240

정답률 87% | 2023학년도 6월 평가원

문화 이해의 태도 A~C에 대한 설명으로 옳은 것은? (단, A~C는 각각 자문화 중심주의, 문화 사대주의, 문화 상대주의 중 하나임.)

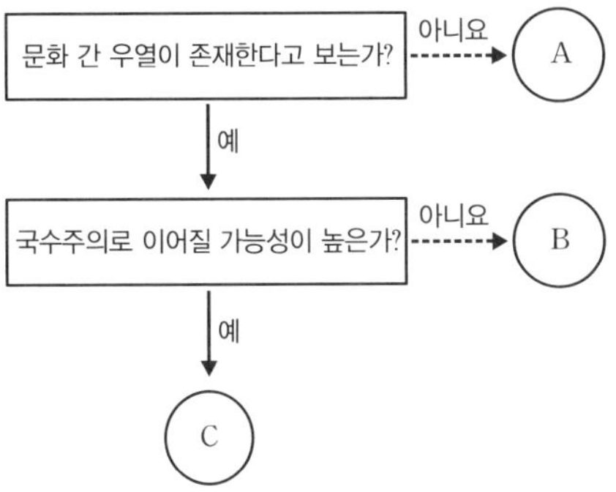

① A는 각 사회의 문화를 해당 사회의 맥락에서 바라본다.
② B는 자문화를 다른 사회에 이식하는 것을 당연시한다.
③ C는 모든 문화가 동등한 가치를 지닌다고 본다.
④ A는 B와 달리 특정 사회의 문화를 기준으로 타문화를 평가할 수 있다고 본다.
⑤ '문화 다양성 보존에 기여하는가?'라는 질문으로 A와 C를 구분할 수 없다.

241

정답률 94% | 2024학년도 6월 평가원

밑줄 친 ㉠과 같은 문화 이해 태도에 부합하는 진술만을 〈보기〉에서 있는 대로 고른 것은?

○○족 문화를 연구하러 현지 조사를 떠난 A는 우연히 마을 장로들과 셰익스피어의 「햄릿」에 대하여 대화를 나누게 된다. 「햄릿」은 아버지의 갑작스러운 죽음 이후, 아버지 대신 왕이 된 삼촌과 어머니의 결혼에 괴로워하던 햄릿이 아버지를 죽인 삼촌에게 복수하는 이야기이다. 그런데 형이 죽으면 동생이 형수와 결혼하는 것을 당연시하고, 아버지의 복수를 아들이 직접 하는 것도 금지하는 ○○족 사회에서 햄릿의 행동은 전혀 다르게 해석되었다. 그들과의 대화를 통해 A는 보편적으로 통용될 것이라 믿었던 「햄릿」에 대한 해석도 특정 문화의 관점에서 만들어진 것에 불과하다는 것을 알게 되었다. 이를 통해 타 문화를 이해하기 위해서는 그 사회의 문화가 형성되는 상황이나 맥락을 고려하는 ㉠ <u>문화 이해 태도</u>가 중요하다는 사실을 깨닫게 되었다.

〈보기〉

ㄱ. 이웃 나라에서 체면을 중시하는 문화가 왜 지배적인지 그 사회 내부의 논리와 체계 속에서 이해할 필요가 있어.
ㄴ. 음식을 손으로 집어 먹는 우리 문화는 열등해. 서구 사회처럼 포크와 나이프를 사용하는 세련된 문화를 받아들여야 해.
ㄷ. 시신을 화장하는 우리의 장례 문화와 비교할 때, 시신을 새나 다른 동물의 먹이로 들판에 방치하는 △△부족의 관습은 너무 야만적이야.

① ㄱ ② ㄴ ③ ㄱ, ㄷ ④ ㄴ, ㄷ ⑤ ㄱ, ㄴ, ㄷ

예상문제로 유형 익히기

정답 및 해설 • p.036

242

난이도 상 중 **하**

다음 글에 나타난 문화 이해 태도에 대한 옳은 설명만을 〈보기〉에서 있는 대로 고른 것은?

> 야노마모족의 여아 살해 관습은 열대 우림이라는 생태계에 적응하는 방식이다. 야노마모족 수준의 기술 체계를 갖는 사회에서 인구의 급격한 증가를 통제하는 수단이 없다면 열대 우림 생태계의 균형은 쉽게 깨지게 된다. 그리고 그것은 동물성 단백질의 결핍 현상을 크게 악화시킬 뿐만 아니라 생태계 자체의 파괴를 가져와 결국 모든 집단의 존속 자체가 위협받게 된다. 따라서 효율적인 인구 조절 수단이 필요한데, 여아 살해 관습이 그 기능을 하고 있는 점에서 불가피한 선택임을 이해해야 한다.

〈보기〉

ㄱ. 인류의 보편적 가치를 해칠 수 있다.
ㄴ. 자문화의 주체성 상실을 가져올 수 있다.
ㄷ. 지나칠 경우 자문화의 국제적 고립을 자초할 수 있다.
ㄹ. 용인할 수 없는 행동까지도 그 가치와 의미를 인정하게 될 수 있다.

① ㄱ, ㄴ ② ㄱ, ㄹ ③ ㄴ, ㄷ
④ ㄱ, ㄴ, ㄹ ⑤ ㄴ, ㄷ, ㄹ

243

난이도 상 **중** 하

다음 사례에 대해 문화 상대주의 입장에서 진술한 학생만을 〈보기〉에서 있는 대로 고른 것은?

> 티베트에서는 죽은 사람의 살을 독수리의 먹이로 제공하는 조장(鳥葬)이라는 장례 방식이 존재한다. 조장이란 시체를 새들이 와서 쪼아 먹게 하는 장례법인데, 티베트인들은 조장 의식을 통해 죽은 이의 영혼을 조상이 있는 하늘로 돌려보낸다고 생각하기 때문에 오랜 기간 행해져 오고 있다. 또한 이 지역은 춥기 때문에 얼어붙은 땅을 파서 시신을 묻는다는 것도 쉽지 않고, 건조해서 땅에 묻어도 썩지 않을 뿐만 아니라, 주검을 화장하려고 해도 땔나무를 구하기 어렵다.

〈보기〉

갑 : 티베트의 장례 문화는 그 나름대로의 의미와 가치가 있어요.
을 : 티베트의 조장 풍습은 티베트의 환경을 고려해서 파악하면 이해할 수 있어요.
병 : 조장(鳥葬)은 잔인한 장례법으로 미개한 풍습이에요.
정 : 우리의 장례 문화보다 의미 있어 보이므로 우리도 따르면 좋을 것 같아요.

① 갑, 을 ② 갑, 정 ③ 을, 병
④ 갑, 을, 정 ⑤ 을, 병, 정

244

난이도 상 **중** 하

다음과 같은 태도가 나타나는 이유로 적절하지 <u>않은</u> 것은?

> • 자기 문화의 관점에서 다른 문화를 평가하는 태도
> • 자기의 문화만을 당연하고 정당한 것으로 인정하는 태도
> • 다른 문화를 부정적으로 평가하는 태도

① 문화의 다양성 및 상대성에 대한 인식이 부족하기 때문이다.
② 사회 집단의 통제나 구성원 간의 유대를 강화하기 위해서이다.
③ 국가 차원에서 특정 목적을 위해 개발되고 조장되는 경우가 있기 때문이다.
④ 인간은 자신에게 익숙한 문화를 더 우월한 것으로 평가하려는 속성이 있기 때문이다.
⑤ 다른 문화의 고유한 가치 폄하와 더불어 인류의 보편적 가치까지도 무시하기 때문이다.

245

난이도 상 **중** 하

다음 글에 나타난 A국의 문화 인식 태도에 대한 옳은 설명만을 〈보기〉에서 고른 것은?

> A국은 B국을 식민 지배하는 동안 B국의 전통 신앙인 무속 신앙을 미신이라 하여 철저하게 억압하고 말살하려 하였다. 그러면서 A국의 전통 신앙인 신도(神道)를 장려하여 전국에 신사(神社)를 설치하고 신사 참배를 강요하였는데, 신사도 따지고 보면 미신에 불과했다. 왜냐하면 신사에서 숭배의 대상이 되는 것은 신(神)뿐만 아니라 유명한 산, 강, 바위 등 자연물인 경우도 많다는 점에서 신사 숭배는 B국의 무속과 크게 다를 것이 없었기 때문이다.

〈보기〉

ㄱ. 다른 나라의 문화를 부정적으로 평가한다.
ㄴ. 자신의 문화를 과소평가하여 문화적 주체성이 상실될 수 있다.
ㄷ. 국가 간 문화 이해와 협력에 장애가 되어 국제적 고립을 초래할 수 있다.
ㄹ. 문화의 폐쇄성을 초래할 수 있지만 국수주의로 흐를 위험성이 작다.

① ㄱ, ㄴ ② ㄱ, ㄷ ③ ㄴ, ㄷ
④ ㄴ, ㄹ ⑤ ㄷ, ㄹ

246

난이도 상 중 하

그림은 질문 (가), (나)에 따라 문화 이해 태도를 구분한 것이다. 이에 대한 옳은 설명만을 〈보기〉에서 고른 것은?

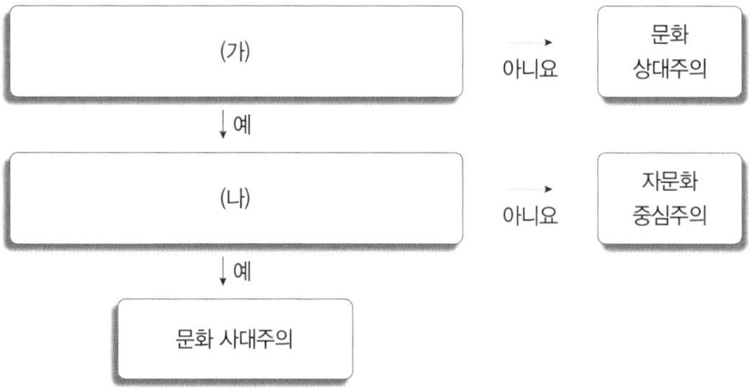

〈보기〉

ㄱ. (가)에는 '문화를 평가의 대상으로 보는가?'가 들어갈 수 있다.
ㄴ. (나)에는 '사회 통합에 기여할 수 있는가?'가 들어갈 수 있다.
ㄷ. '선진 문물의 수용에 기여하는가?'는 (가)보다 (나)에 들어가기가 적절하다.
ㄹ. '문화의 다양성을 보존하는 데 기여하는가?'는 (나)보다 (가)에 들어가기가 적절하다.

① ㄱ, ㄴ ② ㄱ, ㄷ ③ ㄴ, ㄷ
④ ㄴ, ㄹ ⑤ ㄷ, ㄹ

247

Challenge 30% 신유형

난이도 상 중 하

A국 사람들의 문화 이해 태도에 대한 학생들의 진술로 가장 적절한 것은?

① 갑 : 문화는 질적인 평가가 가능하므로 다른 문화에 대한 추종이나 비판적 시각이 필요합니다.
② 을 : 문화의 상대성을 인정하고 각 사회의 문화를 그 사회의 맥락에서 이해하는 태도가 필요합니다.
③ 병 : 문화는 단순한 부분의 합 이상이며, 요소 간의 관계들에 의해 하나의 총체적인 형태로 파악해야 합니다.
④ 정 : 자기 문화의 정체성을 유지하기 위해 자기 문화만을 절대적인 기준으로 삼는 태도가 요구됩니다.
⑤ 무 : 문화는 단순하고 미개한 것에서 복잡하고 세련된 것으로 진화하므로 더 발전된 문화의 수용이 필요합니다.

02 현대 사회의 다양한 문화 양상

출제 예상 item 18 전체 문화와 하위문화 19 대중문화와 대중 매체

1 전체 문화와 하위문화

1. 전체 문화와 하위문화

전체 문화	다른 사회와 구별되어 한 사회 구성원이 전반적으로 공유하는 문화 예 민족 문화, 대중문화, 한국 문화 등
하위문화	그 사회 내의 어떤 집단에서만 공유하는 독특한 문화 예 지역 문화, 세대 문화, 청소년 문화, 반문화 등

2. 하위문화의 특징

(1) 다양한 하위문화는 문화의 질적 발전을 초래하는 원천임

(2) 한 사회를 구성하는 특정 계층 · 지역 · 인종 · 민족 등의 특징을 반영함

(3) 대체로 전체 사회가 추구하는 가치에 부합하는 성격을 갖지만, 반(反)문화의 성격을 지닐 수 있음

3. 하위문화의 상대성: 전체 문화의 범주를 어떻게 설정하느냐에 따라 하위문화의 범주는 상대적임

예 청소년 문화는 한국 문화와 비교할 때에는 하위문화이지만, 고등학생 문화나 자퇴생 문화 등과 비교할 때에는 청소년 문화가 전체 문화가 되고, 고등학생 문화나 자퇴생 문화는 하위문화가 됨

4. 하위문화의 기능

순기능	• 사회 구성원에게 다양한 욕구 충족의 기회를 제공함 • 전체 문화의 획일화를 방지하여 문화의 다양성과 역동성을 제공함 • 하위 집단이 정체성을 형성함으로써 구성원의 소속감 고취에 기여함
역기능	하위 집단 내의 결속력이 지나칠 경우 집단 간 갈등을 초래하여 사회 통합을 저해할 우려가 있음

5. 다양한 하위문화

지역 문화	지역 주민들이 동질적인 공동체 의식을 바탕으로 형성한 지역 사회 특유의 생활 양식의 총체
세대 문화	비슷한 연령대의 사람들 사이에서 공유되고, 세대 간 문화적 이질성을 확인할 수 있게 해 주는 문화
청소년 문화	• 청소년들만이 공유하는 하위문화 • 세대 문화의 한 유형임 • 변화 · 소비 · 미래 지향적 · 감각적임
반문화	• 기존의 지배적인 주류 문화에 반대하고 저항하는 성격의 문화 • 시대와 사회에 따라 반문화에 대한 규정은 달라짐 예 1970년대 우리나라의 장발 문화, 폭주족 문화, 미국의 히피 문화 등

2 대중문화

1. 의미 한 사회 내에 존재하는 다양한 집단을 초월하여 불특정 다수가 공유하는 문화

2. 등장 배경

(1) 근대 산업화로 인해 대량 생산 · 대량 소비 체제 형성 → 상품과 문화 소비의 대중화

(2) 봉건적 신분제의 철폐 → 귀족의 특권이었던 문화 향유권이 대중에게 확산

(3) 보통 선거 제도의 확립과 공교육 제도의 도입 → 대중의 지위와 문화적 역량 향상

(4) 대중 매체의 발달 → 대중문화가 활발하게 생산되고 불특정 다수에게 보급이 가능해짐

교과서 속 수능 개념

지역 문화의 기능

지역 문화는 지역 구성원 간의 유대감과 자부심을 높이고 정서적인 평안과 위로를 제공하며, 지역 문제에 공동으로 대처할 수 있는 해결 수단 등을 제공한다. 또한 생산성을 높이는 기능과 한 국가의 문화적 다양성을 보존하는 기능을 한다.

반문화(anti culture)

하위문화가 지배적인 문화에 대립하고 저항하는 성격을 띠게 될 경우에 나타난다.

대중

지위, 직업, 학력, 성별, 계급 등의 사회적 속성을 초월한 불특정 다수의 사람을 말한다.

헷갈리는 개념 정리

1. 전체 문화와 하위문화

하위문화는 한 문화권 내에서 특정한 집단의 구성원들만이 공유하는 문화로서 소속감이나 연대 의식을 강화해 주며, 전체 문화에 다양성을 부여하여 문화의 창조와 변화에 기여한다.

2. 대중문화와 대중 매체

대중문화는 대중 매체를 통해 대량화되고 상품화된 것이라는 특징을 지닌다. 또한 대중문화는 생산, 유통, 전파의 과정을 통해 상품화의 과정을 거치기 때문에 대중 매체를 통해 상품화된 문화라고 할 수 있다.

3. 대중문화의 기능

순기능	• 고급 문화의 대중화 → 일부 계층만이 향유하던 문화를 다수가 누리게 함 • 여가 및 오락 문화로서의 기능 → 대중에게 문화 생활에 대한 욕구 충족의 기회 제공 • 문화 민주주의의 정착에 기여 → 시민 의식을 성숙시킴
역기능	• 대중문화의 상업화, 획일화, 몰개성화를 초래할 수 있음 • 지나친 상업성 추구로 인해 대중문화의 질적 저하를 초래할 우려가 있음 • 정치 권력이나 자본의 필요에 의해 정보의 은폐나 왜곡이 나타나 대중 조작의 문제, 대중의 정치적 무관심 및 탈의식화를 조장할 우려가 있음

3 대중 매체

1. 의미과 특징

의미	불특정 다수인 대중을 상대로 대량의 정보와 지식 및 시사적 내용을 전달하는 매체나 수단
특징	• 시 · 공간적 한계를 넘어 공개적으로 광범위하게 정보 전달 가능 • 불특정 다수인 대중에게 동시에 정보 전달 가능 • 대중문화의 생산 및 확산에 영향력을 발휘함 • 사회 전반에 미치는 영향력이 크며, 사회 제도로서 기능을 함

2. 유형

인쇄 매체	• 시각적 이미지를 활용한 정보 전달 매체 • 복잡하고 깊이 있는 정보 전달 용이 • 다른 매체에 비해 상대적으로 정보 전달 속도가 느림 예 책, 잡지, 신문 등
음성 매체	• 청각에 의존한 정보 전달 매체 • 비교적 적은 비용으로 정보의 반복적 제공 • 시각 정보의 처리가 곤란 예 라디오, 음반, 녹음기 등
영상 매체	• 시청각에 의존한 정보 전달 매체 • 빠른 속도로 현장감 있는 시청각 정보 제공 • 깊이 있는 정보 전달에는 한계 존재 예 텔레비전, 유선 방송
뉴미디어	• IT 기술의 발달과 함께 나타난 복합적 기능을 가진 쌍방향적(양방향적) 정보 전달 매체 • 정보의 복제와 전송 용이 • 통신망을 통한 상호 소통성의 강화 • 정보의 대량 유통 가능 예 인터넷, 스마트폰, 소셜 네트워크 서비스(SNS)

3. 기능

순기능	• 지식과 정보의 제공 • 여론의 형성과 반영 • 사회 부조리에 대한 감시와 정치 권력에 대한 견제 • 사회화 및 사회 통합 • 대중의 고급 문화 접촉 기회의 제공 • 오락 및 휴식의 제공 등
역기능	• 정보의 왜곡 및 은폐 • 다양성과 창의성 저하 • 대중의 현실 비판 능력 약화 • 상업주의

교과서 속 수능 개념

대중문화의 획일성

대중문화가 대중 매체에 의해 형성되고 주도되기 때문에 모든 사람은 동시에 동일한 문화 요소를 접하게 됨에 따라 획일적인 양상을 띠게 된다.

대중문화의 상업성

• 대중문화는 대중 매체에 의해 형성되고 이윤을 추구하기 때문에 대중문화는 상업성을 띠게 된다.
• 대중은 문화의 소비자이며, 대중 매체를 소유한 기업은 대중이 원하는 문화 상품을 생산하고 판매하여 이윤을 추구한다.

대중 매체의 영향

대중의 사회 참여 확대로 민주주의가 발달하게 되고 대중에게 동일한 정보의 대량 제공으로 대중 사회가 형성되며 문화의 보편화로 대중문화가 형성된다. 하지만 대중 매체의 상업성, 선정성, 편파성이 나타날 수 있고, 대중 매체에 의해 대중의 비판적 사고 능력이 약화될 수 있으며 대중의 생각과 행동이 통제될 수도 있다.

소셜 네트워크 서비스(SNS)

사용자 간의 자유로운 의사소통과 정보 공유, 인맥 확대 등을 통해 사회적 관계를 생성하고 강화시켜 주는 커뮤니티형 웹사이트를 의미한다. 페이스북, 트위터 등이 이에 해당한다.

헷갈리는 개념 정리

3. 시각 정보와 청각 정보

시각 정보는 시각을 통해서 확인할 수 있고 전달할 수 있는 것으로 문자, 그림, 사진, 영상 등을 의미한다. 청각 정보는 청각을 통해서 확인할 수 있고 전달할 수 있는 것으로 음성, 음악, 효과음 등을 의미한다.

4. 일방향 매체와 쌍방향(양방향) 매체

일방향 매체(인쇄 · 음성 · 영상 매체)는 대중이 일방적으로 정보를 수용할 수밖에 없도록 하는 매체로서, 정보의 생산자가 대중에게 일방적으로 정보를 전달하게 된다. 그러나 쌍방향 매체(뉴미디어)는 대중이 정보를 제공받기만 하는 것이 아니라 그 정보를 가공하여 자신만의 방식으로 재생산하여 다른 사람에게 전달할 수 있는 매체로서, 누구나 정보의 생산자가 될 수 있고 정보에 대해 공개적으로 표현이 가능하다.

item 18
전체 문화와 하위문화

수능 출제 패턴 분석 전체 문화와 하위문화의 관계를 묻는 문제가 출제되거나 반문화의 특징을 묻는 문제가 출제된다.

유형보기

1. 하위문화와 반문화 평가원

문화는 사회마다 다를 뿐 아니라 같은 사회 내에서도 다양한 양상으로 나타난다. 한 사회 내의 특정 집단 구성원들만이 공유하는 문화가 있는데, 이를 A 문화라고 한다. 또한, 주류 문화에 반대하고 적극적으로 도전하는 양상을 보이는 B 문화도 있다. B 문화는 때로는 지배 집단에 의해 일탈로 규정되기도 한다.

자료 분석

(1) A 문화는 하위문화, B 문화는 반문화이다.
(2) 모든 하위문화의 총합이 전체 문화는 아니며, 사회가 복잡해질수록 다양한 하위문화가 나타나게 되지만, 하위문화가 전체 문화로 수렴되는 경향을 보이는 것은 아니다.
(3) 반문화는 전체 문화와 공통 요소를 가지고 있고, 하위문화와 반문화 모두 사회 변동을 지향하며, 사회에 따라 상대적으로 규정된다.

2. 전체 문화와 하위문화 평가원

학습 주제 : (가) 문화와 (나) 문화
학습 내용
- 한 사회의 문화는 공유 수준과 범위에 따라 (가) 문화와 (나) 문화로 구분할 수 있다.
- 그림에서 ◆를 공유하는 문화는 (가) 문화이고, △를 공유하는 문화는 (나) 문화이다.

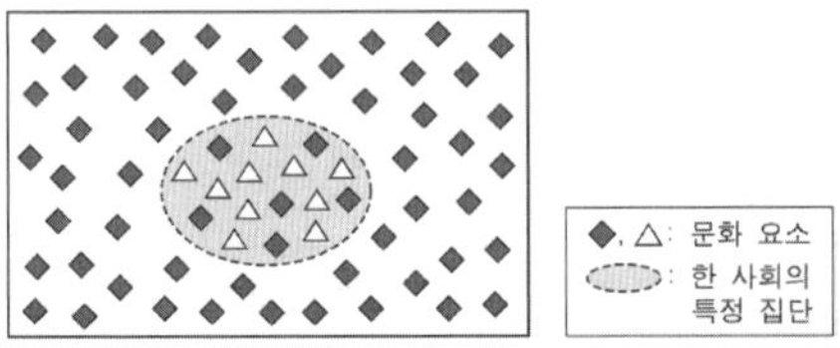

자료 분석

(1) (가)는 전체 문화, (나)는 하위문화이다. 사회가 다원화되고 복잡해질수록 하위문화는 다양해진다.
(2) 하위문화는 한 사회에서 문화 갈등의 원인이 되기도 하는데, 한 사회의 지배적인 문화에 저항하고 대립하는 하위문화를 반문화라고 한다.
(3) 사회 변화에 따라 특정 집단이 누리던 하위문화가 보편화되어 전체 문화가 되기도 하지만, 하위문화는 전체 문화와 다른 독특한 가치와 규범을 갖기도 한다.
(4) 한 사회 내에 있는 하위문화의 총합이 전체 문화가 되는 것이 아니라 하위문화 중에서 공통적인 요소만이 전체 문화가 된다.

대표기출로 유형 감잡기

정답 및 해설 • p.039

248

정답률 87% | 2024학년도 수능

다음 두 사례에서 공통적으로 도출할 수 있는 내용으로 가장 적절한 것은?

- 갑국의 빈민가 출신 젊은이들은 주류 사회의 가치관에 상충하는 요소들을 의식적으로 드러내는 새로운 장르의 음악을 만들어 냈다. 그런데 해당 장르가 음악 산업의 주류로 자리 잡으면서 본연의 색채를 잃었다는 평가를 받고 있다.
- 을국의 일부 젊은이들은 사회 전반에 퍼진 삶의 방식이 지나치게 경쟁적이고, 이기적이며, 물질 중심적이라고 비판하며 그들만의 새로운 삶의 양식을 만들어 나갔다. 이들은 물질 소유를 최소화하고 인간으로서 정신적 성장을 중시하는 삶의 양식을 추구하였다.

① 반문화는 전체 사회에서 주류 문화가 된다.
② 하위문화와 반문화는 모두 세대 간 갈등의 원인이 된다.
③ 주류 문화에 대항하는 구성원에 의해 반문화가 형성된다.
④ 주류 문화와 하위문화는 모두 사회의 안정과 통합에 기여한다.
⑤ 반문화는 주류 문화로 변화하는 과정에서 정체성이 상실된다.

249

정답률 88% | 2024학년도 9월 평가원

A~C에 대한 설명으로 옳은 것은? (단, A~C는 각각 주류 문화, 하위문화, 반문화 중 하나임.)

유일신을 숭배하는 □□교를 오랜 기간 국교(國敎)로 유지하고 있는 갑국에 조상신을 숭배하는 ○○교가 유입되었다. 갑국에서 ○○교는 처음에는 일부 집단만이 공유한 A였다. 그런데 ○○교 신자들이 갑국의 B인 □□교가 숭배하는 유일신을 부정하면서 ○○교는 C의 성격을 가지게 되었다.

① A는 B와 달리 시대에 따라 상대적으로 규정된다.
② B는 C와 달리 문화 다양성 증가에 기여한다.
③ C는 A, B와 한 사회에서 공존할 수 없다.
④ A, B는 C와 달리 해당 문화를 향유하는 구성원의 정체성 강화에 기여한다.
⑤ C는 A에 해당하지만, A가 B에 해당하는 것은 아니다.

250

정답률 87% | 2024학년도 6월 평가원

다음 자료에 대한 옳은 설명만을 〈보기〉에서 고른 것은?

> 1945년 이후 침략국이자 패전국인 독일이 취한 태도는 망각이었다. 독일 사회는 전쟁 희생자를 애도하기 위한 공적 의례를 하지 않았다. 전쟁의 상처가 생생하게 남아있는 사회에서 사람들은 과거에 대해 침묵으로 일관했다. 1950년대에도 지속된 ㉠ '침묵의 연합'이라는 사회 전반적인 풍토에 균열이 생긴 결정적 계기는 전후 세대의 등장이었다. 특히 1960년대 후반부터 일어난 학생 봉기는 전쟁 희생자로 자신들을 포장해 온 부모 세대를 맹렬히 비난하면서 전쟁에 대한 죄의식의 부재를 공적 논쟁의 장으로 끌어냈다. 전쟁의 기억과 책임 문제를 둘러싼 세대 간 갈등은 투쟁의 양상을 띠며 심화되었다. 당시 젊은 세대가 공유했던 ㉡ '집합적 죄의식'은 1970년대에 접어들면서 공적 의례의 중심 서사가 되고 대중문화의 소재로 빈번히 사용되는 등 독일 사회의 지배적인 기억 문화가 되어 갔다.

〈보기〉

ㄱ. 1950년대 독일 사회에서 ㉠은 하위문화이다.
ㄴ. 1960년대 후반 독일 사회에서 ㉡은 반문화의 성격을 띤다.
ㄷ. ㉡은 ㉠과 달리 독일 사회의 지역 문화이다.
ㄹ. 지배적인 가치에 도전하는 문화가 주류 문화로 변화한 사례가 나타난다.

① ㄱ, ㄴ　② ㄱ, ㄷ　③ ㄴ, ㄷ
④ ㄴ, ㄹ　⑤ ㄷ, ㄹ

251

정답률 90% | 2023학년도 수능

다음 글에서 파악할 수 있는 내용으로 가장 적절한 것은?

> 요즘 한글 자모를 모양이 비슷해 보이는 다른 자모로 바꾸어 표현하는 언어유희를 볼 수 있다. 'ㄸ'과 'ㅣ'를 합쳐 '며'를 만들어 '명작'을 '띵작'으로 표기하는 것이 그 예다. 온라인에서 이러한 신조어를 만들거나 사용하는 것이 젊은 세대 사이에서 하나의 놀이 문화로 자리 잡았고, 그들의 소통을 위한 매개로 활용되면서 서로 간의 친밀감을 높이고 있다. 하지만 신조어를 잘 모르는 대다수의 기성세대는 말의 의미를 이해하지 못해 혼란스러워 하기도 한다. 이로 인해 세대 간 소통 단절을 불러올 수 있다는 우려가 제기된다.

① 하위문화가 주류 문화를 대체한다.
② 세대 간 문화의 이질성이 약화된다.
③ 대중 매체가 고급문화의 대중화를 견인한다.
④ 특정 세대가 새로운 가치를 추구하며 주류 문화에 저항한다.
⑤ 특정 하위문화가 해당 문화를 향유하는 구성원들의 유대감 형성에 기여한다.

252

정답률 80% | 2018학년도 9월 평가원

A~C 문화에 대한 옳은 설명을 〈보기〉에서 고른 것은? (단, A~C 문화는 각각 전체 문화, 하위문화, 반문화 중 하나이다.)

> 중세 말기 유럽에서는 새롭게 부를 축적한 부르주아지가 등장하였다. 이들의 문화는 당시 엄격한 신분제에 기초한 봉건제적 문화와는 차별화된 성격을 띠고 있어 처음에는 A 문화였다. 그러나 부르주아지가 근대 시민 혁명을 통해 구체제를 전복하려 나선 시기에, 이들의 문화는 B 문화로서의 성격을 보였다. 그리고 마침내 구체제가 무너지고 새로운 근대 사회가 도래한 이후 이들의 문화는 점차 봉건제적 문화를 대체하며 C 문화로 성장하였다.

〈보기〉

ㄱ. A 문화는 C 문화와 대립하여 사회 안정을 저해한다.
ㄴ. C 문화는 사회 변동에 따라 A 문화가 되기도 한다.
ㄷ. 한 사회에서 B 문화는 C 문화와 공존이 불가능하다.
ㄹ. 한 사회에서 C 문화는 A 문화의 총합으로 설명할 수 없다.

① ㄱ, ㄴ　② ㄱ, ㄷ　③ ㄴ, ㄷ
④ ㄴ, ㄹ　⑤ ㄷ, ㄹ

253

정답률 79% | 2018학년도 수능

A~C의 일반적인 특징에 대한 설명으로 옳은 것은? (단, A~C는 각각 전체 문화, 반문화, 반문화의 성격이 없는 하위문화 중 하나이다.)

구분	A	B	C
한 사회 내에서 일부 구성원들만 공유하는 문화인가?	예	예	아니요
한 사회의 지배적인 문화를 거부하거나 저항하는 문화인가?	예	아니요	아니요

① A는 B와 달리 기존의 지배적인 문화를 대체하기도 한다.
② B는 A와 달리 주류 집단에 의해 일탈로 규정되기도 한다.
③ A를 공유하는 구성원은 C의 문화 요소 중 일부를 공유한다.
④ A, B는 C와 달리 해당 문화를 향유하는 구성원들 공통의 정체성 형성에 기여한다.
⑤ B, C는 A와 달리 사회에 따라 상대적으로 규정된다.

254

정답률 76% | 2018학년도 6월 평가원

하위문화의 유형인 A, B 문화의 일반적인 특징에 대한 설명으로 옳은 것은?

유형	사례
A 문화	1960년대 미국의 히피족은 정치적으로 베트남전 참전을 위한 징집을 거부하는 등 정부 정책에 도전하며 평화를 추구하고, 물질적 풍요와 편의성보다는 자연과 공존하는 생활 태도를 중시하였다.
B 문화	최근 2030세대는 이전의 젊은 세대에 비해 현재를 중시하는 삶의 방식을 보인다. 이들은 미래에 투자하기보다 현재의 행복과 즐거움을 위해 소비하는 경향을 보인다. 이는 "You only live once(당신의 삶은 한번 뿐이다)."의 줄임말인 '욜로(YoLo)' 현상으로 설명되기도 한다.

① A 문화는 B 문화와 달리 전체 사회에 문화 다양성을 제공한다.
② B 문화는 A 문화와 달리 기존 문화에 저항하는 특징을 보인다.
③ A 문화나 B 문화에 속하는 것을 구분하는 기준은 상대적이다.
④ A 문화는 사회 통합에, B 문화는 사회 변동에 기여한다.
⑤ A 문화와 B 문화의 총합은 전체 문화이다.

255

정답률 78% | 2020학년도 9월 평가원

다음 자료에 대한 설명으로 옳은 것은?

(가) 청소년들이 자신들만의 ㉠ 은어와 속어를 사용하는 이면에는 기성세대에 대한 저항감이 숨어 있다. 기성세대가 만들어 놓은 ㉡ 문화적 환경에 대해 거부하고 또래 간 유대감을 강화하기 위한 도구로 청소년들은 은어와 속어를 사용한다.

(나) 청소년들은 ㉢ 정보 통신 기술의 발전으로 형성된 정보 사회에 기성세대보다 빠르게 적응한다. 사이버 공간 속 청소년의 언어는 ㉣ 또래만의 문화적 특징이 반영된 것이어서 기성세대의 언어와는 차이가 있다. 이러한 ㉤ 청소년의 언어 문화는 청소년이 성장하면서 자연스럽게 기성세대의 언어 문화가 된다.

① ㉠, ㉢은 모두 비물질문화에 해당한다.
② ㉡의 '문화'는 ㉤의 '문화'와 달리 좁은 의미로 사용되었다.
③ ㉣이 강화되면 ㉤은 기존의 주류 문화에 동화된다.
④ (가)에는 (나)와 달리 하위문화의 반문화적 성격이 부각되어 있다.
⑤ (가), (나)에는 모두 하위문화가 전체 문화로 대체되는 과정이 나타나 있다.

예상문제로 유형 익히기

정답 및 해설 • p.039

256

난이도 상 중 하

다음 글을 활용한 수업의 주제로 가장 적절한 것은?

> 청소년 문화를 보면 고등학생의 청소년 문화와 중학생의 청소년 문화가 다르다. 이 경우 한국 사회의 문화와 청소년 문화의 관계에서는 청소년 문화가 하위문화이지만, 청소년 문화와 고등학생 청소년 문화의 관계에서는 고등학생의 청소년 문화가 하위문화이다.

① 하위문화의 상대성
② 전체 문화의 절대성
③ 하위문화의 다양성
④ 전체 문화의 보편성
⑤ 하위문화의 특수성

257

난이도 상 중 하

다음 지역 문화에 대한 옳은 설명만을 〈보기〉에서 고른 것은?

벌교 꼬막 축제

보령 머드 축제

〈보기〉

ㄱ. 사회 전체의 문화적 획일화를 초래할 가능성이 크다.
ㄴ. 두 지역의 지역적 특성을 반영한 문화 축제를 보여 준다.
ㄷ. 같은 지역 주민들의 정체성과 일체감 형성에 기여할 수 있다.
ㄹ. 다른 지역 사회의 주민들과 자신들을 구별하지 않아 내집단 의식이 강화된다.

① ㄱ, ㄴ　② ㄱ, ㄷ　③ ㄴ, ㄷ
④ ㄴ, ㄹ　⑤ ㄷ, ㄹ

258

난이도 상 중 하

(가), (나)에 대한 옳은 설명만을 <보기>에서 있는 대로 고른 것은?

(가) 폭주족의 상당수는 청소년들이다. 이들은 학교와 주류 사회가 원하는 가치와 규범을 고리타분한 것으로 여기고 자기들만의 문화를 형성하고 있다. 폭주족 청소년들은 나름대로의 규칙을 따르고 있으며, 기성 세대와 사회가 원하는 가치와 규범을 무시하는 행동을 우상화한다.

(나) 18세기 프랑스의 왕족과 귀족 문화에 반(反)하던 부르주아 문화가 프랑스 대혁명의 혁명 정신으로 작용하였다. 결국 왕족과 귀족 중심의 구체제를 뒤엎으면서 프랑스는 왕권 체제와 신분제가 없어지고 자유와 평등에 기반한 자유주의 국가 체제로 바뀌었다.

<보기>

ㄱ. (가)에서 폭주족을 구성하는 청소년들은 그들만의 고유한 정체성을 강화한다.
ㄴ. (나)에서 프랑스 대혁명 전 귀족 문화는 전체 문화이다.
ㄷ. (나)에서 부르주아 문화는 사회 변화를 가져오기도 한다.
ㄹ. (가)의 폭주족 문화와 (나)의 부르주아 문화는 모두 지배 문화에 대립하고 저항하는 성격을 지닌다.

① ㄱ, ㄴ ② ㄱ, ㄷ ③ ㄴ, ㄹ
④ ㄱ, ㄷ, ㄹ ⑤ ㄴ, ㄷ, ㄹ

259

난이도 상 중 하

다음 글에 대한 설명으로 옳지 않은 것은?

한국 사회의 청소년들은 머리 모양, 의복, 행위 양식, 언어 구조 등에 이르기까지 기성 세대의 그것과는 다르다. 또한 집단적이고 전통 지향적인 기성 세대와는 달리, 청소년들의 정서는 보다 ㉠ 개인주의적이고 물질을 중시하며 미래 지향적인 방향으로 나아가고 있다. 하지만 청소년들의 본질적인 내면 세계를 들여다 보면 지금까지의 인식을 깨뜨리는 한국인들만의 공통 분모를 확인할 수 있게 된다. 소위 '정'으로 표현되는 감정 형태, 가상 공간에서는 개인주의적인 세계를 즐기면서도 현실 공간에서는 ㉡ 집단적 연대를 강조하는 모습이 드러나는 것이다.

① 청소년들은 전체로서의 한국 문화를 공유하고 있다.
② 일반적으로 청소년들은 기성 세대와의 조화를 중시한다.
③ 일반적으로 청소년 세대와 기성 세대는 세대 간 문화가 다르다.
④ 청소년 세대 문화와 기성 세대 문화는 각각 하위문화의 성격을 가진다.
⑤ 청소년 세대의 특성 중 ㉠은 기성 세대와의 차이점에, ㉡은 공통점에 해당한다.

260

Challenge 30% 고난도

난이도 상 중 하

다음은 '(가)에서 (나)로의 팬덤 문화의 변화'에 대한 글이다. 이에 대한 옳은 설명만을 <보기>에서 있는 대로 고른 것은?

(가) 1990년대 인기를 얻은 아이돌 그룹 A의 노래 가사는 기성 세대나 입시 위주의 학교 문화에 대한 반감이나 저항을 나타내는 경우가 많았다. 팬들은 이들의 직설적이고 저항적인 음악에 공감하면서 사회에 대한 불만이나 청소년기의 혼란을 표현하였다.

(나) 2010년대에 접어든 후 최근 팬들은 자기가 좋아하는 연예인과 관련이 있는 음악, 드라마, 영화, 사진 등을 재구성하거나 변형하여 블로그나 인터넷 게시판에 올리는 적극적인 활동은 물론이고, 자신이 좋아하는 연예인의 이름으로 사회에 기부하기도 하고 봉사활동에 나서기도 한다.

* 팬덤(fandom) : 특정 인물이나 분야를 열성적으로 좋아하는 사람들, 나아가 그 인물, 분야에 대해 갖고 있는 '팬의식'을 일컫는다.

<보기>

ㄱ. (가)에서는 기성 세대의 문화에 저항하고 반대하는 반문화적 성격이 나타나 있다.
ㄴ. (나)에서는 문화 창조와 자기 표현으로서의 성격이 두드러진다.
ㄷ. (가)와 달리 (나)에서는 한 사회의 특정 집단 구성원들만이 공유하는 문화가 나타나 있다.
ㄹ. (나)와 달리 (가)에 나타난 문화는 사회 변동에 기여할 수 있다.

① ㄱ, ㄴ ② ㄱ, ㄷ ③ ㄴ, ㄹ
④ ㄱ, ㄴ, ㄹ ⑤ ㄴ, ㄷ, ㄹ

261

난이도 상 중 하

밑줄 친 '이 문화'에 대한 설명으로 옳지 않은 것은?

1960년대 미국의 젊은 세대가 베트남 전쟁에 반대하면서 시작된 이 문화는 인종, 계급 등에 따른 차별 없는 세상을 추구하면서 사회 운동으로 확산되었다. 이들은 평화, 사랑, 화합, 자유 등을 슬로건으로 삼았으며, 화려하고 독특한 의상이나 아이디어로써 자신들을 표현했다. 이들 중 상당수가 음악, 춤, 술, 마약 등에 중독된 모습을 보였기 때문에 이들은 부정적으로 평가되기도 하였다. 하지만 이들은 단순히 주류 문화를 파괴하려는 것이 아닌 새로운 질서를 이루려고 했던 진보적 성격을 가졌다.

① '히피 문화'를 가리킨다.
② 하위문화의 한 유형에 해당한다.
③ 지배적인 문화에 대항하는 문화이다.
④ 주류 문화를 거부하는 성격을 지닌다.
⑤ 사회 구성원들의 일체감 형성 및 사회 통합에 기여한다.

item 19

대중문화와 대중 매체

수능 출제 패턴 분석 대중문화만을 다루는 문항은 자주 출제되는 편은 아니지만, 대중문화의 형성 배경, 한국의 대중문화가 세계화 과정 속에서 어떻게 변화되었는지를 파악하는 문제가 출제된 적이 있다. 대중 매체는 기존 매체와 뉴미디어의 특징을 비교하는 문항이 자주 출제된다. 또한 대중 매체의 문제점이 출제되기도 한다.

유형보기

1. 대중문화 평가원

㉠ 산업화 과정에서 직장을 찾아 농촌에서 도시로 결집된 대규모 인구층을 ㉡ 대중이라 부른다. 이들의 열악한 삶의 조건은 최소한의 휴식을 위한 문화를 필요로 하게 되었으며, ㉢ 사회적 발언권의 확대와 함께 문화에 대한 요구도 커졌다. 한편, 근대 기술의 발달로 등장한 ㉣ 대중 매체들이 이들의 문화적 욕구를 충족시킬 기반을 제공했다. 이에 따라 문화 · 예술 생산자들은 대중을 주목하여 ㉤ 시장을 위한 문화 생산에 뛰어들었다.

(자료 분석)

(1) 제시문은 대중의 등장과 대중 매체의 발달에 의해 대중문화가 확산되었음을 설명하고 있다.
(2) ㉠에서는 소품종 대량 생산이 지배적이었고, ㉡은 현대 사회에 주역으로 등장하였으며, ㉢은 대중 민주주의의 형성 요인이 되었다.
(3) ㉣의 경우 정보 사회의 뉴미디어와 달리 산업 사회에서는 일방향 소통 방식이 지배적이었으며, ㉤에서는 예술성보다 상업성이 더 중요하게 되었다.

2. 대중문화 평가원

- 자신들의 일상생활이 반영된 이미지를 새겨 넣은 직조 공예품을 사용하며 살아오던 남아메리카의 원주민은 이제 뉴욕 현대 미술관의 주문에 따라 피카소, 클레, 미로의 그림을 직조한 공예품을 납품하며 살아가고 있다.
- 하루의 일을 즉흥적으로 표현하던 카리브 군도 원주민의 칼립소 음악은 복합 문화 기업이 주도하는 음악 산업으로 인해 라이브를 전제로 하는 즉흥성을 버리고 서구 소비자의 취향에 맞는 녹음과 방송을 통한 음악으로 변하고 있다.

(자료 분석)

(1) 제시된 사례들을 통해 특정 지역의 삶을 담아내던 문화가 대중을 위한 상품으로 변화되고 있음을 공통적으로 파악할 수 있다.
(2) 첫 번째 사례에서만 고급문화에 대한 접근성이 높아져 문화가 대중화되고 있다는 점을 파악할 수 있다.

3. 대중 매체 평가원

대중 매체 \ 항목	시각 정보	청각 정보	양방향성
A	○	×	−
B	○	○	+
C	×	○	−
D	○	○	−

* ○는 있음을, ×는 없음을, +는 높음을, −는 낮음을 나타냄

(자료 분석)

(1) A~D가 각각 신문, 라디오, TV, 인터넷 중 하나라고 가정했을 때, A는 신문, B는 인터넷, C는 라디오, D는 TV에 해당한다.
(2) TV는 신문에 비해 정보의 확산 속도가 빠르다.
(3) 신문, 라디오, TV는 인터넷과 달리 정보 생산자와 정보 소비자가 명확하게 구분된다.
(4) 인터넷은 라디오와 달리 사람들이 시간의 제약을 받지 않고 이용할 수 있으므로 비동시적인 정보 소비가 가능하며, TV와 라디오는 정보 소비자 간의 의사소통이 보편적으로 나타나지 않고 제한적이다.

4. 대중 매체 평가원

- A~C는 각각 누리 소통망(SNS), 서적, TV 중 하나이다.
- 정보 전달의 양방향성 측면에서 보면 C가 A, B보다 높은 편이다.
- 문맹자의 정보 접근성 측면에서 보면 B가 A보다 높은 편이다.

(자료 분석)

(1) 정보 전달의 양방향성 측면에서 C가 가장 높으므로 C는 누리 소통망(SNS)이고, 문맹자의 정보 접근성 측면에서는 B가 A보다 높으므로 B는 TV이다. 따라서 A는 서적이 된다.
(2) TV는 서적보다 생동감 있는 정보 전달에 용이하며, TV는 누리 소통망(SNS)보다 정보의 복제와 재가공의 용이성이 낮다.
(3) 누리 소통망(SNS)은 TV보다 정보의 생산자와 소비자 간의 경계가 뚜렷하지 않으며, TV는 누리 소통망(SNS)과 달리 정해진 시간에 정보 전달이 동시에 이루어지므로 수용자별 정보 획득의 동시성이 나타난다.

대표기출로 유형 감잡기

정답 및 해설 • p.041

262

정답률 95% | 2023년 4월 교육청

다음 두 사례의 공통적인 시사점으로 가장 적절한 것은?

> • 사람들이 즐겨 보는 동영상 플랫폼에서는 흥미와 관심을 끌기 위한 다양한 콘텐츠가 생산되고 있다. 그런데 이 중에는 특정 집단을 비하하거나 조롱하는 내용이 포함된 경우가 있어 그들에 대한 편견을 조장할 우려를 낳고 있다.
> • SNS는 오늘날 사람들이 일상적으로 다양한 콘텐츠를 접하며 소통하는 창구이다. 그런데 선거철이 되면 입후보한 사람들을 근거 없이 비방하는 콘텐츠가 SNS상에 등장하곤 한다. 그리고 이를 접한 SNS 사용자 일부는 사실 여부를 확인하지 않은 채 해당 콘텐츠를 다른 곳에 유포하기도 한다.

① 대중문화의 지나친 상업화를 경계해야 한다.
② 고급문화에 대한 대중의 접근성을 높여야 한다.
③ 하위문화를 통해 문화의 역동성을 증진시켜야 한다.
④ 세대 간의 문화적 차이를 해소하기 위해 노력해야 한다.
⑤ 대중 매체를 통해 전파되는 콘텐츠를 비판적으로 수용해야 한다.

263

정답률 85% | 2008학년도 9월 평가원

그림은 사회 변화에 따른 특징적인 문화 양상을 각각 나타낸 것이다. 이에 대한 설명으로 적절하지 않은 것은?

(가) 문화		(나) 문화		(다) 문화
오페라 감상, 승마, 사냥	➡	야구, 드라마, 축구, 오락 영화	➡	인디밴드, 타투, 코스프레
신분제 사회의 지배 세력들이 향유하는 문화로 과시적 성향이 강하다.		많은 사람이 즐길 수 있는 문화로 접근이 쉽고 파급 효과가 뛰어나다.		매니아 세력을 중심으로 발생하며, 수요자의 요구가 반영된다.

① (가) 문화에서는 폐쇄적 성격이 나타난다.
② (나) 문화에 대해 본격적인 상업화가 이루어졌다.
③ (다) 문화는 다양성을 경험할 수 있는 기회를 제공한다.
④ (나) 문화보다 (다) 문화에서 수동적인 형태의 참여가 잘 나타난다.
⑤ (가)와 (다)의 문화는 (나) 문화에 비해 향유자가 한정적이다.

264

정답률 64% | 2020학년도 수능

대중 매체의 특징을 활용한 다음 게임에 대한 설명으로 옳은 것은?

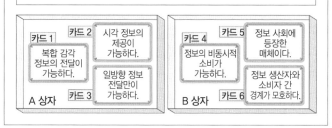

> **게임의 규칙**
> • A, B 상자 안에 각각 3장의 카드가 있다. 카드마다 점수를 부여하는데, 각 카드의 내용이 종이 신문, TV, 인터넷의 일반적 특징 중 하나에만 해당하면 1점, 두 개에만 해당하면 2점, 세 개 모두에 해당하면 3점을 부여한다.
> • 갑은 A, B 상자에서 각각 1장씩 카드를 뽑아 내용 확인 후 다시 원래의 상자에 카드를 넣는다. 을도 같은 방식으로 게임을 진행한다.
> • 각 상자에서 뽑은 카드 2장으로 얻은 점수의 합이 높은 사람이 이긴다.

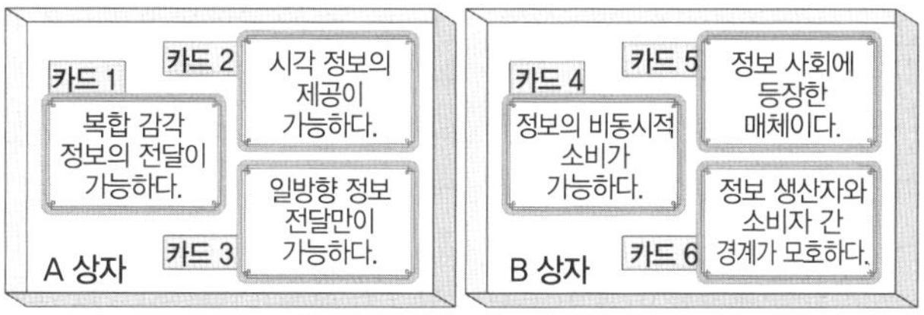

① A 상자에 담긴 카드의 총점은 6점이다.
② 한 사람이 1회 게임에서 얻을 수 있는 최소 점수는 2점이다.
③ 한 사람이 1회 게임에서 얻을 수 있는 최대 점수는 6점이다.
④ 한 사람이 1회 게임에서 종이 신문에 해당하는 내용이 있는 카드로 얻을 수 있는 최대 점수는 5점이다.
⑤ 갑이 카드 2와 카드 4를 뽑았다면, 을이 이길 수 있는 카드의 조합은 1가지이다.

265

정답률 90% | 2017학년도 수능

그림은 대중 매체 A, B의 일반적인 특징을 비교한 것이다. 이에 대한 옳은 설명을 <보기>에서 고른 것은? (단, A, B는 각각 인쇄 매체, 뉴미디어 중 하나이다.)

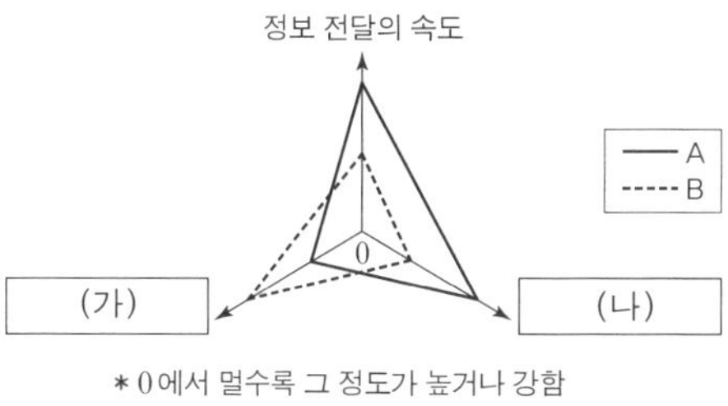

* 0에서 멀수록 그 정도가 높거나 강함

> **<보기>**
> ㄱ. A는 B보다 정보 확산의 시 · 공간적 제약이 크다.
> ㄴ. B는 A보다 정보 생산자와 소비자 간의 경계가 뚜렷하다.
> ㄷ. (가)에는 '정보 전달자와 수용자 간의 상호 작용성'이 적절하다.
> ㄹ. (나)에는 '정보 재가공의 용이성'이 적절하다.

① ㄱ, ㄴ ② ㄱ, ㄷ ③ ㄴ, ㄷ
④ ㄴ, ㄹ ⑤ ㄷ, ㄹ

266

정답률 90% | 2015학년도 9월 평가원

그림의 내용에서 도출할 수 있는 대중 매체의 문제점으로 옳은 진술만을 〈보기〉에서 있는 대로 고른 것은?

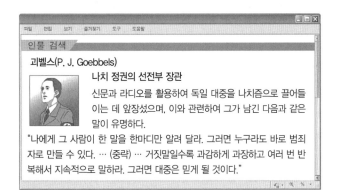

파일 편집 보기 즐겨찾기 도구 도움말

인물 검색

괴벨스(P. J. Goebbels)

나치 정권의 선전부 장관

신문과 라디오를 활용하여 독일 대중을 나치즘으로 끌어들이는 데 앞장섰으며, 이와 관련하여 그가 남긴 다음과 같은 말이 유명하다.

"나에게 그 사람이 한 말을 한마디만 알려 달라. 그러면 누구라도 바로 범죄자로 만들 수 있다. … (중략) … 거짓말일수록 과감하게 과장하고 여러 번 반복해서 지속적으로 말하라. 그러면 대중은 믿게 될 것이다."

〈보기〉

ㄱ. 정보의 조작을 통해 여론을 왜곡할 수 있다.
ㄴ. 특정 집단의 이익을 옹호하기 위한 도구로 활용될 수 있다.
ㄷ. 이윤을 추구하는 자본의 영향을 받아 상업주의에 빠질 수 있다.
ㄹ. 일방적 정보 전달로 대중을 수동적인 존재로 전락시킬 수 있다.

① ㄱ, ㄷ ② ㄴ, ㄹ ③ ㄷ, ㄹ
④ ㄱ, ㄴ, ㄷ ⑤ ㄱ, ㄴ, ㄹ

267

정답률 91% | 2014학년도 9월 평가원

다음 대화에 나타난 대중 매체의 유형별 특징에 대한 설명으로 옳은 것은?

이번 주 동물 보호 교육에서는 TV 다큐멘터리 프로그램을 보여 주는 것이 좋겠습니다.
체계적이고 깊이 있는 정보를 알려 주려면 동영상보다 관련 잡지나 책을 읽게 하는 것이 더 좋겠습니다.
그것보다 동물 보호 단체의 홈페이지를 알려주거나 인터넷 검색을 통해 관련 자료를 조사하게 하는 것이 좋겠습니다.
갑
을
병

① 갑의 선호 매체는 을의 선호 매체와 달리 정보의 전달이 일방적이다.
② 갑의 선호 매체는 병의 선호 매체와 달리 정보 수용자도 정보를 생산한다.
③ 을의 선호 매체는 갑의 선호 매체에 비해 정보 전달의 동시성과 신속성이 뛰어나다.
④ 을의 선호 매체는 갑과 병의 선호 매체에 비해 사용자의 범위가 넓고 접근성이 뛰어나다.
⑤ 병의 선호 매체는 갑과 을의 선호 매체에 비해 전달자와 수용자 간의 상호 작용성이 뛰어나다.

268

정답률 79% | 2014학년도 6월 평가원

다음 두 사례에서 공통적으로 추론할 수 있는 진술로 적절하지 않은 것은?

- 방송 기자들이 모든 사건을 취재하는 것은 아니며, 그들이 취재한 많은 사건들이 모두 뉴스로 방송되는 것도 아니다.
- 편집장이 선택한 기사는 어떤 방식으로 전달하느냐에 따라 그 사안의 중요성이 달라진다.

① 대중 매체는 동일한 사안을 서로 다르게 보도할 수 있다.
② 대중 매체에 대해 비판적 수용 태도를 견지할 필요가 있다.
③ 대중 매체에서 전달되는 방식에 따라 사실이 다르게 보일 수 있다.
④ 대중 매체는 정보 선별을 통해 대중의 지적 능력을 향상시킬 수 있다.
⑤ 대중문화란 대중이 주체적으로 만든 것이 아니라 대중 매체에 의해 만들어진 것일 수 있다.

269

정답률 91% | 2016학년도 수능

그림은 대중 매체의 유형 A, B의 특징을 비교한 것이다. 이에 대한 설명으로 옳은 것은? (단, A, B는 각각 인쇄 매체, 뉴미디어 중 하나이다.)

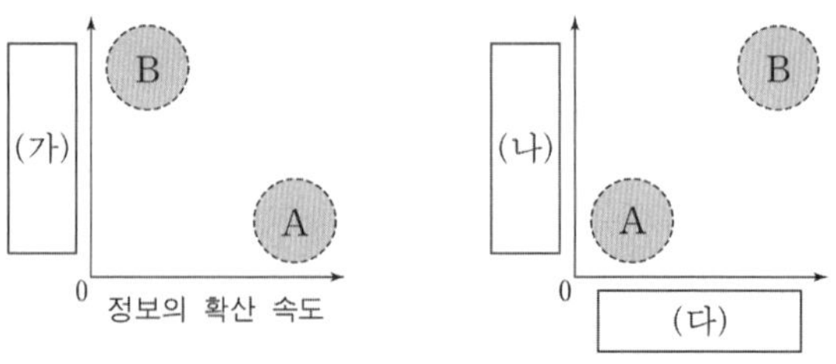

* 0에서 멀수록 빠름 또는 높음

① A는 B에 비해 정보 확산의 시 · 공간적 제약이 크다.
② B는 A와 달리 정보의 동시적 전달이 가능하다.
③ (가)에는 '정보 재가공의 용이성'이 들어갈 수 있다.
④ (나)에는 '시청각 정보 제공의 용이성'이 들어갈 수 있다.
⑤ (다)에는 '정보 생산자와 소비자 간 경계의 명확성'이 들어갈 수 있다.

270

정답률 88% : 2019학년도 수능

대중 매체 A~D의 일반적인 특징에 대한 설명으로 옳은 것은? (단, A~D는 각각 종이 신문, 라디오, TV, 인터넷 중 하나이다.)

- 청각 정보에 의존하는 정도는 A가 가장 높다.
- 정보 전달의 시·공간적 제약은 B가 가장 크다.
- 정보의 복제 및 재가공 용이성은 C가 가장 높다.
- A, B는 C, D와 달리 ___(가)___ 이/가 가능하다.

① A는 B에 비해 깊이 있는 정보 전달이 용이하다.
② B는 C와 달리 정보의 확산 경로가 다양하다.
③ C는 D에 비해 정보 생산자의 전문성이 높다.
④ D는 B와 달리 정보의 실시간 전달이 가능하다.
⑤ (가)에는 '복합 감각 정보의 전달'이 적절하다.

272

정답률 84% : 2018학년도 수능

(가), (나)에 해당하는 내용으로 옳은 것은? (단, A~C는 각각 인쇄 매체, 영상 매체, 뉴미디어 중 하나이다.)

'정보의 생산자와 소비자 간 경계가 모호한가?'라는 질문을 통해 A와 B를 구분할 수 있다. 하지만 '시청각 정보 제공이 가능한가?'라는 질문으로는 B와 C를 구분할 수 없다. 표는 대중 매체 A~C를 대중 매체의 특징 (가), (나)를 기준으로 비교한 것이다.

대중 매체의 특징	비교 결과
(가)	A > B
(나)	B > C

① (가) : 정보 전달의 신속성
② (가) : 정보 획득 시 사용 가능한 감각의 다양성
③ (가) : 정보 전달 시 문맹자의 정보 접근 가능성
④ (나) : 정보의 복제와 재가공의 용이성
⑤ (나) : 정보 전달자와 수용자 간 구분의 명확성

271

정답률 81% : 2019학년도 6월 평가원

그림의 (가)~(다)에 들어갈 내용으로 옳은 것은? (단, A~C는 각각 인쇄 매체, 영상 매체, 뉴미디어 중 하나이다.)

A, B는 C에 비해 정보 재가공의 용이성이 낮아요. A, C는 B와 달리 복합 감각 정보의 전달이 가능해요. (가)~(다)를 기준으로 A~C의 일반적인 특징을 비교해 봅시다.

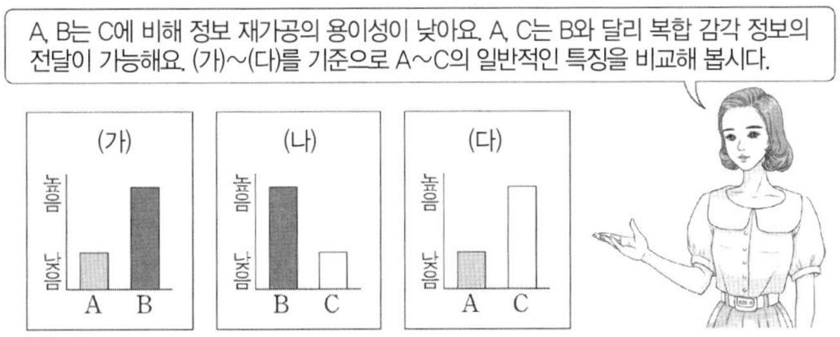

① (가) - 정보 유통의 신속성
② (나) - 정보 전달의 양방향성
③ (나) - 정보 확산 경로의 다양성
④ (다) - 정보 생산자의 익명성
⑤ (다) - 정보 생산자와 소비자 간 경계의 명확성

273

정답률 83% : 2020학년도 6월 평가원

그림은 대중 매체 A~C를 일반적인 특징에 따라 구분한 것이다. 비교 기준에 따른 비교 결과로 옳은 것은? (단, A~C는 각각 뉴미디어, 영상 매체, 인쇄 매체 중 하나이다.)

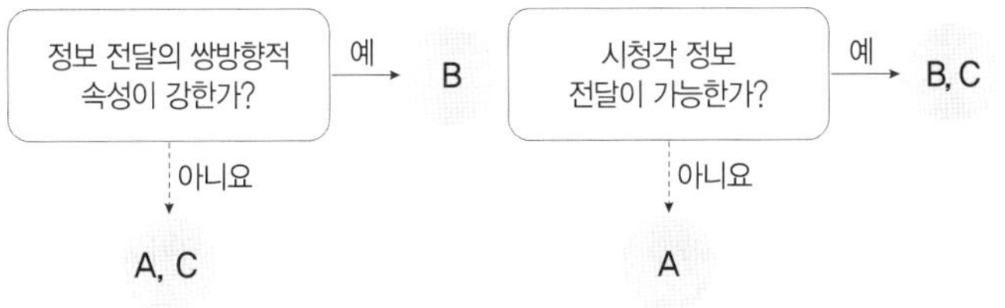

비교 기준	비교 결과
① 정보 전달의 신속성	A > C
② 정보 생산자의 익명성	C > B
③ 정보 복제와 재가공의 용이성	A > B
④ 정보에 대한 문맹자의 접근 가능성	C > A
⑤ 정보 전달자와 수용자 간 구분의 명확성	B > A

274

정답률 86% | 2019학년도 9월 평가원

그림에 나타난 대중 매체 A~C의 일반적인 특징에 대한 옳은 설명을 〈보기〉에서 고른 것은? (단, A~C는 각각 종이 신문, 라디오, TV 중 하나이다.)

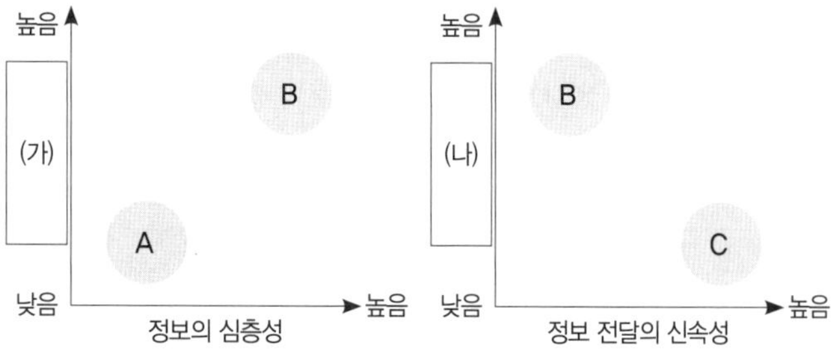

〈보기〉

ㄱ. B는 문맹자의 정보 접근이 어렵다.
ㄴ. C가 라디오라면, B는 A보다 먼저 등장하였다.
ㄷ. (가)에는 '정보 전달과 수용의 동시성'이 적절하다.
ㄹ. (나)에는 '복합 감각 정보의 전달 가능성'이 적절하다.

① ㄱ, ㄴ ② ㄱ, ㄷ ③ ㄴ, ㄷ
④ ㄴ, ㄹ ⑤ ㄷ, ㄹ

275

정답률 90% | 2020학년도 9월 평가원

그림은 대중 매체 A~C의 일반적인 특징을 비교한 것이다. 이에 대한 설명으로 옳은 것은? (단, A~C는 각각 종이 신문, 라디오, SNS 중 하나이다.)

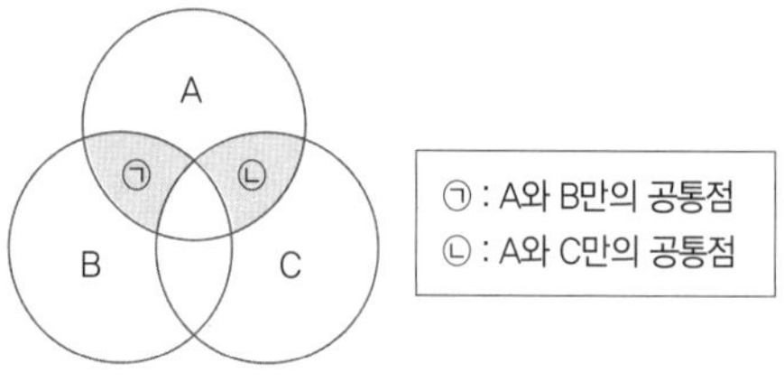

* 시각적 정보를 전달할 수 있는 매체는 A, B이다.

① A가 종이 신문이라면, B는 C에 비해 정보 복제 및 재가공이 용이하다.
② C는 A, B에 비해 정보 확산 경로가 다양하다.
③ B가 SNS라면, ㉡에는 '정보 전달과 수용이 동시에 이루어진다.'가 적절하다.
④ ㉠에는 '쌍방향적 정보 전달이 가능하다.'가 적절하다.
⑤ ㉡이 '정보 생산자와 소비자 간의 경계가 뚜렷하다.'라면, C는 A와 달리 복합 감각 정보의 전달이 가능하다.

예상문제로 유형 익히기

정답 및 해설 • p.041

276

난이도 상 중 하

(가), (나)에 대한 옳은 설명만을 〈보기〉에서 있는 대로 고른 것은?

(가) 과거 서양에서는 귀족들만이 교향곡을 감상하고 시를 낭송하며 고급 문화에 얽힌 담론들을 공유했다. 그러나 이제 원하는 사람은 누구나 CD, 텔레비전, 인터넷 등을 통해 언제 어디서나 유명한 이의 교향곡과 시를 감상할 수 있게 되었다.
(나) 수많은 젊은이들이 비슷한 옷과 머리 모양을 하고 거리를 다닌다. 개성의 자유는 언제라도 무시해 버릴 수 있다는 것처럼 보이는데, 이는 곧 유행에 뒤떨어진다는 말을 듣지 않기 위해 보여지는 행동이다.

〈보기〉

ㄱ. (가)에는 대중문화의 긍정적 특징이, (나)에는 대중문화의 부정적 특징이 나타나 있다.
ㄴ. (가)는 대중문화가 문화 민주주의의 실현에 기여하고 있음을 보여 준다.
ㄷ. (나)는 대중문화가 문화의 획일화라는 기능을 수행하고 있음을 보여 준다.
ㄹ. (가)와 달리 (나)는 대중의 정치적 무관심이 조장될 우려가 있음을 보여 준다.

① ㄱ, ㄴ ② ㄱ, ㄷ ③ ㄴ, ㄹ
④ ㄱ, ㄴ, ㄷ ⑤ ㄴ, ㄷ, ㄹ

277

난이도 상 중 하

다음은 어느 정치 권력자가 제시한 대중 전략 지침의 일부이다. 이를 통해 추론할 수 있는 내용으로 가장 적절한 것은?

• 단순화하라. 대중은 복잡하면 이해를 못하고 전파력이 떨어진다.
• 형상화하라. 그림으로 보여 주고 소리로 전달하면 무의식적으로 주입된다.
• 반복하라. 반복적으로, 대량으로 그리고 지속적으로 보여 주어 대중의 의식을 지배하라.

① 고급 문화의 대중화 현상이 나타날 수 있다.
② 대중문화는 대중 조작의 수단으로 사용될 수 있다.
③ 대중문화는 문화의 질적 저하를 초래할 우려가 있다.
④ 대중문화의 상업화 · 몰개성화 현상이 나타날 수 있다.
⑤ 대중문화는 오락 및 여가 문화로서의 기능을 제공할 수 있다.

278 Challenge 30% 신유형

난이도 상 중 하

대중 매체 (가)~(다)에 대한 설명으로 옳지 않은 것은?

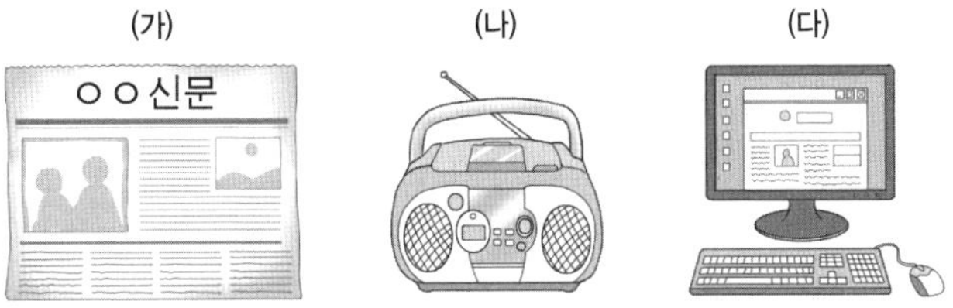

① (가)는 활자를 통해 정보를 전달하는 인쇄 매체이다.
② (나)는 소리를 통한 정보 전달이 가능하나 시각 정보 처리가 어렵다.
③ (다)는 대중이 사회에서 주체적인 역할을 하는 데 영향을 주었다.
④ (가), (나)와 달리 (다)는 양방향성을 갖는다.
⑤ (나), (다)보다 (가)의 영향으로 대중이 문화 창조자로서의 역할을 수행할 수 있게 되었다.

279

난이도 상 중 하

그림은 대중 매체 A, B의 특징을 비교한 것이다. 이에 대한 설명으로 옳은 것은? (단, A, B는 각각 인쇄 매체와 뉴미디어 중 하나이다.)

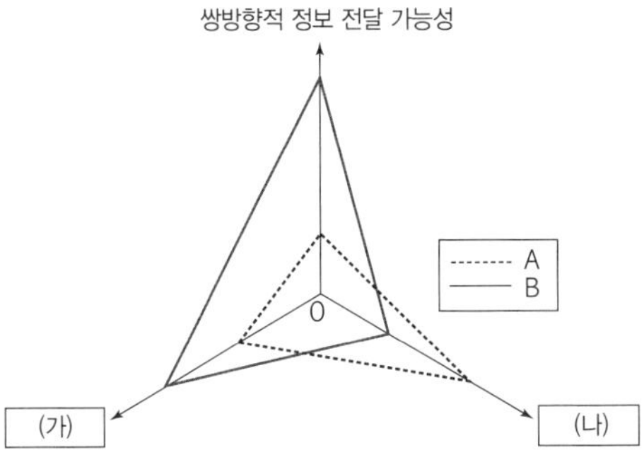

※ 0에서 멀어질수록 그 정도가 크거나 강함

① A와 달리 B는 시각에만 의존한다.
② 정보 수용자의 정보 생산 참여 가능성은 A가 B에 비해 높다.
③ B는 산업 사회부터 영향력이 증대되었다.
④ A는 B에 비해 시·공간적 제약이 작다.
⑤ (가)에는 '정보 검색 및 활용의 신속성', (나)에는 '권력자에 의한 대중 조작 가능성'이 들어갈 수 있다.

280

난이도 상 중 하

밑줄 친 ㉠~㉣에 대한 설명으로 옳지 않은 것은?

> 신문, 잡지 등의 ㉠ 인쇄 매체를 시작으로 발달한 대중 매체는 각종 지식과 정보의 전달 범위와 속도를 가속화시켰다. ㉡ 음성 매체인 라디오를 거쳐 텔레비전이 등장하면서 ㉢ 영상 매체가 대중문화 확산에 큰 영향을 미쳤다. 그리고 21세기에는 종래의 일방향적인 소통에서 벗어나 쌍방향 소통이 가능한 인터넷, 이동 통신 등의 ㉣ 뉴미디어가 등장하면서 다양한 정보를 복합적으로 제공하고 있으며, 대중이 문화 생산자로서 미디어를 적극 활용하고 있다.

① ㉠은 깊이 있는 정보 전달에 유용하다.
② ㉡에 비해 ㉠은 정보 전달의 속도가 느리다.
③ ㉢은 빠른 속도로 공감각적인 정보 전달이 가능하다.
④ 무책임하고 왜곡된 정보의 양산 및 전파 가능성은 ㉣보다 ㉢에서 더 크다.
⑤ ㉠, ㉢에 비해 ㉣에서는 정보 생산자의 익명성이 문제시 될 수 있다.

281

난이도 상 중 하

표는 대중 매체 A, B의 특징을 나타낸 것이다. 이에 대한 옳은 설명만을 〈보기〉에서 고른 것은? (단, A, B는 각각 음성 매체와 뉴미디어 중 하나이다.)

유형	특징
A	정보 통신망을 통해 활자, 소리, 영상 등 복합적인 정보를 전달한다.
B	㉠
A, B	정보 전달 시 소리가 활용된다.

〈보기〉

ㄱ. A는 정보 수용자의 정보 생산 참여 가능성이 높다.
ㄴ. B는 광범위한 정보 전달이 가능하나 시각 정보의 처리가 어렵다.
ㄷ. ㉠에는 '정보의 생산자와 소비자 간 양방향 의사소통이 가능하다.'가 들어갈 수 있다.
ㄹ. 정보의 왜곡이나 질적 저하 문제가 발생할 가능성은 A보다 B가 높다.

① ㄱ, ㄴ ② ㄱ, ㄷ ③ ㄴ, ㄷ
④ ㄴ, ㄹ ⑤ ㄷ, ㄹ

282

난이도 상 중 하

다음 사례를 통해 추론할 수 있는 대중 매체의 기능으로 가장 적절한 것은?

> 스포츠는 대중 매체의 홍보 효과의 덕을 보고, 대중 매체는 스포츠의 대중적 인기를 팔아서 덕을 본다. 대중 매체와 스포츠는 상호 이익을 위해 숙명적으로 상호 공존하게 된다. 1980년대 한국에 나타난 스포츠의 열광 속에는 스포츠와 대중 매체 그리고 정치의 공생적 관계가 숨겨져 있다. 즉, 지배 계급이 국민들의 정치적 무관심을 유도하는 등 우민화 정책의 일환으로 스포츠와 대중 매체가 이용되었다는 것이다.

① 대중 매체는 기업 자본의 영향을 받아 선정적인 문화를 양산하기도 한다.
② 대중 매체는 대중의 현실 비판 능력을 약화시키는 도구로 이용되기도 한다.
③ 대중 매체는 대중이 보다 쉽게 고급 문화를 접촉할 수 있는 기회를 제공한다.
④ 대중 매체는 정부 활동에 대한 감시와 평가를 통해 권력의 횡포를 방지한다.
⑤ 대중 매체는 다양한 지식과 정보를 제공하여 사회의 긍정적 변화를 이끌어 내기도 한다.

283

난이도 상 중 하

다음 글에 나타난 대중 매체를 바라보는 관점에 부합하는 진술만을 〈보기〉에서 고른 것은?

> 대중 매체는 특정 집단의 이해관계만을 대변하는 도구이다. 특정 집단에게 일방적으로 유리한 사회 구조나 가치관을 아무런 비판 없이 맹목적으로 전수할 수 있으며 이는 지배 집단에게 유리한 기존의 사회 구조를 합리화하여 사회 개혁을 지연시키고 사회 구성원의 사고를 획일화할 수 있다. 따라서 갈등을 조정하기보다 오히려 악화시키는 경우도 많다. 또한 상업적, 선정적, 폭력적인 내용의 오락을 제공함으로써 대중문화의 수준을 떨어뜨리고 대중의 정치적 무관심을 심화시키기도 한다.

〈보기〉

ㄱ. 대중 매체는 사회 통합과 사회 안정에 기여한다.
ㄴ. 객관적인 보도를 통해 중립적 입장에서 갈등을 조정한다.
ㄷ. 지나친 상업주의로 인해 대중의 정치적 관심을 약화시킨다.
ㄹ. 기득권층에 유리한 정보만을 전달하여 사회 구조적 모순을 정당화한다.

① ㄱ, ㄴ　② ㄱ, ㄷ　③ ㄴ, ㄷ
④ ㄴ, ㄹ　⑤ ㄷ, ㄹ

284

난이도 상 중 하

그림에서 부각되는 대중 매체의 기능으로 옳은 것은?

① 감시와 견제
② 여론의 형성과 반영
③ 사회화 및 사회 통합
④ 고급 문화의 접촉 기회 제공
⑤ 사회 현상에 대한 지식과 정보의 제공

285

난이도 상 중 하

다음 사례를 통해 알 수 있는 대중 매체의 문제점만을 〈보기〉에서 있는 대로 고른 것은?

> 제2차 세계 대전을 일으키고 유대인을 학살한 히틀러는 선거 후 대중의 압도적인 지지를 기반으로 총통이 되었다. 그는 전쟁 시에도 독일 시민을 선동하여 전쟁을 맹목적으로 지지하게 만들었으며, 당시 대중 선동을 책임진 괴벨스는 대중 매체를 적극 활용하였다. 대중에게 끊임없이 나치즘을 선전하고 지지를 얻어 내기 위해 싼값의 라디오를 전국에 보급하였고, 텔레비전에 히틀러와 나치즘을 찬양하는 대중 집회 장면을 보도하면서 독일 국민을 광적으로 흥분하게 만들었다. 독일 국민들은 라디오와 텔레비전을 통해 괴벨스가 전달한 정보를 진리로 수용하였고, 전쟁에 적극적으로 가담하게 되었다.

〈보기〉

ㄱ. 특정 문화만을 획일적으로 제공하여 여론을 왜곡할 수 있다.
ㄴ. 일방적인 정보 전달로 대중을 수동적인 존재로 전락시킬 수 있다.
ㄷ. 강압적인 대중 통제 수단으로 이용되어 개인의 자율성을 규제할 수 있다.
ㄹ. 대중이 국가 권력의 부당함을 인식하지 못하고 자발적으로 순응하게 하는 도구가 될 수 있다.

① ㄱ, ㄴ　② ㄴ, ㄷ　③ ㄷ, ㄹ
④ ㄱ, ㄴ, ㄹ　⑤ ㄴ, ㄷ, ㄹ

286 Challenge 30% 고난도 　　　　난이도 상 중 하

다음 조사 결과에 대해 옳게 발표한 학생만을 〈보기〉에서 고른 것은?

(가) 동시 보도 시 가장 신뢰하는 미디어

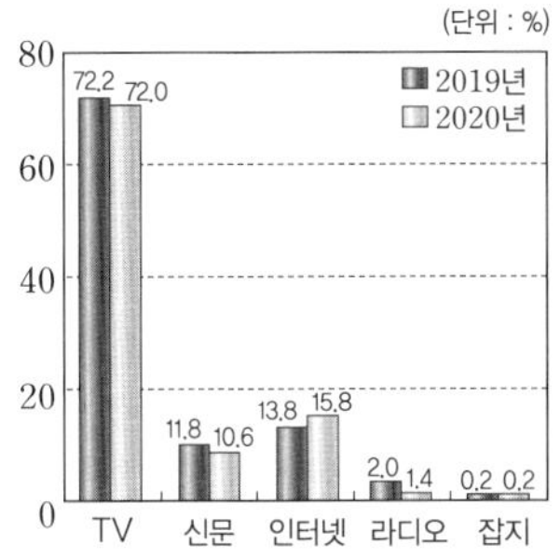

* 질문 : 특정 사안이 동시에 보도될 때 가장 신뢰하는 미디어가 무엇입니까?

(나) 미디어별 보도 기사 신뢰도

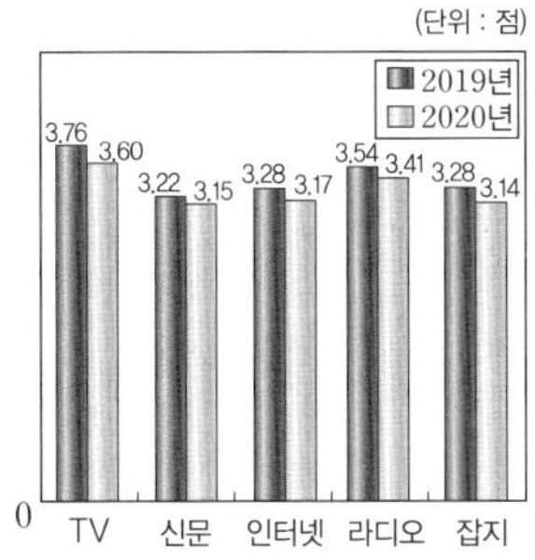

* 5점 만점이며, 점수가 높을수록 신뢰도가 높음을 의미함

〈보기〉

갑 : 2020년 응답자의 89.4%는 신문 기사의 내용을 신뢰하지 않았습니다.

을 : 2019년 대비 2020년에 동시 보도 시 신뢰하는 수치가 증가한 미디어는 인터넷입니다.

병 : 2019년 대비 2020년에 보도 기사 신뢰도는 잡지보다 인터넷이 높게 나타났습니다.

정 : 2019년과 2020년 모두에서 동시 보도 시 신뢰하는 수치가 가장 높은 매체는 정보 생산자와 소비자 간의 경계가 불명확합니다.

① 갑, 을　② 갑, 병　③ 을, 병
④ 을, 정　⑤ 병, 정

287 Challenge 30% 고난도 　　　　난이도 상 중 하

다음 자료와 관련하여 요구되는 자세로 적절한 것만을 〈보기〉에서 있는 대로 고른 것은?

> 독일의 한 사회 과학자는 하나의 특정한 의견이 다수의 사람들에게 인정되고 있다면, 반대되는 의견을 가지고 있는 소수의 사람들은 다수의 사람들에 의한 고립에 대한 공포로 인해 침묵하려 하는 경향이 크다는 점을 이론적으로 체계화하였다.
>
> 〈가설〉
> • 1단계 : 권력자가 사회적으로 주목되지 않았던 주제를 꺼낸다.
> • 2단계 : 주목되지 않던 화제에 대해서는 곧바로 반대 의견이 나오기 어렵기 때문에, 일단은 권력자가 제시한 방향이 옳은 것으로 인식된다.
> • 3단계 : 이후 나오는 비판에 대해서는 옳지 않은 것으로 평가를 내려 배제시킨다.
> • 4단계 : 소수파가 된 비판 세력은 다수의 압력을 받아 비판을 포기한다.
>
> 이 이론에서 권력자가 자신이 원하는 주제를 사회적 이슈로 만들어 내는 주요 수단은 대중 매체이다.

〈보기〉

ㄱ. 상업주의에 따른 저질 문화의 수용을 경계한다.

ㄴ. 제공된 정보에 대한 수동적 수용 태도를 경계한다.

ㄷ. 정보 생산 주체 및 그가 지향하는 가치관에 대한 검토를 통해 객관적 사실을 파악한다.

ㄹ. 다양한 매체를 활용하여 다양한 시각에서의 정보 탐색을 통해 대중 조작의 가능성을 약화시킨다.

① ㄱ, ㄴ　② ㄴ, ㄷ　③ ㄷ, ㄹ
④ ㄱ, ㄴ, ㄹ　⑤ ㄴ, ㄷ, ㄹ

03 문화 변동의 이해

출제 예상 item 20 문화 변동

1 문화 변동의 의미와 요인

1. 의미 다양한 문화 요소들이 끊임없이 상호 작용을 하는 가운데, 새로운 문화 요소가 등장하거나 다른 문화 체계와의 접촉 등을 통해 한 사회의 문화 체계에 변화가 나타나는 현상

2. 요인

(1) **내재적 요인**

발명	기존에 존재하지 않았던 기술이나 사물 등 새로운 문화 요소를 만들어 내는 행위나 그 결과물로 1차 발명과 2차 발명으로 구분함 예 1차 발명 : 바퀴, 활의 발명 2차 발명 : 바퀴를 이용한 자동차의 발명, 활의 원리를 이용한 현악기의 발명
발견	이미 존재하고 있었으나 알려지지 않았던 사물이나 원리를 찾아내는 행위나 그 결과물 예 불, 전기, 태양의 흑점, 지하 자원 등의 발견

(2) **외재적 요인(문화 전파)**

직접 전파	서로 다른 문화 간의 직접적인 접촉(예 선교, 전쟁, 이민, 여행 등)에 의해 인적 교류가 이루어지면서 문화 요소가 전파되는 것
간접 전파	매개체(예 TV, 라디오, 인쇄물, 영화, 인터넷 등)를 통해 문화 요소가 전파되는 것
자극 전파	전파된 문화 요소로부터 아이디어를 얻어 새로운 문화 요소를 만들어 내는 것 예 전파된 중국의 한자로부터 아이디어를 얻어 신라 시대에 이두 문자를 발명

2 문화 변동의 양상

1. 문화 변동 요인의 소재에 따른 구분

(1) **내재적 변동** 한 문화 체계 내에서 발견, 발명 등에 의해 나타나는 문화 변동

(2) **외재적 변동(문화 접변)** 서로 다른 문화 체계 간 장기간 접촉에 의해 나타나는 문화 변동

2. 문화 접변의 양상

(1) **강제성 유무에 따른 문화 접변의 양상**

강제적 문화 접변	정복 등을 통해 강제적으로 다른 사회에 문화 요소를 이식하는 과정에서 나타나는 문화 변동 예 일제 강점기의 창씨 개명
자발적 문화 접변	스스로의 필요에 의해 다른 사회의 문화 요소를 자신의 문화 체계 속으로 받아들이는 과정에서 나타나는 문화 변동 예 이민이나 유학 등으로 인해 외국 문화에 빠른 적응을 위한 자발적이고 적극적인 어학 공부

(2) **변동 결과에 따른 문화 접변의 양상**

문화 공존	서로 다른 사회의 문화가 한 사회 문화 체계 속에서 나란히 존재하는 현상(문화 병존)
문화 동화	한 사회의 문화가 다른 사회의 문화 체계 속에 흡수되어 정체성을 상실하는 현상
문화 융합	서로 다른 문화 요소들이 결합하여 기존 문화 요소들이 녹아 있으면서도 기존 문화 요소들과 다른 성격을 지닌 제3의 문화를 형성하는 현상

3 문화 변동에 따른 문제점

문화 지체 현상	문화 변동 과정에서 나타나는 문화 요소 간의 부조화 현상으로 비물질문화의 변동이 물질문화의 변동 속도를 따라가지 못해 나타남
아노미 현상	문화 변동과 사회의 급격한 변화에 따라 사회의 지배적인 규범과 가치관이 무너지고 새로운 가치 규범이 형성되지 않는 경우에 나타남
문화의 정체성 혼란	문화 변동을 외래 문화가 주도할 경우, 외부로부터 새로운 문화 요소가 유입되면서 기존 자기 문화에 대한 자부심이 약화되거나 정체성의 혼란이 나타남

교과서 속 수능 개념

문화 공존(A+B → A · B)의 사례

- 우리 사회에는 천주교 · 개신교 · 불교 등 다양한 종교가 함께 존재하고 있다.
- 미국 뉴욕의 맨해튼에는 차이나타운이 존재하며 중국인들이 그들의 문화를 유지하고 있다.

문화 동화(A+B → B)의 사례

우리의 직장 문화에서 한복을 입는 경우는 거의 없고, 대부분 서구화된 복장인 양복만을 입는 것은 우리의 의복이 서구의 의복에 흡수된 것이다.

문화 융합(A+B → C)의 사례

우리나라의 결혼식은 서양식과 한국 전통식이 결합되어 있는데, 서양의 결혼식과 유사한 방식으로 시작하여 한국 전통의 방식으로 마무리된다.

문화의 반동 및 복고 운동

외래 문화의 유입으로 기존 고유 문화의 정체성이 위협을 받을 경우, 외래 문화를 거부하고 고유 문화를 강화하려는 움직임이 나타나는데, 주로 강압적인 방식으로 문화 접변이 이루어지는 경우에 이에 대항하여 문화 정체성을 지키려는 행동(예 조선 말 단발령에 대한 유생들의 반발)으로 나타난다. 반동은 외부로부터의 작용에 반대로 작용하는 것이고, 복고는 전통 사상이나 풍습 등으로 되돌아가려는 것이다.

헷갈리는 개념 정리

1. 1차 발명과 2차 발명

1차 발명은 이전에 전혀 없었던 문화 요소나 원리를 새로 만들어 내는 것이며, 2차 발명은 이미 존재하고 있거나 알려져 있던 문화 요소에 변화를 가하거나 응용하여 새로운 문화 요소를 만드는 것이다.

2. 자극 전파와 문화 융합

우리 사회 외부에 존재하는 다른 문화의 전파가 영향을 준다는 점과 새로운 문화 요소가 나타난다는 점은 자극 전파와 문화 융합의 공통점이다. 그러나 자극 전파는 새로운 발명이 이루어지면서 그 안에 기존의 자기 문화가 없이 새로운 문화 요소만이 나타난 것이고, 문화 융합은 새로운 성격의 문화가 형성되지만, 기존의 자기 문화가 녹아 들어가 있다는 점에서 자극 전파와 차이가 있다.

item 20 문화 변동

수능 출제 패턴 분석 문화 변동의 내재적 요인과 외재적 요인을 구분하고, 문화 접변의 결과를 파악하는 문제가 고난도로 출제된다.

유형보기

1. 문화 접변의 양상 평가원

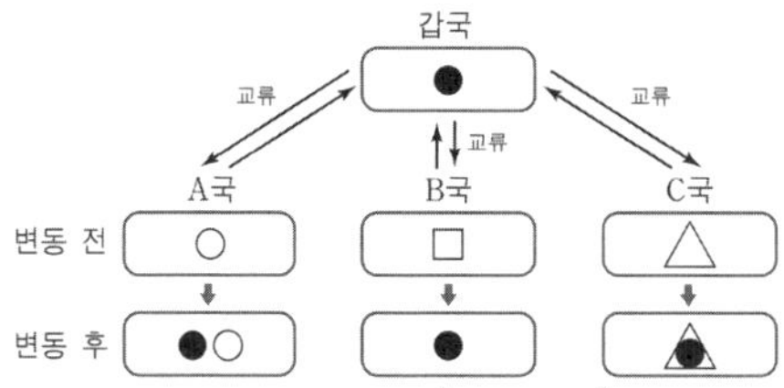

* ▭ 안의 기호는 각국의 문화 요소이며, ▲는 ●와 △가 혼합되어 나타난 것임.

(자료 분석)

(1) A국에서는 문화 공존, B국에서는 문화 동화, C국에서는 문화 융합이 나타나고 있으며, A국과 C국에서는 문화 접변 후에도 자문화 요소가 유지되고 있다.
(2) 서양의 결혼 예식과 전통 폐백 의례가 결합된 현재 한국의 결혼식은 C국의 문화 변동 결과에 해당하는 사례이다.
(3) B국의 문화 변동 결과는 강제적 문화 접변뿐만 아니라 자발적 문화 접변에 의해서도 나타난다.
(4) 한국에서 전통 시장과 별도로 온라인 쇼핑몰이 자리 잡은 것은 A국의 문화 변동 결과에 해당하는 사례이다.
(5) A국~C국 모두 외래 문화 요소를 수용하였다.

2. 문화 변동의 요인과 문화 변동의 양상 평가원

〈문화 변동의 요인〉

구분	(가)	(나)	(다)
문화 변동의 외재적 요인인가?	아니요	예	예
타문화로부터 아이디어를 얻어 새로운 문화 요소가 만들어졌는가?	아니요	예	아니요

〈갑국과 을국의 문화 변동〉

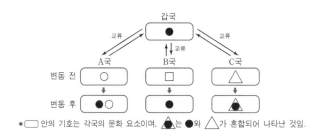

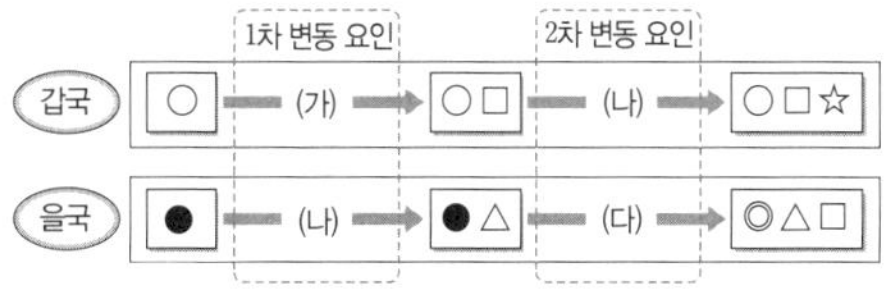

갑국과 을국은 상호 교류 이외에 다른 제3의 국가와는 교류하지 않았으며, (가)~(다)는 각각 발명, 직접 전파, 자극 전파 중 하나이다.

* ○, ●, △, ☆은 서로 다른 문화 요소를 의미함
** ◎는 ○와 ●가 결합하여 나타난 제3의 문화 요소임

(자료 분석)

(1) (가)는 발명, (나)는 자극 전파, (다)는 직접 전파이다.
(2) 을국에서는 (다) 이후 갑국의 문화 요소인 ○와 을국의 문화 요소인 ●가 결합하여 제3의 문화 요소인 ◎이 나타났다.
(3) 갑국에서 창조된 문화 요소는 □인데, 을국에서도 직접 전파인 (다) 이후 □가 나타났다. 이를 통해 갑국에서 창조된 문화 요소가 을국으로 전달되었음을 알 수 있다.
(4) 을국은 갑국하고만 교류하였으므로 을국의 △는 1차 변동 시 (나)로 인해 갑국에서 아이디어를 얻어 만들어진 문화 요소이다.

대표기출로 유형 감잡기

정답 및 해설 • p.044

288

정답률 71% | 2024학년도 9월 평가원

다음 사례에 나타난 문화 변동에 대한 설명으로 옳은 것은?

> A국 영화인들은 영화 산업이 발달한 B국 영화인에게 영화 제작 기법 및 특수 효과 기술을 배워 왔다. 그 후 A국에서 자국의 전통적 정서와 B국의 특수 효과 기술이 섞인 새로운 영화 장르가 탄생했다. 한편, B국 어업인들이 조업 활동 중 C국 어업인이 끓여 준 라면을 먹게 되면서 B국에 C국 라면이 처음 전해졌다. 이후 B국 요리사가 C국 라면에 자국의 전통 소스를 가미해 국물이 없는 비빔 라면을 개발하였다. B국의 비빔 라면 조리 방식은 인터넷을 통해 C국 젊은이들에게까지 확산되었다.

① A국에서는 B국과 달리 문화 융합이 나타났다.
② B국에서는 A국과 달리 문화 접변이 나타났다.
③ B국에서는 C국과 달리 문화 공존이 나타났다.
④ A국에서는 직접 전파, B국에서는 간접 전파가 나타났다.
⑤ A국~C국에서는 모두 물질문화의 전파가 나타났다.

289

정답률 87% | 2023학년도 수능

(가), (나)에 나타난 문화 변동에 대한 설명으로 옳은 것은?

> (가) 대중교통 요금 지불 시 현금만 이용하던 갑국은 을국이 개발한 전자 교통 카드 시스템을 배우고자 을국의 기술자들을 초빙하였다. 갑국은 이들을 통해 을국의 시스템을 도입하였다. 이후 갑국에서는 전자 교통 카드도 대중교통 요금 지불 수단으로 널리 사용되고 있다.
> (나) 병국이 정국을 지배하게 되면서 정국에서는 병국 언어 대신 정국 언어를 쓰자는 민족주의 운동이 일어났다. 이에 병국은 공권력을 동원하여 관공서는 물론 일상에서도 병국 언어만 쓰도록 강제하였고, 그 결과 정국에서 정국 사람들은 병국 언어만 쓰게 되었다.

① (가)에서는 직접 전파에 의한 문화 병존이 나타났다.
② (나)에서는 강제적 문화 접변에 따른 문화 융합이 나타났다.
③ (가)에서는 (나)에서와 달리 외재적 요인에 의한 문화 변동이 나타났다.
④ (나)에서는 (가)에서와 달리 사회 구성원이 새로운 문화를 공유하게 되었다.
⑤ (가)와 (나)에서는 모두 자문화의 정체성이 상실되었다.

290

정답률 91% | 2024학년도 6월 평가원

다음 자료에 대한 설명으로 옳은 것은?

〈문화 변동 사례〉

(가) A국을 대표하는 ○○음악은 전통적으로 내려오던 멜로디와 악기에서 출발하였다. 이후 이민자에 의해 들어 온 다양한 음악과 악기를 받아들여 고유한 요소와 외래적 요소가 함께 어우러진 독특한 음악으로 재탄생한 것이 오늘날의 ○○음악이다.

(나) □□족은 B국의 지배를 받게 되면서 거주지가 재배치되었고, 심지어 아이들은 B국 사람들의 가정에 입양되어 B국의 언어와 복식을 따라야만 했다. 이로 인해 □□족의 고유한 문화는 소멸되었다.

교사: 문화 변동 사례를 읽고 탐구한 내용을 발표해 보세요.
갑: (가)와 (나)는 모두 외재적 요인에 의한 문화 변동의 사례로 볼 수 있습니다.
을: (나)에서는 (가)와 달리 기존의 문화와 외래문화가 결합하여 새로운 문화가 나타났습니다.
병: ㉠
교사: 세 사람 중 두 사람만 옳게 발표했네요.

① (가)의 문화 변동 요인은 자극 전파이다.
② (가)에서는 (나)와 달리 자문화의 정체성이 상실되었다.
③ (나)에서는 (가)와 달리 문화 다양성이 증대되었다.
④ (나)에서는 (가)와 달리 강제적 문화 접변이 나타났다.
⑤ ㉠에는 '(나)의 문화 변동 요인은 간접 전파입니다.'가 들어갈 수 있다.

291

정답률 63% | 2024학년도 수능

다음 자료에 대한 설명으로 옳은 것은?

○○국의 음식 문화 변동 양상에 대한 모둠 과제 우수 사례

〈1모둠〉
○○국 내에 갑국 이주민 거주 지역에서나 볼 수 있던 갑국의 전통 음식 A가 전국적으로 유행함. 특히 ○○국 젊은 세대 사이에서 자극적인 맛으로 A가 인기임.

〈2모둠〉
○○국 음료 회사는 다이어트 열풍으로 을국의 무설탕 음료 B의 제조법에 자극받아 새로운 무열량 음료를 개발함. 젊은 층의 선호로 ○○국에서 전통 음료와 B의 판매량을 추월함.

〈3모둠〉
○○국 제과 회사가 만든 과자 C는 병국의 과자에 ○○국의 식재료인 황태 가루를 넣은 새로운 과자임. 병국의 유명 연예인이 C가 병국 과자를 대체할 수 있을 만큼 맛있다고 하자 ○○국보다 병국에서 많이 판매됨.

〈4모둠〉
막대기에 과일 사탕을 꽂은 정국의 디저트 D가 SNS를 통해 ○○국에 알려짐. 이후 ○○국 젊은이들이 인터넷에서 배운 조리법 대로 D를 만들어 먹기 시작하며 D가 젊은 세대 문화로 스며듦.

① 1모둠과 2모둠이 작성한 내용에 모두 문화 공존이 나타난다.
② 3모둠과 4모둠이 작성한 내용에 모두 문화 융합이 나타난다.
③ 1모둠이 작성한 내용에 발명이, 2모둠이 작성한 내용에 직접 전파가 나타난다.
④ 3모둠이 작성한 내용에 문화 동화가, 4모둠이 작성한 내용에 간접 전파가 나타난다.
⑤ 1모둠과 2모둠이 작성한 내용에 모두 자극 전파가, 3모둠과 4모둠이 작성한 내용에 모두 자발적 문화 접변이 나타난다.

292

정답률 81% | 2023학년도 9월 평가원

그림은 문화 변동의 요인을 분류한 것이다. A~D에 대한 설명으로 옳은 것은? (단, A~D는 각각 발명, 발견, 직접 전파, 자극 전파 중 하나임.)

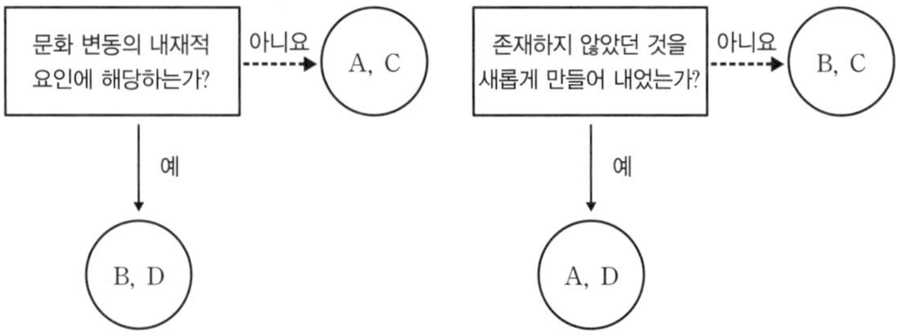

① 난민으로 유입된 타국 사람들의 고유한 놀이를 자국 국민들이 배워 즐기게 된 사례는 A에 해당한다.
② 자국의 전통 음료에 전통 식재료를 가미하여 새로운 음료를 만든 사례는 B에 해당한다.
③ 외국에서 유행하는 새로운 춤이 인터넷을 통해 자국으로 확산된 사례는 C에 해당한다.
④ D로 나타난 문화 요소가 C로 인해 타국에서 B를 발생시키면, 이는 A에 해당한다.
⑤ A~D는 모두 한 사회에 새로운 문화 요소를 추가하는 요인으로 작용한다.

293

정답률 83% | 2018학년도 수능

그림은 문화 변동 요인 A~E를 구분한 것이다. 이에 대한 설명으로 옳은 것은? (단, A~E는 각각 발견, 발명, 간접 전파, 자극 전파, 직접 전파 중 하나이다.)

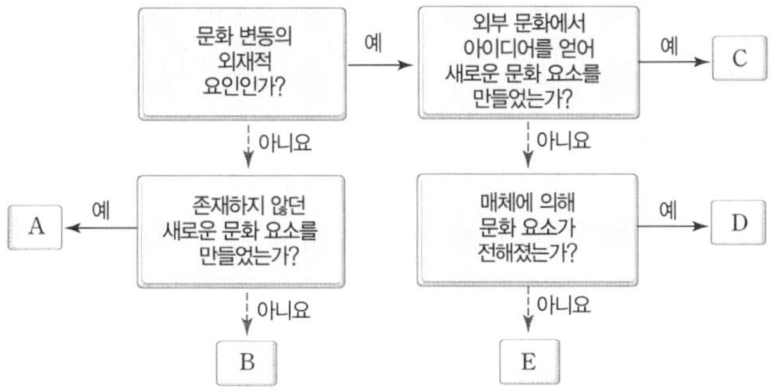

① 물질문화, 비물질문화 모두 A를 통해 만들어질 수 있다.
② 특정 종교의 창시는 B의 사례이다.
③ 상호 인적 교류가 없는 집단들 간에는 D를 통한 문화 변동이 이루어질 수 없다.
④ D와 달리 E는 C의 원인이 될 수 있다.
⑤ A, B와 달리 C, D, E는 문화 지체 현상을 초래할 수 있다.

294

정답률 68% | 2018학년도 6월 평가원

자료를 통해 문화 변동 사례를 분석한 것으로 옳은 것은? (단, A~C는 각각 간접 전파, 자극 전파, 직접 전파 중 하나이고, (가)~(다)는 각각 문화 공존, 문화 동화, 문화 융합 중 하나이다.)

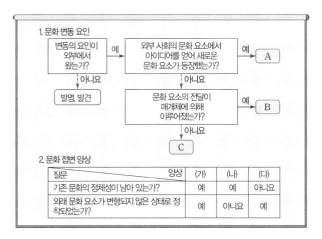

1. 문화 변동 요인

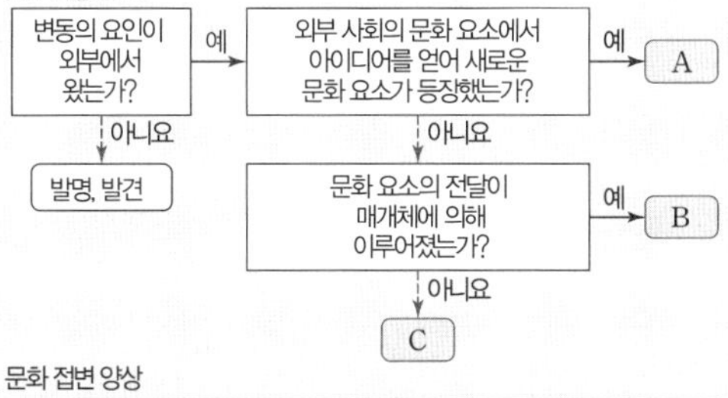

2. 문화 접변 양상

질문 \ 양상	(가)	(나)	(다)
기존 문화의 정체성이 남아 있는가?	예	예	아니요
외래 문화 요소가 변형되지 않은 상태로 정착되었는가?	예	아니요	예

① 다른 나라의 종교 교리와 체계를 응용하여 만든 신흥 종교가 기존 종교를 대체한 사례는 A에 의한 (가)에 해당한다.
② 새로운 정보 통신 기술을 개발하여 자국의 첨단 매체 발달에 기여한 사례는 B에 의한 (나)에 해당한다.
③ 케이팝(K-POP)의 인기로 외국인이 한국어를 배우러 한국에 와서 정착하는 사례는 B에 의한 (다)에 해당한다.
④ 자국을 식민 지배한 나라의 언어와 자국의 전통 언어를 공용어로 사용하는 사례는 C에 의한 (가)에 해당한다.
⑤ 이웃 나라의 특정 음료가 교역을 통해 들어와 자국민이 즐겨 마시는 음료 중 하나가 된 사례는 C에 의한 (나)에 해당한다.

295

정답률 86% | 2022학년도 9월 평가원

다음 사례에 나타난 문화 변동에 대한 설명으로 옳은 것은?

- 갑국 사람들은 A 국의 요리사 이야기를 다룬 영화를 보고, 영화에서 그 요리사가 만든 방법 그대로 A 국의 전통 옥수수빵을 따라 만들어 일상에서 즐기게 되었다.
- 을국 사람들은 무역을 하면서 만난 B 국 사람들이 B 국의 전통에 따라 음식을 만들 때 앞치마를 두르는 것에 아이디어를 얻어, 냅킨 등 청결 유지를 위한 다양한 용품을 만들어 사용하면서 독특한 식사 문화를 갖게 되었다.
- 병국 사람들은 이웃 주민인 C 국 이민자들이 C 국의 전통적 농기구인 호미를 들여와 사용하는 것을 보고, 온라인 유통망을 통해 호미를 구매하여 정원을 가꾸는 데 적극적으로 사용하게 되었다.

① 갑국에서는 발명으로 인한 문화 변동이 발생하였다.
② 을국에서는 매개체를 통해 타문화의 문화 요소가 전파되었다.
③ 병국에서는 서로 다른 문화의 구성원 간 접촉을 통해 문화 요소가 전파되었다.
④ 갑국에서는 내재적 요인, 을국과 병국에서는 외재적 요인에 의한 문화 변동이 발생하였다.
⑤ 갑국에서는 직접 전파, 을국에서는 자극 전파, 병국에서는 간접 전파가 나타났다.

296

정답률 91% | 2019학년도 수능

표는 특정 시기 갑국의 문화 변동 양상을 나타낸 것이다. 이에 대한 설명으로 옳은 것은? (단, 제시된 문화 변동 이외의 다른 것은 고려하지 않는다.)

구분	문화 변동 양상
의복	• 전통 의복을 서구식으로 개량한 새로운 의복 등장 • 개량 의복과 서구 의복의 혼재
음식	• 전통 음식과 외래 음식이 결합된 새로운 음식 등장 • 주변국의 음식 및 조리법 도입으로 전통식과 외래식 혼재
주거	• 전통 가옥 형태 유지 • 신분에 따른 가옥 규모 제한 폐지

① 의복 분야에서는 자기 문화의 정체성이 상실되었다.
② 음식 분야에서는 발견으로 인한 문화 변동이 발생하였다.
③ 주거 분야에서는 음식 분야와 달리 문화 지체 현상이 나타났다.
④ 의복, 음식 분야에서는 주거 분야와 달리 문화 융합이 발생하였다.
⑤ 의복, 음식, 주거 분야 모두에서 물질문화의 변동이 발생하였다.

297

정답률 81% | 2020학년도 9월 평가원

다음 〈자료 1〉의 A~D에 해당하는 문화 변동의 요인을 〈자료 2〉의 (가)~(라)에 옳게 연결한 것은? (단, A~D는 각각 발견, 발명, 직접 전파, 자극 전파 중 하나이다.)

〈자료 1〉
- B, D를 통해 기존에 없었던 문화 요소가 창조된다.
- B, C는 A, D와 달리 타문화와의 접촉으로 발생한다.

〈자료 2〉
갑국의 선조들은 자연에서 광물을 (가) 하였고, 이를 활용하여 금속 그릇을 (나) 하였다. 이 금속 그릇은 갑국의 상인들에 의해 을국에 (다) 되었다. 이 과정에서 을국 사람들은 갑국의 금속 그릇에서 아이디어를 얻어 새로운 금관 악기를 만들게 되었는데, 이는 (라) 의 사례로 볼 수 있다.

	(가)	(나)	(다)	(라)
①	A	B	C	D
②	A	D	C	B
③	B	C	A	D
④	B	D	C	A
⑤	D	A	C	B

298

정답률 70% | 2022학년도 6월 평가원

다음 자료에 대한 분석으로 옳은 것은?

표는 갑국과 을국에서 발생한 문화 변동을 나타낸 것이다. 1차 문화 변동 시기에는 내재적 변동만, 2차 문화 변동 시기에는 갑국과 을국 간 문화 접변만 있었다. (가)~(라)는 각각 발견, 발명, 직접 전파, 자극 전파 중 하나이며, (가)와 (다)는 각각 새로운 문화 요소를 창조하는 요인이다.

〈갑국과 을국의 문화 변동〉

구분	변동 전 문화 요소	1차 문화 변동		2차 문화 변동	
		변동 요인	추가된 문화 요소	변동 요인	추가된 문화 요소
갑국	a	(가)	c	(다)	e
을국	b	(나)	d	(라)	a, c

*a~e는 서로 다른 문화 요소를 의미하며, 이외에 다른 문화 요소는 존재하지 않는다.
**제시된 문화 변동 이외에 다른 문화 변동은 없었으며, 문화 요소의 소멸도 없었다.

① (가)는 발견, (다)는 자극 전파이다.
② (나)는 (라)와 달리 을국의 문화 요소를 다양하게 하는 요인이다.
③ 2차 문화 변동 결과, 을국에서는 문화 병존이 나타났다.
④ 을국은 매개체를 통해 갑국의 문화 요소를 전달받았다.
⑤ 2차 문화 변동 결과, 갑국과 을국에 공통으로 존재하는 문화 요소는 3개이다.

299

정답률 83% | 2020학년도 6월 평가원

표는 문화 접변의 결과 A, B를 비교한 것이다. 이에 대한 설명으로 옳은 것은?

구분	A	B
의미	(가)	한 사회의 문화가 다른 사회의 문화로 흡수되어 정체성을 상실하는 현상
사례	온돌을 사용하던 우리나라의 난방 방식과 서양식 주거 문화의 실용적 요소가 접목되어 바닥 난방식 아파트가 만들어짐	(나)

① A는 B와 달리 외래 문화의 유입에도 기존 문화의 정체성이 유지된다.
② A와 B의 구분 기준은 '외래 문화의 강제적 이식 여부'이다.
③ A, B 모두 외래 문화가 변형되지 않은 상태로 남아 있다.
④ (가)에는 '서로 다른 문화가 한 문화 체계 안에서 나란히 존재하는 현상'이 들어갈 수 있다.
⑤ (나)에는 '우리나라에 고추가 유입되어 백김치 대신 빨간 김치가 보편화됨'이 들어갈 수 있다.

300

정답률 81% | 2019학년도 6월 평가원

그림은 문화 변동 요인 ㉠~㉤을 구분한 것이다. 이에 대한 설명으로 옳은 것은? (단, ㉠~㉤은 각각 발견, 발명, 직접 전파, 자극 전파, 간접 전파 중 하나이다.)

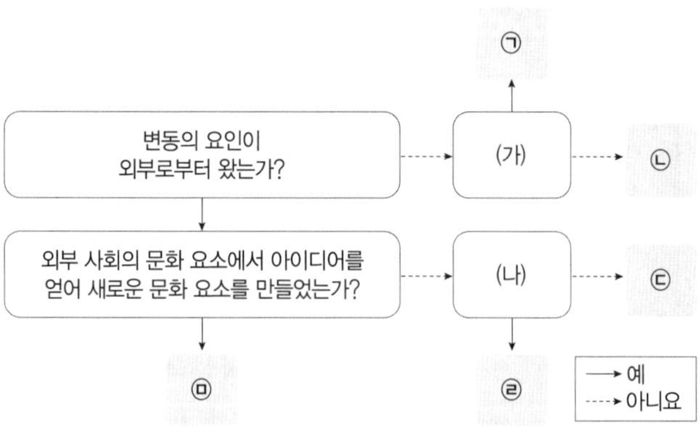

① (가)가 '존재하지 않던 문화 요소를 새롭게 만들어 냈는가?'라면, 인쇄술은 ㉡의 사례에 해당한다.
② (나)가 '문화 요소가 매체에 의해 전달되었는가?'라면, 통신 기술이 발달할수록 ㉣을 통한 문화 변동이 더 용이하게 나타날 수 있다.
③ ㉠의 사례로 활을 들 수 있다면, (가)는 '존재하고 있었으나 알려지지 않았던 문화 요소를 찾아냈는가?'가 적절하다.
④ ㉢의 사례로 전쟁을 통해 유럽에 전파된 설탕을 들 수 있다면, (나)는 '문화 요소의 전달이 직접 이루어졌는가?'가 적절하다.
⑤ ㉤의 사례로 외국인 선교사에 의해 외래 종교가 전래된 것을 들 수 있다.

301

정답률 90% | 2019학년도 9월 평가원

다음 자료는 문화 변동의 요인과 갑국, 을국의 문화 변동 양상을 나타낸 것이다. 이에 대한 분석으로 옳은 것은?

갑국과 을국은 (가)~(라)로 인한 문화 변동을 겪었으며, 이외에 다른 문화 변동은 없었다. 양국은 상호 교류 이외에 제3국과의 교류는 없었다. 단, (가)~(라)는 각각 발명, 발견, 직접 전파, 간접 전파 중 하나이다.

〈문화 변동의 요인〉

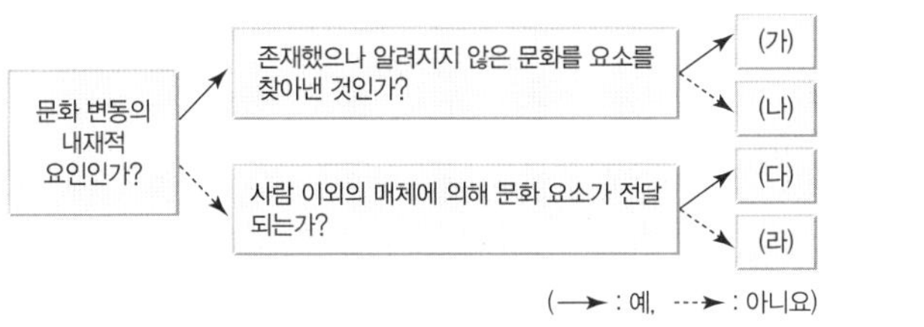

〈문화 변동의 양상〉

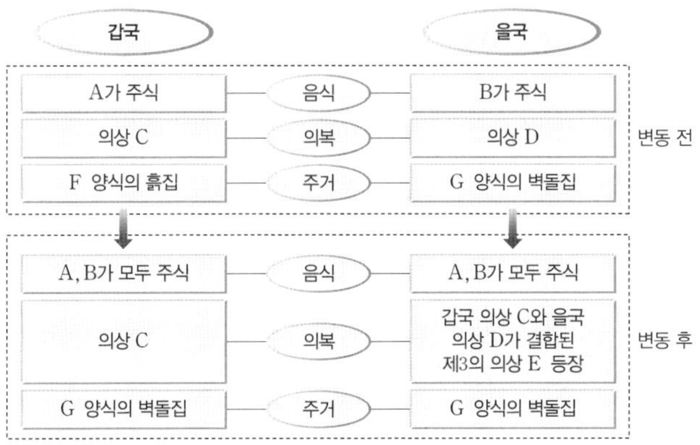

① (가)는 발명, (나)는 발견, (다)는 간접 전파, (라)는 직접 전파이다.
② 갑국은 변동 후 음식 분야에서 자문화의 정체성이 상실되었다.
③ 을국은 변동 후 의복 분야에서 문화 융합이 나타났다.
④ 갑국의 의복 분야와 을국의 음식 분야에서 각각 (가) 또는 (나)로 인해 변동 후 새로운 문화 요소가 나타났다.
⑤ 갑국과 을국 모두 변동 후 주거 분야에서 (다) 또는 (라)로 인해 문화 동화가 나타났다.

예상문제로 유형 익히기

정답 및 해설 • p.044

302

Challenge 30% 고난도

난이도 상 중 하

표는 문화 변동의 요인 A~E를 구분한 것이다. 이에 대한 설명으로 옳지 않은 것은?

질문 \ 요인	A	B	C	D	E
문화 변동의 외재적 요인으로 분류됩니까?	×	×	○	○	○
새로운 문화 요소를 만들어 냅니까?	○	×	×	×	○
인적 요소에 의한 직접적인 접촉 과정에서 외래 문화 요소가 등장합니까?	×	×	○	×	×

*예 : ○, 아니요 : ×

① A는 발명에 해당한다.
② B의 예로는 불, 전기, 지하 자원 등을 들 수 있다.
③ C는 강제적 문화 접변 과정에서는 나타나지 않는다.
④ D의 사례로는 한국 가수 ○○씨의 '□□스타일' 뮤직 비디오가 세계의 유행을 주도한 것을 들 수 있다.
⑤ E는 C와 A 또는 D와 A가 결합이 되어 나타난다.

303

난이도 상 중 하

(가), (나)에 대한 옳은 설명만을 〈보기〉에서 고른 것은?

(가) 신라는 아직 고유의 문자를 가지지 못한 사회였다. 그런데 중국의 한자를 접한 설총은 한자음을 빌려와서 우리말을 표현하는 이두를 개발하였다.
(나) 마케도니아 왕 알렉산더는 그가 정복한 지역에 그리스인들을 이주시키고 각지에 도시를 건설하였으며, 이로 인해 동서 문화의 교류가 빈번해지게 되었다. 그리하여 그리스 문화와 오리엔트 문화가 섞인 헬레니즘 문화가 성립하였다.

〈보기〉

ㄱ. (가)는 자극 전파의 사례이다.
ㄴ. (나)는 문화 동화의 사례이다.
ㄷ. (가)와 (나) 모두에서 새로운 문화 요소가 나타난다.
ㄹ. (가)의 이두에는 기존의 신라 문화가 녹아 들어가 있지만, (나)의 헬레니즘 문화는 새롭게 탄생한 제3의 문화이다.

① ㄱ, ㄴ ② ㄱ, ㄷ ③ ㄴ, ㄷ
④ ㄴ, ㄹ ⑤ ㄷ, ㄹ

304

난이도 상 **중** 하

그림 (가)~(다)는 문화 접변의 결과를 나타낸다. 이에 대한 설명으로 옳지 않은 것은?

(가) (나) (다)

LA 한인 타운의 간판 / 서구화된 복장 / 돌침대

① (가)는 문화 공존의 예로 볼 수 있다.
② (나)는 외래 문화에 기존 문화가 완전히 흡수된 것이다.
③ (다)는 제3의 문화를 형성하여 문화의 다양성을 확대시킨다.
④ (가), (다)는 (나)와 달리 자문화의 정체성을 상실하지 않는다.
⑤ 서양의 결혼식과 유사한 방식으로 시작하여 한국 전통의 방식으로 마무리되는 우리나라의 결혼식은 (가)와 같은 사례이다.

305

난이도 상 **중** 하

밑줄 친 ㉠~㉢에 대한 설명으로 옳지 않은 것은?

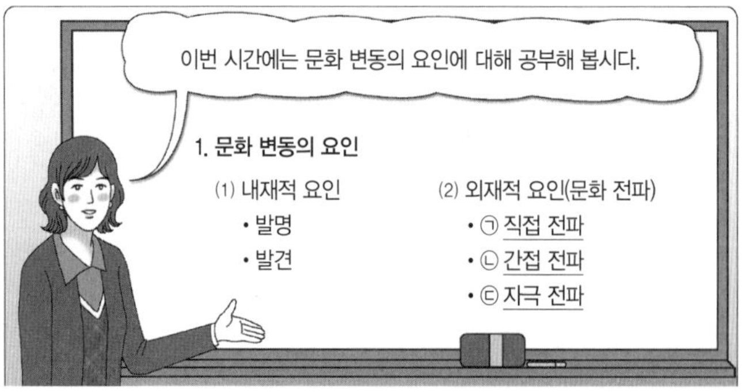

이번 시간에는 문화 변동의 요인에 대해 공부해 봅시다.
1. 문화 변동의 요인
(1) 내재적 요인
• 발명
• 발견
(2) 외재적 요인(문화 전파)
• ㉠ 직접 전파
• ㉡ 간접 전파
• ㉢ 자극 전파

① ㉠은 선교, 전쟁, 이민 등에 의해 나타날 수 있다.
② ㉡은 텔레비전, 라디오, 인터넷 등을 통해 이루어질 수 있다.
③ ㉢은 새로운 문화 요소가 나타난다는 점에서 문화 융합과 공통점을 갖는다.
④ 체로키족의 인디언이 백인들과 접촉하면서 영어에서 아이디어를 얻어 체로키 문자를 고안해 낸 것은 ㉢의 사례이다.
⑤ ㉢은 ㉠과 발명의 결합에 의해서만 나타날 수 있다.

306

난이도 상 **중** 하

(가), (나)와 관련 있는 개념을 바르게 연결한 것은?

> (가) 고려 시대에 원나라에 끌려간 공녀 중 극소수는 황후가 된 경우가 있었는데, 이로 인해 원나라에는 고려식 복식과 음식, 기물이 유행하게 되었다. 이를 일컬어 고려양(高麗樣), 즉 고려풍이라고 한다.
> (나) 우리나라에 불교가 전래된 후 전통적 민간 신앙인 칠성신을 모시는 칠성각이 사찰과 결합함으로써 새로운 불교 문화가 나타나게 되었다.

	(가)	(나)
①	직접 전파	문화 융합
②	직접 전파	문화 공존
③	간접 전파	문화 융합
④	자극 전파	문화 공존
⑤	자극 전파	문화 동화

307

난이도 상 중 **하**

그림과 같은 문화 변동의 문제점이 나타난 이유에 대한 학생들의 진술로 옳은 것은?

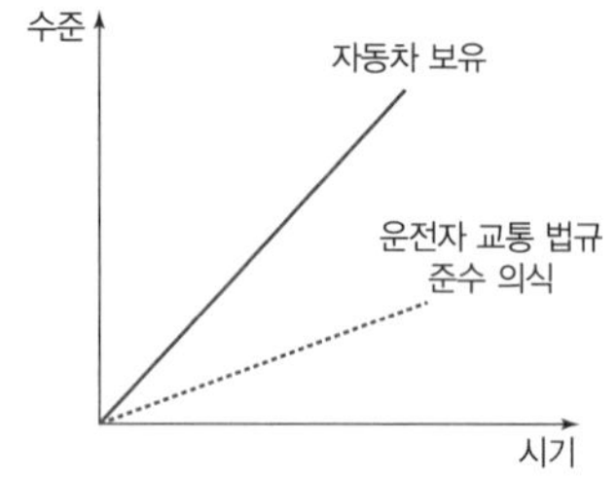

① 갑 : 문화 변동 과정에서 강제적으로 다른 사회에 문화 요소가 이식되었기 때문이야.
② 을 : 사회의 지배적인 규범과 가치관이 무너지고 새로운 가치 규범이 형성되지 않았기 때문이야.
③ 병 : 일반적으로 내재적 요인보다 외재적 요인에 의한 문화 변동이 더 많이 발생하기 때문이야.
④ 정 : 외부 문화 요소의 유입으로 자기 문화에 대한 자부심이 약화되거나 정체성의 혼란이 나타나기 때문이야.
⑤ 무 : 비물질문화의 변동이 물질문화의 변동 속도를 따라가지 못해 나타나는 문화 요소 간의 부조화 현상 때문이야.

308

난이도 상 **중** 하

(가), (나)에 나타난 문화 변동의 요인과 양상을 바르게 연결한 것은?

(가) 멕시코에서 수렵민 생활을 하던 나바호족이 푸에블로족과 어울려 지내면서 농경민으로 바뀌게 되었다.
(나) 중국을 정복하여 청나라를 세운 만주족의 강요로 한족 남자들은 머리 주위를 깎고 가운데의 머리만을 땋아서 뒤로 길게 늘이는 변발을 하였다.

	문화 변동 요인	문화 접변의 양상	
		(가)	(나)
①	직접 전파	자발적	강제적
②	자극 전파	강제적	자발적
③	간접 전파	자발적	강제적
④	직접 전파	강제적	자발적
⑤	자극 전파	자발적	강제적

309

Challenge 30% 고난도

난이도 **상** 중 하

다음 사례에 대한 옳은 설명만을 〈보기〉에서 있는 대로 고른 것은?

남아메리카 아마존 강 유역의 자파테크(Japatek)족은 나체로 생활하는 부족이었다. 그런데 1940년경 이곳에 처음 도착한 유럽인들은 이들이 나체로 있는 것을 부끄럽게 여겨 강제로 서구식 옷을 입혔다. 하지만 이 지역의 높은 기온과 습도 때문에 대부분이 피부병과 열사병 등의 질병에 걸리고 말았다. 더 중요한 문제는 나체로 있었을 때는 몸에 여러 가지 장식을 해서 사회적 계층을 표시했으나, 서양 의복을 입게 됨으로써 이러한 상징 체계가 붕괴된 것이다. ㉠ 상징 체계의 붕괴는 가치관의 혼란, 사회 질서의 문란으로까지 파급되었다.

〈보기〉

ㄱ. 강제적 문화 접변이 나타나 있다.
ㄴ. ㉠은 자파테크 부족 사회에 아노미 현상이 나타났음을 보여 준다.
ㄷ. 직접 전파에 의한 문화 접변의 사례에 해당한다.
ㄹ. 유럽인들의 행위는 문화 사대주의를 바탕으로 이루어진 것으로 볼 수 있다.

① ㄱ, ㄴ　② ㄱ, ㄹ　③ ㄴ, ㄷ
④ ㄱ, ㄴ, ㄷ　⑤ ㄴ, ㄷ, ㄹ

310

난이도 **상** 중 하

그림은 문화 접변의 결과 A~C를 구분한 것이다. 이에 대한 옳은 설명만을 〈보기〉에서 있는 대로 고른 것은? (단, A~C는 각각 문화 동화, 문화 융합, 문화 공존 중 하나이다.)

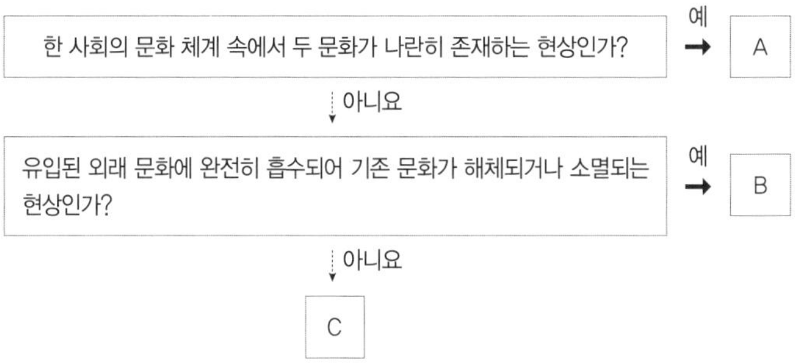

한 사회의 문화 체계 속에서 두 문화가 나란히 존재하는 현상인가?
예
A
아니요
유입된 외래 문화에 완전히 흡수되어 기존 문화가 해체되거나 소멸되는 현상인가?
예
B
아니요
C

〈보기〉

ㄱ. A는 자발적 문화 접변 과정에서는 나타나지 않는다.
ㄴ. 아메리카 원주민 부족들이 유럽의 백인 문화와 접촉하면서 자기 문화의 정체성을 상실한 것은 B의 사례이다.
ㄷ. 외국 음식과 한식 조리법이 만나 새로운 맛과 형태를 가진 음식으로 재탄생한 퓨전 요리는 C의 사례이다.
ㄹ. B, C에 비해 A는 제3의 문화 형성을 통해 문화의 다양성 확대에 가장 큰 영향을 끼친다.

① ㄱ, ㄴ　② ㄱ, ㄹ　③ ㄴ, ㄷ
④ ㄱ, ㄴ, ㄹ　⑤ ㄴ, ㄷ, ㄹ

IV

사회 계층과 불평등

출제 경향 분석

계급론과 계층론, 사회 불평등 현상을 보는 기능론과 갈등론, 사회 계층 구조의 의미와 유형, 사회 이동의 의미와 유형 및 특징, 여러 가지 사회 불평등 문제와 해결 방안, 사회 보장 제도의 유형, 복지 제도의 역할과 한계 등이 자주 출제된다. 통계 자료와 그래프 분석 등 고난도 문제가 많이 등장하는 단원으로 1등급과 2등급을 가르는 분수령이 되는 단원이다.

수능 출제 item

중단원	item	핵심 keyword
1. 사회 불평등 현상과 사회 계층의 이해	item 21 계급론과 계층론	경제적 요인 이분법적 연속적 지위 불일치 계급 의식
	item 22 사회 불평등 현상을 보는 관점	기능론 갈등론 차등 분배 균등 분배 동기 부여 집단 간 갈등
	item 23 사회 이동과 사회 계층 구조	피라미드형 다이아몬드형 모래시계형 타원형 세대 간 이동 세대 내 이동 개인적 이동 구조적 이동 수평 이동 수직 이동
2. 다양한 사회 불평등 현상	item 24 빈곤 문제	절대적 빈곤 상대적 빈곤 최저 생계비 중위 소득
	item 25 성 불평등 문제	성별 임금 격차 남녀 비정규직 비율 유리 천장
	item 26 사회적 소수자 문제	다양성 존중 관용 차별 대우 금지 역차별
3. 사회 복지와 복지 제도	item 27 사회 보장 제도	사회 보험 공공 부조 사회 서비스 생산적 복지

학습 대책

1등급을 얻기 위해 반드시 정복해야 할 단원으로 기출 문제를 중심으로 통계와 그래프 분석 등의 대비가 필요하다. 계급론과 계층론의 특징을 잘 정리해 두어야 하고, 여러 가지 사회 불평등 문제의 원인과 해결 방안을 구체적인 현상과 관련지을 수 있어야 한다. 또한 빈곤 문제와 계층 이동 부분에서 자료 분석 문제가 까다롭게 등장할 수 있으므로 표와 통계 자료를 분석하는 문제 유형을 단원의 구별 없이 반복 학습해 두어야 한다. 사회 보장 제도의 유형과 특징, 복지 제도의 역할과 한계에 대해서도 이해해야 한다. 특히, 계층 이동 문제 풀이에 역점을 두어 어떠한 유형이 나오더라도 대비할 수 있도록 기출 문제를 반복 학습하는 연습이 요구된다.

01 사회 불평등 현상과 사회 계층의 이해

출제 예상 item 21 계급론과 계층론 22 사회 불평등 현상을 보는 관점 23 사회 이동과 사회 계층 구조

1 사회 불평등 현상

1. 의미 사회적 희소가치가 차등적으로 배분되어 있는 현상

2. 발생 원인 사회적 자원의 희소성으로 인한 사회적 희소가치의 차등적 분배

3. 특징

(1) 개인뿐만 아니라 집단 수준에서도 발생함

(2) 정도의 차이는 있지만 어느 사회에서나 존재함

4. 형태

(1) **경제적 불평등** 경제적 자산이나 소득 분배 격차로 인한 불평등

(2) **정치적 불평등** 권력의 불평등한 분배로 인해 발생

(3) **사회 · 문화적 불평등** 사회적 위신, 명예, 신뢰 등 사회 · 문화적 자원의 불평등한 분배로 인한 격차

2 계급론과 계층론

구분	계급론	계층론
구조	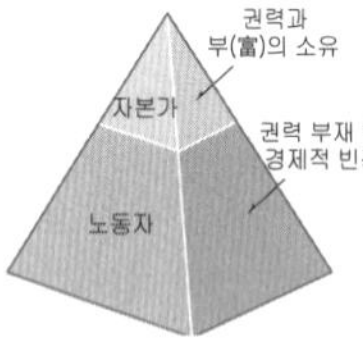	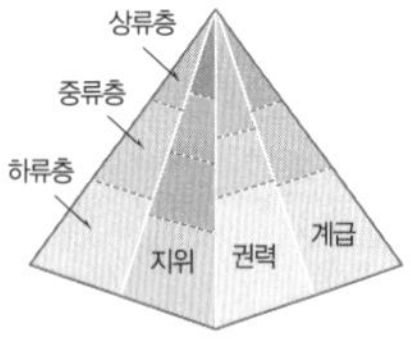
대표 학자	칼 마르크스(Marx, K.)	막스 베버(Weber, M.)
구분 기준	경제적 요인(생산 수단의 소유 여부)	다양한 요인(정치적 권력, 경제적 계급, 사회적 위신)
집단의 구분	자본가와 노동자	상류층, 중류층, 하류층
특징	• 이분법적, 불연속적으로 계급을 구분함 • 계급 의식을 중시함 • 계급 간 생산 수단을 둘러싼 갈등 및 대립 관계가 사회 변혁의 원동력이라고 봄	• 계층이 연속적이고 복합적으로 나타나는 서열화임을 강조함 • 지위 불일치 현상을 설명하기에 적합함 • 다양한 요인에 의한 희소가치의 불평등한 분배 상태를 범주화하여 설명함
집단 간 관계	계급 의식이 뚜렷하고 적대감이 강한 대립적 관계	계층 의식이 약하고 다른 계층에 대한 적대감이 약함

3 사회 불평등 현상을 보는 관점

구분	기능론	갈등론
사회 계층의 발생 원인	희소가치의 차등 분배	지배 집단의 기득권 유지 노력
희소가치의 배분 기준	사회적으로 합의된 기준(개인의 노력과 능력)	지배 집단에 유리한 기준(가정 배경, 권력, 경제력 등)
기능	개인과 사회가 최선의 기능을 하도록 함(동기 부여)	사회 발전의 장애 요소(상대적 박탈감, 집단 간 갈등)
사회적 대가의 분배	일과 보수가 공정하게 분배	일과 보수가 불공정하게 분배

4 사회 계층 구조

1. 의미 한 사회에서 희소한 자원이 불평등하게 분배되고, 그러한 불평등이 지속하여 일정한 형태로 고정된 구조

교과서 속 수능 개념

사회 계층화 현상

사회 불평등이 널리 받아들여지거나 제도화되어 사회 계층이 만들어지는 현상(구조화된 불평등)을 말한다.

생산 수단과 계급

• 마르크스에게 계급은 생산 수단에 대해 공통의 관계를 맺는 사람들의 집단을 지칭한다. 생산 수단이란 사람들이 생존을 위해 사용하는 수단을 말한다.
• 생산 수단을 소유한 사람들(자본가 계급)과 그들에게 자신의 노동을 팔아 생활을 해야 하는 사람들(프롤레타리아 계급)이 두 개의 주요 계급이 된다.

지위 불일치 현상

지위, 권력, 계급 중에서 어느 한 측면에서의 서열과 다른 측면에서의 서열이 서로 일치하지 않는 현상을 말한다. 벼락부자로 돈은 많이 벌었으나 사회적 명성을 얻지 못한 경우가 이에 해당한다.

직업을 보는 관점

기능론	중요하고 어려운 직업이 존재하며, 그러한 직업에 종사하는 사람에게 높은 보상을 주는 것은 당연함
갈등론	직업의 중요도에는 차이가 없으며, 직업 간의 불평등 현상은 지배 집단의 이해관계가 반영된 것임

헷갈리는 개념 정리

1. 계급론과 계층론

계급론은 사회 계층 현상을 계급의 분할로 설명한 이론이고, 계층론은 다차원적 사회 계층 개념으로 설명한 이론이다.

2. 자본가와 노동자

자본가는 자본주의 사회에서 생산 수단인 자본을 소유한 계급이고, 노동자는 자본을 소유하지 않아 노동력을 팔아야만 살아갈 수 있는 계급을 말한다.

3. 기능론과 갈등론

사회 불평등 현상의 원인에 대해 기능론은 개인의 능력이나 역할의 기여도에 따른 사회적 희소가치의 차등 분배로 보는 반면, 갈등론은 지배 집단의 기득권 유지를 위한 사회적 희소가치의 차등 분배를 그 원인으로 본다.

2. 유형

(1) 계층 이동 가능성에 따른 유형

폐쇄형 계층 구조	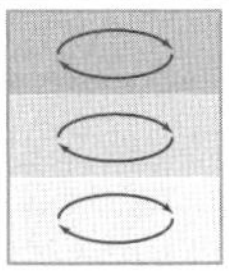	• 계층 간 이동이 엄격하게 제한된 계층 구조 • 수직 이동은 제한, 수평 이동은 가능 • 신분과 혈통이 사회 이동의 주요 원인(귀속 지위 중시) • 전근대 사회에서 지배적임
개방형 계층 구조	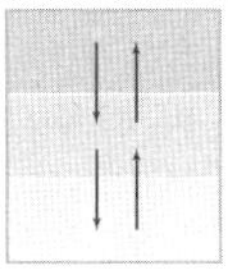	• 계층 간 이동 가능성이 열려 있는 계층 구조 • 수직 이동과 수평 이동 모두 가능 • 개인의 능력과 노력이 사회 이동의 주요 원인(성취 지위 중시) • 주로 현대 산업 사회에서 나타남

(2) 계층 구성 비율에 따른 유형

수직 계층 구조 (완전 불평등형)		• 모든 사회 구성원이 다른 계층에 속해 일직선상에 상하로 배열 • 이론적으로만 존재하며, 현실에 나타나기 어려움
피라미드형 계층 구조 (부분 불평등형)	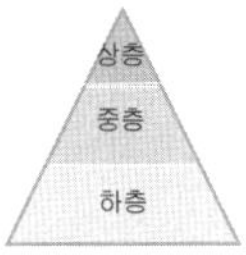	• 상층<중층<하층의 순으로 계층 비율이 구성되는 계층 구조 • 전통 사회나 저개발국 사회에서 주로 나타남 • 다수의 하층이 존재하여 사회가 불안정할 수 있음
다이아몬드형 계층 구조 (부분 평등형)		• 중층이 상층이나 하층에 비해 높은 비율로 구성되는 계층 구조 • 산업화된 사회에서 주로 나타남 • 중간 계층의 비율이 높아 사회 안정이 실현되는 데 유리함
수평 계층 구조 (완전 평등형)		• 모든 사회 구성원이 같은 계층을 이루고 있어 가로로 배열 • 이론적으로만 존재하며, 현실에 나타나기 어려움

(3) 현대 사회에서 새롭게 등장한 계층 구조

타원형 계층 구조		• 다이아몬드형 계층 구조에서 중상층과 중하층의 비율이 늘어난 형태 • 사회적 가치의 배분 상태에 대한 불만이 거의 없어 사회 안정을 실현하는 데 유리함 • 세계화 · 정보화에 대해 낙관론적인 학자들의 주장과 부합함
모래시계형 계층 구조	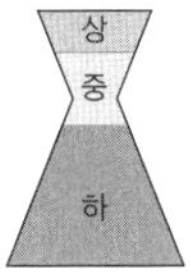	• 중간 계층의 비율이 현저히 낮음 • 효율성과 경쟁을 지나치게 강조하는 사회에서 나타날 수 있는 양극화된 계층 구조임 • 세계화 · 정보화에 대해 비관론적인 학자들의 주장과 부합함

5 사회 이동

1. 의미 한 개인 또는 집단의 사회적 위치가 변하는 현상

2. 유형

이동 방향에 따라	수평 이동	• 계층 내에서의 이동 • 같은 위계적 지위를 가지는 지위로의 이동
	수직 이동	• 계층 간의 이동 • 상승 이동과 하강 이동이 있음
이동 기간에 따라	세대 내 이동	• 한 개인의 생애에 걸쳐 일어나는 사회 경제적 위치의 변화 • 주로 종사하는 직업의 변화로 나타남
	세대 간 이동	• 두 세대 이상 걸쳐 일어나는 사회 경제적 위치의 변화 • 부모와 자녀 간 계층적 지위의 변화
이동 원인에 따라	개인적 이동	한 개인의 능력이나 노력에 의한 사회적 지위의 변화
	구조적 이동	전쟁, 혁명, 산업화, 도시화 등의 급격한 사회 변동으로 인한 계층적 위치의 변화

교과서 속 수능 개념

사회의 양극화

사회 계층의 양 극단에 있는 상층과 하층의 비율이 증가하고, 중층의 비율이 감소하는 현상으로 사회 불평등이 심화되는 경향을 설명하기 위해 사용된다.

타원형 계층 구조와 모래시계형 계층 구조

정보화로 인해 사회 구성원의 소득 격차가 감소하면 타원형 계층 구조가 나타날 수 있다. 반면, 정보 격차로 인해 계층 간 소득 격차가 확대되면 모래시계형 계층 구조가 나타날 수 있다.

구조적 이동

프랑스 혁명으로 귀족 세력이 몰락한 것이나, 조선 후기 갑오개혁으로 신분제가 철폐된 것은 구조적 이동의 사례에 해당한다.

세대 간 이동

세대 간 이동은 부모와 자녀 간의 사회적 위치가 변하는 것이다. 세대 간 이동의 가능성이 작다는 것은 한 개인의 사회적 지위가 부모의 지위와 거의 동일하다는 것을 의미하며, 세대 간 이동의 가능성이 크다는 것은 개인의 노력이나 능력에 따라 부모와는 다른 사회적 지위를 가질 가능성이 크다는 것을 의미한다.

헷갈리는 개념 정리

4. 폐쇄적 계층 구조와 개방적 계층 구조

폐쇄적 계층 구조는 수평 이동은 가능하나 수직 이동이 제한되는 계층 구조이고, 개방적 계층 구조는 수직 이동과 수평 이동이 모두 가능한 계층 구조이다.

5. 피라미드형 계층 구조와 다이아몬드형 계층 구조

피라미드형 계층 구조는 상층<중층<하층의 순서로 계층 비율이 구성되는 계층 구조이고, 다이아몬드형 계층 구조는 중층이 가장 많은 비율을 차지하는 계층 구조이다.

6. 세대 내 이동과 세대 간 이동

세대 내 이동은 한 개인의 생애에 걸쳐 일어나는 사회 이동이고, 세대 간 이동은 세대를 가로질러 일어나는 사회 이동이다.

item 21

계급론과 계층론

수능 출제 패턴 분석 계급론과 계층론의 특징을 비교하여 묻는 문제가 출제된다.

유형보기

1. 계층론 평가원

사회는 재산, 권력, 위신에 기초하여 계층화된다. 재산의 차이는 '계급'을, 권력의 차이는 '파당'을, 위신의 차이는 '지위 집단'을 만들어 낸다. 어떤 사람이 이들 중 한두 가지 차원에서 상층에 속하더라도 나머지 다른 차원에서는 하층에 속할 수 있다.

자료 분석

(1) 제시문에는 계층론이 나타나 있다.
(2) 계층론은 계층을 나누는 기준으로 재산, 권력, 위신 등을 제시하고 있는데, 이는 다원론적 관점에서 사회 계층화 현상을 바라보고 있음을 보여 준다.
(3) 어떤 사람이 재산을 기준으로는 상층에 속하더라도 권력을 기준으로는 하층이 될 수 있다는 점에서, 계층론은 지위 불일치 현상을 설명하기가 용이하다.

2. 계층론과 계급론 평가원

(가)	(나)
경제적, 정치적, 사회적 요인을 종합하여 사회 계층을 상층, 중층, 하층으로 구분	생산 수단의 소유 여부를 기준으로 사회 계층을 지배층과 피지배층으로 구분

자료 분석

(1) 계층론은 계층화가 소득이나 지위, 권력 등의 소유 정도에 따라 사회 구성원들이 연속적으로 서열화되는 현상이라고 본다. 따라서 (가)는 계층론이다.
(2) 계급론은 계층화가 생산 수단의 소유 여부에 따라 이분법적으로 구분되는 계급이 형성되는 현상이라고 본다. 따라서 (나)는 계급론이다.

대표기출로 유형 감잡기

정답 및 해설 • p.048

311

정답률 87% | 2020학년도 수능

다음은 사회 불평등 현상을 설명하는 이론 A, B를 기준으로 갑~무를 조사한 자료이다. 이에 대한 분석으로 옳은 것은? (단, A, B는 각각 계급 이론, 계층 이론 중 하나이다.)

〈A에 따른 조사 자료〉

구분	갑	을	병	정	무
생산 수단 소유 여부	미소유	미소유	소유	미소유	소유

〈B에 따른 조사 자료〉

구분	갑	을	병	정	무
재산 정도	상	하	상	중	상
위신 정도	중	하	상	하	하
권력 정도	상	하	상	하	상

① 계급 이론에 따르면 을, 정은 서로 다른 계급으로 구분된다.
② 계층 이론에 따르면 을, 병 간 권력 정도의 차이는 재산 정도의 차이에 의해 결정된다.
③ 갑, 병, 무는 공통의 계급적 연대 의식을 공유한다.
④ 계층적 위치에서 사회적 측면과 정치적 측면 간 지위 불일치가 나타나는 사람은 2명이다.
⑤ B는 A와 달리 사회 불평등 현상을 이분법적으로 파악한다.

312

정답률 55% | 2014학년도 9월 평가원

사회 계층화 현상을 설명하는 A, B 이론에 대한 옳은 진술만을 〈보기〉에서 있는 대로 고른 것은?

A 이론은 생산 관계에 초점을 맞춘 B 이론의 경제 결정론적 시각을 비판한다. A 이론은 경제적 요소 외에 신앙, 윤리, 가치관 등 관념적인 요소가 인간의 행위와 사회의 구성, 그리고 역사에 큰 영향을 미치는 것으로 본다. 그래서 B 이론과 달리 A 이론은 경제적 차원인 계급, 사회적 차원인 신분, 권력적 차원인 파당의 세 가지 차원을 같이 고려하여 사회 불평등을 설명한다.

〈보기〉

ㄱ. A 이론은 B 이론에 비해 지위 불일치를 설명하기 용이하다.
ㄴ. A 이론은 B 이론에 비해 이분화된 계급 구조를 설명하기 용이하다.
ㄷ. B 이론은 A 이론과 달리 사회 불평등을 보편적인 현상이라고 본다.
ㄹ. B 이론은 A 이론과 달리 사회·정치적 불평등은 경제적 불평등에 종속되는 것으로 본다.

① ㄱ, ㄴ ② ㄱ, ㄹ ③ ㄴ, ㄷ
④ ㄱ, ㄷ, ㄹ ⑤ ㄴ, ㄷ, ㄹ

313

정답률 72% | 2020학년도 6월 평가원

다음 자료에 대한 옳은 설명만을 〈보기〉에서 있는 대로 고른 것은?

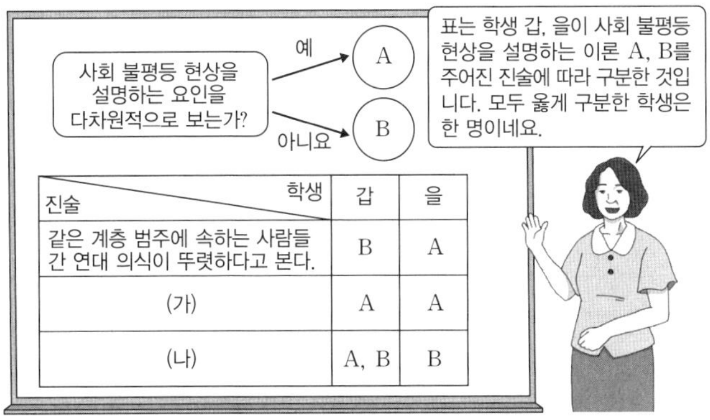

사회 불평등 현상을 설명하는 요인을 다차원적으로 보는가?
예
A
아니요
B
표는 학생 갑, 을이 사회 불평등 현상을 설명하는 이론 A, B를 주어진 진술에 따라 구분한 것입니다. 모두 옳게 구분한 학생은 한 명이네요.

진술 \ 학생	갑	을
같은 계층 범주에 속하는 사람들 간 연대 의식이 뚜렷하다고 본다.	B	A
(가)	A	A
(나)	A, B	B

〈보기〉

ㄱ. 진술에 따라 A, B를 모두 옳게 구분한 학생은 을이다.
ㄴ. A는 B와 달리 지위 불일치 현상을 설명하기에 용이하다.
ㄷ. (가)에는 '계층을 연속적인 위계 관계로 파악한다.'가 들어갈 수 있다.
ㄹ. (나)에는 '경제적 요인을 사회 불평등 현상의 원인으로 고려한다.'가 들어갈 수 있다.

① ㄱ, ㄴ ② ㄱ, ㄹ ③ ㄴ, ㄷ
④ ㄱ, ㄷ, ㄹ ⑤ ㄴ, ㄷ, ㄹ

314

정답률 83% | 2016학년도 9월 평가원

(가), (나)는 사회 불평등 현상에 대한 서로 다른 이론에 근거한 주장이다. 이에 대한 설명으로 옳은 것은?

(가) 단순히 개인의 경제적 상황에 국한시켜서 사회 불평등 현상을 이해해서는 안 된다. 경제적 계급이 다르더라도 동일한 지위 집단에 소속될 수 있으며 지위 집단의 차이는 생활 양식의 차이로 나타난다.
(나) 역사 발전 단계별로 주요한 생산 수단의 소유 여부에 따라 권력 관계가 결정된다. 자본주의 경제 체제에서는 자본을 소유한 집단과 그렇지 못한 집단 간에 권력 관계가 형성된다.

① (가)의 이론은 사회 불평등의 경제적 요인이 사회적 요인에 종속된다고 본다.
② (나)의 이론은 다차원적 측면에서 사회 불평등 현상을 규정한다.
③ (가)의 이론은 (나)의 이론에 비해 경제적 지위에 따른 집단 귀속 의식을 중요하게 파악한다.
④ (가)의 이론은 (나)의 이론과 달리 이분법적이고 불연속적인 개념으로 사회 불평등 현상을 규정한다.
⑤ (가), (나)의 이론은 모두 사회 불평등 현상에 경제적 요인이 작용한다고 본다.

315

정답률 83% | 2017학년도 6월 평가원

다음은 사회 불평등 현상을 설명하기 위해 사회학자 갑과 을이 조사 대상자 A~D를 분류한 것이다. 이에 대한 설명으로 옳지 않은 것은?

〈갑의 분류〉

구분	생산 수단 소유 여부
자본가	A
노동자	B, C, D

〈을의 분류〉

구분	경제적 요인	정치적 요인	사회적 요인
상층	A	A, C	C
중층	B, C	D	A, B
하층	D	B	D

① 을의 분류에서 A~D는 모두 지위 불일치의 사례에 해당한다.
② 을의 분류에서 상층에 속한 모든 대상자는 갑의 분류에서 자본가이다.
③ 갑은 을과 달리 사회 불평등 현상을 이분법적으로 파악한다.
④ 을은 갑과 달리 다차원적 측면에서 사회 불평등 현상을 파악한다.
⑤ 갑과 을의 분류에는 모두 경제적 요소가 반영되어 있다.

316

정답률 80% | 2018학년도 9월 평가원

그림은 질문 (가)~(다)에 따라 사회 불평등 현상을 설명하는 이론 A, B를 구분한 것이다. 이에 대한 옳은 설명을 〈보기〉에서 고른 것은? (단, A, B는 각각 계급 이론, 계층 이론 중 하나이다.)

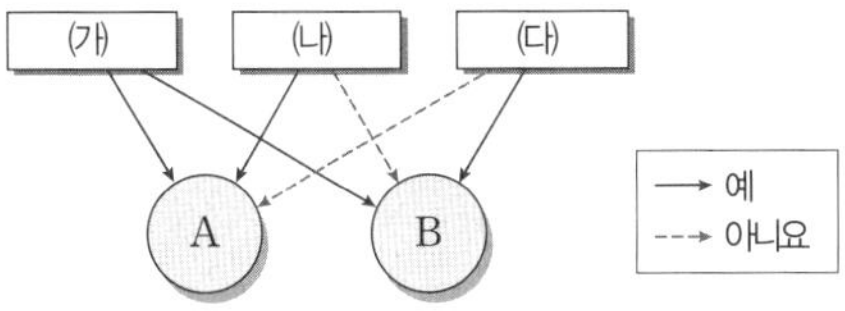

(가)
(나)
(다)
A
B
예
아니요

〈보기〉

ㄱ. (가)에는 '사회 불평등 현상의 원인으로 경제적 요인을 고려하는가?'가 들어갈 수 있다.
ㄴ. A가 계층 이론이라면, (나)에는 '사회 불평등 현상을 불연속적인 위계화로 파악하는가?'가 들어갈 수 있다.
ㄷ. A가 계급 이론이라면, (다)에는 '사회 불평등 현상의 발생 원인을 다원론적 관점으로 보는가?'가 들어갈 수 있다.
ㄹ. B가 계층 이론이라면, (나)에는 '지위 불일치 현상을 설명하기에 적합한가?'가 들어갈 수 있다.

① ㄱ, ㄴ ② ㄱ, ㄷ ③ ㄴ, ㄷ
④ ㄴ, ㄹ ⑤ ㄷ, ㄹ

317

정답률 73% | 2019학년도 6월 평가원

사회 불평등 현상을 설명하는 이론 A, B의 입장을 고려하여 자신에게 주어진 질문에 대한 응답을 모두 옳게 한 학생은?

> A는 자본주의 체제에서 돈, 기계, 원료 등과 같은 생산 수단의 소유 여부를 기준으로 사회 불평등 현상을 설명한다. 한편 B는 사회 불평등의 층위가 사회적 · 정치적 차원에서도 발생한다고 주장하며, 현대 사회에서 나타나는 다양한 차원의 불평등을 근거로 제시한다.

학생	질문	A의 입장	B의 입장
갑	사회 계층이 연속적으로 서열화되어 있다고 보는가?	×	○
을	계층 간 수직 이동이 극히 제한적이라고 보는가?	×	○
병	경제적 요인에 의해 계층화가 발생한다고 보는가?	○	×
정	동일한 계층에 속하는 구성원 간의 연대 의식이 강하다고 보는가?	×	○
무	한 사람의 지위가 계층화의 여러 차원에 따라 달라질 수 있다고 보는가?	○	×

(○ : 예, × : 아니요)

① 갑 ② 을 ③ 병 ④ 정 ⑤ 무

318

정답률 84% | 2020학년도 9월 평가원

다음은 사회 불평등 현상을 설명하는 이론 A, B에 따라 갑~정을 분류한 것이다. 이에 대한 옳은 분석만을 〈보기〉에서 있는 대로 고른 것은?

〈A에 따른 구분〉

구분 기준	자본가	노동자
생산 수단	갑, 을	병, 정

〈B에 따른 구분〉

구분 기준	상층	중층	하층
재산	을	갑	병, 정
위신	을	갑, 병, 정	–
권력	을	갑, 병	정

〈보기〉

ㄱ. A는 B와 달리 사회 불평등 현상을 불연속적으로 구분되어 있는 상태로 본다.
ㄴ. A, B는 모두 경제적 요소를 사회 불평등의 요인으로 본다.
ㄷ. 갑은 정과 달리 지위 불일치 현상을 설명하기에 적절한 사례이다.
ㄹ. 갑과 병은 계급 의식을 공유하고, 을과 정 간에는 적대감이 존재한다.

① ㄱ, ㄴ ② ㄱ, ㄷ ③ ㄷ, ㄹ
④ ㄱ, ㄴ, ㄹ ⑤ ㄴ, ㄷ, ㄹ

예상문제로 유형 익히기

정답 및 해설 • p.048

319

난이도 상 중 **하**

빈칸 (가), (나)에 들어갈 사회 불평등에 관한 개념에 대한 설명으로 옳지 않은 것은?

> • (가) 은/는 자본주의 사회의 불평등을 설명하는 핵심 개념으로, 생산 수단을 소유한 자본가와 그들에게 자신의 노동력을 팔아서 생활하는 노동자로 나누어진다.
> • (나) 은/는 사회 계층 현상을 경제적 부, 사회적 지위, 정치적 권력 등 다양한 요소로 설명한다.

① (가)는 동일한 계층적 위치에 속한 구성원 간의 귀속 의식을 강조한다.
② (나)는 특정 계층들의 타 계층에 대한 적대감이 약하다고 본다.
③ (가)는 (나)보다 지위 불일치 현상을 설명하기에 적합하다.
④ (가)는 (나)에 비해 계급 간의 경제적 차이를 중요시한다.
⑤ (나)는 (가)보다 다원화된 현대 사회의 불평등을 설명하기 유리하다.

320

난이도 상 **중** 하

다음 사례에 공통적으로 나타난 현상에 대한 옳은 설명만을 〈보기〉에서 고른 것은?

> • 갑은 명문대학의 교수로서 학생들에게 존경을 받고 있지만, 가정 형편이 넉넉하지는 않다.
> • 을은 갑작스러운 재산 가치의 상승으로 큰 부자가 되었지만, 사회적으로 존경을 받지는 못하고 있다.

〈보기〉

ㄱ. 경제적 지위가 정치적, 사회적 지위를 결정한다고 본다.
ㄴ. 동일한 계층에 소속된 사람들끼리의 동류 의식이 강하다.
ㄷ. 개인의 경제적 위치와 사회적 위치가 서로 일치하지 않는다.
ㄹ. 계급론보다 계층론으로 설명할 수 있다.

① ㄱ, ㄴ ② ㄱ, ㄷ ③ ㄴ, ㄷ
④ ㄴ, ㄹ ⑤ ㄷ, ㄹ

321

난이도 상 중 하

사회 불평등 현상을 설명하는 두 개념 A, B에 대한 옳은 설명만을 〈보기〉에서 고른 것은?

> A는 다양한 사회적 희소가치에 따라 서열화된 개인과 집단의 위치를 구분하는 데 사용되는 개념이다. 반면, B는 생산 수단의 소유 여부에 의해 결정되는 지배 · 착취 관계를 중심으로 설명된다.

〈보기〉

ㄱ. A는 집단의 경계가 생산 수단의 소유 여부와 통제의 차이에서 발생한다고 본다.
ㄴ. B는 각 계층이 이분법적 · 불연속적으로 구분된다고 본다.
ㄷ. B에 의하면 한 개인이 점하고 있는 지위는 여러 차원에서 서로 일치하지 않을 수도 있다.
ㄹ. A는 B에 비해 경계가 모호하고 자신이 속한 집단에 대해 소속감이 약하다.

① ㄱ, ㄴ ② ㄱ, ㄷ ③ ㄴ, ㄷ
④ ㄴ, ㄹ ⑤ ㄷ, ㄹ

322 Challenge 30% 신유형

난이도 상 중 하

표는 갑이 자신의 할아버지와 아버지, 그리고 자신의 사회 계층적 위치를 점수로 나타낸 것이다. 이에 대한 옳은 분석만을 〈보기〉에서 고른 것은?

구분	할아버지	아버지	갑
정치적 권력	8	5	3
경제적 계급	4	8	5
사회적 위신	8	7	2
총점	20	20	10

* 점수는 항목당 10점을 만점으로 함

〈보기〉

ㄱ. 할아버지는 아버지보다 계층적 지위가 높다.
ㄴ. 다양한 요인으로 계층을 설명하고자 하였다.
ㄷ. 경제적 계급이 정치적 권력에 영향을 미쳤다.
ㄹ. 아버지와 갑 사이에는 세대 간 이동이 나타났다.

① ㄱ, ㄴ ② ㄱ, ㄷ ③ ㄴ, ㄷ
④ ㄴ, ㄹ ⑤ ㄷ, ㄹ

323

난이도 상 중 하

빈칸 (가)에 들어갈 개념에 대한 설명으로 옳은 것은?

> (가) 은/는 불평등과 서열을 사회적 기능 분화에 따라 통계적으로 파악하고 구분한 범주이다. 따라서 같은 범주의 구성원끼리는 관계 지향적이지 않으며 다른 범주의 구성원끼리 적대적이지도 않다.

① 지위 불일치를 해소함으로써 계급 의식이 완화된다고 본다.
② 사회적 지위나 정치적 권력이 경제적 요인에 의해 결정된다고 본다.
③ 동일한 범주에 속하는 사람들의 동류 의식이 강하게 나타난다고 본다.
④ 사회 내의 계층을 지배하는 집단과 지배받는 두 개의 분절된 집단으로 구분한다.
⑤ 계층이 불연속적인 구분이 아닌 연속적이고 복합적으로 나타나는 서열화임을 강조한다.

324 Challenge 30% 신유형

난이도 상 중 하

표는 사회 불평등 현상을 설명하는 이론 A, B를 비교한 것이다. 이에 대한 옳은 설명만을 〈보기〉에서 고른 것은?

질문	답변 A	답변 B
지배-피지배의 관계가 포함되어 있는 개념인가?	예	아니요
(가)	예	아니요
(나)	아니요	예

〈보기〉

ㄱ. A보다 B는 구분하는 기준이 더 다양하다.
ㄴ. A보다 B는 지위 불일치 현상을 설명하기에 용이하다.
ㄷ. (가)에는 '집단의 경계가 모호한가?'가 적절하다.
ㄹ. (나)에는 '귀속 의식이 강한가?'가 적절하다.

① ㄱ, ㄴ ② ㄱ, ㄷ ③ ㄴ, ㄷ
④ ㄴ, ㄹ ⑤ ㄷ, ㄹ

item 22

사회 불평등 현상을 보는 관점

수능 출제 패턴 분석 사회 불평등 현상을 바라보는 기능론과 갈등론을 비교하는 문제가 출제된다. 갑과 을의 대화를 나누는 삽화 형식의 문제나 표를 활용하여 출제된다.

유형보기

1. 사회 불평등 현상을 보는 관점 평가원

모든 사람에게 주어진 기회는 균등하지만, 개인의 능력이나 노력의 차이에 따라 사회 불평등이 발생하는 거야.
개인의 능력이나 노력의 차이보다 기득권자들이 사회적 희소가치를 독점하는 사회 구조 때문에 사회 불평등이 발생하는 거야.
갑
을

자료 분석

(1) 갑은 사회적 불평등이 개인의 능력과 노력의 차이에 따라 사회적 희소가치가 차등 분배되는 과정에서 발생한다고 보고 있다. 이는 기능론에 해당한다.

(2) 을은 기득권을 유지하려는 과정에서 사회 불평등이 발생한다고 보고 있다. 이는 갈등론에 해당한다.

2. 사회 불평등 현상을 보는 관점 평가원

구분	관점 A	관점 B
사회 불평등 현상의 발생 원인은 무엇인가?	사회적 역할의 중요도에 따른 보상의 차등 분배	(가)
희소가치의 배분 방식은 어떻게 결정되는가?	(나)	권력 유지를 위한 기득권 집단의 결정

자료 분석

(1) 사회적 역할의 중요도에 따른 차등 보상이 이루어진 결과 사회 불평등이 발생한다고 보는 관점은 기능론이다. 따라서 A는 기능론이다.

(2) 권력, 재산, 가정 배경 등 지배 집단에게 유리한 기준에 따라 희소가치가 배분된다고 보는 관점은 갈등론이다. 따라서 B는 갈등론이다.

(3) (가)에는 '지배와 피지배 관계의 유지 및 재생산을 위해 지배 집단이 만든 분배 구조'가 적절하고, (나)에는 '사회의 효율적 운영을 위한 사회 구성원의 합의'가 적절하다.

대표기출로 유형 감잡기

정답 및 해설 • p.050

325

정답률 54% | 2021학년도 수능

다음 자료에 대한 옳은 설명만을 〈보기〉에서 있는 대로 고른 것은? (단, A, B는 각각 기능론, 갈등론 중 하나이다.)

질문	답변	
	갑	을
A는 직업 유형 간 사회적 중요도에서 차이가 있다고 보는가?	아니요	㉠
(가)	예	예
A는 차등 분배가 갖는 사회적 순기능을 강조하는가?	아니요	예
B는 사회 불평등을 불가피한 현상으로 보는가?	아니요	예
점수	2점	1점

*교사는 각 질문별로 채점하고, 답변 하나가 맞을 때마다 1점씩 부여함.

〈보기〉

ㄱ. (가)에는 'A는 B와 달리 개인의 귀속적 요인이 사회 불평등에 미치는 영향을 간과하는가?'가 들어갈 수 있다.

ㄴ. ㉠은 '아니요'이다.

ㄷ. A는 균등 분배가 인재의 적재적소 배치에 어려움을 야기한다고 본다.

ㄹ. B는 희소가치의 분배 기준은 대다수 사회 구성원이 합의한 것이라고 본다.

① ㄱ, ㄷ ② ㄱ, ㄹ ③ ㄴ, ㄷ
④ ㄱ, ㄴ, ㄹ ⑤ ㄴ, ㄷ, ㄹ

326

정답률 51% | 2021학년도 9월 평가원

다음 글에 나타난 사회 불평등 현상을 보는 관점에 대한 옳은 설명만을 〈보기〉에서 고른 것은?

> 개인의 소득은 개인의 생산성에 의해 결정되고 그 생산성은 기술의 숙련 여부에 의해 결정된다. 기술의 숙련은 교육이나 훈련과 같이 사람들이 자신의 인적 자본에 얼마나 많은 투자를 하였는지에 따라 결정된다. 기술의 숙련과 같이 사회가 요구하는 능력을 갖추는 데 게을리한 사람들이나, 구성원들에게 이러한 능력을 갖추도록 동기를 부여하지 못하는 사회는 실업 및 빈곤 문제에 직면하게 될 것이다.

〈보기〉

ㄱ. 개인의 가정 배경이 사회 불평등에 미치는 영향력을 중시한다.

ㄴ. 직업 유형 간 사회적 중요도의 우위를 객관적으로 평가하기 어렵다는 지적을 받는다.

ㄷ. 사회 불평등 현상이 개인의 성취동기를 감소시킬 수 있음을 간과한다는 비판을 받는다.

ㄹ. 사회적으로 사용 가능한 자원이 제한되어 있기 때문에 사회 불평등 현상이 존재한다는 사실을 간과한다.

① ㄱ, ㄴ ② ㄱ, ㄷ ③ ㄴ, ㄷ
④ ㄴ, ㄹ ⑤ ㄷ, ㄹ

327

정답률 80% | 2023년 4월 교육청

사회 불평등 현상을 바라보는 갑, 을의 관점에 대한 설명으로 옳은 것은?

① 갑의 관점은 사회 불평등 현상을 타파해야 할 문제라고 본다.
② 을의 관점은 차등 보상이 개인의 성취동기를 자극한다고 본다.
③ 을의 관점에서는 (가)에 '자녀의 소득'이 들어갈 수 있다고 본다.
④ 갑의 관점은 을의 관점과 달리 사회 불평등 현상이 인재를 적재적소에 배치하는 데 기여한다고 본다.
⑤ 을의 관점은 갑의 관점과 달리 사회 불평등 현상을 보편적이고 불가피한 현상으로 본다.

328

정답률 80% | 2017학년도 9월 평가원

사회 불평등을 바라보는 관점 A, B에 대한 설명으로 옳은 것은?

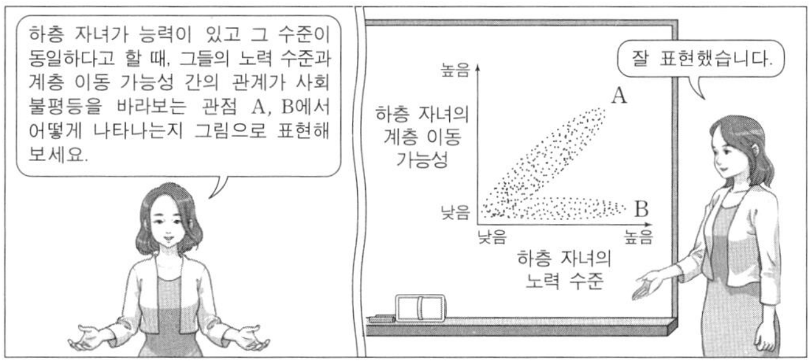

① A는 희소가치가 개인의 사회적 기여도와 무관하게 분배된다고 본다.
② A는 희소가치의 분배 수준이 균등해질수록 사회적 효율성이 낮아진다고 본다.
③ B는 개인의 성취 동기와 희소가치의 차등 분배 수준 사이에 정(＋)의 관계가 있다고 본다.
④ B는 희소가치의 차등 분배 수준과 사회 갈등 정도 사이에 부(－)의 관계가 있다고 본다.
⑤ A는 부모의 계층과 자녀의 사회적 성공 가능성 사이에 정(＋)의 관계가 있다고 보고, B는 무관하다고 본다.

329

정답률 73% | 2015학년도 6월 평가원

사회 불평등 현상을 보는 관점 A, B에 대한 설명으로 옳은 것은?

구분	관점 A	관점 B
사회 불평등 현상의 발생 원인은 무엇인가?	사회적 역할의 중요도에 따른 보상의 차등 분배	(가)
희소가치의 배분 방식은 어떻게 결정되는가?	(나)	권력 유지를 위한 기득권 집단의 결정

① A는 사회 불평등 현상이 지배와 피지배 관계에서 비롯된다고 본다.
② B는 사회 불평등 현상을 불가피한 것으로 본다.
③ A는 B와 달리 개인의 성취 동기가 지위 변동에 미치는 영향력을 간과한다는 한계가 있다.
④ (가)에는 '개인의 능력 차이에 따른 보상의 차등 분배'가 적절하다.
⑤ (나)에는 '사회의 효율적 운영을 위한 사회 구성원의 합의'가 적절하다.

330

정답률 82% | 2019학년도 수능

다음은 사회 불평등 현상을 바라보는 관점을 나타낸 자료이다. 이에 대한 설명으로 옳은 것은?

사회에서 가치 있다고 생각하는 자리를 자격 있는 사람으로 채우기 위해서는 더 많은 보상을 제공해야 한다. 따라서 사회 불평등 현상은 어느 사회에서나 나타난다. 이를 그림으로 표현하면 오른쪽과 같다.

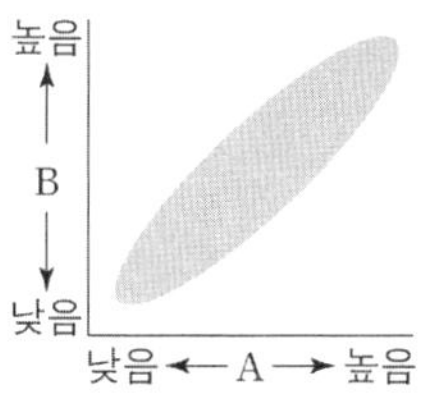

① 사회 불평등 현상을 보편적이지만 제거해야 할 대상이라고 본다.
② 사회적 지위나 직업에는 중요도에 따른 위계 체계가 존재한다고 본다.
③ 지배 집단과 피지배 집단 간의 대립 관계에서 사회 불평등 현상을 이해한다.
④ A가 '부모의 경제적 지위'라면, B는 '자녀의 사회적 성공 가능성'이 적절하다.
⑤ A가 '희소가치의 균등 분배 수준'이라면, B는 '개인의 성취 동기'가 적절하다.

예상문제로 유형 익히기

정답 및 해설 • p.050

331

난이도 상 **중** 하

그림에서 사회 불평등 현상을 보는 갑, 을의 관점에 대한 설명으로 옳은 것은?

며칠 전 신문 기사에서 성공한 20대 사업가의 이야기를 보았어. 유복하게 자라난 가정 환경과 부모님의 경제적인 지원이 있었기에 성공이 가능했다고 보여져.
나도 그 기사 보았어. 내 생각은 좀 달라. 끊임없는 노력과 자기 계발로 그와 같은 성취가 가능했을 거야.
갑
을

① 갑은 개인의 사회적 기여도에 따른 차등 분배를 중시한다.
② 을은 사회 계층 제도가 사회 통합을 저해한다고 본다.
③ 갑은 사회적 희소가치를 분배하는 기준이 공정하다고 본다.
④ 갑은 을에 비해 역할 행동에 대한 보상 체계가 불평등하다고 본다.
⑤ 을은 갑에 비해 현재의 사회 계층 구조가 기득권층의 이해를 대변한다고 본다.

332

Challenge 30% 신유형

난이도 **상** 중 하

그림 (가), (나)는 사회 불평등 현상을 보는 관점을 나타낸 것이다. 이에 대한 설명으로 옳은 것은?

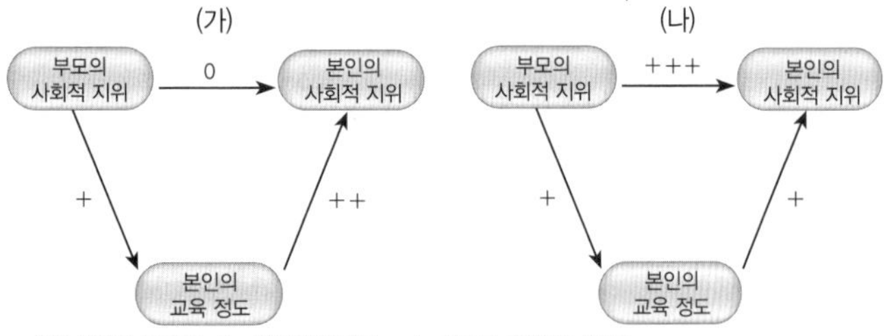

* 0은 영향이 없음을, +는 영향의 정도를, →는 영향의 방향을 나타냄

① (가)는 사회적 갈등이 보편적 현상임을 강조한다.
② (가)는 사회 불평등이 집단 간의 적대감과 불신을 조장하여 사회 갈등을 유발한다고 본다.
③ (나)는 사회적 희소가치를 배분하는 기준이 그 사회의 구성원들이 합의한 것이라고 본다.
④ (나)는 현상 유지에 치우쳐 사회 문제를 개선하지 못한다는 비판이 제기될 수 있다.
⑤ (가)는 개인 간 경쟁을 통한 효율성 증진 추구와, (나)는 구조적 차별 철폐와 관련 있다.

333

난이도 상 **중** 하

다음 글에 나타난 사회적 불평등 현상을 보는 관점에 부합하는 진술로 가장 적절한 것은?

> 우리 사회에는 뛰어난 재능을 가졌으나 가난하여 제대로 교육을 받지 못하는 일이 나타나기도 한다. 그래서 유능한 인재를 적재적소에 공급하기 위해 마련된 제도 가운데 하나가 장학금이다. 가난하지만 성적이 우수한 학생들에게 장학금을 지급하여 교육의 기회를 제공하는 것이다.

① 계층 체계는 한 사회의 인재를 발굴하고 충원할 수 있는 기회를 제한한다.
② 계층 체계는 사회 계층 간에 적의와 불신을 조장하고 사회 통합을 저해한다.
③ 계층 체계는 역할의 중요성과 역할 수행 능력의 차이에 따른 분배로 인해 발생한다.
④ 계층 체계는 사람들에게 현재의 계층 현상을 윤리적 · 도덕적인 것으로 합리화시킨다.
⑤ 계층 체계는 사회 성원의 사기를 저하시키고, 사회에 대한 열성과 의욕을 떨어뜨린다.

334

Challenge 30% 신유형

난이도 **상** 중 하

표는 사회 불평등 현상에 대한 학생 갑~무의 관점을 조사한 것이다. 일관된 관점을 가지고 있는 학생은?

질문 항목	답변	
	예	아니요
분배 체계의 구조적 변화 없이는 불평등을 해결할 수 없는가?	갑, 병, 정	을, 무
소득의 차이가 사회 구성 요소별 중요도의 차이를 반영하는가?	병, 정, 무	갑, 을
지위와 역할은 기득권 집단의 요구를 충족시키기 위해 규정되는가?	갑, 병	을, 정, 무
사회 불평등은 사회 구성원들의 성취 동기를 자극하고 경쟁을 유발함으로써 사회적 효율성을 높이는가?	을, 정	갑, 병, 무

① 갑　② 을　③ 병　④ 정　⑤ 무

335

난이도 상 **중** 하

사회 불평등 현상을 보는 갑, 을의 관점에 대한 옳은 설명만을 〈보기〉에서 고른 것은?

세상에는 다양한 사람들이 있고, 다양한 계층도 존재하지. 만약 계층이 없어 모두가 똑같다면 아무도 열심히 일하려고 하지 않을 거야.
하층에 속한 사람이 열심히 일만 한다고 해서 중층이나 상층으로 올라갈 수 있을까? 우리 사회가 변하지 않는다면 어려울 거라고 생각해.
갑
을

〈보기〉

ㄱ. 갑은 희소가치가 강압적이고 불공정하게 배분된다고 본다.
ㄴ. 갑은 희소가치의 차등적 보상이 공정하고 정당하다고 본다.
ㄷ. 을은 계층화 현상을 보편적이고 필수 불가결한 현상으로 본다.
ㄹ. 을은 계층화 현상이 지위 향상을 원하는 사람들의 기회를 차단한다고 본다.

① ㄱ, ㄴ ② ㄱ, ㄷ ③ ㄴ, ㄷ
④ ㄴ, ㄹ ⑤ ㄷ, ㄹ

336

난이도 상 **중** 하

표는 사회 불평등 현상을 보는 관점을 파악하기 위한 질문에 대한 갑과 을의 대답이다. 이에 대한 옳은 설명만을 〈보기〉에서 있는 대로 고른 것은?

질문 항목	답변	
	갑	을
사회 발전을 위해 차등적인 보상이 반드시 필요한가?	아니요	예
개인의 지위 변동에 가정적인 배경이 개인의 능력과 노력보다 더 중요하게 작용하는가?	예	아니요
(가)	아니요	예

〈보기〉

ㄱ. 갑의 관점은 계급 간 이익이 양립할 수 없다고 본다.
ㄴ. 갑의 관점과 달리 을의 관점은 사회 계층 제도의 긍정적 기능을 강조한다.
ㄷ. (가)에는 '직업의 중요성은 사회 전체의 필요에 의해 결정되는가?'가 적절하다.
ㄹ. 갑과 을의 관점은 모두 균등 분배에 대한 기대치가 높을수록 성취 동기가 높아질 것이라고 본다.

① ㄱ, ㄴ ② ㄴ, ㄹ ③ ㄷ, ㄹ
④ ㄱ, ㄴ, ㄷ ⑤ ㄱ, ㄷ, ㄹ

사회 이동과 사회 계층 구조

수능 출제 패턴 분석 사회 이동과 계층 구조에 대한 기본적인 개념을 알고, 다양한 계층 구성에 관한 자료를 분석하는 문항이 출제된다.

유형보기

1. 사회 이동 평가원

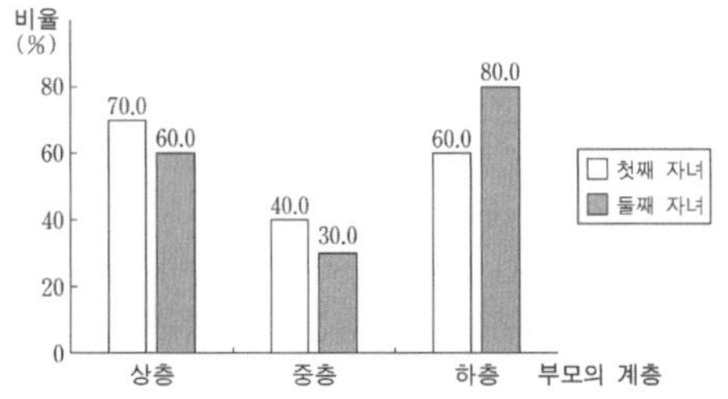

자료는 부모와 자녀 간의 계층 일치 비율을 나타낸 것이다. 단, 모든 부모의 자녀는 2명이며, 부모의 계층 구성은 상층 : 중층 : 하층 = 1 : 3 : 1이다.

(자료 분석)

부모의 계층 구성은 '상층 : 중층 : 하층 = 1 : 3 : 1'이므로 부모의 계층 비율은 상층의 경우 20%, 중층의 경우 60%, 하층의 경우 20%이다. 이를 나타내면 다음과 같다.

〈첫째 자녀〉

(단위 : %)

자녀＼부모	상층	중층	하층	계
상층	14			
중층		24		
하층			12	
계	20	60	20	100

〈둘째 자녀〉

(단위 : %)

자녀＼부모	상층	중층	하층	계
상층	12			
중층		18		
하층			16	
계	20	60	20	100

2. 계층 구성 평가원

(가) 〈각국의 세대 간 이동 현황〉

(단위 : %)

부모 세대 계층＼국가 / 이동 결과	A국			B국		
	일치	하강	상승	일치	하강	상승
상층	8	2	0	20	10	0
중층	14	6	10	0	5	5
하층	34	0	26	20	0	40

(나) 〈자녀 세대의 계층 간 상대적 비율〉

구분＼국가	A국	B국
중층 대비 하층	1/1	1/2
중층 대비 상층	1/2	1/2

(자료 분석)

(1) (가)에서 A국의 부모 세대 계층은 상 : 중 : 하=10 : 30 : 60이고, (나)에서 A국의 자녀 세대 계층은 상 : 중 : 하=1 : 2 : 2이다.
(2) (가)에서 B국의 부모 세대 계층은 상 : 중 : 하=30 : 10 : 60이고, (나)에서 B국의 자녀 세대 계층은 상 : 중 : 하=1 : 2 : 1이다. 이를 나타내면 다음과 같다.

〈A국〉

자녀＼부모	상층	중층	하층	계
상층	8	10	2	20
중층	2	14	24	40
하층	0	6	34	40
계	10	30	60	100

〈B국〉

자녀＼부모	상층	중층	하층	계
상층	20	5	0	25
중층	10	0	40	50
하층	0	5	20	25
계	30	10	60	100

대표기출로 유형 감잡기

정답 및 해설 • p.052

337

정답률 74% | 2024학년도 9월 평가원

다음 자료에 대한 옳은 분석만을 〈보기〉에서 고른 것은?

표는 갑국~병국의 계층 구성 비율을 나타낸 것이다. 모래시계형 계층 구조에서는 A의 비율이 가장 낮다. 단, 갑국~병국의 계층 구조는 각각 피라미드형, 다이아몬드형, 모래시계형 중 하나이다.

(단위 : %)

구분	갑국	을국	병국
A	30	20	50
B	20	30	20
C	50	50	30

* 계층은 A, B, C로만 구분되며, A~C는 각각 상층, 중층, 하층 중 하나임.

〈보기〉

ㄱ. 갑국은 병국과 달리 폐쇄적 계층 구조가 나타난다.
ㄴ. 병국의 계층 구조는 을국의 계층 구조에 비해 사회 안정성이 높다.
ㄷ. 갑국과 병국은 모두 해당 국가에서 상층 인구가 가장 적다.
ㄹ. 을국의 계층 구조는 갑국, 병국의 계층 구조와 달리 주로 근대 이후의 산업 사회에서 나타난다.

① ㄱ, ㄴ ② ㄱ, ㄷ ③ ㄴ, ㄷ ④ ㄴ, ㄹ ⑤ ㄷ, ㄹ

338

정답률 61% | 2024학년도 수능

다음 자료에 대한 분석으로 옳은 것은?

표는 갑국과 을국의 세대 간 계층 이동 현황을 나타낸 것이다. C에서 A로의 이동은 하강 이동이고, C에서 B로의 이동은 상승 이동이다. 단, 계층은 A, B, C로만 구분되고, A~C는 각각 상층, 중층, 하층 중 하나이다.

〈갑국〉

구분		부모 세대		
		A	B	C
자녀 세대	A	●●	●	●●●
	B	●●●●	●●	
	C	●●●	●	●●

〈을국〉

구분		부모 세대		
		A	B	C
자녀 세대	A	●●●	●	●●●●●●
	B	●	●●	●●●
	C	●●	●	●

• ●는 해당 계층 사람의 수를 나타낸 것이며, 각 ●가 나타내는 사람의 수는 동일함.

① 갑국은 자녀 세대에서 완전 평등한 계층 구조를 이루었다.
② 을국의 자녀 세대에서 중층인 사람의 수는 갑국의 부모 세대에서 상층인 사람의 수보다 많다.
③ 갑국은 을국과 달리 부모 세대 중층에서 세대 간 하강 이동이 발생하지 않았다.
④ 갑국은 개방적 계층 구조, 을국은 폐쇄적 계층 구조이다.
⑤ 갑국의 부모 세대 계층 구조는 피라미드형, 을국의 자녀 세대 계층 구조는 모래시계형이다.

339

정답률 86% | 2024학년도 6월 평가원

그림은 갑국의 세대별 계층 구성 비율을 나타낸 것이다. 이에 대한 옳은 분석만을 〈보기〉에서 고른 것은?

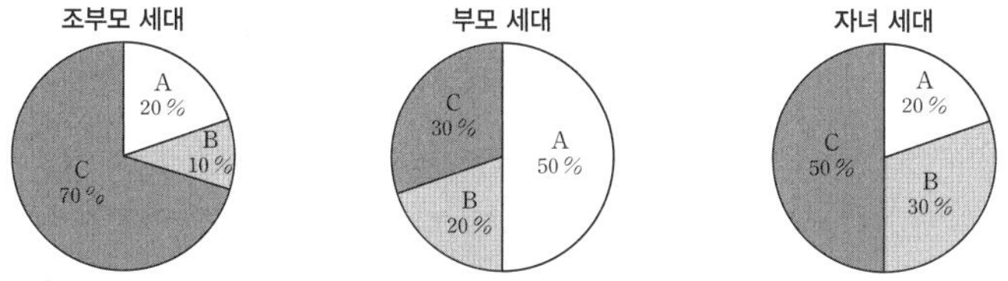

*계층은 A, B, C로 구분되며, A~C는 각각 상층, 중층, 하층 중 하나임.
** 조부모 세대의 계층 구조는 피라미드형이고, 각 세대의 인구는 동일함.

〈보기〉

ㄱ. 조부모 세대에서 하층 인구는 상층 인구의 2배이다.
ㄴ. 상층 인구는 조부모, 부모, 자녀 세대로 갈수록 증가한다.
ㄷ. 부모 세대의 계층 구조는 조부모 세대의 계층 구조에 비해 사회 통합에 불리하다.
ㄹ. 부모 세대의 계층 구조는 다이아몬드형, 자녀 세대의 계층 구조는 모래시계형이다.

① ㄱ, ㄴ ② ㄱ, ㄷ ③ ㄴ, ㄷ ④ ㄴ, ㄹ ⑤ ㄷ, ㄹ

340

정답률 79% | 2023학년도 수능

다음 자료에 대한 분석으로 옳은 것은?

〈자료 1〉은 현재 갑국의 계층 구조와 계층 구성 비율에 대한 정보이고, 〈자료 2〉는 t년 후 갑국의 계층 구성 비율에 대한 두 가지 예측 결과이다. 단, A~C는 각각 상층, 중층, 하층 중 하나이다.

〈자료 1〉

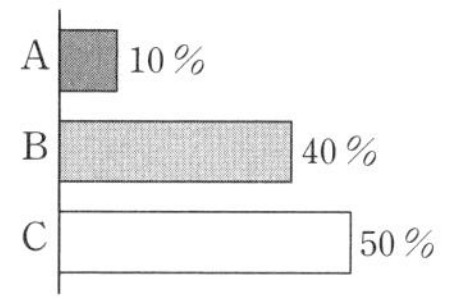

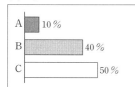

• 계층 구조는 다이아몬드형이다.
• 하층 비율은 상층 비율보다 크다.

〈자료 2〉

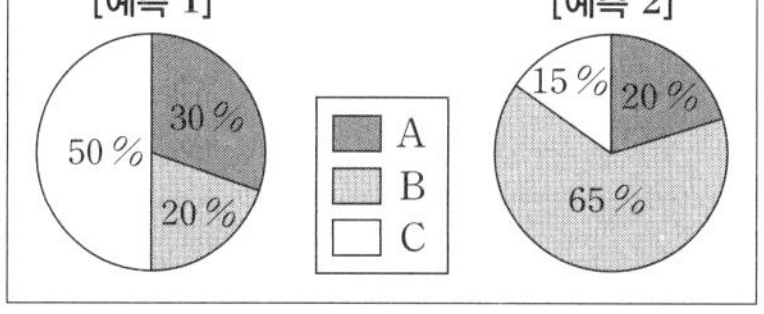

① [예측 1]대로 된 경우의 중층 비율은 현재의 중층 비율보다 크다.
② [예측 1]대로 된 경우의 상층 비율은 현재의 상층 비율의 2배이다.
③ [예측 2]대로 된 경우의 계층 구조는 피라미드형이다.
④ [예측 2]대로 된 경우의 하층 비율은 [예측 2]대로 된 경우의 중층 비율의 4배보다 크다.
⑤ [예측 2]대로 된 경우의 중층 비율은 [예측 1]대로 된 경우의 상층 비율의 2배보다 크다.

341

정답률 82% | 2023학년도 9월 평가원

다음 자료에 대한 설명으로 옳은 것은?

그림은 갑국~병국의 계층 구성 비율을 나타낸 것이다. 갑국~병국은 모두 계층을 상층, 중층, 하층으로만 구분하며, A~C는 각각 상층, 중층, 하층 중 하나이다.

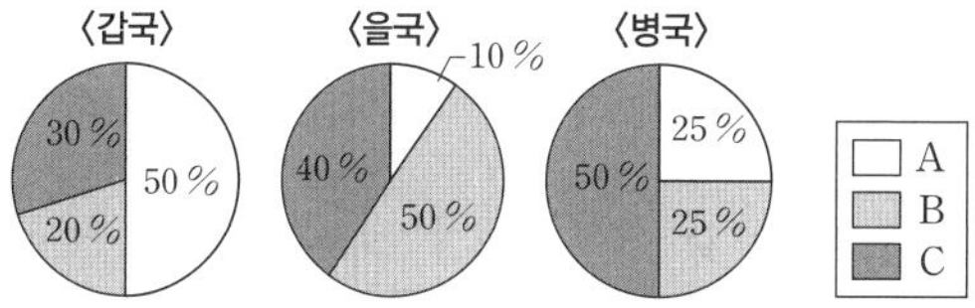

① A가 상층이고 B가 중층이라면, 병국의 계층 구조는 을국의 계층 구조보다 사회 통합에 유리하다.
② B가 하층이고 C가 상층이라면, 을국의 계층 구조는 갑국의 계층 구조보다 계층 양극화로 인한 문제가 발생할 가능성이 높다.
③ 갑국의 계층 구조가 모래시계형이라면, 을국과 병국은 모두 중층 비율이 가장 작다.
④ 을국의 계층 구조가 피라미드형이라면, 병국에서 상층 비율과 중층 비율은 동일하다.
⑤ 병국의 계층 구조가 다이아몬드형이고 B가 하층이라면, 을국의 중층 비율은 갑국의 상층 비율보다 크다.

342

정답률 79% | 2023학년도 6월 평가원

그림은 갑국과 을국의 시기별 계층 구성 비율을 나타낸다. 이에 대한 분석으로 옳은 것은?

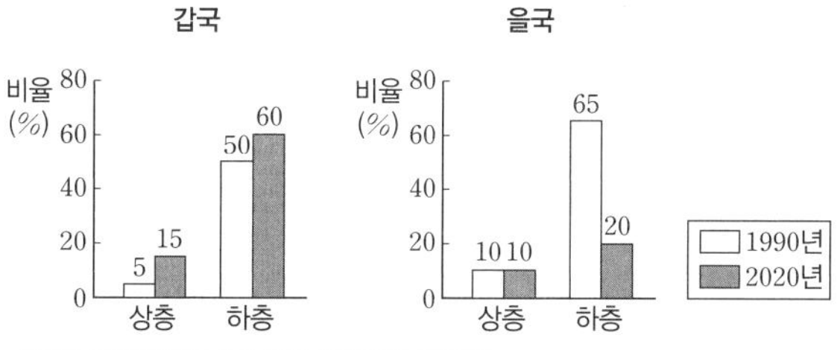

*갑국과 을국의 계층은 상층, 중층, 하층으로만 구성된다.

① 갑국의 계층 구조는 피라미드형에서 모래시계형으로 변화하였다.
② 갑국은 을국과 달리 폐쇄적 계층 구조이다.
③ 갑국은 을국에 비해 상승 이동이 더 많이 나타났다.
④ 을국은 갑국과 달리 사회 안정성이 높은 계층 구조로 변화하였다.
⑤ 1990년 중층 대비 상층의 비는 갑국이 을국보다 크다.

343

정답률 30% | 2019학년도 수능

다음 자료에 대한 분석으로 옳은 것은?

다음은 갑국에서 가구주 1,000명을 대상으로 ㉠ 부모의 계층과 본인의 현재 계층 간 이동 및 ㉡ 부모로부터 독립 후 본인의 최초 계층과 현재 계층 간 이동을 조사한 결과이다. (단, 계층은 상층, 중층, 하층으로만 구성된다.)

〈계층의 상대적 비(比)〉

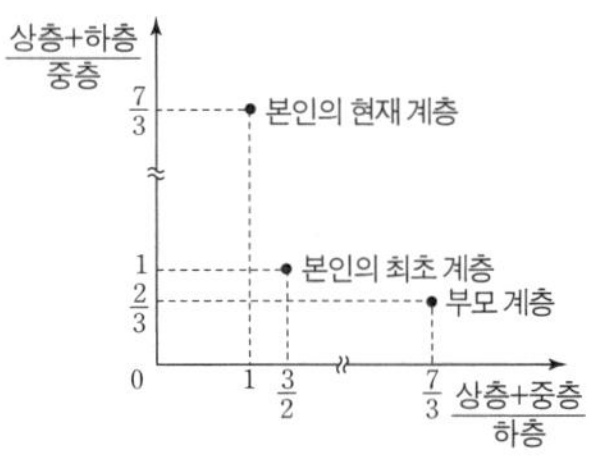

〈계층 일치 비율〉

구분	A	B
상층	80	100
중층	50	52
하층	80	90

* A : 부모 계층 대비 부모 계층과 본인 현재 계층의 일치 비율(%)
** B : 본인 최초 계층 대비 본인 최초 계층과 현재 계층의 일치 비율(%)

① ㉠과 ㉡을 모두 경험한 가구주가 ㉠과 ㉡ 중 어느 하나도 경험하지 않은 가구주보다 적다.
② ㉠을 경험하고 ㉡은 경험하지 않은 가구주가 ㉠은 경험하지 않고 ㉡을 경험한 가구주보다 적다.
③ 세대 내 하강 이동보다 세대 내 상승 이동이 많다.
④ 현재 계층이 중층인 가구주의 최초 계층은 모두 중층이었다.
⑤ 가구주의 현재 계층 구조가 부모의 계층 구조보다 사회 통합에 유리한 계층 구조이다.

344

정답률 82% | 2022학년도 수능

다음 자료는 갑국과 을국의 세대 간 계층 이동 현황을 나타낸 것이다. 이에 대한 분석으로 옳은 것은? (단, 계층은 상층, 중층, 하층으로만 구분된다.)

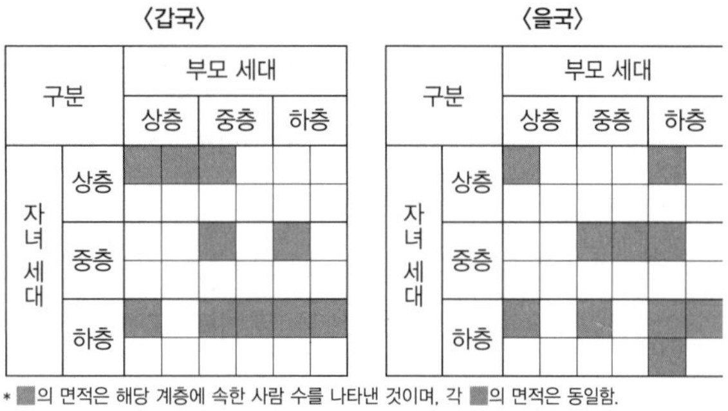

* ■의 면적은 해당 계층에 속한 사람 수를 나타낸 것이며, 각 ■의 면적은 동일함.

① 갑국에서는 세대 간 상승 이동이 세대 간 하강 이동보다 많다.
② 을국에서는 세대 간 이동이 계층 대물림보다 많다.
③ 부모 세대의 경우, 을국의 계층 구조가 갑국에 비해 사회 통합에 유리하다.
④ 자녀 세대의 경우, 갑국의 계층 구조는 모래시계형이고 을국의 계층 구조는 피라미드형이다.
⑤ 갑국에서는 개방적 계층 구조가, 을국에서는 폐쇄적 계층 구조가 나타난다.

345

정답률 81% | 2022학년도 9월 평가원

그림은 갑국의 시기별 계층 구성 비율을 나타낸 것이다. 이에 대한 분석으로 옳은 것은? (단, 갑국의 계층은 상층, 중층, 하층으로만 구성되며, 각 시기별 조사 대상은 동일하다.)

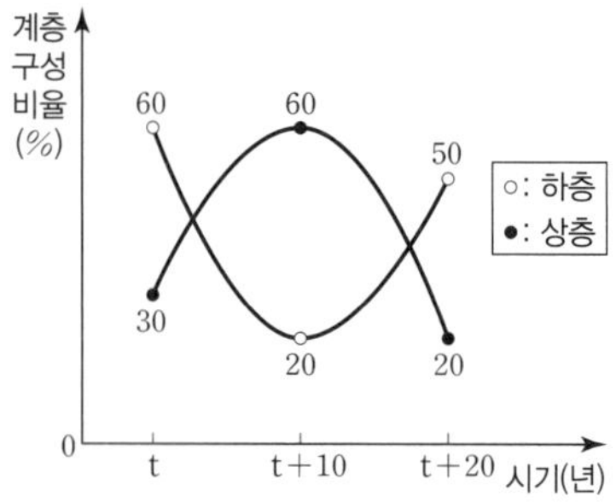

① t년 대비 t+20년에 상층의 비율은 3배가 되었다.
② 상층과 하층의 비율 차이는 t년보다 t+10년이 크다.
③ t년은 폐쇄적 계층 구조, t+10년과 t+20년은 개방적 계층 구조이다.
④ t+10년보다 t+20년이 사회 통합에 더 유리한 계층 구조이다.
⑤ t년 대비 t+20년의 변화는 세대 간 이동, t+10년 대비 t+20년의 변화는 세대 내 이동의 결과이다.

346

정답률 63% | 2022학년도 6월 평가원

다음 자료에 대한 분석으로 옳은 것은?

그림은 갑국과 을국의 자녀 세대를 대상으로 본인의 계층과 본인의 어머니 또는 아버지의 계층을 전수 조사한 것이다. 계층은 상층, 중층, 하층으로만 구성된다. 부모 세대에서 부부의 계층은 동일하며, 모든 부모의 자녀는 1명씩이다.

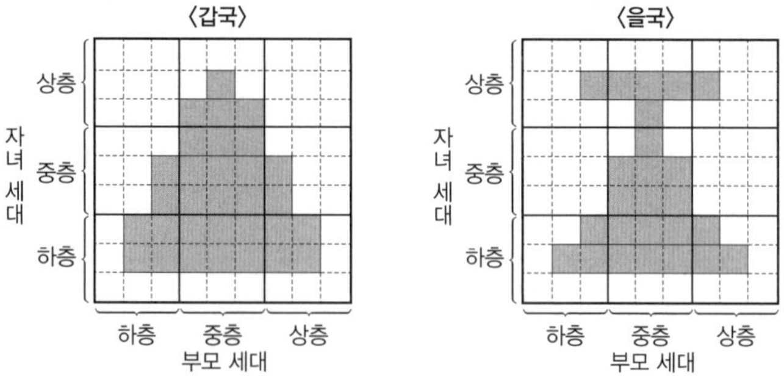

*음영 부분 면적의 크기는 사람 수에 비례하며, 각 ■의 면적은 동일하다.

① 갑국은 을국과 달리 세대 간 상승 이동이 나타났다.
② 을국은 갑국과 달리 세대 간 하강 이동이 나타났다.
③ 갑국의 자녀 세대에서는 피라미드형 계층 구조가 나타나고, 을국의 자녀 세대에서는 모래시계형 계층 구조가 나타난다.
④ 갑국과 을국 모두 부모 세대에서는 다이아몬드형 계층 구조가 나타난다.
⑤ 갑국과 을국 모두 부모의 계층을 대물림 받은 자녀는 하층에서 가장 많다.

347

정답률 33% | 2020학년도 9월 평가원

다음 자료에 대한 분석으로 옳은 것은? (단, 제시된 자료 이외의 다른 조건은 고려하지 않는다.)

갑국 정부는 세대 간 계층 이동 가능성을 높이기 위한 분배 정책의 효과를 알아보기 위해 갑국 내 모든 부모의 자녀가 1명씩인 (가), (나) 지역에 정책을 적용해 보았다. 갑국은 사회 계층을 상층, 중층, 하층으로만 구분하며, A~C는 상층, 중층, 하층 중 하나이다.

〈자녀 세대 계층 인구 대비 부모 세대 계층 인구의 상대적 비〉

계층	상대적 비	
	(가) 지역	(나) 지역
A	0.8	1.6
B	0.4	0.4
C	2.0	1.0

〈각 계층의 대물림 인구의 비율〉

구분	비율	
	(가) 지역	(나) 지역
부모와 자녀가 모두 A인 인구 비율 + 부모와 자녀가 모두 B인 인구 비율	40%	30%
부모와 자녀가 모두 B인 인구 비율 + 부모와 자녀가 모두 C인 인구 비율	30%	40%
부모와 자녀가 모두 C인 인구 비율 + 부모와 자녀가 모두 A인 인구 비율	50%	50%

* (가), (나) 지역의 부모 세대 인구는 동일하며, (가), (나) 지역의 자녀 세대 인구도 동일하다. 두 지역 모두 부모 세대의 계층 구조는 피라미드형이다.
** (가), (나) 지역 각각 부모 세대의 각 계층 간 인구의 상대적 비는 A : B + C = 2 : 3, B : A + C = 1 : 9로 동일하다.

① 세대 간 상승 이동을 통해 상층이 된 자녀의 비율은 (가) 지역이 (나) 지역보다 높다.
② '분배 정책으로 부모 세대보다 자녀 세대에서 계층 양극화가 완화되었다.'라는 주장의 근거로 (가) 지역보다 (나) 지역의 계층 이동 결과가 적절하다.
③ 세대 간 하강 이동한 사람 수는 (나) 지역이 (가) 지역의 5배이다.
④ '분배 정책으로 계층 대물림이 강화되었다.'라는 주장의 근거로 (나) 지역보다 (가) 지역의 계층 이동 결과가 적절하다.
⑤ (가), (나) 지역 모두에서 중층 부모를 둔 자녀보다 하층 부모를 둔 자녀의 상승 이동 비율이 높다.

348

정답률 36% | 2020학년도 6월 평가원

다음 자료에 대한 옳은 분석만을 〈보기〉에서 있는 대로 고른 것은?

갑국의 계층은 상층, 중층, 하층으로만 구분되며, A~C는 각각 상층, 중층, 하층 중 하나이다. 부모 세대의 계층 구성비는 A : B : C = 3 : 6 : 1이고, 모든 부모의 자녀는 1명씩이다.

〈부모 세대와 자녀 세대 간 계층 이동 현황〉

(단위 : %)

구분	A	B	C
부모 세대 계층 대비 부모 세대와 자녀 세대의 계층 일치 비율	50	25	50
자녀 세대 계층 대비 부모 세대와 자녀 세대의 계층 불일치 비율	25	50	90

* 자녀 세대 A는 부모 세대보다 계층이 낮을 수 없다.
** B는 다이아몬드형 계층 구조에서 가장 비율이 높은 계층이다.

〈보기〉

ㄱ. 세대 간 상승 이동 비율이 세대 간 하강 이동 비율보다 낮다.
ㄴ. 자녀 세대의 계층 구조는 부모 세대의 계층 구조보다 사회 통합에 유리하다.
ㄷ. 중층 부모를 둔 하층 자녀 인구는 상층 부모를 둔 중층 자녀 인구의 최대 3배이다.
ㄹ. 중층 대물림 인구 대비 상층 대물림 인구의 비는 하층 대물림 인구 대비 중층 대물림 인구의 비보다 낮다.

① ㄱ, ㄴ ② ㄱ, ㄹ ③ ㄴ, ㄷ
④ ㄱ, ㄷ, ㄹ ⑤ ㄴ, ㄷ, ㄹ

예상문제로 유형 익히기

정답 및 해설 • p.052

349

난이도 상 중 하

표는 갑국의 계층 구성을 나타낸다. 이에 대한 옳은 분석만을 〈보기〉에서 고른 것은?

(단위 : %)

구분		부모 세대			계
		상층	중층	하층	
자녀 세대	상층	10	18	2	30
	중층	1	16	3	20
	하층	4	26	20	50
계		15	60	25	100

〈보기〉

ㄱ. 세대 간 상승 이동이 하강 이동보다 많다.
ㄴ. 부모 세대 계층 대비 계층 대물림 비율은 중층에서 가장 높다.
ㄷ. 자녀 세대의 계층 구조보다 부모 세대의 계층 구조가 사회 안정성이 더 높다.
ㄹ. 부모 세대 계층이 자녀 세대 계층으로 이어진 비율은 50% 미만이다.

① ㄱ, ㄴ ② ㄱ, ㄷ ③ ㄴ, ㄷ
④ ㄴ, ㄹ ⑤ ㄷ, ㄹ

350 Challenge 30% 신유형

난이도 상 **중** 하

그림의 (가)~(다)에 해당하는 사례가 바르게 연결된 것만을 〈보기〉에서 고른 것은?

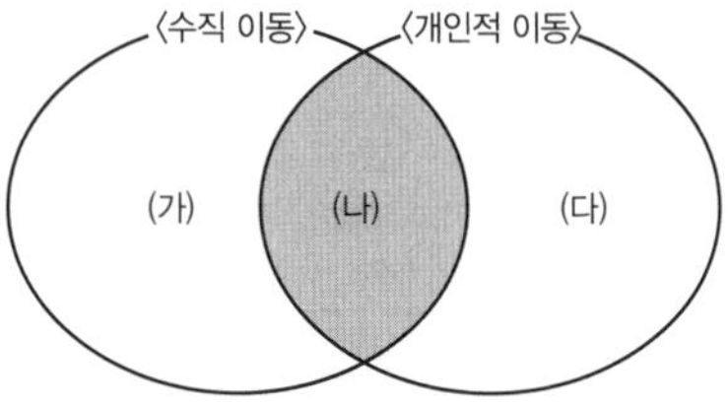

〈보기〉

ㄱ. (가) – 백정의 아들로 태어난 갑은 아버지를 따라서 백정이 되었으나 신분제가 폐지되어 평민이 되었다.
ㄴ. (나) – 노비였던 을은 뛰어난 무예로 무술 대회에서 우승을 하였고, 임금에게 발탁되어 장군이 되었다.
ㄷ. (나) – 인사팀장이었던 병이 영업팀장을 맡게 되었다.
ㄹ. (다) – 시민 혁명으로 국왕이었던 정은 평민이 되었다.

① ㄱ, ㄴ ② ㄱ, ㄷ ③ ㄴ, ㄷ
④ ㄴ, ㄹ ⑤ ㄷ, ㄹ

351

난이도 **상** 중 하

그림은 갑국의 세대 간 계층 이동 현황을 나타낸 것이다. 이에 대한 분석으로 옳은 것은? (단, 자녀 계층의 구성비는 상층 : 중층 : 하층 = 1 : 2 : 1이며, 모든 부모의 자녀는 1명이다.)

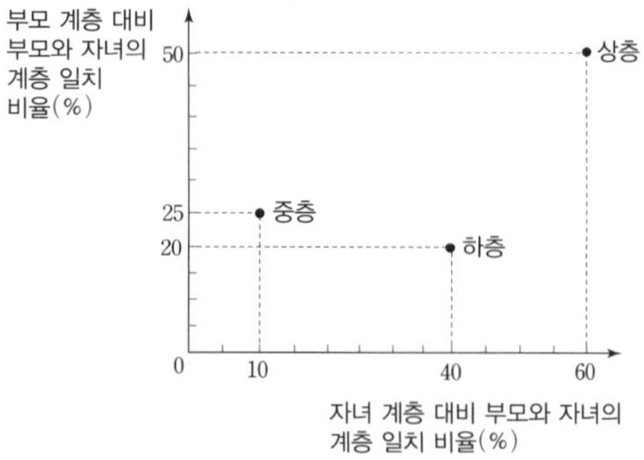

① 세대 간 하강 이동이 상승 이동보다 더 많다.
② 부모 세대가 자녀 세대보다 사회 안정에 유리하다.
③ 부모 세대의 중층과 자녀의 중층은 각각 50%로 동일하다.
④ 부모 세대의 중층 비율은 자녀 세대의 상층 비율보다 높다.
⑤ 세대 간 계층 이동 비율은 세대 간 계층 유지 비율의 2배를 넘는다.

352 Challenge 30% 고난도

난이도 **상** 중 하

다음은 A, B국의 부모 계층별 자녀 계층 구성비를 나타낸 것이다. 이에 대한 분석으로 옳지 않은 것은?

〈A국〉 (단위 : %)

부모의 계층	자녀의 계층
상(10)	상(5)
	중(4)
	하(1)
중(36)	상(6)
	중(20)
	하(10)
하(54)	상(5)
	중(35)
	하(14)

〈B국〉 (단위 : %)

부모의 계층	자녀의 계층
상(12)	상(9)
	중(2)
	하(1)
중(59)	상(4)
	중(20)
	하(35)
하(29)	상(2)
	중(7)
	하(20)

① A국은 세대 간 상승 이동보다 하강 이동이 더 많다.
② A국에서 상층 비율은 부모 세대보다 자녀 세대에서 더 높다.
③ B국의 계층 구조는 다이아몬드형에서 피라미드형으로 변화되었다.
④ B국에서 부모가 중층인 경우 상승 이동보다 하강 이동이 더 많다.
⑤ 자녀 세대의 경우 B국보다 A국이 안정된 사회의 모습을 보이고 있다.

353

난이도 **상** 중 하

표는 갑국의 부모 세대와 자녀 세대 간 계층을 비교한 것이다. 이에 대한 옳은 분석만을 〈보기〉에서 고른 것은?

(단위 : %)

부모 계층	상층			중층			하층		
자녀 계층	상층	중층	하층	상층	중층	하층	상층	중층	하층
	7	6	2	19	10	33	5	6	12

〈보기〉

ㄱ. 부모 세대보다 자녀 세대의 계층 구조가 사회 통합에 유리하다.
ㄴ. 부모 세대 계층 대비 계층 대물림 정도는 하층이 가장 높다.
ㄷ. 세대 간 상승 이동한 사람보다 세대 간 하강 이동한 사람이 더 많다.
ㄹ. 부모 세대의 다이아몬드형 계층 구조가 자녀 세대에는 피라미드형 계층 구조로 변화하였다.

① ㄱ, ㄴ ② ㄱ, ㄷ ③ ㄴ, ㄷ
④ ㄴ, ㄹ ⑤ ㄷ, ㄹ

354

난이도 상 중 하

표는 어느 지역의 계층 간 상대적 비율을 시기에 따라 나타낸 것이다. 이에 대한 설명으로 옳은 것은?

구분 \ 시기	(가)	(나)	(다)
상층 비율/하층 비율	1	1/6	3/5
중층 비율/하층 비율	3	1/2	2/5
총 인구수	200명	100명	400명

① (가) 시기는 개인의 계층적 지위가 귀속적으로 결정된다.
② (나) 시기의 계층 구조는 선진화된 복지 사회에서 주로 나타난다.
③ (다) 시기의 계층 구조는 다이아몬드형이다.
④ (가)에 비해 (다) 시기는 중층 비율이 높아 사회 통합에 유리하다.
⑤ (가)→(나)→(다) 시기로 갈수록 하층의 인구수는 증가한다.

355 Challenge 30% 고난도

난이도 상 중 하

표에 대한 옳은 분석만을 〈보기〉에서 고른 것은?

〈본인의 계층이 부모와 일치하는 사람의 수〉

(단위 : 명)

지역	조사 대상자의 계층	1990년	2020년
A 지역	상층	78	81
	중층	186	188
	하층	82	95
B 지역	상층	87	84
	중층	182	178
	하층	78	82

* 두 지역 모두에서 1990년과 2020년 상층과 하층에서는 각각 100명, 중층에서는 200명을 선정하여 조사하였다.

〈보기〉

ㄱ. A, B 지역 모두에서 세습률이 가장 높은 계층은 상층이다.
ㄴ. A 지역에서는 다이아몬드형 계층 구조가 강화되었으나, B 지역에서는 약화되었다.
ㄷ. 1990년 B 지역 상층에 속한 100명 중에서 세대 간 상승 이동한 사람은 13명이다.
ㄹ. 2020년 A 지역에서는 세대 간 하강 이동한 사람보다 세대 간 상승 이동한 사람이 많다.

① ㄱ, ㄴ ② ㄱ, ㄷ ③ ㄴ, ㄷ
④ ㄴ, ㄹ ⑤ ㄷ, ㄹ

356

난이도 상 중 하

다음 자료의 표를 완성했을 때, 이에 대한 옳은 분석만을 〈보기〉에서 고른 것은?

세대 간 계층 이동 결과를 나타낸 다음 표의 빈칸을 완성하시오. (단, 부모 세대의 계층 지위가 대물림된 비율은 50%이다.)

(단위 : %)

구분		부모 세대			계
		상층	중층	하층	
자녀 세대	상층	8	4		25
	중층				50
	하층			20	25
계		10	30	60	100

〈보기〉

ㄱ. 자녀 세대보다 부모 세대에서 사회 통합이 더 유리하다.
ㄴ. 부모가 중층이고 자녀가 하층인 비율은 4%이다.
ㄷ. 세대 간 상승 이동한 사람은 세대 간 하강 이동한 사람의 7배를 넘는다.
ㄹ. 세대 간 이동으로 다른 계층에서 유입된 사람이 가장 많은 계층은 상층이다.

① ㄱ, ㄴ ② ㄱ, ㄷ ③ ㄴ, ㄷ
④ ㄴ, ㄹ ⑤ ㄷ, ㄹ

357 Challenge 30% 고난도

난이도 상 중 하

표는 A 지역의 부모 세대와 자녀 세대의 계층을 비교한 것이다. 이에 대한 분석으로 옳은 것은?

(단위 : 만 명)

부모의 계층	자녀의 계층			
	2010년		2020년	
상층 (10)	상층	8	상층	7
	중층	1	중층	2
	하층	1	하층	1
중층 (20)	상층	1	상층	3
	중층	15	중층	14
	하층	4	하층	3
하층 (10)	상층	1	상층	1
	중층	2	중층	1
	하층	7	하층	8

* 2010년과 2020년의 조사 대상은 동일하며, 부모의 계층에는 변함이 없다.

① 2010년과 2020년 모두 자녀 세대에서는 모래시계형 계층 구조가 나타난다.
② 2010년에는 부모의 계층이 중층일 때 계층 세습률이 가장 높다.
③ 2020년에는 세대 간 상승 이동한 자녀가 세대 간 하강 이동한 자녀보다 더 많다.
④ 2010년 부모가 하층이면서 자녀는 상층인 경우 세대 내 이동이 없었다.
⑤ 2010년과 2020년의 계층만을 고려할 때, 부모의 계층이 하층인 자녀 중 세대 간 이동과 세대 내 이동을 모두 경험한 사람은 최대 5만 명이다.

02 다양한 사회 불평등 현상

출제 예상 item 24 빈곤 문제 25 성 불평등 문제 26 사회적 소수자 문제

1 빈곤 문제

1. 의미 인간의 기본적 욕구가 만성적으로 충족되지 않는 경제적 현상

2. 유형

절대적 빈곤	• 인간의 최소한의 생활을 유지하는 데 필요한 자원이나 소득이 부족한 상태 • 주로 저개발국에서 두드러지게 나타나며, 선진국에서도 나타날 수 있음
상대적 빈곤	• 다른 사람들보다 자원이나 소득을 상대적으로 적게 가져 사회 구성원 다수가 누리는 생활 수준을 누리지 못하는 상태 • 저개발국과 선진국 모두의 문제

3. 빈곤의 원인에 대한 관점

기능론	기술의 부재, 정신적 · 육체적 유약, 능력의 부족 등 개인적 특성을 강조
갈등론	사회 구조가 빈곤을 창출, 가난한 사람은 사회 구조의 희생자라는 점을 강조

4. 해결 방안

(1) **개인적 측면** 빈곤 탈출의 의지와 노력이 필요, 교육과 직업 훈련이 중요

(2) **사회적 측면** 소득 재분배 정책의 실시, 최저 임금제 실시, 고용 규모의 확대, 고용의 질 향상 등

2 성 불평등 문제

1. 의미 성별의 차이를 이유로 특정 성이 차별받고 억압받는 현상

2. 실태

경제적 측면	여성의 경제 활동 참가율 저조, 승진 과정에서 여성에 대한 불이익 등
정치적 측면	남성에 비해 시대적으로 지연된 여성 참정권 부여, 낮은 여성 의원 비율 등
사회 · 문화적 측면	남녀 차별적인 자녀 양육, 성별에 따른 고등 교육 기회의 차이 등

3. 성 불평등 문제에 대한 관점

기능론	사회 변화로 인해 남녀 간 역할 체계가 정립되지 못한 일시적 교란 상태로 봄
갈등론	사회의 경제적 구조나 가부장제가 여성에 대한 남성의 지배를 낳은 요인임

4. 해결 방안

(1) **의식적 측면** 양성평등 의식 함양, 상호 존중하는 태도 함양 등

(2) **제도적 측면** 사회 경제적 구조의 변화, 가부장제적 성별 분업 체계 타파 등

3 사회적 소수자 문제

1. 의미 신체적 또는 문화적 특징으로 인해 불평등한 처우를 받는 사람들

2. 형성 식별 가능성, 권력의 열세, 사회적 차별 대우, 집합적 정체성

3. 사회적 소수자 문제에 대한 관점

기능론	사회 제도의 운용 과정에서 의도하지 않은 결과로 발생함
갈등론	기득권층이 힘없는 소수자를 일방적으로 착취한 결과로 봄

4. 개선 방안

(1) **의식적 측면** 다양성의 존중, 관용의 자세 함양 등

(2) **제도적 측면** 차별 대우 금지, 소수자에 대한 적극적 우대 조치 필요 등

교과서 속 수능 개념

최저 생계비

정부가 빈곤층을 지원하는 기준선으로 일반 국민의 소득, 지출 수준과 물가 등을 고려해 매년 새롭게 계산한다.

주관적 빈곤

자신이 욕구 충족을 위한 경제적 능력을 충분히 소유하고 있지 않다고 스스로 느끼는 상태로, 객관적 기준이 아닌 개인의 주관적 판단에 따른 빈곤을 의미한다.

빈곤 문화

빈곤층이 가난에 빠질 수밖에 없게 만드는 문화적 특성으로 자녀들에게 전수되어 빈곤의 재생산이 일어나게 한다.

성차별적 사회화

아이에 대한 사회화 과정에서 남자 아이에게는 남성다움을, 여자 아이에게는 여성다움을 학습시키는 사회화를 의미한다.

유리 천장

능력이 있음에도 여성이라는 이유로 승진에서 차별받게 되는 보이지 않는 장벽을 말한다. 여성에 대한 편견이나 남성 중심의 조직 문화 등이 원인으로 작용한다.

헷갈리는 개념 정리

1. 절대적 빈곤과 상대적 빈곤

우리나라의 경우 절대적 빈곤은 국가가 정한 최저 생계비를 계산하여 절대적 빈곤층을 파악하고, 상대적 빈곤은 중위 소득의 50% 미만을 빈곤선으로 설정하여 상대적 빈곤층을 파악한다.

2. 생물학적 성과 사회적 성

생물학적 성(sex)은 선천적으로 타고난 성별이며, 사회적 성(gender)은 사회적으로 형성되고 후천적으로 습득된다.

3. 사회적 소수와 사회적 소수자

사회적 소수는 단순히 수가 적은 집단을 의미하는 데 반해, 사회적 소수자는 사회에서 다수를 차지하더라도 권력의 열세에 있다면 사회적 소수자가 될 수 있다. 예를 들어, 남아프리카공화국에서 흑인은 인구수로 보면 다수이지만 정치 · 경제적으로 차별받는 사회적 소수자에 해당한다.

item 24

빈곤 문제

수능 출제 패턴 분석 상대적 빈곤율과 절대적 빈곤율의 개념을 활용한 분석 문제가 고난도로 출제된다.

유형보기

1. 빈곤율 분석 교육청

구분	2005년	2010년	2015년
최저 생계비/중위 소득	1/2	2/5	4/5

(단, 2005년부터 2015년까지 갑국의 최저 생계비는 지속적으로 증가하였다.)
* 절대적 빈곤율 : 전체 가구 중 절대적 빈곤 가구(가구 소득이 최저 생계비 미만인 가구)의 비율
** 상대적 빈곤율 : 전체 가구 중 상대적 빈곤 가구(가구 소득이 중위 소득의 50% 미만인 가구)의 비율
*** 중위 소득 : 전체 가구를 소득 순으로 일렬로 배열했을 때 한가운데 위치한 가구의 소득

자료 분석

(1) 2010년의 최저 생계비가 중위 소득의 50%에 미치지 못하므로 절대적 빈곤 가구는 모두 상대적 빈곤 가구에 속한다.
(2) 최저 생계비는 지속적으로 증가하고 있는데 '최저 생계비/중위 소득'의 값은 2005년에 비해 2010년에 더 작아졌으므로 중위 소득의 증가율이 최저 생계비의 증가율보다 크다. 따라서 중위 소득의 50% 증가율은 최저 생계비의 증가율보다 크다.

2. 빈곤을 보는 관점 교육청

갑 : 자원 분배가 공평하지 못하다 보니 빈곤을 겪는 사람이 나올 수밖에 없어.
을 : 교육을 제대로 받지 못한 사람이나 부양해 줄 가족이 없는 노인 등이 빈곤 상태에 있게 돼.
병 : 사람들이 빈민들을 게으르고 의타적이라고 생각하는 게 문제야. 빈민들도 자신들을 그렇게 생각하면서 가난을 숙명처럼 받아들이잖아.

자료 분석

(1) 갑의 관점은 갈등론, 을의 관점은 기능론, 병의 관점은 상징적 상호 작용론에 해당한다.
(2) 갈등론은 빈곤의 원인을 사회 체제의 구조적 결함에서 찾고, 빈곤 해결을 위해 사회 제도의 개선을 강조한다.
(3) 기능론은 빈곤을 일탈 행위로 인식한다.

대표기출로 유형 감잡기

정답 및 해설 • p.056

358

정답률 83% | 2024학년도 수능

빈곤의 유형 A, B에 대한 설명으로 옳은 것은? (단, A, B는 각각 절대적 빈곤, 상대적 빈곤 중 하나임.)

> 소설 ○○○는 1970년대를 배경으로 하여 최소한의 생계 유지를 하지 못하는 A 가구의 삶을 그리고 있다. 소설의 주인공은 생필품조차 구매할 수 없는 저임금을 받고 고된 노동을 한다. 2020년대를 배경으로 한 드라마 □□□는 A에서는 벗어났지만 사회 구성원 다수가 누리는 생활 수준을 충족하지 못하는 B 가구의 삶을 그리고 있다. 드라마 속 주인공은 부자들의 모습에 상대적 박탈감을 느낀다.

① A는 상대적 박탈감이라는 사회 문제를 유발하지 않는다.
② 우리나라에서 가구 소득이 중위 소득에 미치지 못하는 가구는 모두 B 가구이다.
③ A는 B와 달리 사회 구성원의 소득 분포에 따라 상대적으로 규정된다.
④ B는 A와 달리 경제 성장을 통해 해결할 수 있다.
⑤ 상대적 빈곤선이 절대적 빈곤선보다 높으면 A에 해당하는 모든 가구는 B에 해당한다.

359

정답률 75% | 2024학년도 9월 평가원

다음 자료에 대한 옳은 설명만을 〈보기〉에서 있는 대로 고른 것은?

[서술형 평가] 다음 글에 제시된 빈곤의 유형 A에 대한 옳은 설명을 4가지 쓰시오.

> 일반적으로 빈곤은 인간의 기본적 욕구와 관련된 물질적 결핍이 만성적으로 지속되는 경제적 상태를 의미한다. 설령 인간으로서 최소 생활 유지에 필요한 자원이나 소득이 확보된 상태라 해도 사회의 전반적 소득 수준과 비교하여 소득 수준이 낮은 상태 역시 빈곤으로 분류된다. 이런 유형의 빈곤을 A라 한다.

[학생의 답안과 교사의 채점 결과]

답안	채점 결과
우리나라에서는 객관화된 기준을 적용하여 파악한다.	㉠
(가)	○
(나)	×
소득 수준이 높은 국가에서는 나타나지 않는다.	㉡

(○ : 맞음, × : 틀림)

〈보기〉

ㄱ. ㉠과 ㉡에 해당하는 채점 결과는 동일하다.
ㄴ. (가)에는 '우리나라에서는 최저 생계비를 기준으로 빈곤선이 결정된다.'가 들어갈 수 있다.
ㄷ. (나)에는 '개인이 주관적으로 빈곤하다고 인식하는 상태를 의미한다.'가 들어갈 수 있다.

① ㄱ ② ㄷ ③ ㄱ, ㄴ
④ ㄴ, ㄷ ⑤ ㄱ, ㄴ, ㄷ

360

정답률 56% | 2023학년도 수능

빈곤의 유형 A, B에 대한 설명으로 옳은 것은? (단, A, B는 각각 절대적 빈곤, 상대적 빈곤 중 하나임.)

> • 우리나라에서 1인 가구의 중위 소득은 월 약 194만 4천 원(2022년 기준)이고, 우리나라에서는 이 금액의 50%인 월 약 97만 2천 원을 기준으로 1인 가구의 A 여부를 판단한다.
> • 세계은행은 세계에서 경제적으로 가장 낙후된 지역을 기준으로 생존에 필요한 최소한의 식량 구입비를 1인당 하루 2.15달러로 정하고 있다(2022년 9월 기준). 이는 B를 판단하는 기준선으로 활용된다.

① A는 각자의 소득 수준이 다른 사람에 비해 충분하지 않다고 느끼는 상태를 의미한다.
② B는 사회 구성원의 소득 분포 상태를 고려하지 않는 개념이라는 평가를 받는다.
③ B를 판단하는 기준선은 A를 판단하는 기준선과 달리 시간과 장소에 관계없이 보편적으로 적용된다.
④ 저개발 국가에서는 A가, 선진국에서는 B가 나타나지 않는다.
⑤ 한 국가에서 A에 따른 빈곤율과 B에 따른 빈곤율을 더하면 전체 빈곤율이 된다.

361

정답률 83% | 2023학년도 6월 평가원

빈곤의 유형 A, B에 대한 설명으로 옳은 것은? (단, A, B는 각각 절대적 빈곤, 상대적 빈곤 중 하나임.)

> A는 다른 사람들보다 자원이나 소득이 적어 한 사회의 평균적인 생활 수준에 미치지 못하는 상태를, B는 사람들의 최저 생활에 필요한 최소한의 자원이나 소득이 결핍된 상태를 의미한다.

① A는 실제 소득과 상관없이 개인이 체감하는 빈곤 상태를 말한다.
② B에 따른 빈곤선은 최저 생계 유지에 필요한 자원의 수준이 시대와 장소에 상관없이 동일하다는 전제하에 결정된다.
③ B는 A와 달리 소득 수준이 낮은 사회에서 나타난다.
④ A에 따른 빈곤선은 B에 따른 빈곤선과 달리 객관적 기준에 따라 정한다.
⑤ A에 따른 빈곤선을 적용하면 B에 해당하지 않는 가구도 빈곤 가구에 포함될 수 있다.

362

정답률 79% | 2023학년도 9월 평가원

다음 자료에 대한 설명으로 옳은 것은? (단, A, B는 각각 절대적 빈곤, 상대적 빈곤 중 하나임.)

> 자료는 빈곤의 유형 A, B를 구분한 것이다. 〈자료 1〉은 A, B의 의미를 나타낸 것이고, 〈자료 2〉는 A, B의 특징을 연결하여 공통점과 차이점을 나타낸 것이다.
> 〈자료 1〉
> • A : ㉠
> • B : 한 사회에서 구성원들이 일반적으로 누리는 생활 수준에 필요한 소득이 부족한 상태
> 〈자료 2〉

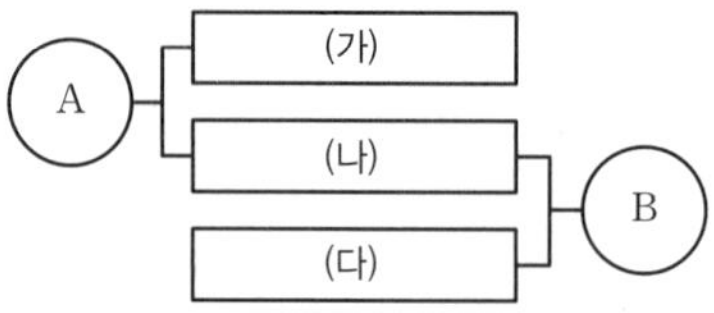

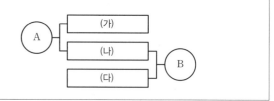

① A에 속하지 않는 가구는 B에 속할 수 없다.
② ㉠에는 '개인이 주관적으로 빈곤하다고 인식하는 상태'가 들어갈 수 있다.
③ (가)에는 '소득 수준이 높은 국가에서도 나타날 수 있다.'가 들어갈 수 있다.
④ (나)에는 '우리나라에서는 객관화된 기준에 의해 규정된다.'가 들어갈 수 있다.
⑤ (다)에는 '상대적 박탈감을 유발할 수 있다.'가 들어갈 수 있다.

363

정답률 90% | 2022학년도 수능

빈곤 유형 A, B에 대한 설명으로 옳은 것은? (단, A, B는 각각 절대적 빈곤, 상대적 빈곤 중 하나이다.)

> A는 인간으로서 신체적인 능률을 유지하기 위해 필요한 최소한의 필수품을 획득하기에는 소득이 불충분한 상태를 의미한다. 그러나 이것은 사회 구성원 다수가 누리는 인간으로서의 욕구를 고려하지 못하는 한계가 있다. 이에 사회 구성원의 전반적인 생활 수준을 고려한 B가 도입되었다.

① A는 B와 달리 상대적 박탈감을 유발한다.
② B는 A와 달리 중위 소득이 높은 국가에서는 나타나지 않는다.
③ A에 따른 빈곤율과 B에 따른 빈곤율을 더하면 전체 빈곤율이 된다.
④ 우리나라에서는 B와 달리 A를 파악할 때, 사회 구성원의 소득 분포 상태를 고려한다.
⑤ 우리나라에서는 A, B에 해당하는 가구를 선정할 때, 모두 객관화된 기준을 적용한다.

예상문제로 유형 익히기

정답 및 해설 • p.056

364

난이도 상 중 하

표는 갑국의 빈곤율을 나타낸 것이다. 이에 대한 분석으로 옳은 것은? (단, 갑국의 모든 가구의 구성원 수는 동일하다.)

(단위 : %)

구분	1990년	2000년	2010년	2020년
절대적 빈곤 가구 비율	8	6	9	11
상대적 빈곤 가구 비율	12	12	9	10

* 절대적 빈곤 가구 비율(%) : 전체 가구에서 소득이 최저 생계비 미만인 가구의 비율
** 상대적 빈곤 가구 비율(%) : 전체 가구에서 소득이 전체 가구의 소득 서열 중 가운데에 위치한 소득, 즉 중위 소득의 50% 미만인 가구의 비율

① 1990년과 2000년의 중위 소득은 같다.
② 2010년에 중위 소득은 최저 생계비의 2배이다.
③ 2000년에 중위 소득 미만의 소득인 가구는 전체 가구의 24%이다.
④ 2020년 절대적 빈곤 가구 수와 상대적 빈곤 가구 수는 2010년에 비해 모두 많다.
⑤ 2020년에 상대적 빈곤 가구에 해당하는 가구는 모두 절대적 빈곤 가구에 해당한다.

365

Challenge 30% 고난도

난이도 상 중 하

표는 갑국의 가구 유형별 빈곤율 추이를 나타낸다. 이에 대한 분석 및 추론으로 적절한 것은?

(단위 : %)

구분		2000년	2010년	2020년
절대적 빈곤율	노인 가구주 가구	47.9	30.5	33.5
	여성 가구주 가구	31.3	8.7	12.7
	전체 가구	16.3	3.8	7.9
상대적 빈곤율	노인 가구주 가구	27.0	40.3	38.8
	여성 가구주 가구	14.6	11.0	14.6
	전체 가구	5.0	4.6	8.1

① 절대 빈곤 상태에 있는 노인이 여성보다 많다.
② 노인 계층이 여성 계층보다 상대적 박탈감을 많이 느낄 것이다.
③ 상대적 빈곤을 느끼는 가구 수는 2000년에 비해 2010년에 감소하였다.
④ 상대적 빈곤을 느끼는 여성 가구주 가구의 수는 2000년과 2020년에 동일하다.
⑤ 2010년에 비해 2020년에 사회 보장 정책을 강화할 필요성이 증가하였을 것이다.

366

난이도 상 중 하

다음 글에 나타난 빈곤 문제에 대한 관점에 대한 설명으로 옳은 것은?

> 빈곤의 문제는 자본주의가 존재하는 이상 해결하기 어려운 문제이다. 다만, 전근대 사회에서 빈곤의 문제는 개인이 나태하기 때문에 발생하는 것이라고 하여 개인적 책임으로 돌렸다. 그러나 오늘날에는 자본주의 체제 내에서의 모순에 의해 빈곤의 문제가 발생하기 때문에 사회적 책임으로 인식하는 경향이 나타난다. 따라서 사전 예방적인 복지 정책을 완비하는 것이 중요하다.

① 미시적 관점에서 빈곤 문제의 원인에 접근한다.
② 빈곤 문제의 원인을 갈등론적 관점에서 찾는다.
③ 빈곤 문제의 해결 방안을 개인의 자율성과 능동성에서 찾고자 한다.
④ 빈곤층이 공유하는 하위문화가 빈곤의 고착화를 초래하는 원인이라고 본다.
⑤ 객관적인 기준보다 상대적 비교를 통한 주관적인 기준으로 빈곤을 설명하고자 한다.

item 25

성 불평등 문제

수능 출제 패턴 분석 성 불평등 문제는 개념을 묻는 문제보다는 남녀 임금 격차, 남녀 비정규직 비율 등 성 불평등 양상을 보여 주는 자료를 분석하는 문제가 출제된다.

유형보기

1. 남녀 임금 격차 수능

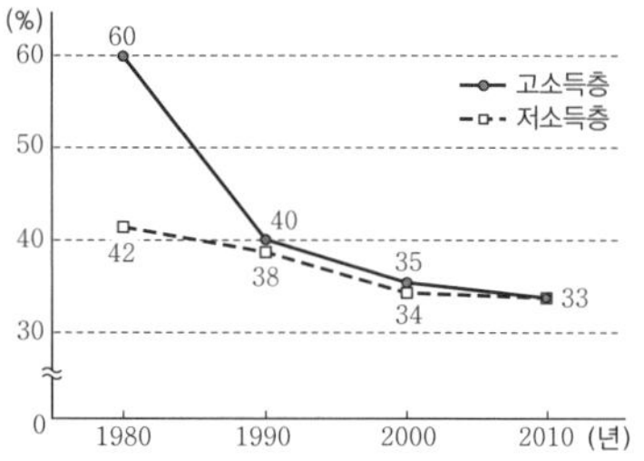

그림은 갑국의 고소득층과 저소득층의 남녀 간 평균 임금 격차 추이를 나타낸 것이다. 단, 고소득층과 저소득층 모두에서 남성 평균 임금은 지속적으로 상승하였다.

* 남녀 간 평균 임금 격차(%) =[(남성 평균 임금 − 여성 평균 임금)÷남성 평균 임금]×100

자료 분석

(1) 1990년에 저소득층 남녀 평균 간 임금 격차가 10년 전과 비교하여 4%p 감소하였다.

(2) 1990년 대비 2000년에 고소득층에서 남녀 간 평균 임금 격차가 줄었으므로, 여성 평균 임금 상승률이 남성 평균 임금 상승률보다 크다.

(3) 남녀 간 평균 임금 격차는 {(남성 평균 임금 − 여성 평균 임금)/남성 평균 임금}×100으로 구할 수 있다. 따라서 여성 평균 임금이 남성 평균 임금의 50%를 넘으면 남녀 간 평균 임금 격차는 50% 미만의 값을 갖는다. 1980년과 2010년의 저소득층에서의 남녀 간 평균 임금 격차는 각각 42%와 33%로, 50% 미만이다.

2. 남성 근로자 대비 여성 근로자의 임금 수준 변화 분석 교육청

표는 갑국의 남성 근로자 대비 여성 근로자의 임금 수준 변화를 나타낸 것이다.

(단위 : %)

구분	2008년	2009년	2010년	2011년	2012년
남성 대비 비율	62.4	62.3	62.6	63.3	64.4

* 남성 대비 비율이란 남성 근로자의 임금을 100으로 볼 때 여성 근로자의 임금이 차지하는 비율을 의미함

** 남성 근로자의 임금은 해마다 5%씩 증가함

자료 분석

(1) 2008년과 비교하여 2009년에 남성의 임금은 5% 증가하였고, 남성 대비 비율은 5% 미만 하락하였으므로 여성의 임금은 증가하였다.

(2) 2008년부터 2012년까지 매년 남성의 임금은 5%씩 증가하였으므로 2008년 대비 2012년 여성의 임금은 2% 이상 증가하였다.

(3) 남성 대비 비율이 전년과 동일한 경우에는 여성의 임금 상승률이 남성과 동일한 5%이다. 2010년에는 남성 대비 비율이 전년보다 증가했으므로 여성의 임금은 5% 이상 증가하였다.

(4) 2009년 남성 대비 비율이 62.3%로 감소했으므로 여성의 임금 상승률은 5% 미만이다.

대표기출로 유형 감잡기

정답 및 해설 • p.057

367

정답률 5% | 2023학년도 수능

다음 자료에 대한 분석으로 옳은 것은?

표는 갑국의 t년 연령대별 남녀 임금을 조사하여 구성한 것이다.

연령대	여성 임금비	20대 기준 연령대별 상대적 평균 임금	
		남성	여성
10대	88	40	39
20대	90	100	100
30대	75	㉠	145
40대	61	200	㉡
50대	50	190	105
60대	47	114	60

* 여성 임금비 $=\frac{\text{여성 평균 임금}}{\text{남성 평균 임금}}\times 100$

** 여성 임금비는 소수점 첫째 자리에서 반올림한 수치임.

*** 20대 기준 연령대별 상대적 평균 임금은 20대 남성(여성) 평균 임금을 100이라고 할 때 연령대별 남성(여성)의 상대적 평균 임금임.

① ㉠은 180보다 작고, ㉡은 130보다 크다.

② 평균 임금은 남성과 여성에서 모두 40대가 가장 높다.

③ 40대 여성 평균 임금은 40대 전체 평균 임금의 60%보다 작다.

④ 연령대별 남녀 평균 임금 차이는 20대부터 60대까지 지속적으로 증가한다.

⑤ 50대 남성 취업자 수가 50대 여성 취업자 수의 1.5배라면, 50대 여성 임금 총액은 50대 남성 임금 총액의 40%보다 크다.

368

정답률 51% | 2024학년도 6월 평가원

다음 자료에 대한 분석으로 옳은 것은?

표는 갑국의 t년 연령대별 '상대적 평균 임금'을 혼인 상태별 · 성별로 구분하여 제시한 것이다. 연령대별 상대적 평균 임금은 20대 기혼(미혼) 남성(여성) 평균 임금을 100이라고 할 때 다른 연령대의 기혼(미혼) 남성(여성) 평균 임금의 크기를 나타낸다.
갑국에서 t년에 기혼 20대의 성별 임금 격차 지수는 20이고, 미혼 20대의 성별 임금 격차 지수는 10이다. 20대 기혼 여성의 평균 임금과 20대 미혼 남성의 평균 임금은 같다. 따라서 20대 기혼 남성의 평균 임금이 100달러라면 20대 미혼 여성의 평균 임금은 ㉠ 달러이다.

〈연령대별 상대적 평균 임금〉

구분	기혼		미혼	
	남성	여성	남성	여성
20대	100	100	100	100
30대	142	130	140	140
40대	165	120	145	155
50대	170	90	130	150
60대 이상	110	70	90	60

* 성별 임금 격차 지수 $=\frac{(\text{남성 평균 임금}-\text{여성 평균 임금})}{\text{남성 평균 임금}}\times 100$

① ㉠은 '100'이다.

② 40대에서 성별 임금 격차 지수는 기혼이 미혼보다 작다.

③ 50대 기혼 여성과 20대 미혼 여성의 평균 임금은 같다.

④ 기혼 남성 40대와 50대의 평균 임금 차이와 미혼 남성 30대와 40대의 평균 임금 차이는 같다.

⑤ 미혼의 경우, 모든 연령대에서 남성 평균 임금이 여성 평균 임금보다 높다.

369

정답률 62% | **2023학년도 9월 평가원**

다음 자료에 대한 분석 및 추론으로 옳은 것은?

> 그림은 갑국의 성 불평등 양상을 파악하기 위해 수집한 자료이다. (가)는 맞벌이 부부의 1일 평균 가사 노동 시간을, (나)는 정규직 월평균 임금을, (다)는 고위 공직자 수를 성별에 따라 나타낸 것이다.
>
> 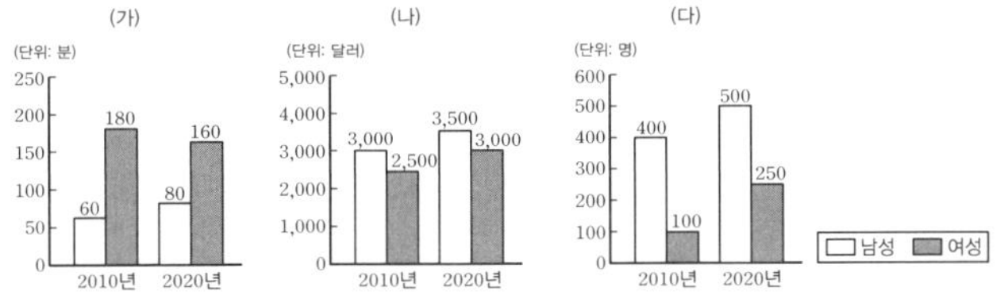
>

① (가)는 갑국에서 성별 가사 분담의 격차가 심화되었다는 주장의 근거로 활용될 수 있다.

② (가)에서 맞벌이 부부 중 여성의 1일 평균 가사 노동 시간 대비 맞벌이 부부 중 남성의 1일 평균 가사 노동 시간은 2010년이 2020년의 1.5배이다.

③ (나)에서 2010년 대비 2020년에 남성 정규직 월평균 임금 상승률과 여성 정규직 월평균 임금 상승률은 동일하다.

④ (다)에서 2010년 대비 2020년에 전체 고위 공직자 수 증가율은 남성 고위 공직자 수 증가율의 2배이다.

⑤ (다)는 (나)와 달리 경제적 측면의 성 불평등 양상을 파악하기 위한 자료이다.

예상문제로 유형 익히기

정답 및 해설 • p.057

370

Challenge 30% 고난도

난이도 상 중 하

그림은 갑국의 고소득층과 저소득층의 남녀 간 평균 임금 비율을 나타낸 것이다. 이에 대한 옳은 분석만을 〈보기〉에서 고른 것은? (단, 고소득층 여성과 저소득층 여성의 평균 임금은 지속적으로 상승하였다.)

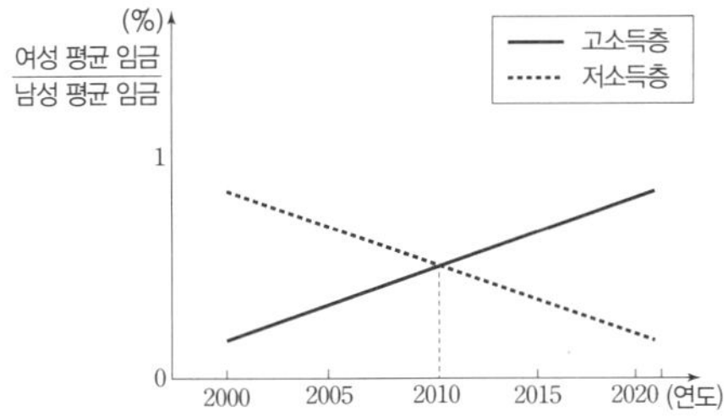

〈보기〉

ㄱ. 2010년에 고소득층 여성의 평균 임금과 저소득층 남성의 평균 임금은 동일하다.

ㄴ. 2000년부터 2010년까지 저소득층의 남성 평균 임금은 상승하였다.

ㄷ. 2000년의 고소득층 남성 평균 임금보다 2020년의 고소득층 남성 평균 임금이 더 많다.

ㄹ. 2000년부터 2020년까지 저소득층에서 여성 평균 임금 증가율보다 남성 평균 임금 증가율이 더 높다.

① ㄱ, ㄴ ② ㄱ, ㄷ ③ ㄴ, ㄷ ④ ㄴ, ㄹ ⑤ ㄷ, ㄹ

371

난이도 상 중 하

다음 글에 대한 옳은 분석 및 추론만을 〈보기〉에서 있는 대로 고른 것은?

> 유리 천장은 충분한 능력을 가진 사람이 직장 내의 성차별로 인해 고위직으로 승진하지 못하는 상황을 비유적으로 표현한 말이다. 남녀 동수의 직장인을 대상으로 설문한 결과 전체의 56%가 '회사 내에 유리 천장이 있다.'고 응답했다. 이러한 대답은 남성(50.6%)보다 여성 응답자(62.8%) 사이에서 많이 나왔다. 유리 천장이 생기는 이유로 응답자들은 '여성에게 불리한 조직 문화'(41.6%), '인사권을 가진 여성 고위직의 비율이 낮아서'(24.9%) 등을 꼽았다.

〈보기〉

ㄱ. 성 불평등은 왜곡된 사회화 과정에서 비롯된다.

ㄴ. 유리 천장은 개인의 능력 부족이 아닌 사회 구조의 결과이다.

ㄷ. 남성 중심적 조직 문화 등이 승진 과정에서 유리 천장으로 작용한다.

ㄹ. 회사의 업무 중 핵심 업무가 고위직으로 가기 위한 주요한 단계로 작용한다.

① ㄱ, ㄷ ② ㄱ, ㄹ ③ ㄴ, ㄹ
④ ㄱ, ㄴ, ㄷ ⑤ ㄴ, ㄷ, ㄹ

372

난이도 상 중 하

다음 글을 통해 파악할 수 있는 내용으로 옳지 않은 것은?

> 드라마 속 여성은 남성에 비해 활동의 무대가 가정 혹은 여성적인 직업 안에 제한되어 있으며 역할에 있어서도 비중이 낮고, 성격 면에서도 수동적인 존재, 외모 지향적 존재 등으로 비추어진다. 최근의 드라마에서 비추어지는 여성상은 슈퍼우먼형이다. 직장과 가정에서 엄마로서, 아내로서, 직장 상사로서 모든 일을 완벽하게 처리하는 슈퍼우먼이 현대 사회의 바람직한 여성상으로 비추어지고 있다. 또한 끊임없이 제시되는 여성상은 현모양처형으로 강인한 어머니나 며느리 역할을 통해 재현된다.

① 성 불평등 원인에 대한 구조적 접근이 드라마에서 나타난다.

② 드라마는 성 역할의 고정관념 속에서 여성을 재현하고 있다.

③ 드라마 속 여성들은 각종 인내와 희생이라도 감수해야만 하는 여성상을 강요받는다.

④ 드라마 속 여성의 이미지는 시청자들로 하여금 성별에 따른 잘못된 편견을 심어줄 수 있다.

⑤ 여성의 사회 진출이 담긴 사회상이 드리미에 나타나지만 성 역할에 대한 고정관념을 아직 탈피하지 못하고 있다.

item 26

사회적 소수자 문제

수능 출제 패턴 분석 사회적 소수자의 의미, 특징, 성립 요건 등 개념을 활용한 문제가 출제되며, 사회적 소수자를 보는 관점을 묻는 문제가 출제된다.

유형보기

1. 사회적 소수자의 의미 평가원

사회적 소수자가 발생하는 과정은 세 단계로 이루어진다. 첫 번째는 ㉠ "우리와 그들은 다르다."라고 인식하는 것이다. 이때 서로 다르다고 인식되는 주요 대상은 성별, 피부색, 문화 등이다. 두 번째는 ㉡ "우리는 정상이고, 그들은 비정상이다."라고 판단하는 것이다. 이 단계에서 '우리'는 '그들'에 대하여 배타적인 태도를 갖게 된다. 마지막은 ㉢ "우리는 그들보다 더 많은 사회적 가치를 차지할 권리가 있다."라고 주장하는 것이다. 이 단계에서 '우리'는 법과 제도를 통해 '그들'을 사회적 가치의 배분에서 배제한다.

자료 분석

(1) ㉠의 기준은 선천적인 것(성별, 피부색)도 있고, 후천적인 것(문화)도 있다.
(2) ㉡의 태도는 자문화 중심주의를 야기할 수 있다.
(3) ㉡을 규정하는 데 반드시 구성원 수의 크기가 핵심적인 기준은 아니다. 흑인에 대한 차별이 있었던 남아프리카공화국에서는 다수인 흑인들이 사회적 소수자였다.
(4) ㉡의 대상과 ㉢에서의 사회적 가치는 사회마다 상이하다.

2. 사회적 소수자의 특징 평가원

(가) 갑은 자국에서는 대학을 졸업한 우수한 인재로 대접받았지만, A국에서는 이주 노동자로서 차별을 당하고 있다.
(나) B국에서는 흑인이 인구의 다수를 차지하지만, 권력을 독점한 소수의 백인이 흑인의 공직 참여 기회를 제한하고 있다.

자료 분석

(1) (가)는 특정 사회의 사회적 소수자가 다른 사회에서는 사회적 소수자가 아닐 수 있음을 보여 준다.
(2) B국에서는 소수인 백인과 달리 다수인 흑인이 사회적 소수자라는 점에서, 집단의 크기에 의해 사회적 소수자가 결정되는 것이 아님을 알 수 있다.
(3) (가)에서는 주류 집단과 국적이 다르다는 이유로, (나)에서는 주류 집단인 백인과 피부색이 다른 흑인이라는 이유로 사회적 소수자가 되었다. 이는 특정 집단이 주류 집단과 다른 특성을 보인다는 이유로 사회적 소수자가 될 수 있음을 보여 준다.
(4) 역차별은 사회적 약자에 대한 배려가 오히려 일반인들에 대한 차별로 나타날 때 쓰는 말이다.

대표기출로 유형 감잡기

정답 및 해설 • p.058

373

정답률 75% | 2024학년도 수능

사회적 소수자 A, B에 대한 설명으로 옳은 것은?

• 갑국에 사는 노인 A는 취업 시장에서 불이익을 받거나 카페 등 특정한 장소에서 입장에 제한을 받는 등 나이가 많다는 이유로 차별받았다.
• 강제 이주로 3대째 을국에서 살고 있는 이주민 3세 B는 을국 사람들과 구분되는 민족적, 인종적 특성으로 인해 을국에서 차별받았다.

① A는 B와 달리 권력의 열세로 인해 차별받았다.
② A는 B와 달리 여러 사회적 소수자 집단에 중첩되어 속해 있다.
③ B는 A와 달리 고정 관념으로 인해 차별의 대상이 되었다.
④ B는 A와 달리 식별 가능성으로 인해 차별의 대상이 되었다.
⑤ A와 B는 모두 귀속적 특성으로 인해 차별받았다.

374

정답률 88% | 2024학년도 6월 평가원

다음 두 사례에서 공통적으로 도출할 수 있는 결론으로 가장 적절한 것은?

• 갑국에서 외국인 근로자는 전체 인구의 약 10%에 해당한다. 이들을 대상으로 일상생활에서 차별받은 경험 여부를 조사했더니 대다수가 갑국 사회에서 차별받은 경험이 있다고 응답했다. 또한 내국인의 경우처럼 남성보다 여성이 더 심한 차별을 받는 것으로 나타났다.
• 을국은 A 민족과 B 민족으로 구성되어 있는데, B 민족이 전체 인구의 70% 정도임에도 정치·경제의 대부분을 장악한 A 민족으로부터 차별을 받는다. 한편 을국에서는 종교에 따른 차별도 존재하는데, B 민족의 경우 국교가 아닌 타 종교를 믿는 사람들은 더 심한 차별을 받고 있다.

① 수적으로 열세이기 때문에 사회적 소수자가 된다.
② 사회적 소수자에 대한 우대 정책이 역차별을 낳을 수 있다.
③ 한 개인이 여러 사회적 소수자 집단에 중첩되어 속할 수 있다.
④ 사회적 소수자를 규정하는 기준은 가변적이지 않고 고정적이다.
⑤ 사회적 소수자는 선천적 요인이 아닌 후천적 요인에 의해 결정된다.

375

정답률 75% | 2023학년도 수능

다음 자료의 A~E에 대한 설명으로 옳은 것은?

> A는 전쟁을 피해 홀로 이주해 온 어머니 B와 어린 시절 사고로 시각 장애인이 된 아버지 C 사이에서 태어났다. B는 여성이라는 이유로 취업이 힘들었고 C도 장애인이라는 이유로 차별을 받았다. 그런데 시각 장애인만 안마사가 될 수 있도록 한 제도가 도입되어 C는 안마사로 일하게 되었다. 같은 시기 안마사가 되고 싶어 했던 비장애인 D가 이 제도에 대해 국가 기관에 문제를 제기하면서 시각 장애인에 대한 사회적 관심이 높아졌다. 이를 지켜보던 A는 시각 장애인을 대변하는 법조인이 되어야겠다고 다짐했다. 이후 A는 법을 공부하러 갑국에 유학을 갔고 그곳에서 외국인이자 여성이라는 이유로 부당한 대우를 받게 되자, 난민 여성으로 차별받았던 B의 아픔을 이해하게 되었다. A는 유학 생활을 마치고 귀국하여 법률 회사에 입사하였다. 그리고 장애인 의무 고용 제도의 요건을 충족하여 입사한 E와 함께 사회적 소수자 인권 보호를 위한 법 개정을 위해 노력하고 있다.

① A는 B와 달리 한 개인이 여러 사회적 소수자 집단에 중첩되어 속할 수 있음을 보여 주는 사례이다.
② B는 C와 달리 후천적 요인으로 인해 차별을 받았다.
③ D는 E와 달리 주류 집단이 아니라는 이유로 차별을 받았다.
④ A와 D는 사회적 소수자에 대한 차별을 제도적으로 해결하고자 하였다.
⑤ C와 E는 사회적 소수자의 불리한 위치를 개선하기 위한 정책의 적용을 받았다.

예상문제로 유형 익히기

정답 및 해설 • p.058

376

난이도 상 중 하

다음 글을 통해 추론할 수 있는 내용으로 가장 적절한 것은?

> 한국에서 일하는 베트남 출신 이주 노동자가 자국으로 돌아가면 그는 더 이상 사회적 소수자가 아니다. 한국의 남성 비정규직 노동자는 기업에서는 소수자 집단의 구성원이지만, 가부장제적 문화가 강한 가족에서 가장의 지위를 차지하고 있으면 지배 집단의 구성원이 된다.

① 사회적 소수자 개념은 영구적이거나 고정된 것이 아니다.
② 사회적 소수자는 다른 집단과 구별되는 차이를 가지고 있다.
③ 수적 소수라고 하여 반드시 사회적 소수자가 되는 것은 아니다.
④ 사회적 소수자는 권력의 열세에 있거나 자원 동원 능력에서 뒤처진다.
⑤ 사회적 소수자는 그 집단의 구성원이라는 이유만으로 사회적 차별의 대상이 된다.

377

난이도 상 중 하

다음 글에 대한 옳은 설명만을 〈보기〉에서 고른 것은?

> 사회적 소수자는 신체적 또는 문화적 특성 때문에 자기가 다른 구성원들과 구분되는 집단의 성원이라는 점을 느끼면서 불평등한 처우를 받는 사람들이다. 어떤 사회에 소수자가 존재한다는 것은 우월한 사회적 지위와 상대적으로 강한 특권을 갖는 지배 집단이 대칭적으로 존재함을 뜻한다. 소수자는 지배 집단에 대비한 피지배 집단을 가리키는 개념이지, 반드시 수적 소수를 뜻하는 것은 아니다.

〈보기〉

ㄱ. 사회적 소수자는 선천적 요인에서 비롯된다.
ㄴ. 소수자의 집단 정체성은 단일하고 안정적이다.
ㄷ. 소수자 집단을 규정하는 핵심 기준은 권력의 크기이다.
ㄹ. 소수자 집단의 성원은 스스로 차별의 대상임을 인식한다.

① ㄱ, ㄴ ② ㄱ, ㄷ ③ ㄴ, ㄷ
④ ㄴ, ㄹ ⑤ ㄷ, ㄹ

378

난이도 상 중 하

다음 글에 대한 설명으로 옳은 것은?

> 여러 매체를 통해 우리 사회의 소수자 집단에 대한 차별이 사회 문제로 인식되고 있는데, 이의 개선을 위해 개인적 차원의 노력과 제도적 차원의 보완이 필요하다. 하지만 사회적 소수자 차별 문제를 해결하기 위해 소수자 집단에 대한 특혜를 제공하는 정책은 또 다른 반발을 일으킬 우려가 있어 신중을 요한다.

① 사회적 소수자를 객관적으로 정의하는 기준이 필요하다.
② 사회적 소수자에 대한 차별은 반(反)문화를 형성하게 한다.
③ 사회적 소수자에 대한 차별은 개인적 특성의 차이에 기인한다.
④ 사회적 소수자에 대한 적극적 우대 조치는 역차별 논란을 일으킬 수 있다.
⑤ 정치적 · 인종적 소수자인 사람은 인종적 소수자인 사람보다 심한 차별을 받는다.

03 사회 복지와 복지 제도

출제 예상 item 27 사회 보장 제도

1 사회 복지

1. 의미 사회 구성원의 기본적 욕구를 충족시켜 삶의 조건을 보장하고 이를 통해 궁극적으로 사회 통합을 달성하려는 사회적 활동의 총체

2. 등장 배경 자유 방임주의의 폐해(빈부 격차의 확대, 열악한 노동 환경, 독과점의 등장 등)를 극복하기 위해 등장 → 최소한의 인간다운 삶을 국가가 보장해야 한다는 인식 발생

3. 사회 복지 이념의 변화

초기 자본주의 사회	현대 복지 사회
• 주로 빈곤층의 빈곤 해결을 위한 사회적 대책으로 실시 • 극빈층을 대상으로 기본적 욕구 충족과 빈곤 구제 • 빈곤의 책임은 개인에게 있다고 인식 • 사후 구제 중심의 시혜적 빈민 구제 활동	• 사회 복지를 국민의 권리로 인식 • 모든 사회 구성원을 대상으로 최저 생활과 삶의 질 보장 • 빈곤에 대한 사회적 책임 강조 • 인간다운 삶의 보장을 목표로 하는 사전 예방적 복지 활동

4. 복지 국가 국민이 안락한 삶을 누릴 수 있도록 경제 및 사회 정책을 적극적으로 추진하고 사회 보장 제도를 시행하는 국가

2 복지 제도

1. 사회 보장 제도 질병, 장애, 노령, 실업, 사망 등의 사회적 위험으로부터 국민을 보호하고 빈곤을 해결하며, 국민 생활의 질을 향상시키고자 제공되는 사회 보험, 공공 부조, 사회 서비스를 지칭

2. 사회 보장 제도의 유형

구분	사회 보험	공공 부조	사회 서비스
목적	산업 재해, 실업, 사망 등에 따른 소득의 중단이나 상실의 불안 해소	생활 무능력자의 최저 생활 보장과 자립 지원	국가와 사회의 도움 없이 개인이 자립할 수 있도록 지원하는 것
대상	모든 국민	생활 유지 능력이 없는 생활 무능력자	지원이 필요한 모든 국민
비용 부담	피보험자와 국가 또는 고용주가 나누어 부담	국가와 지방 자치 단체가 전액 부담	국가나 지방 자치 단체 또는 민간 부문 등
특징	• 강제 가입 원칙 • 능력별 비용 부담 원칙 • 상호 부조의 성격 • 사전 예방적 성격 • 금전적 지원 원칙	• 소득 재분배 효과가 큼 • 조세 부담 증가 • 수혜자의 근로 의욕 저하 발생 가능성 • 대상자 선정 과정에서 부정적 낙인 발생 가능성 • 금전적 지원 원칙	• 상담, 재활, 직업 훈련 및 소개, 사회 복지 시설의 이용 등 비경제적 지원 • 비금전적 지원 원칙 • 공공 부문만이 아니라 민간 부문도 참여 가능
종류	산업 재해 보상 보험 제도, 국민 건강 보험 제도, 국민 연금 제도, 고용 보험 제도, 노인 장기 요양 보험 제도 등	국민 기초 생활 보장 제도, 의료 급여 제도, 기초 연금 제도, 장애인 연금 제도 등	산모 · 신생아 건강 관리 지원 사업, 가사 · 간병 방문 지원 사업, 발달 장애인 부모 심리 상담 지원 사업 등

3 복지 제도의 역할과 한계

1. 복지 제도의 역할 일자리 제공, 주거 환경 개선, 의료 서비스 등을 통한 삶의 질 향상

2. 복지 제도의 한계 과도한 사회 보장 제도로 재정 악화, 노동 의욕 감퇴 → 생산성, 효율성 저하

3. 복지 제도의 새로운 방향(생산적 복지) 복지 혜택을 받는 계층의 노동 의욕을 끌어올림으로써 생산성을 향상시키고 복지 혜택의 제공을 통해 형평성 유지 예 근로 장려 세제, 희망 근로 프로젝트 사업 등

교과서 속 수능 개념

베버리지 보고서
윌리엄 베버리지가 작성하여 영국 의회에 보고한 보고서로, 보편적 복지를 중시하는 현대 복지 국가의 개념을 제시하였다. 이 보고서를 바탕으로 영국에서는 '요람에서 무덤까지'를 구호로 하는 사회 보장 제도가 마련되었다.

기초 연금 제도
65세 이상 노인 중 소득 인정액이 일정 수준 이하인 사람에게 생활 안정에 필요한 연금을 지급하는 제도이다.

복지병
과도한 복지 정책의 시행에 따른 부작용을 비유적으로 표현한 말로, 개인의 근로 의욕 저하와 기업 활동의 위축, 정부의 재정 부담 증가 등을 포괄적으로 나타낸다.

근로 장려 세제
일을 해도 소득이 적은 가구에게 가구 형태, 부양 자녀 수, 총급여액 등에 따라 선정된 근로 장려금을 지급하는 제도를 말한다.

헷갈리는 개념 정리

1. 사회 보험과 사적 보험
사회 보험은 국가가 법률로 시행하므로 강제 가입이 원칙이며 부담 능력(소득)에 따라 보험료를 부담한다. 사적 보험은 영리를 추구하는 보험 회사에서 운영하는 것으로 가입하고자 하는 개인만이 가입하며 수혜의 정도에 따라 보험료를 부담한다.

2. 국민 건강 보험 제도와 의료 급여 제도
국민 건강 보험 제도는 사회 보험의 일종으로 보험료 부담 능력이 있는 국민을 대상으로 하는 상호 부조적 성격이 강한 제도이고, 의료 급여 제도는 공공 부조의 일종으로 보험료를 부담하기 어려운 국민을 대상으로 하여 국가가 비용을 전액 부담한다.

3. 보편적 복지와 선별적 복지
보편적 복지는 사회 구성원 모두를 대상으로 하여 생활의 모든 측면에서 복지 서비스를 제공하자는 것이고, 선별적 복지는 어려운 사람들에게 국가가 선별적으로 복지를 제공하자는 것이다.

item 27

사회 보장 제도

수능 출제 패턴 분석 사회 보험과 공공 부조의 특징을 중심으로 공통점과 차이점을 비교하는 문제가 출제된다.

유형보기

1. 사회 보장 제도의 특징 수능

표는 우리나라 사회 보장 제도를 구분한 것이며, A~C는 각각 사회 보험, 공공 부조, 사회 서비스 중 하나이다.

구분	A	B	C
강제 가입을 원칙으로 하는가?	아니요	아니요	예
금전적 지원을 원칙으로 하는가?	아니요	예	예

자료 분석

(1) 금전적 지원을 원칙으로 하는 것은 사회 보험과 공공 부조이며, 사회 서비스는 비금전적 지원을 원칙으로 한다. 따라서 A는 사회 서비스, B는 공공 부조, C는 사회 보험이다.
(2) 사회 보험은 민간 보험과는 달리 국가가 사회 복지를 목적으로 운영하기 때문에 법률이 정한 기준에 해당하는 사람은 의무적으로 가입해야 한다.

2. 우리나라의 사회 보장 제도 평가원

우리나라 사회 보장 제도의 세 가지 유형 중에서 두 가지 유형을 분류한 것이다.

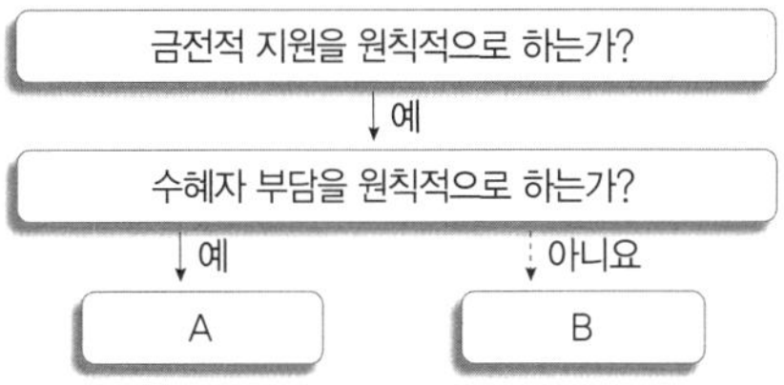

자료 분석

(1) 금전적 지원을 원칙으로 하므로 사회 보험과 공공 부조가 이에 해당한다.
(2) 사회 보험은 수혜자, 사업자, 국가가 공동으로 비용을 부담하며, 수혜자의 비용 부담 능력에 따라 보험료를 산출한다. 공공 부조는 조세를 재원으로 한다. 따라서 A는 사회 보험, B는 공공 부조이다.

대표기출로 유형 감잡기

정답 및 해설 • p.059

379

정답률 42% | 2024학년도 수능

다음 자료에 대한 분석으로 옳은 것은?

갑국의 사회 보장 제도는 우리나라의 사회 보장 제도와 동일하다. A는 상호 부조의 원리가 적용되는 제도이고, B는 정부 재정으로 비용을 전액 충당하는 것을 원칙으로 하는 제도이다. 표는 갑국의 전체 인구 중 A, B 수급자 비율과 시기에 따른 비율 차이를 나타낸 것이다. t년 대비 t+30년에 갑국의 전체 인구는 50% 증가하였다.

〈표 1〉 t년의 수급자 비율

(단위 : %)

A 수급자	B 수급자	A와 B의 중복 수급자
40	15	8

〈표 2〉 t년 대비 t+30년의 수급자 비율 차이*

A에만 해당하는 수급자	B에만 해당하는 수급자	A와 B의 중복 수급자
2	−3	8

* 수급자 비율 차이 = t+30년의 수급자 비율 − t년의 수급자 비율

① t년에 전체 인구 중 부정적 낙인이 발생할 수 있는 제도에만 해당하는 수급자 비율은 A와 B의 중복 수급자 비율보다 크다.
② t+30년에 수혜자 비용 부담 원칙이 적용되는 제도의 수급자 수는 t년에 A나 B 어느 것도 받지 않는 비(非)수급자 수보다 많다.
③ t+30년에 강제 가입의 원칙이 적용되는 제도에만 해당하는 수급자 수는 A와 B의 중복 수급자 수보다 적다.
④ t년에 사전 예방적 성격이 강한 제도의 수급자 수는 t+30년에 사후 처방적 성격이 강한 제도의 수급자 수의 2배이다.
⑤ t년 대비 t+30년에 A수급자 수의 증가율은 B 수급자 수의 증가율보다 크다.

380

정답률 46% | 2024학년도 9월 평가원

다음 자료에 대한 옳은 분석만을 〈보기〉에서 고른 것은?

〈자료 1〉 갑국의 사회 보장 제도

(가) 65세 이상 노인 중 소득 인정액이 일정 수준 이하인 사람에게 생활 안정에 필요한 연금을 지급하는 제도
(나) 노령, 사망, 장애 등으로 인한 소득 상실을 보전하고 기본적인 생활을 지원하기 위해 가입자와 고용주 등이 분담해서 마련한 기금을 통해 연금 급여를 지급하는 제도

〈자료 2〉 갑국의 성별 · 시기별 (가), (나) 제도의 수급자 수

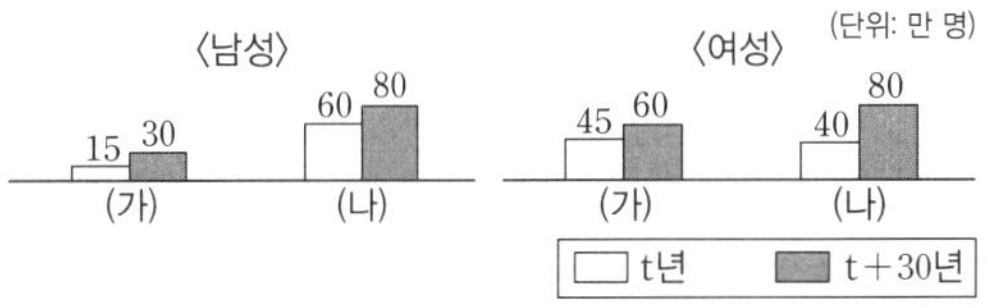

* 갑국의 사회 보장 제도는 우리나라의 사회 보장 제도와 동일함.
** t년과 t+30년 모두 갑국의 남녀 인구는 각각 1,000만 명임.

〈보기〉

ㄱ. t년에 수급자에 대한 부정적 낙인이 발생할 수 있는 제도의 남성 수급자 수는 여성 수급자 수의 3배이다.
ㄴ. t년에 비해 t+30년에 수혜자 비용 부담 원칙이 적용되는 제도의 수급자 수는 60만 명 증가하였다.
ㄷ. t년에 상호 부조의 원리가 적용되는 제도의 수급자 중 남성 수급자 비율은 t+30년에 강제 가입의 원칙이 적용되는 제도의 수급자 중 여성 수급자 비율보다 높다.
ㄹ. t년에 갑국 인구 중 사전 예방적 성격이 강한 제도의 수급자 비율은 t+30년에 갑국 인구 중 사후 처방적 성격이 강한 제도의 수급자 비율보다 낮다.

① ㄱ, ㄴ ② ㄱ, ㄷ ③ ㄴ, ㄷ ④ ㄴ, ㄹ ⑤ ㄷ, ㄹ

381

정답률 53% | 2024학년도 6월 평가원

다음 자료에 대한 옳은 설명만을 〈보기〉에서 고른 것은?

갑국은 정부 예산만을 재원으로 경제적 형편이 어려운 노인에게 급여를 지급하는 우리나라의 연금 제도와 같은 ㉠ ○○연금 제도를 도입하고자 한다. 연금 지급액을 놓고 A안과 B안을 검토 중인데, 다음은 ○○연금 제도 시행 전의 상대적 빈곤율과 A안 또는 B안을 시행할 경우 예상되는 상대적 빈곤율을 제시한 표의 일부이다. 제도 시행 전후의 상대적 빈곤율은 현재 시점의 노인 가구를 기준으로 계산한 것이다.

가구 형태	가구 수 (만 가구)	상대적 빈곤율(%)		
		제도 시행 전	제도 시행 후	
			A안	B안
1인 가구	100	50	25	20
부부 가구	200	40	20	15
기타 가구				

* 갑국의 노인 가구는 1인 가구(65세 이상 노인 1명), 부부 가구(65세 이상 노인 2명) 및 기타 가구로 구분됨.
** 상대적 빈곤율은 가구 소득이 정부가 가구 형태별로 결정한 일정 금액 미만인 가구의 비율임.

〈보기〉
ㄱ. ㉠은 상호 부조의 원리를 바탕으로 한다.
ㄴ. ㉠은 사전 예방적 성격보다 사후 처방적 성격이 강하다.
ㄷ. A안 시행 전후의 상대적 빈곤 가구 수 차이는 1인 가구가 부부 가구보다 작다.
ㄹ. 상대적 빈곤에 해당하는 부부 가구 인구는 A안을 시행할 경우가 B안을 시행할 경우보다 10만 명 많다.

① ㄱ, ㄴ ② ㄱ, ㄷ ③ ㄴ, ㄷ ④ ㄴ, ㄹ ⑤ ㄷ, ㄹ

382

정답률 83% | 2017학년도 9월 평가원

그림의 A~C는 우리나라 사회 보장 제도이다. 이에 대한 분석으로 옳은 것은? (단, A~C는 각각 공공 부조, 사회 보험, 사회 서비스 중 하나이다.)

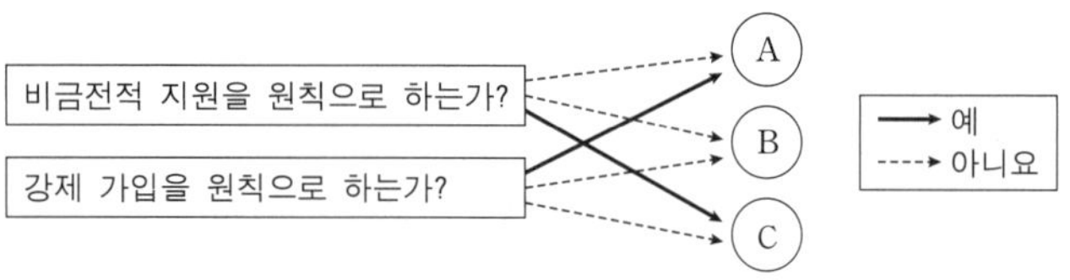

① '수혜 대상자에 대한 자립과 자활 보장을 목적으로 한다.'는 특징은 A에는 나타나고, B에는 나타나지 않는다.
② '수혜 정도와 상관없이 능력에 따라 비용을 부담한다.'는 특징은 A와 B에 공통으로 나타난다.
③ '국가와 지방 자치 단체가 비용을 전액 부담하는 것을 원칙으로 한다.'는 특징은 B에는 나타나고, A에는 나타나지 않는다.
④ '사전 예방적 성격이 강하다.'는 특징은 B와 C에 공통으로 나타난다.
⑤ '상호 부조의 성격이 강하다.'는 특징은 C에는 나타나고, A와 B에는 나타나지 않는다.

383

정답률 38% | 2020학년도 6월 평가원

다음 자료에 대한 분석으로 옳은 것은?

〈자료 1〉 우리나라 사회 보장 제도

(가) 가구 소득 인정액이 기준액 이하인 가구의 최저 생활을 보장하고 자활을 지원하기 위해 국가나 지방 자치 단체가 생계, 의료 등 급여를 지급하는 제도
(나) 노령, 사망, 장애 등으로 인한 소득 상실을 보전하고 기본 생활을 지원하기 위해 가입자와 고용주 등이 분담해서 마련한 기금을 통해 연금 급여를 지급하는 제도

〈자료 2〉 A~C 지역별 전체 인구 중 (가), (나) 수급자 비율

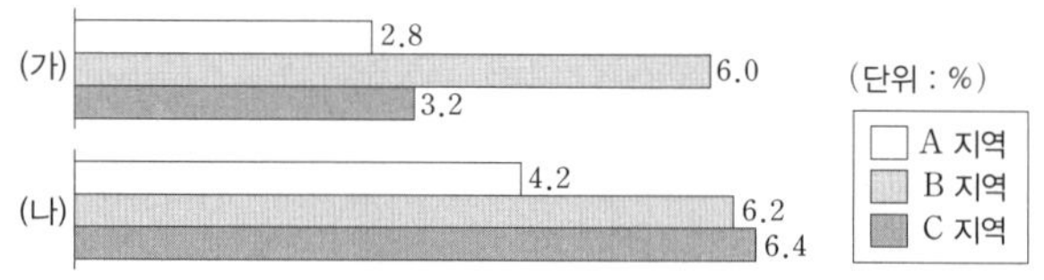

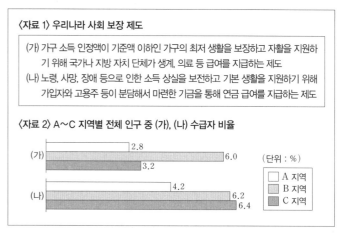

① 상호 부조의 원리가 적용되는 제도의 경우, A 지역 수급자 비율은 2.8%이다.
② 선별적 복지의 성격이 강한 제도의 경우, A~C 지역 중에서 B 지역 수급자 수가 가장 많다.
③ 소득 재분배 효과가 더 큰 제도의 경우, A~C 지역 중에서 수급자 비율이 가장 높은 지역의 수급자 비율은 6.0%를 초과한다.
④ 수혜자 부담 원칙이 적용되지 않는 제도의 경우, B 지역 수급자 수가 A 지역 수급자 수의 2배보다 많다.
⑤ 강제 가입 원칙이 적용되는 제도의 수급자 수 대비 사후 처방적 성격이 강한 제도의 수급자 수의 비는 A 지역이 C 지역보다 높다.

384

정답률 62% | 2018학년도 수능

자료는 우리나라 성별 노인 인구 중에서 사회 보장 제도 (가)~(다) 각각의 수급자 비율을 나타낸 것이다. 이에 대한 설명으로 옳은 것은?

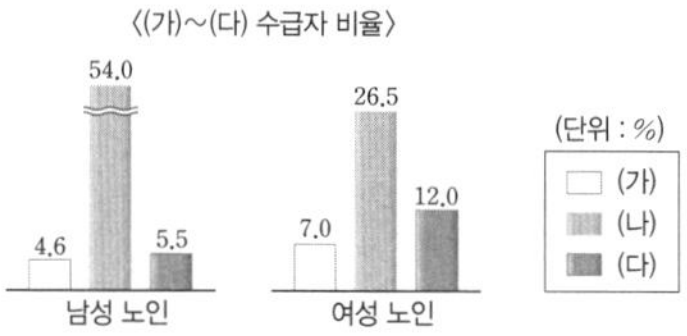

(가) 국가가 가구 소득 인정액이 기준액 이하인 가구의 기초 생활을 보장하기 위해 급여를 지급하고, 자활을 지원하는 제도
(나) 가입자와 고용주 등이 분담해서 마련한 기금을 통해 노령, 장애 등에 대한 연금 급여를 지급하여 생활 안정을 도모하는 제도
(다) 노인성 질병 등으로 인해 일상생활을 혼자서 수행하기 어려운 사람들에게 장기 요양 급여를 지급하는 제도

① (나)는 (다)와 달리 상호 부조 원리가 적용된다.
② (다)는 (가)와 달리 사후 처방적 성격을 지닌다.
③ (가)~(다) 중 강제 가입 원칙이 적용되는 제도의 경우, 전체 노인 수급자 중에서 성별 비율은 남성이 여성의 2배 이상이다.
④ (가)~(다) 중 소득 재분배 효과가 있는 제도의 경우, 남성 노인 인구 중에서 수급자 비율과 여성 노인 인구 중에서 수급자 비율은 모두 10% 미만이다.
⑤ (가)~(다) 중 수혜자 비용 부담 원칙이 적용되지 않는 제도의 경우, 여성 노인 인구 중에서 수급자 비율이 남성 노인 인구 중에서 수급자 비율보다 높다.

385

정답률 83% | 2019학년도 수능

그림은 우리나라 사회 보장 제도 A~C를 구분한 것이다. 이에 대한 설명으로 옳은 것은? (단, A~C는 각각 공공 부조, 사회 보험, 사회 서비스 중 하나이다.)

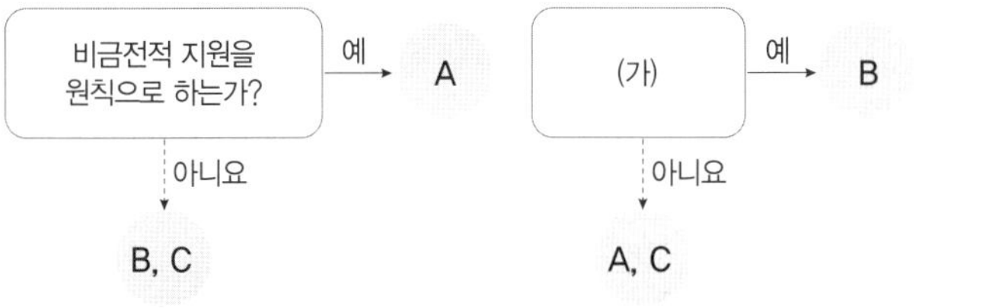

① A는 B, C와 달리 사전 예방적 성격이 강하다.
② B보다 C가 대상자의 범위가 넓다면, B는 A에 비해 소득 재분배 효과가 작다.
③ C가 사회 보험이면, (가)에는 '강제 가입을 원칙으로 하는가?'가 적절하다.
④ (가)가 '국가와 지방 자치 단체가 비용을 모두 부담하는가?'라면, A와 C의 대상자는 중복될 수 없다.
⑤ (가)가 '상호 부조의 원리를 기반으로 하는가?'라면, C는 생활 유지 능력이 없거나 생활이 어려운 사람을 대상으로 한다.

386

정답률 59% | 2023학년도 6월 평가원

다음 자료에 대한 분석으로 옳은 것은? (단, 갑국의 사회 보장 제도는 우리나라의 사회 보장 제도와 동일함.)

〈자료 1〉 갑국의 사회 보장 제도 A~C의 사례
- A의 사례 : 생활이 어려운 사람의 질병, 부상 등에 대해 급여 제공
- B의 사례 : 노령, 장애, 사망 시 본인 및 가족에게 연금 급여 실시
- C의 사례 : 일상생활과 사회 활동이 어려운 저소득층의 생활 안정을 위해 가사·간병 서비스 지원

〈자료 2〉 갑국의 사회 보장 제도 A~C의 시기별 수혜자 현황

제도	A				B				C			
시기	2015년		2020년		2015년		2020년		2015년		2020년	
전체 인구 중 수혜자 비율(%)	12		18		48		48		24		36	
수혜자 중 성별 비율(%)	여	남	여	남	여	남	여	남	여	남	여	남
	60	40	65	35	30	70	30	70	50	50	60	40

① 최저 생활 보장을 목적으로 하는 제도의 경우, 2015년 전체 인구 중 수혜자 비율은 24%이다.
② 비금전적 지원을 원칙으로 하는 제도의 경우, 2015년 남성 수혜자 수는 갑국 인구의 12%이다.
③ 상호 부조의 원리를 바탕으로 하는 제도의 경우, 2015년 여성 수혜자 수와 2020년 여성 수혜자 수는 같다.
④ 2015년의 경우, 소득 재분배 효과가 가장 큰 제도의 수혜자 수는 의무 가입이 원칙인 제도의 수혜자 수의 4배이다.
⑤ 2020년의 경우, 공공 부조에 해당하는 제도의 남성 수혜자 수는 사회 보험에 해당하는 제도의 남성 수혜자 수의 절반이다.

387

정답률 45% | 2023학년도 수능

다음 자료에 대한 분석으로 옳은 것은? (단, A, B는 각각 공공 부조, 사회 보험 중 하나임.)

갑국의 사회 보장 제도는 우리나라의 사회 보장 제도와 동일하다. A는 보편적 복지의 성격이 강하고, B는 선별적 복지의 성격이 강하다. 표는 갑국의 시기별 (가), (나) 지역 인구 중 A, B 수급자 비율을 나타낸 것이다. 갑국은 (가), (나) 지역으로만 구성되며, 전체 인구는 t년에 비해 t+20년이 20% 많다.

(단위 : %)

구분	t년			t+20년		
	(가) 지역	(나) 지역	전체	(가) 지역	(나) 지역	전체
A 수급자	46	36	40	46	52	50
B 수급자	30	20	24	30	42	38
A와 B 중복 수급자	15	10	12	6	18	14

① 상호 부조의 원리가 적용되는 제도의 수급자 수는 t+20년의 (가) 지역이 t년의 (가) 지역보다 20% 많다.
② 수혜자 비용 부담 원칙이 적용되는 제도의 수급자 수는 t+20년의 (가) 지역이 t년의 (나) 지역보다 많다.
③ t년의 (가) 지역에서 정부 재정으로 비용을 전액 충당하는 것을 원칙으로 하는 제도에만 해당하는 수급자 수는 A와 B 중복 수급자 수의 2배이다.
④ t+20년에 사전 예방적 성격보다 사후 처방적 성격이 강한 제도에만 해당하는 수급자 수는 (나) 지역이 (가) 지역의 2배이다.
⑤ t+20년에 A와 B 중복 수급자 수는 (나) 지역이 (가) 지역의 3배이다.

예상문제로 유형 익히기

정답 및 해설 • p.059

388

난이도 상 중 하

다음과 관련 있는 사회 보장 제도에 대한 옳은 설명만을 〈보기〉에서 고른 것은?

- 거동이 불편한 장애인 목욕 도우미 서비스
- 독거 노인을 위한 가사 및 외출 도우미 서비스
- 문화 시설이 부족한 지역을 찾아가는 도서관 서비스

〈보기〉

ㄱ. 수혜자의 소득에 따라 차등적으로 비용을 부담한다.
ㄴ. 비금전적 지원을 원칙으로 한다.
ㄷ. 세금을 통해 지원하므로 소득 재분배 효과가 매우 크다.
ㄹ. 민간 부분도 참여할 수 있다.

① ㄱ, ㄴ ② ㄱ, ㄷ ③ ㄴ, ㄷ
④ ㄴ, ㄹ ⑤ ㄷ, ㄹ

389

난이도 상 중 하

그림은 우리나라 사회 보장 제도 A~C를 구분한 것이다. 이에 대한 설명으로 옳은 것은? (단, A~C는 각각 사회 보험, 공공 부조, 사회 서비스 중 하나이다.)

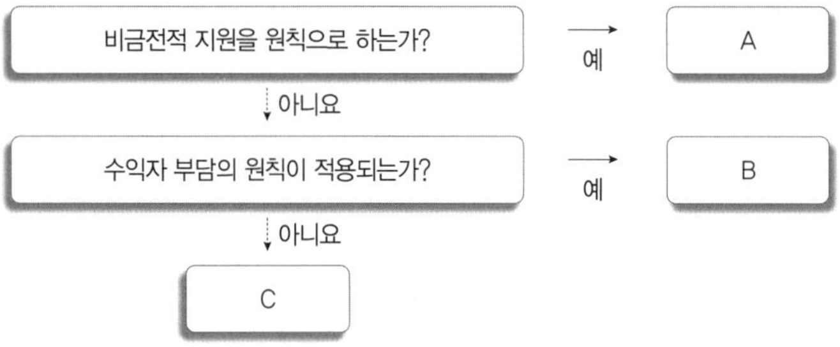

① A는 상호 부조의 성격을 갖는다.
② B는 수혜 정도에 비례하여 보험료를 차등 부담한다.
③ B와 C는 민간 부문이 주도한다.
④ A가 B보다 수혜자의 범위가 크다.
⑤ B와 C는 소득 재분배 효과를 기대할 수 있다.

390

난이도 상 중 하

빈칸 (가)~(다)에 들어갈 사회 보장 제도에 대한 옳은 설명만을 〈보기〉에서 고른 것은?

- (가) 은/는 수혜자로부터 미리 보험료를 거두었다가, 그들이 다양한 사회적 위험에 처했을 때 필요한 비용을 지급해 주는 일종의 공공 보험이다.
- (나) 은/는 저소득 계층의 최저 생활을 보장해 주기 위해 국가가 돈이나 물품을 주어 생활의 불안을 덜어 주는 제도이다.
- (다) 은/는 불우 계층이나 취약 계층의 자립 능력이나 생활 능력을 높여 주기 위해 다양한 형태의 지원을 해 주는 제도를 말한다.

〈보기〉

ㄱ. (가)의 대상에 부유층은 해당되지 않는다.
ㄴ. 기초 연금 제도는 (나)에 해당한다.
ㄷ. (나)는 대상자에게 국가가 정한 최저 생계비를 균등하게 지급한다.
ㄹ. (다)는 비금전적 지원을 원칙으로 한다.

① ㄱ, ㄴ　② ㄱ, ㄷ　③ ㄴ, ㄷ
④ ㄴ, ㄹ　⑤ ㄷ, ㄹ

391 Challenge 30% 고난도

난이도 상 중 하

그림은 우리나라의 사회 보장 제도 A~C를 구분한 것이다. 이에 대한 옳은 설명만을 〈보기〉에서 고른 것은? (단, A~C는 각각 사회 보험, 공공 부조, 사회 서비스 중 하나이다.)

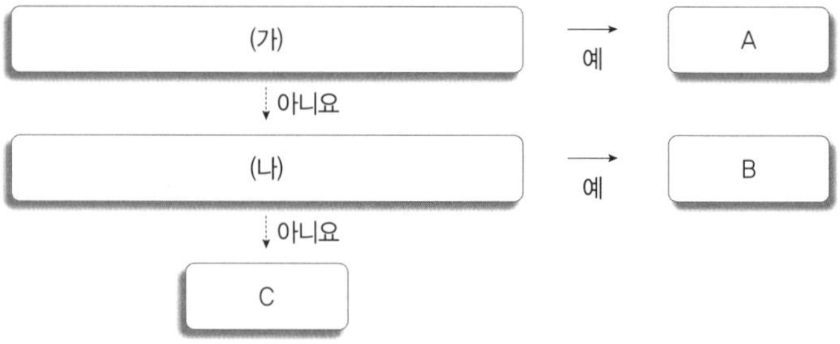

〈보기〉

ㄱ. A가 사회 보험이라면 (가)에는 '상호 부조의 원리가 적용되는가?'가 들어갈 수 있다.
ㄴ. (가)가 '사전 예방적 성격을 띠는가?'라면 A는 사회 보험이다.
ㄷ. (나)가 '금전적 지원을 원칙으로 하는가?'라면 B는 사회 서비스이다.
ㄹ. (나)가 '소득 재분배 효과가 발생하는가?'라면 C는 공공 부조이다.

① ㄱ, ㄴ　② ㄱ, ㄷ　③ ㄴ, ㄷ
④ ㄴ, ㄹ　⑤ ㄷ, ㄹ

392 Challenge 30% 신유형

난이도 상 중 하

표는 갑국 노인(65세 이상) 인구의 국민 기초 생활 보장 수급자 현황을 나타낸 것이다. 이에 대한 분석으로 옳은 것은?

노인 인구 (천 명)	남자			2,015
	여자			2,992
수급자	국민 전체 수급자(천 명)			1,444
	노인 수급자	구성비[1] (%)		26.5
		수급률(%)	전체[2]	7.6
			남성[3]	5.0
			여성[4]	9.4

1) (65세 이상 수급자/국민 전체 수급자)×100
2) (65세 이상 수급자/65세 이상 인구)×100
3), 4) (65세 이상 남(여)성 수급자/65세 이상 남(여)성 인구)×100

① 노인 수급자 수는 30만 명을 넘지 않는다.
② 전체 노인에서 여성보다 남성의 수가 더 많다.
③ 노인 수급자의 수가 비노인 수급자의 수보다 많다.
④ 남성 전체 수급률이 노인 남성 수급률보다 더 높다.
⑤ 여성 노인 수급자의 수가 남성 노인 수급자 수보다 많다.

393

난이도 상 **중** 하

다음 A국~C국 정부의 정책을 통해 공통적으로 추론할 수 있는 내용으로 가장 적절한 것은?

- A국에서는 실업자가 정부에서 제공하는 직업 훈련을 성실히 받지 않을 경우 실업 급여의 일부를 감축하여 지급하기로 하였다.
- B국에서는 실업자가 정부가 소개해 준 직장에 일정 기간 이상 근무할 경우 생활 지원금을 추가 지급하기로 하였다.
- C국에서는 실업자가 국가에 자신의 구직 활동에 대한 노력을 증명할 경우 구직 장려금을 지급하기로 하였다.

① 복지 예산 축소를 통해 정부의 재정 부담을 줄이고자 한다.
② 실업에 대한 책임 소재를 개인에서 국가로 전환하고자 한다.
③ 복지 수혜 대상의 확대를 통해 사회 보장 기능을 강화하고자 한다.
④ 복지 대상자의 근로 의욕을 자극하는 생산적 복지 이념을 실현하고자 한다.
⑤ 사회 서비스의 확대를 통해 복지 정책에서 자활의 성격을 강화하고자 한다.

394

난이도 상 **중** 하

사회 보장 제도 A, B의 일반적인 특징에 대한 옳은 설명만을 〈보기〉에서 고른 것은?

〈보기〉

ㄱ. A는 강제 가입을 원칙으로 한다.
ㄴ. A는 비용 부담자와 수혜자가 일치하지 않는다.
ㄷ. B는 미래의 위험에 대한 사전 예방적 성격을 가진다.
ㄹ. B는 A보다 소득 재분배 효과가 크다.

① ㄱ, ㄴ　② ㄱ, ㄹ　③ ㄴ, ㄷ
④ ㄴ, ㄹ　⑤ ㄷ, ㄹ

395

난이도 **상** 중 하

밑줄 친 '근로 장려 세제'에 대한 옳은 설명만을 〈보기〉에서 있는 대로 고른 것은?

구분	일반 국민	저소득 근로 계층	극빈층
근로 장려 세제 도입 전 (2중 사회 안전망)	사회 보험 (1차 안전망)	–	국민 기초 생활 보장 제도 (2차 안전망)
근로 장려 세제 도입 후 (3중 사회 안전망)	사회 보험 (1차 안전망)	<u>근로 장려 세제</u> (2차 안전망)	국민 기초 생활 보장 제도 (3차 안전망)

〈보기〉

ㄱ. 근로 유인 기능을 가지고 있다.
ㄴ. 저소득 근로 계층의 사회적 보호를 강화시킨다.
ㄷ. 조세 제도를 통한 소득 재분배 효과를 기대하기가 어렵다.
ㄹ. 저소득 근로자 가구에 현금 급여를 제공하여 실질 소득을 증가시킨다.

① ㄱ, ㄴ　② ㄴ, ㄷ　③ ㄷ, ㄹ
④ ㄱ, ㄴ, ㄹ　⑤ ㄱ, ㄷ, ㄹ

396

난이도 상 **중** 하

그림은 근로 장려 세제를 나타낸 것이다. 이에 대한 설명으로 옳은 것은?

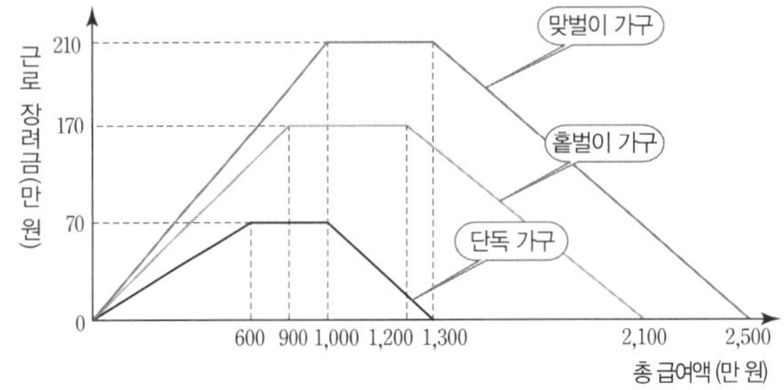

① 근로 소득이 없는 가구도 근로 장려금을 받을 수 있다.
② 차등적인 복지 혜택을 통해 절대적 평등을 성취하고자 한다.
③ 총 급여액이 늘어날수록 근로 장려금을 포함한 가구 소득은 낮아진다.
④ 총 급여액이 500만 원인 맞벌이 가구의 근로 장려금은 100만 원이 넘는다.
⑤ 총 급여액이 1,300만 원인 단독 가구의 총소득은 총 급여액이 1,200만 원인 홑벌이 가구의 총소득과 같다.

V

현대의 사회 변동

출제 경향 분석

사회 변동을 설명하는 이론 중 진화론과 순환론을 비교하는 문제가 자주 출제된다. 정보 사회와 관련하여 농업 사회, 산업 사회, 정보 사회의 특징을 비교하는 문제가 다양한 자료를 활용하여 출제된다.

수능 출제 item

중단원	item	핵심 keyword
1. 사회 변동과 사회 운동	item 28 사회 변동의 방향에 대한 관점	진화론　순환론　복잡 · 분화된 사회　발전과 퇴보
2. 세계화와 정보화	item 29 농업 사회, 산업 사회, 정보 사회	가정과 일터의 분리 정도　비대면 접촉 정도　양방향 미디어
3. 저출산 · 고령화와 다문화 사회	item 30 인구 문제	인구 변천　저출산 문제　고령화 문제

학습 대책

사회 변동을 설명하는 진화론과 순환론에 대해 정확하게 이해하고 있어야 하며, 농업 사회, 산업 사회, 정보 사회의 특징을 학습해 두어야 한다. 인구 문제와 관련하여 부양비, 고령화, 저출산과 관련된 통계 자료를 분석하는 능력을 길러 두어야 한다.

01 사회 변동과 사회 운동

출제 예상 item 28 사회 변동의 방향에 대한 관점

1 사회 변동

1. 의미 인간의 생활 방식, 규범과 가치, 사회적 관계 및 사회 구조가 전반적으로 변화하는 현상

2. 특징

(1) 어느 사회에서나 일어나는 보편적인 현상이지만 규모와 형태, 속도, 방향은 시대와 사회에 따라 다르게 나타남

(2) 다양한 요인이 서로 복합적으로 상호 작용하면서 발생함

3. 요인 기술의 발달, 가치관과 이념의 변화, 집단 간 갈등, 인구 및 자연환경의 변화, 새로운 문화 요소의 등장, 정부의 정책 등

2 사회 변동의 방향에 대한 관점

진화론	순환론
• 사회 변동의 양상은 일정한 방향을 가지고 있어 진보와 발전을 향해 나아감 • 사회는 단순한 사회에서 복잡하고 분화된 사회로, 질적으로 낮은 상태에서 높은 상태로 변화함 • 사회의 발전 양상을 설명하기 유용하지만, 사회의 퇴보와 멸망을 설명하기 어려움 • 서구의 자문화 중심주의적 사고를 반영한 이론이라는 비판을 받음	• 사회는 진보하는 것이 아니라 생성과 몰락의 순환을 반복한다고 봄 • 장기적인 역사적 관점에서 사회의 발전과 더불어 퇴보의 가능성을 잘 설명할 수 있음 • 과거 문명의 성립, 발전, 쇠퇴에 대해 사후적인 분석에는 유용하지만, 미래 사회의 변동을 예측하고 대응하는 데 한계가 있음 • 중 · 단기적 사회 변동 과정을 설명하기 어려움

3 사회 변동에 대한 구조적 관점

기능론	갈등론
• 사회는 통합과 안정을 이루면서 전체적으로 균형을 유지하려는 속성을 가짐 • 사회의 균형을 깨려는 힘이 작용하면 이에 대해 안정과 균형을 유지하려는 방향으로 사회가 변화하는데 이를 사회 변동으로 봄 • 사회 질서와 안정을 강조하는 보수적 관점으로 사회 변동을 설명하는 데 근본적인 한계를 가짐 • 전쟁이나 혁명과 같은 급진적인 변화를 설명하기 어렵다는 비판을 받음	• 사회는 지배 집단이 피지배 집단에게 가하는 강제와 억압에 의해 유지됨 • 지배 집단과 피지배 집단 사이의 갈등에 의해 사회 변동이 발생함 • 혁명과 같은 급진적 사회 변동을 설명하는 데 유리함 • 지나치게 대립과 갈등을 부각시켜 사회 질서의 유지나 통합, 사회 구성 요소 간 상호 의존성 등을 간과한다는 비판을 받음

4 사회 운동

1. 의미 다수의 사람이 사회 변동을 달성 또는 저지하려는 의도를 갖고 지속적이고 조직적으로 수행하는 활동 예 독립 운동, 노동 운동, 반독재 투쟁 운동, 시민 단체 운동 등

2. 양상 각 사회가 처한 특수한 상황에 따라 다양한 모습으로 나타남

3. 사회 운동과 사회 변동의 관계 일반적으로 사회 운동은 사회 변동을 유발하지만, 급격한 사회 변화에 대항하기 위한 사회 운동은 사회 변동의 속도를 늦추기도 함

4. 유형

개혁적 사회 운동	• 기존 사회 질서에 만족하지만 개혁이 필요할 경우 발생함 • 사회 체계의 일부분을 바꾸려는 정도의 제한적 목표를 가짐 예 사형제 폐지, 소비자 주권 향상 운동 등
혁명적 사회 운동	• 기존 사회 질서에 불만을 가지고 급진적인 변동을 추구할 때 발생함 • 기존의 권력 관계를 유지한 현 체제 내에서는 현재의 사회 문제를 해결할 수 없다고 인식하여 체제 자체를 변화시키려고 함 예 프랑스 혁명
복고적(반동적) 사회 운동	• 기존 질서를 고수하고 급격한 사회 변화에 대항하기 위한 성격의 사회 운동 • 기존 사회에 새로운 이질적 요소가 개입하면서 기존의 구성원이 위협을 느낄 때 발생하기 쉬움

교과서 속 수능 개념

사회 진화론

19세기 찰스 다윈이 발표한 생물 진화론에 입각하여, 사회의 변화와 모습을 해석하려는 견해로 허버트 스펜서가 처음으로 사용하였고, 19세기부터 20세기까지 크게 유행하였다.

진화론과 제국주의

진화론은 서구 사회가 보다 진보되고 발달된 사회이며 서구 문명을 향하여 모든 사회들이 단선적으로 진화한다고 본다. 이러한 주장은 서구의 선진 사회가 후진 사회를 식민지화하고 착취하는 것을 정당화하는 논리로 악용되었다.

전통적 사회 운동과 신사회 운동

구분	전통적 사회 운동	신사회 운동
특징	• 계층 및 집단 간 이해관계나 가치관의 대립 관계 속에서 상대방을 배척함으로써 특정 이익이나 가치의 실현을 추구함 • 주로 국가 내부의 활동에 국한됨	• 사회가 다원화되면서 상대방을 배척하기보다 다양한 가치를 인정하면서 보편적 가치의 실현을 추구함 • 국내 활동과 함께 범세계적 연대 활동이 나타남
사례	노동 운동, 여성 운동, 빈민 운동, 민주화 운동 등	환경 운동, 반핵 운동, 교육 운동, 인권 운동 등

헷갈리는 개념 정리

1. 진화론과 순환론

진화론은 사회 변동을 발전한다는 개념으로 파악하는 반면, 순환론은 발전이나 퇴보와 같은 특정한 방향성 없이 생성 · 성장 · 쇠퇴 · 소멸의 과정을 반복한다고 본다.

item 28

사회 변동의 방향에 대한 관점

수능 출제 패턴 분석 사회 변동의 방향에 대한 관점인 진화론과 순환론을 비교하는 문제가 출제된다.

유형보기

1. 사회 변동에 대한 구조적 관점 비교 수능

갑 : 산업 현장에서 로봇의 활용이 증가하는 것은 첨단 산업 비중이 높아지면서 정밀한 작업을 요하는 정보 사회로의 변화에 대응하기 위한 구성원들의 요구 때문이야.

을 : 하지만 산업 현장에서 사용되는 로봇은 기업가의 이익을 위한 수단일 뿐, 직원들은 일자리를 빼앗겨 실업자로 전락하고 결국 빈곤 가구의 비율만 높아질 거야.

자료 분석

(1) 갑은 사회 변동을 기능론의 관점에서 설명하고 있다. 기능론은 모든 사회 구성 요소가 필요에 의해 각자 적절한 기능을 수행하고 있으며, 이로 인해 사회가 유지되고 있다고 본다.

(2) 을은 사회 변동을 갈등론의 관점에서 설명하고 있다. 갈등론은 사회가 지배 집단의 기득권 유지를 위한 불평등한 구조로 되어 있다고 본다.

2. 사회 변동의 방향에 대한 관점 비교 평가원

(가) 사회는 그 자체로 발전하며, 인간의 의도에 의해서 발전하는 것은 아니다. 사회의 발전은 그 자체의 본성이며 독자적인 과정이다.

(나) 사회는 강력한 힘으로 통치하는 엘리트 집단과 영리한 꾀로 통치하는 엘리트 집단이 번갈아 가면서 집권과 몰락을 반복하며 변화한다.

자료 분석

(1) (가)는 사회의 발전이 그 자체의 본성이고 독자적인 과정이라고 보고 있으므로 진화론에 해당한다.

(2) (나)는 사회가 엘리트 집단에 의해 집권과 몰락을 반복한다고 보고 있으므로 순환론에 해당한다.

대표기출로 유형 감잡기

정답 및 해설 • p.062

397

정답률 79% | 2024학년도 수능

사회 변동 이론 (가), (나)에 대한 설명으로 옳은 것은? (단, (가), (나)는 각각 진화론, 순환론 중 하나임.)

> (가) 자연 현상에 빗대어 사회 변동을 설명하면 그 방향을 쉽게 이해할 수 있다. 태양 주위로 지구와 달이 돌면서 낮과 밤, 밀물과 썰물, 계절이 번갈아 가며 나타나듯 사회는 변동한다.
> (나) 자연 현상에 빗대어 사회 변동을 설명하면 그 방향을 쉽게 이해할 수 있다. 모든 생명체가 적자생존의 상황에서 살아남기 위한 경쟁을 통해 더 나은 방향으로 변화하듯 사회는 변동한다.

① (가)는 장기적인 사회 변동의 과정을 설명하기 어렵다.
② (나)는 단선적인 사회 변동의 과정을 설명하기 어렵다.
③ (가)는 (나)에 비해 사회 변동 방향을 예측하여 대응하기 어렵다.
④ (나)는 (가)와 달리 과거에 비해 진보한 사회를 설명하기 어렵다.
⑤ (가)는 서구 중심적 사고라는, (나)는 숙명론적 사고라는 비판을 피하기 어렵다.

398

정답률 93% | 2024학년도 수능

밑줄 친 ㉠, ㉡에 대한 설명으로 가장 적절한 것은?

> • A국에서는 이전 세대의 경제 성장 과정에서 배출된 온실 가스로 인해 기후 위기의 피해가 심각하다. 이에 기후 위기 해결을 위해 청년 중심의 시민 단체가 환경 정책 마련을 요구하고 온라인 캠페인 활동을 하는 등 ㉠ 사회 운동을 전개하고 있다.
> • B국의 한 노숙인은 행색이 초라하다는 이유로 건강권 관련 정책 토론회 출입을 제지당했다. 이 사건으로 노숙인 인권 보장을 요구하는 인권 단체의 시위가 벌어졌다. 이후 노숙인의 생계 지원법 마련을 요구하는 ㉡ 사회 운동이 지속적으로 확산되었다.

① ㉠은 세대 간 통합을 추구하는 체계적인 사회 운동이다.
② ㉡은 사회 체제 내에서 특정 사회 문제의 개선을 요구하는 사회 운동이다.
③ ㉠은 ㉡과 달리 사회적 약자의 권리 보장을 목적으로 하는 사회 운동이다.
④ ㉡은 ㉠과 달리 비대면 방식을 활용하는 사회 운동이다.
⑤ ㉠과 ㉡은 모두 변화를 거부하고 과거 질서로 되돌아가려는 사회 운동이다.

399

정답률 81% | 2024학년도 9월 평가원

사회 변동 이론 (가), (나)에 대한 설명으로 옳은 것은? (단, (가), (나)는 각각 순환론, 진화론 중 하나임.)

> (가) 인간의 성장처럼 사회도 성장해 나간다. 하지만 인간이 성장을 멈추고 노화가 진행되듯, 사회도 일정한 한계점을 지나면 성장의 그래프는 꺾이기 마련이다. 다만 이미 사라져 버린 사회들의 경험을 참고하여 해체에 이르기까지의 생존 기간을 늘릴 수 있을 뿐이다.
>
> (나) 사회는 본질적으로 과거의 유산을 토대로 하여 더 나은 상태로 나아간다. 인간은 기존의 지식을 바탕으로 새로운 아이디어와 기술을 창출해 혁신을 이어 가고 있기 때문이다. 이러한 과정에서 사회는 항상 성장의 발걸음을 이어 왔으며 앞으로도 그럴 것이다.

① (가)는 미래의 사회 변동에 대한 역동적 대응이 곤란하다는 비판을 받는다.
② (나)는 사회 변동이 항상 발전을 의미하는 것은 아니라고 본다.
③ (가)는 (나)와 달리 서구 사회가 가장 진보한 사회임을 전제한다.
④ (나)는 (가)와 달리 사회가 주기적으로 동일한 과정을 반복하며 변동한다고 본다.
⑤ (가)는 단기적 사회 변동을, (나)는 장기적 사회 변동을 설명하기에 적합하다.

400

정답률 87% | 2023학년도 9월 평가원

사회 변동 이론 (가), (나)에 대한 설명으로 옳은 것은? (단, (가), (나)는 각각 진화론, 순환론 중 하나임.)

> (가) 거대한 재난으로 사회 전반이 파멸되면 인구가 급감하지만, 살아남은 이들이 아이를 낳으며 사회적 재생이 시작된다. 그러나 또다시 일어나는 재난은 또 다른 파국을 야기한다.
>
> (나) 생태계에서 개체들이 생존을 위해 환경에 적응하듯, 인간 사회도 생존을 위해 보다 고도화된 방향으로 나아간다. 결국 사회는 단계적 성장을 통해 이전보다 나은 형태로 변화한다.

① (가)는 서구 중심의 사고라는 비판을 받는다.
② (나)는 사회 변동을 사회 발전과 동일시한다.
③ (가)는 (나)와 달리 미래의 사회 변동에 대한 역동적 대응이 용이하다.
④ (나)는 (가)와 달리 운명론적 관점에서 사회 변동을 설명한다.
⑤ (가)는 단기적 사회 변동을, (나)는 장기적 사회 변동을 설명하기에 유용하다.

401

정답률 67% | 2017학년도 6월 평가원

표는 질문 (가)~(다)를 활용하여 사회 변동을 보는 관점 A, B를 구분한 것이다. 이에 대한 설명으로 옳은 것은? (단, A와 B는 각각 진화론과 순환론 중 하나이다.)

관점 \ 질문	(가)	(나)	(다)
A	아니요	예	예
B	예	아니요	예

① A가 진화론이면 (가)에는 "서구 중심적 사고라고 비판을 받는가?"가 적절하다.
② B가 순환론이면 (다)에는 "사회 변동을 사회 발전으로 인식하는가?"가 적절하다.
③ (나)가 "사회 변동은 주기적으로 동일한 과정을 반복하는가?"이면, B는 순환론이다.
④ (다)에는 "사회 변동은 일정한 방향을 가지고 있는가?"가 적절하다.
⑤ (가)가 "제국주의를 정당화하는 근거로 사용되었는가?"이면, (나)에는 "사회 변동 과정에서 문명이 퇴보할 수 있는가?"가 적절하다.

402

정답률 76% | 2019학년도 6월 평가원

사회 변동을 바라보는 관점 (가), (나)에 대한 옳은 설명을 〈보기〉에서 고른 것은? (단, (가), (나)는 각각 순환론, 진화론 중 하나이다.)

> (가) 인류 문명의 발전 속도는 지역에 따라 다르게 나타난다. 그렇지만 문명이 단순한 것에서 분화된 것으로, 미신적인 것에서 합리적인 것으로, 낡은 것에서 새로운 것으로 발전하는 경향은 일반적으로 나타난다.
>
> (나) 인류 문명은 일정한 시간 동안에는 정해진 방향을 향해 나아가는 것 같지만 곧 한계에 부딪히게 되고, 문명에 내재한 힘을 따라 다시 반대 방향을 향해 움직이게 된다. 그러나 반대 방향의 움직임 역시 오래가지 못하고 문명은 다시 본래의 방향을 향하게 된다.

〈보기〉

ㄱ. (가)는 (나)와 달리 사회 변동을 동일한 과정의 주기적 반복으로 설명한다.
ㄴ. (나)는 (가)와 달리 사회가 항상 진보하는 것은 아니라고 본다.
ㄷ. (가)는 (나)에 비해 개발도상국의 서구식 근대화 과정을 설명하기에 적합하다.
ㄹ. (나)는 (가)에 비해 변동 방향을 예측하여 대응하기에 적합하다.

① ㄱ, ㄴ ② ㄱ, ㄷ ③ ㄴ, ㄷ
④ ㄴ, ㄹ ⑤ ㄷ, ㄹ

403

정답률 76% | 2019학년도 9월 평가원

그림은 사회 변동에 대한 관점 A, B와 그에 대한 특징 (가)~(다)를 연결한 것이다. 이에 대한 진술로 옳은 것은? (단, A, B는 각각 진화론과 순환론 중 하나이다.)

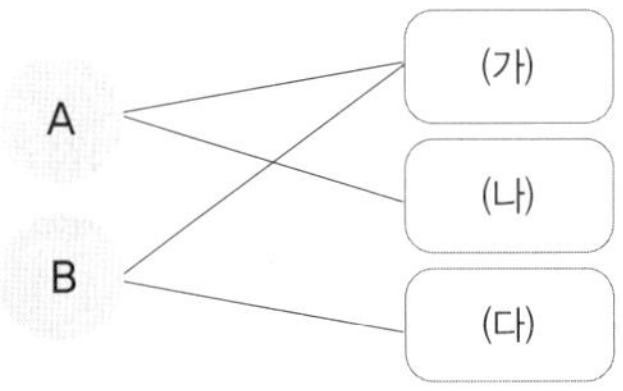

① (가)에는 '제국주의를 정당화하는 근거로 사용되었다.'가 적절하다.
② (나)가 '근대화론의 이론적 근거가 된다.'라면, (다)에는 '미래 사회의 변동 방향에 대한 예측에 한계가 있다.'가 적절하다.
③ (다)가 '사회 변동을 긍정적으로 본다.'라면, (나)에는 '사회 변동을 단선적인 진보의 과정으로 설명한다.'가 적절하다.
④ A가 진화론이라면, (다)에는 '사회 변동이 항상 발전을 의미하지는 않는다는 점을 간과한다.'가 적절하다.
⑤ B가 순환론이라면, (나)에는 '과거의 사회 변동만을 설명한다는 비판을 받는다.'가 적절하다.

404

정답률 65% | 2020학년도 6월 평가원

사회 변동 이론 A, B에 대한 옳은 설명만을 <보기>에서 고른 것은? (단, A, B는 각각 순환론과 진화론 중 하나이다.)

이론 / 질문	A	B
사회는 생성과 몰락의 과정을 반복하는가?	예	아니요
사회 변동은 일정한 방향을 가지고 있는가?	㉠	㉡
(가)	아니요	예

<보기>

ㄱ. A는 B와 달리 사회 변동을 긍정적으로 바라본다.
ㄴ. B는 A와 달리 미래의 사회 변동에 대한 역동적 대응이 곤란하다는 비판을 받는다.
ㄷ. ㉠은 '아니요', ㉡은 '예'이다.
ㄹ. (가)에는 '서구 중심적 사고라는 비판을 받는가?'가 들어갈 수 있다.

① ㄱ, ㄴ ② ㄱ, ㄷ ③ ㄴ, ㄷ
④ ㄴ, ㄹ ⑤ ㄷ, ㄹ

예상문제로 유형 익히기

정답 및 해설 • p.062

405

난이도 상 **중** 하

사회 변동을 보는 갑, 을의 관점에 대한 옳은 설명만을 <보기>에서 있는 대로 고른 것은?

갑 : 모든 사회는 수렵 · 채집 사회에서 농경 사회, 산업 사회를 거쳐 정보 사회로 변동해 가고 있다. 사회는 이러한 변동을 통해 보다 나은 상태로 나아간다.
을 : 사회는 일정 기간 융성기를 향해 발전하다가 일정 기간 쇠퇴기를 거쳐 소멸하는 것을 반복한다. 사회 변동은 시계추와 같이 인류 사회가 진자 운동을 하는 과정이다.

<보기>

ㄱ. 갑의 관점은 변동과 발전을 동일시하는 경향이 있다.
ㄴ. 갑의 관점은 비서구 사회의 서구 사회 모방 전략에 대하여 부정적이다.
ㄷ. 을의 관점은 사회의 모습이 고정 불변한다는 점을 강조한다.
ㄹ. 을의 관점은 미래의 사회 변동보다 과거의 사회 변동을 설명하는 데 적합하다.

① ㄱ, ㄴ ② ㄱ, ㄹ ③ ㄴ, ㄷ
④ ㄱ, ㄷ, ㄹ ⑤ ㄴ, ㄷ, ㄹ

406

Challenge 30% 고난도

난이도 **상** 중 하

사회 변동을 보는 갑의 관점에 대한 옳은 설명만을 <보기>에서 있는 대로 고른 것은?

갑은 인간 사회도 생물과 같이 자연 선택을 통해 점차 높은 차원의 단계로 진화한다고 주장한다. 그는 사회의 진화를 긍정적인 발전 과정으로 보고 농업을 기반으로 하는 사회보다 과학 기술을 이용하는 서구 사회가 우월하다고 보았다. 이러한 갑의 주장은 다른 문명 사이에 위계 질서를 설정한 당시의 시대 의식을 반영한 것이다.

<보기>

ㄱ. 사회 변동을 보는 순환론적 관점과 관련 있다.
ㄴ. 사회 변동은 일정한 방향을 가지고 있다고 본다.
ㄷ. 서구의 자문화 중심주의적 사고를 반영한다는 비판을 받는다.
ㄹ. 개발도상국이 근대화 과정을 거쳐 선진국으로 발전하는 것을 설명하기 용이하다.

① ㄱ, ㄴ ② ㄱ, ㄷ ③ ㄴ, ㄹ
④ ㄱ, ㄷ, ㄹ ⑤ ㄴ, ㄷ, ㄹ

407

난이도 상 **중** 하

다음 글에 나타난 사회 변동을 바라보는 관점에 대한 설명으로 옳은 것은?

> 이탈리아의 사회학자 파레토는 엘리트의 유형을 사자형과 여우형으로 구분하고 인류 역사는 그 두 유형의 엘리트가 순환하여 정치 권력을 획득하는 과정이라고 보았다. 어느 한 유형의 엘리트가 지배하는 동안 다른 유형의 엘리트는 소외되면서 불만이 쌓이게 된다. 지배 엘리트는 점차 타락하고 쇠퇴하는 반면 피지배 엘리트는 힘을 축적하여 결국 권력을 차지한다. 파레토는 이러한 과정을 거쳐 엘리트가 순환적으로 교체되는 것이 곧 역사라고 보았다.

① 모든 사회는 같은 방향으로 변화한다고 본다.
② 현대 사회는 전통 사회보다 모든 면에서 우월하다고 본다.
③ 앞으로의 사회 변동에 대해 예측하고 대응하기가 용이하다.
④ 사회는 진보만 하는 것이 아니라 퇴보하거나 붕괴하기도 한다고 본다.
⑤ 문명화하지 못한 사회는 사회 변동을 통해 궁극적으로 진보를 이룬다고 본다.

408

난이도 상 **중** 하

(가), (나)에 나타난 사회 변동을 바라보는 관점에 대한 옳은 설명만을 〈보기〉에서 고른 것은?

> (가) 외국인 배우자를 맞이하거나 외국인으로 노동력을 충당하는 것은 국제결혼을 통해 농촌 총각의 결혼 문제를 해결하고 노동력도 확보할 수 있다는 점에서 긍정적인 측면이 있다. 또한, 외국인 노동자는 일손이 부족한 특정 업종에 노동력을 공급하는 유용한 수단이 된다.
> (나) 외국인의 유입 증가로 외국인과 한국인이 마찰을 일으키는 일이 자주 발생하고 있다. 외국 출신 배우자의 일방적 헌신을 요구하는 일부 한국인 남편들의 가부장적인 행태 때문에 이혼이 증가하고 있고, 소수 외국인이라는 이유로 일터에서 부당한 대우를 받는 노동자들의 항의도 늘고 있다.

〈보기〉
ㄱ. (가)는 사회가 끊임없는 갈등을 표출하면서 변동한다고 본다.
ㄴ. (나)는 사회 변동이 본래의 균형에 위협을 줄 수 있다고 본다.
ㄷ. (가)는 (나)와 달리 사회 질서와 안정을 강조한다.
ㄹ. (가)와 (나)는 모두 사회 변동을 구조적인 측면에서 바라본다.

① ㄱ, ㄴ ② ㄱ, ㄷ ③ ㄴ, ㄷ
④ ㄴ, ㄹ ⑤ ㄷ, ㄹ

409

난이도 상 **중** 하

다음 사회 변동을 바라보는 관점에 대한 옳은 설명만을 〈보기〉에서 있는 대로 고른 것은?

> 사회 체계는 언제나 균형을 유지하려는 성질이 있는데, 이러한 성질을 항상성이라고 한다. 사회 체계는 항상성을 유지하려는 체계 자체의 치유 능력이 있기 때문에 체계 내 · 외적인 요인으로 체계의 균형이 깨지면 균형을 복원하기 위해 사회 변동이 발생한다.

〈보기〉
ㄱ. 보수적 이론이라는 비판을 받는다.
ㄴ. 갈등에 대해 부정적으로 인식하고 있다.
ㄷ. 사회 질서나 통합, 상호 의존성을 경시한다.
ㄹ. 사회 변동이 일시적인 불균형 상태에서 원래의 상태로 돌아가는 것을 의미한다고 본다.

① ㄱ, ㄴ ② ㄱ, ㄷ ③ ㄷ, ㄹ
④ ㄱ, ㄴ, ㄹ ⑤ ㄴ, ㄷ, ㄹ

410

난이도 상 **중** 하

다음 글에 나타난 사회 변동을 바라보는 관점에 대한 옳은 설명만을 〈보기〉에서 고른 것은?

> 전통적인 가족 형태에는 가족 구성원 간의 불평등한 관계가 반영되어 있다. 그러나 최근 양성평등 의식의 향상으로 남편의 가부장적 행태가 도전을 받게 되었고, 기성 세대의 권위와 강요 역시 젊은 세대로부터 강한 저항에 부딪히게 되었다. 이러한 갈등과 저항은 자연스럽게 전통적인 가족 형태의 해체를 가져올 수밖에 없다. 따라서 가족 형태의 다양화는 불평등한 가족 관계로 인한 부산물이며 가족 관계 변화는 자연스러운 결과이다.

〈보기〉
ㄱ. 사회를 하나의 유기체로 이해한다.
ㄴ. 갈등을 사회 병리 현상으로 간주한다.
ㄷ. 사회 구성 요소 간 상호 의존성을 간과한다.
ㄹ. 사회는 변동을 향한 원동력을 내재하고 있다고 본다.

① ㄱ, ㄴ ② ㄱ, ㄷ ③ ㄴ, ㄷ
④ ㄴ, ㄹ ⑤ ㄷ, ㄹ

02 세계화와 정보화

출제 예상 item 29 농업 사회, 산업 사회, 정보 사회

1 세계화

1. 의미 국가 간의 경계가 약화되고 세계가 하나로 연결되어 상호 의존성이 심화되어 가는 현상

2. 양상

정치적 측면	• 민주주의 가치관의 확산 • 전 지구적 문제의 확산으로 국제기구의 역할 확대
경제적 측면	• 전 세계의 단일 시장화 촉진 • 국가 간 경쟁 증대 • 자본주의와 시장 경제의 확산
사회적 측면	• 문화 간 접촉 증가 • 지역적 생활 양식의 확산 • 다양한 행위 주체의 등장

3. 특징 전 지구적 상호 의존성 증가, 물리적 공간과 시장의 제약 극복

4. 문제점과 대처 방안

문제점	• 문화의 획일화 • 경쟁력 없는 국내 산업의 쇠퇴 • 국가 간 불균형 및 불평등 심화
대처 방안	• 세계 시민 의식 함양 • 문화 상대주의적 태도와 관용의 자세 • 기술 혁신을 통한 우리 상품의 국제 경쟁력 강화

2 정보 사회

1. 의미 지식과 정보가 부가 가치를 창출하여 발전을 이루는 사회

2. 특징

정치적 측면	• 사이버 공간을 통해 다양한 의견을 표출할 수 있어 정치적 자유가 증대함 • 전자 민주주의의 발달로 직접 민주 정치의 실현 가능성 향상 • 관료제의 약화
경제적 측면	• 정보 자체가 중요한 자원이 됨 • 정보 생산자인 인간의 지적 창조력이 중요해짐 • 사무 자동화를 통해 재택 근무 가능성이 높아짐 • 전자 상거래 확산, 소품종 대량 생산에서 다품종 소량 생산 방식으로의 변화
사회적 측면	• 네트워크 커뮤니케이션을 통해 많은 사람들이 사회적 관심사를 공유하고, 다양한 사이버 공동체를 형성하여 온라인을 통한 사회적 관계가 확대됨 • 자기 성취에 대한 욕구 증가

3. 문제점

정보 격차	희소하고 중요한 정보에 대한 접근 · 소유 · 활용 능력 등의 측면에서 발생하는 정보 불평등 현상
개인 정보 유출	특정 기관의 개인에 대한 정보 감시 보편화, 인권 침해 문제 발생
사이버 범죄 증가	지적 재산권 침해, 전자 상거래 사기, 해킹, 바이러스 유포, 사이버 테러 등
정보 기기 중독	인터넷의 과다한 사용으로 사회 생활에 지장을 초래하고 주위 사람과의 관계에서 문제 발생

4. 대응 방안

(1) 정보 불평등 문제 해결을 위해 정보 소외 계층에 장비 및 소프트웨어 지원 확대 및 정보 교육 실시
(2) 인터넷 사업자나 기관이 개인 정보 수집 시 아이핀 사용 확대 및 개인 정보 도용 처벌 강화
(3) 정보 통신 윤리 교육을 통한 올바른 정보 문화 확립
(4) 필요한 정보의 주체적 선택 및 정보의 비판적 분석 능력 함양

교과서 속 수능 개념

세계 시민 의식
한 국가의 틀을 넘어 세계를 대상으로 생각하고 행동하려는 자세로 세계 시민이 갖추어야 할 능력과 자질을 의미한다.

정보 격차(Digital Divide)
교육, 소득 수준, 성별, 지역 등의 차이로 인해 정보에 대한 접근과 이용 빈도에 차이가 발생하여 나타나는 경제 · 사회적 불균형 현상을 말한다.

지적 재산권
인간의 지적 창조물 중에서 법으로 보호할 만한 가치가 있는 것들에 대하여 법이 부여하는 권리를 말한다.

정보 윤리
정보 사회에서 요구되는 새로운 시민 의식으로 정보 통신 기술을 올바르게 이용하려는 자세, 타인의 사생활이나 인권을 침해하지 않으려고 노력하는 자세, 건강한 정보만을 취급하려는 노력 등이 있다.

헷갈리는 개념 정리

1. 세계화에 대한 낙관론과 비관론
세계화에 대한 낙관론은 세계화가 국가 간 교류의 확대, 국가 간 상호 의존성의 증대 등을 통해 세계 경제 발전에 기여할 수 있다고 본다. 반면, 세계화에 대한 비관론은 개인 간 또는 국가 간 빈부 격차가 확대되고 획일화된 문화가 보급되어 문화의 다양성이 유지되지 못할 것이라고 본다.

2. 정보 사회에 대한 낙관론과 비관론
정보 사회에 대한 낙관론은 대중이 정보에 접근하기 쉬워지고 정치 참여가 활발해져 직접 민주주의의 실현이 가능하게 되고, 다품종 소량 생산 방식으로의 변화는 소비자 권익의 증대를 가져오며, 기술 발달은 문화의 다양화와 다원화에 기여한다고 보는 입장이다. 반면, 정보 사회에 대한 비관론은 고부가가치의 핵심 정보는 권력층만 접근 가능하게 되고, 정보 접근의 격차는 빈부 격차를 더욱 확대할 것이며, 피상적 인간관계의 보편화로 인해 인간 소외 현상이 증대될 것이라고 본다.

item 29

농업 사회, 산업 사회, 정보 사회

수능 출제 패턴 분석 농업 사회, 산업 사회, 정보 사회의 특징을 비교하는 문제가 다양한 자료로 활용되어 출제된다.

유형보기

1. 농업 사회, 산업 사회, 정보 사회 평가원

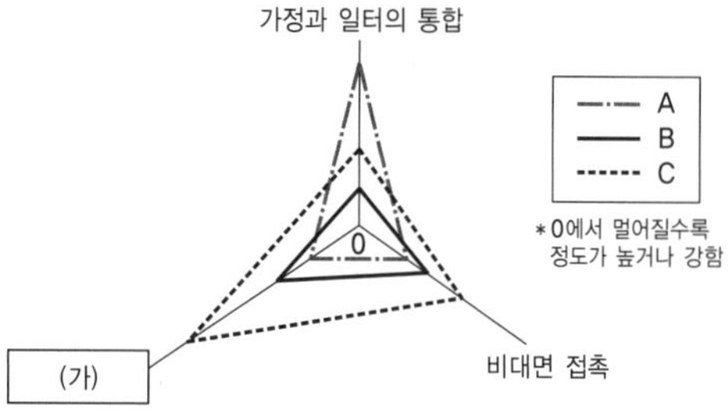

자료 분석

(1) A는 가정과 일터의 통합 정도가 매우 높고, 비대면 접촉 빈도가 낮은 것으로 보아 농업 사회이다.
(2) B는 가정과 일터의 통합 정도가 가장 낮고, 비대면 접촉 빈도가 중간 정도인 것으로 보아 산업 사회이다.
(3) C는 가정과 일터의 통합 정도가 중간이고, 비대면 접촉 빈도가 가장 높은 것으로 보아 정보 사회이다.
(4) (가)에는 정보 사회에서 가장 높게 나타나고, 농업 사회에서 가장 낮게 나타나는 특징이 적절하다. 예를 들어 '지식 관련 산업 부문의 비중' 등이 이에 해당한다.

2. 산업 사회, 대중 사회, 정보 사회의 특징 수능

(가) 공장제 기계 공업이 발달하면서 인구가 도시로 집중되었고, 정부와 기업 등에서 관료제 조직이 확산되었다.
(나) 20세기 이후 인구가 급증하고 대량 생산, 대량 소비 체제가 확립되었다. 대중 문화가 확산되었고, 대중의 의식과 행동이 규격화, 획일화되는 경향이 심해졌다.
(다) 컴퓨터와 네트워크 기술이 급격히 발달하면서 시 · 공간의 장벽을 뛰어넘는 활동의 가능성이 증대되었고, 다중(多衆)의 사회적 의제 설정 능력이 향상되었다.

자료 분석

(1) (가)는 산업 사회의 특징을 설명하고 있다. 산업 사회에서는 합리주의적 생활 양식이 확산되었다.
(2) (나)는 대중 사회에 대한 내용이다. 대중 사회에서는 정확성, 순응, 반복 작업 등에 바탕을 둔 인력 양성이 강조되었다.
(3) (다)는 정보 사회에 대한 내용이다. 정보 사회에서는 부가 가치의 원천으로 정보와 지식이 부각되었다. 또한 정보 생산자와 소비자를 구분하기 어려워졌다.

대표기출로 유형 감잡기

정답 및 해설 • p.064

411

정답률 49% | 2024학년도 수능

다음 자료에 대한 옳은 설명만을 〈보기〉에서 있는 대로 고른 것은? (단, A, B는 각각 산업 사회, 정보 사회 중 하나임.)

〈형성 평가〉

• 제시된 '대답'에 맞게 빈칸을 채워 질문을 완성하시오.

대답	대답에 맞는 질문	채점 결과
예	A는 B에 비해 [(가)] 이/가 높은가?	㉠
아니요	B는 A에 비해 [정보 제공자와 수용자 간 구분] 이/가 명확한가?	1점

* 교사는 완성한 질문별로 채점하고 제시된 대답에 맞게 질문을 완성한 경우는 1점, 틀린 경우는 0점임.

〈보기〉

ㄱ. A는 B에 비해 물리적 거리가 사회적 관계 형성에 미치는 제약 정도가 크다.
ㄴ. (가)에 '사회의 다원화 정도'가 들어간다면, ㉠은 '1점'이다.
ㄷ. ㉠이 '0점'이라면, (가)에는 '가정과 일터의 결합 정도'가 들어갈 수 없다.

① ㄱ ② ㄴ ③ ㄱ, ㄷ
④ ㄴ, ㄷ ⑤ ㄱ, ㄴ, ㄷ

412

정답률 83% | 2024학년도 6월 평가원

그림은 A, B의 일반적인 특징을 비교한 것이다. 이에 대한 설명으로 옳은 것은? (단, A, B는 각각 산업 사회, 정보 사회 중 하나임.)

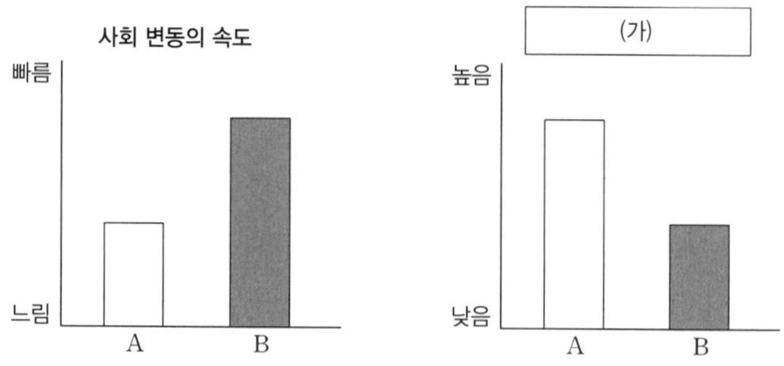

① A는 B에 비해 전자 상거래의 비중이 작다.
② B는 A에 비해 의사 결정의 분권화 정도가 낮다.
③ A는 다품종 소량 생산, B는 소품종 대량 생산이 지배적이다.
④ A는 지식과 정보, B는 자본과 노동이 부가 가치의 주요 원천이다.
⑤ (가)에는 '정보의 생산자와 소비자 간 구분의 명확성 정도'가 들어갈 수 없다.

413

정답률 91% | 2017학년도 9월 평가원

A, B 사회의 일반적인 특징에 대한 설명으로 옳은 것은? (단, A, B 사회는 각각 산업 사회와 정보 사회 중 하나이다.)

A 사회	B 사회
직장인 갑은 출근하지 않고 집에서 컴퓨터로 회사의 업무를 본다. 인터넷을 통해 직장 동료 및 협력 업체와 협의하며, 팀장 또는 CEO에게 직접 보고를 하는 등 다양한 업무를 처리한다.	직장인 을은 매일 아침 9시부터 오후 6시까지 자동차 제조 공장에서 일을 한다. 출근 후 업무 지시를 받아 하루 종일 컨베이어 벨트에 실려 오는 자동차에 타이머를 장착하는 일을 수행한다.

① A 사회는 B 사회에 비해 면대면 접촉의 비중이 더 높다.
② A 사회는 B 사회에 비해 부가 가치의 원천으로 자본과 노동을 지식보다 중시한다.
③ B 사회는 A 사회에 비해 관료제 조직의 비중이 더 높다.
④ B 사회는 A 사회에 비해 다품종 소량 생산 방식이 확대된다.
⑤ A, B 사회 모두에서는 가상 공간의 등장으로 인해 소비자와 생산자 간의 공간적 제약이 극복된다.

414

정답률 92% | 2022학년도 수능

다음 자료에 대한 옳은 설명만을 〈보기〉에서 고른 것은? (단, A, B는 각각 산업 사회, 정보 사회 중 하나이다.)

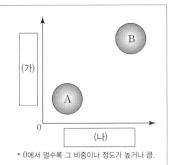

개인들은 A에 비해 B에서 취향의 자유를 더 많이 누린다. B의 개인들은 자신의 독특한 욕구를 A에 비해 훨씬 더 다양한 방식으로 실현한다.

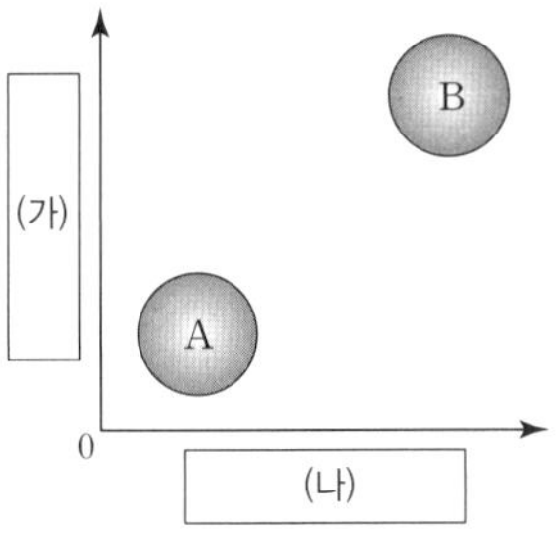

* 0에서 멀수록 그 비중이나 정도가 높거나 큼.

〈보기〉

ㄱ. A는 B에 비해 물리적 거리가 사회적 관계 형성을 제약하는 정도가 크다.
ㄴ. B는 A에 비해 쌍방향 매체의 정보 전달 비중이 낮다.
ㄷ. (가)에는 '의사 결정의 분권화 정도'가, (나)에는 '비대면 접촉의 비중'이 들어갈 수 있다.
ㄹ. (가)에는 '정보 생산자와 소비자 간 구분의 명확성 정도'가, (나)에는 '가정과 일터의 분리 정도'가 들어갈 수 있다.

① ㄱ, ㄴ ② ㄱ, ㄷ ③ ㄴ, ㄷ ④ ㄴ, ㄹ ⑤ ㄷ, ㄹ

415

정답률 82% | 2022학년도 9월 평가원

그림은 질문을 통해 A, B를 구분한 것이다. 이에 대한 설명으로 옳은 것은? (단, A, B는 각각 산업 사회, 정보 사회 중 하나이다.)

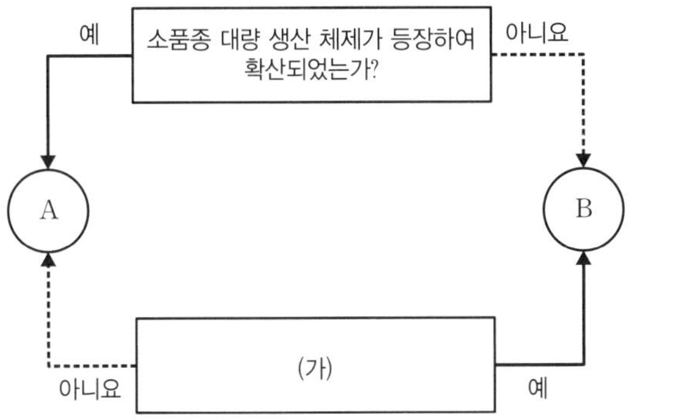

① A는 B보다 사회의 다원화 정도가 낮다.
② A는 B보다 가정과 일터의 분리 정도가 낮다.
③ B는 A보다 비대면 접촉 정도가 낮다.
④ B는 A보다 의사 결정의 분권화 정도가 낮다.
⑤ (가)에는 '정보 생산자와 소비자의 경계가 명확한가?'가 들어갈 수 있다.

416

정답률 71% | 2019학년도 6월 평가원

그림은 A~C를 일반적인 특징에 따라 분류한 것이다. 이에 대한 옳은 설명을 〈보기〉에서 고른 것은? (단, A~C는 각각 농업 사회, 산업 사회, 정보 사회 중 하나이다.)

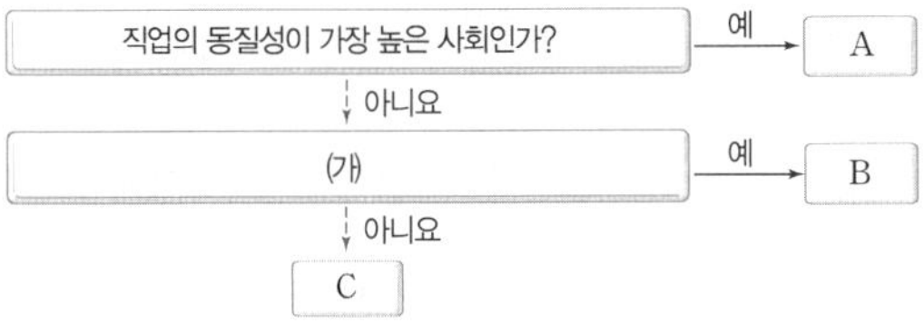

〈보기〉

ㄱ. (가)가 '전자 상거래 비중이 더 높은 사회인가?'라면, 기술의 발전 속도는 B>A>C로 나타난다.
ㄴ. (가)가 '면대면 접촉의 비중이 더 높은 사회인가?'라면, 일터와 가정의 분리 정도는 B>C>A로 나타난다.
ㄷ. (가)가 '소품종 대량 생산 방식이 더 보편적인 사회인가?'라면, 구성원 간 익명성의 정도는 B>A>C로 나타난다.
ㄹ. (가)가 '조직 내 의사 결정 권한의 분산 정도가 더 높은 사회인가?'라면, 사회적 관계 형성의 공간적 제약 정도는 A>C>B로 나타난다.

① ㄱ, ㄴ ② ㄱ, ㄷ ③ ㄴ, ㄷ
④ ㄴ, ㄹ ⑤ ㄷ, ㄹ

417

정답률 70% | 2020학년도 6월 평가원

표는 A~C의 일반적인 특징을 비교한 것이다. 이에 대한 설명으로 옳은 것은? (단, A~C는 각각 농업 사회, 산업 사회, 정보 사회 중 하나이다.)

구분	비교 결과
A	정보 이용의 시 · 공간적 제약성이 B, C에 비해 크다.
B	2차 산업 비중이 C에 비해 낮다.
C	(가)

① A는 C에 비해 작업의 이질성이 높다.
② B는 A에 비해 가정과 일터의 결합 정도가 낮다.
③ A는 B, C에 비해 비대면적 의사소통의 비중이 높다.
④ C는 A, B에 비해 관료제 조직의 비중이 낮다.
⑤ (가)에는 '다품종 소량 생산 비중이 B에 비해 높다.'가 들어갈 수 있다.

418

정답률 88% | 2019학년도 9월 평가원

표와 같이 A~C를 비교할 때, 이에 대한 설명으로 옳은 것은? (단, A~C는 각각 농업 사회, 산업 사회, 정보 사회 중 하나이다.)

구분	A	B	C
표준화된 조직 관리 방식이 보편화되기 시작하였는가?	○	×	×
양방향 대중 매체가 보편적으로 사용되는 사회인가?	×	○	×
(가)	×	×	○

(○ : 예, × : 아니요)

① A는 B에 비해 전체 산업에서 지식 정보 산업이 차지하는 비중이 높다.
② B는 C에 비해 면대면 접촉의 비중이 높다.
③ C는 A에 비해 가정과 일터의 결합 정도가 높다.
④ A는 다품종 소량 생산 체제, B는 소품종 대량 생산 체제가 지배적이다.
⑤ (가)에는 '2차 산업 중심의 사회인가?'가 적절하다.

예상문제로 유형 익히기

정답 및 해설 • p.064

419

난이도 상 중 하

그림의 A~C 사회에 대한 옳은 설명만을 〈보기〉에서 고른 것은? (단, A~C 사회는 각각 농업 사회, 산업 사회, 정보 사회 중 하나이다.)

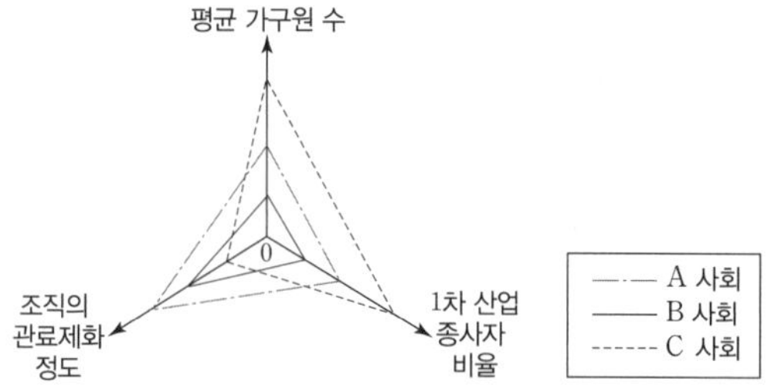

* 0에서 멀어질수록 정도가 크거나 높음

〈보기〉

ㄱ. A 사회보다 B 사회에서 가정과 일터의 결합 정도가 높다.
ㄴ. B 사회보다 A 사회에서 관료제 조직의 비중이 낮다.
ㄷ. C 사회보다 B 사회에서 사회의 다원화 정도가 높다.
ㄹ. B 사회보다 C 사회에서 구성원 간의 면대면 접촉의 비중이 낮다.

① ㄱ, ㄴ ② ㄱ, ㄷ ③ ㄴ, ㄷ
④ ㄴ, ㄹ ⑤ ㄷ, ㄹ

420

난이도 상 중 하

그림은 인류 사회의 변천과 각 사회의 특징을 나타낸 것이다. 이에 대한 옳은 설명만을 〈보기〉에서 고른 것은?

구분	주요 산업	중심 직업군	부가 가치의 주요 원천
A 사회	–	–	토지와 노동
↓ B 사회	제조업	㉠	㉡
↓ C 사회	–	전문직	지식과 정보

〈보기〉

ㄱ. 대중문화의 영향으로 ㉠이 등장하였다.
ㄴ. ㉡에는 '자본과 노동'이 들어갈 수 있다.
ㄷ. B 사회는 A 사회보다 일터와 주거지의 통합 정도가 높다.
ㄹ. B 사회에서 C 사회로 이행하면서 다품종 소량 생산 방식이 확산되었다.

① ㄱ, ㄴ ② ㄱ, ㄷ ③ ㄴ, ㄷ
④ ㄴ, ㄹ ⑤ ㄷ, ㄹ

421 Challenge 30% 신유형

난이도 상 중 하

그림은 A, B 사회의 특징을 비교한 것이다. (가)~(다)에 들어갈 내용으로 가장 적절한 것은? (단, A, B 사회는 각각 산업 사회와 정보 사회 중 하나이다.)

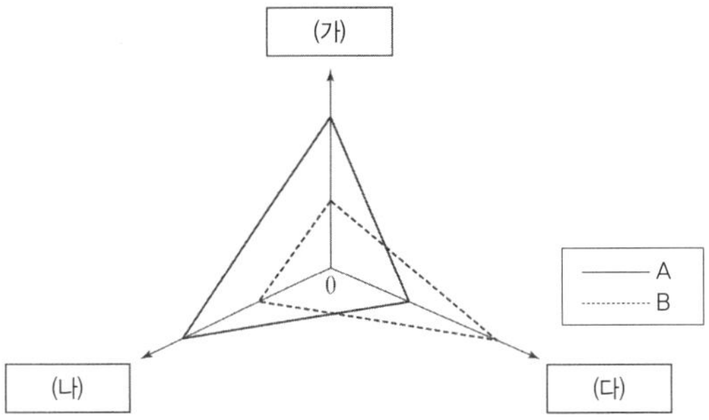

* 0에서 멀어질수록 그 정도가 크거나 높음을 의미함

	(가)	(나)	(다)
①	양방향성 매체의 비중	대중문화의 획일화 정도	정보의 생산자와 소비자의 구별 정도
②	면대면 접촉 정도	지식 · 정보 · 서비스 산업의 비중	2차 제조업 비중
③	일터와 주거지의 결합 정도	탈관료제 조직의 비중	일방향성 매체의 비중
④	다품종 소량 생산 방식의 비중	획일화 · 규격화 현상이 나타나는 정도	의사 결정의 분권화 정도
⑤	소품종 대량 생산 방식의 비중	네트워크형 사회 조직의 발달 정도	전자 상거래의 비중

422

난이도 상 중 하

표는 산업 사회와 정보 사회를 특징에 따라 구분한 것이다. 이에 대한 설명으로 옳지 않은 것은? (단, A, B는 각각 산업 사회와 정보 사회 중 하나이다.)

질문	A	B
쌍방향 매체의 이용이 일상화되는가?	아니요	예
(가)	아니요	예
다품종 소량 생산 방식이 중시되는가?	(나)	(다)

① (가)에는 '제조업의 비중이 가장 높은가?'가 들어갈 수 있다.
② (나)에는 '아니요', (다)에는 '예'가 들어간다.
③ A보다 B에서 개인의 창의성이 더 중시된다.
④ A보다 B에서 가정과 일터의 통합 정도가 높다.
⑤ B보다 A에서 관료제의 비중이 더 높다.

423

난이도 상 중 하

(가), (나)에 대한 옳은 설명만을 〈보기〉에서 있는 대로 고른 것은?

(가) 파리에서는 아르헨티나의 탱고를 추고 로스엔젤레스에서는 쿠바의 살사를 춘다. 베이징에서 미국의 햄버거를 팔고, 터키의 케밥이 독일의 거리에서 팔린다. 인도 뭄바이에서는 위성 중계로 교황의 모습을 보고, 필리핀에서는 생중계되는 유럽의 축구를 보며 열광한다.
(나) 거대한 자본과 기술력을 가진 할리우드 영화가 전 세계 영화관을 지배하고, 전 세계 어디를 가나 똑같은 패스트푸드점의 햄버거를 만날 수 있다. 가격 경쟁력을 갖춘 글로벌 기업들이 세계 시장을 장악한 것이다. 세계화는 인류의 문화유산인 각국의 다양한 민족 문화를 상업성이라는 잣대로 획일화하고 있다.

〈보기〉

ㄱ. (가)는 세계화가 문화 다양성을 증진시킨다고 본다.
ㄴ. (가)는 세계화가 국가 간 갈등을 심화시킨다고 본다.
ㄷ. (나)는 세계화가 문화 획일화를 가져온다고 본다.
ㄹ. (가)와 (나) 모두 세계화를 문화적 측면에서 분석하고 있다.

① ㄱ, ㄴ ② ㄱ, ㄹ ③ ㄴ, ㄷ
④ ㄱ, ㄷ, ㄹ ⑤ ㄴ, ㄷ, ㄹ

03 저출산 · 고령화와 다문화 사회

출제 예상 item 30 인구 문제

1 인구 변천과 인구 문제

1. 인구 변천 과정

단계	형태	요인	사례
제1단계	출생률과 사망률이 모두 높아 인구 증가가 거의 없음	물질적 궁핍, 불량한 위생 시설 등	산업 혁명 이전의 전통 사회
제2단계	출생률에 비해 사망률이 급속히 낮아지면서 인구가 증가	의학 기술과 위생 시설의 발달 등	아시아와 아프리카 등지의 일부 개발도상국
제3단계	사망률과 함께 출생률이 급격히 낮아져 인구 증가가 둔화	여성의 사회 진출 증가 및 가족 계획 시행 등	경제 발전이 진행되고 있는 개발도상국
제4단계	출생률과 사망률이 모두 낮은 인구 정체 상태	고도의 산업화 달성	고도의 산업화가 이루어진 선진국

2. 인구 문제

문제	원인	문제점	대책
저출산 문제	자녀 양육에 따른 경제적 부담 증가, 여성의 사회 진출에 따른 출산 기피, 자녀에 대한 가치관 변화	인구 정체와 감소를 통한 생산과 소비 위축, 사회 보장 재원 부담 증가 등	출산과 양육에 대한 사회적 책임 강화, 양성평등 문화 조성 등
고령화 문제	의료 기술의 발달에 따른 평균 수명 증가, 생활 수준의 향상	개인에게는 생존과 질병의 위험, 사회에는 노년 부양비 증가로 인한 사회적 부담 가중	다양한 노인 일자리 창출, 건강한 노후 생활을 위한 치료 및 요양 지원 체계 강화 등

2 다문화 사회

1. 다문화 사회의 의미와 양상

의미	다양한 인종과 민족이 각각의 문화를 유지하며 한 사회 내에서 살아가는 사회
양상	• 국가 간 노동력의 자유로운 이동, 국제 결혼의 증가 등으로 인해 이질적인 문화가 유입되면서 점차 다문화 사회의 성격을 갖게 됨 • 한국 사회도 외국인 노동자, 북한 이탈 주민, 외국인 휴학생, 국제결혼 증가 등으로 다양한 인종, 문화적 배경을 가진 구성원들이 지속적으로 증가하여 다문화 사회로 빠르게 진입하고 있음

2. 다문화 사회의 영향

긍정적 영향	• 문화의 다양성을 바탕으로 하여 문화 창조 능력이 향상될 수 있음 • 문화 선택의 폭이 넓어짐으로써 문화적으로 풍성한 삶이 가능해질 수 있음
부정적 영향	• 이질적인 집단 간 상호 이해의 부족으로 인한 갈등 발생 가능성이 높아짐 • 외부 문화의 유입으로 인해 전통 문화의 정체성이 약화될 우려가 있음

3. 다문화 현상에 대한 자세

(1) 다문화 가정의 증가는 우리 사회의 인구학적 변화 및 경제적 필요성, 이주자들의 사회적 성취 욕구 등이 복합적으로 맞물려 나타난 현상임을 이해하고 수용해야 함

(2) 다문화 가정은 우리 사회의 정당한 구성원이며, 우리는 다른 문화를 관용하는 자세를 갖추어야 함

(3) 다문화 사회에서 시민의 문화적 삶을 풍요롭게 하고, 국가 문화의 발전을 도모하기 위해서는 타 문화에 대한 개방적 태도와 관용의 자세가 필요함

3 전 지구적 차원의 문제

구분	발생 원인	내용	해결 방안
환경 문제	산업화, 과도한 개발 등	지구 온난화, 황사, 빙하 소실 등	국제적 공동 대응 필요
자원 문제	인구 증가, 과도한 에너지 사용 등	식량 부족, 물 부족 등	재생 가능 에너지 비중 확대, 최빈국 농업 생산성 증대 등
테러와 전쟁 문제	영토, 자원, 종교, 민족 등을 둘러싼 갈등	9 · 11 테러, 카슈미르 분쟁 등	테러의 원인 분석 및 국제 기구의 활동 강화

교과서 속 수능 개념

인구

어느 한 시점에 일정 지역에 사는 사람의 총수를 말한다.

인구 변천 요인

자연적 요인(출생, 사망)과 사회적 요인(전입, 전출, 이민)이 있다.

합계 출산율

여성 1명이 가임 기간(15~49세) 동안 낳을 것으로 예상되는 아이 숫자의 평균치를 의미한다.

다문화 사회로의 가속화

다문화 사회는 문화적 배경이 다른 다양한 민족이나 인종 등으로 구성된 사회로서 세계화로 인해 점차 증가하는 추세이다.

테러

테러리즘(Terrorism)의 준말로, 정치, 종교, 사상적 목적을 위해 폭력적 방법의 수단을 통해 비무장의 개인, 단체, 국가를 상대로 사망 혹은 신체적 상해를 입히거나 공포심을 불러일으켜 어떤 행동을 강요하는 행위를 말한다.

헷갈리는 개념 정리

1. 저출산과 고령화의 관계

저출산으로 유소년의 비율이 줄어들면 상대적으로 노인 인구가 차지하는 비중이 늘어나게 되어 고령화 속도가 빨라진다.

2. 노년 부양비

인구 노령화를 측정하는 지표로서, 생산 가능 인구(15~64세) 대비 노인 인구(65세 이상)의 비율을 의미한다.

item 30

인구 문제

수능 출제 패턴 분석 저출산 문제와 고령화 문제에 대한 원인과 해결 방안을 묻는 문제가 출제된다.

유형보기

1. 노인 문제 평가원

- 자료는 60세 이상 인구를 대상으로 노인 문제에 대한 조사 결과이다.
- 설문 내용 : '귀하가 겪고 있는 가장 어려운 문제를 하나만 고르시오.'
- 응답 결과

(단위 : %)

구분		경제적 어려움	소외감	건강 문제	실업	경로 의식 약화	노인 복지 시설 부족	계
지역	도시	40.2	16.5	22.6	15.0	1.4	4.3	100.0
	농촌	45.2	4.5	30.7	7.3	7.8	4.5	100.0
성별	남자	46.9	8.0	23.0	4.8	1.3	16.0	100.0
	여자	40.7	12.5	30.4	7.3	1.3	7.8	100.0

자료 분석

(1) '경로 의식 약화에 답한 응답자 수는 성별의 차이가 없다.'라고 할 수 없다. 제시된 자료에는 응답자의 비율만 나타나 있을 뿐, 정확한 응답자의 수를 알 수 없기 때문이다.
(2) 농촌 지역에서 소외감과 노인 복지 시설 부족에 대한 응답률이 4.5%로 같다.
(3) 경제적 어려움에 대한 응답률은 성별 격차가 지역별 격차보다 크고, 실업에 대한 응답률은 성별 격차가 지역별 격차보다 작다.

2. 노인 부양비와 고령화 지수 교육청

〈○○시의 인구 고령화 추이〉

고령화 지표 \ 연도	1990	2000	2010	2020	2030
노인 부양비(%)	5.2	7.0	11.3	15.6	22.1
고령화 지수(%)	19.7	27.6	43.1	69.9	107.1

* 노인 부양비(%) = (65세 이상 인구)/(15~64세 인구) × 100
** 고령화 지수(%) = (65세 이상 인구)/(0~14세 인구) × 100
*** 고령화 사회 : 전체 인구 중 65세 이상 노인 인구가 7% 이상인 사회

자료 분석

(1) 노인 부양비가 지속적으로 높아지고 있는 것으로 보아 15~64세 인구의 노인 부양 부담의 상승 추세가 이어질 것으로 전망된다.
(2) 2030년에 고령화 지수가 100보다 크므로 65세 이상 인구가 15세 미만 인구보다 더 많을 것으로 전망된다.

대표기출로 유형 감잡기

정답 및 해설 • p.066

424

정답률 48% | 2024학년도 수능

다음 자료에 대한 분석으로 옳은 것은?

표는 갑국과 을국의 인구 구조 변화를 비교한 것이다. t년 대비 t+50년에 갑국의 전체 인구는 10% 감소하였고, 을국의 전체 인구는 20% 감소하였다. 단, t년에 갑국과 을국의 전체 인구는 동일하다.

구분	갑국 t년	갑국 t+50년	을국 t년	을국 t+50년
합계 출산율(명)	4.2	1.8	1.5	0.9
전체 인구 대비 15~64세 인구 비율(%)	50	60	50	55
노령화 지수	25	100	150	200

* 합계 출산율 : 여성 1명이 가임 기간(15~49세) 동안 낳을 것으로 예상되는 평균 출생아 수
** 노령화 지수 = $\frac{\text{노년 인구(65세 이상 인구)}}{\text{유소년 인구(0~14세 인구)}} \times 100$
*** 전체 인구 중 65세 이상 인구가 차지하는 비율이 20% 이상인 사회를 초고령 사회라고 함.

① t년과 t+50년 모두 갑국은 을국에 비해 저출산 현상이 강하게 나타난다.
② t년과 t+50년에 갑국과 을국은 모두 초고령 사회이다.
③ t년 대비 t+50년의 노령화 지수 증가율은 을국이 갑국보다 크다.
④ t년에 을국의 유소년 인구는 t+50년에 갑국의 유소년 인구보다 많다.
⑤ t년에 노년 인구는 을국이 갑국의 3배이고, t+50년에 노년 인구는 을국이 갑국의 1.5배이다.

425

정답률 36% | 2023학년도 수능

다음 자료에 대한 분석 및 추론으로 옳은 것은?

갑국에서 t년의 전체 인구 중 노년 인구 비율은 20%이고 t+50년의 전체 인구 중 유소년 인구 비율은 28%이다. t년 대비 t+50년에 전체 인구는 25% 증가하였고 유소년 인구는 12.5% 감소하였다. t년 대비 t+50년에 노년 부양비는 150% 증가하였다.

* 유소년 부양비 = $\frac{\text{유소년 인구(0~14세 인구)}}{\text{부양 인구(15~64세 인구)}} \times 100$
** 노년 부양비 = $\frac{\text{노년 인구(65세 이상 인구)}}{\text{부양 인구(15~64세 인구)}} \times 100$
*** 피부양 인구 = 유소년 인구(0~14세 인구) + 노년 인구(65세 이상 인구)

① t년의 유소년 인구와 t+50년의 노년 인구는 동일하다.
② t년 대비 t+50년에 전체 인구 증가율은 피부양 인구 증가율보다 크다.
③ t년 대비 t+50년에 유소년 인구 감소율과 유소년 부양비 감소율은 동일하다.
④ t년보다 t+50년에 전체 인구에서 부양 인구가 차지하는 비율이 크다.
⑤ t년보다 t+50년에 부양 인구 감소로 인해 경제 성장 동력이 약화될 가능성이 높다.

다음 자료에 대한 옳은 분석만을 〈보기〉에서 고른 것은?

갑국의 부양 인구는 t년에 비해 t+100년에 절반으로 감소했으나, 두 시기의 총부양비는 60으로 동일합니다. 이 사실과 아래 그림을 통해 t년에 비해 t+100년에 　(가)　라는 점을 알 수 있습니다.

〈갑국 전체 인구 중 유소년 인구의 비율 변화〉

유소년 인구 25.0 %　　　유소년 인구 12.5 %

t년　　　t+100년

* 유소년 부양비 = $\dfrac{\text{유소년 인구(0~14세 인구)}}{\text{부양 인구(15~64세 인구)}} \times 100$

** 노년 부양비 = $\dfrac{\text{노년 인구(65세 이상 인구)}}{\text{부양 인구(15~64세 인구)}} \times 100$

*** 총부양비 = $\dfrac{\text{유소년 인구(0~14세 인구)+노년 인구(65세 이상 인구)}}{\text{부양 인구(15~64세 인구)}} \times 100$

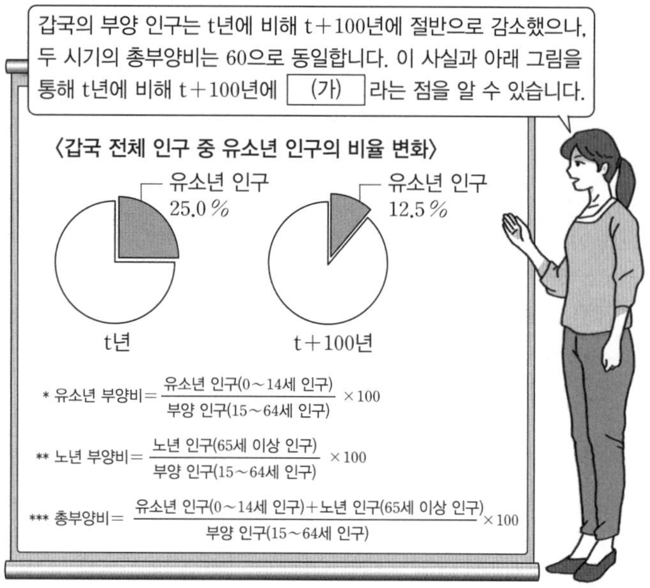

〈보기〉

ㄱ. t년 대비 t+100년에 유소년 인구는 30% 감소하였다.

ㄴ. t년의 노년 인구와 t+100년의 노년 인구는 동일하다.

ㄷ. 유소년 인구와 노년 인구의 합이 전체 인구에서 차지하는 비율은 t년에 비해 t+100년이 높다.

ㄹ. (가)에는 '유소년 부양비는 절반으로 감소하고, 노년 부양비는 2배가 되었다'가 들어갈 수 있다.

① ㄱ, ㄴ　② ㄱ, ㄷ　③ ㄴ, ㄷ　④ ㄴ, ㄹ　⑤ ㄷ, ㄹ

다음 자료에 대한 분석으로 옳은 것은?

표는 A 지역의 인구 구성 비율을 나타낸 것이다. 2000년에 비해 2020년 A 지역의 총인구는 20% 증가하였다. A 지역의 노령화 지수는 2000년에 60, 2020년에 125였다. 단, 음영 처리된 부분은 주어진 자료와 단서를 통해 알 수 있다.

(단위 : %)

구분	2000년	2020년
0~14세 인구 (유소년 인구)		20
15~64세 인구 (부양 인구)		
65세 이상 인구 (노인 인구)	15	

* 노령화 지수=(65세 이상 인구/0~14세 인구) × 100
** 유소년 부양비=(0~14세 인구/15~64세 인구) × 100
*** 노인 부양비=(65세 이상 인구/15~64세 인구) × 100
**** 총부양비={(0~14세 인구 + 65세 이상 인구)/15~64세 인구} × 100

① 2020년에 노인 인구는 유소년 인구의 2배 이상이다.

② 2000년에 비해 2020년의 부양 인구는 감소하였다.

③ 2000년 유소년 부양비와 2020년 노인 부양비는 동일하다.

④ 2000년에 비해 2020년의 노인 인구는 10% 증가하였고, 유소년 인구는 5% 감소하였다.

⑤ 2000년에 비해 2020년의 유소년 부양비는 감소하였고, 노인 부양비와 총부양비는 모두 증가하였다.

예상문제로 유형 익히기

정답 및 해설 • p.066

428

난이도 상 **중** 하

다음은 갑국의 연령별 인구 구성비 추이를 나타낸 것이다. 이에 대한 옳은 분석만을 〈보기〉에서 있는 대로 고른 것은?

(단위 : %)

구분	1990년	2000년	2010년	2011년	2020년	2030년
0~14세	26	21	17	16	13	13
15~64세	69	72	73	73	71	63
65세 이상	5	7	10	11	16	24
계	100	100	100	100	100	100

* 총인구는 지속적으로 증가함

〈보기〉

ㄱ. 15~64세 인구는 2010년과 2011년이 같다.

ㄴ. 2011년 이후 15~64세 인구가 차지하는 비율은 지속적으로 감소한다.

ㄷ. 제시된 모든 연도에서 15~64세 인구가 전체 인구의 과반을 차지한다.

ㄹ. 1990년의 15~64세 인구가 2030년의 15~64세 인구보다 많다.

① ㄱ, ㄴ ② ㄱ, ㄹ ③ ㄴ, ㄷ
④ ㄱ, ㄷ, ㄹ ⑤ ㄴ, ㄷ, ㄹ

429

난이도 상 중 **하**

그림은 인구 변화의 단계별 특징을 나타낸 것이다. 이에 대한 설명으로 옳은 것은?

〈인구 변천 과정〉

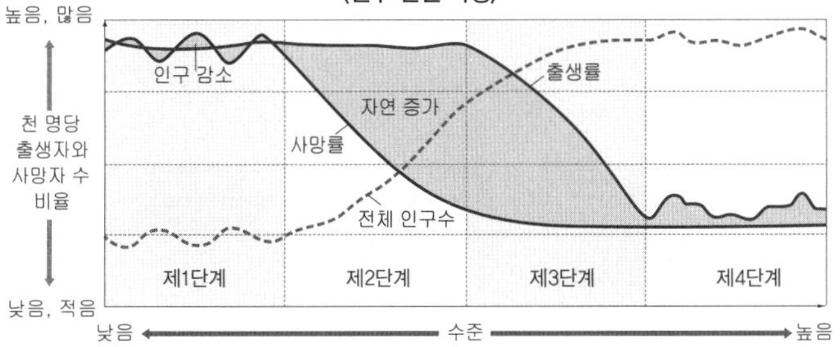

① 1단계에서는 사망률은 높으나 출생률은 낮다.
② 2단계에서 인구 증가율이 가장 높다.
③ 3단계에서는 인구가 급격히 감소한다.
④ 4단계에서는 노년층의 비율이 감소한다.
⑤ 4단계가 마무리되는 시점에서 산업화가 시작된다.

430

난이도 상 중 **하**

다음 사례를 종합하여 도출할 수 있는 결론으로 가장 적절한 것은?

- 식량 자원의 경우 전 세계의 곡물 생산량은 지구상 모든 사람이 충분히 먹고 남을 분량이지만, 생산 지역의 편중과 국제 교역 및 복잡한 정치 · 경제적 이해관계 등으로 지역에 따라 심각한 기아 문제가 발생하고 있다.
- 최근 지구 곳곳에서 발생하고 있는 폭염, 가뭄, 집중 호우 등 수많은 인명 피해와 재산 손실을 가져온 기상 이변의 원인은 지구 온난화이다. 이 밖에 황사, 빙하 소실 등도 심각한 환경 문제인데, 이러한 환경 문제는 특정 지역에 국한되지 않고 전 세계적으로 발생하고 있다.

① 자원의 효율적 배분이 필요하다.
② 경제적 풍요에는 대가가 따른다.
③ 환경 문제에 대한 경각심이 필요하다.
④ 인도적 차원의 식량 지원이 필요하다.
⑤ 전 지구적 차원에서의 대응이 필요하다.

MEMO

메가스터디 N제

사회탐구영역 사회·문화

수능 완벽 대비 예상 문제집

정답 및 해설

430제

메가스터디BOOKS

메가스터디 N제

사회탐구영역 사회·문화

430제

정답 및 해설

정답 및 해설

Ⅰ. 사회 · 문화 현상의 탐구

01 사회 · 문화 현상의 이해

item 01 사회 · 문화 현상의 특징

001 ④	002 ④	003 ②	004 ④	005 ②	006 ③
007 ③	008 ④	009 ③	010 ④	011 ①	012 ④
013 ③	014 ③				

001 자연 현상과 사회 · 문화 현상 / 답 ④

알짜풀이

㉠, ㉡, ㉢은 자연 현상이고 ㉣, ㉤은 사회 · 문화 현상이다. 자연 현상은 인간의 의지나 인식과 관계 없이 나타나는 현상으로 몰가치성, 존재 법칙, 확실성의 원리, 보편성을 특징으로 한다.

④ 사회 · 문화 현상은 인간의 의지나 인식이 개입되어 나타나는 현상으로 가치 함축성, 당위 법칙, 확률의 원리, 개연성의 원리, 특수성을 특징으로 한다.

오답넘기

① 자연 현상은 인간의 가치가 개입되지 않는 몰가치성을 특징으로 한다.

② 자연 현상은 인간의 인식과 관계 없이 존재하는 존재 법칙을 따른다.

③ 자연 현상은 보편성이 나타나며, 확실성의 원리가 적용된다.

⑤ 사회 · 문화 현상은 특수성이 나타나며, 확률의 원리가 적용된다.

정답률 분석 ① 2% ② 7% ③ 2% ④ 87% ⑤ 2%

002 자연 현상과 사회 · 문화 현상 / 답 ④

알짜풀이

㉠, ㉢은 인간의 의지나 인식이 개입되지 않은 자연 현상이고 ㉡, ㉣은 인간의 의지나 인식이 개입된 사회 · 문화 현상이다.

④ ㉠ 자연 현상은 필연성의 원리, ㉡ 사회 · 문화 현상은 개연성의 원리가 적용된다.

오답넘기

① 사회 · 문화 현상은 가치 함축적이고(㉡), 자연 현상은 몰가치적이다(㉠).

② 자연 현상(㉢)이 사회 · 문화 현상(㉡)에 비해 인과 관계가 명확하다.

③ ㉠, ㉣ 모두 보편성이 나타나고 있다. 보편성은 자연 현상의 특징이고 사회 · 문화 현상은 보편성과 특수성이 공존한다.

⑤ 자연 현상과 사회 · 문화 현상 모두 경험적 자료로 연구할 수 있다.

정답률 분석 ① 2% ② 3% ③ 11% ④ 81% ⑤ 2%

003 자연 현상과 사회 문화 · 현상 / 답 ②

알짜풀이

㉠, ㉢은 인간의 의지나 인식이 개입되지 않은 자연 현상이고 ㉡, ㉣은 인간의 의지나 인식이 개입된 사회 · 문화 현상이다.

② 사회 · 문화 현상은 가치 함축적이고, 자연 현상은 몰가치적이다.

오답넘기

① 두 현상 모두에서 인과 관계가 나타나고 있다. 일반적으로 자연 현상이 사회 · 문화 현상에 비해 인과 관계가 명확하다.

③ 개연성의 원리가 적용되는 것은 사회 · 문화 현상이고(㉣), 자연 현상는 필연성의 원리가 적용된다(㉢).

④ 두 현상 모두에서 보편성이 나타나고 있다. 자연 현상은 보편성을 특징으로 하며 사회 · 문화 현상은 보편성과 특수성이 공존한다.

⑤ 자연 현상은 인간의 인식과 관계 없이 존재하는 존재 법칙을 따르고, 사회 · 문화 현상은 인간의 규범적 가치가 개입된 당위 법칙을 따른다.

정답률 분석 ① 5% ② 50% ③ 41% ④ 2% ⑤ 2%

004 자연 현상과 사회 · 문화 현상 / 답 ④

알짜풀이

㉠, ㉡은 인간의 의지나 인식이 개입되지 않은 자연 현상이고 ㉢, ㉣은 인간의 의지나 인식이 개입된 사회 · 문화 현상이다.

④ 자연 현상은 일정 조건하에서 원인이 같으면 결과가 동일하게 나타나는 확실성의 원리가 적용되며, 사회 · 문화 현상은 일정 조건하에서 원인이 같다 하더라도 인간의 의지나 인식이 개입되어 결과가 나오는 확률의 원리가 적용된다.

오답넘기

① ㉠, ㉡ 모두 자연 현상으로 몰가치적이다.

② 특수성이 나타나는 것은 사회 · 문화 현상이다. 자연 현상은 보편성이 나타나며(㉡), 사회 · 문화 현상은 보편성과 특수성이 공존한다(㉢).

③ ㉢, ㉣ 모두 사회 · 문화 현상으로 인과 관계가 명확하지 않다. 자연 현상이 사회 · 문화 현상에 비해 인과 관계가 명확하다.

⑤ 자연 현상은 존재 법칙의 지배를 받고(㉠, ㉡), 사회 · 문화 현상은 당위 법칙의 지배를 받는다(㉢, ㉣).

정답률 분석 ① 2% ② 2% ③ 3% ④ 90% ⑤ 2%

005 자연 현상과 사회 · 문화 현상 / 답 ②

알짜풀이

㉠, ㉡은 인간의 의지나 인식이 개입되어 발생하는 사회 · 문화 현상이다. ㉢, ㉣은 인간의 의지나 인식과 무관하게 발생하는 자연 현상이다.

② 사회 · 문화 현상은 가치 함축적이며(㉡), 자연 현상은 인간의 가치가 개입되지 않는 현상으로 몰가치적이다(㉢).

오답넘기

① ㉠, ㉡ 모두 사회 · 문화 현상으로 개연성의 원리가 적용된다.

③ ㉢, ㉣ 모두 자연 현상으로 인과 관계가 나타나고 있다.

④ 자연 현상(㉣)과 사회 · 문화 현상(㉠) 모두에서 보편성이 나타난다.

⑤ 자연 현상과 사회 · 문화 현상 모두 경험적 자료를 연구할 수 있다.

정답률 분석 ① 3% ② 85% ③ 2% ④ 7% ⑤ 2%

006 자연 현상과 사회 · 문화 현상 / 답 ③

알짜풀이

㉠, ㉣은 인간의 의지나 인식과 무관하게 발생하는 자연 현상이다. ㉡, ㉢은 인간의 의지나 인식이 개입되어 발생하는 사회 · 문화 현상이다.

③ 사회 · 문화 현상은 가치 함축적이며(㉢), 자연 현상은 인간의 가치가 개입되지 않는 현상으로 몰가치적이다(㉣).

오답넘기

①, ② 자연 현상은 보편성을 특징으로 한다(㉠, ㉣). 사회 · 문화 현상은 보편성과 함께 특수성이 공존한다(㉡, ㉢).

④ ㉠, ㉣ 두 현상 모두 자연 현상으로 인과 관계가 명확하다.

⑤ 필연성의 원리가 적용되는 것은 자연 현상(㉠, ㉣)이고, 개연성의 원리가 적용되는 것은 사회 · 문화 현상(㉡, ㉢)이다.

정답률 분석 ① 2% ② 2% ③ 93% ④ 2% ⑤ 1%

007 자연 현상과 사회 · 문화 현상 / 답 ③

알짜풀이

㉠, ㉡은 자연 현상, ㉢, ㉣은 사회 · 문화 현상에 해당한다.
③ 자연 현상은 확실성의 원리가, 사회 · 문화 현상은 확률의 원리가 적용된다.

오답넘기

① 자연 현상은 몰가치적인 반면, 사회 · 문화 현상은 가치 함축적이다.
② 자연 현상은 존재 법칙의 적용을 받는 반면, 사회 · 문화 현상은 당위 법칙의 적용을 받는다.
④ 자연 현상은 보편성이 강하게 나타나고, 사회 · 문화 현상은 보편성과 특수성이 공존한다.
⑤ 자연 현상과 사회 · 문화 현상은 모두 경험적 자료로 연구할 수 있다.

정답률 분석 ① 5% ② 7% ③ 80% ④ 3% ⑤ 3%

008 자연 현상과 사회 · 문화 현상 / 답 ④

알짜풀이

㉠, ㉣은 사회 · 문화 현상, ㉡, ㉢은 자연 현상에 해당한다.
④ 자연 현상은 보편성이 강하게 나타나고, 사회 · 문화 현상은 보편성과 특수성이 공존한다.

오답넘기

① 자연 현상은 확실성의 원리가 적용되고, 사회 · 문화 현상은 확률의 원리가 적용된다.
② 자연 현상은 인간의 의지나 가치와 무관하게 발생하므로 몰가치적이고, 사회 · 문화 현상은 인간의 가치나 신념이 반영되어 나타나므로 가치 함축적이다.
③ 자연 현상과 사회 · 문화 현상은 모두 경험적 자료로 연구할 수 있다.
⑤ 자연 현상은 존재 법칙의 지배를 받고, 사회 · 문화 현상은 당위 법칙의 지배를 받는다.

정답률 분석 ① 3% ② 1% ③ 5% ④ 86% ⑤ 3%

더 알아보기

자연 현상과 사회 · 문화 현상의 특징

구분	자연 현상	사회 · 문화 현상
의미	• 자연계에서 발생하는 현상 • 자연 법칙에 따라 발생하는 현상	• 인간에 의해 일어나는 현상 • 인간의 사회적 행동과 관련하여 발생하는 현상
특징	• 몰가치성 • 보편성 • 필연성과 확실성의 원리 • 존재 법칙	• 가치 함축성 • 보편성과 특수성의 공존 • 개연성과 확률의 원리 • 당위 법칙
사례	홍수, 지진, 계절의 변화 등	선거, 시위, 공부 등

009 자연 현상과 사회 · 문화 현상 / 답 ③

알짜풀이

ㄱ. 자연 현상과 사회 · 문화 현상은 모두 보편성이 나타난다.
ㄴ. 가치 판단과 무관하게 발생하는 것은 자연 현상이다.
ㄷ. 개연성과 확률의 원리가 적용되는 것은 사회 · 문화 현상이다.

010 자연 현상과 사회 · 문화 현상 / 답 ④

알짜풀이

(가)는 자연 현상, (나)는 사회 · 문화 현상이다.
④ 자연 현상은 인과 관계가 분명하여 일정한 조건이 주어지면 항상 같은 결과가 나타나며, 사회 · 문화 현상은 인간의 의지와 가치 판단이 개입되어 있어 가치 함축적이다.

오답넘기

①, ② 자연 현상은 보편성이 강하게 나타나고, 사회 · 문화 현상은 보편성과 특수성이 공존한다. 자연 현상은 특정 원인이 반드시 그에 상응하는 결과를 가져오는 관계가 엄격한 법칙으로 존재하는 필연성과 확실성의 원리를 따른다.
③ 자연 현상은 인간의 의지와 가치 판단이 개입되지 않으므로 몰가치적이다.
⑤ 사회 · 문화 현상은 개연성과 확률의 원리가 적용된다.

더 알아보기

존재 법칙과 당위 법칙

존재 법칙	현재 있는 상태로의 사실에 관한 법칙으로, 자연 현상의 특징임
당위 법칙	'마땅히 ~ 해야 한다.'와 같은 가치 판단이 개입된 진술이 가능한 법칙으로, 사회 · 문화 현상의 특징임

011 사회 · 문화 현상의 특징 / 답 ①

알짜풀이

첫 번째 사례는 어떤 사회 현상을 예측함으로써 오히려 그 현상이 나타나지 않게 됨을 보여 주고 있고, 두 번째 사례는 어떤 현상의 예측이 원인이 되어 실제로 그 현상이 나타나게 됨을 보여 주고 있다.
ㄱ. 사회 · 문화 현상은 인간의 의지가 반영되어 나타나는 가치 함축적인 현상이므로 개연성이나 확률의 원리가 적용됨을 알 수 있다.
ㄴ. 사회 · 문화 현상을 대상으로 한 예측에 있어서는 예측 자체가 원인으로 작용하여 예측을 실현시킬 수도 있고 예측 자체가 틀리도록 만들 수도 있다. 이는 사회 · 문화 현상이 인간의 의도와 가치가 개입되기 때문이다.

오답넘기

ㄷ. 제시된 사례와 관련 없는 내용이다.
ㄹ. 사회 · 문화 현상은 자연 현상과 마찬가지로 보편성의 원리가 적용된다. 하지만 제시된 사례와 관련 없는 내용이다.

012 자연 현상과 사회 · 문화 현상 / 답 ④

알짜풀이

㉠은 자연 현상, ㉡, ㉢, ㉣은 사회 · 문화 현상이다.
ㄴ. 사회 · 문화 현상은 가치가 개입되어 있으므로 가치 함축적이다.
ㄹ. 자연 현상은 존재 법칙의 지배를 받는다.

오답넘기

ㄱ. 자연 현상은 몰가치적이고, 사회 · 문화 현상은 가치 함축적이다.
ㄷ. ㉢과 ㉣은 모두 사회 · 문화 현상으로 특수성이 나타난다.

013 자연 현상과 사회 · 문화 현상 / 답 ③

알짜풀이

㉠은 자연 현상, ㉡과 ㉢은 사회 · 문화 현상이다.
③ 사회 · 문화 현상은 인간이 바람직하다고 생각하는 가치나 신념 등 인간의 의지가 개입되어 나타난다.

오답넘기

① 사회 · 문화 현상은 가치 함축적이다.
② 자연 현상은 보편성이 강하게 나타나고, 사회 · 문화 현상은 보편성과 특수성이 공존한다.
④ 사회 · 문화 현상은 원인과 결과가 엄격한 법칙으로 나타나기보다 확률적으로 관련을 맺고 있다. 자연 현상은 원인과 결과의 관계가 엄격한 법칙으로 존재하여 인과 관계가 분명하게 나타난다.
⑤ 자연 현상은 필연성의 원리가, 사회 · 문화 현상은 개연성의 원리가 적용된다.

014 사회 · 문화 현상의 특징 / 답 ③

알짜풀이

③ 뉴트리아 수입과 방목이라는 사회 · 문화 현상이 개체 수 증가라는 자연 현상의 원인이 되었다.

오답넘기

① 제시문과 관련 없는 내용이다.
② 제시문은 자연 현상과 사회 · 문화 현상이 관련 있음을 보여 준다.
④ 자연 현상은 특정 원인이 반드시 그에 상응하는 결과를 가져오는 관계가 엄격한 법칙으로 존재하는 필연성을 가지므로 사회 · 문화 현상보다 예측이 용이하다.
⑤ 자연 현상은 인과 관계가 필연적이다. 하지만 제시문과 관련 없는 내용이다.

item 02 사회 · 문화 현상을 보는 관점

015 ⑤	016 ④	017 ⑤	018 ②	019 ⑤	020 ⑤
021 ⑤	022 ③	023 ④	024 ⑤	025 ①	026 ③
027 ①	028 ②	029 ⑤	030 ③	031 ①	032 ⑤
033 ⑤	034 ⑤	035 ⑤	036 ①	037 ④	038 ①
039 ③					

015 사회 · 문화 현상을 보는 관점 / 답 ⑤

알짜풀이

개인의 행위에 영향을 미치는 사회 제도나 구조에 초점을 두는 관점은 거시적 관점으로, 기능론과 갈등론이 이에 해당한다. 따라서 A와 B는 각각 기능론과 갈등론 중 하나이고, C는 상징적 상호 작용론이다.
⑤ 사회에는 어느 시점에나 구조적 모순이 내재되어 있다고 보는 관점은 갈등론이다. (나)에 '사회에는 어느 시점에나 구조적 모순이 내재되어 있다고 보는가?'가 들어가면 A는 기능론, B는 갈등론이다. 기능론은 보수적 관점으로 기득권층의 이익을 대변하는 논리로 이용될 우려가 있다는 비판을 받는다.

오답넘기

① 인간을 사물이나 행위에 주관적인 의미를 부여하는 주체로 보는 관점은 상징적 상호 작용론이다. 따라서 '인간을 사물이나 행위에 주관적으로 의미를 부여하는 주체로 보는가?'는 (가)에 들어갈 수 있다.
② 사회가 스스로 균형을 유지하는 속성을 지닌다고 보는 관점은 기능론이다. A가 갈등론이라면 B는 기능론이므로 '사회는 스스로 균형을 유지하는 속성을 지닌다고 보는가?'는 (가)에 들어갈 수 없다.
③ 사회적 희소가치를 둘러싼 집단 간 대립 관계에 주목하는 관점은 갈등론이다. B가 기능론이라면 A는 갈등론이다. 따라서 '사회적 희소가치를 둘러싼 집단 간 대립 관계에 주목하는가?'는 (나)에 들어갈 수 없다.
④ 기능론, 갈등론과 달리 상징적 상호 작용론은 행위자의 능동적, 자율적 측면을 중시한다.

정답률 분석 ① 3% ② 8% ③ 4% ④ 3% ⑤ 80%

016 사회 · 문화 현상을 보는 관점 / 답 ④

알짜풀이

갑은 기능론(A)을 옳게 설명하였고, 을은 기능론(A)과 갈등론(C)에 대한 내용만 있다고 하였으므로, 남아 있는 B는 상징적 상호 작용론이 된다.
④ 갈등론은 기능론, 상징적 상호 작용론과 달리 대립과 갈등을 사회의 본질적 속성으로 본다. 따라서 해당 질문으로 갈등론과 기능론, 갈등론과 상징적 상호 작용론을 구분할 수 있지만, 기능론과 상징적 상호 작용론을 구분할 수 없다.

오답넘기

① 개인의 상황 정의와 의미 해석을 강조하는 관점은 상징적 상호 작용론(B)이다.
②, ③ 갈등론(C)은 사회에 내재한 구조적 모순을 중심으로 사회 현상을 설명하는 관점으로 기득권층의 이익을 옹호한다는 비판을 받는다.
⑤ 기능론은 갈등론, 상징적 상호 작용론과 달리 사회 각 제도의 상호 의존적 관계에 있다고 본다. 따라서 해당 질문으로 기능론과 갈등론, 기능론과 상징적 상호 작용론을 구분할 수 있지만, 갈등론과 상징적 상호 작용론을 구분할 수 없다.

정답률 분석 ① 1% ② 6% ③ 4% ④ 76% ⑤ 14%

017 사회 · 문화 현상을 보는 관점 / 답 ⑤

알짜풀이

갑과 병은 3점을 받았고, 답이 다른 것이 첫 번째 질문과 세 번째(가) 질문이기 때문에 두 번째 질문과 네 번째 질문은 모두 정답이다. 두 번째 질문이 상징적 상호 작용론과 기능론과 갈등론을 구분하는 질문이고 갑과 병이 정답이므로 구조를 중시하지 않는 B는 상징적 상호 작용론이 된다. 을은 오답이다. 네 번째 질문에서 갑과 병이 정답이기에 을이 오답이다. 따라서 첫 번째 질문에서 을은 정답이 되므로 A는 기능론, C는 갈등론이 된다.
⑤ (나)에는 갑과 병이 답한 예가 정답이 되는 질문이 들어가야 한다. C는 갈등론이고 기득권층의 이익을 대변한다는 비판을 받는 것은 기능론(A)이므로 (나)에 들어가기에 적절한 질문이다.

오답넘기

① 변동을 지향하는 것은 갈등론(C)이다.
② 다양한 사회 제도의 상호 의존 관계에 주목하는 것은 기능론(A)이다.
③ 인간의 상황 정의에 기초하여 행동한다고 보는 것은 상징적 상호 작용론(B)이다.
④ (가)에는 아니요가 정답인 질문이 들어가야 한다. 상징적 상호 작용론과 기능론을 구분하는 질문으로 정답이 예가 되므로 (가)에 들어갈 질문으로 적절하지 않다.

정답률 분석 ① 10% ② 5% ③ 8% ④ 11% ⑤ 66%

018 사회 · 문화 현상을 보는 관점 / 답 ②

알짜풀이

A는 갈등론, B는 기능론에 대한 설명이다.
② 기능론에서는 사회 질서 유지를 위해 사회적 희소가치의 불균등한 분배가 불가피한 것으로 본다. 이로 인해 기능론은 기득권의 이익을 옹호한다는 비판을 받는다.

오답넘기

① 상황 정의에 기초한 개인 간 상호 작용을 중시하는 관점은 상징적 상호 작용론이다.
③ 기득권층의 이익을 대변한다는 논리로 사용된다는 비판을 받는 것은 기능론(B)이다.
④ 사회 질서의 안정성을 바탕으로 한 점진적인 사회 변동을 설명하기에 적합한 관점은 기능론(B)이다.
⑤ 기능론과 갈등론 모두 사회 구조를 중시한다.

정답률 분석 ① 2% ② 80% ③ 7% ④ 4% ⑤ 7%

019 사회 · 문화 현상을 보는 관점 / 답 ⑤

알짜풀이

제시문은 경쟁과 갈등을 일시적 현상으로 경쟁과 갈등이 전문화를 가져와 사회 질서를 유지하는 데 필수 요인으로 작용한다고 보고 있다. 이는 기능론에 해당한다.
⑤ 기능론에서는 사회 질서 유지를 위해 사회적 희소가치의 불균등한 분배가 불가피한 것으로 본다. 이로 인해 지배 집단의 이익을 대변하는 논리로 활용될 수 있다는 비판을 받는다.

오답넘기

① 기능론은 변동보다는 안정을 중시한다.
② 상황 정의에 기초한 개인 간 상호 작용을 중시하는 것은 상징적 상호 작용론이다.
③, ④ 갈등론에 대한 설명이다.

정답률 분석 ① 3% ② 14% ③ 3% ④ 5% ⑤ 76%

020 사회 · 문화 현상을 보는 관점 / 답 ⑤

알짜풀이

갑의 관점은 기능론, 을의 관점은 갈등론, 병의 관점은 상징적 상호 작용에 해당한다.

⑤ 기능론과 갈등론은 사회 · 문화 현상을 사회 구조적 측면에서 바라보는 거시적 관점에 해당한다.

오답넘기

① 행위 주체인 인간이 부여하는 의미를 중시하는 관점은 상징적 상호 작용론이다.

② 사회 구성원들 사이의 사회적 합의를 중시하는 관점은 기능론이다.

③ 다양한 제도들의 상호 의존 관계에 주목하는 관점은 기능론이다.

④ 사회적 희소가치 배분의 불평등 구조에 주목하는 관점은 갈등론이다.

정답률 분석 ① 3% ② 3% ③ 5% ④ 2% ⑤ 84%

더 알아보기

거시적 관점과 미시적 관점

구분	거시적 관점	미시적 관점
의미	사회 · 문화 현상을 사회 전체와의 연관 속에서 폭넓게 탐구	사회 · 문화 현상을 개인 간 상호 작용에 초점을 맞추어 탐구
관련 이론	기능론, 갈등론	상징적 상호 작용론

021 사회 · 문화 현상을 보는 관점 / 답 ⑤

알짜풀이

두 번째 질문을 통하여 C가 기능론, 세 번째 질문을 통해 B가 갈등론임을 알 수 있다. 따라서 A는 상징적 상호 작용론, B는 갈등론, C는 기능론이 된다.

ㄷ. 사회 제도들의 상호 의존 관계를 중시하는 것은 기능론(C)이다.

ㄹ. 상징적 상호 작용론을 기능론 및 갈등론과 구분하는 질문으로 A의 답이 예가 되어야 하는 질문이어야 한다. 따라서 해당 질문은 적절한 질문에 해당한다.

오답넘기

ㄱ. 집단 간 갈등을 사회 변동의 원동력으로 보는 것은 갈등론(B)이다.

ㄴ. 사회 각 부분의 통합과 균형을 강조하는 이론은 기능론(C)이다.

정답률 분석 ① 1% ② 2% ③ 2% ④ 8% ⑤ 87%

022 사회 · 문화 현상을 보는 관점 / 답 ③

알짜풀이

'혼밥족'을 갑은 사회 규범 약화로 보는 기능론, 을은 상황 정의에 기초한 개인의 행위로 보는 상징적 상호 작용론, 병은 불평등한 분배 구조에서 오는 어쩔 수 없는 선택으로 보는 갈등론으로 보고 있다.

③ 갈등론에서는 집단 간 갈등이 필연적이며 사회 변동의 원동력이라고 본다.

오답넘기

① 개인의 행동이 상황에 대한 주관적 해석에 기초하여 이루어진다고 보는 것은 을의 관점인 상징적 상호 작용론에 해당한다.

② 기득권층의 이익을 대변하는 논리로 사용된다는 비판을 받는 것은 기능론으로 갑의 관점에 해당한다.

④ 사회 문제를 설명하는 데 있어서 상징적 상호 작용론은 상황에 대한 개인의 주관적 해석을 중시하고, 기능론과 갈등론에서는 사회 구조적 요인을 중시한다.

⑤ 사회 구성 요소의 기능과 역할이 사회적으로 합의된 것으로 보는 것은 기능론으로 갑의 관점에 해당한다.

정답률 분석 ① 2% ② 2% ③ 93% ④ 2% ⑤ 1%

023 사회 · 문화 현상을 보는 관점 / 답 ④

알짜풀이

카드 1은 세 개 모두에 해당하므로 3점, 카드 2는 갈등론에만 해당하므로 1점, 카드 3은 기능론과 갈등론에 해당하므로 2점, 카드 4는 기능론에만 해당하므로 1점, 카드 5는 상징적 상호 작용론에만 해당하므로 1점, 카드 6은 기능론과 갈등론에 해당하므로 2점, 카드 7은 갈등론에만 해당하므로 1점이다.

④ 상징적 상호 작용론에 해당하는 내용이 없는 카드는 카드 2(1점), 카드 3(2점), 카드 4(1점), 카드 6(2점), 카드 7(1점)이다. 따라서 상징적 상호 작용론에 해당하는 내용이 없는 3장의 카드로 얻을 수 있는 최대 점수는 5점(=2점+2점+1점)이다.

오답넘기

① 카드 3장의 조합으로 얻을 수 있는 최소 점수는 3점(=1점+1점+1점)이다.

② 카드 3장의 조합으로 얻을 수 있는 최대 점수는 7점(=3점+2점+2점)이다.

③ 기능론에 해당하는 내용이 있는 3장의 카드는 카드 1(3점), 카드 3(2점), 카드 4(1점), 카드 6(2점)이다. 따라서 기능론에 해당하는 내용이 있는 3장의 카드로 얻을 수 있는 최대 점수는 7점(=3점+2점+2점)이다.

⑤ 갑이 카드 1, 카드 5, 카드 6을 뽑았다면 갑이 얻을 수 있는 점수는 3점+1점+2점=6점이다. 을은 카드 2(1점), 카드 3(2점), 카드 4(1점), 카드 7(1점) 중에서 뽑아야 하므로 을이 갑을 이길 수 있는 카드의 조합은 없다.

정답률 분석 ① 3% ② 5% ③ 24% ④ 57% ⑤ 9%

더 알아보기

기능론과 갈등론

구분	기능론	갈등론
기본 입장	사회는 조화와 균형을 이루고 있으며, 사회 구성원들은 사회 속에서 공유된 가치나 규범에 폭넓게 합의함	사회의 각 집단 간에는 이해관계나 권력 쟁취를 둘러싸고 항상 긴장과 갈등이 존재하고 있음
전제	사회 구성 요소들은 상호 의존적인 관계이며, 사회 전체의 유지와 통합에 필요한 기능을 분담하여 수행함	사회 구성 요소들은 희소가치를 둘러싸고 상호 갈등 관계에 있으며, 이러한 갈등이 사회 변동에 기여함
비판	• 보수적 관점 • 급격한 사회 변동을 설명하기 어려움	• 조화와 협동을 경시함 • 사회 구성 요소의 합리적 역할 분담을 설명하기 어려움

024 사회 · 문화 현상을 보는 관점 / 답 ⑤

알짜풀이

갑의 관점은 기능론, 을의 관점은 갈등론에 해당한다.

⑤ 기능론과 갈등론은 모두 거시적 관점으로, 가족 제도를 사회 구조와 연관하여 본다.

오답넘기

① 가족 내 구성원 간의 갈등을 자연스럽고 정상적인 현상으로 이해하는 관점은 갈등론이다.

② 불평등한 가족 관계가 가족 구성원의 사회화를 통해 고착화된다고 보는 관점은 갈등론이다.

③ 안정적인 가족 관계를 위해 가족 내의 성별 분업이 필요하다고 보는 관점은 기능론이다.

④ 가족 구성원이 역할을 제대로 수행하지 못해서 가족 문제가 발생한다고 보는 관점은 기능론이다.

정답률 분석 ① 8% ② 4% ③ 2% ④ 1% ⑤ 84%

더 알아보기

가족의 기능을 보는 관점

기능론	갈등론
가족은 출산, 사회화, 양육과 부양, 정서적 안정의 제공 등 사회적 기능의 수행을 통해 사회의 유지와 통합에 기여함	가족은 계급적 지위를 세습시켜 계급 구조를 고착화하고 가부장제를 통해 남성의 여성 지배를 합리화하는 등 사회적 불평등 구조를 재생산하는 데 기여함

025 사회 · 문화 현상을 보는 관점 / 답 ①

알짜풀이

질병을 (가)는 개인의 주관적 상황 정의를 중시하는 상징적 상호 작용론, (나)는 사회 체계 유지를 중시하는 기능론, (다)는 사회 구조적 모순에 의해 발생된다는 갈등론으로 보고 있다.

① (가)의 상징적 상호 작용론의 관점은 사회 구조가 개인에게 미치는 영향을 간과한다는 비판을 받는다.

오답넘기

② 사회 제도를 통해 기존의 불평등한 사회 구조가 재생산된다고 보는 관점은 (다)의 갈등론이다.

③ 사회 각 부분이 상호 보완적 역할을 수행한다고 보는 (나)의 기능론이다.

④ 대립과 갈등을 사회 구조의 필연적 속성으로 보는 것은 (다)의 갈등론이다. 갈등론에서는 사회가 희소가치를 둘러싼 갈등의 장이라고 본다.

⑤ 상징적 상호 작용론의 의미에 해당하는 질문으로 상징적 상호 작용론(가)과 기능론(나), 상징적 상호 작용론(가)과 갈등론(다)을 구분하는 질문으로 적절하다.

정답률 분석 ① 73% ② 7% ③ 7% ④ 6% ⑤ 6%

026 사회 · 문화 현상을 보는 관점 / 답 ③

알짜 풀이

'워라밸'을 갑은 행위 주체의 인식에 따라 달라질 수 있다고 보는 상징적 상호 작용론, 을은 기득권층의 의도가 담긴 갈등 관계로 보는 갈등론, 병은 사회 조직의 효율성을 높이는 데 기여하는 것으로 보는 기능론으로 보고 있다.

③ 병의 관점인 기능론에서는 사회 각 부분이 상호 의존적 관계를 맺는다고 본다. 이를 통해 사회 체계가 유지된다고 본다.

오답넘기

①, ⑤ 갑의 관점인 상징적 상호 작용론에서는 행위 주체의 해석과 능동성을 중시한다. 사회 · 문화 현상을 사회 구조적 측면에서 설명하는 것은 갈등론(을)과 기능론(병)이다.

② 지배 집단의 이익을 대변하는 논리로 활용될 수 있다는 비판을 받는 것은 희소가치의 불평등한 분배를 불가피한 것으로 보는 병의 관점인 기능론이다.

④ 대립과 갈등을 사회의 본질적 속성으로 보는 것은 을의 관점인 갈등론이다.

정답률 분석 ① 4% ② 4% ③ 86% ④ 2% ⑤ 5%

027 사회 · 문화 현상을 보는 관점 / 답 ①

알짜풀이

각각의 질문에 대한 이론적 관점은 다음과 같다.

구분	기능론	갈등론	상징적 상호 작용론
사회 내부의 집단 간 갈등은 사회 발전에 기여한다.	×	○	×
사회의 구성 요소들은 상호 의존성을 지니며 결합되어 있다.	○	×	×
특정 집단에게 이익이 되는 사회 제도는 다른 집단에게 불이익이 된다.	×	○	×
사회 · 문화 현상에 대한 상황 정의를 중시한다.	×	×	○
전체 구성원들이 합의한 규범이나 가치가 존재한다.	○	×	×
사회 현상의 의미는 고정되어 있지 않고 행위 주체인 인간에 의해 변화한다.	×	×	○

① 갑은 사회의 구성 요소들이 상호 의존성을 지니며 결합되어 있고 전체 구성원들이 합의한 규범이나 가치가 존재한다고 보는 기능론의 관점을 일관되게 가지고 있다.

028 상징적 상호 작용론 / 답 ②

알짜풀이

제시문에 나타난 관점은 상징적 상호 작용론이다.

② 상징적 상호 작용론은 개인의 행위에 미치는 사회 구조의 영향을 간과한다는 비판을 받을 수 있다.

오답넘기

① 갈등론에 대한 설명이다.

③, ④ 기능론에 대한 설명이다.

⑤ 거시적 관점에 대한 설명이다. 상징적 상호 작용론은 미시적 관점에 해당한다.

더 알아보기

사회 · 문화 현상을 보는 관점의 한계

기능론	• 혁명과 같은 급격한 사회 변동을 설명하기 곤란함 • 사회 질서와 안정을 강조하여 기득권층의 이익을 대변하는 논리로 이용될 우려가 있음
갈등론	• 사회 각 부분 간의 복잡한 관계를 지배와 피지배의 관계로 단순화함 • 사회적 합의를 경시함
상징적 상호 작용론	개인의 행위가 사회 구조나 제도의 영향에 의해 나타날 수 있음을 간과함

029 사회 · 문화 현상을 보는 관점 / 답 ⑤

알짜풀이

제시문에 나타난 관점은 기능론이다.

ㄷ. 사회 변동을 균형으로 돌아가기 위한 일시적인 과정으로 이해하는 관점은 기능론이다.

ㄹ. 사회 구성원이 사회의 안정과 조화에 필요한 역할을 수행해야 한다고 보는 관점은 기능론이다.

오답넘기

ㄱ. 개인에 외재하는 사회 구조의 강제력을 간과하는 것은 미시적 관점이다. 기능론은 거시적 관점에 해당한다.

ㄴ. 사회를 내재적 모순으로 인한 불안정 상태로 보는 관점은 갈등론이다.

030 사회 · 문화 현상을 보는 관점 / 답 ③

알짜풀이

사회 구조가 개인에게 미치는 영향력을 강조하는 관점은 거시적 관점이고, 사회 질서가 특정 집단의 합의를 통해 유지된다고 보는 관점은 갈등론이다. 따라서 A는 상징적 상호 작용론, B는 기능론, C는 갈등론이다.

③ 갈등론은 갈등이 사회의 보편적인 현상으로 사회 발전에 기여한다고 본다.

오답넘기

① 특정 집단이 사회적 희소가치의 분배를 결정한다고 보는 관점은 갈등론이다.

② 사회적 행위의 주관적 의미나 동기를 강조하는 관점은 상징적 상호 작용론이다.

④ 사회가 스스로 균형과 조화를 유지하려는 속성을 갖는다고 보는 관점은 기능론이다.

⑤ 사회화를 현재의 불평등 구조를 정당화하는 수단이라고 보는 관점은 갈등론이다.

더 알아보기

사회적 희소가치

부, 명예, 권력처럼 누구나 갖고 싶어 하지만 모두를 충족시켜 줄 만큼 자원이 많지 않음을 말한다. 기능론에서는 사회적 합의에 의해 사회적 희소가치가 배분된다고 보지만, 갈등론에서는 지배 집단의 강압에 의해 사회적 희소가치가 배분된다고 본다.

031 사회 · 문화 현상을 보는 관점 / 답 ①

알짜풀이

(가)의 관점은 갈등론, (나)의 관점은 기능론에 해당한다.

① 갈등론은 사회의 개혁을 통해 사회 갈등을 해결할 수 있다고 본다.

오답넘기

② 분화와 갈등을 낳는 요인보다 사회를 응집시키는 요소를 중시하는 관점은 기능론이다.
③ 급격한 사회 변동을 설명하기에 적합한 관점은 갈등론이다.
④ 갈등론은 사회 구성 요소의 기능과 역할이 강제적으로 결정된다고 본다.
⑤ 사회 변동에 대해 기능론은 사회 문제의 원인으로, 갈등론은 사회 발전의 원동력으로 이해한다.

032 사회 · 문화 현상을 보는 관점 / 답 ⑤

알짜풀이

(가)는 기능론, (나)는 갈등론에 해당한다.
⑤ 사회 제도를 통해 기존의 질서를 재생산한다고 보는 관점은 갈등론이다. 갈등론은 지배 집단과 피지배 집단 사이에 갈등이 항상 존재하며, 이러한 갈등을 통해 사회의 변화가 일어난다고 본다.

오답넘기

① 사회 · 문화 현상의 이해에 있어 주관적 상황 정의를 중시하는 관점은 상징적 상호 작용론이다.
② 사회가 지속적으로 안정을 유지하려는 경향이 있다고 보는 관점은 기능론이다.
③ 갈등론은 사회 변동, 기능론은 사회 안정을 중시하다.
④ 기능론과 갈등론은 모두 사회 구조나 제도 등에 초점을 맞춰 사회 · 문화 현상을 분석하는 거시적 관점에 해당한다.

033 상징적 상호 작용론 / 답 ⑤

알짜풀이

제시문에 나타난 관점은 상징적 상호 작용론이다.
⑤ 상징적 상호 작용론은 상징(언어와 문자)을 통해 인간이 끊임없이 접촉하고 상호 작용하는 가운데 발생하는 일상적인 현상에 초점을 두고, 그러한 현상을 만들어 내는 인간의 주관적인 동기와 의미를 사회 · 문화 현상을 이해하는 데 매우 중요한 요소로 파악한다.

오답넘기

① 사회 변동이 갈등과 대립의 관계에서 온다고 보는 관점은 갈등론이다.
② 사회가 지속적으로 안정을 유지하려는 경향이 있다고 보는 관점은 기능론이다.
③ 상징적 상호 작용론은 개인을 수동적 존재가 아니라 능동적 존재로 보기 때문에 인간의 능동적 사고와 자율적 행위의 측면을 강조한다.
④ 기능론은 모든 제도가 각각의 기능을 수행함으로써 개인적·사회적 욕구 충족 기능을 수행한다고 본다.

034 사회 · 문화 현상을 보는 관점 / 답 ⑤

알짜풀이

(가)는 갈등론, (나)는 기능론이다.
⑤ 기능론과 갈등론은 모두 거시적 관점으로 사회 · 문화 현상을 이해할 때 사회 구조나 제도 등 개개인의 행위를 초월한 사회 체계에 초점을 맞춘다.

오답넘기

① 사회가 조화와 균형을 추구한다고 보는 관점은 기능론이다.
② 사회 구성 요소 간의 합리적 역할 분담을 강조하는 관점은 기능론이다.
③ 사회 문제 해결을 위해 사회 제도의 개혁을 중시하는 관점은 갈등론이다.
④ 인간의 능동적 사고와 자율적 행위의 측면을 강조하는 관점은 상징적 상호 작용론이다.

035 사회 · 문화 현상을 보는 관점 / 답 ⑤

알짜풀이

제시문에 나타난 관점은 기능론이다.
⑤ 가족 문제라고 의미가 부여된 행위를 할 때 가족 문제가 발생한다고 보는 관점은 상징적 상호 작용론이다.

오답넘기

① 가족의 갈등과 해체를 병리적인 현상으로 간주하는 관점은 기능론이다.
②, ③, ④ 기능론에 대한 설명이다.

036 사회 · 문화 현상을 보는 관점 / 답 ①

알짜풀이

가족 구성원 사이의 불평등한 관계와 가부장제를 가족 문제의 발생 원인으로 보는 관점은 갈등론이고, 가치관 및 태도 결함, 역할 기대와 역할 수행 사이의 부조화 등을 가족 문제의 발생 원인으로 보는 관점은 기능론이며, 상호 작용 및 의미 부여 과정에서의 문제, 신중하지 못한 사회적 낙인 등을 가족 문제의 발생 원인으로 보는 관점은 상징적 상호 작용론이다. 따라서 (가)는 갈등론, (나)는 기능론, (다)는 상징적 상호 작용론이다.

037 사회 · 문화 현상을 보는 관점 / 답 ④

알짜풀이

(가)는 상징적 상호 작용론, (나)는 기능론, (다)는 갈등론이다.
④ 갈등론은 가족 구성원 간의 갈등을 당연한 것으로 본다.

오답넘기

① 낙인 찍지 않고 동등한 대우를 중시하여 가족 문제를 해결하려는 관점은 상징적 상호 작용론이다.
② 기능론에 대한 설명이다.
③ 갈등론에 대한 설명이다.
⑤ 기능론과 갈등론은 거시적 관점이므로 가족 문제를 사회 구조와의 관계 속에서 파악한다.

038 사회 · 문화 현상을 보는 관점 / 답 ①

알짜풀이

(가)는 사회적 성공에 학교 교육의 영향력이 매우 크다고 보고 있으므로 기능론에 해당하고, (나)는 사회적 성공에 가정 환경의 영향력이 매우 크다고 보고 있으므로 갈등론에 해당한다.
ㄱ. 교육이 사회 통합을 위해 필수적이라고 보는 관점은 기능론이다.
ㄴ. 학교 교육 내용이 지배 집단의 가치를 반영한 것이라고 보는 관점은 갈등론이다.

오답넘기

ㄷ. 교육을 통한 사회 이동의 사례를 설명하지 못한다는 한계를 지니는 관점은 갈등론이다.
ㄹ. 학업 성취에 대한 가정 배경의 영향력을 과소평가한다는 비판을 받는 관점은 기능론이다.

039 사회 · 문화 현상을 보는 관점 / 답 ③

알짜풀이

갑의 관점은 기능론, 을의 관점은 갈등론이다.
ㄴ. 교육이 인력을 양성하고 적재적소에 인재를 배치하는 기능(선발 기능)을 한다고 보는 관점은 기능론이다.
ㄷ. 교육이 기존의 불평등 구조를 고착화시키는 기제로 작용한다고 보는 관점은 갈등론이다.

오답넘기

ㄱ. 갑의 관점은 기능론, 을의 관점은 갈등론에 해당한다.
ㄹ. 지배 계급과 피지배 계급 간 갈등이 불가피한 현상이라고 보는 관점은 갈등론이다.

02 사회 · 문화 현상의 탐구 방법

item 03 양적 연구 방법과 질적 연구 방법

040 ③	041 ⑤	042 ②	043 ⑤	044 ⑤	045 ⑤
046 ④	047 ①	048 ①	049 ③	050 ②	051 ④

040 양적 연구 방법과 질적 연구 방법 / 답 ③

알짜풀이

A조가 사용한 연구 방법은 경향성과 법칙 발견을 위한 양적 연구 방법, B조가 사용한 연구 방법은 인간의 내면을 이해하기 위한 질적 연구 방법이다.

③ 양적 연구 방법은 질적 연구 방법과 달리 계량화가 어려운 인간의 주관적 영역에 대해 탐구하기 곤란하다.

오답넘기

① ㉠은 에고서핑의 사전적 정의에 해당한다. 개념의 조작적 정의는 추상적 개념을 측정 가능하도록 구체화하는 것을 의미한다.

② 법칙 발견을 목적으로 하는 연구 방법은 양적 연구 방법이다(A).

④ 가치 중립은 양적 연구 방법과 질적 연구 방법 모두의 자료 수집 과정에서 요구된다.

⑤ 양적 연구 방법은 방법론적 일원론을, 질적 연구 방법은 방법론적 이원론을 전제로 한다.

정답률 분석 ① 3% ② 4% ③ 87% ④ 3% ⑤ 3%

041 양적 연구 방법과 질적 연구 방법 / 답 ⑤

알짜풀이

갑은 법칙 발견을 목적으로 하는 양적 연구 방법, 을은 사회 · 문화 현상에 담긴 인간의 의도나 동기를 연구하려는 질적 연구 방법을 활용하였다.

⑤ 양적 연구 방법은 자연 과학에서 사용하는 방법을 동일하게 적용해야 한다는 방법적 일원론을, 질적 연구 방법에서 자연 과학과의 연구 방법과는 다른 연구 방법을 사용해야 한다는 방법론적 이원론을 전제로 한다.

오답넘기

① 연구 대상자에 대한 감정 이입적 이해를 중시하는 것은 을이 활용한 질적 연구 방법이다.

② 변수들 간 관계에 대한 법칙 발견을 목적으로 하는 것은 갑이 활용한 양적 연구 방법이다.

③ 양적 연구 방법, 질적 연구 방법은 모두 경험적 자료를 토대로 사회 · 문화 현상을 연구한다.

④ 개념의 조작적 정의를 필요로 하는 연구 방법은 법칙 발견을 목적으로 하는 갑이 활용한 양적 연구 방법이다.

정답률 분석 ① 2% ② 2% ③ 5% ④ 4% ⑤ 87%

042 양적 연구 방법과 질적 연구 방법 / 답 ②

알짜풀이

제시된 자료의 A는 양적 연구 방법, B는 질적 연구 방법이다.

갑: 참여 관찰법은 질적 연구 방법에서 주로 활용되는 자료 조사 방법이므로 틀린 설명이다.

을: 방법론적 이원론에 대한 설명이다. 사회 · 문화 현상 탐구에 있어서 질적 연구 방법은 방법론적 이원론을 전제로 한다.

② 갑은 틀린 설명, 을은 옳은 설명을 했는데, 두 학생이 옳은 설명을 했다고 했으므로, 병도 옳은 설명을 해야 한다. 질적 연구 방법은 연구자의 직관적 통찰을 통한 자료 수집 방법을 중시하며, 면접법, 참여 관찰법과 같은 방법을 주로 사용한다.

오답넘기

①, ③, ⑤ 양적 연구 방법은 법칙 발견을 목적으로 하는 연구 방법으로 계량화를 통한 상관 관계를 파악하려는 연구에 주로 사용된다.

④ 양적 연구 방법에서는 비공식 자료를 중요하게 생각한다.

정답률 분석 ① 3% ② 79% ③ 4% ④ 4% ⑤ 10%

043 양적 연구 방법과 질적 연구 방법 / 답 ⑤

알짜풀이

A는 사회 · 문화 현상의 규칙성을 발견하려는 양적 연구 방법, B는 사회 · 문화 현상에 담긴 의미를 이해하려는 질적 연구 방법이다.

⑤ (다)는 질적 연구 방법에만 해당하는데, 질적 연구 방법은 사회 · 문화 현상은 자연 현상의 연구 방법과는 다른 방법을 사용해야 한다는 방법론적 이원론을 전제로 한다.

오답넘기

① 행위 자체보다 행위의 동기를 주된 분석 대상으로 삼는 것은 B의 질적 연구 방법이다.

② 계량화된 자료의 통계 분석을 중시하는 것은 A의 양적 연구 방법이다.

③ 연구자와 연구 대상을 분리할 수 없다고 보는 것은 인간의 의도나 동기를 파악하고자 하는 B의 질적 연구 방법이다.

④ 질적 연구 방법에 대한 내용으로 (나)가 아니라 (다)에 들어갈 수 있는 내용이다.

정답률 분석 ① 3% ② 3% ③ 6% ④ 12% ⑤ 76%

044 사회 · 문화 현상의 연구 방법 / 답 ⑤

알짜풀이

(가)는 질적 연구로, 행위 규범 형성과 내면 심리 상태 연구에 적합하고, (나)는 양적 연구로, 만족도나 성취도와 같은 상관관계를 밝히기에 유용하다.

ㄱ. 자료의 계량적 분석을 통해 가설을 검증하는 연구 방법은 양적 연구이다.

ㄴ. 주로 실험법이나 질문지법을 통해 자료를 수집하는 연구 방법은 양적 연구이다.

ㄷ. 연구자의 직관적 통찰을 통해 연구 대상의 의미를 파악하는 연구 방법은 질적 연구이다.

ㄹ. 사회 · 문화 현상이 자연 현상과 본질적으로 다르다고 전제하는 연구 방법은 방법론적 이원론을 전제로 하는 질적 연구이다.

더 알아보기

직관적 통찰

- 사회 현상의 본질을 꿰뚫어 보는 힘이다.
- 겉으로 보이는 현상만을 보는 것이 아니라, 실질적인 내용을 보는 것이다.
- 당연하다고 여겨지는 사회 · 문화 현상에 대한 해석들이 직관적 통찰에 의해 새롭게 이해된다.

045 사회 · 문화 현상의 연구 방법 / 답 ⑤

알짜풀이

가설 검증을 통해 일반화를 도출하는 (가)는 양적 연구, 가설 설정 단계가 없이 자료 수집과 자료 해석을 하는 (나)는 질적 연구이다.

⑤ 질적 연구는 연구자도 사회 구성원이며, 연구 행위도 사회 · 문화 현상의 하나이기 때문에 연구자의 주관적 가치 개입의 우려가 크다.

알짜풀이

① 방법론적 이원론을 전제하고 상황 맥락 속의 의미 규정을 강조하는 연구 방법은 질적 연구이다.

② 규칙 발견과 일반화를 목적으로 하는 연구 방법은 양적 연구이다.

③ 양적 연구와 질적 연구는 모두 경험적인 자료를 중시한다.

④ 사회 · 문화 현상의 주관적 측면을 심층적으로 이해하는 데 유리한 연구 방법은 질적 연구이다.

046 사회 · 문화 현상의 연구 방법의 주제 / 답 ④

알짜풀이

갑은 질적 연구를, 을은 양적 연구를 주장하고 있다.

ㄱ. 경제 성장과 범죄 발생의 상관관계 연구는 양적 연구에 적합하다.
ㄴ. 이민 2세의 자아 정체성에 관한 심층 연구는 질적 연구에 적합하다.
ㄷ. 청소년의 약물 남용 실태에 관한 통계적 연구는 양적 연구에 적합하다.
ㄹ. 사회과 교실 수업에서의 일상생활에 대한 기술적 연구는 질적 연구에 적합하다.

더 알아보기

사회 · 문화 현상의 연구 방법과 연구 사례

양적 연구	분포, 빈도, 상관관계 연구
질적 연구	사례 연구, 생애사 연구, 민속지적 연구, 문화기술지적 연구, 참여 관찰 연구

047 사회 · 문화 현상의 연구 방법 / 답 ①

알짜풀이

수량화된 자료, 통계적 분석을 중시하는 연구 방법은 양적 연구이다. 따라서 (가)는 양적 연구, (나)는 질적 연구에 해당한다.
① 문화 기술지적 연구는 연구 대상을 심층적으로 이해하려고 하는 질적 연구에서 주로 활용한다.

오답넘기

② 법칙 발견을 추구하는 연구 방법은 양적 연구이고, 겉으로 드러난 행위의 이면에 감추어진 동기나 목적에 대한 연구자의 직관적 통찰을 강조하는 연구 방법은 질적 연구이다.
③ 사회 현상에 대한 인과 관계, 즉 일반화된 법칙 발견을 중시하는 연구 방법은 양적 연구이다.
④ 대화록, 편지, 일기 등과 같은 비공식적 자료의 활용을 중시하는 연구 방법은 질적 연구이다.
⑤ 연구 대상자가 구성하는 생활 세계를 탐구하는 연구 방법은 질적 연구이다.

048 사회 과학 연구 과정 / 답 ①

알짜풀이

제시된 연구는 베네딕트가 일본인의 행동 방식을 심층적으로 이해하기 위해 실시한 것이다.
① 제시된 연구는 도서관의 연구 자료인 2차 자료와 일본인 이민자를 직접 인터뷰한 1차 자료가 사용되었다.

오답넘기

② 제시된 연구는 직관적 통찰력을 통해 행위 이면의 의미를 발견하고자 하였다.
③ 인터뷰 등과 같이 자연 현상의 연구 방법과 다른 연구 방법이 이루어졌다.
④ 계층 제도가 일본인의 정서를 만들었다고 분석하였다.
⑤ 인간 행위의 동기나 의도를 파악하여 사회 · 문화 현상의 의미를 이해하고자 하는 것은 질적 연구의 목적이다.

더 알아보기

자료의 유형

1차 자료	조사자가 직접 수집하거나 작성한 원자료
2차 자료	다른 사람이 수집한 1차 자료를 가공한 자료
양적 자료	수치화된 자료
질적 자료	수치화되지 않은 문자, 영상, 음성으로 기록된 자료

049 사회 · 문화 현상의 연구 방법 / 답 ③

알짜풀이

(가)는 양적 연구, (나)는 질적 연구에 해당한다.
③ 양적 연구는 사회 · 문화 현상을 인간의 동기나 가치로부터 분리하여 연구한다는 특징이 있다.

오답넘기

① 직관적 통찰이나 감정 이입적인 이해는 질적 연구에서 중시한다.
② 질적 연구는 사회 · 문화 현상이 자연 현상과 본질적으로 다르다고 보며, 일반화된 법칙의 발견보다 인간 행위에 대한 심층적 이해를 목적으로 한다.
④ 가설을 설정하고 이를 검증하는 것은 양적 연구와 관련 있다.
⑤ 질적 연구는 일반적으로 경험적인 자료나 사례를 통해 결론을 도출하는 귀납적 과정을 통해 이루어진다.

050 사회 · 문화 현상의 연구 방법 / 답 ②

알짜풀이

(가)에는 양적 연구에 해당하는 질문이, (나)에는 양적 연구와 질적 연구 모두에 해당하는 질문이, (다)에는 질적 연구에 해당하는 질문이 들어가야 한다.
ㄱ. 통계 처리와 계량화가 용이한 연구 방법은 양적 연구이다.
ㄴ. 인간 행위의 해석과 의미 부여를 강조하는 연구 방법은 질적 연구이다.
ㄷ. 양적 연구와 질적 연구 모두 연구 결과를 이론 정립과 정책 수립 등에 활용할 수 있다.

더 알아보기

양적 연구와 질적 연구

양적 연구	경험적으로 증명될 때에만 객관적 사실이 될 수 있다고 봄
질적 연구	직관적 통찰을 통해 행위 이면의 의미에 대한 해석적 이해가 필요하다고 봄

051 사회 · 문화 현상의 연구 방법 / 답 ④

알짜풀이

제시된 연구 논문에서 활용한 연구 방법은 질적 연구이다.
ㄴ. 질적 연구는 상황 맥락 속에서 규정되는 의미를 깊이 있게 이해하고자 한다.
ㄹ. 연구자의 주관 개입 우려와 연구의 객관성에 대한 문제 제기는 질적 연구의 한계에 해당한다.

오답넘기

ㄱ. 개념의 조작적 정의는 양적 연구와 관련 있다.
ㄷ. 정밀한 연구를 통한 일반화나 법칙 발견에 유리한 연구 방법은 양적 연구이다.

item 04 양적 연구 과정과 질적 연구 과정

052 ③	053 ④	054 ④	055 ①	056 ③	057 ④
058 ③	059 ⑤	060 ①	061 ③	062 ④	063 ⑤
064 ④	065 ①	066 ⑤	067 ③	068 ②	069 ②
070 ④	071 ⑤				

052 양적 연구 과정 / 답 ③

알짜풀이

제시된 연구는 다문화 교육의 실시 여부에 따라 다문화 수용성에 유의미한 차이가 있는지를 파악하는 연구로, 양적 연구에 해당한다.
③ 실험 집단은 실험 처치(독립 변인 처치)가 가해지는 집단을 말하고, 통제 집단은 실험 처치가 가해지지 않는 집단을 말한다. A 집단에게는 다문화 교육을 실시하였고, B 집단에게는 다문화 교육을 실시하지 않았다. 따라서 ㉣은 실험 집단, ㉤은 통제 집단에 해당한다.

오답넘기

① 독립 변인은 원인으로 작용하는 변인을 말하고, 종속 변인은 독립 변인의 영향

을 받아 변화하는 변인을 말한다. ㉠에서 독립 변인은 다문화 교육의 실시, 종속 변인은 다문화 수용성이다.
② 연구자가 활용하는 자료 중 연구자가 직접 수집하여 최초로 분석한 자료를 1차 자료라고 하고, 다른 연구에서 이미 수집되고 분석된 자료를 2차 자료라고 한다. ㉢과 ㉥ 모두에서 1차 자료를 수집하였다.
④ 제시된 연구를 통해 가설이 채택되었으므로 다문화 교육을 실시한 A 집단에서 다문화 수용성은 유의미하게 높게 나타나고, 다문화 교육을 실시하지 않은 B 집단에서 다문화 수용성은 큰 변화를 보이지 않았음을 알 수 있다.
⑤ ㉡→㉦→㉧으로 가는 과정은 귀납적이다.

정답률 분석 ① 5% ② 2% ③ 79% ④ 8% ⑤ 4%

053 양적 연구 과정과 질적 연구 과정 / 답 ④

알짜풀이

제시된 자료는 양적 연구 방법을 활용하여 일정한 법칙 발견을 목적으로 하는 연구 과정을 보여 주고 있다.
④ ㉠은 갑이 현재 수행 중인 연구의 목적에 맞게 직접 수집한 자료로 1차 자료에 해당한다.

오답넘기

① 갑은 양적 연구 방법을 활용하였지만, 인간의 의도나 동기를 파악하려는 질적 연구 방법은 활용하지 않았다.
② 모둠 A와 B는 실험 집단에 해당하지만, 모둠 C와 D는 연구 대상자가 아니므로 통제 집단과 실험 집단 어디에도 해당하지 않는다.
③ 독립 변수에 대한 처치는 별도 상품을 제공한다고 공지한 2일 차에만 이루어졌다.
⑤ ㉡과 ㉢ 모두 종속 변수에 대한 조작적 정의에 해당한다.

정답률 분석 ① 10% ② 5% ③ 8% ④ 76% ⑤ 1%

054 양적 연구 과정과 질적 연구 과정 / 답 ④

알짜풀이

제시된 자료에서 (갑)은 소득 수준에 따른 소비 활동으로 느끼는 행복감이 소비 활동 유형별로 어떻게 다른지를 연구하기 위해 질문지법을 활용한 양적 연구를 진행하였다.
ㄴ. 2차 자료는 기존의 연구 내용을 토대로 만들어진 자료이고, 1차 자료는 연구자가 직접 수집한 자료이다. 따라서 관련 연구 검토는 2차 자료 수집, 설문 조사 실시는 1차 자료를 수집하기 위한 것이다.
ㄹ. A가 '일상적 소비'이면 가설이랑 결과가 일치하지 않아 연구 결과가 기각되고, '문화적 소비'이면 가설이랑 결과가 일치하여 연구 결과가 수용된다.

오답넘기

ㄱ. 연구 주제 설정 단계에서는 가치가 개입되고, 관련 연구 검토 단계에서는 가치 중립이 요구된다.
ㄷ. 실험 집단과 통제 집단은 실험법의 자료 수집 방법이다. 제시된 자료에서는 질문지법을 통해 자료를 수집하고 있다. 단지 두 집단은 비교 대상이 되는 집단일 뿐이다.

정답률 분석 ① 1% ② 2% ③ 3% ④ 87% ⑤ 6%

055 양적 연구 과정 / 답 ①

알짜풀이

제시된 연구는 질문지법으로 자료를 수집하여 가설을 검증하고자 하는 양적 연구에 해당한다.
① 부부 간 대화 시간이 적은 집단일수록 부부 간 친밀도의 수치가 높은 것으로 나타났다. 따라서 '부부 간 대화 시간이 많을수록 부부 간 친밀도가 높다.'라는 가설은 기각되었다.

오답넘기

② ㉡과 ㉢은 모두 독립 변인에 해당한다.
③ 제시된 연구는 질문지법으로 자료를 수집하였다. 따라서 ㉣은 실험 집단에 해당하지 않는다.
④ 질문지법을 통해 연구자가 직접 수집한 자료는 1차 자료에 해당한다.
⑤ ㉥을 통해 검증된 것은 '부부 간 의견 일치 정도가 높을수록 부부 간 친밀도가 높다.'라는 가설이다.

정답률 분석 ① 49% ② 3% ③ 12% ④ 4% ⑤ 29%

056 양적 연구 과정과 질적 연구 과정 / 답 ③

알짜풀이

제시된 자료에서 갑은 질문지법을 활용한 양적 연구를, 을은 면접법을 활용한 질적 연구를 진행하였다.
ㄴ. 갑의 연구에서 종속 변수는 '반려견을 양육하는 사람의 주관적 행복감'을 우울감 정도, 생활 만족도의 5점 척도로 바꾼 것은 주관적 행복감을 측정하기 위한 조작적 정의에 해당한다. 을의 연구는 면접법을 활용한 연구로 종속 변수가 존재하지 않는다.
ㄷ. 질문지법과 면접법은 모두 언어적 상호 작용이 필수적인 자료 수집 방법이다. ㉢은 갑이 질문지법을 활용해 얻은 1차 자료이고, ㉦은 을이 면접법을 통해 얻은 1차 자료이다.

오답넘기

ㄱ. ㉠에서 독립 변수는 '반려견 양육 경험의 유무'가 아니라 반려견을 키우는 기간, 반려견과 같이 보내는 시간이 반영된 개념이어야 한다.
ㄹ. 을의 연구에서 활용된 자료 수집 방법은 실험법이 아니므로 ㉣과 ㉤은 통제 집단과 실험 집단 그 어디에도 해당하지 않는다.

정답률 분석 ① 15% ② 31% ③ 45% ④ 4% ⑤ 5%

057 양적 연구 과정 / 답 ④

알짜풀이

제시된 연구는 부모의 경제 수준 및 부모의 인터넷 이용 형태가 고등학생의 인터넷 이용 형태에 미치는 영향을 알아보기 위한 양적 연구 과정으로, 가설을 검증하기 위해 자료 수집 방법 중 질문지법을 활용하였다.
④ 유의미하지 않은 가설은 기각되었고, 유의미한 가설은 수용되었으므로 이를 통해 가설이 검증되었다고 볼 수 있다.

오답넘기

① 부모의 경제 수준과 부모의 인터넷 이용 정도는 모두 원인이 되는 변인인 독립 변수에 해당한다.
② 제시된 연구에서 모집단은 A 지역의 고등학생이다. ㉢과 ㉣은 모두 표본 집단에 해당한다.
③ 부모의 경제 수준(㉠)에 대한 조작적 정의는 월평균 소득(㉤)이고, 부모의 정보 지향적 인터넷 이용 정도(㉡)에 대한 조작적 정의는 인터넷 이용 시간 중 정보 검색 시간 비중이다.
⑤ (가)는 가설 설정 단계, (나)는 자료 수집 단계, (다)는 연구 설계 단계, (라)는 가설 검증 단계이다. 따라서 연구는 (가)-(다)-(나)-(라) 순서로 진행되었다.

정답률 분석 ① 1% ② 7% ③ 39% ④ 50% ⑤ 1%

⊕ 더 알아보기

양적 연구와 질적 연구

양적 연구	질적 연구
• 사회 · 문화 현상은 객관적으로 존재하는 실재임 • 연구자와 연구 대상은 독립적으로 존재함 • 가치 중립적인 연구가 가능함	• 사회 · 문화 현상은 사람들에 의해 의미가 부여되고 구성됨 • 연구자와 연구 대상은 상호 밀접한 관련이 있음 • 연구에 가치 개입 가능성이 높음

058 양적 연구 과정과 질적 연구 과정 / 답 ③

알짜풀이

③ 기다림 행동 정도는 자기 통제력을 측정 가능한 개념으로 바꿔 준 것으로 조작

적 정의에 해당하며, 자기 통제력(기다림 행동 정도)은 갑과 을 연구에서 학업 성적이라는 종속 변수에 영향을 주는 독립 변수에 해당한다.

오답넘기

① 갑의 연구는 질문지법을 활용하여 자료 수집하였다. 실험법은 사용되지 않았다.
② 가설은 갑의 연구에서는 수용되었지만, 을의 연구에서는 수용되지 않았다.
④ 을의 연구에서 가정의 경제적 배경은 독립 변수에 해당하고, 학업 성적 차이가 종속 변수에 해당한다.
⑤ 을의 연구에서는 실험법이 사용되지 않았으므로, 실험 집단과 통제 집단은 존재하지 않으며, 비교 집단만 있을 뿐이다.

정답률 분석 ① 2% ② 24% ③ 81% ④ 6% ⑤ 9%

059 양적 연구 / 답 ⑤

알짜풀이

제시된 연구는 게임 몰입이 부모 및 친구와의 대화에 미치는 영향을 연구하고자 하는 양적 연구이다. 자료 분석 결과에서 A는 30, B는 60, C는 90이다.
ㄷ. 부모와 대화 정도가 적다고 응답한 사람은 500명이고, 친구와 대화 정도가 적다고 응답한 사람은 400명이다. 따라서 부모와 대화 정도가 적다는 응답자가 친구와 대화 정도가 적다는 응답자보다 많다.
ㄹ. 게임 시간 정도가 적을수록 친구와 대화 정도가 적게 나타나고 있다. 따라서 (가)가 '게임을 적게 할수록 친구와 대화는 많을 것이다.'라면 가설은 기각된다.

오답넘기

ㄱ. 제시된 연구는 실험법이 아닌 질문지법을 이용하여 자료를 수집하였다. 따라서 실험 집단과 통제 집단은 나타나 있지 않다.
ㄴ. 분석 결과 게임 시간 정도가 많을수록 부모와의 대화가 적게 나타나고 있으므로 게임 시간 정도와 부모와 대화 정도는 음(−)의 관계를 보이고 있다.

정답률 분석 ① 1% ② 5% ③ 9% ④ 7% ⑤ 76%

060 양적 연구 / 답 ①

알짜풀이

제시된 연구는 질문지법을 이용한 양적 연구에 해당한다.
ㄱ. 제시된 연구는 질문지를 통해 조사하였으므로 구조화된 도구를 활용하여 자료를 수집하였다.
ㄷ. ㉡, ㉢, ㉣은 모두 스마트폰 의존도, 스포츠 활동, 컴퓨터 게임에 대하여 측정 가능하도록 구체화한 개념의 조작적 정의에 해당한다.

오답넘기

ㄴ. 제시된 연구에서 모집단은 청소년이고, 표본은 무작위로 선정한 중·고등학생 1,000명이다. 따라서 ㉠은 표본의 대표성이 낮다.
ㄹ. 스마트폰 사용 시간이 많을수록 스포츠 활동에 참여하는 학생보다 스포츠 활동에 참여하지 않는 학생이 많으므로 〈가설 1〉은 수용되지만, 스마트폰 사용 시간이 많을수록 컴퓨터 게임을 이용하는 학생이 컴퓨터 게임을 이용하지 않는 학생보다 많으므로 〈가설 2〉는 수용되지 않는다.

정답률 분석 ① 79% ② 2% ③ 2% ④ 3% ⑤ 11%

061 양적 연구 과정과 질적 연구 과정 / 답 ③

알짜 풀이

제시된 자료에서 갑은 업무 과부화와 직무 스트레스 간의 관계를 파악하기 위해 질문지법을, 을은 직무 스트레스와 상사의 지원과의 관계를 파악하기 위해 실험법을 활용한 양적 연구를 진행하였다.
③ 을의 연구에서 직속 상사가 일정 기간 동안 격려와 신뢰를 표현한 것은 독립 변수를 인위적으로 처치한 것으로 실험 처치에 해당한다.

오답넘기

① 을의 연구에서 모집단은 직장인 전체이다.
② 양적 과부하와 질적 과부하는 업무량과 업무 이해도에 영향을 받는 것으로 보고 있다. 따라서 양적 과부하와 질적 과부하는 업무량과 업무 이해도를 측정 가능한 개념으로 바꿔 주는 조작적 정의에 해당하지 않는다.
④ A_1과 B_1의 사전 검사 결과 직무 스트레스 수치를 알 수 없으므로 사후 검사 결과, B_1의 직무 스트레스 수치가 A_1의 직무 스트레스 수치보다 낮다고 할 수 없다.
⑤ 을은 낮은 업무 이해도에서 비롯된 업무 과부하가 질적 과부하로 인한 직무 스트레스를 줄이는 데 효과적이라는 연구 결과를 도출하였다. 따라서 을의 연구 결과가 업무 과부하가 직무 스트레스에 영향을 준다는 갑의 연구 결과를 반박하지 않는다.

정답률 분석 ① 1% ② 11% ③ 64% ④ 21% ⑤ 2%

062 양적 연구 과정과 질적 연구 과정 / 답 ④

알짜풀이

ㄴ. 독서 프로그램이 독립 변수이고 스트레스와 자아 존중감이 종속 변수이다.
ㄹ. 스트레스의 경우, 3학년과 6학년 모두 A 집단에서는 사전 검사에 비해 사후 검사의 점수가 크게 감소하였으나 B 집단은 미세하게 감소하였다. 가설 검증에 따르면 가설 1은 수용되었으므로, (가)에는 '독서 프로그램은 초등학생의 스트레스를 감소시킬 것이다.'가 들어갈 수 있다.

오답넘기

ㄱ, ㄷ. 3학년과 6학년 모두에서 A 집단이 실험 집단, B 집단이 통제 집단이다.

정답률 분석 ① 3% ② 1% ③18% ④ 71% ⑤ 7%

063 양적 연구 과정과 질적 연구 과정 / 답 ⑤

알짜풀이

제시된 자료는 정보 제공이 응답 반응에 미치는 영향을 연구하기 위한 양적 연구 과정이 나와 있다.
⑤ 2단계에서 도출한 분석 결과에 따르면 정부 정책에 대한 정보를 제공하지 않은 집단(첫째 집단)과 정보를 제공한 집단(둘째 집단, 셋째 집단) 간에 제안된 정책에 반대하는 비율이 유의미하게 차이가 났지만, 둘째 집단과 셋째 집단 간에는 제안된 정책에 반대하는 비율에 유의미한 차이가 없었다. 이는 정보 제공 여부가 응답자의 의사 결정에 영향을 미칠 수 있음을 지지하는 분석 결과이다.

오답넘기

① 유형 A를 배부하여 정부 정책 도입에 대한 찬반 여부를 파악한 것은 사전 검사에 해당한다.
② 유형 B와, 유형 C에 응답한 사람들은 모두 실험 집단이다.
③ 응답 반응을 계량화할 수 있게 바꾼 ㉣이 ㉠에 대한 조작적 정의이다.
④ ㉡은 연구 목적에 맞게 정보 제공이 미치는 영향을 파악하기 위한 것이므로, 갑의 연구 결과를 일반화할 수 없다는 근거가 될 수 없다.

정답률 분석 ① 8% ② 4% ③ 9% ④ 18% ⑤ 60%

064 양적 연구 과정 / 답 ④

알짜풀이

④ 가설 설정에서 자료 수집으로 이어지는 단계는 연역적 과정이다.

오답넘기

① 문제 인식과 결과 활용 단계에서는 연구자의 가치가 개입되기도 한다.
② 자료 수집 이전 연구 설계 단계에서 개념의 조작적 정의가 이루어진다.
③ 자료 수집과 자료 분석 단계에서는 가치 중립이 요구된다.
⑤ 연구 과정은 (가) → (마) → (나) → (라) → (다)의 순서로 이루어진다.

더 알아보기

양적 연구

의미	가설을 설정하고 이를 구체적이고 경험적인 사실을 통해 검증
적용	주로 실증적 연구 분야에 적용
과정	연구 주제의 선정 → 가설 설정 → 조사의 설계 → 자료 수집 → 자료 분석 → 결론 도출과 일반화

065 양적 연구 과정 / 답 ①

알짜풀이

① 소규모 그룹 실험의 연구 결과를 청소년 전체로 일반화할 수 없다.

오답넘기

② 제시된 연구에서는 실험법을 사용하였다.
③ 실험법은 사람을 대상으로 한다는 점에서 윤리적 문제가 발생할 가능성이 높다.
④ 독립 변수는 인위적인 자극이 된 변수, 즉 결과를 가져오는 원인이 되는 변수를 말한다. 따라서 세 집단에 대한 처치는 독립 변수에 해당한다.
⑤ 연구자는 매체에서 보여지는 인형을 대하는 사람들의 태도가 아이들의 행동에 미치는 영향에 대해 실험하였다.

066 양적 연구 과정 / 답 ⑤

알짜풀이

제시된 연구는 고등학생의 가정 폭력 경험이 학교 폭력 가해 행동에 미치는 영향을 연구하기 위한 양적 연구에 해당한다.
⑤ 학교 폭력 문제의 원인을 가정 폭력 경험에 한정지었다.

오답넘기

① 가설을 설정하고 자료를 수집하는 과정은 연역적 연구 과정에 해당하고, 자료를 수집하고 결론을 도출하는 과정은 귀납적 연구 과정에 해당한다.
② 연구 주제 선정 단계와 가설 설정 단계에서는 주관적 가치가 개입된다.
③ '가정 폭력 경험', ' 학교 폭력 가해 행동'에 대한 개념의 조작적 정의가 이루어졌을 것이다.
④ 연구 가설인 '가정 폭력에 많이 노출된 학생일수록 학교 폭력 가해 행동은 증가할 것이다.'에서 독립 변수는 '가정 폭력 노출 경험', 종속 변수는 '학교 폭력 가해 행동'임을 알 수 있다.

067 사회 · 문화 현상의 연구 과정 / 답 ③

알짜풀이

갑의 연구는 질적 연구, 을의 연구는 양적 연구에 해당한다.
③ 자료 수집 과정에서는 연구자의 가치 개입을 배제해야 한다.

오답넘기

① 질문지법은 주로 양적 연구에서 행해진다.
② 참여 관찰법은 주로 질적 연구에서 행해진다.
④ 을의 연구에 대한 설명이다.
⑤ 갑의 연구에 대한 설명이다.

068 사회 · 문화 현상의 탐구 절차 / 답 ②

알짜풀이

(가)는 가설 설정 단계, (나)는 연구 설계 단계이다.
② 가설은 정해진 연구 문제와 관련된 선행 연구를 검토하여 이를 바탕으로 설정된다.

오답넘기

① 가설 설정은 일반적으로 양적 연구에서 나타난다.
③ 질적 연구와 양적 연구 모두 연구 설계가 필요하다.
④ 연구자가 가설을 설정하거나 연구 설계를 하는 과정에서는 연구자의 주관적 가치가 개입된다.
⑤ 일반적으로 가설을 설정하고 연구 설계 단계로 진행된다.

069 양적 연구 과정 / 답 ②

알짜풀이

제시된 연구는 토론식 수업과 학업 성취도 간의 관계를 알아보기 위한 양적 연구 과정을 보여 주고 있다.
② (나)에서 학생들의 학업 성취도는 중간고사 평균 성적과 기말고사 평균 성적으로 나타난다.

오답넘기

① 연구 주제가 토론식 수업이 학생들의 학업 능력에 미치는 영향이므로 '토론식 수업이 학생들의 학업 성취도를 향상시킬 것이다.'라는 가설은 (가)에 들어갈 수 있다.
③ (다)는 통제 집단으로 지금까지의 수업 방식에 변화를 주지 않는다.
④ (라)는 가설 검증을 위해 실험 집단에게 해야 하는 처치로, 토론식 수업이 이에 해당한다.
⑤ 중간고사 평균 성적과 평균 지능 지수가 비슷한 집단이 수업 방식의 변화로 인해 성적이 향상되었으므로 가설은 채택된다.

070 양적 연구 과정 / 답 ④

알짜풀이

(가)는 가설 설정, (나)는 연구 설계, (다)는 자료 수집, (라)는 자료 분석과 가설 검증 및 결론 도출 단계에 해당한다.
④ (다)에서는 질문지법과 학교 적응 검사지를 활용하였다. 이는 양적 자료에 해당한다.

오답넘기

① 연구 결과, 컴퓨터 게임을 하는 시간이 많을수록 학교 적응 수준이 낮으므로 가설은 수용되었다.
② 가설을 통해 '컴퓨터 게임 중독'이 독립 변수, '학교 적응도'는 종속 변수임을 알 수 있다.
③ 컴퓨터 게임 중독은 추상적 개념으로 이를 계량화할 수 있는 개념의 조작적 정의가 필요하다. 개념의 조작적 정의는 연구 설계 단계에서 이루어진다.
⑤ 자료 수집 및 분석, 결론 도출 단계에서는 연구자의 엄격한 가치 중립적 자세가 요구된다.

071 질적 연구 과정 / 답 ⑤

알짜풀이

제시된 연구는 소규모 학생들을 대상으로 심층 면접을 실시한 질적 연구에 해당한다.
ㄷ. 사회 현상의 내면에 담긴 의미 파악과 맥락적 이해에 중점을 두는 연구 방법은 질적 연구이다.
ㄹ. 면접법은 일반적으로 조사자의 주관이 개입될 우려가 있는 자료 수집 방법이다.

오답넘기

ㄱ. 12명의 조사 결과를 전국 중 · 고등학생에 일반화할 수 없다.
ㄴ. 경험적인 자료의 계량화를 통해 사회 현상을 분석하고자 하는 연구 방법은 양적 연구이다.

item 05 가설 검증

072 ⑤ 073 ③ 074 ⑤ 075 ④ 076 ③ 077 ③

072 가설의 요건 / 답 ⑤

C 모둠. 도시와 농촌의 1인 가구 비율을 비교하기 위해서는 도시와 농촌 각각의 가구 구성원 수별 가구 수를 파악해야 한다. 따라서 C 모둠은 가설을 검증하기 위한 적절한 자료를 제시하였다.
D 모둠. 맞벌이 가정과 외벌이 가정의 부부 간 대화 시간을 비교하기 위해서는 부부 각각의 직업 유무에 따른 부부 간 대화 시간을 파악해야 한다. 따라서 D 모둠은 가설을 검증하기 위한 적절한 자료를 제시하였다.

오답넘기

A 모둠. A 모둠의 자료에서 (한)부모와 자녀로 구성된 2세대 가구 중 자녀의 혼인 여부를 알아야 핵가족의 비율을 구할 수 있다. 따라서 A 모둠의 자료는 적절하지 않다.
B 모둠. 결혼 여부에 따른 성별 주당 평균 가사 노동 시간 자료가 있어야 성별 격차를 파악할 수 있다. 따라서 B 모둠의 자료는 적절하지 않다.

정답률 분석 ① 3% ② 14% ③ 3% ④ 8% ⑤ 70%

더 알아보기

가설의 요건

- 독립 변인과 종속 변인을 갖추고 있어야 함
- 두 변인 간 관계의 방향이 명확해야 함. 즉, 두 변인 간 정(+)의 관계와 부(−)의 관계 중 하나를 설정하거나 두 변인 간 아무 관련이 없다는 식으로 관계의 방향을 명확하게 설정해야 함
- 측정과 계량화, 통계 분석을 통한 검증 가능성을 지녀야 함
- 진위 여부를 확인해 볼 필요성, 즉 검증의 필요성을 지녀야 함

073 가설 검증을 위한 적절한 자료 수집 방법 / 답 ③

알짜풀이

ㄴ. 가구 소득은 경제적 요인이므로 B 모둠의 가설은 가정의 경제적 요인이 자녀 교육에 미치는 영향을 확인하는 데 활용될 수 있다.
ㄷ. A 모둠은 도시와 농촌, C 모둠은 수도권과 비수도권 간의 교육적 차이를 확인하고자 하는 가설이다.

오답넘기

ㄱ. 농촌 지역과 도시 지역의 졸업생 수는 진학률과 관계가 높은 자료이므로 가설 검증을 위한 적절한 자료이다. 도시와 농촌 지역에 거주 중인 대학생 수는 진학률과 관계가 없다.
ㄹ. C 모둠 가설에서는 고등학교의 교사와 학생 수에 대한 가설을 설정하고 있다. 따라서 수도권 지역의 교사 수는 가설 검증에 적합한 자료가 아니다. 따라서 (가)에는 적절한 자료가 들어가야 하는데, 비수도권 지역의 고등학교 교사 수가 들어갈 수 있을 것이다.

정답률 분석 ① 3% ② 4% ③ 55% ④ 8% ⑤ 30%

074 가설 검증에 필요한 자료 / 답 ⑤

알짜풀이

모둠 3. 정규직 · 비정규직 노동자 대상 임금 수준 및 직장 만족도에 대한 질문지 조사 내용을 분석하면 정규직과 비정규직 노동자 간 임금 격차가 클수록 노동자의 직장 만족도가 높은지 아니면 낮은지를 알아낼 수 있다.
모둠 4. 수집한 자료를 토대로 양육비 부담을 크게 느끼는 가구일수록 희망 자녀 수가 적다면 가설은 검증될 것이다.

오답넘기

모둠 1. 의료비 총지출액을 통해 가구당 의료비를 알 수 없다.
모둠 2. 수집한 자료로는 청 · 장년층 인구의 비율을 알 수 없다.

정답률 분석 ① 7% ② 22% ③ 10% ④ 5% ⑤ 56%

075 가설 검증에 필요한 자료 / 답 ④

알짜풀이

④ 연령별 및 성별 인터넷 이용 시간을 알면 연령이 낮아질수록 젊은 세대의 인터넷 사용 시간이 늘어나는지 아닌지를 알 수 있기 때문에 가설은 검증된다.

오답넘기

① 농촌과 도시의 1인 가구 비율을 검증하려면 농촌과 도시의 1인 가구 수 및 농촌과 도시의 총 가구 수에 대한 자료가 필요하다.
② 노동 시장에서의 여성과 남성의 지위를 비교하려면 정규직과 비정규직 각각의 남성과 여성 노동자의 비율이 필요하다.
③ '가구 소득이 높은 지역일수록 인터넷 이용 시간이 더 많을 것이다.'를 검증하기 위해서는 가구 소득별 인터넷 이용 시간에 대한 자료가 필요하다.
⑤ '사회 · 경제적 지위가 낮은 사람일수록 악성 댓글을 더 많이 작성할 것이다.'를 검증하기 위해서는 사회 · 경제적 지위별 악성 댓글 작성 건수 자료가 필요하다.

076 가설 설정 요건 / 답 ③

알짜풀이

③ '고학력자일수록 인터넷 이용 시간이 더 많을 것이다.'라는 가설은 고학력자의 개념을 정의하고 인터넷 이용 시간을 측정하면 검증이 가능하다.

오답넘기

① '공부 시간과 성적은 관계가 있다.'는 변수 간의 관계가 명확하지 않다.
② '학기별 시험 점수가 좋으면 학점이 좋을 것이다.'는 동어반복에 해당한다.
④ '최근 10년간 다문화 가구가 급격히 증가하였을 것이다.'는 다문화 가구 증가의 원인이 되는 변수가 없다.
⑤ '바람직한 사회 발전을 위해서는 다문화 가구의 증가가 필요할 것이다.'에서 '바람직한'은 증명이 불가능한 당위적 진술이다.

077 가설 설정 요건 / 답 ③

알짜풀이

일반적으로 가설은 검증의 가능성, 검증의 필요성, 변수 간 관계의 명확성을 기준으로 판단할 수 있다.
ㄴ, ㄷ. 제시문의 세 가지 조건이 모두 충족된 가설이다.

오답넘기

ㄱ. GDP는 국내 총생산을 나타내는 경제 지표로 국내 총생산이 증가하면 GDP가 증가한다. 즉, 검증의 필요성이 없는 가설이다.
ㄹ. 가설이 아닌 정책을 시행해야 한다는 당위적 진술문이다.

더 알아보기

좋은 가설의 요건

- 가설은 간단 명료하게 진술해야 하고 검증의 필요성이 있어야 한다.
- 가설은 실증적 조사를 통해 옳고 그름을 판단할 수 있어야 한다. 예를 들어 '바람직한 사회 발전을 위해서는 다문화 가구의 증가가 필요할 것이다.'에서 '바람직한'이라는 용어는 증명이 불가능한 당위적 진술이므로 검증할 수 없다.
- 가설은 변수 간 관계가 분명해야 한다. 인과 관계가 뒤바뀌거나 논리적 상관관계가 없는 진술은 가설이 될 수 없다. 예를 들어 '최근 10년간 다문화 가구가 급격히 증가하였을 것이다.'는 다문화 가구 증가의 원인이 되는 변수가 없어 좋은 가설이 되지 못한다.

03 자료 수집 방법

item 06 자료 수집 방법

078 ②	079 ③	080 ③	081 ②	082 ②	083 ③
084 ④	085 ④	086 ②	087 ②	088 ②	089 ⑤
090 ④	091 ②	092 ④	093 ②		

078 참여 관찰법, 질문지법, 문헌 연구법 비교 / 답 ②

알짜풀이

갑은 참여 관찰법과 질문지법을, 을은 문헌 연구법과 질문지법을 사용하여 자료를

수집하였다. 따라서 A는 참여 관찰법, B는 질문지법, C는 문헌 연구법이다.
② B의 질문지법은 연구 대상자와의 언어적 상호 작용이 필수적이다.

오답넘기

① 참여 관찰법은 행위 대상자의 심층적 이해를 위한 자료 수집 방법이고, 변인 간의 관계를 파악하는 연구, 즉 양적 연구에 주로 사용되는 자료 수집 방법은 질문지법이다.
③ 질문지법은 양적 연구에 주로 활용되는 자료 수집 방법이다. 연구 대상자와의 정서적 교감 형성을 중시하는 자료 수집 방법은 면접법이다.
④ 참여 관찰법은 소수를 대상으로 한 자료 수집에 적합하다.
⑤ 문헌 연구법은 기존 연구 자료를 통해 자료를 수집하는 방법으로 양적 자료와 질적 자료 수집에 사용되지만, 질적 자료 수집에 주로 사용되는 자료 수집 방법은 참여 관찰법이다.

정답률 분석 ① 5% ② 50% ③ 41% ④ 2% ⑤ 2%

079 참여 관찰법, 질문지법, 면접법 비교 / 답 ③

알짜풀이

(가)에는 A와 B를 구분할 수 있지만 B와 C를 구분할 수 없는 질문이 들어가야 한다.
③ 질문지법, 면접법은 자료 수집 과정에서 연구 대상자의 응답이 필수적이다. C가 참여 관찰법이라면 (가)의 질문으로 질문지법과 면접법을 구분할 수 없으므로 해당 질문은 (가)에 들어갈 수 없다.

오답넘기

① 질적 자료 수집에는 면접법, 참여 관찰법 등이 활용되고, 양적 자료 수집에는 질문지법이 활용된다. 따라서 A가 질문지법이면, 면접법과 참여 관찰법은 구분할 수 없으므로 해당 질문은 (가)에 들어갈 수 있다.
② 언어나 문자로 의사 소통할 수 없는 대상으로부터 자료 수집이 가능한 것은 참여 관찰법이다. 따라서 A가 면접법이라면, 해당 질문으로 참여 관찰법과 질문지법을 구분할 수 있으므로 (가)에 들어갈 수 없다.
④ 표준화 · 구조화된 도구는 설문지를 의미한다. 면접법과 참여 관찰법을 구분하는 질문으로 적절하지 않으므로 (가)에 들어갈 수 없다.
⑤ 문맹자에게 사용할 수 없는 자료 수집 방법은 질문지법이다. (가)에 해당 질문이 들어가면 A는 질문지법이고, B, C는 각각 면접법, 참여 관찰법 중 하나이다. 면접법, 참여 관찰법은 모두 주로 방법론적 이원론을 전제로 한 질적 연구에 주로 활용되는 자료 수집 방법이다.

정답률 분석 ① 5% ② 12% ③ 67% ④ 9% ⑤ 6%

080 자료 수집 방법 / 답 ③

알짜풀이

첫 번째 사례의 경우 문헌 연구법과 면접법이 사용되었고, 두 번째 사례의 경우 문헌 연구법과 질문지법이 사용되었으며, 세 번째 사례의 경우 참여 관찰법과 면접법이 사용되었다. 따라서 A는 면접법, B는 질문지법, C는 문헌 연구법, D는 참여 관찰법이다.
③ 면접법과 참여 관찰법은 질적 자료를 수집하므로 연구자의 가치가 개입될 가능성이 높다.

오답넘기

① 문헌 연구법은 시간과 장소의 제약으로부터 비교적 자유롭다.
② 질문지법은 참여 관찰법에 비해 수집된 자료를 통계적으로 처리하기가 용이하다.
④ 조사 대상자와의 언어적 상호 작용이 필수적인 자료 수집 방법은 질문지법과 면접법이다.
⑤ 면접법과 참여 관찰법은 질적 연구에, 질문지법은 양적 연구에, 문헌 연구법은 양적 연구와 질적 연구 모두에 사용 가능하다.

정답률 분석 ① 1% ② 1% ③ 93% ④ 2% ⑤ 1%

081 자료 수집 방법 / 답 ②

주로 계량화된 자료를 수집하는 데 활용되는 자료 수집 방법은 질문지법과 실험법이다. 따라서 A와 C는 각각 질문지법과 실험법 중 하나에 해당하고, B와 D는 각각 면접법과 참여 관찰법에 해당한다.
② 언어적 상호 작용에 의한 자료 수집이 필수적인 자료 수집 방법은 질문지법과 면접법이다. (가)에 '언어적 상호 작용에 의한 자료 수집이 필수적인가?'가 들어가면 A는 질문지법, B는 면접법, C는 실험법, D는 참여 관찰법이다.

오답넘기

① 인위적으로 통제된 상황에서 변수의 효과를 관찰하는 것은 실험법에만 해당하는 특징이다. 따라서 (가)에 '인위적으로 통제된 상황에서 변수의 효과를 관찰하는 방법인가?'는 적절하지 않다.
③ 자료 수집 시 연구 대상자의 응답이 필수 요건인 자료 수집 방법은 질문지법과 면접법이다. (가)에 '자료 수집 시 연구 대상자의 응답이 필수 요건인가?'가 들어가면 A는 질문지법, B는 면접법, C는 실험법, D는 참여 관찰법이다.
④ 다수를 대상으로 한 자료 수집에 주로 사용되는 것은 질문지법에만 해당하는 특징이다. 따라서 (가)에 '다수를 대상으로 한 자료 수집에 주로 사용되는가?'는 적절하지 않다.
⑤ 연구자가 현상이 실제로 발생한 현지에 가서 연구해야 하는 것은 참여 관찰법에만 해당하는 특징이다. 따라서 (가)에 '연구자가 현상이 실제로 발생한 현지에 가서 연구해야 하는가?'는 적절하지 않다.

정답률 분석 ① 2% ② 80% ③ 2% ④ 10% ⑤ 3%

더 알아보기

현지 연구
연구자가 직접 조사하고자 하는 현상이 존재하는 현지에 가서 심층적이고 광범위한 자료를 수집하는 연구로서, 주로 참여 관찰법을 활용한다.

082 참여 관찰법과 문헌 연구법 비교 / 답 ②

알짜풀이

제시된 자료에서 갑은 설문 조사 자료집에서 자료를 수집하였다. 이는 문헌 연구법에 해당한다. 을은 토론 학습이 어떻게 이루어지는지 직접 관찰하였다. 이는 참여 관찰법에 해당한다.
② 문헌 연구법은 기존 연구 동향이나 성과를 파악하는 데 적합하지만 참여 관찰법은 적합하지 않다. 해당 내용은 (가)에 들어갈 수 있다.

오답넘기

① 다수의 응답자를 대상으로 실시하는 데 적합한 방법은 질문지법이다.
③ 참여 관찰법은 인과 관계 파악을 통한 법칙 발견에 유리하지 않다.
④ 참여 관찰법과 문헌 연구법은 연구자와 연구 대상자 간 언어적 상호 작용이 필수적이지 않다.
⑤ 인위적으로 통제된 상황에서 변수의 효과를 관찰하기 용이한 방법은 실험법이다. 해당 내용은 (다)에 들어갈 수 없다.

정답률 분석 ① 54% ② 39% ③ 3% ④ 2% ⑤ 2%

083 문헌 연구법, 질문지법, 면접법 비교 / 답 ③

알짜풀이

A는 참여 관찰법, B는 문헌 연구법, C는 질문지법에 대한 설명이다.
③ 연구자의 주관적 가치가 개입될 가능성이 높은 것은 A의 참여 관찰법이다. C의 질문지법은 연구자의 주관적 가치가 개입될 가능성이 낮다.

오답넘기

① 자료 수집 과정에서 시 · 공간적 제약이 작은 것은 B의 문헌 연구법이다.
② 연구 대상자와의 언어적 상호 작용이 필수적인 것은 C의 질문지법이다.
④ 수집된 자료의 통계 처리가 가능한 것은 C의 질문지법이다.
⑤ 대규모 집단을 대상으로 자료를 수집하기에 불리한 자료 수집 방법은 A의 참여 관찰법이다. C의 질문지법은 대규모 집단을 대상으로 자료를 수집하기에 용이하다.

정답률 분석 ① 1% ② 1% ③ 95% ④ 1% ⑤ 2%

084 자료 수집 방법 / 답 ④

알짜풀이

ㄴ. C가 면접법이고, (다)가 '인위적으로 상황을 통제함으로써 변수의 효과를 관찰하기에 용이하다.'라면 A는 실험법, B는 질문지법이다. 질문지법은 대규모 집단을 대상으로 한 자료 수집에 용이한 방법이다.

ㄹ. (나)가 '소수의 응답자로부터 깊이 있는 정보를 수집하기에 용이하다.'라면, A와 B는 각각 실험법과 질문지법 중 하나이고, C는 면접법이다. 수집된 자료를 통계적으로 처리하기에 용이한 자료 수집 방법은 질문지법과 실험법이므로 (가)에는 '수집된 자료를 통계적으로 처리하기에 용이하다.'가 들어갈 수 있다.

오답넘기

ㄱ. A가 질문지법이고, (가)가 '독립 변수와 종속 변수의 관계를 검증하는 연구에 적합하다.'라면 B는 실험법, C는 면접법이다. 면접법은 자료 수집 과정에서 연구자가 유연성이나 융통성을 발휘하기 용이한 자료 수집 방법이다.

ㄷ. (가)가 '연구 대상자와 언어를 매개로 한 상호 작용이 필수적이다.'라면 A와 B는 각각 질문지법과 면접법 중 하나이고, C는 실험법이다. 실제성이 높은 생생한 자료를 수집하기에 용이한 자료 수집 방법은 참여 관찰법이다.

정답률 분석 ① 4% ② 3% ③ 7% ④ 80% ⑤ 3%

085 자료 수집 방법 / 답 ④

알짜풀이

A는 질문지법, B는 면접법, C는 참여 관찰법이다.

④ 면접법과 참여 관찰법은 질문지법에 비해 일상을 심층적으로 파악하기에 용이하다.

오답넘기

① 질문지법은 면접법에 비해 문맹자에게 사용하기에 불리하다.

② 면접법은 질문지법에 비해 자료 수집 과정에서 연구자의 주관이 개입될 가능성이 높다.

③ 참여 관찰법은 면접법에 비해 예상하지 못한 상황이 발생할 경우 유연하게 대처하기가 곤란하다.

⑤ 질문지법은 양적 연구에서 주로 활용되고, 면접법과 참여 관찰법은 주로 질적 연구에서 활용된다.

정답률 분석 ① 0% ② 1% ③ 1% ④ 95% ⑤ 0%

086 질문지 작성 / 답 ②

알짜풀이

② 제시된 설문 문항은 음주와 흡연의 실태 및 의견에 관한 것으로 연구 주제와 관련 있는 문항들로 이루어져 있다.

오답넘기

① '만취자들로 인한 피해 사례가 증가하고 있다고 합니다. TV 주류(酒類) 광고 규제에 찬성하십니까?'에서 특정 응답을 유도하고 있다.

③ '당신은 음주나 흡연을 좋아하십니까?'에서 '음주를 좋아하십니까'와 '흡연을 좋아하십니까' 두 가지 사항을 묻고 있다.

④ '술을 정기적으로 마십니까?'에서 정기적이라는 용어가 애매모호하다.

⑤ '주로 술을 마시는 장소는 어디입니까?'에서 집과 동네 술집 이외의 사항을 포함하지 못하고 있다.

⊕ 더 알아보기

질문지 작성 시 유의할 점

- 특정 응답을 유도하는 질문을 해서는 안 된다.
- 응답 항목들 간의 내용 중복을 피해야 한다.
- 질문은 간결하고 명료하며, 쉬운 용어를 사용해야 한다.
- 응답 항목은 가능한 경우를 모두 제시해 주어야 한다.
- 하나의 항목으로 두 가지 내용의 질문을 해서는 안 된다.

087 자료 수집 방법 / 답 ②

알짜풀이

(가)는 질문지법, (나)는 면접법, (다)는 실험법이다.

② 면접법은 즉시 보충 질문을 할 수 있으므로 미리 계획되어 수정이 어려운 질문지법보다 응답의 정확성을 기대할 수 있다.

오답넘기

① 질문지법은 조사하고자 하는 내용을 문자 언어를 통해 조사할 경우 문맹자에게 실시하기가 곤란하다.

③ 연구 대상자가 모집단을 대표하는지를 중시하는 자료 수집 방법은 질문지법이다.

④ 연구 대상자와의 정서적 유대를 중시하는 자료 수집 방법은 면접법이다.

⑤ 방법론적 일원론에 기초한 연구 방법은 양적 연구이다. 양적 연구에서는 주로 질문지법과 실험법을 활용한다.

⊕ 더 알아보기

자료 수집 방법의 구분

- 경제성이 높은 자료 수집 방법 : 질문지법, 문헌 연구법
- 실제성이 높은 자료를 얻기 쉬운 자료 수집 방법 : 참여 관찰법
- 문맹자에게 실시할 수 있는 자료 수집 방법 : 참여 관찰법, 면접법
- 자료 수집 상황에 대한 통제 수준이 높은 순서 : 실험법>질문지법>면접법>참여 관찰법

088 표본 조사 / 답 ②

알짜풀이

제시문은 표본의 규모는 크지만 전체 국민을 대표하지 못하고 특정 계층의 집단만을 표본으로 구성하여 사회 · 문화 현상을 예측하는 데 실패한 사례를 보여 준다.

② 제시문은 표본의 대표성을 확보하는 것이 중요함을 보여 준다.

오답넘기

① 질문지 작성 시 유의사항은 제시문과 관련 없다. ③ 좋은 가설의 여부는 제시문과 관련 없다. ④ 자료의 실제성을 보장할 수 있는 자료 수집 방법은 참여 관찰법이다. ⑤ 제시문과 관련 없다.

⊕ 더 알아보기

모집단과 표본

모집단	연구하고자 하는 대상의 전체
표본	모집단 중 연구의 목적에 맞게 선택한 집단

089 자료 수집 방법 / 답 ⑤

알짜풀이

(가)는 면접법, (나)는 참여 관찰법, (다)는 질문지법을 활용하였다.

⑤ 참여 관찰법은 언어적 의사소통이 어려운 대상으로도 자료를 수집할 수 있다.

오답넘기

① 면접법은 연구자가 조사 대상자와 대화를 나누면서 필요한 자료를 수집하므로 조사 대상자와의 정서적 교감을 중시한다.

② 면접법은 예상하지 못한 상황이 발생했을 경우 연구자가 상황에 개입할 수 있으므로 유연한 대처가 용이하다.

③ 질문지법은 대량의 수치화된 자료를 얻기에 용이하다.

④ 질문지법보다 참여 관찰법은 조사 대상자의 일상생활 세계에 참여하여 필요한 자료를 수집하기 때문에 조사 대상자의 사생활을 침해할 가능성이 높다.

090 자료 수집 방법 / 답 ④

알짜풀이

A는 질문지법, B는 실험법, C는 면접법에 해당한다.

ㄱ. 사회 · 문화 현상의 심층적 의미를 해석하고 이해하고자 하는 자료 수집 방법은 면접법(C)이다.
ㄴ. 조사 결과를 통계적으로 분석하여 집단 간 비교 분석에 용이한 자료 수집 방법은 질문지법(A)이다.
ㄷ. 실험법(B)은 인간을 실험 대상으로 한다는 점에서 자료 수집 방법 자체에 대한 윤리 문제가 제기되기도 한다.

091 자료 수집 방법 / 답 ②

알짜풀이

갑은 문헌 연구법, 을은 질문지법, 병은 참여 관찰법을 사용하였다.
② 질문지법은 많은 사례를 대량으로 조사하기가 용이하고, 시간과 비용이 절약되는 장점이 있다.

오답넘기

① 갑의 방법은 양적 연구와 질적 연구 모두에서 활용된다.
③ 병의 방법은 연구자의 주관이 개입될 가능성이 높다.
④ 을의 방법은 병의 방법에 비해 연구 결과의 일반화를 목적으로 하는 양적 연구에 활용된다.
⑤ 자료의 실제성을 보장할 수 있는 자료 수집 방법은 참여 관찰법이다.

092 자료 수집 방법 / 답 ④

알짜풀이

(가)는 실험법, (나)는 질문지법, (다)는 참여 관찰법, (라)는 면접법에 해당한다.
ㄱ. 비행을 저지르는 청소년과 면담을 통해 그 원인을 알아보는 것은 면접법(라)과 관련 있다.
ㄴ. 근무 중 낮잠 시간을 주었을 때 생산량이 어떻게 변하는지 실험하는 것은 실험법(가)과 관련 있다.
ㄷ. 교도소 수감자의 생활 모습을 제3자의 입장에서 관찰하고 기록하는 것은 참여 관찰법(다)과 관련 있다.
ㄹ. 학교 급식에 대한 만족도를 알아보기 위해 설문 조사를 하는 것은 질문지법(나)과 관련 있다.

093 자료 수집 방법 / 답 ②

알짜풀이

A는 조작화 정도가 비교적 높고 주관 개입 가능성이 비교적 낮은 질문지법, B는 주관 개입 가능성이 가장 높은 참여 관찰법, C는 조작화 정도가 가장 높은 실험법이다.
② 참여 관찰법은 주로 관찰에 의존한다.

오답넘기

① 질문지법은 주로 양적 연구에서 활용된다.
③ 실험법을 통해 얻는 자료는 주로 1차 자료에 해당한다.
④ 참여 관찰법은 시간과 장소의 제약을 많이 받는다.
⑤ 구조화된 도구는 실험법에서 많이 활용한다.

04 사회 · 문화 현상의 탐구 태도

item 07 사회 · 문화 현상을 탐구하는 태도

094 ②　095 ④　096 ①　097 ②　098 ②　099 ⑤

094 사회 · 문화 현상의 탐구 태도 / 답 ②

알짜 풀이

② 제시된 내용은 모두 사회 · 문화 현상을 탐구할 때 연구자가 자신의 주관적 가치나 이해관계 등을 배제하고 사회 · 문화 현상이 가진 사실로서의 특성만을 파악하는 객관적 태도에 대해 설명하고 있다.

오답넘기

① 개방적 태도에 대한 설명이다.
③ 상대주의적 태도에 대한 설명이다.
④ 성찰적 태도에 대한 설명이다.
⑤ 연구자에게 요구되는 사회적 책임과 관련된 내용이다.

정답률 분석 ① 3% ② 91% ③ 3% ④ 1% ⑤ 2%

095 사회 · 문화 현상의 탐구 태도 / 답 ④

알짜풀이

(가)는 다른 주장에 대한 수용을 중시하는 개방적 태도, (나)는 시대와 사회의 특수성을 고려하는 상대주의적 태도를 강조하고 있다.
④ 상대주의적 태도는 사회 · 문화 현상은 특정 맥락이나 배경 속에서 의미를 갖기 때문에 사회 · 문화 현상이 지닌 고유한 가치를 인정해야 한다고 본다.

오답넘기

① 현상을 사실 그 자체에 초점을 두어 파악하는 태도는 객관적 태도이다.
② 타인의 비판을 편견 없이 받아들이는 태도는 개방적 태도이다.
③ 현상에 대한 깊이 있는 성찰을 중시하는 태도는 성찰적 태도이다.
⑤ 연구 대상자의 관점을 중시하는 태도는 상대주의적 태도이고, 제3자의 관점을 중시하는 태도는 객관적 태도이다.

정답률 분석 ① 9% ② 3% ③ 12% ④ 70% ⑤ 6%

더 알아보기

개방적 태도와 상대주의적 태도

구분	개방적 태도	상대주의적 태도
공통점	• 자기 중심적인 가치를 배격함 • 자신의 절대성을 부정함	
차이점	타인의 비판을 수용하고, 검증된 것만을 수용함	해당 사회 구성원의 입장에서 사회의 문화를 이해하고, 상황적 맥락을 중시함

096 사회 · 문화 현상을 탐구하는 태도 / 답 ①

알짜풀이

제시된 자료의 (가)는 사실과 가치를 구분한 객관적 연구 태도, (나)는 자신의 연구에 대한 반증 가능성을 인정하는 연구자의 개방적 태도이다.
ㄱ. 객관적 태도는 주관적인 가치와 편견을 배제하고 제3자의 입장에서 바라보고자 하는 태도이다.
ㄴ. 개방적 태도는 연구 결과의 오류 가능성을 인정하고, 타인의 주장을 유연하게 수용할 수 있어야 함을 강조한 것이다.

오답넘기

ㄷ, ㄹ. (나)는 상대방의 입장에서 연구를 진행하는 것이 아니라, 연구 절차나 방법이 제대로 수행되었더라도 자신의 오류를 인정하고 타인의 비판을 편견없이 받아들이는 개방적 태도를 강조한 것이다.

정답률 분석 ① 72% ② 4% ③ 3% ④ 17% ⑤ 2%

097 가치 중립 단계와 가치 개입 단계 / 답 ②

알짜풀이

제시된 연구는 (마) – (라) – (나) – (다)– (가) 순으로 행해진다.

② 자료 수집 단계인 (나)와 결론 도출 단계인 (다)에서는 철저한 가치 중립이 필요하다.

오답넘기

(가). 연구 결과를 정책에 반영하는 단계로 가치가 개입된다.
(라). 연구 주제 선정 단계로 연구자의 가치 개입이 불가피한 단계이다.
(마). 문제의 인식 단계로 평소에 관심 있던 분야 등에 대한 가치 판단이 이루어지는 단계이다.

더 알아보기

연구 단계와 가치 개입

가치 중립이 필요한 단계	• 자료 수집 및 분석 단계 • 결론 도출 단계
가치 개입이 필요한 단계	• 연구 주제 선정 단계 • 연구 결과를 바탕으로 한 대책 수립 단계

098 사회 · 문화 현상의 탐구 태도 / 답 ②

알짜풀이

(가)는 객관적 태도, (나)는 개방적 태도, (다)는 상대주의적 태도, (라)는 성찰적 태도와 관련 있다.
ㄱ. 사회 · 문화 현상을 탐구할 때에는 객관적으로 현상을 바라봐야 한다는 것은 객관적 태도(가)와 관련 있다.
ㄴ. 남들이 당연시하는 현상을 새롭게 바라볼 수 있는 안목을 가져야 한다는 것은 성찰적 태도(라)와 관련 있다.
ㄷ. 어떠한 주장이 경험적으로 확인되기 전까지는 가설로만 받아들여야 한다는 것은 개방적 태도(나)와 관련 있다.
ㄹ. 특정한 문화의 잣대로 다른 사회의 풍습이나 문화를 재단해서는 안 된다는 것은 상대주의적 태도(다)와 관련 있다.

099 사회 · 문화 현상의 탐구 태도 / 답 ⑤

알짜풀이

밑줄 친 '이 태도'는 상대주의적 태도이다.
⑤ 상대주의적 태도는 사회 · 문화 현상을 탐구할 때 연구자가 자신의 문화적 맥락이나 배경을 떠나 사회 · 문화 현상이 발생한 맥락이나 배경을 고려하여 연구하려는 태도이다.

오답넘기

① 제시문과 관련 없는 태도이다.
②, ④ 개방적 태도에 대한 설명이다.
③ 객관적 태도에 대한 설명이다.

item 08 연구 윤리

100 ①　101 ②　102 ③　103 ③　104 ②　105 ④
106 ③　107 ②

100 연구 윤리 / 답 ①

알짜풀이

ㄱ. 연구 대상자가 응답 중단을 요구할 경우 즉각 조사가 중단된다고 설명한 것은 연구 대상자에게 참여 여부를 결정하도록 한 것이므로 연구 윤리에 위배되지 않는다.
ㄴ. 조사를 중단한 연구 대상자의 자료를 폐기한 것이므로 연구 자료 조작으로 볼 수 없다. 따라서 연구 윤리에 위배되지 않는다.

오답넘기

ㄷ. 연구 목적을 연구 대상자에게 알려 주는 것이 연구 결과에 영향을 미치는 경우에는 불가피하게 연구가 끝난 후 연구 대상자에게 알리고 연구 결과의 공표에 대한 동의를 구해야 한다. 따라서 ㉢은 연구 윤리에 위배된다.
ㄹ. 연구 결과를 연구 목적 이외의 용도로 활용한 것이므로 ㉣은 연구 윤리에 위배된다.

정답률 분석 ① 75%　② 3%　③ 2%　④ 17%　⑤ 2%

101 연구 윤리 / 답 ②

알짜풀이

② 제시된 자료에는 을이 연구 대상자의 실명이 포함된 응답 자료를 유사 연구에 착수한 동료 학자에게 제공하였음이 나와 있다. 이를 통해 을이 연구 대상자의 개인 정보를 유출하였음을 알 수 있다.

오답넘기

① 갑이 수집된 자료를 임의로 조작하였다는 내용은 나타나 있지 않다.
③ 제시된 자료에서 갑이 연구 자료를 연구 이외의 목적으로 사용한 내용은 없다. 반면에 을은 연구 자료를 동료 학자에 제공했는데, 이는 연구 이외의 목적으로 사용한 것이다.
④ 갑과 을 모두 연구 대상자의 사전 동의를 얻지 않고 자료를 수집하였다.
⑤ 갑과 을의 연구는 모두 표본의 대표성을 확보하지 못하였다.

정답률 분석 ① 1%　② 94%　③ 2%　④ 2%　⑤ 1%

102 연구 윤리 / 답 ③

알짜풀이

③ 제시된 자료에서 갑은 추가 조사에 대한 설명 없이 심층 면접을 실시하였음이 나와 있다. 이를 통해 갑이 자료 수집에 대한 충분한 정보를 연구 대상에게 제공하지 않았음을 알 수 있다.

오답넘기

①, ⑤ 제시된 자료에는 갑이 가설 검증을 위해 무성의하게 응답한 일부 자료를 제외했음이 나와 있다. 무성의한 응답 자료를 제외한 것이 개인적 이해관계를 반영하여 자료를 선별하거나, 사회에 미칠 부정적 영향을 고려하여 자료를 조작한 것은 아니다.
② 제시된 자료에는 연구 대상의 익명성 보장 여부를 알 수 있는 내용이 나와 있지 않다.
④ 제시된 자료에는 갑이 연구 대상에게 미칠 불이익을 고려하지 않고 연구 결과를 공포하였는지는 판단할 수 있는 내용이 나와 있지 않다.

정답률 분석 ① 15%　② 1%　③ 76%　④ 3%　⑤ 4%

103 연구 윤리 / 답 ③

알짜풀이

제시된 (가), (나) 모두 연구 대상자의 자발적 참여 기회가 주어지지 않았다.
③ (가)에서는 연구 대상자의 실험 중단 요구를 허락하지 않았다는 내용을 통해 연구 대상자의 자발적 참여를 보장하고 있지 않음을 알 수 있다. (나)에서는 연구 대상자의 동의 없이 낙서 행위자의 행동을 기록하고 개인 정보를 수집하였다는 내용을 통해 연구 대상자에게 자발적 참여 기회가 주어지지 않았음을 알 수 있다.

오답넘기

①, ② (가)에는 개인 정보를 연구 대상자의 동의 없이 연구에 활용했는지의 여부, 연구 대상자의 비밀 보호 의무 준수 여부를 판단할 수 있는 내용이 없다.
④ 연구 결과의 공표가 연구자에게 미칠 악영향을 고려하여 연구 내용을 왜곡하였다는 내용은 (나)에 나타나 있지 않다.
⑤ (나)에는 연구자가 예측하지 못한 해로운 영향에 대한 내용이 나와 있지 않다.

정답률 분석 ① 1%　② 1%　③ 91%　④ 2%　⑤ 5%

104 연구 윤리 / 답 ②

알짜풀이

교도소 실험에서는 실험 도중 죄수 역할을 하는 연구 대상자들에게 적절한 조치를 제때 취하지 않아 연구 대상자의 인권이 침해당하는 일이 발생하였다.
② 모든 사회 과학의 탐구 과정에서는 조사 대상자의 인권을 보호하고 대상자의 의사를 고려한 실험을 해야 한다.

오답넘기

①, ③, ④, ⑤ 제시문과 관련 없는 진술이다.

105 연구 윤리 / 답 ④

알짜풀이

④ 밀그램의 실험은 권위와 복종에 대한 실험으로 실험에 참가한 대상자들 중 실제 평가 대상인 선생님 역할을 맡은 사람들에게 실험의 자세한 내용을 알리지 않은 채 실험을 진행하였다.

오답넘기

①, ③ 제시된 연구와 관련 없는 진술이다.
② 연구 대상자들은 실험에 자원하였다.
⑤ 학생 역할을 맡은 사람들은 전기충격을 받는 연기만 하였다.

⊕ 더 알아보기

연구 대상자와 관련된 윤리 문제

인권 문제	연구 과정에서 연구 대상자의 인권을 보호해야 함
자발적 참여 문제	연구 목적과 방법을 알려주고 대상자를 모집해야 함
사생활 보호 문제	익명성을 보장해야 하며, 연구 결과의 분석과 보고 과정에서도 연구 대상자를 공개해서는 안 됨

106 연구 윤리 / 답 ③

알짜풀이

제시된 연구는 연구 대상자들이 자신이 관찰한 증거를 포기하고 다른 사람의 견해를 선호하는 정도(동조)를 알아보는 실험으로 연구 목적에 대하여 거짓말을 하거나 감추고 연구를 진행하였다.
③ 피실험자 단독으로 하는 실험에서는 동조 현상이 일어나지 않아 대부분의 사람들이 B와 D가 같다고 답했을 것이다.

오답넘기

① 연구 목적을 숨기고 실험을 하였다.
② 연구 목적을 속였으므로 연구 윤리를 위반하였다는 비판을 받을 수 있다.
④ 사후에 대상자들에게 진실을 알려주는 것이 연구 윤리에 부합하는 자세이다.
⑤ 해당 실험은 대상자를 속이지 않고는 동조 현상에 대해 연구할 수 없는 불가피성이 존재한다.

107 연구 윤리 / 답 ②

알짜풀이

② 사회 과학 연구에서 문제 인식 단계, 가설 설정 단계, 대안 제시 단계에서는 연구자의 가치가 개입될 수밖에 없다.

오답넘기

① 본인의 학력은 정확하게 기재해야 한다.
③ 많은 사람들이 자유롭게 공유하는 일반적인 지식은 출처 없이 사용할 수 있으나, 일반적 지식인지 분간하기 어려울 때에는 반드시 인용을 하고 출처를 밝혀야 한다.
④ 타인의 아이디어를 본인 것처럼 표현하는 것은 표절에 해당한다.
⑤ 공개되지 않은 학술 자료를 인용하려면 저자의 동의를 얻어야 한다.

Ⅱ. 개인과 사회 구조

01 인간의 사회화

item 09 사회화, 지위와 역할

108 ⑤	109 ⑤	110 ②	111 ④	112 ⑤	113 ④
114 ④	115 ②	116 ③	117 ⑤	118 ②	119 ②
120 ②	121 ⑤	122 ④	123 ②	124 ④	125 ③
126 ③	127 ④	128 ④	129 ④	130 ④	131 ⑤
132 ③	133 ③				

108 사회화 기관, 지위, 역할 행동 / 답 ⑤

알짜풀이

⑤ ○○대학교는 사회화를 목적으로 설립된 공식적 사회화 기관이다. △△조선은 사회화를 목적으로 설립된 기관은 아니지만 사회화의 역할도 수행하는 비공식적 사회화 기관이다.

오답넘기

① 조선공학과는 2차 집단이자 공식 조직에 해당한다.
② 자진 퇴사는 역할 행동에 대한 제재가 아니다.
③ 항공사라는 2차적 사회화 기관을 통해 이루어진 사회화이다.
④ 청소년은 귀속 지위, 항공기 정비사는 성취 지위에 해당한다.

정답률 분석 ① 5% ② 3% ③ 5% ④ 2% ⑤ 85%

109 사회학적 개념 / 답 ⑤

알짜풀이

⑤ 영화배우로서의 지위에 따른 역할과 △△독립 영화제 집행 위원장이라는 지위에 따른 역할이 서로 충돌하여 심리적 갈등을 겪고 있으므로 역할 갈등으로 볼 수 있다.

오답넘기

① 신인상은 갑의 역할 행동에 대한 보상이다.
② 공연 관람 동아리는 비공식적 사회화 기관이다.
③ 연극배우는 갑이 생각만 했을 뿐 획득해서 가진 지위가 아니다.
④ 갑은 ◇◇대학 연극학과에 합격했지만 입학을 포기했으므로 ◇◇대학 연극학과에서 사회화를 경험했다고 할 수 없다.

정답률 분석 ① 4% ② 4% ③ 34% ④ 3% ⑤ 56%

110 지위와 역할, 사회화, 역할 갈등/ 답 ②

알짜풀이

역할 행동은 역할을 수행하는 구체적인 방식을 말한다.
② 납품 업체가 제공한 금품과 향응을 매번 거절한 것은 회사원이라는 지위에서 요구되는 역할을 수행하는 구체적 행동 방식으로 역할 행동에 해당한다.

오답넘기

① 이상주의자는 개인의 의지나 노력을 통해 얻는 성취 지위에 해당하지 않는다.
③ 역할 갈등은 개인이 가지고 있는 여러 역할들이 서로 충돌해서 발생한다. 빈정대는 동료와의 갈등은 갑이 가진 역할 간의 충돌이 아니므로 역할 갈등에 해당하지 않는다.
④ 예기 사회화는 미래에 속하거나 속하기를 기대하는 집단에서 요구되는 행동 양식을 미리 학습하는 과정을 말한다. 시나리오 작가가 되기 위해서 소설가로 등단해야 하는 것은 아니므로 소설가로의 등단이 시나리오 작가가 되기 위한 예기 사회화라고 할 수 없다.

⑤ ㉥의 영화에서 다룬 작품들은 영화감독으로서의 역할 수행 내용이다. 평단의 호평, 영화의 거장으로 존경 등은 영화감독으로서 역할 행동에 따른 보상이다.

정답률 분석 ① 12% ② 79% ③ 3% ④ 4% ⑤ 2%

111 사회화 기관, 예기 사회화 / 답 ④

알짜풀이

④ ㉣ 예기 사회화는 미래에 속하거나 속하기를 기대하는 집단에서 요구되는 행동 양식을 미리 학습하는 과정을 말한다. 따라서 경찰학교는 경찰 집단에서 요구하는 행동 양식을 가르치는 예기 사회화를 담당하는 사회화 기관에 해당한다.

오답넘기

① ㉠ 고등학교는 사회화를 목적으로 설립된 2차적 사회화 기관이다. 기초적인 사회화가 이루어지는 1차적 사회화 기관으로는 가정, 또래 집단이 있다.
② ㉡ 전기회사는 사회화를 목적으로 한 기관이 아니므로 비공식적 사회화 기관이다. 사회화를 목적으로 한 공식적 사회화 기관에는 학교가 있다.
③ ㉢ 어릴 적 동네 친구는 친밀한 대면 접촉을 바탕으로 한 1차적 사회화 기관이자, 비공식적 사회화 기관이다.
⑤ 경찰학교는 경찰청과 달리 사회화를 목적으로 설립된 기관이다.

정답률 분석 ① 3% ② 4% ③ 3% ④ 87% ⑤ 4%

112 사회학적 개념 / 답 ⑤

알짜풀이

⑤ 자원 봉사자는 개인적인 노력에 의해 후천적으로 획득된 성취 지위이다.

오답넘기

① ○○방송사는 과거에 갑의 내집단이자 준거 집단이었다.
② ㉡은 갑의 개인적인 고민일 뿐, 지위에 따른 역할 간 상충이 나타나지 않으므로 역할 갈등으로 볼 수 없다.
③ 연기자가 되기 위해 ○○방송사에서 재사회화를 경험한 것은 아니다.
④ 대중의 인기는 연기자라는 역할에 대한 보상이 아니라 연기자로서 갑의 역할 행동에 대한 보상이다.

정답률 분석 ① 11% ② 2% ③ 0% ④ 4% ⑤ 80%

⊕ 더 알아보기

지위와 역할

지위	• 사회에서 개인이 차지하고 있는 위치 • 귀속 지위와 성취 지위가 있음
역할	일정한 지위에 대하여 기대되는 행동 방식
역할 행동 (역할 수행)	• 특정인이 역할을 수행하는 구체적인 행동 • 개인에 따라 같은 역할이라도 역할 행동은 다르게 이루어짐
역할 갈등	한 사람이 동시에 여러 지위를 가지고 있어 이에 따른 역할이 서로 충돌하는 경우 발생하는 갈등 상태

113 지위와 역할, 사회화 기관, 예기 사회화 / 답 ④

알짜풀이

ㄴ. 을이 속한 연구소와 동물 보호 단체는 모두 2차적 사회화 기관이다. 을은 동물 대상 실험을 두고 연구소 직원으로서의 역할과 동물 보호 단체 회원으로서의 역할이 충돌되어 역할 갈등을 경험하였다.
ㄹ. 갑의 역할 수행으로 회사 매출이 증가하였다는 근거가 없고, 자신의 선택에 뿌듯해 하는 것은 역할 수행에 따른 보상이 아니다. 을이 동물 실험 반대 운동을 주도하여 동물 보호 단체로부터 감사장을 받은 것은 을의 역할 행동에 대한 보상이다.

오답넘기

ㄱ. 제시된 자료가 자식이라는 귀속 지위와 신입 사원이라는 성취 지위에서 요구되는 역할 간의 충돌이 나와 있지 않다. 따라서 귀속 지위와 성취 지위에 따른 역할 갈등을 경험하지 않았다.
ㄷ. 갑은 회사에서 신입 사원 연수를 받았는데, 회사는 비공식적 사회화 기관이다. 공식적 사회화 기관은 학교와 같이 사회화를 목적으로 설립된 기관을 말한다.

정답률 분석 ① 6% ② 2% ③ 24% ④ 56% ⑤ 11%

114 지위와 역할, 역할 행동, 역할 갈등 / 답 ④

ㄴ. 갑이 비행기 대신 태양광 요트를 타고 대서양을 건너 UN 기후 행동 정상 회의에 참석한 것은 환경 운동가로서의 역할을 수행한 것이다. 이는 갑의 역할 행동에 해당한다.
ㄹ. 노벨 평화상 후보, 타임지의 올해의 인물로의 선정 등은 환경 운동가로서 갑의 역할 행동에 대한 사회적 보상이다.

오답넘기

ㄱ. 채식주의자는 지위가 아니다. '선생님'은 갑의 지위가 아니라 지지자들로부터 불리는 호칭이다.
ㄷ. 갑이 세계 정상들과 겪은 갈등은 갑의 서로 다른 역할들이 충돌하여 발생한 것이 아니므로 갑의 역할 갈등이 아니다.

정답률 분석 ① 12% ② 2% ③ 3% ④ 82% ⑤ 2%

115 사회학적 개념 / 답 ②

알짜풀이

② A 인터넷 쇼핑몰은 부수적으로 사회화가 이루어지는 비공식적 사회화 기관에 해당하고, 연기 학원은 전문적인 사회화가 이루어지는 2차적 사회화 기관에 해당한다.

오답넘기

① 연예인 2세는 선천적 · 자연적으로 주어지는 지위인 귀속 지위에 해당하고, 가수는 후천적으로 획득한 지위인 성취 지위에 해당한다.
③ 시청자 평가단은 갑이 소속되어 있지 않으므로 외집단이 될 수도 있지만, 제시된 자료만으로 갑의 준거 집단인지는 알 수 없다.
④ TV 프로그램에 지원하는 것을 재사회화로 보기는 어렵다.
⑤ 가수와 배우 중에서 무엇을 할지 고민하는 것은 역할끼리 충돌하는 상황인 역할 갈등에 해당하지 않는다.

정답률 분석 ① 2% ② 82% ③ 2% ④ 4% ⑤ 8%

⊕ 더 알아보기

역할 갈등의 양상

역할 갈등은 첫째, 한 사람이 상호 모순되거나 양립하기 어려운 두 가지의 역할을 동시에 수행해야 할 경우에 발생한다. 현대 사회에서는 많은 사람들이 동시에 여러 가지 지위를 가지게 되고, 그에 따른 역할을 수행해야 하는 경우가 자주 있는데, 이들 역할의 내용들이 서로 상반되거나 양립할 수 없을 경우 역할 갈등이 발생한다. 둘째, 하나의 지위에 서로 상반되는 둘 이상의 역할이 동시에 기대될 때 갈등을 겪게 된다. 하나의 지위에 두 가지의 상반된 행동을 하도록 어떤 압력을 받고 있는 경우 역할 갈등을 겪는다.

116 사회학적 개념 / 답 ③

알짜풀이

③ 갑의 소속 집단은 사회교육과이지만, 갑의 준거 집단은 미술 대학이다. 갑은 소속 집단과 준거 집단이 일치하지 않아 학업에 흥미를 잃고 사범 대학을 계속 다닐지 고민하고 있다.

오답넘기

① ㉠은 전문적인 지식과 기능의 사회화를 담당하는 기관인 2차적 사회화 기관에 해당하고, ㉥은 사회화 이외의 목적으로 형성되었으나 부수적으로 사회화 기능을 수행하는 기관인 비공식적 사회화 기관에 해당한다.
② ㉡은 갑이 소속되어 있지 않으므로 내집단으로 볼 수 없고, 사회화를 목적으로 설립된 기관인 공식적 사회화 기관에 해당한다.
④ ㉣은 사범 대학을 계속 다닐지 고민하는 것이므로 이는 역할의 충돌에 따른 고민이 아니다. 따라서 역할 갈등에 해당하지 않는다.

⑤ 성적 최우수상을 받은 것은 갑의 역할 행동에 대한 보상에 해당한다.

정답률 분석 ① 3% ② 3% ③ 85% ④ 4% ⑤ 3%

117 사회학적 개념 / 답 ⑤

알짜풀이

⑤ ㉣은 역할 간의 충돌로 인한 심리적 갈등에 해당하지 않으나, ㉦은 아버지의 역할과 남편의 역할 간 충돌로 인한 고민으로 역할 갈등에 해당한다.

오답넘기

① 남편은 성취 지위, 막내딸은 귀속 지위에 해당한다.
② 표창을 받은 것은 갑이 소방관으로서의 역할 행동에 대한 보상에 해당한다.
③ 방송사는 2차적 사회화 기관이자 비공식적 사회화 기관에 해당한다.
④ 소방공무원 채용이 예기 사회화에 해당하지는 않는다.

정답률 분석 ① 2% ② 4% ③ 11% ④ 13% ⑤ 66%

118 사회학적 개념 / 답 ②

알짜풀이

② (가)에서 갑은 의과 대학에 속해 있지만 갑의 준거 집단은 구호 단체이다. (나)에서 갑은 국제 구호 기관에 속해 있으면서 이에 대한 소속감과 자부심을 갖고 있으므로 내집단과 준거 집단이 일치함을 알 수 있다.

오답넘기

① (가)에서의 아들과 (나)에서의 외동아들은 모두 귀속 지위에 해당한다.
③ (가)에서 학점 취득을 위해 봉사 활동을 다녀온 것과 (나)에서 해외 파견 활동가 교육을 받기 시작한 것은 모두 역할 행동에 해당한다.
④ (가)의 의과 대학과 (나)의 기관 연수원은 모두 사회화를 목적으로 설립된 공식적 사회화 기관이다.
⑤ (가)에서 부모님께 어떤 말씀을 드려야 할지 고민하는 것과 (나)에서 여자 친구와 사이가 멀어질까 봐 고민하는 것에는 역할 간 충돌이 나타나 있지 않다. 따라서 (가)와 (나) 모두 갑의 역할 갈등이 나타나 있지 않다.

정답률 분석 ① 1% ② 88% ③ 3% ④ 3% ⑤ 3%

119 사회학적 개념 / 답 ②

알짜풀이

② ㉡은 영화배우로서 맡은 배역을 수행하기 위한 갑의 역할 행동이다. 따라서 ㉡은 영화배우로서 갑의 역할 행동에 해당한다.

오답넘기

① 영화배우는 개인의 의지나 노력에 의해 후천적으로 얻게 되는 지위인 성취 지위에 해당한다. 그러나 배역은 영화배우라는 지위에 의해 맡은 배역이므로 지위라고 볼 수 없다.
③ 비난을 받은 것은 갑의 역할 행동에 대한 제재에 해당한다.
④ 정체성의 혼란은 두 개 이상의 역할 간 충돌로 나타나는 것이 아니므로 갑의 역할 갈등에 해당하지 않는다.
⑤ 영화 제작사는 비공식적 사회화 기관에 해당하고, 예술 대학원은 공식적 사회화 기관에 해당한다.

정답률 분석 ① 38% ② 50% ③ 3% ④ 4% ⑤ 3%

120 사회화 기관 / 답 ②

사회화를 목적으로 설립된 기관은 공식적 사회화 기관이고, 기초적 수준의 사회화를 담당하는 기관은 1차적 사회화 기관이다. 따라서 (가)는 공식적 · 2차적 사회화 기관, (나)는 비공식적 · 2차적 사회화 기관, (다)는 비공식적 · 1차적 사회화 기관에 해당한다.
② ㉠은 공식적 · 2차적 사회화 기관이므로 (가)에 해당한다. ㉡과 ㉢은 비공식적 · 2차적 사회화 기관이므로 (나)에 해당한다. ㉣은 비공식적 · 1차적 사회화 기관이므로 (다)에 해당한다.

정답률 분석 ① 4% ② 86% ③ 4% ④ 1% ⑤ 2%

더 알아보기

1차적 사회화와 2차적 사회화
1차적 사회화는 유아기와 아동기에 가족, 또래 집단 등 주변의 가까운 사람들에 의해 이루어지는 사회화로 인성의 기본 틀이 형성되는 과정이다. 1차적 사회화의 내용은 개인의 자아 형성과 정서적 안정 형성에 큰 영향을 미치기 때문에 원초적 사회화라고도 한다. 그에 비해 2차적 사회화는 1차적 사회화 이후 의도적인 교육과 훈련 등을 통해 평생 동안 이루어지는 사회화로, 주로 인지적 측면의 발달에 큰 영향을 미친다.

121 사회학적 개념 / 답 ⑤

알짜풀이

ㄷ. 학교는 공식적 사회화 기관이고, 또래 집단은 비공식적 사회화 기관이다.
ㄹ. 제시된 사례에 공식 조직인 학교는 나타나 있지만, 비공식 조직은 나타나 있지 않다.

오답넘기

ㄱ. 학생, 학급회장, 선생님, 코미디언이라는 4개의 성취 지위가 등장한다.
ㄴ. 제시된 사례에서 갑의 역할 갈등 상황은 나타나 있지 않다.

122 사회화 기관의 유형 / 답 ④

알짜풀이

A는 기업, B는 대학교, C는 가족이다.
ㄴ. 대학교는 공식적 사회화 기관, 가족은 비공식적 사회화 기관에 해당한다.
ㄹ. 대학교는 사회화를 목적으로 하는 공식적 사회화 기관이므로 비공식적 사회화 기관인 가족이나 기업보다 사회화의 과정이나 내용의 체계성 정도가 높다고 볼 수 있다.

오답넘기

ㄱ. 가족은 주로 1차적 사회화를 담당한다.
ㄷ. 개인의 인성 형성에 중요한 역할을 하는 것은 1차적 사회화 기관인 가족이다.

123 사회화 기관 / 답 ②

알짜풀이

ㄱ. 공식적 사회화 기관에는 학교, 직업 훈련소 등이 있고, 비공식적 사회화 기관에는 가족, 또래 집단, 대중 매체 등이 있다.
ㄷ. 공식적 사회화 기관은 사회화를 목적으로 설립된 기관으로 전문적인 사회화를 담당한다.

오답넘기

ㄴ. ㉠은 사회화를 목적으로 설립된 공식적 사회화 기관, ㉡은 비공식적 사회화 기관이다.
ㄹ. 공식적 사회화 기관과 비공식적 사회화 기관은 모두 정서적인 부분의 사회화를 담당할 수 있다.

124 사회화 기관 / 답 ④

알짜풀이

ㄴ. ㉠과 ㉢은 모두 사회화를 목적으로 하지 않지만 부수적으로 사회화 기능을 수행하는 비공식적 사회화 기관이다.
ㄹ. ㉢과 ㉣은 모두 1차적 사회화 기관으로 기초적인 사회화가 이루어진다.

오답넘기

ㄱ. ㉠은 비공식적 사회화 기관이고, ㉡은 공식적 사회화 기관이다.
ㄷ. ㉡은 2차적 사회화 기관이고, ㉢은 1차적 사회화 기관이다.

125 사회학적 개념 / 답 ③

알짜풀이

③ 독립 운동가는 갑의 노력에 의해 후천적으로 얻게 되는 성취 지위에 해당한다.

오답넘기

① ㉠은 갑의 귀속 지위, ㉡은 갑의 성취 지위이다.
② ㉢은 갑의 개인적인 고민으로, 역할 갈등으로 볼 수 없다.
④ ㉤은 갑의 역할 행동에 해당한다.
⑤ ㉥에서 재사회화는 갑이 조직한 군대의 군인들이 경험하였다.

⊕ 더 알아보기

사회화의 유형

사회화	개인이 사회적 상호 작용을 통해 사회적 행동을 학습해 가는 과정
재사회화	사회 변화에 적응하기 위해 새로운 규범, 가치관, 행동 양식 등을 학습하는 과정
탈사회화	새로운 환경에 적응하기 위해 이전에 배웠던 것들을 버리는 과정
예기 사회화	앞으로 속하게 될 집단에서 요구하는 행동 양식을 미리 준비하는 과정

126 사회학적 개념 / 답 ③

알짜풀이

③ 갑에게 ㉤은 구단 선수였던 자신이 새롭게 코치로서 역할을 수행하기 위해 재사회화를 하는 동시에 미래에 코치가 되었을 때를 대비하여 미리 새로운 지식이나 기능, 가치 등을 습득하는 과정이므로 예기 사회화라고 볼 수 있다.

오답넘기

① 갑에게 ㉠과 ㉢은 모두 후천적인 노력으로 얻은 성취 지위이다.
② ㉡과 ㉣은 모두 비공식적 사회화 기관이다.
④ ㉥은 갑의 역할 행동(역할 수행)에 대한 보상이다.
⑤ ㉦은 갑의 심리적 고민이므로 역할 갈등으로 볼 수 없다.

127 사회학적 개념 / 답 ④

알짜풀이

ㄴ. ㉡은 갑의 장래 희망인 국제 협력 기구 활동의 예기 사회화를 기대하는 기관으로 볼 수 있다.
ㄹ. ㉣은 전문적인 지식과 기능의 사회화를 담당하는 2차적 사회화 기관이다.

오답넘기

ㄱ. ㉠은 공식적 사회화 기관이다.
ㄷ. ㉢은 갑에게 요구되는 사회적 기대이자 역할 행동이 아니라, 갑이 장래에 하고 싶은 활동이다.

128 사회학적 개념 / 답 ④

알짜풀이

④ 광부는 후천적으로 획득한 지위이므로 성취 지위이고, 막내 동생은 자연적으로 가지게 되는 선천적인 지위이므로 귀속 지위이다.

오답넘기

① ㉠은 갑의 역할에 해당한다.
② 갑은 생계를 위해 어쩔 수 없이 광부가 되었고, 광부 생활에 불만이 있는 것으로 보아 광부가 갑의 준거 집단이라고 볼 수 없다.
③ ㉣에는 서로 충돌하는 역할이 존재하지 않으므로 역할 갈등에 해당하지 않는다.
⑤ 가족과 방송국은 모두 비공식적 사회화 기관이다.

129 사회학적 개념 / 답 ④

알짜풀이

ㄴ. ㉡은 전문적인 지식과 기능의 사회화를 담당하는 2차적 사회화 기관이다.
ㄹ. 한 개인이 가지고 있는 두 가지 이상의 지위에 대해 각각의 역할이 중첩적으로 기대되면 역할 갈등이 발생할 수 있다.

오답넘기

ㄱ. ㉠은 학생의 지위에 따른 역할이다.
ㄷ. ㉢은 사회화를 목적으로 하는 것은 아니지만 부수적으로 사회화 기능을 수행하는 비공식적 사회화 기관이다.

⊕ 더 알아보기

사회화 기관의 유형

1차적 사회화 기관	기초적인 사회화를 담당 예 가족, 친족, 또래 집단 등
2차적 사회화 기관	전문적인 지식과 기능의 사회화를 담당 예 학교, 대중 매체 등
공식적 사회화 기관	사회화를 목적으로 설립된 기관 예 학교, 직업 훈련소 등
비공식적 사회화 기관	부수적으로 사회화 기능을 수행하는 기관 예 가족, 직장 등

130 사회학적 개념 / 답 ④

알짜풀이

ㄴ. ㉡은 갑이 회사에서 일을 하고 받은 역할 행동에 대한 보상이다.
ㄹ. ㉣처럼 연공서열에 따른 보상 체계를 중시하는 조직은 관료제이다.

오답넘기

ㄱ. ㉠은 공식 조직으로 구성원 간 형식적 관계가 중심이 된다.
ㄷ. ㉢은 갑이 연봉에 대한 불만으로 이직을 고려하는 고민 상황일 뿐 역할 갈등에 해당하지 않는다.

131 사회학적 개념 / 답 ⑤

알짜풀이

⑤ ㉧은 딸이 ㉦으로서 사회적 기대에 부합하는 역할 행동을 하여 받은 보상에 해당한다.

오답넘기

① ㉠은 비공식적 사회화 기관이고, ㉥은 공식적 사회화 기관이다.
② ㉡과 ㉦은 모두 성취 지위이다.
③ ㉤은 역할 긴장에 해당하나, ㉢은 ㉡의 고민 상황이므로 역할 갈등으로 볼 수 없다.
④ ㉣은 한 개인이 속한 사회에서 요구하는 행동 양식과 규범, 가치 등을 배워 가는 일반적인 사회화 과정에 해당한다.

132 사회화를 보는 관점 / 답 ③

알짜풀이

(가)는 기능론, (나)는 갈등론, (다)는 상징적 상호 작용론에 해당한다.
③ 상징적 상호 작용론은 사람들이 자신과 상호 작용을 하는 사람의 영향을 받아 사회화가 이루어진다고 보므로 원초적 관계를 형성하는 사람과의 관계와 역할을 중시한다.

오답넘기

① 사회화를 차별적 가치나 규범을 학습하는 과정으로 이해하는 관점은 갈등론이다.
② 재사회화를 통해 사회를 안정적으로 유지할 수 있다고 보는 관점은 기능론이다.
④ 기능론과 갈등론은 거시적 관점, 상징적 상호 작용론은 미시적 관점에 해당한다.
⑤ 사회적 불평등이 사회 구성원의 합의에 근거한다고 보는 관점은 기능론이다.

더 알아보기

사회화를 보는 관점

기능론	• 사회화를 통해 사회의 질서와 안정이 유지된다고 봄 • 사회화의 내용과 방법이 사회적으로 합의된 것이라고 봄
갈등론	• 사회화를 통해 사회의 불평등 구조가 유지된다고 봄 • 사회화의 내용과 방법이 지배 집단에 의해 그들에게 유리하도록 정해진다고 봄
상징적 상호 작용론	• 사회화는 구성원 간의 상호 작용을 통해 이루어지는 것이라고 봄 • 어떤 타인과 어떻게 상호 작용하느냐에 따라 사회화의 결과가 달라진다고 봄

133 사회화를 보는 관점 / 답 ③

알짜풀이

갑의 관점은 갈등론, 을의 관점은 기능론이다.

ㄴ. 갈등론은 사회화가 구성원들로 하여금 사회 질서에 순응하게 하여 지배 집단의 이익에 부합하는 사회를 존속시키는 데 기여한다고 보며, 현재의 불평등한 구조를 정당화하는 수단으로 이해한다.

ㄷ. 기능론은 사회화를 통해 사회 구성원들이 사회의 지배적 가치나 규범, 행동 양식 등을 학습하면서 사회가 통합된다고 본다.

오답넘기

ㄱ. 사회화를 사회적 기대를 고려하여 자신의 정체성을 형성해 나가는 과정으로 이해하는 관점은 상징적 상호 작용론이다.

ㄹ. 상징을 매개로 한 타인과의 상호 작용을 통해 개인의 자아가 형성된다고 보는 관점은 상징적 상호 작용론이다.

02 사회 집단과 사회 조직

item 10 사회 집단과 사회 조직

134 ④	135 ⑤	136 ⑤	137 ④	138 ②	139 ②
140 ②	141 ⑤	142 ③	143 ⑤	144 ③	145 ⑤
146 ③	147 ④	148 ②	149 ②	150 ②	151 ②
152 ⑤	153 ⑤	154 ②	155 ④	156 ①	

134 지위와 역할, 사회화 / 답 ④

알짜풀이

④ 을이 속해 있는 자발적 결사체는 바다낚시 동호회, 고등학교 총동창회로 2개이고, 병이 속해 있는 2차 집단은 고등학교 총동창회, ○○방송국, 동물 보호 단체로 3개이다.

오답넘기

① [장면 1]에 적혀 있는 내용에는 성취 지위가 없다. 연하남, 연상녀는 자연적으로 주어지는 귀속 지위에 해당한다.

② [장면 2]에 적혀 있는 이익 사회는 □□기업, 대학교, 바다낚시 동호회로 3개이다. [장면 4]에 적혀 있는 비공식적 사회화 기관은 ○○방송국, △△은행, 동물 보호 단체로 3개이다.

③ 진로에 대한 고민은 역할 갈등에 해당하지 않는다.

⑤ 대학교 때 경영학을 공부한 것은 재사회화에 해당하지 않는다. 대학원에서 관광 경영에 관한 공부를 하는 것은 예기 사회화에 해당하지만 영화감독이 되기 위해 시나리오를 구상 중인 것은 예기 사회화에 해당하지 않는다.

정답률 분석 ① 11% ② 14% ③ 6% ④ 64% ⑤ 5%

135 사회 집단과 사회 조직/ 답 ⑤

알짜풀이

A는 자발적 결사체이면서 공식 조직인 노동조합, C는 자발적 결사체이므로 사내 동호회, D는 공식 조직에 해당한다고 했으므로 회사, 남아 있는 B는 가족이 된다.

⑤ 노동조합, 사내 동호회, 회사는 이익 사회에 해당되고, 가족은 구성원의 선택 의지와 무관하게 형성된 사회 집단으로 공동 사회에 해당된다.

오답넘기

① 인격적 인간관계가 주로 이루어지는 집단에 해당되는 것은 가족으로 B이다.

②, ③ B는 가족으로 가입과 탈퇴가 자유롭지 못하다. 공동 사회는 비공식적 통제가 주로 이루어진다.

④ 뚜렷한 목적을 가진 과업 지향적인 집단에 해당하는 것은 공식 조직이다. 사내 동호회는 비공식 조직으로 과업 지향적인 집단에 해당되지 않는다.

정답률 분석 ① 2% ② 3% ③ 2% ④ 4% ⑤ 88%

136 사회 집단과 사회 조직 / 답 ⑤

알짜풀이

⑤ 자발적 결사체는 가입과 탈퇴가 자유로운 사회 집단을 의미한다. 제시문에 나와 있는 시민 단체, 테니스 동호회, 드론 조종사 협회가 자발적 결사체에 해당한다. 갑과 을은 시민 단체, 정과 무는 테니스 동호회에 속해 있다. 병이 속한 광고 회사는 자발적 결사체가 아니며, 가입과 탈퇴가 자유롭지 못하다.

오답넘기

① 비공식적 사회화 기관은 설립 목적은 따로 있지만 부수적으로 사회화가 이루어지는 기관이다. 따라서 을이 속해 있는 비공식적 사회화 기관은 시민 단체와 테니스 동호회 2개이다.

② 공식 조직은 특정 목적을 달성하기 위해 인위적으로 형성된 조직을 말한다. 따라서 갑과 을이 함께 속해 있는 공식 조직은 고등학교와 시민 단체로 2개이다.

③ 고등학교, 시민 단체, 광고 회사 모두 2차적 사회화 기관이다.

④ 을과 정이 함께 속해 있는 테니스 동호회는 테니스를 할 목적으로 만들어진 공식 조직에 해당한다.

정답률 분석 ① 2% ② 19% ③ 4% ④ 17% ⑤ 59%

137 지위와 역할, 사회 집단 및 사회 조직의 이해 / 답 ④

알짜풀이

제시된 자료에는 A 회사, 사내 동호회, 노동조합, 사진 동호회와 같은 사회 집단 및 조직이 나와 있다.

ㄴ. 갑과 을이 같이 소속되어 있는 조직은 회사 내 노동조합이다. 노동조합은 가입과 탈퇴가 자유로운 자발적 결사체이다.

ㄹ. 제시된 자료에서 갑이 소속된 A 회사는 공식 조직이고, 을이 소속된 사진 동호회는 비공식 조직이다.

오답넘기

ㄱ. 제시된 자료에서 갑이 겪은 동료와의 갈등은 서로 여러 지위에서 요구하는 역할이 충돌한 것이 아니므로 역할 갈등에 해당하지 않는다. 을은 동료 직원으로서의 역할과 A 회사 복지 팀 팀장으로서의 역할이 충돌하여 고민하고 있다. 이는 서로 다른 지위에서 요구되는 역할이 충돌되어 나타나는 역할 갈등에 해당한다.

ㄷ. 공식적 사회화 기관은 학교와 같이 사회화를 목적으로 설립된 기관을 말한다. 제시된 자료에는 갑과 을이 소속된 공식적 사회화 기관은 나타나 있지 않다.

정답률 분석 ① 2% ② 2% ③ 6% ④ 72% ⑤ 17%

138 사회 집단과 사회 조직/ 답 ②

알짜풀이

제시된 자료에서 갑은 회사, 회사 내 게임 동아리, 을은 회사, 회사 내 게임 동아리, 향우회, 병은 향우회에 소속되어 있다.

② 을이 속한 회사는 공식 조직이고 회사 내 게임 동아리는 비공식 조직에 해당한다.

오답넘기

① 공동 사회는 결합 자체를 목적으로 하는 본능적 의지에 따라 자연 발생적으로 형성된 사회 집단이고, 이익 사회는 선택 의지에 따라 인위적으로 결성된 사회 조직이다. 갑이 소속된 공동 사회는 나와 있지 않다. 회사와 회사 내 동호회는 모두 선택 의지에 따라 인위적으로 결성된 이익 사회에 속한다.

③ 병은 향우회에 소속되어 있는데, 향우회는 자발적 결사체로 공식 조직에 해당한다.

④ 갑과 을이 모두 소속되어 있는 회사 내 게임 동아리는 가입과 탈퇴가 자유로운 자발적 결사체에 해당한다.

⑤ 갑이 소속되어 있는 회사는 공식적, 형식적, 수단적 접촉이 이루어지는 2차 집단에 해당한다.

정답률 분석 ① 5% ② 48% ③ 6% ④ 40% ⑤ 1%

139 사회 집단과 사회 조직 / 답 ②

알짜풀이

② 자발적 결사체는 가입과 탈퇴가 자유로운 조직을 말한다. 을이 작성한 내용에 나와 있는 자발적 결사체 수는 □□시민 단체, 방송인 협회로 2개이다. 을이 속해 있는 자발적 결사체는 교내 독서 모임, □□시민 단체로 2개이다.

오답넘기

① 갑이 작성한 내용에 공식 조직의 수는 취업 상담 센터, 총동창회, ○○기업, □□시민 단체로 4개이다. 을이 작성한 내용에 있는 2차적 사회화 기관의 수는 □□시민 단체, △△방송사, 방송인 협회, 취업 상담 센터로 4개이다.

③ 병이 속해 있는 공식적 사회화 기관의 수는 A대학교, 대안 학교로 2개이다. 갑이 속해 있는 공식적 사회화 기관의 수는 A대학교, 대안 학교로 2개이다. 따라서 갑과 을이 속해 있는 공식적 사회화 기관은 2개로 같다.

④ 갑과 병이 함께 속해 있는 2차 집단의 수는 A대학교, 대안 학교로 2개이다. 병이 속해 있는 비공식적 사회화 기관의 수는 □□시민 단체 1개이다.

⑤ 비공식 조직은 조직 내에서 친밀한 인간 관계를 바탕으로 만들어진 사회 집단이다. 갑과 을은 교내 독서 모임에 함께 속해 있는데, 교내 독서 모임은 비공식 조직에 해당한다.

정답률 분석 ① 14% ② 41% ③ 21% ④ 14% ⑤ 10%

140 사회 집단과 사회 조직 / 답 ②

알짜풀이

갑은 대학원, 시민 단체, 가족에 소속되어 있고, 을은 사내 야구 동호회, 노동조합, 가족에 소속되어 있으며, 병은 청소년 봉사 단체, 학급, 가족에 소속되어 있다.

ㄱ. 시민 단체와 학급은 모두 선택적 의지에 의해 인위적으로 결합한 이익 사회에 해당한다.

ㄹ. 갑~병은 모두 가족이라는 공동 사회에 소속되어 있다. 또한 갑은 대학원과 시민 단체, 을은 노동조합, 병은 학급에 소속되어 있으며 이는 모두 공식 조직에 해당한다.

오답넘기

ㄴ. 갑은 시민 단체, 을은 사내 야구 동호회와 노동조합, 병은 청소년 봉사 단체에 소속되어 있으나, 이는 모두 자발적 결사체에 해당한다.

ㄷ. 을의 경우에만 비공식 조직인 사내 야구 동호회에 소속되어 있다.

정답률 분석 ① 3% ② 77% ③ 3% ④ 9% ⑤ 5%

더 알아보기

비공식 조직과 자발적 결사체

공식 조직이면서 자발적 결사체에 해당하는 사례로는 시민 단체, 이익 집단 등이 있다. 비공식 조직이면서 자발적 결사체에 해당하는 사례로는 회사, 학교와 같은 공식 조직 내에서 만들어진 동호회, 동창회 등이 있다. 예를 들어 학교 내 축구 동호회는 자발적 결사체이자 비공식 조직이지만, 동네 축구회는 자발적 결사체이다.

141 사회 집단과 사회 조직의 이해 / 답 ⑤

알짜풀이

모든 자발적 결사체는 선택적 의지에 따라 형성된 이익 사회에 해당하고, 모든 비공식 조직은 가입과 탈퇴가 자유로운 자발적 결사체에 해당한다. 따라서 A는 이익 사회, B는 비공식 조직이다.

⑤ 학교는 선택적 의지에 따라 형성된 이익 사회(A)에 해당하고, 사내 동호회는 공식 조직 내에 형성된 비공식 조직(B)에 해당한다.

오답넘기

① 비공식적 제재가 지배적인 조직은 공동 사회이다.

② 형식적, 수단적 인간 관계가 지배적인 사회 집단은 공식 조직이다.

③ 자발적 결사체는 가입과 탈퇴가 자유롭고, 이익 사회 중에는 자발적 결사체가 아닌 사회 집단도 존재한다.

④ B에 해당하는 비공식 조직은 선택 의지에 의해 인위적으로 형성된 집단인 이익 사회에 해당한다.

정답률 분석 ① 6% ② 6% ③ 3% ④ 6% ⑤ 78%

142 사회 집단과 사회 조직의 이해 / 답 ③

알짜풀이

제시된 자료에 나와 있는 조직은 공식 조직, 이익 사회, 공동 사회, 자발적 결사체로 구분할 수 있는 사회 집단이다. 이들 사회 집단을 분류해 보면 다음과 같다.

㉠ 노동조합은 공식 조직, 이익 사회, 자발적 결사체

㉡ 사내 탁구 동호회는 이익 사회, 자발적 결사체, 비공식 조직

㉢ 가족은 공동 사회

㉣ 대학교는 공식 조직, 이익 사회

㉤ 조기 축구회는 이익 사회, 자발적 결사체

㉥ 시민 단체는 공식 조직, 이익 사회, 자발적 결사체

따라서 분류 결과 표의 A는 공식 조직, B는 이익 사회, C는 자발적 결사체, D는 공동 사회이다.

ㄴ. C는 자발적 결사체이므로 노동조합, 사내 탁구 동호회, 조기 축구회, 시민 단체가 해당된다.

ㄷ. A에는 노동조합, 대학교, 시민 단체가 들어가는데 이들은 모두 공식 조직에 해당한다. B에는 노동조합, 사내 탁구 동호회, 대학교, 조기 축구회, 시민 단체가 들어가는데 이들은 모두 이익 사회에 해당한다.

오답넘기

ㄱ. 비공식 조직은 사내 탁구 동호회 1개뿐이다.

ㄹ. 집단의 결합 자체가 집단 형성의 목적인 사회 집단은 공동 사회(D)로 가족이 이에 해당한다.

정답률 분석 ① 5% ② 7% ③ 77% ④ 6% ⑤ 5%

143 사회 집단과 사회 조직 / 답 ⑤

알짜풀이

친목 집단, 이익 집단, 시민 단체는 모두 자발적 결사체이면서 이익 사회에 해당한다.

⑤ 과업 지향적인 집단은 공식 조직을 말한다. B가 친목 집단이라면 A와 C는 각각 이익 집단과 시민 단체 중 하나이다. 이익 집단과 시민 단체는 모두 공식 조직이므로 B가 친목 집단이라면 '과업 지향적인 집단인가?'는 (다)에 들어갈 수 있다.

오답넘기

① 자발적 결사체는 가입과 탈퇴가 자유롭다. 따라서 '가입과 탈퇴가 자유로운가?'는 (나)에 들어갈 수 있다.
② 본질 의지에 의해 자연 발생적으로 형성된 집단은 공동 사회이다. 자발적 결사체는 선택 의지에 의해 결합된 이익 사회이다.
③ 자발적 결사체는 공통의 관심사나 목표를 가지고 결성한 집단이다. 따라서 '공통의 관심사나 목표를 가지고 결성한 집단인가?'는 (나)에 들어갈 수 있다.
④ A와 C가 각각 시민 단체와 친목 집단 중 하나라면 B는 이익 집단이다. 자발적 결사체는 사회 다원화에 기여하므로 '사회 다원화에 기여하는가?'는 (나)에 들어갈 수 있다.

정답률 분석 ① 2% ② 3% ③ 9% ④ 3% ⑤ 81%

144 사회 집단과 사회 조직 / 답 ③

알짜풀이

③ 시민 단체는 구성원의 지위와 책임이 명확하게 규정되어 있는 공식 조직에 해당하지만, 구성원의 의지와 무관하게 자연 발생적으로 형성된 공동 사회에 해당하지 않는다.

오답넘기

① (가)에 '구성원의 선택적 의지에 따라 형성된 집단인가?'가 들어가면 A는 이익 사회, B는 공동 사회에 해당한다. 가족은 공동 사회에, 종친회는 이익 사회에 해당한다.
② 회사는 형식적 · 수단적 인간 관계가 지배적으로 나타난다. 따라서 (나)가 '형식적 · 수단적 인간 관계가 지배적으로 나타나는가?'라면 A에는 또래 집단이, B에는 회사가 들어갈 수 있다.
④ 회사 내 동호회는 공통의 이해관계와 관심을 가진 사람들이 자발적으로 만든 집단인 자발적 결사체에 해당하고, 공식 조직 내에서 구성원 간의 친밀한 관계를 바탕으로 형성된 조직인 비공식 조직에 해당한다.
⑤ 기업의 노동 조합과 대학 총동창회는 주로 공식적 규범을 통해 구성원을 통제하는 공식 조직에 해당하고, 구성원들의 직접적인 접촉을 통한 전인격적 관계에 기초한 1차 집단에 해당하지 않는다.

정답률 분석 ① 3% ② 6% ③ 63% ④ 6% ⑤ 19%

145 사회 집단과 사회 조직 / 답 ⑤

알짜풀이

ㄷ. 회사 내 테니스 동호회는 회사라는 공식 조직 내에 존재하는 비공식 조직이자 사회화를 부수적으로 수행하는 비공식적 사회화 기관이다.
ㄹ. 지역 환경 단체는 자발적 결사체이면서 선택적 의지에 의해 결합된 이익 사회이다.

오답넘기

ㄱ. ○○기업과 같은 공식 조직에서는 형식적 관계가 지배적으로 나타난다.
ㄴ. 과장으로 승진한 것은 을의 역할 행동에 대한 사회적 보상이다.

146 사회 집단과 사회 조직 / 답 ③

알짜풀이

ㄴ. 교내 댄스 동아리는 학교라는 공식 조직 내에서 만들어진 비공식 조직이면서 갑의 내집단에 해당한다.
ㄷ. 지역 인권 단체는 공익을 추구하는 시민 단체로, 이익 사회에 해당한다.

오답넘기

ㄱ. 시립 도서관은 구성원들의 선택 의지에 따라 형성된 이익 사회이며, 2차 집단이다.
ㄹ. 가족은 공동 사회이므로 자발적 결사체로 볼 수 없다.

147 사회 집단과 사회 조직 / 답 ④

알짜풀이

ㄱ. 가족은 1차 집단, 학교는 2차 집단이다.
ㄷ. 학교와 교회는 목표가 뚜렷하고 행위 규범을 명시적으로 규정하는 공식 조직에 해당한다.
ㄹ. 등산 동호회는 공동의 관심과 취미에 따른 친밀한 인간관계를 바탕으로 하는 자발적 결사체이다.

오답넘기

ㄴ. 학교와 ★★인권 연대는 모두 공식 조직이다.

148 사회 집단과 사회 조직 / 답 ②

알짜풀이

ㄱ. ㉠의 시립 도서관은 특정 목적을 위해 설립된 공식 조직이고, ㉡의 교내 댄스 동아리는 공식 조직인 학교 안에서 만들어진 비공식 조직이다. 따라서 ㉠보다 ㉡에서 구성원 간 친밀한 대면 접촉이 지배적이다.
ㄹ. ㉣과 ㉥은 모두 공통의 관심이나 목표를 가진 사람들이 자발적으로 결성한 집단인 자발적 결사체에 해당한다.

오답넘기

ㄴ. ㉡은 1차 집단의 성격이 강한 집단이면서 비공식 조직에 해당한다. ㉣은 2차 집단이면서 공식 조직에 해당한다.
ㄷ. ㉢은 1차 집단으로 비공식적 수단에 의한 통제가 일반적이지만, ㉥은 공식 조직으로 공식적 수단에 의한 통제가 일반적이다.

149 사회 집단과 사회 조직 / 답 ②

알짜풀이

사내 낚시 동호회는 비공식 조직이자 자발적 결사체이다.
ㄱ. ㉠은 의무적으로 가입하여 활동해야 하는 것이 아니라, 가입과 탈퇴가 자유로운 집단이다.
ㄹ. 비공식 조직은 구성원에게 정서적 안정과 만족감을 주어 조직의 사기를 높이는 역할을 한다.

오답넘기

ㄴ. ㉠은 구성원 간 취미나 여가를 공유하고 친밀감과 유대감을 갖는 집단이므로 공식 조직처럼 규칙과 절차가 중시된다고 보기 어렵다.
ㄷ. 자발적 결사체 중 친목 단체는 친밀한 인간관계를 바탕으로 선택적 의지로 형성된다.

⊕ 더 알아보기

비공식 조직

의미	공식 조직 내에서 구성원들의 공동의 관심이나 취미에 따라 친밀한 인간관계를 바탕으로 형성된 조직
순기능	구성원들의 만족감과 사기를 높여 공식적인 과업의 능률을 향상시키고 조직의 효율성을 높일 수 있음
역기능	지나친 비공식 조직의 활동은 공식 조직의 업무 수행에 방해가 될 수 있음

150 사회 집단과 사회 조직 / 답 ②

알짜풀이

A는 공식 조직, B는 비공식 조직이다.
ㄱ. 공식 조직에서는 주로 형식적이고 수단적, 간접적 접촉이 이루어진다.
ㄷ. 비공식 조직이 공식 조직의 업무나 인사 등에 지나치게 간섭할 경우 공식 조직에서의 업무 공정성이 저해되기도 한다.

오답넘기

ㄴ. 가입과 탈퇴가 자유로운 비공식 조직과 달리 공식 조직은 구성원의 가입과 탈퇴가 자유롭지 못하다.
ㄹ. 공식 조직과 비공식 조직은 모두 선택적 의지에 따라 결합된 이익 사회이다.

151 비공식 조직 / 답 ②

알짜풀이

밑줄 친 '이러한 모임'은 비공식 조직이다.

ㄱ. 비공식 조직은 공통의 관심사나 목표를 가지고 자발적으로 결성된 자발적 결사체이다.

ㄹ. 비공식 조직은 공식적인 과업의 능률과 조직의 효율성을 높이는 데 기여할 수 있다.

오답넘기

ㄴ. 비공식 조직은 특정한 목적을 가지고 결합한 이익 사회이다.

ㄷ. 권한의 수직적인 위계 서열이 뚜렷하게 나타나는 것은 공식 조직이다.

152 사회 집단과 사회 조직 / 답 ⑤

알짜풀이

⑤ ㉤은 조직의 목표 달성을 위해 설립된 공식 조직이다.

오답넘기

① ㉠은 특별한 목적 달성을 위해 선택적 의지에 의해 만들어진 이익 사회이자 자발적 결사체이다.

② ㉡은 공식 조직이다. 공식 조직의 구성원 간에는 일반적으로 형식적이고 수단적인 관계가 나타난다.

③ ㉢은 공식 조직으로, 공식적 규범에 의한 통제가 지배적으로 나타난다.

④ ㉣은 시민 단체로, 시민들의 공동 관심사를 기반으로 형성된 공식 조직에 해당한다.

153 사회 집단과 사회 조직 / 답 ⑤

알짜풀이

ㄷ. ㉥은 ㉠에서 갑의 역할 행동에 대한 제재에 해당한다.

ㄹ. 회사는 특별한 목적을 수행하기 위한 이익 사회이고, 가족은 결합 자체를 목적으로 하는 공동 사회이다.

오답넘기

ㄱ. 회사와 해외 지사는 모두 공식 조직에 해당한다.

ㄴ. 과장과 아내는 모두 성취 지위이다.

154 사회 집단과 사회 조직 / 답 ②

알짜풀이

(가)는 비공식 조직, (나)는 이익 사회, (다)는 자발적 결사체이다.

② 비공식 조직은 공식 조직 내 구성원에게 정서적 안정과 만족감을 주어 조직 구성원의 긴장감을 완화시킬 수 있다.

오답넘기

① 공식적인 규정에 따라 운영되는 것은 공식 조직이다.

③ 이익 사회가 사회 전체의 공익을 개인적 이익보다 우선적으로 표방한다고 보기 어렵다. 예를 들어 회사는 선택적 의지에 의해 결합된 이익 사회이지만, 공익을 항상 우선시하는 것은 아니다.

④ 이익 사회는 형식적 인간관계를 바탕으로 한다.

⑤ 자발적 결사체가 특정 집단만의 이익을 추구한다고 볼 수 없다. 시민 단체의 경우 사회 전체의 공익을 추구한다.

더 알아보기

자발적 결사체

의미	구성원들의 공동의 관심사나 이해관계를 기반으로 자발적 의사에 따라 형성된 사회 집단
특징	• 가입과 탈퇴가 자유로움 • 1차적 인간관계와 2차적 인간관계가 공존 • 구성원들이 자발적 의사를 가지고 열정적으로 운영에 참여함

155 사회 집단과 사회 조직 / 답 ④

알짜풀이

④ 초등학교는 특정한 목적을 위해 선택 의지를 가지고 만들어진 이익 사회이다.

오답넘기

① ○○기업은 이익 사회에 해당한다. 이익 집단은 자발적 결사체로, 구성원의 이익을 추구하기 위해 조직된 집단이다.

② 회사 내 동호회는 비공식 조직에 해당한다.

③ 회사는 이익 사회에 해당한다.

⑤ 또래 집단은 1차 집단에 해당한다.

156 사회 집단과 사회 조직 / 답 ①

알짜풀이

(가)는 자발적 결사체이다.

ㄱ. 자발적 결사체는 조직 구성원들의 자발적 참여에 의해 운영되고 토론과 합의를 통해 의사를 결정하기 때문에 사회의 다원화와 활성화에 기여한다.

ㄴ. 자발적 결사체는 공동의 목표를 가진 사람들이 자발적으로 만들고, 구성원들 간의 친밀한 인간관계를 형성하므로 1차적 인간관계와 2차적 인간관계가 공존한다.

오답넘기

ㄷ. 구성원의 의지와 무관하게 자연 발생적으로 형성되는 것은 공동 사회이다. 자발적 결사체는 이익 사회에 해당한다.

ㄹ. 대규모 조직을 효율적으로 운영하기 위해 등장한 것은 관료제 조직이다.

item 11 관료제와 탈관료제

157 ①	158 ④	159 ①	160 ①	161 ③	162 ④
163 ②	164 ⑤	165 ⑤	166 ①	167 ④	168 ③
169 ④	170 ③	171 ②	172 ④		

157 관료제와 탈관료제 / 답 ①

알짜풀이

제시된 자료에는 ○○ 버거 회사가 관료제(A)로 운영하다가 탈관료제(B)를 도입했음이 나와 있다.

① 관료제는 업무가 세분화되어 있고 매뉴얼화되어 있으므로 탈관료제에 비해 업무 수행 과정의 예측 가능성이 높다.

오답넘기

② 외부 환경 변화에 대한 유연한 대처가 용이한 것은 구성원이 가진 재량권이 큰 탈관료제이다.

③ 관료제는 업무의 효율적 달성을 위하여 업무의 절차와 규칙을 정해 놓았는데 이로 인해 절차의 준수를 본래의 목표보다 중시하는 목적 전치 현상이 일어날 가능성이 높다.

④ 관료제와 탈관료제는 모두 효율적인 목표 달성을 추구한다.

⑤ 능력에 따른 보상을 중시하는 것은 탈관료제, 경력에 따른 보상을 중시하는 것은 관료제이다.

정답률 분석 ① 92% ② 2% ③ 2% ④ 3% ⑤ 1%

158 관료제와 탈관료제 / 답 ④

알짜풀이

제시된 자료에서 병이 다니는 회사에 대한 설명은 관료제 조직의 특징에 해당하고, 을이 다니는 회사에 대한 설명은 탈관료제 조직의 특징에 해당한다. 따라서 A는 탈관료제, B는 관료제에 해당한다.

ㄴ. 탈관료제는 구성원의 자율성과 창의성을 중시하기에 위계 서열이 명확하고, 업무가 표준화되어 있는 관료제에 비해 외부 환경 변화에 대한 유연한 대처가 용이하다.

ㄹ. 관료제는 업무 표준화에 따른 분업화를 강조한다. 탈관료제는 수평적 관계를 중시하며, 구성원에게 재량권을 부여하여 의사 결정의 분권화를 강조한다.

오답넘기

ㄱ. 업무가 표준화, 세분화되어 있는 관료제(B)가 탈관료제(A)에 비해 업무 수행의 안정성 확보에 용이하다.

ㄷ. 관료제(B)는 목적 달성을 위해 정해 놓은 절차 준수가 목적보다 중시되는 목적 전치 현상이 나타날 가능성이 탈관료제(A)에 비해 높다.

정답률 분석 ① 4% ② 16% ③ 11% ④ 64% ⑤ 5%

159 관료제와 탈관료제 / 답 ①

알짜풀이

제시된 자료에서 □□기업은 의사 결정이 분산되어 있고, 업무의 범위와 분담 체계를 개별 담당 부서에서 자율적으로 결정한다는 것을 통해 탈관료제로 조직을 운영함을 알 수 있다. ○○기업은 표준화된 규약과 절차에 따라 업무를 수행한다는 것을 통해 관료제로 조직을 운영함을 알 수 있다. 따라서 A는 탈관료제, B는 관료제이다.

① 탈관료제는 구성원에게 재량권을 부여하기 때문에 관료제(B)에 비해 외부 환경 변화에 유연하게 대처하기 용이하다.

오답넘기

② 공식적 규범에 의한 통제가 이루어지는 것은 관료제(B)이다.

③ 구성원이 창의성을 발휘하기 용이한 것은 탈관료제(A)이다.

④ 관료제나 탈관료제 모두 업무 수행의 효율성을 추구한다.

⑤ 연공서열에 따른 보상은 위계 서열, 표준화된 업무를 강조하는 관료제(B), 성과에 따른 보상을 중시하는 것은 자율성이 부여되는 탈관료제(A)이다.

정답률 분석 ① 90% ② 2% ③ 2% ④ 6% ⑤ 1%

160 관료제와 탈관료제 / 답 ①

알짜풀이

제시문에는 관료제의 특징과 문제점이 나와 있으며, 관료제인 A에서 관료제의 문제점을 개선하기 위해 B가 등장하였음이 나와 있다. 이를 통해 A는 관료제, B는 탈관료제임을 알 수 있다.

① 관료제(A)는 업무가 표준화, 세분화되어 운영되기 때문에 과업 수행 절차의 예측 가능성이 탈관료제(B)에 비해 높다.

오답넘기

② 업무 담당자에게 주어진 재량권은 탈관료제가 관료제에 비해 크다.

③ 연공서열에 따른 보상 체계는 관료제(A)가 탈관료제(B)에 비해 더 중시한다.

④ 업무 체계의 전문화와 세분화 정도는 관료제(A)가 탈관료제(B)에 비해 높다.

⑤ 하향식 의사 결정 방식이 지배적인 것은 관료제(A)이다.

정답률 분석 ① 85% ② 5% ③ 2% ④ 5% ⑤ 2%

161 관료제와 탈관료제 / 답 ③

알짜풀이

A는 구성원에게 자율성을 주어 조직을 유연하게 운영하기 위한 운영 원리라는 것을 통해 탈관료제임을 알 수 있다. B는 구성원의 자의성을 통제하기 위한 운영 원리라는 것을 통해 관료제임을 알 수 있다.

③ 관료제(B)는 탈관료제(A)에 비해 업무의 표준화와 세분화를 중시한다.

오답넘기

① 과업 수행 절차의 예측 가능성이 높은 것은 구성의 자의성을 통제하는 운영 원리인 관료제(B)이다.

② 공식 조직은 모두 공식적 규약과 절차에 의해 구성원을 통제한다. 공식 조직의 운영 원리가 관료제일 수도, 탈관료제일 수도 있다.

④ 관료제(B)는 수직적 의사 결정 구조를 갖고 있기 때문에 하향식 의사 결정 방식이 지배적이다.

⑤ 관료제(B)는 업무가 표준화, 세분화되 있어 구성원의 업무 경험 및 숙련도가 중시되므로 연공서열에 따른 보상을 중시하고, 탈관료제(A)는 구성원의 자율성을 부여하여 성과에 따른 보상을 중시한다.

정답률 분석 ① 2% ② 2% ③ 83% ④ 12% ⑤ 1%

162 관료제와 탈관료제/ 답 ④

알짜풀이

제시문에는 탈관료제의 특징이 나와 있다. 이를 통해 A는 탈관료제, B는 관료제임을 알 수 있다.

④ 관료제(B)는 업무가 표준화, 세분화되 있어 구성원의 업무 경험 및 숙련도가 중시되므로 연공서열에 따른 보상을 중시한다. 반면에 탈관료제(A)는 의사 결정 권한이 분산되어 있고, 구성원에게 재량권을 부여하고 있기 때문에 성과에 따른 보상을 중시한다.

오답넘기

① 탈관료제(A)는 정보화 사회로 접어들면서 사회 변동 속도가 빨라짐에 따라 사회 변동에 빠르게 대응하기 위해 등장하였다.

② 목적 전치 현상은 규약과 절차가 본래의 목적보다 중시되는 현상으로 관료제(B)의 대표적인 역기능이다.

③ 탈관료제(A)는 관료제(B)에 비해 조직 구성원의 재량권 및 자율성이 높다.

⑤ ㉠은 기존 조직을 깨지 않고, 문제를 해결하려는 관료제의 문제점을 표현한 것이다. 관료제의 특징인 조직 구성원의 위계적 서열을 강화하는 것을 ㉠을 해결하기 위한 적절한 방법이라고 볼 수 없다.

정답률 분석 ① 3% ② 3% ③ 4% ④ 88% ⑤ 2%

163 사회 조직 / 답 ②

알짜풀이

A는 탈관료제 조직, B는 관료제 조직, C는 비공식 조직이다.

② A, B 모두 공식 조직으로 공식적 제재를 통해 구성원을 통제한다.

오답넘기

① 기업의 노동조합은 공식 조직이다.

③ A가 B에 비해 상향식 의사 결정 방식을 강조한다.

④ 구성원들의 가입과 탈퇴가 자유로운 것은 비공식 조직이다.

⑤ 구성원 간 수단적 만남과 간접적 접촉은 A, B와 같은 공식 조직에서 나타난다.

정답률 분석 ① 5% ② 84% ③ 5% ④ 3% ⑤ 0%

164 관료제와 탈관료제 / 답 ⑤

알짜풀이

제시문은 목적 전치 현상과 인간 소외 현상을 초래하는 관료제에 대한 비판이다. 관료제 조직의 문제를 해결하기 위해 등장한 대안적 조직은 탈관료제이다.

⑤ 탈관료제에서는 업무 처리의 효율성을 높이기 위해 구성원의 자율성과 창의성을 강조하고 업무의 재량권을 폭넓게 보장해 준다.

오답넘기

① 탈관료제에서도 공식적이고 2차적인 인간관계가 지배적으로 나타난다.

② 성과보다 직급에 따른 보상 체계를 강조하는 것은 관료제이다.

③ 소품종 대량 생산 방식 체제에서 주로 등장하는 것은 관료제이다.

④ 엄격한 위계 서열 구조로 인해 권한과 책임이 분명한 것은 관료제이다.

165 관료제와 탈관료제 / 답 ⑤

알짜풀이

자료의 조직 개편안이 통과된다면 관료제 조직이 탈관료제 조직으로 변화할 것이다.

병. 탈관료제 조직은 급속한 사회 변화에 능동적으로 대처하기 위해 등장하였다.

정. 탈관료제 조직에서는 관료제 조직의 문제점인 인간 소외 현상이 줄어들 것이다.

오답넘기

갑. 업무 수행 과정에서 수직적 관계가 강조되는 것은 관료제이다. 탈관료제에서는 구성원 간 수평적 관계가 강조된다.
을. 업무 처리에 있어 표준화된 규약과 절차를 중시하는 것은 관료제이다.

166 관료제와 탈관료제 / 답 ①

알짜풀이

(가) 조직은 관료제, (나) 조직은 탈관료제이다.
① 관료제와 탈관료제는 모두 조직 운영의 효율성을 강조한다.

오답넘기

② 관료제는 소수의 상층부에 권력이 집중되어 있고, 탈관료제는 권력이 수평적으로 분산되어 있다.
③ 관료제는 주로 하향식 의사 결정 방식을 따르고, 탈관료제는 상향식 의사 결정을 중시한다.
④ 관료제는 연공서열에 따른 승진과 보상을 중시하고, 탈관료제는 업무 성과에 따른 승진과 보상을 중시한다.
⑤ 관료제는 산업 사회로의 이행 과정에서 확산되었고, 탈관료제는 정보 사회의 이행 과정에서 확산되었다.

더 알아보기

탈관료제 조직의 유형

팀제 조직	특정한 과업을 수행하기 위해 전문가로 팀을 조직하여 과업을 수행하는 조직 형태
네트워크형 조직	조직의 핵심 부서를 중심으로 업무 단위별로 독립성과 자율성을 가진 부서가 상호 유기적 관계를 유지하면서 수평적 의사 소통이 빠르게 이루어지는 조직 형태
아메바형 조직	외부 환경에 능동적으로 대처하기 위해 특정한 형태를 갖지 않고 과업이나 목표에 따라 조직의 편성 변경, 분할, 증식 등이 수시로 나타나는 유연한 조직 형태
오케스트라 조직	상호 조화를 이루어 훌륭한 연주가 이루어지는 오케스트라처럼 구성원이 수평적 관계 속에 상호 협력하여 각자의 역할을 하는 조직 형태

167 관료제 / 답 ④

알짜풀이

ㄴ. 관료제에서는 연공서열에 따른 승진과 보상으로 인해 무능한 사람이 승진하는 경우가 나타날 수 있다.
ㄹ. 관료제에서의 분업화된 업무 체계는 복잡하고 방대한 업무를 효율적으로 처리하는 데 도움이 된다.

오답넘기

ㄱ. 구성원의 제한된 재량권으로 인해 환경 변화에 유연하게 대처하기가 어렵다.
ㄷ. 표준화된 규칙과 절차에 의한 업무 처리로 인해 온정주의와 같은 비합리적 요소가 줄어든다.

168 탈관료제 / 답 ③

알짜풀이

③ A 회사는 관료제 조직에서 탈관료제 조직으로 구조를 개편하려고 한다. 따라서 앞으로는 구성원의 업무에 대한 자율성이 높아질 것으로 예상할 수 있다.

오답넘기

① 탈관료제에서는 중간 관리층의 역할이 감소한다.
② 탈관료제는 관료제에 비해 과업 수행의 예측 가능성이 낮다.
④ 탈관료제에서는 승진에서 연공서열이 차지하는 비중이 낮고 업무 성과가 차지하는 비중이 높다.
⑤ 탈관료제는 규약과 절차에 따른 업무 수행보다 개인의 자율성과 창의성을 강조한다.

169 관료제의 문제점 / 답 ④

알짜풀이

(가)는 레드 테이프 현상, (나)는 피터의 원리, (다)는 파킨슨의 법칙에 대한 설명이다.
ㄴ. 능력과 성과가 반영된 승진 제도가 도입되면 연공서열 현상을 완화시킬 수 있다.
ㄹ. 레드 테이프 현상, 피터의 원리, 파킨슨의 법칙은 모두 관료제의 역기능에 해당한다.

오답넘기

ㄱ. (가)를 해소하기 위해 목적을 달성하는 데 불필요하거나 지나치게 복잡한 절차를 줄여야 한다.
ㄷ. 관료제에서는 일반적으로 조직 형태가 안정적으로 유지되고 수시로 변화하지 않는다. 조직 형태가 수시로 변화하는 것은 탈관료제 조직이다.

170 탈관료제 조직으로의 변화 / 답 ③

알짜풀이

③ 관료제에서 탈관료제로 조직이 개편되면 개인의 자율성과 창의성을 발휘하기가 쉽고, 개인이 맡게 되는 책임의 범위 또한 넓어질 것이다.

오답넘기

① 개인의 업무가 세분화 · 전문화되는 것은 관료제의 특징이다.
② 탈관료제로 조직이 개편되면 인간 소외 현상이 줄어들 가능성이 크다.
④ 탈관료제로 조직이 개편되었다고 해서 조직의 업무 효율성이 낮아진다고 보기는 어렵다.
⑤ 탈관료제는 관료제보다 사회 변화와 국민적 요구에 능동적으로 대처하기 용이하다.

171 관료제 / 답 ②

알짜풀이

ㄱ. 표준화된 업무 처리 지침이 보급되면 직원들의 업무 수행에 있어 안정성이 강화될 수 있다.
ㄷ. 표준화된 업무 처리 지침에 따라 업무를 수행하게 되면 외부의 빠른 환경 변화에 대처하기 어려울 수 있다.

오답넘기

ㄴ. 표준화된 업무 처리 지침에 얽매이면 목적 전치 현상의 발생이 증가할 수 있다.
ㄹ. 표준화된 업무 처리 지침이 보급되면 개인의 업무 처리에 있어 재량권이 축소되지만 업무 처리 속도가 반드시 느려진다고 볼 수는 없다.

172 관료제와 탈관료제 / 답 ④

알짜풀이

(가)는 관료제 조직, (나)는 탈관료제 조직이다.
ㄴ. 탈관료제 조직은 연공서열보다 개인의 능력과 동기 부여를 중시한다.
ㄹ. 관료제 조직보다 탈관료제 조직이 급변하는 환경 변화에 능동적으로 대처할 수 있다.

오답넘기

ㄱ. 관료제 조직은 업무의 세분화와 분업화를 중시하지만 업무의 재량권은 탈관료제 조직에서 중시한다.
ㄷ. 관료제 조직에서는 하향식 의사 결정을 중시한다. 상향식 의사 결정은 탈관료제 조직에서 강조한다.

03 개인과 사회의 관계, 일탈 행동

item 12 개인과 사회의 관계를 보는 관점

173 ① 174 ① 175 ② 176 ④ 177 ① 178 ④
179 ④ 180 ④ 181 ⑤ 182 ④

173 개인과 사회의 관계를 보는 관점 / 답 ①

알짜풀이

제시문에 나타난 관점은 사회는 개인의 합 이상으로 개인의 외부에 실재하는 것으로 보는 사회 실재론이다.

ㄱ. 사회 실재론은 개인의 행동과 의식이 실재하는 사회에 의해 구속되므로 개인은 사회 속에서만 존재 의미를 갖는다고 본다.

ㄴ. 사회 실재론은 사회가 개인의 외부에 실제로 존재하며, 독자적인 특성을 지니고 있다고 본다.

오답넘기

ㄷ, ㄹ. 사회 명목론에 부합하는 진술이다.

정답률 분석 ① 90% ② 5% ③ 1% ④ 1% ⑤ 1%

174 사회 실재론과 사회 명목론/ 답 ①

알짜풀이

제시문에 돈의 가치는 상대적이고 수단적인 것이며, 인간은 돈을 매개로 아름다운 사회도, 차별과 위선이 가득한 사회도 만들 수 있다고 보고 있다. 이는 사회보다 개인을 중시하는 사회 명목론이다.

ㄱ. 사회 명목론은 사회는 개인들의 집합체에 붙여진 명목에 불과하고 실재하는 것은 개인으로 보기 때문에 사회의 속성을 개인의 속성으로 환원할 수 있다고 본다.

ㄴ. 사회 명목론은 사회가 개인의 이익을 실현해 주는 수단에 불과하다고 본다.

오답넘기

ㄷ. 사회가 개인의 외부에 존재하는 독자적인 실체라고 보는 관점은 사회 실재론이다. 사회 명목론에서는 사회는 개인들의 집합체에 붙여진 명목에 불과하다고 본다.

ㄹ. 사회의 구속력이 개인의 자유 의지보다 우위에 있다고 보는 관점은 개인보다 사회를 우선시하는 사회 실재론이다.

정답률 분석 ① 86% ② 2% ③ 4% ④ 2% ⑤ 6%

175 개인과 사회의 관계를 보는 관점 / 답 ②

알짜풀이

제시문은 각 개인의 자유 의지가 집단 규범이 허용한 범위 안에서만 발현된다고 보고 있다. 이는 사회의 구속력이 개인의 자유 의지보다 우위에 있다고 보는 관점으로 개인보다 사회를 더 중시하는 사회 실재론에 해당한다.

ㄱ. 개인의 의식과 행위가 사회에 의해 규정된다고 보는 것은 개인보다 사회를 더 중시하는 사회 실재론에 부합한다.

ㄷ. 사회의 구속력이 개인의 자유 의지보다 우위에 있다고 보는 것은 개인보다 사회를 더 중시하는 사회 실재론에 부합한다.

오답넘기

ㄴ. 사회의 특성이 개인적 행동이 반영된 결과라고 보는 것은 사회보다 개인을 더 중시하는 사회 명목론에 부합한다.

ㄹ. 개인이 갖고 있는 자유 의지의 총합을 집단 행동이라고 보는 것은 사회보다 개인을 더 중시하는 사회 명목론에 부합한다.

정답률 분석 ① 2% ② 91% ③ 2% ④ 2% ⑤ 1%

더 알아보기

사회 실재론과 사회 명목론의 입장

사회 실재론	사회 명목론
• 사회는 외재성과 독자성을 지닌다. • 사회 전체의 이익이 사적 이익보다 우선한다. • 사회 현상을 분석할 때에는 사회 구조나 제도를 우선적으로 이해해야 한다. • 도덕적인 개인이 모인 사회라도 비도덕적일 수 있다. • 사회는 수많은 개인 행위의 단순한 집합이 아니라 그 자체가 실체이다. • 사회는 개인의 외부에서 독립적으로 존재한다.	• 사회는 개인의 단순한 총합이다. • 개인의 의지와 자율성이 사회 구조보다 중요하다. • 개인은 사회에 대해 독립적이고 개별적인 존재이다. • 사회는 개인 간 상호 작용의 축적이나 결과물이다. • 사회 현상의 분석 단위로 사회보다 개인을 중시한다. • 개인이 모여 전체를 구성해도 결국 개인은 자기 자신에게만 복종한다.

176 사회 실재론과 사회 명목론 / 답 ④

알짜풀이

제시문에는 사회가 개인의 외부에 실재로 존재하며, 개인에게 영향을 준다고 보고 있는데, 이는 사회 실재론에 해당한다.

ㄴ, ㄹ. 사회 실재론은 사회가 개인에게 우선되면, 개인의 행동과 의식이 사회에 구속된다고 본다. 따라서 사회 문제를 개인보다는 사회 구조에서 찾으며, 개인의 사회 구조에 대한 불가항력성을 강조한다.

오답넘기

ㄱ. 개인이 주체적이고 능동적인 존재임을 강조하는 것은 사회는 개인들의 집합체에 붙여진 명목에 불과하고 실재하는 것은 개인으로 보는 사회 명목론이다.

ㄷ. 사회의 속성은 개인의 속성에 의해 결정된다고 보는 것은 사회 명목론이다.

정답률 분석 ① 1% ② 3% ③ 2% ④ 92% ⑤ 2%

177 사회 실재론과 사회 명목론 / 답 ①

알짜풀이

제시문에는 사회는 개인 욕구 충족을 위해 형성되고, 개인의 욕구가 충족되지 않으면 해체됨이 나와 있다. 이는 사회보다 개인을 중시하는 사회 명목론이다.

ㄱ. 사회 명목론은 사회 현상이 개인들이 자율적이고 능동적인 의지에 의해 만들어진다고 본다. 즉, 사회 속성이 개인의 속성에 의해 결정된다고 본다.

ㄴ. 사회 명목론은 사회는 명목에 불과하고, 실재하는 것은 개인으로 보기 때문에 사회 규범 역시 개인들이 옳다고 믿기에 존재하는 것으로 본다.

오답넘기

ㄷ. 사회가 개인의 외부에 존재하는 독립적인 실체라고 보는 관점은 사회 실재론이다.

ㄹ. 사회 규범의 구속력이 개인의 자율성보다 우선한다고 보는 관점은 사회 실재론이다.

정답률 분석 ① 93% ② 3% ③ 2% ④ 2% ⑤ 1%

178 개인과 사회의 관계를 보는 관점 / 답 ④

알짜풀이

사회가 개인들로 환원하여 설명할 수 없다는 관점은 사회 실재론이다.

을. 경기 침체로 인한 취업난으로 결혼 시기를 놓친 것이라고 보고 있으므로 이는 사회 실재론과 관련 있다.

정. 주택 가격 폭등으로 신혼집 마련이 어려워 결혼을 늦출 수밖에 없다고 보고 있으므로 이는 사회 실재론과 관련 있다.

오답넘기

갑. 결혼을 필수라고 생각하지 않는 개인의 가치관을 중시하고 있으므로 이는 사회 명목론과 관련 있다.

병. 개인적 가치 추구를 중시하고 있으므로 이는 사회 명목론과 관련 있다.

정답률 분석 ① 1% ② 10% ③ 2% ④ 83% ⑤ 1%

179 개인과 사회의 관계를 보는 관점 / 답 ④

알짜풀이

제시문은 사회 계약설의 내용이다. 이는 사회 명목론과 관련 있다.

ㄴ. 사회 명목론은 사회가 개인으로 환원하여 설명될 수 있다고 보는 반면, 사회 실재론은 사회를 개인으로 환원할 수 없다고 본다.

ㄹ. 사회 명목론은 개인의 능동성이 사회 규범의 구속성보다 우선한다고 본다.

오답넘기

ㄱ. 개인이 사회 속에서만 존재 의미를 갖는다고 보는 관점은 사회 실재론이다.

ㄷ. 사회 실재론은 사회가 개인의 외부에서 독자적으로 작동한다고 본다.

180 개인과 사회의 관계를 보는 관점 / 답 ④

알짜풀이

(가)에는 사회 명목론, (나)에는 사회 실재론이 나타나 있다.

ㄱ. 개인의 이익이 곧 사회 전체의 이익이라고 보는 관점은 사회 명목론이다.

ㄴ. 사회가 개인으로 환원하여 설명할 수 없는 고유한 성격을 지닌다고 보는 관점은 사회 실재론이다.

ㄹ. 개인의 자율성보다 사회 규범의 구속성을 중시하는 관점은 사회 실재론이다.

오답넘기

ㄷ. 개인이 집단 전체와의 관련 속에서만 존재 의미를 지닌다고 보는 관점은 사회 실재론이다.

181 개인과 사회의 관계를 보는 관점 / 답 ⑤

알짜풀이

(가)는 사회보다 개인을 우선시하는 사회 명목론, (나)는 개인보다 사회를 우선시하는 사회 실재론이다.

ㄴ. 사회 명목론은 사회는 명목에 불과하므로 개인의 이익이 늘어나면 사회 전체의 이익도 증가한다고 본다.

ㄷ. 사회 실재론은 개인에 대한 사회의 구속력을 강조하며, 인간의 행위가 사회적 조건에 의해 설명 가능하다고 본다.

ㄹ. 사회 실재론은 사회 속의 개인은 자신의 외부에 실제로 존재하는 사회의 의무를 수행하며 살아가는 것으로 본다.

오답넘기

ㄱ. 개인 행위의 의미를 사회 속에서 찾는 관점은 개인보다 사회의 우월성을 강조하는 사회 실재론이다.

182 개인과 사회의 관계를 보는 관점 / 답 ④

알짜풀이

④ 사회 명목론은 개인이 각자 자신의 주관적 관점에 따라 다양한 사회상을 만들어 낼 수 있다고 본다.

오답넘기

① 사회 실재론은 개인이 사회의 그림자에 불과하고 실제로 존재하는 것은 사회라고 본다.

② 사회 명목론은 혼인을 하는 데 있어 배우자가 중요하다고 보는 반면, 사회 실재론은 가문이 중요하다고 본다.

③ 사회 문제의 해결책으로 사회 명목론은 의식 개혁을, 사회 실재론은 제도 개선을 강조한다.

⑤ 선거에서 중요한 판단 기준으로 사회 명목론은 후보자를, 사회 실재론은 정당을 중시한다.

item 13 일탈 이론

183 ①	184 ③	185 ①	186 ④	187 ③	188 ⑤
189 ②	190 ⑤	191 ④	192 ③	193 ③	194 ⑤
195 ⑤	196 ②				

183 일탈 이론 / 답 ①

알짜풀이

제시된 자료에서 청소년 범죄에 대하여 A는 낙인 이론, B는 차별 교제 이론으로 바라보고 있다.

① 낙인 이론에서는 일탈이 행위의 속성에 의해서가 아니라 그에 대한 사회적 반응에 의해 규정된다고 본다.

오답넘기

② 일탈 행동의 원인을 차별적인 제재에서 찾는 것은 낙인 이론(A)이다.

③ 타인과의 상호 작용을 통해 일탈 행동이 학습된다고 보는 것은 차별 교제 이론(B)이다.

④ 2차적 일탈 행동의 발생 과정에 초점을 맞춘 것은 낙인 이론(A)이다. 낙인이 찍히면 부정적 자아가 형성되고, 2차적 일탈의 가능성이 높다고 본다.

⑤ 일탈 행동에 대한 대책으로 정상 집단과의 교류 촉진은 차별 교제 이론(B), 일탈 행동에 대한 신중한 규정은 낙인 이론(A)에서 강조한다.

정답률 분석 ① 95% ② 2% ③ 1% ④ 2% ⑤ 1%

184 일탈 이론 / 답 ③

알짜풀이

제시문에서 범죄 현상에 대하여 갑은 뒤르켐의 아노미 이론, 을은 차별 교제 이론, 병은 머튼의 아노미 이론으로 설명하고 있다.

③ 머튼의 아노미 이론에서는 문화적 목표와 제도화된 수단의 괴리를 일탈 행동의 원인으로 본다. 뒤르켐의 아노미 이론에서는 무규범 상태인 아노미 상태에서 일탈 행동이 일어난다고 본다.

오답넘기

① 정상 집단과의 교류를 일탈 행동의 해결 방안으로 제시하는 이론은 차별 교제 이론이다.

② 차별적인 사회적 제재를 일탈 행동의 원인으로 보는 이론은 낙인 이론이다.

④, ⑤ 사회 구조적 관점에서 일탈 행동을 설명하는 이론은 뒤르켐의 아노미 이론, 머튼의 아노미 이론이다. 차별 교제 이론에서는 일탈 행동이 개인이 타인과의 상호 작용 과정에서 학습된 결과라고 본다.

정답률 분석 ① 1% ② 3% ③ 72% ④ 10% ⑤ 14%

185 일탈 이론 / 답 ①

알짜풀이

제시문에서 A는 낙인 이론, B는 차별 교제 이론, C는 머튼의 아노미 이론이다.

① 낙인 이론에서는 일탈에 대한 객관적 기준이 없고, 특정 행동에 대한 사회적 반응이 일탈을 규정하므로 일탈에 대한 대책으로 낙인을 신중하게 적용할 것을 강조한다.

오답넘기

②, ③ 사회적 제재를 일탈 행동의 원인으로 보는 것은 낙인 이론(A)이다. 낙인 이론에서는 일탈 행동을 규정하는 객관적 기준이 존재하지 않는다고 본다.

④ 개인이 타인과의 상호 작용을 통해 일탈자가 되어 가는 과정에 주목하는 것은 차별 교제 이론(B)이다.

⑤ 범죄 예방을 위해 소외 계층에게 더 나은 취업 기회를 제공하는 정책을 뒷받침하는 이론은 머튼의 아노미 이론(C)이다. 머튼의 아노미 이론에서는 일탈이 문화적 목표를 이룰 적절한 수단이 부족할 때 일어난다고 본다.

정답률 분석 ① 85% ② 4% ③ 5% ④ 3% ⑤ 3%

186 일탈 이론 / 답 ④

알짜풀이

제시된 자료에서 갑의 일탈은 머튼의 아노미 이론, 을의 일탈은 차별 교제 이론, 병의 일탈은 낙인 이론으로 설명하는 것은 타당하지 않다. 따라서 A는 차별 교제 이론, B는 낙인 이론, C는 머튼의 아노미 이론이다.
④ 낙인 이론은 일탈을 규정하는 객관적 기준이 없고, 특정 행동에 대한 사회적 반응에 의해 규정된다고 본다.

오답넘기

① 일탈에 대한 대책으로 제도화된 기회의 확대를 중시하는 것은 머튼의 아노미 이론이다.
②, ③ 타인과의 상호 작용을 통한 일탈의 학습 과정에 주목하는 것은 차별 교제 이론이다. 차별 교제 이론에서는 일탈 해결 방안으로 정상 집단과의 교류를 강조한다.
⑤ 일탈에 대한 대책으로 사회 규범의 통제력 강화를 강조하는 것은 무규범 상태에서 일탈이 일어난다고 보는 뒤르켐의 아노미 이론이다.

정답률 분석 ① 2% ② 7% ③ 4% ④ 77% ⑤ 9%

187 일탈 이론 / 답 ③

알짜풀이

갑의 경우 서술 1은 낙인 이론, 서술 2는 낙인 이론과 차별 교제 이론, 서술 3은 낙인 이론에 해당한다. 갑은 2점을 받았으므로 A는 차별 교제 이론, B는 낙인 이론, C는 머튼의 아노미 이론이다. 을의 경우 서술 1은 뒤르켐의 아노미 이론, 서술 2는 낙인 이론, 서술 3은 머튼의 아노미 이론과 차별 교제 이론에 해당한다. 병의 경우 서술 1은 차별 교제 이론, 서술 2는 낙인 이론에 해당한다.
ㄷ. B는 낙인 이론으로, 최초의 일탈 행동보다 반복적 일탈 행동에 초점을 둔다.
ㄹ. C는 머튼의 아노미 이론으로, 일탈 행동에 대한 대책으로 문화적 목표를 이룰 수 있는 적합한 수단의 제공 등을 강조한다. 따라서 소외 계층에 대한 교육 지원, 직업 훈련 프로그램 제공 등은 머튼의 아노미 이론에서의 일탈 행동에 대한 대책으로 적절하다.

오답넘기

ㄱ. 을은 낙인 이론과 구분되는 머튼의 아노미 이론의 특징을 서술해야 한다. 을의 경우 서술 1은 뒤르켐의 아노미 이론, 서술 2는 낙인 이론, 서술 3은 머튼의 아노미 이론과 차별 교제 이론에 해당하므로 서술 3에 대해서만 옳게 서술하였다. 따라서 ㉠에 들어갈 점수는 1점이다.
ㄴ. 일탈 행동이 비행 집단과의 접촉을 통해 학습된다고 보는 이론은 차별 교제 이론이다. 병은 머튼의 아노미 이론과 구분되는 차별 교제 이론의 특징을 서술해야 한다. 병의 경우 서술 1은 차별 교제 이론, 서술 2는 낙인 이론에 해당하고, 병의 점수는 1점이다. 따라서 '일탈 행동은 비행 집단과의 접촉을 통해 학습된다고 본다.'는 (가)에 들어갈 수 없다.

정답률 분석 ① 5% ② 26% ③ 47% ④ 13% ⑤ 7%

188 일탈 이론 / 답 ⑤

알짜풀이

A는 뒤르켐의 아노미 이론, B는 차별 교제 이론, C는 낙인 이론에 해당한다.
⑤ 차별 교제 이론은 일탈 행동이 타인과의 상호 작용 과정에서 학습된다고 본다.

오답넘기

① 문화적 목표를 달성하기 위한 합법적 수단의 부족을 일탈의 원인으로 보는 이론은 머튼의 아노미 이론이다. 따라서 (가)에는 '문화적 목표를 달성하기 위한 합법적 수단의 부족'이 적절하지 않다.
② 일탈자로부터 일탈 행동의 모방을 일탈의 원인으로 보는 이론은 차별 교제 이론이다. 따라서 (나)에는 '일탈자로부터 일탈 행동의 모방'이 적절하지 않다.
③ 대립하는 집단 간 갈등의 해소를 일탈에 대한 대책으로 강조하는 이론은 갈등 이론이다. 따라서 (다)에는 '대립하는 집단 간 갈등의 해소'가 적절하지 않다.
④ 아노미 이론은 낙인 이론과 달리 일탈 행동을 규정하는 객관적 기준이 있다고 본다.

정답률 분석 ① 1% ② 3% ③ 2% ④ 2% ⑤ 89%

189 일탈 이론/ 답 ②

알짜풀이

② (나)는 문화적 목표와 제도적 수단 간의 괴리를 일탈 행동의 원인으로 보는 머튼의 아노미 이론이다. 머튼의 아노미 이론에 따르면 일탈 행동은 문화적 욕구 달성에 대한 욕구가 높으나 제도적 수단에 대한 접근성이 낮은 D 집단에 속한 청소년이 일탈 행동을 할 가능성이 높다.

오답넘기

① (가)는 개인과 타인과의 상호 작용 과정에서 학습된 결과로 일탈을 바라보는 차별 교제 이론, 차별 교제 이론에 따르면 일탈 집단과의 교류가 많고 정상 집단과의 교류가 적은 B 집단에 속한 청소년이 일탈 행동을 할 가능성이 높다.
③ 일탈 행동의 대책으로 사회 규범의 통제력 강화를 중시하는 이론은 뒤르켐의 아노미 이론이다. 차별 교제 이론에서는 정상 집단과의 교류, 머튼의 아노미 이론에서는 문화적 목표를 이룰 수 있는 적절한 수단 제공을 일탈 행동의 대책으로 본다.
④ 차별 교제 이론과 머튼의 아노미 이론 모두 일탈 행동을 규정하는 객관적인 기준이 존재한다고 본다. 객관적 기준이 없다고 보는 것은 낙인 이론이다.
⑤ 머튼의 아노미 이론은 일탈 행동의 원인으로 타인과의 상호 작용을 중시하지 않는다.

정답률 분석 ① 2% ② 87% ③ 3% ④ 5% ⑤ 3%

190 일탈 이론 / 답 ⑤

알짜풀이

일탈 행동 자체보다 일탈 행동에 대한 사회적 반응을 중시하는 이론은 낙인 이론이다. 따라서 A는 낙인 이론이고, B와 C는 각각 뒤르켐의 아노미 이론과 차별 교제 이론 중 하나이다.
⑤ (가)가 '급격한 사회 변동이 일탈 행동을 야기한다고 보는가?'라면 B는 뒤르켐의 아노미 이론, C는 차별 교제 이론이다. 낙인 이론과 차별 교제 이론은 모두 타인과의 상호 작용이 일탈 행동의 발생 과정에 영향을 미친다고 본다.

오답넘기

① 낙인 이론은 사회적 낙인에 대해 신중한 접근을 일탈 행동의 해결 방안으로 본다. 문화적 목표에 도달할 수 있는 제도적 수단의 제공을 일탈 행동의 해결 방안으로 보는 이론은 머튼의 아노미 이론이다.
② 새로운 가치관의 확립으로 일탈 행동을 줄일 수 있다고 보는 이론은 뒤르켐의 아노미 이론이다. B가 뒤르켐의 아노미 이론이라면 C는 차별 교제 이론이다. 뒤르켐의 아노미 이론과 차별 교제 이론은 모두 일탈 행동을 규정하는 객관적 기준이 존재한다고 본다. 따라서 '일탈 행동을 규정하는 객관적 기준이 존재한다고 보는가?'는 (가)에 들어갈 수 없다.
③ 일탈 행동을 학습의 산물로 보는 이론은 차별 교제 이론이다. C가 차별 교제 이론이면 B는 뒤르켐의 아노미 이론이다. 사회 불평등 구조의 개혁을 통해 일탈 행동을 완화할 수 있다고 보는 이론은 갈등 이론이다.
④ (가)가 '일탈 행동에 우호적인 집단과의 교류 차단을 일탈 행동에 대한 해결 방안으로 보는가?'라면 B는 차별 교제 이론, C는 뒤르켐의 아노미 이론이다. 일탈자로서의 자아 정체성 형성이 반복적인 일탈 행동의 원인이라고 보는 이론은 낙인 이론이다.

정답률 분석 ① 2% ② 9% ③ 31% ④ 6% ⑤ 49%

191 일탈 이론 / 답 ④

알짜풀이

(가)는 차별 교제 이론, (나)는 낙인 이론이다.
ㄴ. "까마귀 노는 곳에 백로야 가지 마라."는 차별 교제 이론과 관련된 속담이다.
ㄹ. 낙인 이론은 일탈을 규정하는 절대적인 기준이 없고, 특정 사회에서 어떤 행위를 일탈로 규정하느냐에 따라 일탈 행동의 기준이 달라진다고 본다.

오답넘기

ㄱ. 사회 규범의 통제력 회복을 일탈 행동의 해결 방안으로 제시하는 이론은 뒤르켐의 아노미 이론이다.
ㄷ. 정상적인 사회 집단과의 교류 확대를 해결 방안으로 제시하는 이론은 차별 교제 이론이다.

더 알아보기

일탈 행동을 보는 이론별 일탈의 해결 방안

이론	해결 방안
머튼의 아노미 이론	사회 구성원에게 문화적 목표를 달성할 수 있는 합법적 수단이 골고루 돌아갈 수 있도록 보장
뒤르켐의 아노미 이론	사회 구성원이 합의하는 지배적 규범의 확립
갈등 이론	공정한 법 집행과 같은 구조적 개혁
차별 교제 이론	일탈 행동을 하는 사람들과의 교류 차단 및 정상 집단과의 교류 확대
낙인 이론	특정한 행동을 일탈로 규정할 때 신중한 사회적 합의

192 일탈 이론 / 답 ③

알짜풀이

갑의 관점은 뒤르켐의 아노미 이론, 을의 관점은 갈등 이론에 해당한다.
ㄴ. 갈등 이론은 지배 집단이 권력을 유지하기 위한 수단으로 피지배 집단의 행동을 일탈로 몰아가고 사회적으로 크게 부각시킨다고 본다. 따라서 갈등 이론은 일탈 행동이나 범죄가 결국 자본주의 체제의 구조적 모순에서 나타나는 불평등의 결과라고 본다.
ㄷ. 아노미 이론과 갈등 이론은 모두 일탈 원인을 사회 구조적 측면에서 찾는 거시적 관점에 해당한다.

오답넘기

ㄱ. 문화적 목표와 제도적 수단 간의 괴리 상태가 일탈의 원인으로 작용한다고 보는 이론은 머튼의 아노미 이론이다.
ㄹ. 타인과의 상호 작용이 일탈 행동의 발생 과정에 미치는 영향에 초점을 맞추는 이론은 낙인 이론과 차별 교제 이론이다.

193 일탈 이론 / 답 ③

알짜풀이

(가)는 낙인 이론, (나)는 차별 교제 이론, (다)는 머튼의 아노미 이론이다.
ㄴ. 모범생이었던 고교생이 불량 학생들과 어울리며 일탈 행동을 저지르는 것은 차별 교제 이론과 관련 있다.
ㄷ. 야구 선수가 좋은 성적을 거두기 위해 금지 약물을 복용한 것은 머튼의 아노미 이론과 관련 있다.

오답넘기

ㄱ. 청소년들을 교육이라는 미명하에 억압하는 사회 구조 속에서 청소년 범죄가 증가하고 있는 것은 갈등 이론과 관련 있다.
ㄹ. 가출을 경험한 학생이 학교에서 문제아로 낙인 찍힌 후 또다시 가출을 한 것은 낙인 이론과 관련 있다.

194 일탈 이론 / 답 ⑤

알짜풀이

제시된 사례는 갈등 이론을 뒷받침하기 위한 것이다.
ㄷ. 갈등 이론은 자본주의 체제의 불평등한 사회 구조에서 일탈 행동이 일어난다고 본다.
ㄹ. 갈등 이론은 사회 구조적인 불평등의 해소를 통해 일탈 행동을 줄일 수 있다고 본다.

오답넘기

ㄱ. 갈등 이론과 관련 없는 설명이다.
ㄴ. 갈등 이론은 법을 권력자들의 특권을 유지하기 위한 도구라고 보며, 사회 구성원에게 균등하게 적용되지 않는다고 본다.

195 일탈 이론 / 답 ⑤

알짜풀이

제시문은 낙인 이론에 해당한다.
ㄷ. 낙인 이론은 차별적인 제재를 통한 낙인 찍기가 일탈 행동의 원인이라고 본다.
ㄹ. 낙인 이론은 일탈 행동의 결과보다 개인이 일탈자로 규정되는 과정과 이유에 초점을 둔다.

오답넘기

ㄱ. 낙인 이론은 미시적 관점에 해당한다.
ㄴ. 낙인 이론은 일탈 행동을 규정하는 객관적 기준이 존재하지 않는다고 본다.

더 알아보기

일탈 행동을 보는 거시적 관점과 미시적 관점

구분	이론	일탈의 원인
거시적 관점	머튼의 아노미 이론	사회 구성원이 추구하는 문화적 목표와 이를 달성하기 위한 제도적 수단이 불일치할 때 일탈 행동이 발생
	뒤르켐의 아노미 이론	사회 변동으로 기존의 사회 규범이 약화되거나 전통적인 규범과 새로운 규범이 혼재되어 일탈 행동이 발생
	갈등 이론	불평등한 사회 구조와 계급 간의 갈등으로 인해 일탈이 발생
미시적 관점	차별 교제 이론	일탈 행동을 하는 집단이나 사람들과의 접촉을 통해 일탈 행동이 학습되어 발생
	낙인 이론	사회적으로 특정한 행위를 일탈로 규정하고 이러한 행위를 한 사람을 일탈 행위자로 낙인 찍으면 일탈 행동이 발생

196 일탈 이론 / 답 ②

알짜풀이

갑. 급속한 사회 변동으로 기존의 지배적인 규범이 무너지고, 새로운 가치관이 미처 정립되지 못하여 일탈 행동이 발생했다고 보고 있다. 이는 뒤르켐의 아노미 이론에 해당한다.
을. 지배 집단과 피지배 집단으로 구분하고, 불평등한 사회 구조에 의해 일탈 행동이 발생했다고 보고 있다. 이는 갈등 이론에 해당한다.
병. 다른 사람의 부정적 반응이 일탈 행위자로 만든다고 보고 있다. 이는 낙인 이론에 해당한다.

Ⅲ. 문화와 일상생활

01 문화의 이해

item 14 문화의 의미와 구성 요소

197 ②	198 ③	199 ⑤	200 ③	201 ⑤	202 ①
203 ④	204 ④	205 ⑤	206 ②		

197 문화의 의미와 개념 / 답 ②

알짜풀이

② ㉡에는 여러 사람들이 함께 식사할 때는 채식을 당연시하는 갑국 사람들이 공통적으로 갖고 있는 생활 양식이 나와 있다. 이처럼 한 사회 구성원이 공통적으로 가지고 있는 생활 양식을 문화의 공유성이라고 한다.

오답넘기

① ㉠은 문화 전체성에 대한 설명이다.

③ 스마트폰은 물질문화에 해당한다.

④ ㉣에서의 '문화'는 좁은 의미의 문화이다. 좁은 의미의 문화는 고상하거나, 세련된 것, 고급스러운 것 등 특별한 의미가 있는 문화를 의미하고, 넓은 의미의 문화는 한 사회에서 나타나고 있는 인간의 모든 생활 양식을 의미한다.

⑤ 문화 지체는 물질문화의 변화 속도를 비물질문화가 따라가지 못해 빌생하는 현상이다. ㉤은 문화 지체의 사례로 볼 수 없다.

정답률 분석 ① 3% ② 86% ③ 3% ④ 7% ⑤ 3%

198 문화의 의미와 개념 / 답 ③

알짜풀이

③ 한국의 독특한 야구 문화는 한국 사회에서 나타나는 생활 양식을 의미한다. 여기서 사용된 문화는 넓은 의미로 사용되었다

오답넘기

① 야구 방망이는 물질문화에 해당한다.

② 배틀 플립에 대한 문화의 공유성은 부각되어 있지만 배틀 플립이 다른 문화와 연결되어 있다는 문화의 총체성은 부각되어 있지 않다.

④ 한 사회의 구성원이 공통적으로 갖고 있는 배트 플립 문화가 나와 있는데, 이는 문화의 공유성에 해당한다. 문화의 변동성은 부각되어 있지 않다.

⑤ ㉤은 물질문화의 변동 속도를 비물질문화의 변동 속도가 따라가지 못해 나타나는 문화 지체 사례에 해당하지 않는다.

정답률 분석 ① 2% ② 6% ③ 84% ④ 4% ⑤ 4%

199 문화의 의미와 개념 / 답 ⑤

알짜풀이

⑤ 온라인 중개 플랫폼 기술은 물질문화, 법률은 비물질문화(제도 문화)에 해당한다. 물질문화는 인간이 환경에 적응하고 기본적인 욕구 충족을 하기 위해서 필요한 용기 및 도구 그것들의 사용 기술을 말한다. 비물질문화는 사회 구성원들의 행위를 규제하거나 관계를 규정하는 규범이나 원리, 제도 등을 말한다.

오답넘기

① 좁은 의미의 문화는 고상하고, 세련된 것, 고급스러운 것 등 특별한 의미를 가지고 있는 문화를 의미하고, 넓은 의미의 문화는 한 사회나 집단에서 나타나는 인간의 모든 생활 양식을 의미한다. 따라서 '짠테크 문화'는 젊은 세대에서 나타나는 생활 양식으로 넓은 의미의 문화에 해당한다.

② ㉡에는 문화의 변동성이 부각되어 있다. 문화의 축적성은 문화가 세대 간 전승되면서 새로운 요소가 축적되어 점점 더 풍부해짐을 의미한다.

③ SNS는 뉴미디어로서, 정보 생산자와 정보 소비자 간 구분이 명확하지 않다.

④ ㉤은 대중문화의 확산으로 문화의 획일화가 심화되었음을 보여주는 사례에 해당하지 않는다.

정답률 분석 ① 13% ② 4% ③ 2% ④ 7% ⑤ 74%

200 문화의 의미와 개념 / 답 ③

알짜풀이

③ 사회적 거리두기가 장기화되면서 집을 중심으로 다양한 활동이 이루어지고 이로 인해 관련 산업들이 급성장하고 있다는 것은 문화 요소 간 상호 연관성으로 인해 한 부분의 변동이 다른 부분의 연쇄적인 변동을 초래하였음을 의미한다. 따라서 ㉣은 문화의 총체성으로 설명할 수 있다.

오답넘기

① ㉠에는 문화가 세대 간 전승되면서 새로운 요소가 추가되어 점점 더 풍부해지는 생활 양식임을 의미하는 문화의 축적성이 부각되어 있지 않다.

② ㉡에서의 '문화'는 넓은 의미로 사용되었고, ㉢에서의 '문화'는 좁은 의미로 사용되었다.

④ 기술은 물질문화에 해당한다. 물질문화는 인간이 환경에 적응하고 기본적인 욕구 충족을 하기 위해서 필요한 용기 및 도구 그것들의 사용 기술을 말한다. 비물질문화는 사회 구성원들의 행위를 규제하거나 관계를 규정하는 규범이나 원리, 제도 등을 말한다.

⑤ ㉥은 물질문화의 변동 속도를 비물질문화의 변동 속도가 따라가지 못해 나타나는 문화 지체 현상에 해당하지 않는다.

정답률 분석 ① 3% ② 6% ③ 74% ④ 12% ⑤ 5%

201 문화의 의미와 개념 / 답 ⑤

알짜풀이

문화 선진국, 문화 예술가, 문화 예술 등의 용어를 통해 제시문에 나타난 문화는 좁은 의미로 사용되었음을 알 수 있다.

ㄷ. 좁은 의미의 문화는 미개 상태와 대비하여 계몽되고 발전된 상태를 의미한다.

ㄹ. 좁은 의미의 문화는 문화를 평가의 대상으로 보고 우열을 나누는 개념으로 사용되고, 넓은 의미의 문화는 문화를 이해의 대상으로 보는 개념이다. 제시문에 나타난 문화의 의미는 좁은 의미(세련됨, 고상함, 고급스러움 등)에 해당한다.

오답넘기

ㄱ. 특정한 나라 사람들이 공유하고 있는 생활 양식의 총체는 넓은 의미의 문화에 해당한다.

ㄴ. 대중문화에서의 '문화'는 넓은 의미의 문화에 해당한다.

⊕ 더 알아보기

문화의 의미

좁은 의미	고상하거나 세련된 것, 고급스러운 것, 교양있는 것, 예술적인 것, 계몽되고 발전된 것 등 일반적이거나 일상적이지 않은 특별한 의미 예 문화인, 문화 행사, 문화 시설, 문화 산업, 문화생활 등
넓은 의미	한 사회의 구성원들과 집단에서 공유하는 모든 생활 양식(가치 및 규범, 의식주, 사고 방식 등)의 총체 예 한국 문화, 민족 문화, 청소년 문화, 지역 문화, 대중문화 등

202 문화의 특성 / 답 ①

알짜풀이

첫 번째 사례에서는 채소를 식품으로 이용하는 나라의 공통점과 차이점을, 두 번째 사례에서는 생활 양식을 반영하는 건축물들의 공통점과 차이점을 보여 주고 있다.

① 공통점을 통해 문화 현상의 보편성을, 차이점을 통해 문화 현상의 특수성을 파악할 수 있다.

오답넘기

② 문화 현상의 특수성에 대한 진술이다.
③ 문화의 다양성은 문화의 특수성과 관련 있다.
④ 문화 상대주의와 관련 있는 진술이다.
⑤ 문화 현상의 공통점은 문화의 보편성과 관련 있다.

203 문화의 구성 요소 / 답 ④

알짜풀이

(가)는 물질문화, (나)는 제도문화, (다)는 관념 문화이다. 물질문화는 의식주와 관련된 물질 혹은 그 물질을 만드는 기술 등이 포함되고, 제도문화는 사회 질서를 유지하기 위한 제도가 포함되며, 관념 문화는 인간의 정신을 풍요롭게 하는 지식과 가치 체계를 말한다.

ㄱ. (가)는 물질문화이다.
ㄴ. (나)는 제도문화로 가족 제도, 정치 제도, 교육 제도 등이 이에 해당한다.
ㄷ. (다)는 관념 문화로 문화 유산을 전달하는 언어와 지식뿐만 아니라 신화, 철학, 예술 등이 포함된다.

오답넘기

ㄹ. 일탈 행위에 대한 규제를 하는 문화 요소는 제도문화인 (나)이다.

204 문화 관련 개념 / 답 ④

알짜풀이

ㄱ. 문화를 후천적으로 습득하는 것은 문화의 학습성과 관련 있다.
ㄷ. 예술은 자신의 감정이나 상상을 타인과 공유하게 하는 문화 요소이다.
ㄹ. 이슬람권 출신 국내 외국인 노동자들의 돼지고기 금식 문화는 특정한 사회 기반의 구성원들(이슬람권 국가에서 성장한 사람들)의 생활 양식으로 설명할 수 있다.

오답넘기

ㄴ. 기술은 물질문화, 규범은 제도문화, 예술은 관념 문화이다. 즉, 규범과 예술은 비물질문화에 해당하고, 기술은 물질문화에 해당한다.

205 문화 요소 간의 상호 연관성 / 답 ⑤

알짜풀이

제시문은 컴퓨터와 인터넷이라는 문화 요소의 발달로 인해 다른 문화 요소에 나타나는 변화를 설명하고 있다. 즉, 문화 요소 간의 상호 연관성을 보여 준다.
⑤ 다양한 문화 요소들은 존재할 때부터 별개로 떨어져 있지 않고 상호 연관되어 있으므로 서로 영향을 끼쳐 하나의 전체나 체계를 이루게 된다.

오답넘기

①, ② 개별 문화 요소들은 유기적으로 관련을 맺고 있기 때문에 상호 간 영향을 미치면서 한 사회의 문화를 형성한다.
③ 컴퓨터와 인터넷의 발달은 신조어의 탄생, 신직업의 등장, 상호 작용 방식의 확대, 경제생활의 변화, 법 제정, 인터넷의 순기능 · 역기능에 대한 입장 출현 등 다양한 문화 요소에 변화를 가져온다.
④ 특정한 문화 요소의 변화나 문화 현상을 올바르게 이해하기 위해 다른 문화 요소들과 관련지어 이해하는 총체론적 관점이 필요하다.

206 문화 요소 / 답 ②

알짜풀이

(가)는 상징이다.
② 상징은 본래 지닌 특징 이외의 다른 어떤 것을 의미하거나 대표하며, 사물이나 의미를 나타내는 매개적 작용을 한다.

오답넘기

① 가치에 대한 설명이다.
③ 예술에 대한 설명이다.
④ 기술에 대한 설명이다.
⑤ 규범에 대한 설명이다.

item 15 문화의 속성

207 ③	208 ④	209 ⑤	210 ⑤	211 ⑤	212 ②
213 ③	214 ②	215 ③	216 ③	217 ①	218 ④
219 ⑤	220 ①				

207 문화의 속성 / 답 ③

알짜풀이

갑국과 을국의 사례에 공통적으로 부각되어 있는 문화의 속성은 공유성과 전체성(총체성)이다.
ㄴ. 문화의 공유성에 대한 설명이다.
ㄷ. 문화의 전체성(총체성)에 대한 설명이다.

오답넘기

ㄱ. 문화의 변동성에 대한 설명이다.
ㄹ. 문화의 축적성에 대한 설명이다.

정답률 분석 ① 2% ② 3% ③ 82% ④ 6% ⑤ 4%

208 문화의 속성 / 답 ④

알짜풀이

㉠에서는 문화의 축적성과 변동성을, ㉡에서는 문화의 공유성을, ㉢에서는 문화의 학습성을, ㉣에서는 문화의 공유성과 변동성을 파악할 수 있다.
ㄴ. ○○이 간편하게 먹을 수 있는 음식이라는 것을 알게 되었다는 것은 문화의 학습성과 관련 있다.
ㄹ. ㉡, ㉣에서는 문화의 공유성이 나타난다. 문화의 공유성이란 해당 사회 구성원들은 함께 공유하는 생활 양식을 가지며 이러한 생활 양식은 구성원들의 사고와 행동을 구속한다는 문화의 속성이다.

오답넘기

ㄱ. 전승된 문화를 바탕으로 새로운 문화가 창출된다는 것은 문화의 축적성과 관련 있다.
ㄷ. 문화 현상이 고정된 것이 아니라 지속적으로 변화함을 보여 준다는 것은 문화의 변동성과 관련 있다.

정답률 분석 ① 19% ② 3% ③ 8% ④ 66% ⑤ 3%

209 문화의 속성 / 답 ⑤

알짜풀이

갑이 제시한 사례에는 학습성이, 을이 제시한 사례에는 공유성이 부각되어 있다. 따라서 ㉠은 학습성, ㉡은 공유성이다. (가)에는 학습성이, (나)에는 축적성이, (다)에는 공유성이 부각되는 사례가 들어가야 한다.
⑤ 팬클럽마다 공유하는 문화가 있는 사례로 문화의 공유성이 부각된 사례로 (다)에 들어가기에 적절하다.

오답넘기

① ㉠은 학습성이다. 문화가 세대 간 전승을 통해 더욱 복잡하고 풍부해지는 것임을 의미하는 문화의 속성은 축적성이다.
② ㉡은 공유성이다. 문화가 여러 요소들이 상호 유기적으로 연관되어 나타나는 것임을 의미하는 문화의 속성은 전체성이다.
③ (가)에는 학습성의 사례가 들어가야 하는데, 해당 사례에는 전체성과 변동성이 부각되어 있지만, 학습성이 부각되지 않으므로 (가)에 들어갈 수 없다.
④ (나)에는 축적성 사례가 들어가야 하는데, 해당 사례는 변동성이 부각된 사례로 (나)에 들어갈 수 없다.

정답률 분석 ① 1% ② 5% ③ 32% ④ 4% ⑤ 58%

210 문화의 속성 / 답 ⑤

알짜풀이

갑국과 을국의 사례에는 공통적으로 한 사회 구성원 다수가 공통적으로 가지고 있는 생활 양식이 나와 있다. 이는 문화의 속성 중 공유성에 해당한다.
ㄷ, ㄹ. 문화의 공유성은 사회 구성원의 사고와 행동의 동질성을 형성하여 특정 상황에서 상대방의 행동 방식을 예측할 수 있게 해 줌으로써 한 사회 구성원 간 원활한 상호 작용의 토대가 된다.

오답넘기

ㄱ. 문화의 변동성에 대한 설명이다.
ㄴ. 문화의 축적성에 대한 설명이다.

정답률 분석 ① 2% ② 2% ③ 5% ④ 7% ⑤ 83%

211 문화의 속성 / 답 ⑤

알짜풀이

㉠은 문화의 공유성, ㉡은 문화의 학습성, ㉢은 문화의 전체성과 관련 있다.
⑤ 성 역할에 대한 인식의 변화가 결혼 문화와 가족 형태에도 영향을 미치는 경우는 문화의 여러 구성 요소들이 상호 유기적으로 결합되어 있음을 보여 준다. 이는 문화의 전체성과 관련 있다.

오답넘기

① 문화가 계승되고 발전하는 현상임을 보여 주는 문화의 속성은 문화의 축적성이다.
② 한 문화 요소의 변화가 다른 문화 요소에 연쇄적 변화를 가져옴을 보여 주는 문화의 속성은 문화의 전체성이다.
③ 시간의 흐름에 따라 기존 문화 요소가 사라지거나 변화함을 보여 주는 문화의 속성은 문화의 변동성이다.
④ 특정 상황에서 상대방의 행동 방식을 예측할 수 있음을 보여 주는 문화의 속성은 문화의 공유성이다.

정답률 분석 ① 3% ② 3% ③ 7% ④ 5% ⑤ 79%

212 문화의 속성 / 답 ②

알짜풀이

제시된 자료의 (가)에는 문화의 전체성과 변동성, (나)에는 문화의 변동성과 축적성이 나와 있다.
② 문화가 세대를 전승하며 더욱 풍부해진다는 것은 문화의 축적성에 대한 설명으로 (나)에만 부각되어 있는 문화의 속성이다.

오답넘기

① 학습성에 대한 설명으로 (가), (나)에 부각되어 있지 않다.
③ 전체성에 대한 설명으로 (가)에는 부각되어 있지만, (나)에는 부각되어 있지 않다.
④ 변동성에 대한 설명으로 (가), (나) 모두에 부각되어 있다.
⑤ 문화의 공유성에 대한 설명으로 (나)에 부각되어 있는 문화 속성이 아니다.

정답률 분석 ① 1% ② 86% ③ 5% ④ 8% ⑤ 1%

213 문화의 속성 / 답 ③

알짜풀이

제시문에는 A 사회에서 흰색 옷을 입고 죽은 자를 추모하는 것이 나와 있고, B 부족민에서 조개 목걸이와 팔찌가 사회적 위세를 과시하는 상징물이라는 것이 나와 있다. 이 두 사례에 공통적으로 나타나는 것은 그 사회 구성원들이 공유하는 생활 양식이 있다는 것이다. 이는 문화의 공유성에 해당한다.
③ 한 사회의 구성원들은 문화를 공유함으로써 사고와 행동의 동질성을 갖게 된다.

오답넘기

① 문화의 변동성, ②, ⑤ 문화의 전체성, ④ 문화의 축적성에 대한 설명이다.

정답률 분석 ① 1% ② 2% ③ 95% ④ 1% ⑤ 1%

214 문화의 속성 / 답 ②

알짜풀이

갑은 공유성이 부각된 사례를 제시하였고, 병은 학습성 사례, 정은 전체성이 부각된 사례, 무는 축적성이 부각된 사례, 병, 정, 무가 각각 축적성, 전체성, 변동성을 배정받았기 때문에, 을이 배정받은 문화의 속성은 학습성(B)이다.
② 문화의 학습성은 사회의 구성원이 문화를 후천적으로 습득함을 의미한다.

오답넘기

① A에 해당하는 문화 속성은 공유성이다. 문화가 시간이 지남에 따라 변화하는 것을 의미하는 문화의 속성은 변동성이다.
③ (가)에는 학습성이 부각된 사례가 들어가야 한다. 제시된 사례는 학습성이 부각된 사례이므로 (가)에 들어갈 수 있다.
④ (나)에는 전체성이 부각된 사례가 들어가야 한다. 제시된 사례는 축적성은 부각되지만 전체성은 부각되지 않은 사례이므로 (나)에 들어갈 수 없다.
⑤ (다)에는 변동성이 부각된 사례가 들어가야 한다. 제시된 사례는 전체성은 부각되지만 변동성은 부각되지 않은 사례이므로 (다)에 들어갈 수 없다.

정답률 분석 ① 2% ② 37% ③ 22% ④ 10% ⑤ 30%

215 문화의 속성 / 답 ③

알짜풀이

③ 제시문은 목초지가 많은 서유럽에서 목축업의 발달이 식생활 문화, 의복 문화, 주거 문화 등에 영향을 끼침을 보여 준다. 이는 문화의 다양한 구성 요소들이 상호 유기적인 관계를 맺으면서 전체를 이루고 있기 때문에 어느 한 부분의 변동이 연쇄적으로 다른 부분에 영향을 준다는 문화의 총체성(전체성)과 관련 있다.

오답넘기

① 학습성이란 문화는 선천적 · 유전적으로 나타나는 습성이 아니라 후천적인 학습에 의해 형성된다는 문화의 속성이다.
② 공유성이란 문화는 한 사회의 구성원들이 공통적으로 가지고 있는 생활 양식이 나타난다는 문화의 속성이다.
④ 축적성이란 문화는 인간의 학습 능력과 상징 체계를 통해 세대 간 전승되면서 새로운 요소가 추가되어 점점 더 풍부해진다는 문화의 속성이다.
⑤ 변동성이란 문화는 시간이 흐르면서 그 형태나 내용, 의미가 변화(창조 · 소멸 · 변동)한다는 문화의 속성이다.

216 문화의 속성 / 답 ③

알짜풀이

제시문에는 문화의 공유성이 나타나 있다.
③ '함 사세요!'를 외치는 문화는 일반적으로 결혼식을 앞두고 신랑이 될 사람의 친구들이 신부가 될 사람의 가정을 방문하여 행해지는 관습적인 문화로서, 가까운 시일에 곧 결혼식이 있을 예정이라는 것을 자연스럽게 이웃 사람들이 알게 된다. 이는 문화의 공유성과 관련 있다.

오답넘기

① 문화의 학습성이 나타난 사례이다.
② 문화의 변동성이 나타난 사례이다.
④ 문화의 축적성이 나타난 사례이다.
⑤ 문화 변동의 내재적 요인 중 발명(한글 창제)으로 인해 내재적 변동이 일어난 사례이다.

217 문화의 속성 / 답 ①

알짜풀이

(가)는 산업화로 인해 도시화가 진행되었고, 가족 형태도 변하게 되었으며 가치관의 변화도 동시에 나타나고 있음을 보여 준다. 이는 문화의 총체성과 관련 있다.
(나)는 김치에 고춧가루 양념이 추가되어 맛이 더욱 풍부해졌다는 내용에서 문화의 축적성이 부각되어 있고, 고춧가루가 들어가지 않은 백김치에서 고춧가루가 들어간 오늘날의 김치로 변했다는 내용에서 문화의 변동성이 부각되어 있다.

218 문화의 속성 / 답 ④

알짜풀이

(가)는 문화의 속성 중 학습성에 해당한다.
④ 쌍둥이라도 어린 시절 서로 다른 나라에 입양을 가게 되면 서로 다른 문화를 배우게 된다는 것은, 문화는 후천적으로 학습에 의해 형성된다는 학습성과 관련 있다.

오답넘기

① 문화의 변동성 사례에 해당한다.
②, ⑤ 문화의 공유성 사례에 해당한다.
③ 문화의 총체성(전체성) 사례에 해당한다.

219 문화의 속성 / 답 ⑤

알짜풀이

ㄴ. 한국 사람은 젓가락과 숟가락을 보면 음식을 생각하게 된다는 내용을 통해 문화의 공유성을 파악할 수 있다.
ㄷ. 어린 시절부터 밥상머리 교육을 통해 젓가락 사용법을 익혀 왔다는 내용을 통해 문화의 학습성을 파악할 수 있다.
ㄹ. 우리나라 식탁에서 포크와 나이프가 숟가락과 젓가락을 대신하는 빈도가 증가하고 있다는 내용을 통해 문화의 변동성을 파악할 수 있다.

오답넘기

ㄱ. 제시된 사례에서 문화의 총체성은 파악할 수 없다.

220 문화의 속성 / 답 ①

알짜풀이

제시문은 문화의 조직 구성을 커다란 나무에 비유하고 있으며, 일부의 문화 요소는 나무의 뿌리와 줄기, 가지, 과일 등에 비유하고 있다. 이를 통해 문화의 총체성(전체성)이 부각됨을 알 수 있다.
① 문화의 총체성(전체성)에 대한 진술이다.

오답넘기

② 문화의 학습성에 대한 진술이다.
③ 문화의 축적성에 대한 진술이다.
④ 문화의 변동성에 대한 진술이다.
⑤ 문화의 공유성에 대한 진술이다.

item 16 문화 이해의 관점

221 ⑤	222 ①	223 ①	224 ①	225 ①	226 ⑤
227 ①	228 ②	229 ④	230 ④	231 ③	

221 문화 이해의 관점 / 답 ⑤

알짜풀이

⑤ 제시문에는 마스크 착용 문화를 구성원의 인식, 환경과 관련지어 이해하고 있다. 이는 문화 요소들이 상호 밀접한 관련을 맺고 있고, 부분이 아닌 전체로서 의미를 이해하고자 하는 총체론적 관점이다.

오답넘기

①, ② 타 문화와 문화적 마찰을 초래할 우려가 있는 관점은 자문화 중심주의이다. 자문화 중심주의는 자문화를 기준으로 타 문화를 평가하고자 한다.
③ 서로 다른 문화 간의 공통점과 차이점을 파악하고자 하는 것은 비교론적 관점에 해당한다.
④ 타 문화를 우월한 것으로 여겨 자문화를 열등하다고 보는 것은 문화 사대주의에 해당한다.

정답률 분석 ① 2% ② 1% ③ 1% ④ 1% ⑤ 95%

222 문화 이해의 관점 / 답 ①

알짜풀이

제시된 자료의 (가)에는 비교론적 관점, (나)에는 총체론적 관점으로 문화를 바라보고 있음이 나와 있다.
ㄱ. 비교론적 관점은 문화의 공통점과 차이점, 즉 보편성과 특수성을 파악하고자 하는 문화 이해의 관점이다. 따라서 비교론적 관점은 자문화를 객관적으로 이해하는 데 기여한다.
ㄴ. 총체론적 관점은 문화의 요소들 간의 관계와 부분이 아닌 전체로서의 문화를 이해하고자 한다. 총체론적 관점은 문화 요소 간의 유기적 연관성을 강조한다.

오답넘기(

ㄷ. 비교론적 관점(가)과 총체론적 관점(나)은 문화 간의 우열을 평가하지 않는다.
ㄹ. 문화의 보편성과 특수성을 파악하고자 하는 관점은 비교론적 관점(가)이다.

정답률 분석 ① 78% ② 3% ③ 4% ④ 13% ⑤ 2%

223 문화 이해의 관점 / 답 ①

알짜풀이

제시된 자료에서 갑은 멕시코와 미국의 유령 문화의 공통점과 차이점을 제시하고 있다. 이는 비교론적 관점에서 문화를 바라본 것이다. 을은 영국의 차 문화를 다양한 요인과 연결지어 파악하고 있다. 이는 차 문화를 총체론적 관점에서 바라본 것이다.
ㄱ. 갑의 비교론적 관점은 문화 간의 보편성과 특수성을 파악하여 자기 문화와 타 문화에 대한 객관적인 이해를 돕는다.
ㄴ. 을의 총체론적 관점은 특정 문화 현상을 다른 문화 요소나 전체와의 관계 속에서 이해하고자 한다.

오답넘기

ㄷ. 갑의 비교론적 관점은 문화의 보편성과 특수성을 파악함으로써 자문화의 객관적인 이해에 기여한다.
ㄹ. 갑은 비교론적 관점, 을은 총체론적 관점에 해당한다.

정답률 분석 ① 74% ② 11% ③ 10% ④ 3% ⑤ 2%

224 문화 이해의 관점 / 답 ①

알짜풀이

갑의 관점은 총체론적 관점, 을의 관점은 비교론적 관점에 해당한다.
ㄱ. 총체론적 관점은 문화를 한 측면에서만 부분적으로 이해하지 않고 그 사회의 다른 문화 요소나 전체와의 관련 속에서 이해하려는 관점이다.
ㄴ. 비교론적 관점은 서로 다른 문화들 간의 유사성과 차이점을 분석하여 문화가 갖는 보편성과 특수성을 이해하려는 관점이다.

오답넘기

ㄷ. 자문화에 대한 객관적 이해를 돕는 것은 비교론적 관점이다.
ㄹ. 모든 문화가 고유한 가치를 지닌다고 보는 것은 상대론적 관점이다.

정답률 분석 ① 89% ② 2% ③ 2% ④ 4% ⑤ 1%

225 문화 이해의 관점 / 답 ①

알짜풀이

(가)에는 총체론적 관점, (나)에는 상대론적 관점이 나타나 있다.
ㄱ. 문화 현상을 부분적인 측면에서 바라본다면 편협하고 왜곡된 이해가 초래되기

쉽다. 따라서 특정 문화 요소를 이해하기 위해 다른 문화 요소나 전체와의 관련 속에서 문화의 의미를 파악하는 총체론적 관점은 이를 방지하는 데 기여한다.
ㄴ. 상대론적 관점은 해당 문화를 향유하는 사회 구성원들의 입장에서 문화의 고유한 의미를 파악한다.

오답넘기

ㄷ. 총체론적 관점과 상대론적 관점은 모두 문화를 평가의 대상으로 인식하지 않는다.
ㄹ. 문화 간 비교를 통해 자기 문화를 객관적으로 이해하는 데 유용한 관점은 비교론적 관점이다.

정답률 분석 ① 78% ② 2% ③ 1% ④ 15% ⑤ 1%

226 문화 이해의 관점 / 답 ⑤

알짜풀이

제시문에서 쿨라라는 선물 교환 풍습은 교환에 참여하는 섬 사람들 간에 긴밀한 유대 관계 형성, 혼인 관계와 농산물 교역, 군사적 동맹의 형성 등 다양한 기능을 수행한다. 이를 통해 총체론적 관점이 부각되어 있음을 알 수 있다.
⑤ 총체론적 관점에 부합하는 진술이다.

오답넘기

① 상대론적 관점에 부합하는 진술이다.
②, ③ 비교론적 관점에 부합하는 진술이다.
④ 극단적 상대주의 태도를 경계하는 태도에 대한 진술이다.

227 문화 이해의 관점 / 답 ①

알짜풀이

갑은 중국 소수 민족 사회의 혼인 방식 및 가족 형태 간의 공통점과 차이점을 연구했으므로 비교론적 관점을 취하고 있다. 을은 장족의 혼인 방식 및 가족 형태에 담긴 의미의 이해를 위해 종교, 경제 생활 등 다양한 영역에 관한 조사를 했으므로 총체론적 관점을 취하고 있다.

228 문화 이해의 관점 / 답 ②

알짜풀이

해당 문화를 향유하는 사회 구성원들의 입장에서 문화의 고유한 의미를 파악하는 문화 이해의 관점은 상대론적 관점이다. 문화의 각 구성 요소들이 상호 유기적인 관계를 맺으면서 하나로서의 전체를 이루고 있다고 파악하는 문화 이해의 관점은 총체론적 관점이다. 문화에 대한 객관적 이해를 위해 여러 사회 문화의 보편성과 특수성을 파악하는 문화 이해의 관점은 비교론적 관점이다. 따라서 A는 총체론적 관점, B는 비교론적 관점, C는 상대론적 관점이다.

229 문화 이해의 관점 / 답 ④

알짜풀이

제시된 사례는 우리나라와 베트남의 장례 문화를 비교하여 공통점과 차이점을 파악하고 있다. 이는 비교론적 관점과 관련 있다.
④ 비교론적 관점에 대한 설명이다.

오답넘기

① 문화 간의 우열을 결정하는 일정한 기준이 존재한다는 것은 절대론적 관점이다.
②, ⑤ 총체론적 관점에 해당한다.
③ 극단적 문화 상대주의를 경계하는 태도에 대한 설명이다.

230 문화 이해의 관점 / 답 ④

알짜풀이

A는 총체론적 관점, B는 비교론적 관점, C는 상대론적 관점에 해당한다.
ㄱ. A는 총체론적 관점이다.
ㄴ. B는 비교론적 관점으로 서로 다른 문화 간의 공통점과 차이점의 파악을 통해 문화를 객관적으로 이해하고자 한다.
ㄷ. C는 상대론적 관점으로 그 사회의 역사적 · 문화적 · 사회적 맥락 속에서 고유한 의미를 파악하고자 한다.

오답넘기

ㄹ. 문화의 우열을 판단하는 기준이 없다고 보는 문화 이해의 관점은 상대론적 관점이다.

231 문화 이해의 관점 / 답 ③

알짜풀이

갑의 관점은 비교론적 관점, 을의 관점은 상대론적 관점, 병의 관점은 총체론적 관점이다.
ㄴ. 문화에 대한 편견 없는 이해가 가능한 관점은 상대론적 관점이다.
ㄷ. 문화의 한 부분이 독립적으로 의미를 갖기 어렵다는 관점은 총체론적 관점이다.

오답넘기

ㄱ. 갑의 관점은 비교론적 관점이다.
ㄹ. 문화의 객관적 이해를 목표로 하는 관점은 비교론적 관점이다.

item 17 문화 이해 태도

232 ④	233 ②	234 ⑤	235 ⑤	236 ⑤	237 ④
238 ④	239 ③	240 ①	241 ①	242 ②	243 ①
244 ⑤	245 ②	246 ②	247 ②		

232 문화 이해의 태도 / 답 ④

알짜풀이

갑의 태도는 A국 문화를 진보한 문화로 보는 문화 사대주의, 을의 태도는 우리 문화를 중심으로 문화를 이해하려는 자문화 중심주의, 병의 태도는 그 사회의 맥락에서 문화를 이해하려는 문화 상대주의이다.
④ 문화 사대주의, 자문화 중심주의는 외래 문화나, 자문화를 우선시하는 문화 이해의 태도로 문화의 다양성을 저해할 수 있다는 비판을 받는다.

오답넘기

① 문화 사대주의(갑)는 외래 문화를 우수한 것으로 여기기 때문에 선진 문물 수용에 적극적이다.
② 자국의 문화 정체성을 약화한다는 비판을 받는 태도는 문화 사대주의(갑)이다.
③ 문화 제국주의로 나아갈 수 있다는 비판을 받는 태도는 자문화 중심주의(을)이다.
⑤ 특정 문화를 기준으로 문화 간 우열을 가린다는 비판을 받는 태도는 문화 사대주의(갑)와 자문화 중심주의(을)이다.

정답률 분석 ① 1% ② 2% ③ 2% ④ 94% ⑤ 1%

233 문화 이해의 태도 / 답 ②

알짜풀이

갑의 태도는 B국 피자를 우수한 것으로 보는 문화 사대주의, 을의 태도는 자국 피자를 중심으로 다른 나라의 피자 문화를 바라보는 자문화 중심주의, 병의 태도는 그 나라의 맥락에서 피자 문화를 바라보는 문화 상대주의이다.
② 을처럼 자기 문화를 중심으로 다른 문화를 이해하는 자문화 중심주의는 문화 제국주의로 변질될 수 있다는 비판을 받는다.

오답넘기

① 문화 사대주의는 외래 문화를 우수한 것으로 여기기 때문에 선진 문물의 수용에 기여한다는 평가를 받는다.

③ 특정 문화를 기준으로 타 문화를 평가한다는 비판을 받는 태도는 문화 사대주의(갑)와 자문화 중심주의(을)이다.
④ 타 문화와의 마찰을 일으킬 수 있다는 비판을 받는 태도는 자문화 중심주의이다(을).
⑤ 자기 문화의 정체성을 상실할 수 있다는 비판을 받는 태도는 문화 사대주의이다(갑).

정답률 분석 ① 2% ② 92% ③ 2% ④ 2% ⑤ 2%

234 문화 이해 태도 / 답 ⑤

알짜풀이

ㄷ. 문화 간 우열을 평가할 수 있다고 보는 태도는 자문화 중심주의와 문화 사대주의이고, 개별 사회가 향유하고 있는 문화의 고유한 가치를 존중하는 태도는 문화 상대주의이다. (가)가 '문화 간 우열을 평가할 수 있다고 보는가?'라면 A와 B는 각각 자문화 중심주의와 문화 사대주의 중 하나이고, C는 문화 상대주의이다. 따라서 '개별 사회가 향유하고 있는 문화의 고유한 가치를 존중하는가?'는 (나)에 들어갈 수 있다.
ㄹ. 자기 문화의 정체성을 상실할 우려가 있다는 비판을 받는 태도는 문화 사대주의이고, 자기 문화의 가치만을 중시하는 태도는 자문화 중심주의이다. (나)가 '자기 문화의 정체성을 상실할 우려가 있다는 비판을 받는가?'이면 A와 B는 각각 자문화 중심주의와 문화 사대주의 중 하나이고, C는 문화 사대주의이다. 따라서 (다)가 '자기 문화의 가치만을 중시하는가?'가 들어가면 A는 자문화 중심주의, B는 문화 상대주의이다.

오답넘기

ㄱ. 국수주의적 태도로 인해 문화 다양성을 거부하는 태도는 자문화 중심주의이다. 따라서 A가 자문화 중심주의라면 '국수주의적 태도로 인해 문화 다양성을 거부하는가?'는 (가)에 들어갈 수 없다.
ㄴ. 타문화를 일방적으로 추종하는 태도는 문화 사대주의이다. 따라서 B가 자문화 중심주의, C가 문화 사대주의라면 '타문화를 일방적으로 추종하는가?'는 (다)에 들어갈 수 없다.

정답률 분석 ① 1% ② 10% ③ 3% ④ 3% ⑤ 81%

235 문화 이해 태도 / 답 ⑤

알짜풀이

갑과 을의 태도는 자문화 중심주의에 해당하고, 병의 태도는 문화 상대주의에 해당한다.
ㄷ. 문화 상대주의는 문화를 사회적 상황과 연결시켜 해당 사회의 맥락에서 문화를 이해하는 태도이다.
ㄹ. 자문화 중심주의는 문화 상대주의와 달리 문화의 다양성을 저해할 수 있다.

오답넘기

ㄱ. 자문화 중심주의는 자국 문화의 정체성을 강화시킬 수 있다. 자국의 문화 정체성을 약화시킬 우려가 있는 문화 이해 태도는 문화 사대주의이다.
ㄴ. 을의 태도는 자문화 중심주의로, 이는 문화를 이해가 아닌 평가의 대상으로 본다.

정답률 분석 ① 2% ② 1% ③ 1% ④ 2% ⑤ 91%

236 문화 이해 태도 / 답 ⑤

알짜풀이

갑은 문화 상대주의 태도, 을은 자문화 중심주의 태도, 병은 문화 사대주의 태도를 보이고 있다.
⑤ 자문화 중심주의와 문화 사대주의는 문화를 평가의 대상으로 바라보는 문화 절대주의에 해당한다.

오답넘기

① 문화 상대주의는 문화 간에 우열이 존재하지 않는다고 보는 반면, 자문화 중심주의와 문화 사대주의는 문화 간에 우열이 존재한다고 본다.
② 자문화 중심주의는 타문화 수용에 적극적이지 않다.
③ 문화의 다양성 확보에 유리한 문화 이해 태도는 문화 상대주의이다.
④ 자문화 중심주의는 문화 사대주의와 달리 집단 구성원의 결속력을 높이는 데 기여한다.

정답률 분석 ① 2% ② 2% ③ 4% ④ 3% ⑤ 87%

237 문화 이해 태도 / 답 ④

알짜풀이

A는 자문화 중심주의, B는 문화 사대주의, C는 문화 상대주의에 해당한다.
④ 문화 상대주의는 각 문화가 해당 사회의 맥락에서 갖는 고유한 의미를 존중한다.

오답넘기

① 자문화 중심주의는 자기 문화에 대한 비판적 성찰을 저해시킬 수 있다.
② 자문화를 다른 사회에 이식하는 것을 당연시하는 태도는 자문화 중심주의이다.
③ 문화 사대주의는 자문화 중심주의와 달리 자문화의 고유성을 상실할 우려가 높다.
⑤ 자문화와 다른 사회 문화 간 갈등을 초래할 가능성이 높은 문화 이해 태도는 자문화 중심주의이다.

정답률 분석 ① 3% ② 4% ③ 4% ④ 83% ⑤ 3%

238 문화 이해의 태도 / 답 ④

알짜풀이

제시된 자료에서 갑은 모두 정답을 맞혔다. 따라서 첫 번째 질문을 통해 A는 문화 사대주의, 두 번째 질문을 통해 C는 자문화 중심주의, 그리고 B는 문화 상대주의임을 알 수 있다.
④ 문화의 다양성을 보존하는 데 기여하는 문화 이해의 태도는 문화 상대주의(B)이다. 자문화 중심주의(C)는 문화의 다양성을 훼손한다는 비판을 받는다. 따라서 갑의 답변은 모두 정답이므로 (가)의 질문에 갑의 답변은 아니요가 된다.

오답넘기

① ㉠이 예라면 자문화 중심주의는 문화 상대주의와 달리 문화 간 우열을 평가할 수 있다고 본다. 따라서 해당 질문은 (나)에 들어갈 수 없다.
② ㉡이 아니요라면 (가)에 대한 갑의 답변이 맞아야 한다. 문화 사대주의(A)는 타문화와의 마찰을 초래할 가능성이 낮으므로 (가)에 아니요가 들어갈 수 있다.
③ 문화 상대주의는 문화 사대주의와 달리 문화의 다양성을 보존하는 데 기여한다. 따라서 ㉡에는 예가 들어가야 한다.
⑤ (가) 질문에 대한 답이 예이므로, 을이 2점이 되기 위해서는 (나) 질문에 대한 답이 예가 되는 질문이 와야 한다. C는 자문화 중심주의로 외래 문화 수용에 소극적이다. 따라서 ㉢에 아니요가 오게 되므로 질문으로 적절하지 않다.

정답률 분석 ① 4% ② 9% ③ 9% ④ 75% ⑤ 4%

239 문화 이해의 태도/ 답 ③

알짜풀이

A. [문항 2]의 질문인 문화의 다양성을 보존하는 데 기여하는 문화 이해의 태도는 문화 상대주의이다. [문항 2]의 질문에 대한 답변은 오답이므로 A는 자문화 중심주의가 된다.
B. 자기 문화의 정체성을 상실할 우려가 있는 문화 이해의 태도는 문화 사대주의이다. [문항 1]의 질문에 대한 답변은 정답이므로 B는 문화 사대주의이다.
C. 남아 있는 문화 상대주의가 된다.
③ 자문화 중심주의(A)는 문화 상대주의(C)와 달리 자기 문화를 기준으로 타문화를 평가한다.

오답넘기

①, ② 자문화 중심주의(A)는 자기 문화를 우수한 것으로 여기기 때문에 타문화를 수용하는 데 부정적이고, 국수주의로 변질될 우려가 있다는 비판을 받는다.

④ 자문화 중심주의는 타문화를 부정적으로 인식한다.
⑤ 타문화와 문화적 마찰을 일으킬 가능성이 가장 높은 문화 이해의 태도는 자문화 중심주의(A)이다.

정답률 분석 ① 4% ② 5% ③ 79% ④ 3% ⑤ 9%

240 문화 이해의 태도 / 답 ①

알짜풀이

A는 문화 간 우열이 없다고 보는 문화 상대주의, B는 국수주의로 이어질 가능성이 낮은 문화 사대주의, C는 국수주의로 이어질 가능성이 높은 자문화 중심주의이다.
① 문화 상대주의(A)는 각 사회의 문화를 해당 사회의 맥락에서 바라보는 문화의 이해의 태도로 문화의 다양성 확보에 유리하다.

오답넘기

② 자문화를 다른 사회에 이식하는 것을 당연시하는 문화 이해의 태도는 자문화 중심주의이다.
③ 모든 문화가 동등한 가치를 지닌다고 보는 문화 이해의 태도는 문화 상대주의이다.
④ 특정 사회의 문화를 기준으로 타문화를 평가할 수 있다고 보는 문화 이해의 태도는 문화 사대주의와 자문화 중심주의이다.
⑤ 문화 상대주의는 자문화 중심주의와 달리 문화 다양성 보존에 기여한다. 따라서 해당 질문으로 문화 상대주와 자문화 중심주의를 구분할 수 있다.

정답률 분석 ① 87% ② 5% ③ 2% ④ 2% ⑤ 3%

241 문화 이해의 태도 / 답 ①

알짜풀이

제시문의 ㉠ 문화 이해 태도는 그 사회의 문화가 형성되는 상황이나 맥락을 고려하여 이해하는 문화 상대주의이다.
ㄱ. 문화 상대주의는 해당 사회의 문화를 그 사회 내부의 논리와 체계 속에서 이해하고자 한다.

오답넘기

ㄴ. 외래 문화를 우수한 것으로 여기는 문화 사대주의에 해당한다.
ㄷ. 자문화를 중심으로 외래 문화를 바라보는 자문화 중심주의에 해당한다.

정답률 분석 ① 94% ② 2% ③ 2% ④ 1% ⑤ 1%

242 문화 이해 태도 / 답 ②

알짜풀이

제시문은 야노마모족의 효율적인 인구 조절 수단으로서의 여아 살해 관습이 불가피한 행위임을 이해해야 한다는 극단적 문화 상대주의 태도를 보이고 있다.
ㄱ. 극단적 문화 상대주의는 인간의 존엄성, 생명 존중 등 인류의 보편적 가치를 훼손할 수 있는 위험성이 뒤따른다.
ㄹ. 어린 여자 아이를 살해하는 관습은 용인할 수 없는 행동임에도 불구하고, 극단적 문화 상대주의를 취하게 되면, 효율적인 인구 조절 수단이라는 명목하에 그 가치와 의미를 인정하게 될 수 있는 위험성이 존재한다.

오답넘기

ㄴ. 문화 사대주의의 문제점에 해당한다.
ㄷ. 자문화 중심주의의 문제점에 해당한다.

243 문화 이해 태도 / 답 ①

알짜풀이

제시문은 티베트의 조장(鳥葬)이라는 장례 방식의 의미와 조장 풍습이 행해지는 이유를 자연환경과 관련지어 설명하고 있다.
갑. 티베트 장례 문화의 의미와 가치를 이해하려고 하므로 문화 상대주의에 해당한다.
을. 티베트의 환경을 고려하면 티베트의 조장 풍습을 이해할 수 있다는 태도는 문화 상대주의에 해당한다.

오답넘기

병. 자문화 중심주의에 대한 진술이다.
정. 문화 사대주의에 대한 진술이다.

244 자문화 중심주의 / 답 ⑤

알짜풀이

제시된 태도는 자문화 중심주의이다.
⑤ 다른 문화의 고유한 가치를 폄하하는 것은 자문화 중심주의와 관련 있고, 인류의 보편적 가치까지도 무시하는 것은 극단적 문화 상대주의와 관련 있다.

245 문화 이해 태도 / 답 ②

알짜풀이

A국은 자문화 중심주의 태도를 보이고 있다.
ㄱ. A국은 B국의 전통 신앙인 무속 신앙을 미신이라 단정하여 억압하고 말살하려는 등 B국 문화를 부정적으로 평가하였다.
ㄷ. 자문화 중심주의는 자국의 국제적 고립을 초래할 수 있다.

오답넘기

ㄴ. 문화 사대주의에 대한 설명이다.
ㄹ. 자문화 중심주의는 문화적 폐쇄성을 초래하여 국수주의로 흐를 위험성이 크다.

더 알아보기

국수주의
편협하고 극단적인 민족주의로, 자기 나라의 문화만을 가장 뛰어난 것으로 믿고 타민족이나 타국가 문화를 배척하는 극단적인 태도이다.

246 문화 이해 태도 / 답 ②

알짜풀이

ㄱ. 문화 상대주의는 각 문화의 고유한 의미를 존중하며, 문화를 우열 평가의 대상이 아닌 이해의 대상으로 본다.
ㄷ. 선진 문물의 수용에 기여하는 태도는 타문화를 자기 문화보다 우수한 것으로 여기는 문화 사대주의이다.

오답넘기

ㄴ. 사회 통합에 기여하는 태도는 자문화 중심주의이다.
ㄹ. 문화의 다양성을 보존하는 데 기여하는 태도는 문화를 그 사회의 맥락에서 이해하려는 문화 상대주의이다.

247 문화 이해 태도 / 답 ②

알짜풀이

A국 사람들은 이슬람교 신자인 외국인 노동자가 먹지 않는 돼지고기 삼겹살을 회식 메뉴로 정하고 돼지고기를 먹지 않는 행위에 대해 비판하는 모습을 보이고 있다. 이는 자문화 중심주의 태도로, 외국인 노동자에 대한 A국 사람들의 문화 상대주의 태도가 요구된다.
② 문화 상대주의와 관련 있다.

오답넘기

① 문화 절대주의와 관련 있다.
③ 총체론적 관점과 관련 있다.
④ 자문화 중심주의와 관련 있다.
⑤ 문화 진화론과 관련 있다.

02 현대 사회의 다양한 문화 양상

item 18 전체 문화와 하위문화

248 ③	249 ⑤	250 ④	251 ⑤	252 ④	253 ③
254 ③	255 ④	256 ①	257 ③	258 ④	259 ②
260 ①	261 ⑤				

248 주류 문화, 하위문화, 반문화 / 답 ③

알짜풀이

③ 갑국에서는 주류 문화에 대항하는 빈민가 출신 젊은이들에 의해 새로운 장르의 문화가 형성되었고, 을국에서는 주류 문화에 대항하는 일부 젊은이들에 의해 인간으로서 정신적 성장을 중시하는 문화가 형성되었다. 갑국과 을국 모두 주류 문화에 저항하는 반문화가 공통적으로 나타나고 있다.

오답넘기

① 갑국에서 형성된 반문화는 전체 사회에서 주류 문화가 되었지만, 을국에서 형성된 반문화는 그렇지 않다.
② 갑국과 을국 사례에는 하위문화와 반문화가 세대 간 갈등의 원인이 된다는 내용이 없다.
④ 갑국과 을국 사례에는 하위문화가 사회의 안정과 통합에 기여한다는 내용은 나와 있지 않다.
⑤ 을국의 사례에는 반문화가 주류 문화로 자리 잡았다는 내용이 없다.

정답률 분석 ① 2% ② 5% ③ 87% ④ 4% ⑤ 2%

249 주류 문화, 하위문화, 반문화 / 답 ⑤

알짜풀이

제시된 자료에서 A는 하위문화, B는 주류 문화, C는 반문화이다. 하위문화는 한 사회 내에서 특정 집단이나 구성원이 공유하는 문화이고, 반문화는 전체 사회의 지배적인 가치를 따르지 않는 주류 문화에 저항하는 문화이다.
⑤ 반문화(C)는 모두 하위문화(A)에 해당한다. 하위문화에는 주류 문화에 저항하는 반문화도 포함되어 있기 때문에 하위문화(A)가 모두 주류 문화(B)에 해당하는 것은 아니다.

오답넘기

① 하위문화(A), 주류 문화(B)는 모두 시대에 따라 상대적으로 규정된다.
② 반문화(C)가 문화 다양성 증가에 기여한다.
③ 반문화(C)는 하위문화, 주류 문화와 한 사회에서 공존하고 있다.
④ 하위문화(A), 주류 문화(B), 반문화(C)는 모두 해당 문화를 향유하는 구성원의 정체성 강화에 기여한다.

정답률 분석 ① 2% ② 3% ③ 2% ④ 5% ⑤ 88%

250 주류 문화, 하위문화, 반문화 / 답 ④

알짜풀이

제시문에서 ㉠의 침묵의 연합은 독일 사회에서 특정 구성원이 공유하고 있는 하위문화에 해당한다. ㉡의 집합적 죄의식은 독일 사회가 갖고 있었던 주류 문화에 저항한 반문화로 시작하여 주류 문화가 되었음이 나와 있다.
ㄴ. 1960년대 후반 독일 사회에서 집합적 죄의식은 독일 사회가 갖고 있는 죄의식 부재에 대해 저항하는 반문화의 성격을 띠고 있다.
ㄹ. 집합적 죄의식은 1960년대 반문화로 시작하여 1970년대 이후 주류 문화가 되었다.

오답넘기

ㄱ. 1950년대 독일 사회에서 침묵의 연합은 과거 상처에 대해 침묵하는 독일 사회 구성원들이 공유하는 하위문화에 해당한다.
ㄷ. 지역 문화로 볼 수 있는 내용이 없다.

정답률 분석 ① 4% ② 2% ③ 3% ④ 87% ⑤ 3%

251 주류 문화, 하위문화, 반문화 / 답 ⑤

알짜풀이

제시문에는 온라인에서 젊은 세대들의 신조어를 만들거나 사용하는 것이 젊은 세대 사이에서 하나의 놀이 문화로 자리 잡았고, 이러한 신조어를 모르는 기성 세대와 소통 단절을 불러 올 수 있음이 나와 있다. 이는 젊은 세대들의 공유하는 하위문화에 해당된다.
⑤ 제시된 자료에서 '신조어가 소통을 위한 매개로 활용되면서 서로 간의 친밀감을 높이고 있다.'라는 내용을 통해 특정 하위문화가 해당 문화를 향유하는 구성원들의 유대감 형성에 기여함을 파악할 수 있다.

오답넘기

①, ③, ④ 하위문화가 주류 문화를 대체한다거나, 고급 문화가 대중 문화를 견인한다거나, 특정 세대가 새로운 가치를 추구하여 주류 문화에 저항한다는 내용은 나와 있지 않다.
② 신조어를 잘 모르는 대다수의 기성 세대와 젊은 세대 간 소통 단절을 불러올 수 있다는 내용을 통해 하위문화가 세대 간 문화의 이질성을 심화시킬 수 있다.

정답률 분석 ① 2% ② 2% ③ 2% ④ 5% ⑤ 90%

252 전체 문화, 하위문화, 반문화 / 답 ④

알짜풀이

A 문화는 부르주아지들만 가지고 있는 문화로 하위문화에 해당하고, B 문화는 주류 문화에 저항하고 대항하는 반문화에 해당하며, C 문화는 중세 봉건제적 문화를 대체한 전체 문화에 해당한다.
ㄴ. 사회 변동에 따라 하위문화가 전체 문화가 되기도 하고, 전체 문화가 하위문화가 되기도 한다.
ㄹ. 한 사회의 하위문화를 모두 더한다고 해서 전체 문화가 되는 것은 아니다.

오답넘기

ㄱ. 전체 문화와 대립하여 사회 안정을 저해하는 것은 반문화이다.
ㄷ. 한 사회에서 하위문화, 반문화, 전체 문화는 모두 공존할 수 있다.

정답률 분석 ① 8% ② 3% ③ 4% ④ 80% ⑤ 3%

253 전체 문화, 하위문화, 반문화 / 답 ③

알짜풀이

한 사회 내에서 일부 구성원들만 공유하는 문화는 하위문화이고, 한 사회의 지배적인 문화를 거부하거나 저항하는 문화는 반문화이다. 따라서 A는 반문화, B는 하위문화, C는 전체 문화에 해당한다.
③ 반문화, 하위문화를 공유하는 구성원은 전체 문화의 문화 요소 중 일부를 공유한다.

오답넘기

① 반문화와 하위문화는 모두 기존의 지배적인 문화를 대체하기도 한다.
② 반문화와 하위문화는 모두 주류 집단에 의해 일탈로 규정되기도 한다.
④ 반문화, 하위문화, 전체 문화는 모두 문화를 향유하는 구성원들 공통의 정체성 형성에 기여할 수 있다.
⑤ 반문화, 하위문화, 전체 문화는 모두 사회에 따라 상대적으로 규정된다.

정답률 분석 ① 4% ② 2% ③ 79% ④ 11% ⑤ 2%

⊕ 더 알아보기

반문화

반문화는 하위문화의 한 유형으로서 두 가지 성격을 가진다. 하나는 전체 사회의 지배적인 가치를 따르지 않는 문화로서 일탈 문화 혹은 범죄 문화로 나타난다. 다른 하나는 전체 사회의 지배적인 가치를 거부하면서 새로운 가치를 추구하는 문화로서 대항 문화로 나타난다. 그런데 반문화가 어떤 성격을 갖는 문화로 간주되는지는 시대와 사회에 따라 변화할 수 있다.

254 하위문화와 반문화 / 답 ③

알짜풀이

히피 문화는 주류 문화에 저항하고 대립하는 반문화에 해당하고, 세대 문화는 일정 범위의 연령층이 공유하는 하위문화에 해당한다. 따라서 A 문화는 반문화, B 문화는 하위문화이다.

③ 반문화와 하위문화를 구분하는 기준은 전체 문화의 기준을 어떻게 규정하느냐에 따라 달라지므로 상대적이다.

오답넘기

① 반문화와 하위문화 모두 전체 사회에 문화 다양성을 제공한다.

② 반문화는 기존 문화에 저항하는 특징을 보인다.

④ 반문화는 사회 통합보다 집단 간 갈등을 유발하여 사회 혼란을 초래할 수 있다. 하위문화는 사회 변동에 기여할 수도 있고, 그렇지 않을 수도 있다.

⑤ 반문화와 하위문화의 총합이 전체 문화가 되는 것은 아니다.

정답률 분석 ① 5% ② 5% ③ 76% ④ 8% ⑤ 3%

255 전체 문화, 하위문화, 반문화 / 답 ④

알짜풀이

④ (가)에서는 청소년들의 기성세대에 대한 저항감, 기성세대의 문화적 환경에 대한 거부 등의 내용을 통해 반문화적 성격을 알 수 있다. (나)에서는 청소년만의 독특한 문화가 나타나 있으므로 이를 통해 반문화적 성격이 부각되어 있다고 볼 수 없다.

오답넘기

① 물질문화는 사람들이 삶을 영위하기 위해 만들고 사용하는 인공물이나 그것을 제작 · 사용하는 기술을 통틀어 일컫는 말이고, 비물질문화는 사회적 행동 양식을 규정하는 각종 규범과 제도, 인간의 존재 의미와 지적 욕구를 충족시켜 주는 사고방식 및 가치 체계를 통틀어 일컫는 말이다. ㉠은 비물질문화에 해당하고, ㉢은 물질문화에 해당한다.

② 좁은 의미의 문화는 고상하거나 세련된 것, 고급스러운 것 등 특별한 의미를 가지고 있는 사회적 생활 양식을 의미하고, 넓은 의미의 문화는 한 사회나 집단에서 나타나는 언어, 의식주, 가치 및 규범 등 인간의 모든 사회적 생활 양식을 의미한다. ㉡과 ㉤에서의 문화는 넓은 의미로 사용되었다.

③ 또래만의 문화적 특징이 강화되면 청소년의 언어 문화는 기존의 주류 문화로 동화되는 것이 아니라 주류 문화와 다른 독특한 성격을 띠게 된다.

⑤ (나)에서는 하위문화가 전체 문화로 대체되는 과정이 나타나 있지만, (가)에서는 나타나 있지 않다.

정답률 분석 ① 5% ② 9% ③ 4% ④ 78% ⑤ 1%

256 하위문화의 상대성 / 답 ①

알짜풀이

청소년 문화와 한국 사회의 문화를 비교할 때 청소년 문화는 하위문화이고, 한국 사회의 문화는 전체 문화이지만, 청소년 문화와 고등학생의 청소년 문화를 비교할 때 청소년 문화는 전체 문화가 되고 고등학생 청소년 문화는 하위문화가 된다. 이는 전체 범주를 어떻게 설정하느냐에 따라 청소년 문화가 하위문화가 될 수도 있고 전체 문화가 될 수도 있음을 보여 준다. 즉, 이는 하위문화의 상대성에 관한 내용이다.

257 지역 문화 / 답 ③

알짜풀이

제시된 자료는 지역적 특성을 반영한 지역 문화 축제를 나타낸다.

ㄴ. 각 지역의 지역적 특성이 반영된 문화 축제이다.

ㄷ. 각 지역 주민들의 자긍심을 높이는 효과가 있어 지역 주민들의 정체성과 일체감 형성에 기여할 수 있다.

오답넘기

ㄱ. 지역 문화 축제는 문화적 다양성을 제공하므로 사회 전체의 문화적 획일화를 방지한다.

ㄹ. 다른 지역 주민들과 자신들을 구별하여 내집단 의식이 강화된다.

258 반문화 / 답 ④

알짜풀이

(가)는 폭주족 문화, (나)는 부르주아 문화에 관한 내용이다.

ㄱ. (가)에서 폭주족을 구성하는 청소년들은 학교와 주류 사회가 원하는 가치와 규범을 거부하고 자기들만의 규칙을 따르는 등 그들만의 문화를 형성하여 정체성을 강화한다.

ㄷ. 부르주아 문화는 프랑스 대혁명의 정신으로 작용하여 신분제를 사라지게 하고, 자유주의를 추구하는 국가로 변화시켰다.

ㄹ. (가)의 폭주족 문화와 (나)의 부르주아 문화는 반문화이다.

오답넘기

ㄴ. (나)에서 프랑스 대혁명 전 귀족 문화는 귀족 계급들만이 향유하는 문화로, 하위문화에 해당한다.

259 하위문화 / 답 ②

알짜풀이

제시문은 기성 세대와 청소년 세대의 공통점과 차이점을 비교하고 있다.

② 일반적으로 청소년들은 여러 부분(머리 모양, 의복, 행위 양식, 언어 구조 등)에서 기성 세대와 다름을 추구한다.

오답넘기

① 기성 세대와 마찬가지로 청소년 세대들도 현실 공간에서는 집단적 연대를 강조하는 것으로 보아 전체로서의 한국 문화를 공유하고 있다.

③ 기성 세대와 청소년 세대의 문화는 기본적으로 다르다.

④ 한국 사회에서 청소년 세대 문화와 기성 세대 문화 모두 각각 하위문화의 성격을 가진다.

⑤ 기성 세대는 청소년 세대와 달리 집단적이고 전통 지향적이지만, 현실 공간에서 집단적 연대를 강조한다는 점은 청소년 세대와의 공통점이다.

260 하위문화 / 답 ①

알짜풀이

ㄱ. (가)의 1990년대 팬덤 문화는 당시 노래 가사(기성 세대나 입시 위주의 학교 문화에 대한 반감이나 저항)에 대한 팬들의 공감, 사회에 대한 불만이나 청소년기의 혼란 등을 표현하였으므로 반문화적 성격이 나타나 있다.

ㄴ. (나)의 2010년대 팬덤 문화는 좋아하는 연예인 관련 자료들을 블로그나 인터넷에 올리고, 연예인 이름으로 사회에 기부하거나 봉사활동을 하는 모습 등으로 표현되었으므로 문화 창조와 자기 표현으로서의 성격이 강하다.

오답넘기

ㄷ. (가)와 (나) 모두 팬(연예인 등 특정 인물을 좋아하는 사람들)이라는 특정 집단 구성원들의 공유 문화로서의 팬덤 문화이다.

ㄹ. (가)와 (나) 모두에서 설명하는 팬덤 문화는 사회 변동에 기여할 수 있다.

261 하위문화 / 답 ⑤

알짜풀이

밑줄 친 '이 문화'는 하위문화의 한 유형인 '히피 문화'를 가리키며, 지배적인 문화인 주류 문화에 거부하는 성격을 지닌 반문화이다.

⑤ 반문화는 기존 주류 문화를 대체하면서 사회 변동을 가져오기도 하지만, 집단 간 갈등을 조장함으로써 사회 혼란을 초래하기도 한다.

item 19 대중문화와 대중 매체

262 ⑤	263 ④	264 ④	265 ④	266 ⑤	267 ⑤
268 ④	269 ⑤	270 ④	271 ④	272 ④	273 ④
274 ①	275 ①	276 ④	277 ②	278 ⑤	279 ⑤
280 ④	281 ①	282 ②	283 ⑤	284 ④	285 ④
286 ③	287 ⑤				

262 대중 문화의 비판적 수용 태도 / 답 ⑤

알짜풀이

첫 번째 사례에는 동영상 플랫폼에서 생산되는 콘텐츠가 특정 집단에 대한 편견을 조장할 우려가 있음이 나와 있다. 두 번째 사례에는 SNS 상에서 사실 확인 없이 특정인을 비방하는 콘텐츠가 등장하거나 유포되고 있음이 나와 있다.

⑤ 제시된 두 사례는 공통적으로 대중 매체가 제공하는 콘텐츠의 객관성, 사실성, 상업성을 주체적으로 검토하여 비판적으로 수용해야 함을 보여 주고 있다.

오답넘기

①, ②, ③, ④ 대중문화의 상업화, 고급 문화에 대한 대중 접근성, 하위문화를 통한 문화의 역동성 증진, 세대 간의 문화 차이 극복을 위한 노력 등은 제시된 자료에 나와 있지 않다.

정답률 분석 ① 2% ② 1% ③ 1% ④ 1% ⑤ 95%

263 사회 변화에 따른 문화 양상 / 답 ④

알짜풀이

(가)는 신분제 사회에서의 귀족 문화, (나)는 산업 사회 이후 등장한 대중문화, (다)는 마니아 세력을 중심으로 한 하위문화의 사례이다.

④ 대중문화는 대중 매체를 활용하여 접근이 쉬우므로 가장 수동적인 형태로 향유할 수 있는 문화이다. 따라서 (다) 문화보다 (나) 문화에서 수동적인 형태의 참여가 잘 나타난다.

오답넘기

① 귀족 문화는 신분제 사회의 지배 세력이 향유하는 문화로 폐쇄적 성격을 갖고 있다.

② 대중문화는 문화적 파급 효과가 뛰어나고 상업화를 특징으로 한다.

③ 매니아 문화는 수요자의 요구를 반영하기 때문에 다양성을 경험할 수 있는 기회가 마련된다.

⑤ 대중문화는 일반 대중들이 향유하지만, 귀족 문화와 매니아 문화는 상류층과 소수 매니아가 향유자라는 한정적인 특징을 갖는다.

정답률 분석 ① 3% ② 1% ③ 6% ④ 85% ⑤ 2%

더 알아보기

대중 사회와 대중문화

서구 사회에서 19세기 이후 참정권이 확대되면서 모든 국민이 대중이라는 동질적인 집단으로 바뀌면서 생겨난 사회가 대중 사회이다. 대중 사회는 대량 생산, 대량 소비, 획일적인 사회 통제, 대중 교육, 대중문화에 의해 특징지어진다. 사회의 중심 세력으로서 대중이 향유하는 문화를 일컫는 대중문화는 대중 매체에 의해 대량으로 생산되어 다수의 사람들에게 일방적으로 전달되는 상업성이 강한 문화를 의미한다.

264 대중 매체 / 답 ④

알짜풀이

카드 1은 TV와 인터넷의 특징에 해당하므로 2점, 카드 2는 종이 신문, TV, 인터넷 모두에 해당하는 특징이므로 3점, 카드 3은 종이 신문과 TV의 특징에 해당하므로 2점이다. 카드 4는 종이 신문과 인터넷의 특징에 해당하므로 2점, 카드 5는 인터넷의 특징에 해당하므로 1점, 카드 6은 인터넷의 특징에 해당하므로 1점이다.

④ 한 사람이 1회 게임에서 종이 신문에 해당하는 내용이 있는 카드로 얻을 수 있는 최대 점수는 A 상자에서 카드 2를 뽑고, B 상자에서 카드 4를 뽑을 때인 5점이다.

오답넘기

① A 상자에서 카드 1은 2점, 카드 2는 3점, 카드 3은 2점이므로 A 상자에 담긴 카드의 총점은 7점이다.

② 한 사람이 1회 게임에서 얻을 수 있는 최소 점수는 A 상자에서 2점짜리 카드를 뽑고 B 상자에서 1점짜리 카드를 뽑을 때인 3점이다.

③ 한 사람이 1회 게임에서 얻을 수 있는 최대 점수는 A 상자에서 3점짜리 카드를 뽑고 B 상자에서 2점짜리 카드를 뽑을 때인 5점이다.

⑤ 갑이 카드 2와 카드 4를 뽑았다면 갑이 얻는 점수는 5점으로, 이는 한 사람이 1회 게임에서 얻을 수 있는 최대 점수이다. 이때 을이 갑을 이길 수 있는 조합은 없다.

정답률 분석 ① 10% ② 8% ③ 8% ④ 64% ⑤ 7%

265 대중 매체 / 답 ④

알짜풀이

일반적으로 뉴미디어는 인쇄 매체보다 정보 전달의 속도가 빠르다. 따라서 A는 뉴미디어, B는 인쇄 매체에 해당한다.

ㄴ. 인쇄 매체는 정보 생산자와 소비자 간의 경계가 뚜렷한 반면, 뉴미디어는 뚜렷하지 않다.

ㄹ. 인쇄 매체보다 뉴미디어가 정보의 재가공이 용이하다. 따라서 '정보의 재가공의 용이성'은 (나)에 들어갈 수 있다.

오답넘기

ㄱ. 뉴미디어보다 인쇄 매체는 정보 확산의 시 · 공간적 제약이 크다.

ㄷ. 인쇄 매체보다 뉴미디어는 정보 전달자와 수용자 간의 상호 작용성이 높다. 따라서 '정보 전달자와 수용자 간의 상호 작용성'은 (나)에 들어갈 수 있다.

정답률 분석 ① 2% ② 2% ③ 4% ④ 90% ⑤ 2%

더 알아보기

인쇄 매체와 뉴미디어

인쇄 매체	• 심층적인 정보 전달이 용이함 • 다른 매체에 비해 상대적으로 정보 전달 속도가 느림
뉴미디어	• 정보의 재가공이 용이함 • 정보의 대량 유통이 가능함

266 대중 매체의 문제점 / 답 ⑤

알짜풀이

ㄱ. '나에게 그 사람이 한 말을 한마디만 알려 달라. 그러면 누구라도 바로 범죄자로 만들 수 있다.'를 통해 대중 매체가 정보의 조작을 통해 여론을 왜곡할 수 있음을 알 수 있다.

ㄴ. '신문과 라디오를 활용하여 독일 대중을 나치즘으로 끌어들이는 데 앞장섰으며'를 통해 대중 매체가 특정 집단의 이익을 옹호하기 위한 도구가 될 수 있음을 알 수 있다.

ㄹ. '거짓말일수록 과감하게 과장하고 여러 번 반복해서 지속적으로 말하라. 그러면 대중은 믿게 될 것이다.'를 통해 대중 매체가 일방적 정보 전달로 대중을 수동적인 존재로 전락시킬 수 있음을 알 수 있다.

오답넘기

ㄷ. 제시문에서 상업주의의 문제점을 찾을 수 없다.

정답률 분석 ① 3% ② 1% ③ 1% ④ 3% ⑤ 90%

267 대중 매체 / 답 ⑤

알짜풀이

갑은 영상 매체인 TV, 을은 인쇄 매체인 잡지나 책, 병은 뉴미디어인 인터넷을 선호한다.

⑤ 뉴미디어에 해당하는 인터넷은 정보 전달 방향에 있어 쌍방향적 속성이 있다. 이러한 쌍방향성 때문에 기존 매체에 비해 전달자와 수용자 간의 상호 작용이 활발하게 일어난다.

오답넘기

① TV와 잡지, 책은 모두 정보 전달이 일방적이다.
② 정보 수용자도 정보를 생산하는 것은 인터넷이다.
③ 인쇄 매체인 잡지나 책보다 영상 매체인 TV가 정보 전달의 동시성과 신속성이 뛰어나다.
④ 갑과 병의 선호 매체인 TV나 인터넷이 을의 선호 매체인 잡지나 책보다 사용자의 범위가 넓고 접근성이 뛰어나다.

정답률 분석 ① 2% ② 1% ③ 3% ④ 3% ⑤ 91%

+ 더 알아보기

산업 사회와 정보 사회의 대중 매체

산업 사회	• 주로 신문, 라디오, TV 등 일방향성을 가진 매체들이 주류를 이룸 • 시 · 공간적 제약에서 완전히 자유롭지 못해 이동성이 낮음 • 주로 전문가 집단이나 기업이 매체를 지배하고 영향력을 발휘함
정보 사회	• 인터넷, SNS, 스마트폰 등 양방향성을 가진 매체들이 상당수 등장 • 시 · 공간적 제약이 상대적으로 적어 이동성이 높음 • 개인도 매체를 통해 영향력을 발휘할 수 있음

268 대중 매체 / 답 ④

알짜풀이

첫 번째 사례에서는 취재된 사건들이 방송될 수도 있고, 방송되지 않을 수도 있음을 보여 주고, 두 번째 사례에서는 편집장에 의해 사안의 중요성이 달라질 수 있음을 보여 준다.
④ 편집장에 의해 정보가 선별될 수는 있지만, 대중의 지적 능력을 향상시키는지는 추론할 수 없다.

정답률 분석 ① 2% ② 5% ③ 5% ④ 79% ⑤ 9%

+ 더 알아보기

권력으로서의 대중 매체

게이트 키핑 기능	• 기자나 편집자와 같은 뉴스 결정권자가 뉴스를 취사 · 선택함 • 기자들이 모든 사건들을 취재하는 것은 아니고, 기자가 여러 사건을 취재하였다 하더라도 그 내용이 모두 신문에 실리거나 TV에 방송되는 것은 아니며, 각 언론사의 편집자가 보도할 기사를 선택하게 됨
의제 설정 기능	• 언론이 비중 있게 다루는 사안이 사회적으로도 중요한 것으로 인식되는 현상 • 매스미디어가 어떤 의제를 비중 있게 다루면 일반 수용자들은 그 이슈를 중요한 것으로 생각하게 됨으로써 결과적으로 그것은 중요한 의제로 부각됨

269 대중 매체 / 답 ⑤

알짜풀이

정보의 확산 속도는 뉴미디어가 인쇄 매체보다 빠르다. 따라서 A는 뉴미디어, B는 인쇄 매체이다.
⑤ 인쇄 매체는 정보 생산자와 소비자 간 경계가 명확하나, 뉴미디어는 정보 생산자와 소비자 간 경계가 명확하지 않다.

오답넘기

① 뉴미디어에 비해 인쇄 매체는 정보 확산의 시 · 공간적 제약이 크다.
② 정보의 동시적 전달이 가능한 대중 매체는 뉴미디어이다.
③ 뉴미디어는 인쇄 매체에 비해 정보의 재가공이 용이하다.
④ 뉴미디어는 시청각 정보의 제공이 가능하고, 인쇄 매체는 시각 정보만 제공할 수 있다.

정답률 분석 ① 2% ② 2% ③ 2% ④ 3% ⑤ 91%

270 대중 매체 / 답 ④

알짜풀이

A는 라디오, B는 종이 신문, C는 인터넷, D는 TV에 해당한다.
④ TV는 종이 신문과 달리 정보를 실시간으로 전달할 수 있다.

오답넘기

① 종이 신문은 라디오에 비해 깊이 있는 정보 전달이 용이하다.
② 인터넷은 종이 신문과 달리 정보의 확산 경로가 다양하다.
③ 인터넷은 TV에 비해 정보 생산자의 전문성이 낮다.
⑤ 인터넷과 TV는 복합 감각 정보의 전달이 가능하다. 따라서 (가)에 '복합 감각 정보의 전달'은 적절하지 않다.

정답률 분석 ① 3% ② 1% ③ 2% ④ 88% ⑤ 3%

271 대중 매체 / 답 ④

알짜풀이

A는 정보 재가공의 용이성이 낮고 복합 감각 정보의 전달이 가능하므로 영상 매체에 해당하고, B는 정보 재가공의 용이성이 낮고 복합 감각 정보의 전달이 불가능하므로 인쇄 매체에 해당하며, C는 정보 재가공의 용이성이 높고 복합 감각 정보의 전달이 가능하므로 뉴미디어에 해당한다.
④ 정보 생산자의 익명성은 뉴미디어가 영상 매체보다 높다.

오답넘기

① 정보 유통의 신속성은 영상 매체가 인쇄 매체보다 높다.
② 정보 전달의 양방향성은 뉴미디어가 인쇄 매체보다 높다.
③ 정보 확산 경로의 다양성은 뉴미디어가 인쇄 매체보다 높다.
⑤ 정보 생산자와 소비자 간 경계의 명확성은 영상 매체가 뉴미디어보다 높다.

정답률 분석 ① 5% ② 3% ③ 5% ④ 81% ⑤ 4%

272 대중 매체 / 답 ④

알짜풀이

A는 인쇄 매체, B는 뉴미디어, C는 영상 매체에 해당한다.
④ 정보의 복제와 재가공의 용이성은 뉴미디어 > 영상 매체 > 인쇄 매체 순이다.

오답넘기

① 정보 전달의 신속성은 뉴미디어 > 영상 매체 > 인쇄 매체 순이다.
② 정보 획득 시 사용 가능한 감각의 다양성은 뉴미디어가 인쇄 매체보다 크다.
③ 정보 전달 시 문맹자의 정보 접근 가능성은 뉴미디어가 인쇄 매체보다 높다.
⑤ 정보 전달자와 수용자 간 구분의 명확성은 영상 매체가 뉴미디어보다 높다.

정답률 분석 ① 5% ② 2% ③ 2% ④ 84% ⑤ 4%

273 대중 매체 / 답 ④

알짜풀이

정보 전달의 쌍방향적 속성이 강한 매체는 뉴미디어이고, 시청각 정보 전달이 가능한 매체는 영상 매체와 뉴미디어이다. 따라서 A는 인쇄 매체, B는 뉴미디어, C는 영상 매체에 해당한다.
④ 정보에 대한 문맹자의 접근 가능성은 영상 매체가 인쇄 매체보다 높다.

오답넘기

① 정보 전달의 신속성 정도는 영상 매체가 인쇄 매체보다 높다.
② 정보 생산자의 익명성 정도는 뉴미디어가 영상 매체보다 크다.
③ 정보 복제와 재가공의 용이성 정도는 뉴미디어가 인쇄 매체보다 크다.
⑤ 정보 전달자와 수용자 간 구분의 명확성은 인쇄 매체가 뉴미디어보다 크다.

정답률 분석 ① 7% ② 3% ③ 2% ④ 83% ⑤ 2%

274 대중 매체 / 답 ①

알짜풀이

정보의 심층성 정도는 종이 신문 > 라디오 > TV 순이고, 정보 전달의 신속성 정도는 TV > 라디오 > 종이 신문 순이다. A와 C는 종이 신문이 될 수 없으므로 B는 종이 신문, A와 C는 각각 라디오와 TV 중 하나이다.

ㄱ. 종이 신문은 문맹자의 정보 접근이 어렵다.

ㄴ. C가 라디오라면 A는 TV이다. 종이 신문은 TV보다 먼저 등장하였다.

오답넘기

ㄷ. 정보 전달과 수용의 동시성이 높은 매체는 라디오와 TV이고, 종이 신문은 낮다. 따라서 (가)에 '정보 전달과 수용의 동시성'은 적절하지 않다.

ㄹ. 복합 감각 정보의 전달 가능성은 TV가 높고 종이 신문은 낮다. 따라서 (나)에 '복합 감각 정보의 전달 가능성'은 적절하지 않다.

정답률 분석 ① 86% ② 4% ③ 3% ④ 2% ⑤ 2%

275 대중 매체 / 답 ①

알짜풀이

시각적 정보를 전달할 수 있는 매체는 종이 신문과 SNS이다. 따라서 A와 B는 각각 종이 신문과 SNS 중 하나에 해당하고, C는 라디오에 해당한다.

① A가 종이 신문이라면 B는 SNS이다. SNS는 라디오에 비해 정보 복제 및 재가공이 용이하다.

오답넘기

② SNS는 라디오와 종이 신문에 비해 정보 확산 경로가 다양하다.

③ B가 SNS라면 A는 종이 신문이다. 정보 전달과 수용이 동시에 이루어지는 매체는 라디오이다. 따라서 '정보 전달과 수용이 동시에 이루어진다.'는 ㉡에 들어갈 수 없다.

④ 쌍방향적 정보 전달이 가능한 매체는 SNS이다. 따라서 '쌍방향적 정보 전달이 가능하다.'는 ㉠에 들어갈 수 없다.

⑤ 정보 생산자와 소비자 간의 경계가 뚜렷한 매체는 종이 신문과 라디오이다. '정보 생산자와 소비자 간의 경계가 뚜렷하다.'가 ㉡에 들어간다면 A는 종이 신문, C는 라디오이다. 복합 감각 정보의 전달이 가능한 매체는 SNS이다.

정답률 분석 ① 90% ② 2% ③ 2% ④ 1% ⑤ 3%

276 대중문화 / 답 ④

알짜풀이

(가)에는 고급 문화의 대중화 현상이, (나)에는 젊은층 문화의 동질화와 관련한 대중문화의 획일화 현상이 나타나 있다.

ㄱ. (가)는 대중문화의 긍정적 특징이, (나)는 대중문화의 부정적 특징이 나타나 있다.

ㄴ. (가)는 고급 문화의 대중화로 인해 평균적인 문화 수준이 향상되어 문화 민주주의 실현이 가능해졌음을 보여 준다.

ㄷ. (나)는 수많은 젊은이들이 유행에 민감한 반응을 보임으로써 동질화되는 대중문화의 획일화를 보여 주고 있다.

오답넘기

ㄹ. 대중문화가 지배층의 대중 조작 수단으로 악용될 경우에 대중의 정치적 무관심이 조장될 우려가 있다. (가), (나)와 관련 없는 진술이다.

277 대중문화의 역기능 / 답 ②

알짜풀이

제시문은 제2차 세계 대전 당시 독일 나치의 선전 장관이었던 괴벨스의 대중 전략 지침 중 일부이다.

② 대중 조작은 정치 권력을 가진 엘리트가 대중 매체 등을 이용하여 자기 의도대로 대중이 동조하도록 교묘하게 유도하는 것을 말한다. 제시문을 통해 당시 히틀러 정권에 의해 대중문화가 대중 조작의 도구로 사용되었음을 알 수 있다.

오답넘기

①, ⑤ 대중문화의 긍정적 특징으로, 제시문을 통해서는 추론할 수 없다.

③, ④ 대중문화의 부정적 특징으로, 제시문을 통해서는 추론할 수 없다.

278 대중 매체 / 답 ⑤

알짜풀이

(가)는 신문, (나)는 라디오, (다)는 인터넷이다.

⑤ 대중이 문화 창조자로서의 역할을 수행할 수 있게 된 데에는 인터넷인 (다)의 영향이 컸다.

오답넘기

① 신문은 활자를 통해 정보를 전달한다.

② 라디오는 시각 정보의 처리가 어렵다.

③ 인터넷으로 취미가 비슷한 사람들끼리 인터넷 동호회를 만들어 활동하면서 다양한 하위문화가 등장하는 등 대중이 주체적인 역할을 하는 데 영향을 주었다.

④ (가), (나)는 일방향성을 특징으로 하기 때문에 대중은 문화의 수용자에 머물지만, (다)는 양방향성을 특성으로 한다.

279 대중 매체 / 답 ⑤

알짜풀이

쌍방향적 정보 전달 가능성이 큰 매체는 뉴미디어이다. 따라서 A는 인쇄 매체, B는 뉴미디어에 해당한다.

⑤ 정보 검색 및 활용의 신속성은 뉴미디어가 인쇄 매체보다 크고, 권력자에 의한 대중 조작 가능성은 인쇄 매체가 뉴미디어보다 크다.

오답넘기

① 인쇄 매체는 뉴미디어와 달리 시각에만 의존한다.

② 정보 수용자의 정보 생산 참여 가능성은 뉴미디어가 인쇄 매체에 비해 높다.

③ 뉴미디어는 정보 사회에서 영향력이 증대되었다.

④ 시 · 공간적 제약이 작은 매체는 뉴미디어이다.

280 대중 매체 / 답 ④

알짜풀이

④ 무책임하고 왜곡된 정보의 양산 및 전파 가능성은 영상 매체보다 뉴미디어에서 더 크다.

오답넘기

① 인쇄 매체는 심층적인 정보 전달에 유용하다.

② 음성 매체에 비해 인쇄 매체는 정보 전달의 속도가 느리다.

③ 영상 매체는 빠른 속도로 공감각적인 정보 전달이 가능하다.

⑤ 인쇄 매체, 영상 매체에 비해 뉴미디어는 정보 생산자의 익명성이 사회 문제가 될 수 있다.

281 대중 매체 / 답 ①

알짜풀이

정보 통신망을 통해 활자, 소리, 영상 등 복합적인 정보를 전달하는 매체는 뉴미디어이다. 따라서 A는 뉴미디어, B는 음성 매체이다.

ㄱ. 뉴미디어는 정보의 수용자가 정보의 생산자가 되기도 한다.

ㄴ. 음성 매체는 광범위한 정보 전달이 가능하나 시각 정보의 처리가 어렵다.

오답넘기

ㄷ. 정보의 생산자와 소비자 간 양방향 의사소통이 가능한 매체는 뉴미디어이다. 따라서 '정보의 생산자와 소비자 간 양방향 의사소통이 가능하다.'는 ㉠에 들어갈 수 없다.

ㄹ. 정보의 왜곡이나 질적 저하 문제가 발생할 가능성은 음성 매체보다 뉴미디어가 높다.

282 대중 매체의 기능 / 답 ②

알짜풀이

② 지배 계급이 국민들의 정치적 무관심을 유도하는 등 우민화 정책의 일환으로 스포츠와 대중 매체가 이용되었다는 내용을 통해 대중 매체가 대중의 현실 비판 능력을 약화시키는 도구로 이용되기도 함을 알 수 있다.

오답넘기

①, ③, ④, ⑤ 대중 매체의 기능에 해당하지만, 제시된 사례를 통해 추론할 수 없는 내용이다.

283 대중 매체를 바라보는 관점 / 답 ⑤

알짜풀이

제시문은 대중 매체를 갈등론적 관점에서 바라보고 있다.

ㄷ. 지나친 상업주의로 인해 대중의 정치적 관심을 약화시킨다는 내용은 갈등론에 부합하는 진술이다.

ㄹ. 기득권층에 유리한 정보만을 전달하여 사회 구조적 모순을 정당화한다는 내용은 갈등론에 부합하는 진술이다.

오답넘기

ㄱ, ㄴ. 기능론에 부합하는 진술이다.

284 대중 매체의 기능 / 답 ④

알짜풀이

④ '예전에는 귀족들만이 교향곡을 감상할 수 있었다.'는 말에서 교향곡이 고급 문화라는 것을 추론할 수 있으며, 이러한 교향곡 오케스트라 공연을 집에서 텔레비전으로 볼 수 있게 된 것은 고급 문화가 대중화되어 텔레비전이라는 대중 매체를 통해 접촉할 수 있는 기회가 제공되었다는 것을 의미한다.

285 대중 매체의 문제점 / 답 ④

알짜풀이

ㄱ, ㄴ, ㄹ. 제시된 사례를 통해 대중 매체는 특정 문화만을 획일적으로 제공하여 여론을 왜곡할 수 있고, 일방적인 정보 전달로 대중을 수동적인 존재로 전락시킬 수 있으며, 대중이 국가 권력의 부당함을 인식하지 못하고 자발적으로 순응하게 하는 도구가 될 수 있음을 알 수 있다.

오답넘기

ㄷ. 대중 매체가 대중 통제 수단으로 이용될 수 있으나, 강압적인 방식으로 개인의 자율성을 규제한다는 내용은 나타나 있지 않다.

286 대중 매체 / 답 ③

알짜풀이

을. 2019년 대비 2020년에 동시 보도 시 가장 신뢰하는 미디어 중 인터넷만 수치가 증가했다.

병. 2019년 대비 2020년에 미디어별 보도 기사 신뢰도는 잡지보다 인터넷의 수치가 높게 나타났다.

오답넘기

갑. 2020년 응답자의 89.4%가 신문 기사의 내용을 신뢰하지 않았다고 단정할 수 없다. 응답자의 10.6%가 미디어 중 신문을 가장 신뢰했다는 것이고, 나머지 89.4%는 다른 미디어를 신뢰했다.

정. 2019년과 2020년 모두에서 동시 보도 시 신뢰하는 수치가 가장 높은 매체는 TV이다. TV는 정보 생산자와 소비자 간의 경계가 명확하다.

287 대중 매체의 비판적 수용 / 답 ⑤

알짜풀이

제시문은 1966년 독일의 사회 과학자 엘리자베스 노엘레-노이만이 발표한 '여론과 사회 통제'에서 제시된 '침묵의 나선 이론'에 관한 내용이다.

ㄴ, ㄷ, ㄹ. 제공된 정보에 대한 수동적 수용 태도를 경계하고, 정보 생산 주체 및 그가 지향하는 가치관에 대한 검토를 통해 객관적 사실을 파악하며, 다양한 매체를 활용하여 다양한 시각에서의 정보 탐색을 통해 대중 조작의 가능성을 약화시키는 자세는 제시된 자료와 관련된 바람직한 대중 매체의 비판적 수용 자세이다.

오답넘기

ㄱ. 상업주의에 따른 저질 문화의 수용을 경계하는 자세는 대중 매체를 비판적으로 수용하는 자세와 관련 있지만, 제시된 자료와는 관련 없다.

03 문화 변동의 이해

item 20 문화 변동

288 ⑤	289 ①	290 ④	291 ①	292 ⑤	293 ①
294 ④	295 ③	296 ④	297 ②	298 ③	299 ①
300 ②	301 ③	302 ③	303 ②	304 ⑤	305 ⑤
306 ①	307 ⑤	308 ①	309 ④	310 ③	

288 문화 접변 / 답 ⑤

알짜풀이

제시문에는 문화 전파 사례가 나와 있다. A국과 B국에서는 직접 전파에 의한 문화 융합, C국에서는 인터넷을 통한 간접 전파가 나타났다.

⑤ A국에 전파된 특수 효과 기술, B국에 전파된 라면, C국에 전파된 비빔 라면 조리 방식은 모두 물질문화에 해당한다. 물질문화는 인간의 기본적인 욕구 충족을 위한 각종 도구나 기술 등을 의미한다.

오답넘기

① A국에서 탄생한 새로운 영화 장르, B국에서 개발된 비빔 라면은 모두 문화 융합의 사례에 해당한다.

② A국, B국 모두에서 문화 접변이 나타났다.

③ B국과 C국에서의 문화 공존 여부는 제시된 자료만으로는 알 수 없다.

④ A국, B국 모두에서 직접 전파가 나타났다. 간접 전파가 나타난 국가는 C국이다.

정답률 분석 ① 8% ② 7% ③ 5% ④ 10% ⑤ 71%

289 문화 접변과 직접 전파 / 답 ①

알짜풀이

① (가)에서 을국의 기술자에 의해 을국의 전자 교통 카드 시스템이 갑국으로 전파되었다. 갑국에서는 현금으로 대중교통 요금을 지불하던 기존의 방식과 전자 교통 카드로 대중교통 요금을 지불하는 방식이 모두 사용되고 있다. 즉 (가)에서는 갑국에서 직접 전파로 인한 문화 병존이 나타나고 있다.

오답넘기

② (나)에서는 병국이 정국을 지배함에 따라 강제적 문화 접변이 일어났고, 정국 언어는 사라지고 병국 언어만 쓰게 된 문화 동화가 나타났다.

③ (가), (나) 모두에서 외재적 요인에 의한 문화 변동이 나타났다.

④ (가)에서는 전자 교통 카드라는 새로운 문화를, (나)에서는 병국 언어라는 새로운 문화를 공유하게 되었다.

⑤ (나)의 정국은 병국 언어만을 쓰게 되어 자문화의 정체성을 상실하였다. 반면

(가)의 갑국은 교통 카드와 현금이 대중 교통 요금 지불 수단으로 같이 쓰이고 있다. 이를 통해 자문화의 정체성을 상실하지 않았음을 알 수 있다.

정답률 분석 ① 87% ② 4% ③ 2% ④ 2% ⑤ 6%

290 문화 접변과 문화 동화 / 답 ④

알짜풀이

④ 제시된 자료의 (가)에는 이민자들에 의한 직접 전파에 따른 자발적 문화 접변과 문화 융합이 나와 있다. (나)에는 B국의 지배에 따른 강제적 문화 접변과 자국 문화 소멸이라는 문화 동화가 나와 있다.

오답넘기

① (가)의 문화 변동 요인은 이민자에 의해 들어 온 다양한 음악과 악기에 의한 변동으로 직접 전파에 해당한다.

②, ③ 자문화의 정체성이 상실된 것은 외래 문화가 수용되고 자문화가 소멸한 문화 동화가 나타나는 (나)이다. 자국의 고유한 문화가 소멸된 것은 문화의 다양성이 약화된 것이다.

⑤ 을이 틀린 답변을 했으므로 병은 옳은 답변을 해야 한다. ㉠에 들어갈 수 있는 옳은 내용은 '(나)의 문화 변동 요인은 직접 전파입니다.'이다.

정답률 분석 ① 3% ② 2% ③ 3% ④ 91% ⑤ 2%

291 문화 변동의 이해 / 답 ①

알짜풀이

① 1모둠에서 '갑국의 전통 음식 A가 전국적으로 유행했다.'는 내용을 통해 문화 공존이 나타났음을 알 수 있다. 2모둠에서 B국의 제조법을 받아들여 새로 개발한 무열량 음료가 '○○국에서 전통 음료와 B의 판매량을 추월했다.'는 내용을 통해 ○○국에 을국의 무설탕 음료 B가 전파되어 ○○국의 전통 음료와 공존하였음을 알 수 있다.

오답넘기

② 3모둠이 작성한 내용 중 새로운 과자는 문화 융합에 해당한다. 그러나 4모둠이 작성한 내용에는 문화 융합에 해당하는 내용이 없다.

③ 1모둠이 작성한 내용에는 발명이 나타나 있지 않다. 2모둠이 작성한 내용에서 ○○국 음료 회사가 새로운 무열량 음료를 개발한 것은 자극 전파의 사례에 해당한다.

④ 3모둠이 작성한 내용에는 문화 동화가 나타나지 않는다. 4모둠이 작성한 내용에는 디저트 D가 SNS를 통해 ○○국에 알려졌음이 있는데 이는 간접 전파에 해당한다.

⑤ 1모둠이 작성한 내용에는 자극 전파가 나타나지 않는다.

정답률 분석 ① 63% ② 8% ③ 2% ④ 20% ⑤ 7%

292 문화 변동의 내재적 요인과 외재적 요인 / 답 ⑤

알짜풀이

A. 외재적 요인으로 존재하지 않았던 것을 새롭게 만들어 내는 문화 변동 요인은 자극 전파이다.

B. 내재적 요인으로 존재하는 것을 만들어 내는 것은 발견에 해당한다.

C. 외재적 요인으로 존재하는 것을 만들어 내는 것은 직접 전파에 해당한다.

D. 내재적 요인으로 존재하지 않았던 것을 새롭게 만들어 내는 것은 발명에 해당한다.

⑤ 자극 전파, 발견, 직접 전파, 발명은 모두 한 사회에 새로운 문화 요소를 추가하는 요인으로 작용한다.

오답넘기

① 직접 전파(C)에 해당하는 사례이다.

② 발명(D)에 해당하는 사례이다.

③ 간접 전파에 해당하는 사례이다.

④ 자극 전파(A)는 서로 다른 문화 체계 간에 문화 요소와 관련된 추상적인 개념과 아이디어가 전파되어 새로운 문화 요소의 발명(D)이 이루어지는 현상이다.

정답률 분석 ① 4% ② 3% ③ 5% ④ 7% ⑤ 81%

293 문화 변동의 요인 / 답 ①

알짜풀이

A는 내재적 요인 중 새로운 문화 요소를 만드는 것이므로 발명에 해당하고, B는 발견에 해당한다. C는 외재적 요인 중 외부 문화에서 아이디어를 얻어 새로운 문화 요소를 만들었으므로 자극 전파에 해당한다. D는 매체에 의해 문화 요소가 전해졌으므로 간접 전파에 해당하고, E는 직접 전파에 해당한다.

① 물질문화와 비물질문화는 모두 발명을 통해 만들어질 수 있다.

오답넘기

② 특정 종교의 창시는 존재하지 않던 새로운 문화 요소를 만들어 내는 것이므로 이는 발명에 해당한다.

③ 상호 인적 교류가 없는 집단들 간에도 매체를 통한 간접 전파에 의해 문화 변동이 이루어질 수 있다.

④ 자극 전파는 외부 문화에서 아이디어를 얻어 새로운 문화를 만든 것이다. 따라서 직접 전파와 간접 전파는 모두 자극 전파의 원인이 될 수 있다.

⑤ 문화 변동의 요인 A~E는 모두 문화 지체 현상을 초래할 수 있다.

정답률 분석 ① 83% ② 3% ③ 6% ④ 3% ⑤ 4%

294 문화 변동의 요인과 양상 / 답 ④

알짜풀이

외부 사회의 문화 요소에서 아이디어를 얻어 새로운 문화 요소가 등장한 A는 자극 전파에 해당하고, 매개체에 의해 문화 요소가 전달된 B는 간접 전파에 해당하며, C는 직접 전파에 해당한다. 기존 문화의 정체성이 남아 있는 것은 문화 공존과 문화 융합이므로 (다)는 문화 동화에 해당한다. 외래 문화 요소가 변형되지 않은 상태로 정착되는 것은 문화 공존과 문화 동화이므로 (가)는 문화 공존, (나)는 문화 융합에 해당한다.

④ 식민 지배를 통한 문화 변동은 직접 전파에 해당하고, 서로 다른 문화가 함께 존재하는 것은 문화 공존에 해당한다.

오답넘기

① 다른 나라의 종교 교리와 체계를 응용하여 만든 신흥 종교는 자극 전파에 해당하고, 기존 종교를 대체한 것은 문화 동화에 해당한다.

② 새로운 정보 통신 기술을 개발한 것은 발명에 해당한다.

③ 케이팝은 주로 대중 매체를 통해 전달되므로 이는 간접 전파의 사례에 해당한다. 외국인이 한국어를 배우러 한국에 와서 정착하는 사례는 문화 동화로 보기 어렵다.

⑤ 교역을 통한 문화 변동은 직접 전파에 해당하고, 외국 문화와 자국 문화가 함께 나타나는 것은 문화 공존에 해당한다.

정답률 분석 ① 5% ② 6% ③ 13% ④ 68% ⑤ 6%

295 직접 전파와 간접 전파 / 답 ③

알짜풀이

③ 병국에서는 이민자들에 의해 호미가 전파된 직접 전파 사례가 나와 있다.

오답넘기

① 갑국에서는 영화를 통해 전파된 외재적 요인에 의한 간접 전파에 의한 문화 변동 사례가 나와 있다.

② 을국에서는 무역을 통해 만나 사람들에 의해 직접 전파가 이루어졌다. 매개체를 통해 타문화의 문화 요소가 전파되는 것은 간접 전파에 해당한다.

④ 갑국, 을국, 병국 모두 외재적 요인에 의한 문화 변동이 일어났다.

⑤ 갑국에서는 매체를 통한 간접 전파, 을국과 병국에서 직접 전파가 이루어졌다.

정답률 분석 ① 1% ② 4% ③ 86% ④ 5% ⑤ 3%

296 문화 변동의 양상 / 답 ④

알짜풀이

④ 의복 분야와 음식 분야에서는 문화 융합과 문화 공존이 발생하였고, 주거 분야에서는 전통 가옥 형태가 유지된 것으로 보아 문화 변동이 나타나지 않았음을 알 수 있다.

오답넘기

① 의복 분야에서는 전통 의복을 서구식으로 개량한 개량 의복과 서구 의복의 혼재가 나타나고 있다. 이를 통해 문화 융합과 문화 공존이 나타났음을 알 수 있다. 자기 문화의 정체성이 상실되는 경우는 문화 동화이다.
② 음식 분야에서는 전통 음식과 외래 음식이 결합된 새로운 음식이 등장한 것으로 보아 문화 융합이 나타났음을 알 수 있고, 주변국의 음식 및 조리법의 도입으로 인해 전통식과 외래식이 혼재한 것으로 보아 문화 공존이 나타났음을 알 수 있다. 따라서 음식 분야에서 나타난 문화 변동의 요인은 전파이다.
③ 제시된 자료를 통해 주거 분야에서 문화 지체 현상이 발생하였는지는 알 수 없다.
⑤ 의복 분야와 음식 분야에서는 물질문화의 변동이 발생하였다. 그러나 주거 분야에서는 신분에 따른 가옥 규모 제한이 폐지되었으므로 이를 통해 가족과 관련된 비물질문화의 변동이 나타났음을 알 수 있다.

정답률 분석 ① 1% ② 1% ③ 2% ④ 91% ⑤ 2%

297 문화 변동의 요인 / 답 ②

알짜풀이

문화 변동의 내재적 요인에는 발견과 발명이 있고, 문화 변동의 외재적 요인에는 직접 전파, 간접 전파, 자극 전파가 있다. A는 발견, B는 자극 전파, C는 직접 전파, D는 발명에 해당한다.
② 자연에서 광물을 찾아낸 것은 발견에 해당하고, 광물을 활용하여 금속 그릇을 만든 것은 발명에 해당한다. 갑국의 상인들에 의해 금속 그릇이 전해진 것은 직접 전파에 해당하고, 갑국의 금속 그릇에서 아이디어를 얻어 을국 사람들이 새로운 금관 악기를 만든 것은 자극 전파에 해당한다.

정답률 분석 ① 6% ② 81% ③ 2% ④ 5% ⑤ 3%

298 문화 변동의 요인 / 답 ③

알짜풀이

1차 문화 변동 시기에는 내재적 변동만 있으므로 발견과 발명, 2차 문화 변동 시기에는 문화 접변만 있으므로 직접 전파와 자극 전파가 들어가야 한다. (가)와 (다)는 새로운 요소를 창조하는 것이므로 (가)는 발명, (나)는 발견, (다)는 자극 전파, (라)는 직접 전파이다.
③ 을국에서는 소멸된 문화는 없고, 추가된 문화만 있으므로 2차 문화 변동의 결과 문화 병존이 나타났음을 알 수 있다.

오답넘기

① (가)는 발명이다.
② (나), (라) 모두 을국의 문화 요소를 다양하게 하는 요인에 해당한다.
④ 매개체를 통해 문화 요소가 전달되는 현상은 간접 전파이다. 갑국에서는 간접 전파가 나타나지 않았다.
⑤ 2차 문화 변동 결과 갑국과 을국에 공통으로 존재하는 문화 요소는 2개(a, c)이다.

정답률 분석 ① 6% ② 4% ③ 70% ④ 16% ⑤ 4%

299 문화 변동의 양상 / 답 ①

알짜풀이

A는 문화 융합, B는 문화 동화에 해당한다.
① 문화 융합은 문화 동화와 달리 기존 문화의 정체성이 보존된다.

오답넘기

② 문화 융합과 문화 동화는 변동 결과에 따라 구분된다. 외래 문화의 강제적 이식 여부에 따라서는 강제적 문화 접변과 자발적 문화 접변으로 구분된다.
③ 문화 동화는 외래 문화가 변형되지 않은 상태로 남아 있으나, 문화 융합은 외래 문화 요소와 기존 문화 요소가 결합하여 새로운 문화 요소가 만들어진다.
④ 서로 다른 문화가 한 문화 체계 안에서 나란히 존재하는 현상은 문화 병존이다.
⑤ 우리나라에 고추가 유입되어 백김치 대신 빨간 김치가 보편화된 것은 김치 고유의 정체성이 상실된 경우로 보기 어려우므로 문화 동화의 사례로 적절하지 않다.

정답률 분석 ① 83% ② 3% ③ 2% ④ 7% ⑤ 3%

300 문화 변동의 요인 / 답 ②

알짜풀이

㉠과 ㉡은 각각 발명과 발견 중 하나에 해당하고, ㉢과 ㉣은 각각 직접 전파와 간접 전파 중 하나에 해당하며, ㉤은 자극 전파에 해당한다.
② (나)가 '문화 요소가 매체에 의해 전달되었는가?'라면, ㉢은 직접 전파, ㉣은 간접 전파에 해당한다. 통신 기술이 발달할수록 간접 전파를 통한 문화 변동이 더 용이하게 나타날 수 있다.

오답넘기

① (가)가 '존재하지 않던 문화 요소를 새롭게 만들어 냈는가?'라면 ㉠은 발명, ㉡은 발견에 해당한다. 인쇄술은 발명의 사례에 해당한다.
③ 활은 발명의 사례에 해당한다. 존재하고 있었으나 알려지지 않았던 문화 요소를 찾아내는 것은 발견이다.
④ 전쟁을 통해 유럽에 전파된 설탕은 직접 전파의 사례에 해당한다. 문화 요소의 전달이 직접 이루어진 문화 변동의 요인은 직접 전파이다.
⑤ 외국인 선교사에 의해 외래 종교가 전래된 것은 직접 전파의 사례에 해당한다.

정답률 분석 ① 4% ② 81% ③ 5% ④ 5% ⑤ 2%

301 문화 변동의 요인과 양상 / 답 ③

알짜풀이

③ 을국은 변동 후 의복 분야에서 갑국 의상 C와 을국 의상 D가 결합된 제3의 의상 E가 나타났다. 이를 통해 문화 융합이 나타났음을 알 수 있다.

오답넘기

① (가)는 발견, (나)는 발명, (다)는 간접 전파, (라)는 직접 전파이다.
② 갑국은 변동 후 음식 분야에서 A와 B가 함께 나타나는 문화 병존이 나타났다. 따라서 갑국은 변동 후 자문화의 정체성이 상실되지 않았다.
④ 갑국은 의복 분야에서 변동 전의 C가 그대로 유지되고 있으므로 문화 변동이 일어나지 않았다. 반면, 을국은 음식 분야에서 갑국의 문화 요소인 A가 전파되어 나타났다.
⑤ 변동 후 주거 분야에서 문화 동화가 나타난 국가는 갑국이다.

정답률 분석 ① 2% ② 2% ③ 90% ④ 2% ⑤ 2%

302 문화 변동의 요인 / 답 ③

알짜풀이

A는 발명, B는 발견, C는 직접 전파, D는 간접 전파, E는 자극 전파에 해당한다.
③ 직접 전파는 강제적 문화 접변 과정에서도 나타날 수 있다.

오답넘기

① A는 새로운 문화 요소를 만들어 내는 것으로 발명에 해당한다.
② 불, 전기, 지하 자원 등은 발견의 사례에 해당한다.
④ 뮤직 비디오라는 매체를 매개로 하여 일어나는 전파는 간접 전파의 사례에 해당한다.
⑤ E는 전파되어 온 다른 사회의 문화 요소에서 아이디어를 얻어 새로운 문화 요소를 발명하는 현상인 자극 전파로, '전파+발명'을 의미한다. 이때 전파는 직접 전파와 간접 전파 모두를 포함한다.

303 자극 전파와 문화 융합 / 답 ②

알짜풀이

(가)는 자극 전파의 사례, (나)는 문화 융합의 사례이다.
ㄱ. 중국의 한자에서 아이디어를 얻어 신라 시대에 이두 문자를 새로 발명한 것은 자극 전파의 사례에 해당한다.
ㄷ. 자극 전파와 문화 융합은 새로운 문화 요소가 나타난다는 공통점을 갖는다.

오답넘기

ㄴ. 그리스 문화와 오리엔트 문화라는 서로 다른 두 문화 요소가 결합하여 기존의 두 문화와는 다른 성격을 지닌 헬레니즘 문화가 탄생한 것은 문화 융합의 사례에 해당한다.

ㄹ. (가)의 이두에는 기존의 신라 문화가 존재하지 않지만, (나)의 헬레니즘 문화는 기존의 그리스 문화가 녹아 들어가 있는 제3의 문화이다.

더 알아보기

자극 전파와 문화 융합

우리 사회 외부에 존재하는 다른 문화의 전파가 영향을 준다는 점과 새로운 문화 요소가 나타난다는 점은 자극 전파와 문화 융합의 공통점이다. 그러나 자극 전파는 새로운 발명이 이루어지면서 그 안에 기존의 자기 문화 없이 새로운 문화 요소만이 나타난 것이고, 문화 융합은 새로운 성격의 문화가 형성되지만, 기존의 자기 문화가 녹아 들어가 있다는 점에서 자극 전파와 차이가 있다.

304 문화 변동의 양상 / 답 ⑤

알짜풀이

(가)는 문화 공존, (나)는 문화 동화, (다)는 문화 융합을 나타낸다.

⑤ 서양의 결혼식과 한국 전통 방식(폐백)이 결합하여 만들어진 우리나라의 결혼식은 문화 융합의 사례이다.

오답넘기

① 미국 LA 한인 타운에 세워져 있는 한글과 영어가 함께 적혀 있는 간판은 문화 공존의 사례이다.

② 서양의 양복이 유입되면서 우리의 의복이 사라지고 서구의 의복에 흡수된 것은 문화 동화의 사례이다.

③ 침대 문화와 온돌 문화가 결합되어 돌침대라는 제3의 문화가 나타난 것은 문화 융합의 사례로, 이는 문화의 다양성을 확대시킨다.

④ 문화 동화는 자문화의 정체성을 상실하지만, 문화 공존과 문화 융합은 자문화의 정체성을 상실하지 않는다.

305 문화 변동의 요인 / 답 ⑤

알짜풀이

⑤ 자극 전파는 '전파＋발명'으로, 직접 전파뿐만 아니라 간접 전파와 발명의 결합에 의해서도 나타날 수 있다.

오답넘기

① 선교, 전쟁, 이민 등은 인적 교류에 의한 직접적인 접촉을 야기한다.

② 간접 전파는 매개체(텔레비전, 라디오, 인터넷 등)를 통해 일어난다.

③ 자극 전파는 '전파＋발명'을 통해 새로운 성격의 문화가 형성되는 것을 의미하며, 문화 융합은 새로운 제3의 문화가 형성되는 것이다. 따라서 자극 전파와 문화 융합은 새로운 문화 요소가 나타난다는 공통점이 있다.

④ 자극 전파의 사례이다.

더 알아보기

문화 변동의 요인

내재적 요인	발명	기존에 존재하지 않았던 새로운 문화 요소를 만들어 내는 것
	발견	이미 존재하고 있었으나 알려지지 않은 문화 요소를 찾아 내는 것
외재적 요인	직접 전파	직접적인 접촉에 의한 전파
	간접 전파	인터넷 등 매개체를 통한 전파
	자극 전파	전파된 문화 요소로부터 아이디어를 얻어 새로운 문화 요소를 만들어 내는 것

306 문화 변동의 요인과 양상 / 답 ①

알짜풀이

(가)는 원에 끌려간 고려의 공녀에 의해 원나라에 고려풍이라는 문화 변동이 일어났으므로 이는 직접 전파에 의한 문화 변동이 나타난 사례이다. (나)는 전통적 민간 신앙인 칠성각이 사찰과 결합하여 제3의 새로운 불교 문화를 형성하였으므로 이는 문화 융합이 나타난 사례이다.

307 문화 지체 현상 / 답 ⑤

알짜풀이

제시된 그림에서 자동차는 물질문화, 운전자의 교통 법규 준수는 비물질문화이다. ⑤ 자동차 보유 수준에 비해 운전자의 교통 법규 준수 의식이 낮은 것으로 보아 물질문화의 변동 속도가 비물질문화의 변동 속도보다 빨라 괴리가 발생하는 현상인 문화 지체 현상이 나타나고 있음을 알 수 있다.

오답넘기

① 강제적 문화 접변에 대한 진술이다.

② 아노미 현상에 대한 진술이다.

③ 문화 변동의 요인(내재적 요인, 외재적 요인)에 대한 진술이다.

④ 새롭고 이질적인 문화에 적응하지 못하고 혼란에 빠질 경우에 나타나는 문화 변동의 문제점을 이유로 제시하고 있다.

308 문화 변동의 요인과 양상 / 답 ①

알짜풀이

(가)는 나바호족이 푸에블로족과 어울리면서 수렵민에서 농경민으로 변하게 되었는데, 이는 물리적 강제력에 따른 문화 변동이 아니므로 자발적 문화 접변이 나타난 사례이다. (나)는 만주족이 한족에게 변발을 강요한 물리적 강제력에 따른 문화 변동이므로 강제적 문화 접변이 나타난 사례이다. (가)와 (나)는 모두 인적 교류를 통한 직접적인 접촉에 의해 문화 전파가 나타났으므로 이는 직접 전파와 관련 있다.

309 문화 변동 / 답 ④

알짜풀이

ㄱ. 유럽인들이 남미 자파테크족에게 강제로 서구식 옷을 입혔으므로 이는 강제적 문화 접변에 해당한다.

ㄴ. ㉠은 아노미 현상과 관련 있다.

ㄷ. 유럽인들이 남미 아마존 강 유역에 거주하는 자파테크족과 직접 접촉하면서 나타난 문화 전파이므로 이는 직접 전파에 의한 문화 접변의 사례에 해당한다.

오답넘기

ㄹ. 유럽인들의 행위는 자문화 중심주의를 바탕으로 이루어진 것이다.

310 문화 변동의 양상 / 답 ③

알짜풀이

A는 문화 공존, B는 문화 동화, C는 문화 융합에 해당한다.

ㄴ. 아메리카 원주민 문화가 유럽의 백인 문화에 흡수된 경우이므로 이는 문화 동화의 사례에 해당한다.

ㄷ. '외국 음식＋한식 조리법 → 퓨전 요리'라는 제3의 문화가 형성된 것은 문화 융합의 사례에 해당한다.

오답넘기

ㄱ. 문화 공존은 강제적 문화 접변뿐만 아니라 자발적 문화 접변 과정에서도 나타날 수 있다.

ㄹ. 제3의 문화 형성을 통해 문화의 다양성 확대에 가장 큰 영향을 끼치는 것은 문화 융합이다.

Ⅳ. 사회 계층과 불평등

01 사회 불평등 현상과 사회 계층의 이해

item 21 계급론과 계층론

311 ④	312 ②	313 ⑤	314 ⑤	315 ②	316 ②
317 ①	318 ①	319 ③	320 ⑤	321 ④	322 ④
323 ⑤	324 ①				

311 계급론과 계층론 / 답 ④

알짜풀이

A는 생산 수단의 소유 여부에 따라 계층을 구분한 계급 이론, B는 사회의 다양한 기준에 따라 계층을 구분한 계층 이론이다.

④ 계층적 위치에서 사회적 측면(위신)과 정치적 측면(권력) 간 지위 불일치가 나타나는 사람은 갑과 무로 2명이다.

오답넘기

① 계급 이론에 따르면 을과 정은 모두 생산 수단을 소유하지 않은 계급에 속한다.

② 권력 정도의 차이가 재산 정도의 차이에 의해 결정된다고 보는 이론은 계급 이론이다. 계층 이론에서는 다양한 측면에서 계층을 구분한다.

③ 계급 이론에 따르면 생산 수단을 미소유한 갑은 피지배 계급이고 생산 수단을 소유한 병, 무는 지배 계급으로 동일한 계급이 아니다. 따라서 계급적 연대 의식을 공유하지 않는다.

⑤ 사회 불평등 현상을 이분법적으로 파악하는 것은 계급 이론(A)이다. 계층 이론(B)에서는 사회 불평등 현상을 다원론적 관점에서 바라본다.

정답률 분석 ① 2% ② 4% ③ 4% ④ 87% ⑤ 3%

312 계급론과 계층론 / 답 ②

알짜풀이

A 이론은 계층론, B 이론은 계급론이다.

ㄱ. A 이론은 경제적 차원인 계급, 사회적 차원인 신분, 권력적 차원인 파당과 같이 다원적인 차원에서 사회 불평등을 설명하기 때문에 경제적 차원에서는 상층이지만 사회적 차원에서는 하층인 경우가 나타날 수 있는 지위 불일치 현상을 설명하기에 용이하다.

ㄹ. B 이론은 경제 결정론적 시각으로 사회·정치적 불평등은 경제적 불평등에 종속된다고 본다.

오답넘기

ㄴ. 자본가, 노동자와 같이 이분화된 계급 구조를 설명하는 데에는 계급론이 용이하다.

ㄷ. 계급론에서는 지배 세력이 자신의 기득권을 유지하기 위해 사회 불평등 현상이 나타난다고 보므로 사회 불평등을 보편적 현상이 아닌 제거되어야 할 대상으로 본다.

정답률 분석 ① 6% ② 55% ③ 6% ④ 30% ⑤ 3%

313 사회 불평등 현상의 이해 / 답 ⑤

알짜풀이

사회 불평등 현상을 설명하는 요인을 다차원적으로 보는 것은 계층론(A)이므로, B는 계급론이다.

ㄴ. 다양한 기준으로 계층을 구분하는 계층론이 이분법적으로 계층을 구분하는 계급론보다 지위 불일치 현상을 설명하기 용이하다.

ㄷ. 계층 범주에 속한 사람들 간의 연대 의식이 뚜렷하다고 보는 것은 계급론이다. 이에 대한 답변으로 계층론을 고른 을이 틀렸으므로 갑은 모두 옳게 답한 학생이 된다. 따라서 (가)에는 계층론에 대한 설명이 들어가야 한다. 계층론은 계층을 연속적인 위계 관계로 파악한다.

ㄹ. 경제적 요인을 사회 불평등 현상의 원인으로 고려하는 것은 계급론과 계층론의 공통적인 내용이다.

오답넘기

ㄱ. 같은 계층 범주에 속하는 사람들 간 연대 의식에 주목하는 것은 계급론이므로, A와 B를 옳게 구분한 학생은 갑이다.

정답률 분석 ① 6% ② 6% ③ 10% ④ 6% ⑤ 72%

314 계급론과 계층론 / 답 ⑤

알짜풀이

(가)는 사회 불평등 현상을 다차원적으로 이해해야 한다고 보고 있으므로 계층론에 해당한다. (나)는 생산 수단의 소유 여부에 따라 권력 관계가 결정된다고 보고 있으므로 계급론에 해당한다.

⑤ 계층론은 경제적 측면, 사회적 측면, 정치적 측면 등 다양한 요인에 따라 계층을 구분한다. 계급론은 계급을 생산 수단의 소유라는 경제적 요인에 초점을 두고 이해한다. 따라서 계층론과 계급론은 모두 사회 불평등 현상에 경제적 요인이 작용한다고 본다.

오답넘기

① 계층론은 경제적 지위와 사회적 지위가 다른 지위 불일치가 나타날 수 있다고 본다. 따라서 사회 불평등의 경제적 요인이 사회적 요인에 종속된다고 보지 않는다.

② 계급론은 일원론적 측면에서 사회 불평등 현상을 규정한다.

③ 경제적 지위에 따른 집단 귀속 의식, 즉 계급 의식을 중시하는 것은 계급론이다.

④ 이분법적이고 불연속적인 개념으로 사회 불평등 현상을 규정하는 것은 계급론이다.

정답률 분석 ① 2% ② 3% ③ 3% ④ 5% ⑤ 83%

315 계급론과 계층론 / 답 ②

갑은 계급론, 을은 계층론을 바탕으로 조사 대상자를 분류하고 있다.

② 을의 분류에서 상층에 속한 대상자는 A와 C이다. 갑의 분류에서 A는 자본가, C는 노동자에 해당한다.

오답넘기

① 계층론에서 A~D는 모두 경제적 지위, 정치적 지위, 사회적 지위가 서로 일치하지 않는다. 따라서 A~D 모두 지위 불일치의 사례에 해당한다.

③ 사회 불평등 현상을 이분법적으로 파악하는 이론은 계급론이다.

④ 다차원적 측면에서 사회 불평등 현상을 파악하는 이론은 계층론이다.

⑤ 계급론과 계층론은 모두 경제적 요소가 반영되어 있다.

정답률 분석 ① 4% ② 83% ③ 5% ④ 3% ⑤ 1%

316 계급 이론과 계층 이론 / 답 ②

(가)는 계급 이론과 계층 이론의 공통점에 해당하는 질문, (나)에는 A에만 해당하는 질문, (다)에는 B에만 해당하는 질문이 들어갈 수 있다.

ㄱ. 계급 이론과 계층 이론은 모두 사회 불평등 현상의 원인으로 경제적 요인을 고려한다. 따라서 '사회 불평등 현상의 원인으로 경제적 요인을 고려하는가?'는 (가)에 들어갈 수 있다.

ㄷ. 사회 불평등 현상의 발생 원인을 다원론적 관점에서 보는 이론은 계층 이론이다. A가 계급 이론이면 B는 계층 이론이다. 따라서 '사회 불평등 현상의 발생 원인을 다원론적 관점으로 보는가?'는 (다)에 들어갈 수 있다.

오답넘기

ㄴ. 사회 불평등 현상을 불연속적인 위계화로 파악하는 이론은 계급 이론이다. A가 계층 이론이면 B는 계급 이론이다. 따라서 '사회 불평등 현상을 불연속적인 위계화로 파악하는가?'는 (나)에 들어갈 수 없다.

ㄹ. 지위 불일치 현상을 설명하기에 적합한 이론은 계층 이론이다. B가 계층 이론이면 A는 계급 이론이다. 따라서 '지위 불일치 현상을 설명하기에 적합한가?'는 (나)에 들어갈 수 없다.

정답률 분석 ① 7% ② 80% ③ 6% ④ 3% ⑤ 2%

⊕ 더 알아보기

계급과 계층의 차이

계층은 불평등과 서열을 분석적인 필요에 의해 통계적으로 파악하고 구분한 범주로, 계급과 달리 사회 집단이라는 의미가 들어 있지 않고, 관계적 의미를 포함하지 않는다. 따라서 지배와 피지배 관계나 적대 관계와 같은 의미도 포함하고 있지 않으며, 집단 의식을 형성하거나 조직을 이루어 집단적인 행동을 벌이는 주체나 세력이라는 의미도 없다. 또 계급은 주로 경제적 불평등이 구분 기준이 되는 반면, 계층은 다차원적인 기준을 가지고 있다.

317 계급론과 계층론 / 답 ①

알짜풀이

A는 생산 수단의 소유 여부를 기준으로 설명하고 있으므로 계급론에 해당하고, B는 다양한 차원에서 사회 불평등 현상이 발생한다고 보고 있으므로 계층론에 해당한다.

갑. 사회 계층이 연속적으로 서열화되어 있다고 보는 이론은 계층론이다.

오답넘기

을. 계층 간 수직 이동이 극히 제한적이라고 보는 이론은 계급론이다.

병. 계급론과 계층론은 모두 경제적 요인에 의해 계층화가 발생하다고 본다. 다만, 계급론은 경제적 요인이 다른 모든 사회 불평등을 결정한다고 본다.

정. 동일한 계층에 속하는 구성원 간의 연대 의식, 즉 계급 의식을 중시하는 이론은 계급론이다.

무. 한 사람의 지위가 계층화의 여러 차원에서 달라지는 현상은 지위 불일치 현상이다. 지위 불일치 현상을 설명하는 데 용이한 이론은 계층론이다.

정답률 분석 ① 73% ② 7% ③ 11% ④ 5% ⑤ 2%

318 계급론과 계층론 / 답 ①

알짜풀이

A는 생산 수단에 따라 자본가와 노동자로 구분하고 있으므로 계급론에 해당한다. B는 재산, 위신, 권력에 따라 상층, 중층, 하층으로 구분하고 있으므로 계층론에 해당한다.

ㄱ. 계급론은 사회 불평등 현상을 불연속적 · 이분법적으로 구분되어 있는 상태로 보고, 계층론은 연속적이고 복합적으로 나타나는 서열화임을 강조한다.

ㄴ. 계급론과 계층론은 모두 경제적 요인을 사회 불평등의 요인으로 본다.

오답넘기

ㄷ. 갑은 재산, 위신, 권력 측면 모두에서 중층에 해당하지만, 정은 재산과 권력 측면에서는 하층에, 위신 측면에서는 중층에 해당한다. 따라서 갑과 달리 정은 지위 불일치 현상을 설명하기에 적절한 사례이다.

ㄹ. 갑과 병, 을과 정 간에는 적대감이 존재한다.

정답률 분석 ① 84% ② 2% ③ 2% ④ 7% ⑤ 3%

319 계급론과 계층론 / 답 ③

알짜풀이

(가)는 계급, (나)는 계층에 해당한다.

③ 계급은 경제적 요인만으로 나누어지므로 지위 불일치 현상을 설명하기가 곤란하지만, 계층은 다양한 요인으로 구분되므로 지위 불일치 현상을 설명하기가 용이하다.

오답넘기

① 계급에 따르면 자본가와 노동자는 자신의 계급에 대한 소속 의식이 강하고, 다른 계급에 대한 적대감도 강하다.

② 계층에 따르면 자신이 속한 계층에 대한 소속 의식이 약하며, 다른 계층에 대한 적대감도 약한 편이다.

④ 계급은 생산 수단의 소유 여부로만 결정하기 때문에 계급 간의 경제적 차이를 중요시한다.

⑤ 다원화된 현대 사회의 불평등을 설명하기 유리한 개념은 계층이다.

⊕ 더 알아보기

계급론과 계층론

계급론	계층론
• 불연속적 · 이분법적으로 계급을 지배 계급과 피지배 계급으로 구분함 • 계급에 대한 개인의 소속감, 즉 계급 의식을 중시함 • 계급 간 생산 수단을 둘러싼 갈등이 불가피하다고 봄 • 계급 간 갈등과 대립이 사회 변혁의 원동력이라고 봄	• 경제적, 사회적, 정치적 요인 등 다양한 요인에 의한 희소가치의 불평등한 분배 상태를 범주화하여 설명함 • 계층이 연속적이고 복합적으로 나타나는 서열화임을 강조함 • 계층 의식이 뚜렷하지 않고, 다른 계층에 대한 적대감이 약하다고 봄 • 지위 불일치 현상을 설명하기에 적합함

320 지위 불일치 현상 / 답 ⑤

알짜풀이

ㄷ. 갑의 사회적 위치는 대학 교수이지만 경제적 위치는 가정 형편이 넉넉하지 않고, 을의 경제적 위치는 부자이지만 사회적 위치는 존경받지 못하고 있다. 이는 경제적 위치와 사회적 위치가 서로 일치하지 않음을 보여 준다. 따라서 이는 지위 불일치 현상으로 설명할 수 있다.

ㄹ. 다원적 기준으로 계층을 설명하는 계층론은 지위 불일치 현상을 설명하기가 용이하다.

오답넘기

ㄱ. 경제적 지위가 정치적, 사회적 지위를 결정한다고 보는 것은 계급론이다.

ㄴ. 동일한 계층에서의 동류 의식은 계급론에서 나타난다.

321 계급론과 계층론 / 답 ④

알짜풀이

A는 계층론, B는 계급론이다.

ㄴ. 계급론은 생산 수단의 소유 여부에 따라 계급을 이분법적 · 불연속적으로 구분하므로 지배 집단과 피지배 집단 간의 대립과 갈등에 의한 사회 변화를 설명하기에 용이하다.

ㄹ. 계층론과 달리 계급론은 특정 계급 소속 구성원의 자신이 속한 계급에 대한 소속감이 강하다고 본다.

오답넘기

ㄱ. 계급론은 일원론의 입장에서 생산 수단의 소유 여부 및 통제 가능 여부에 따라 계급이 결정된다고 본다.

ㄷ. 지위 불일치 현상은 계급, 위신, 권력 중에서 어느 한 측면에서의 서열과 다른 측면에서의 서열이 서로 일치하지 않는 현상을 의미한다. 이는 계층론에서 설명이 용이하다.

322 사회 계층 현상 / 답 ④

알짜풀이

ㄴ. 정치적 권력, 경제적 계급, 사회적 위신의 항목을 통해 다양한 요인으로 계층을 설명하고자 하였다.

ㄹ. 갑은 아버지보다 모든 항목에서 계층적 위치가 낮다. 이를 통해 아버지와 갑 사이에는 세대 간 이동이 나타났다고 볼 수 있다.

오답넘기

ㄱ. 할아버지와 아버지의 계층적 지위를 동일선상에서 비교하기 어렵다.

ㄷ. 경제적 계급이 정치적 권력에 영향을 미쳤는지는 알 수 없다.

323 계층 / 답 ⑤

알짜풀이

(가)는 계층이다.
⑤ 계층이 연속적이고 복합적으로 나타나는 서열화임을 강조하는 것은 계층과 관련 있다.

오답넘기

① 계층이 지위 불일치를 해소함으로써 계급 의식이 완화된다고 보는 것은 아니다. 계층은 다양한 요인에 따라 구분되기 때문에 지위 불일치 현상이 발생할 수밖에 없다.
②, ③, ④ 계급에 대한 설명이다.

324 계급론과 계층론 / 답 ①

알짜풀이

A는 계급론, B는 계층론이다.
ㄱ. 계급론은 계급이 경제적 요인에 의해 결정된다고 보는 반면, 계층론은 다양한 요인에 의해 계층이 결정된다고 본다.
ㄴ. 계급론은 이분법적으로 계급을 구분하기 때문에 개인이 동시에 계층 위계 내에서 다양한 위치를 차지하는 지위 불일치 현상을 설명하기 곤란하다.

오답넘기

ㄷ. 계층론은 계층이 연속적이고 복합적으로 나타나는 서열화라고 본다.
ㄹ. 계급론은 계급 의식을 중시한다.

item 22 사회 불평등 현상을 보는 관점

325 ②	326 ③	327 ④	328 ②	329 ⑤	330 ②
331 ④	332 ⑤	333 ③	334 ①	335 ④	336 ④

325 사회 불평등 현상을 바라보는 관점 / 답 ②

알짜풀이

갑은 주어진 질문에 2개, 을은 1개만 정답이다.
기능론에서는 직업 유형 간 사회적 중요도에서 차이가 있다고 보며 차등 분배가 갖는 사회적 순기능을 강조하고, 사회 불평등을 불가피한 현상으로 본다. 이 경우 첫 번째와 세 번째 질문에 대한 갑의 답변은 옳고, (가) 질문과 네 번째 질문에 대한 갑의 답변은 틀렸다. 따라서 A는 갈등론, B는 기능론에 해당한다.
ㄱ. 기능론은 갈등론과 달리 개인의 귀속적 요인이 사회 불평등에 미치는 영향을 간과하므로, 해당 질문은 (가)에 들어갈 수 있다.
ㄹ. 기능론에 따르면 희소가치의 분배 기준은 사회 구성원이 합의한 것이다.

오답넘기

ㄴ. 을의 네 번째 질문에 대한 답변이 기능론의 입장에서는 정답이므로, 을의 첫 번째 질문에 대한 답변은 틀려야 한다. 따라서 ㉠은 틀린 답인 예가 되어야 한다.
ㄷ. 균등 분배가 인재의 적재적소 배치에 어려움을 야기한다고 보는 것은 기능론이다.

정답률 분석 ① 10% ② 54% ③ 12% ④ 16% ⑤ 8%

326 사회 불평등 현상을 바라보는 관점 / 답 ③

알짜풀이

제시문에는 사회 불평등 현상을 바라보는 기능론의 입장이 나와 있다.
ㄴ. 기능론에서는 사회 전체의 필요에 의해 결정되는 직업별 사회적 중요도에 따라 차등 보상이 이루어진다고 본다. 차등 보상에 의해 사회 불평등 현상이 불가피하게 발생한다고 본다. 하지만 직업 유형 간 사회적 중요도의 우위를 객관적으로 평가하기 어렵다는 비판을 받기도 한다.
ㄷ. 기능론은 사회 불평등 현상의 순기능을 강조하는데, 차등 보상이 개인의 성취동기를 높인다고 본다. 하지만 사회 불평등 현상으로 인한 상대적 박탈감이 개인의 성취동기를 감소시킬 수 있음을 간과한다는 비판을 받기도 한다.

오답넘기

ㄱ. 개인의 가정 배경이 사회 불평등에 미치는 영향력을 중시하는 관점은 갈등론이다.
ㄹ. 기능론은 사회적으로 사용 가능한 자원이 제한되어 있기 때문에 사회 불평등 현상이 존재한다고 본다.

정답률 분석 ① 5% ② 7% ③ 51% ④ 13% ⑤ 23%

327 사회 불평등 현상을 바라보는 관점 / 답 ④

알짜풀이

제시된 자료에서 갑은 기능론, 을은 갈등론의 입장에서 사회 불평등 현상을 바라보고 있다.
④ 기능론에서는 사회적 희소가치의 차등 분배가 인재를 적재적소에 배치하는 데 기여한다고 본다. 즉 사회 불평등 현상이 인재를 적재적소에 배치하는 데 기여한다고 본다.

오답넘기

① 사회 불평등 현상을 타파해야 할 문제로 보는 것은 갈등론으로 을의 관점이다.
② 차등 보상이 개인의 성취 동기를 자극한다고 보는 것은 기능론으로 갑의 관점이다.
③ 갈등론에서는 부모의 소득과 자녀의 소득이 부(−)의 관계에 있다고 보지 않는다.
⑤ 사회 불평등 현상을 보편적이고 불가피한 현상으로 보는 것은 기능론으로 갑의 관점이다.

정답률 분석 ① 2% ② 2% ③ 7% ④ 80% ⑤ 8%

328 사회 불평등 현상을 보는 관점 / 답 ②

알짜풀이

A는 하층 자녀가 노력할수록 계층 이동 가능성이 높아진다고 보고 있으므로 기능론에 해당하고, B는 하층 자녀가 노력을 해도 계층 이동이 어렵다고 보고 있으므로 갈등론에 해당한다.
② 기능론은 희소가치의 차등 분배가 개인에게 성취 동기를 부여하고 경쟁을 유발함으로써 사회적 효율성을 높인다고 본다.

오답넘기

① 기능론은 개인의 사회적 기여도가 반영되어 희소가치가 분배된다고 본다.
③ 희소가치의 차등 분배 수준과 개인의 성취 동기가 정(+)의 관계에 있다고 보는 관점은 기능론이다.
④ 갈등론은 희소가치의 차등 분배로 나타나는 사회적 불평등 현상이 사회 통합을 저해한다고 본다.
⑤ 부모의 계층과 자녀의 사회적 성공 가능성 사이에 정(+)의 관계가 있다고 보는 관점은 갈등론이다.

정답률 분석 ① 4% ② 80% ③ 3% ④ 8% ⑤ 3%

329 사회 불평등 현상을 보는 관점 / 답 ⑤

알짜풀이

관점 A는 기능론, 관점 B는 갈등론에 해당한다.
⑤ 사회의 효율적 운영을 위한 사회 구성원의 합의로 희소가치 배분이 결정된다고 보는 관점은 기능론이다. 따라서 '사회의 효율적 운영을 위한 사회 구성원의 합의'는 (나)에 들어갈 수 있다.

오답넘기

① 사회 불평등 현상이 지배와 피지배 관계에서 비롯된다고 보는 관점은 갈등론이다.
② 사회 불평등 현상을 불가피한 것으로 보는 관점은 기능론이다.
③ 기능론은 개인의 성취 동기가 지위 변동에 미치는 영향력을 강조한다.
④ 개인의 능력 차이에 따른 보상의 차등 분배를 중시하는 관점은 기능론이다. 따

라서 '개인의 능력 차이에 따른 보상의 차등 분배'는 (가)에 들어갈 수 없다.

정답률 분석 ① 3% ② 5% ③ 2% ④ 14% ⑤ 73%

더 알아보기

사회 불평등 현상을 보는 관점

구분	기능론	갈등론
사회 계층의 발생 원인	희소가치의 차등 분배	지배 집단의 기득권 유지 노력
희소가치 배분 기준	사회적으로 합의된 기준 (개인의 노력과 능력)	지배 집단에 유리한 기준 (가정 배경, 권력, 경제력 등)
사회 계층 현상의 사회적 기능	개인과 사회가 최선의 기능을 하도록 함(동기 부여)	사회 발전의 장애 요소 (상대적 박탈감, 집단 간 갈등)
사회적 대가의 분배	일과 보수가 공정하게 분배	일과 보수가 불공정하게 분배

330 사회 불평등 현상을 보는 관점 / 답 ②

알짜풀이

제시문은 사회에서 가치 있다고 생각하는 자리를 자격 있는 사람으로 채우기 위해 더 많은 보상을 제공해야 한다고 보고 있다. 이는 기능론에 해당한다.

② 기능론은 사회 내부의 모든 직업이 전체를 위해 필요하지만 각 직업의 중요도에는 차이가 있음을 전제로 한다.

오답넘기

① 기능론은 사회 불평등 현상이 보편적이며 불가피한 현상이므로 사회 유지와 발전에 기여하는 한 불평등이 존재한다고 본다.

③ 지배 집단과 피지배 집단 간의 대립 관계에서 사회 불평등 현상을 이해하는 관점은 갈등론이다.

④ 부모의 경제적 지위와 자녀의 사회적 성공 가능성 간에 정(+)의 상관관계가 있다고 보는 관점은 갈등론이다. 따라서 A가 '부모의 경제적 지위'라면 '자녀의 사회적 성공 가능성'은 B에 들어갈 수 없다.

⑤ 기능론은 희소가치의 차등 분배 수준과 개인의 성취 동기 간에 정(+)의 상관관계가 있다고 본다. 따라서 A가 '희소가치의 균등 분배 수준'이라면 '개인의 성취 동기'는 B에 들어갈 수 없다.

정답률 분석 ① 2% ② 82% ③ 2% ④ 4% ⑤ 7%

331 사회 불평등 현상을 보는 관점 / 답 ④

알짜풀이

갑은 부모의 경제적 배경에서, 을은 개인의 노력에서 성공 요인을 찾고 있다. 따라서 갑의 관점은 갈등론, 을의 관점은 기능론이다.

④ 갈등론은 역할 행동에 대한 보상 체계가 지배 계급이나 기득권층에게 유리하게 되어 있다고 본다.

오답넘기

① 갈등론은 균등 분배를 중시한다.

② 갈등론은 계층화가 사회 통합을 저해한다고 보는 반면, 기능론은 계층화가 사회 발전의 원동력이라고 본다.

③ 갈등론은 사회적 희소가치를 분배하는 기준이 특정 집단의 이해를 반영하고 있기 때문에 불공정하다고 본다.

⑤ 사회 계층화가 기득권층의 이해를 대변한다고 보는 관점은 갈등론이다.

332 사회 불평등 현상을 보는 관점 / 답 ⑤

알짜풀이

(가)는 부모의 사회적 지위가 미치는 영향력이 없고, 본인의 교육 정도에 따라 지위가 결정된다고 보고 있으므로 이는 기능론에 해당한다. (나)는 본인의 교육 정도보다 부모의 사회적 지위에 의해 본인의 지위가 결정된다고 보고 있으므로 이는 갈등론에 해당한다.

⑤ 기능론은 차등 분배가 전체 사회 구성원을 더 열심히 일하게 하는 동기가 되고 그들에게 돌아갈 몫을 더 크게 만들어 사회 전체의 효율성을 높인다고 본다. 갈등론은 사회 구조 개혁을 통해 평등한 분배 구조로 변화될 수 있다고 본다.

오답넘기

① 기능론은 갈등을 비정상적이고 예외적인 현상이라고 보는 반면, 갈등론은 갈등을 어떤 사회에서나 존재하는 보편적인 현상이라고 본다.

② 갈등론은 사회 불평등을 부정적으로 본다.

③ 기능론은 사회적 희소가치의 배분 기준을 구성원들이 합의한 것으로 본다.

④ 기능론은 현상 유지에 치우친다는 보수적 관점으로 비판받기도 한다.

333 사회 불평등 현상을 보는 관점 / 답 ③

알짜풀이

제시문에 나타난 관점은 기능론이다.

③ 기능론은 사회 계층 체계가 역할의 중요성과 역할 수행 능력의 차이에서 발생한다고 본다.

오답넘기

① 기능론은 사회 계층 체계가 사회의 인재를 발굴하고 충원하는 데 도움이 된다고 본다.

② 기능론은 계층 체계가 사람들로 하여금 자신의 역할에 대한 동기를 부여하여 사회 발전에 도움이 된다고 본다.

④ 갈등론은 계층 체계가 현재의 계층 현상을 합리화시킨다고 본다.

⑤ 기능론은 계층 체계가 사회 구성원의 사기를 높이고 사회에 대한 열성과 의욕을 높인다고 본다.

334 사회 불평등 현상을 보는 관점 / 답 ①

알짜풀이

분배 체계의 구조적 변화 없이는 불평등을 해결할 수 없다고 보는 관점은 갈등론이다. 소득의 차이가 사회 구성 요소별 중요도의 차이를 반영한다고 보는 관점은 기능론이다. 지위와 역할이 기득권 집단의 요구를 충족시키기 위해 규정된다고 보는 관점은 갈등론이다. 사회 불평등이 사회 구성원들의 성취 동기를 자극하고 경쟁을 유발함으로써 사회적 효율성을 높인다고 보는 관점은 기능론이다.

335 사회 불평등 현상을 보는 관점 / 답 ④

알짜풀이

갑의 관점은 기능론, 을의 관점은 갈등론이다.

ㄴ. 기능론은 희소가치의 차등적 보상이 공정하다고 본다.

ㄹ. 갈등론은 사회 계층 현상이 기득권층의 지배 구조에 의해 발생하며 지위 향상을 원하는 사람들의 기회를 차단한다고 본다.

오답넘기

ㄱ. 희소가치가 강압적이고 불공정하게 배분된다고 보는 관점은 갈등론이다.

ㄷ. 사회 계층 현상을 보편적이고 필수 불가결한 현상으로 보는 관점은 기능론이다.

336 사회 불평등 현상을 보는 관점 / 답 ④

알짜풀이

갑의 관점은 갈등론, 을의 관점은 기능론이다.

ㄱ. 계급 간 이익이 충돌하여 양립할 수 없다고 보는 관점은 갈등론이다.

ㄴ. 기능론은 차별적 보수 체계가 개인들로 하여금 더욱 열심히 일하게 하는 유인을 제공하며, 이로 인해 사회는 더욱 발전할 수 있다고 본다.

ㄷ. 기능론은 차등 분배와 직업의 중요도가 사회 전체의 유지와 발전을 위해 존재하며, 차등 분배 기준과 방식은 사회 전체의 필요에 맞도록 결정된다고 본다.

오답넘기

ㄹ. 기능론은 차등 분배가 성취 동기를 자극한다고 보는 반면, 갈등론은 균등 분배를 중시한다.

item 23 사회 이동과 사회 계층 구조

337 ③	338 ⑤	339 ④	340 ④	341 ②	342 ④
343 ①	344 ④	345 ①	346 ④	347 ⑤	348 ②
349 ⑤	350 ①	351 ⑤	352 ①	353 ③	354 ⑤
355 ⑤	356 ③	357 ⑤			

337 계층 구조와 계층 이동/ 답 ③

알짜풀이

모래시계형 계층 구조에서 가장 낮은 비율을 차지하는 계층은 중층이다. 따라서 A는 중층이다. 을국은 중층이 가장 적은 모래시계형 계층 구조, 병국은 중층이 가장 많은 다이아몬드형 계층 구조이다. 이에 따라 갑국은 피라미드형 계층 구조가 된다. 피라미드형 계층 구조는 상층 비율이 가장 낮고 하층 비율이 가장 높으므로 B는 상층, C는 하층이 된다.

ㄴ. 다이아몬드형 계층 구조는 중층이 가장 많은 계층 구조로 모래시계형 계층 구조에 비해 사회 안정성이 높다.

ㄷ. 갑국과 병국 모두 해당 국가에서 상층(B) 비율이 20%로 가장 낮으므로 상층 인구가 가장 적다.

오답넘기

ㄱ. 특정 시점의 계층 구성 비율만으로는 계층 이동 여부를 알 수 없기 때문에 갑국과 병국이 개방적 계층 구조인지 폐쇄적 계층 구조인지는 알 수 없다.

ㄹ. 근대 이후의 산업 사회에서 주로 나타나는 계층 구조는 병국의 계층 구조인 다이아몬드형 계층 구조이다.

정답률 분석 ① 8% ② 4% ③ 74% ④ 9% ⑤ 5%

338 계층 구조와 계층 이동 / 답 ⑤

알짜풀이

제시된 자료에서 C를 중심으로 사회 이동을 설명하고 있다. C에서 A로의 이동은 하강, C에서 B로의 이동은 상승 이동임이 나와 있다. 이를 통해 C는 중층, A는 하층, B는 상층임을 알 수 있다.

⑤ 갑국 부모 세대는 상층:중층:하층 비율이 4:5:9로 피라미드 계층 구조를 띠고 있다. 을국 자녀 세대는 상층:중층:하층 비율이 6:4:10으로 모래시계형 계층 구조를 띠고 있다.

오답넘기

① 갑국 자녀 세대는 상층:중층:하층 비율이 6:6:6인데, 완전 평등한 계층 구조는 모든 사회 구성원의 계층이 동일한 계층 구조로, 갑국 자녀 세대 계층 구조는 이에 해당하지 않는다.

② 을국의 자녀 세대에서 중층인 사람의 수와 갑국의 부모 세대에서 상층인 사람의 수는 모두 •이 4개로 동일하다.

③ 갑국과 을국은 모두 부모 세대 중층에서 하층(A)으로 •이 1개 이동하였다. 즉 세대 간 하강 이동이 발생하였다.

④ 갑국과 을국 모두 세대 간 이동이 나타나고 있다. 이를 통해 갑국과 을국이 세대 간 계층 이동이 일어나는 개방적 계층 구조임을 알 수 있다.

정답률 분석 ① 13% ② 12% ③ 7% ④ 7% ⑤ 61%

339 계층 구조와 계층 이동 / 답 ④

알짜풀이

제시된 자료에서 조부모 세대의 계층 구조가 피라미드형이므로 A는 중층, B는 상층, C는 하층임을 알 수 있다.

ㄴ. 각 세대별 인구가 동일하므로, 비율이 높아지면 인구는 증가하는 것으로 해석할 수 있는데, 상층(C) 인구 비율은 조부모 세대 10%, 부모 세대 20%, 자녀 세대 30%로 증가하고 있다.

ㄹ. 부모 세대의 계층 구조는 상층:중층:하층 비율이 20:50:30으로 다이아몬드형, 자녀 세대의 계층 구조는 상층:중층:하층 비율이 30:20:50으로 모래시계형 계층 구조이다.

오답넘기

ㄱ. 조부모 세대에서 하층 인구 비율은 70%이고, 상층 인구 비율은 10%이므로 조부모 세대에서 하층 인구는 상층 인구의 7배이다.

ㄷ. 다이아몬드형 계층 구조인 부모 세대의 계층 구조가 피라이드형인 조부모 세대의 계층 구조에 비해 사회 통합에 유리하다.

정답률 분석 ① 2% ② 3% ③ 5% ④ 86% ⑤ 4%

340 계층 구조와 계층 이동 / 답 ④

알짜풀이

제시된 〈자료 1〉에서 계층 구조는 다이아몬드형이고, 하층 비율이 상층 비율보다 크다는 내용을 통해 C는 중층, A는 상층, B는 하층임을 알 수 있다.

④ [예측 2]대로 된 경우의 상층:중층:하층 비율은 20:15:65로 모래시계형 계층 구조가 되며, 하층 비율은 65%로 중층 비율 15%의 4배인 60%보다 크다.

오답넘기

① [예측 1]대로 된 경우의 중층 비율은 50%로 현재의 중층 비율 50%와 동일하다.

② [예측 1]대로 된 경우의 상층 비율은 30%로 현재의 상층 비율이 10%이므로 3배가 된다.

③ [예측 2]대로 된 경우의 상층:중층:하층 비율은 20:15:65로 모래시계형 계층 구조가 된다.

⑤ [예측 2]대로 된 경우의 중층 비율은 15%, [예측 1]대로 된 경우의 상층 비율은 30%로 0.5배이다.

정답률 분석 ① 2% ② 3% ③ 8% ④ 79% ⑤ 7%

341 계층 구조와 계층 이동 / 답 ②

알짜풀이

② B가 하층이고 C가 상층이라면, 을국의 계층 구조는 상층:중층:하층 비율이 40:10:50인 모래시계형, 갑국의 계층 구조는 30:50:20인 다이아몬드형이다. 모래시계형 계층 구조는 다이아몬드형 계층 구조보다 계층 양극화로 인한 문제가 발생할 가능성이 높다.

오답넘기

① A가 상층이고 B가 중층이라면, 을국은 중층 비율이 50%로 가장 크고, 병국은 하층 비율이 50%로 가장 크다. 따라서 중층의 비율이 높은 을국의 계층 구조가 병국의 계층 구조보다 사회 통합에 유리하다.

③ 갑국의 계층 구조가 모래시계형이라면 B는 중층이 된다. 을국의 경우, B가 50%로 가장 크다.

④ 을국의 계층 구조가 피라미드형이라면 A는 상층, B는 하층, C는 중층이다. 병국에서 상층 비율(25%)은 중층 비율(50%)보다 작다.

⑤ 병국의 계층 구조가 다이아몬드형이고 B가 하층이라면 A는 상층, C는 중층이다. 따라서 을국의 중층 비율(40%)은 갑국의 상층 비율(50%)보다 작다.

정답률 분석 ① 4% ② 82% ③ 4% ④ 5% ⑤ 5%

342 계층 구조와 계층 이동 / 답 ④

알짜풀이

제시된 그래프에는 갑국과 을국의 상층과 하층 비율만 나와 있다. 이를 토대로 중층 비율을 구해 연도별 계층 구성 비율을 표로 정리하면 아래와 같다.

(단위 : %)

구분	갑국		을국	
	1990년	2020년	1990년	2020년
상층	5	15	10	10
중층	45	25	25	70
하층	50	60	65	20

④ 을국은 피라미드형 계층 구조에서 중층 비율이 가장 높은 다이아몬드형 계층 구조로 변했는데, 다이아몬드형 계층 구조는 중층 비율이 높아 사회 안정성이 높다.

오답넘기

① 갑국의 계층 구조는 1990년과 2020년 모두 피라미드형이다.

②, ③ 인구수가 제시되지 않은 계층 구성 비율의 변화만으로는 계층 이동 여부를 알 수 없고, 계층 이동 여부를 알 수 없기 때문에 개방적 계층 구조인지 폐쇄적 계층 구조인지 알 수 없다.

⑤ 1990년 중층 대비 상층의 비는 을국(10/25)이 갑국(5/45)보다 크다.

정답률 분석 ① 3% ② 6% ③ 8% ④ 79% ⑤ 3%

343 계층 이동 / 답 ①

부모 계층의 경우 상층 10%, 중층 60%, 하층 30%이고, 본인의 최초 계층의 경우 상층 10%, 중층 50%, 하층 40%이며, 본인의 현재 계층의 경우 상층 20%, 중층 30%, 하층 50%이다. 제시된 자료를 통해 계층 구성을 나타내면 다음과 같다.

(단위 : %)

구분		부모 계층			계
		상층	중층	하층	
본인의 현재 계층	상층	8	6	6	20
	중층	0	30	0	30
	하층	2	24	24	50
계		10	60	30	100

(단위 : %)

구분		본인의 최초 계층			계
		상층	중층	하층	
본인의 현재 계층	상층	10	10	0	20
	중층	0	26	4	30
	하층	0	14	36	50
계		10	50	40	100

제시된 자료를 통해 세대 간 이동(㉠)과 세대 내 이동(㉡)의 경험 유무를 나타내면 다음과 같다.

(단위 : %)

구분		세대 간 이동(㉠)		계
		경험함	경험하지 않음	
세대 내 이동(㉡)	경험함	A	B	28
	경험하지 않음	C	D	72
계		38	62	100

① ㉠과 ㉡을 모두 경험한 가구주는 A이고, ㉠과 ㉡ 중 어느 하나도 경험하지 않은 가구주는 D이다. A+B=28, B+D=62이므로 D−A=34이다. 따라서 ㉠과 ㉡을 모두 경험한 가구주의 비율은 ㉠과 ㉡ 중 어느 하나도 경험하지 않은 가구주의 비율보다 34%p 적다.

오답넘기

② ㉠을 경험하고 ㉡은 경험하지 않은 가구주는 C이고, ㉠은 경험하지 않고 ㉡을 경험한 가구주는 B이다. A+B=28, A+C=38이므로 C−B=10이다. 따라서 ㉠을 경험하고 ㉡은 경험하지 않은 가구주의 비율은 ㉠은 경험하지 않고 ㉡을 경험한 가구주보다 10%p 많다.

③ 세대 내 하강 이동 비율은 14%(=0%+0%+14%)이고, 세대 내 상승 이동 비율은 14%(=10%+0%+4%)이다. 따라서 세대 내 하강 이동과 세대 내 상승 이동은 같다.

④ 현재 계층이 중층인 가구주의 최초 계층은 중층인 경우가 26%, 하층인 경우가 4%이다. 따라서 현재 계층이 중층인 가구주의 최초 계층이 모두 중층이었다고 할 수 없다.

⑤ 가구주의 현재 계층 구조는 피라미드형이고, 부모의 계층 구조는 다이아몬드형이다. 따라서 가구주의 현재 계층 구조가 부모의 계층 구조보다 사회 통합에 불리하다.

정답률 분석 ① 30% ② 36% ③ 19% ④ 8% ⑤ 5%

344 계층 구조와 계층 이동 / 답 ④

제시된 자료에서 색칠한 사각형의 면적은 계층에 속한 사람 수를 의미하고, 색칠한 사각형이 10개이므로 인구 비율로 해석할 수 있다. 갑국과 을국의 인구가 동일하다고 해석할 수 있다.

④ 자녀 세대의 경우, 갑국의 계층 구조는 상층:중층:하층 비율이 3:2:5로 중층이 가장 작은 모래시계형이고 을국의 계층 구조는 상층:중층:하층 비율이 2:3:5로 계층이 내려갈수록 그 수가 많아지는 피라미드형이다.

오답넘기

① 갑국에서 세대 간 상승 이동은 20%이고, 하강 이동은 30%이다.

② 을국에서 세대 간 이동은 40%이고 계층 대물림은 60%다.

③ 부모 세대의 계층 구조는 갑국이 상층:중층:하층 비율이 3:4:3으로 다이아몬드형이고 을국이 상층:중층:하층 비율이 2:3:5로 피라미드형이다. 사회 통합에 유리한 계층 구조는 다이아몬드형이다.

⑤ 갑국과 을국 모두 세대 간 계층 이동이 나타나고 있으므로 개방형 계층 구조가 나타나고 있다.

정답률 분석 ① 4% ② 4% ③ 5% ④ 82% ⑤ 6%

345 계층 구조와 계층 이동 / 답 ①

제시된 자료에는 하층과 중층의 비율만 나와 있다. 이를 통해 상층 비율을 구해 표로 만들어 보면 다음과 같다.

(단위 : %)

구분	t년	t+10년	t+20년
상층	10	20	30
중층	30	60	20
하층	60	20	50

① 상층의 비율은 t년이 10%, t+20년이 30%이다. 즉 t년 대비 t+20년에 상층의 비율은 3배가 되었다.

오답넘기

② t년에 상층은 10%, 하층은 60%이고, t+10년에 상층과 하층의 비율이 20%로 같다. 따라서 상층과 하층의 비율 차이는 t년이 t+10년보다 크다.

③ 각 시기별 조사 대상이 동일한 가운데 각 계층의 비율이 달라졌다. 이는 상승 이동과 하강 이동이 나타났음을 의미하므로 t년을 폐쇄적 계층 구조라고 할 수 없다.

④ t+10년의 계층 구조는 상층:중층:하층 비율이 20:60:20인 다이아몬드형, t+20년은 상층:중층:하층 비율이 30:20:50인 모래시계형이다. 다이아몬드형 계층 구조가 모래시계형 계층 구조보다 사회 통합에 유리하다.

⑤ 각 시기별 조사 대상이 동일하므로 제시된 기간에 나타난 변화는 모두 세대 내 이동의 결과이다.

정답률 분석 ① 81% ② 5% ③ 4% ④ 5% ⑤ 5%

346 계층 구조와 사회 이동/ 답 ④

알짜풀이

④ 부모 세대의 계층 구성 비율을 보면 갑국은 상층:중층:하층 비율이 6:19:6으로 을국은 상층:중층:하층 비율이 4:17:4이다. 이를 통해 갑국과 을국 모두 다이아몬드형 계층 구조가 나타남을 알 수 있다.

오답넘기

①, ② 부모의 계층보다 계층이 높은 자녀와 낮은 자녀가 갑국과 을국 모두에 존재하므로 갑국과 을국 모두에서 세대 간 상승 이동과 하강 이동이 나타났음을 알 수 있다.

③ 자녀 세대의 계층 구성 비율을 보면 갑국은 상층:중층:하층 비율이 4:13:14, 을국은 상층:중층:하층 비율이 6:7:12인 피라미드형 계층 구조가 나타난다.

⑤ 갑국은 계층을 대물림 받은 자녀의 비율이 상층은 4, 중층은 9, 하층은 6으로 중층이 가장 많다. 을국은 계층을 대물림 받은 자녀의 비율이 상층은 4, 중층은 7, 하층은 6으로 중층이 가장 많다.

정답률 분석 ① 3% ② 3% ③ 25% ④ 63% ⑤ 6%

347 계층 이동 / 답 ⑤

알짜풀이

(가), (나) 지역 각각 부모 세대의 각 계층 간 인구의 상대적 비가 A : B+C=2 : 3, B : A+C=1 : 9이므로 A는 40%, B는 10%, C는 50%이다. (가), (나) 지역의 부모 세대의 계층 구조는 피라미드형이므로 A는 중층, B는 상층, C는 하층에 해당한다. 〈자녀 세대 계층 인구 대비 부모 세대 계층 인구의 상대적 비〉를 통해 (가) 지역 자녀 세대의 계층 비율은 상층 25%, 중층 50%, 하층 25%, (나) 지역 자녀 세대의 계층 비율은 상층 25%, 중층 25%, 하층 50%임을 알 수 있다. 제시된 자료를 통해 계층 구성을 나타내면 다음과 같다.

〈(가) 지역〉

(단위 : %)

구분		부모 세대			계
		상층	중층	하층	
자녀 세대	상층	10	5	10	25
	중층	0	30	20	50
	하층	0	5	20	25
계		10	40	50	100

〈(나) 지역〉

(단위 : %)

구분		부모 세대			계
		상층	중층	하층	
자녀 세대	상층	10	0	15	25
	중층	0	20	5	25
	하층	0	20	30	50
계		10	40	50	100

⑤ (가) 지역의 경우 중층 부모를 둔 자녀의 상승 이동 비율은 전체의 5%이고, 하층 부모를 둔 자녀의 상승 이동 비율은 전체의 30%(=10%+20%)이다. (나) 지역의 경우 중층 부모를 둔 자녀의 상승 이동 비율은 전체의 0%이고, 하층 부모를 둔 자녀의 상승 이동 비율은 전체의 20%(=15%+5%)이다. 따라서 (가), (나) 지역 모두에서 중층 부모를 둔 자녀의 상승 이동 비율이 하층 부모를 둔 자녀의 상승 이동 비율보다 높다.

오답넘기

① 세대 간 상승 이동을 통해 상층이 된 자녀의 비율은 (가) 지역의 경우 15%(=5%+10%)이고, (나) 지역의 경우 15%(=0%+15%)이다.

② (나) 지역의 경우 부모 세대보다 자녀 세대에서 상층이 증가하고 중층이 감소하였으므로 계층 양극화가 완화되었다고 볼 수 없다.

③ 세대 간 하강 이동 비율은 (가) 지역의 경우 5%(=0%+0%+5%)이고, (나) 지역의 경우 20%(=0%+0%+20%)이다. 따라서 세대 간 하강 이동한 사람 수는 (나) 지역이 (가) 지역의 4배이다.

④ 계층 대물림 비율은 (가) 지역의 경우 60%(=10%+30%+20%)이고, (나) 지역의 경우 60%(=10%+20%+30%)이다. 따라서 (가) 지역과 (나) 지역의 계층 이동 결과는 '분배 정책으로 계층 대물림이 강화되었다.'라는 주장의 근거가 될 수 없다.

정답률 분석 ① 8% ② 12% ③ 27% ④ 17% ⑤ 33%

348 계층 이동 / 답 ②

알짜풀이

B는 다이아몬드형 계층 구조에서 가장 비율이 높은 계층이므로 중층에 해당한다. 자녀 세대 A는 부모 세대보다 계층이 낮을 수 없으므로 A는 상층, C는 하층에 해당한다. 부모 세대의 계층 구성 비율은 상층 30%, 중층 60%, 하층 10%이다. 제시된 자료를 바탕으로 부모 세대와 자녀 세대의 계층 구성을 나타내면 다음과 같다.

(단위 : %)

구분		부모 세대			계
		상층	중층	하층	
자녀 세대	상층	15	A	B	20
	중층	D	15	C	30
	하층	E	F	5	50
계		30	60	10	100

ㄱ. 세대 간 상승 이동 비율은 A+B+C이고, 세대 간 하강 이동 비율은 D+E+F이다. A+B=5, E+F=45이므로 세대 간 상승 이동 비율이 세대 간 하강 이동 비율보다 낮다.

ㄹ. 중층 대물림 인구 대비 상층 대물림 인구의 비는 15/15이고, 하층 대물림 인구 대비 중층 대물림 인구의 비는 15/5이다. 따라서 중층 대물림 인구 대비 상층 대물림 인구의 비는 하층 대물림 인구 대비 중층 대물림 인구의 비보다 낮다.

오답넘기

ㄴ. 자녀 세대의 계층 구조는 피라미드형이고, 부모 세대의 계층 구조는 다이아몬드형이다. 따라서 부모 세대의 계층 구조가 자녀 세대의 계층 구조보다 사회 통합에 유리하다.

ㄷ. 중층 부모를 둔 하층 자녀 비율은 F이고, 상층 부모를 둔 중층 자녀 비율은 D이다. F의 최댓값은 45이고, D의 최댓값은 15이므로 중층 부모를 둔 하층 자녀 인구는 상층 부모를 둔 중층 자녀 인구의 최소 3배이다.

정답률 분석 ① 7% ② 36% ③ 12% ④ 30% ⑤ 12%

349 계층 이동 / 답 ⑤

알짜풀이

ㄷ. 부모 세대의 계층 구조는 다이아몬드형, 자녀 세대의 계층 구조는 모래시계형이다. 중층 비율이 높은 부모의 계층 구조가 더 안정적이다.

ㄹ. 부모 세대의 계층과 자녀 세대의 계층이 같은 비율은 46%(=10%+16%+20%)로, 50% 미만이다.

오답넘기

ㄱ. 세대 간 하강 이동한 비율은 31%(=1%+4%+26%)이고, 세대 간 상승 이동한 비율은 23%(=18%+2%+3%)이다. 따라서 세대 간 하강 이동이 세대 간 상승 이동보다 많다.

ㄴ. 부모 세대 계층 중 상층이 대물림된 비율은 10/15, 중층이 대물림된 비율은 16/60, 하층이 대물림된 비율은 20/25으로, 하층에서 가장 높다.

350 계층 이동 / 답 ①

알짜풀이

(가)에는 개인적 이동에는 해당하지 않고 수직 이동에만 해당하는 사례가, (나)에는 수직 이동과 개인적 이동 모두에 해당하는 사례가, (다)에는 수직 이동에는 해당하지 않고 개인적 이동에만 해당하는 사례가 들어갈 수 있다.

ㄱ. 수직 이동과 구조적 이동이 나타나 있는 사례이다.

ㄴ. 수직 이동과 개인적 이동이 나타나 있는 사례이다.

오답넘기

ㄷ. 수평 이동과 개인적 이동이 나타나 있는 사례이다.

ㄹ. 수직 이동과 구조적 이동이 나타나 있는 사례이다.

351 계층 이동 / 답 ⑤

알짜풀이

제시된 그림을 통해 부모 세대와 자녀 세대의 계층 구성을 나타내면 다음과 같다.

(단위 : %)

구분		부모 세대			계
		상층	중층	하층	
자녀 세대	상층	15	A	B	25
	중층	D	5	C	50
	하층	E	F	10	25
계		30	20	50	100

⑤ 세대 간 계층 유지 비율은 30%(=15%+5%+10%)이고, 세대 간 계층 이동 비율은 70%(=100%−30%)이다. 따라서 세대 간 계층 이동 비율이 세대 간 계층 유지 비율의 2배를 넘는다.

오답넘기

① D+E=15%, B+C=40%이므로 F가 최대인 15%라고 해도 세대 간 하강 이동보다 상승 이동이 더 많다. ② 부모 세대의 계층 구조는 모래시계형이고, 자녀 세대의 계층 구조는 다이아몬드형이므로 자녀 세대가 부모 세대보다 사회 안정에 유리하다. ③ 부모 세대의 중층 비율은 20%, 자녀 세대의 중층 비율은 50%이다.
④ 부모 세대의 중층 비율은 20%, 자녀 세대의 상층 비율은 25%이다.

352 계층 이동 / 답 ①

알짜풀이

① A국에서 세대 간 상승 이동 비율은 46%(=6%+5%+35%), 세대 간 하강 이동 비율은 15%(=4%+1%+10%)이다.

오답넘기

② A국에서 상층 비율은 부모 세대의 경우 10%, 자녀 세대의 경우 16%이다. ③ B국에서 부모 세대의 계층 구조는 다이아몬드형 계층 구조, 자녀 세대의 계층 구조는 피라미드형 계층 구조이다. ④ B국에서 부모가 중층인 경우 상승 이동 비율은 전체의 4%, 하강 이동 비율은 전체의 35%이다. ⑤ 자녀 세대의 계층 구조는 A국의 경우 다이아몬드형, B국의 경우 피라미드형이다.

353 계층 이동 / 답 ③

알짜풀이

부모 세대의 경우 상층 15%, 중층 62%, 하층 23%이고, 자녀 세대의 경우 상층 31%, 중층 22%, 하층 47%이다.

ㄴ. 계층 대물림 정도는 부모 세대의 계층과 자녀 세대의 계층이 일치함을 의미한다. 부모 세대 계층 대비 계층 대물림 정도는 상층의 경우 7/15, 중층의 경우 10/62, 하층의 경우 12/23로, 하층이 가장 높다.

ㄷ. 세대 간 하강 이동 비율은 41%(=6%+2%+33%)이고, 세대 간 상승 이동 비율은 30%(=19%+5%+6%)이다.

오답넘기

ㄱ, ㄹ. 부모 세대의 계층 구조는 다이아몬드형이고, 자녀 세대의 계층 구조는 모래시계형이다. 따라서 중층 비율이 높은 부모 세대의 계층 구조가 사회 통합에 유리하다.

354 계층 이동 / 답 ⑤

알짜풀이

(가)~(다) 시기의 계층별 인구수를 구해 보면 다음과 같다.

(단위 : 명)

구분	(가)	(나)	(다)
상층	40	10	120
중층	120	30	80
하층	40	60	200
계	200	100	400

⑤ (가) → (나) → (다) 시기로 갈수록 하층의 인구수는 40명 → 60명 → 200명으로 증가한다.

오답넘기

① 개인의 계층적 지위가 귀속적으로 결정되는지의 여부는 파악할 수 없다.
② (나) 시기의 계층 구조는 피라미드형으로 전통 사회나 저개발국 사회에서 주로 나타난다.
③ (다) 시기의 계층 구조는 중층 비율이 가장 낮고 소수의 상층과 다수의 하층이 존재하는 모래시계형 계층 구조를 띠고 있다.
④ (가) 시기의 중층 비율은 60%이고, (다) 시기의 중층 비율은 20%로, (다) 시기에 비해 (가) 시기는 사회 통합이 실현되는 데 유리하다.

355 계층 이동 / 답 ⑤

알짜풀이

ㄷ. 1990년 B 지역 상층에 속한 100명 중 본인의 계층이 부모와 일치하는 사람의 수가 87명이므로 나머지 13명은 세대 간 상승 이동한 사람들이다.

ㄹ. 2020년 A 지역에서 상층에 속한 100명 중 19명은 부모의 계층이 중층이거나 하층으로서 세대 간 상승 이동한 사람들이다. 하층에 속한 100명 중 5명은 부모의 계층이 상층이거나 중층으로서 세대 간 하강 이동한 사람들이다. 중층에 속한 200명 중 12명은 세대 간 이동의 방향을 알 수 없으나 그들이 모두 세대 간 하강 이동하였다 하더라도 최대 17명이다. 따라서 세대 간 하강 이동한 사람보다 세대 간 상승 이동한 사람이 많다.

오답넘기

ㄱ. A, B 지역 모두에서 하층은 1990년에 비해 2020년에 세습률이 높아졌다.
ㄴ. 일부의 표본만을 조사하였으므로 전체 계층 구조는 알 수 없다.

356 계층 이동 / 답 ③

알짜풀이

제시된 표의 빈칸을 완성하면 다음과 같다.

(단위 : %)

구분		부모 세대			계
		상층	중층	하층	
자녀 세대	상층	8	4	13	25
	중층	1	22	27	50
	하층	1	4	20	25
계		10	30	60	100

ㄴ. 부모가 중층이고 자녀가 하층인 비율은 4%이다.
ㄷ. 세대 간 상승 이동 비율은 44%(=4%+13%+27%)이고, 세대 간 하강 이동 비율은 6%(=1%+1%+4%)이다. 따라서 세대 간 상승 이동한 사람은 세대 간 하강 이동한 사람의 7배를 넘는다.

오답넘기

ㄱ. 부모 세대의 계층 구조는 피라미드형이고, 자녀 세대의 계층 구조는 다이아몬드형으로, 중층 비율이 높은 자녀 세대가 사회 통합에 더 유리하다.
ㄹ. 자녀 세대의 경우 다른 계층에서 유입된 비율은 상층의 경우 17%, 중층의 경우 28%, 하층의 경우 5%이다. 따라서 세대 간 이동으로 다른 계층에서 유입된 사람이 가장 많은 계층은 중층이다.

357 계층 이동 / 답 ⑤

알짜풀이

⑤ 부모 계층이 하층인 자녀 중 2010년에 상층(1만 명)과 중층(2만 명)은 세대 간 이동을 경험한 것이고, 이들 모두 2020년에 하층이 되면 세대 내 이동까지 경험하게 되므로 3만 명이 세대 내 이동과 세대 간 이동을 모두 경험한 것이 된다. 또한 부모 계층이 하층인 자녀 중 2010년에 하층(7만 명)은 2010년 당시에는 부모와 계층이 일치하지만, 이들 중 일부가 2020년에 상층(1만 명)과 중층(1만 명)으로 이동

하게 되면 2만 명이 세대 내 이동과 세대 간 이동을 모두 경험한 것이 된다. 따라서 세대 간 이동과 세대 내 이동을 모두 경험한 사람은 최대 5만 명이 된다.

오답넘기

① 2010년과 2020년 모두 자녀 세대에서는 다이아몬드형 계층 구조가 나타난다.
② 2010년에는 계층 세습률이 상층의 경우 8/10, 중층의 경우 15/20, 하층의 경우 7/10로, 상층이 가장 높다.
③ 2020년 세대 간 상승 이동한 자녀는 5만 명, 세대 간 하강 이동한 자녀는 6만 명으로, 세대 간 상승 이동한 자녀보다 세대 간 하강 이동한 자녀가 더 많다.
④ 2010년과 2020년에 자녀의 상층 인구수가 1만 명으로 동일할지라도, 세대 내 상승 이동과 세대 내 하강 이동이 일어날 가능성을 배제할 수 없다.

02 다양한 사회 불평등 현상

item 24 빈곤 문제

358 ⑤ 359 ② 360 ② 361 ⑤ 362 ④ 363 ⑤
364 ⑤ 365 ⑤ 366 ②

358 절대적 빈곤과 상대적 빈곤 / 답 ⑤

알짜풀이

제시된 자료에는 최소한의 생계 유지를 하지 못하는 A는 절대적 빈곤, B는 사회 구성원 다수가 누리는 생활 수준을 충족하지 못하는 상대적 빈곤 가구이다.
⑤ 상대적 빈곤선이 절대적 빈곤선보다 높으면, 즉 절대적 빈곤선이 상대적 빈곤선보다 낮기 때문에 절대적 빈곤 가구는 모두 상대적 빈곤 가구에 해당한다.

오답넘기

① 절대적 빈곤과 상대적 빈곤은 모두 상대적 박탈감이라는 사회 문제를 유발할 수 있다.
②, ③ 상대적 빈곤은 사회 구성원의 소득 분포에 따라 상대적으로 규정된다. 우리나라에서는 가구 소득이 중위 소득 50% 미만을 상대적 빈곤으로 규정하고 있다.
④ 경제가 성장하여도 상대적 빈곤이 나타날 수 있다.

정답률 분석 ① 2% ② 9% ③ 4% ④ 3% ⑤ 83%

359 절대적 빈곤과 상대적 빈곤 / 답 ②

알짜풀이

제시된 자료에서 A는 사회의 전반적인 소득 수준과 비교하여 낮은 상태로 분류되는 상대적 빈곤이다.
ㄷ. 개인이 주관적으로 빈곤하다고 인식하는 상태를 의미하는 것은 주관적 빈곤이다. 상대적 빈곤은 객관적 빈곤에 해당한다. 채점 결과가 X가 되므로 해당 내용은 (나)에 들어갈 수 있다.

오답넘기

ㄱ. 우리나라에서는 상대적 빈곤을 객관화된 기준인 중위 소득 50%를 적용하여 파악하므로 채점 결과는 'ㅇ'이고, 상대적 빈곤은 소득 수준이 높은 국가에서도 나타날 수 있다. 따라서 틀린 답안이므로 채점 결과는 '×'이다.
ㄴ. (가)에는 상대적 빈곤 내용이 들어가야 한다. 우리나라에서 최저 생계비를 기준으로 빈곤선이 결정되는 것은 절대적 빈곤이다.

정답률 분석 ① 6% ② 75% ③ 4% ④ 13% ⑤ 2%

360 절대적 빈곤과 상대적 빈곤 / 답 ②

알짜풀이

제시된 자료에서 A는 중위 소득 50%를 기준으로 하는 상대적 빈곤, B는 생존에 필요한 최소한의 식량 구입비를 정한 절대적 빈곤에 해당한다.
② 절대적 빈곤은 인간이 최소한의 생활을 유지하는 데 필요한 소득이 부족한 상태를 의미하므로 사회 구성원의 소득 분포 상태를 고려하지 않는 개념이라는 평가를 받는다.

오답넘기

① 각자의 소득 수준이 다른 사람에 비해 충분하지 않다고 느끼는 것은 주관적 빈곤이다. 상대적 빈곤은 객관적인 기준에 의해 규정되는 객관적 빈곤에 해당한다.
③ 절대적 빈곤을 판단하는 기준선과 상대적 빈곤을 판단하는 기준선은 모두 시간과 장소에 따라 달라질 수 있다.
④ 상대적 빈곤과 절대적 빈곤은 저개발 국가나 선진국 모두에서 나타날 수 있다.
⑤ 절대적 빈곤과 상대적 빈곤 모두에 해당하는 구성원이 존재하므로 한 국가의 전체 빈곤율은 절대적 빈곤율과 상대적 빈곤율의 합으로 구할 수 없다.

정답률 분석 ① 33% ② 56% ③ 7% ④ 2% ⑤ 2%

361 절대적 빈곤과 상대적 빈곤 / 답 ⑤

알짜풀이

제시된 자료에서 A는 상대적 빈곤, B는 절대적 빈곤이다.
⑤ 상대적 빈곤선이 절대적 빈곤선보다 높을 경우 절대적 빈곤 가구에 해당하지 않은 가구도 상대적 빈곤 가구에 포함될 수 있다.

오답넘기

① 실제 소득과 상관 없이 개인이 체감하는 빈곤 상태를 주관적 빈곤이라고 한다. 상대적 빈곤은 중위 소득 50%와 같이 객관적 기준에 의해 파악되는 객관적 빈곤에 해당한다.
② 절대적 빈곤선으로는 주로 최저 생계비가 사용되고, 최저 생계비는 시대와 장소에 따라 다를 수 있다.
③ 상대적 빈곤과 절대적 빈곤 모두 소득 수준이 낮은 사회에서 나타날 수 있다.
④ 상대적 빈곤선과 절대적 빈곤선 모두 객관적인 기준에 따라 정한다.

정답률 분석 ① 6% ② 3% ③ 5% ④ 4% ⑤ 83%

362 절대적 빈곤과 상대적 빈곤 / 답 ④

알짜풀이

제시된 〈자료 1〉의 B는 한 사회에서 구성원들이 일반적으로 누리는 생활 수준에 필요한 소득이 부족한 상태인 상대적 빈곤에 대한 설명이다. B가 상대적 빈곤이므로 A는 절대적 빈곤이 된다.
④ 우리나라에서는 절대적 빈곤과 상대적 빈곤 모두 객관화된 기준에 의해 규정된다. 따라서 해당 내용은 (나)에 들어갈 수 있다.

오답넘기

① 절대적 빈곤 가구가 아닌 가구 중 상대적 빈곤 가구가 존재할 수 있다.
② 개인이 주관적으로 빈곤하다고 인식하는 상태를 의미하는 것은 주관적 빈곤이다. 절대적 빈곤은 객관적 빈곤이므로 해당 내용은 ㉠에 들어갈 수 없다.
③ 소득 수준이 높은 국가에서도 절대적 빈곤과 상대적 빈곤은 모두 나타날 수 있다. (가)에는 절대적 빈곤에만 해당하는 내용이 들어가야 하므로, 해당 내용은 (가)에 들어갈 수 없다.
⑤ 절대적 빈곤과 상대적 빈곤은 모두 상대적 박탈감을 유발할 수 있다. (다)에는 상대적 빈곤에만 해당하는 내용이 들어가야 하므로 해당 내용은 (다)에 들어갈 수 없다.

정답률 분석 ① 1% ② 8% ③ 7% ④ 79% ⑤ 5%

363 절대적 빈곤과 상대적 빈곤 / 답 ⑤

알짜풀이

제시된 자료에서 A는 최소한의 필수품을 획득하기에는 소득이 부족한 상태로 절대적 빈곤이다. A가 절대적 빈곤이기에 B는 상대적 빈곤이 된다.
⑤ 우리나라에선 절대적 빈곤을 정할 때는 최저 생계비, 상대적 빈곤을 정할 때는 중위 소득 50%와 같이 객관적 기준을 적용한다.

오답넘기

① 절대적 빈곤과 상대적 빈곤 모두 상대적 박탈감을 유발할 수 있다.
② 중위 소득이 높은 국가에서도 절대적 빈곤과 상대적 빈곤은 나타날 수 있다.
③ 절대적 빈곤과 상대적 빈곤 모두에 속하는 가구가 있을 수 있으므로 전체 빈곤율을 절대 빈곤율과 상대 빈곤율의 합으로 구할 수 없다.
④ 우리나라에서는 상대적 빈곤 가구를 선정할 때 중위 소득 50%를 기준으로 한다. 이를 통해 우리나라에서는 상대적 빈곤 가구 선정시에 사회 구성원의 소득 분포 상태를 고려한 객관적 기준을 적용하고 있음을 알 수 있다.

정답률 분석 ① 2% ② 1% ③ 2% ④ 5% ⑤ 90%

364 절대적 빈곤과 상대적 빈곤 / 답 ⑤

알짜풀이

⑤ 2020년에는 절대적 빈곤 가구 비율이 상대적 빈곤 가구 비율보다 높다. 이는 최저 생계비가 중위 소득의 50%보다 높음을 의미한다. 따라서 상대적 빈곤 가구는 모두 절대적 빈곤 가구에 해당한다.

오답넘기

① 1990년과 2000년에 상대적 빈곤 가구 비율이 같으나, 인구 및 소득 변동이 있을 수 있으므로 중위 소득이 얼마인지는 알 수 없다.
② 2010년 절대적 빈곤 가구 비율과 상대적 빈곤 가구 비율이 같다고 해서 중위 소득이 최저 생계비의 2배가 되는 것은 아니다. 특정 소득 구간에 해당하는 가구가 존재하지 않는다면 중위 소득의 50%와 최저 생계비가 일치하지 않아도 절대적 빈곤 가구 비율과 상대적 빈곤 가구 비율이 같아질 수 있다.
③ 중위 소득의 50% 미만에 분포하는 가구의 비율이 12%라고 해서 중위 소득의 50% 이상~중위 소득 미만 구간에 분포하는 가구의 비율이 12%라고 단정 지을 수 없다. 따라서 중위 소득 미만의 소득인 가구가 전체 가구의 24%라고 할 수 없다.
④ 각 연도별 인구를 알 수 없으므로 비율이 높다고 해서 가구의 수가 많다고 단정할 수 없다.

365 빈곤율 / 답 ⑤

알짜풀이

⑤ 2010년에 비해 2020년에 절대적 빈곤율과 상대적 빈곤율이 높아지는 추세이므로 사회 보장 정책 강화의 필요성이 증가하였을 것이다.

오답넘기

① 절대 빈곤 상태에 있는 노인의 수와 여성의 수는 알 수 없다.
② 상대적 빈곤율 수치를 통해 노인과 여성 전체 집단의 상대적 박탈감을 일반화하여 나타낼 수 없다.
③ 2000년과 2010년에 상대적 빈곤을 느끼는 가구 수는 알 수 없다.
④ 상대적 빈곤 상태의 여성 가구주 가구의 비율은 2000년과 2020년 모두 14.6%이지만 전체 가구 수를 알 수 없으므로 동일하다고 단정할 수 없다.

366 빈곤 문제에 대한 관점 / 답 ②

알짜풀이

제시문은 과거의 복지 이념은 빈곤 문제를 개인적 책임하에 두고 빈민 구제라는 사후 처방으로서의 복지였으나, 오늘날에는 빈곤 문제를 자본주의 체제 내에서의 모순, 즉 사회적 책임으로 여겨 전체 사회의 복지 향상에 힘쓰고 사전 예방으로서의 복지를 강조하고 있음을 보여 준다.
② 제도적 모순에 의해 사회 문제가 발생한다고 보는 관점은 갈등론이다.

오답넘기

①, ③ 미시적 관점이 아닌 거시적 관점에서 빈곤 문제에 접근하고 있다.
④ 제시문과 관련 없는 진술이다.
⑤ 제시된 관점은 빈부 격차 문제의 원인을 사회의 제도적 모순에서 찾고 있다.

item 25 성 불평등 문제

367 ① 368 ③ 369 ④ 370 ④ 371 ⑤ 372 ①

367 성 불평등 현상 / 답 ①

알짜풀이

20대 남성 평균 임금을 100만 원이라고 가정하여 여성 임금비를 적용하여 남성과 여성의 평균 임금을 정리하면 다음 표와 같다.

(단위 : 만 원)

연령대	남성 평균 임금	여성 평균 임금	남녀 평균 임금 차이
10대	40	약 35.1	약 4.9
20대	100	약 90	약 10
30대	약 174	약 130.5	약 43.5
40대	200	약 122	약 78
50대	190	약 94.5	약 95.5
60대	114	약 54	약 60

① ㉠은 여성의 평균 임금이 145이고 여성 임금비가 75%이므로 약 174가 된다. ㉡은 남성의 평균 임금이 200이고 여성 임금비가 61%이므로 122가 되고 20대 여성 기준 상대적 임금은 약 136[122×(100/90)]이 된다.

오답넘기

② 남성 평균 임금은 40대가 가장 높고 여성 평균 임금은 30대가 가장 높다.
③ 40대 여성 평균 임금은 약 122만 원으로 40대 전체 평균 임금의 60%보다 크다.
④ 50대에서 60대로 넘어 가면서 남녀 간의 임금 격차는 줄어들고 있다.
⑤ 50대 여성 취업자 수를 100명으로 보면, 50대 남성 임금 총액은 28,500만 원(190만 원×50명)이고, 50대 여성 임금 총액은 94,500만 원 (94.5만 원×100명)으로 50대 남성 임금 총액의 약 33%이다.

정답률 분석 ① 5% ② 14% ③ 35% ④ 24% ⑤ 22%

368 성 불평등 / 답 ③

알짜풀이

제시된 자료의 내용을 토대로 20대 기혼 남성의 평균 임금을 100달러 가정하고 성별 임금 격차 지수를 적용하여 연령대별 평균 임금을 정리해 보면 다음과 같다.

(단위 : 달러)

구분	기혼		미혼	
	남성	여성	남성	여성
20대	100	80	80	72
30대	142	104	112	100.8
40대	165	96	116	111.6
50대	170	72	104	108
60대 이상	110	56	72	43.2

③ 50대 기혼 여성과 20대 미혼 여성의 평균 임금은 72달러로 같다.

오답넘기

① 20대 남성의 평균 임금이 100달러이면, 20대 미혼 여성의 평균 임금은 72달러이다.
② 40대에서 성별 임금 격차 지수는 기혼이 69달러로 미혼 4.4달러보다 크다.
④ 기혼 남성 40대와 50대의 평균 임금 차이는 5달러이고, 미혼 남성 30대와 40대의 평균 임금 차이 4달러이다.
⑤ 미혼의 경우, 50대에서 여성의 평균 임금이 남성보다 높다.

정답률 분석 ① 6% ② 10% ③ 51% ④ 24% ⑤ 9%

369 성 불평등 현상 분석 / 답 ④

알짜풀이

④ (다)에서 2010년 대비 2020년에 전체 고위 공직자 수 증가율은 50%[(250/50)×100%]이고, 남성 고위 공직자 수 증가율은 25%[(100/400)×100%]이다. 따라서 2010년 대비 2020년에 전체 고위 공직자 수 증가율은 남성 고위 공직자 수 증가율의 2배이다.

오답넘기

① (가)에서 남성의 가사 분담 시간은 늘어나고 여성의 가사 분담 시간은 줄어들었다. 따라서 (가)는 갑국에서 성별 가사 분담의 격차가 완화되었다는 주장의 근거로 활용될 수 있다.

② (가)에서 맞벌이 부부 중 여성의 1일 평균 가사 노동 시간 대비 맞벌이 부부 중 남성의 1일 평균 가사 노동 시간은 2010년이 1/3, 2020년이 1/2이다. 따라서 맞벌이 부부 중 여성의 1일 평균 가사 노동 시간 대비 맞벌이 부부 중 남성의 1일 평균 가사 노동 시간은 2020년이 2010년에 비해 1.5배가 된다.

③ (나)에서 2010년 대비 2020년에 남성 정규직 월평균 임금 상승률은 약 17%[(500/3,000)×100%]이고, 여성 정규직 월평균 임금 상승률은 20%[(500/2,500)×100%]이다. 따라서 여성 정규직 월평균 임금 상승률이 남성 정규직 월평균 임금 상승률보다 높다.

⑤ (나)는 경제적 측면의 성 불평등 양상을 파악하기 위한 자료이다.

정답률 분석 ① 3% ② 17% ③ 14% ④ 62% ⑤ 4%

370 남녀 간 평균 임금 비율 분석 / 답 ④

알짜풀이

ㄴ, ㄹ. 2000년부터 2010년까지 저소득층의 여성 평균 임금은 지속적으로 상승하였는데, 여성 평균 임금 / 남성 평균 임금의 값은 지속으로 낮아지고 있다. 이와 같은 추세가 나타나기 위해서는 남성 평균 임금이 여성 평균 임금보다 더 상승해야 한다.

오답넘기

ㄱ. 2010년에 고소득층과 저소득층의 여성 평균 임금 / 남성 평균 임금의 값이 같다고 해서 고소득층 여성의 평균 임금과 저소득층 남성의 평균 임금은 동일하다고 볼 수 없다.

ㄷ. 여성의 평균 임금은 지속적으로 상승하고 있으므로 2000년과 2020년의 남성 평균 임금이 동일해도 그림과 같이 나타날 수 있다.

371 성 불평등 문제 / 답 ⑤

알짜풀이

ㄴ. 응답자들은 여성에게 불리한 조직 문화, 인사권을 가진 여성 고위직의 낮은 비율 등을 유리 천장의 발생 이유로 꼽고 있다.

ㄷ. 여성에게 불리한 조직 문화, 인사권을 가진 여성 고위직의 낮은 비율 등은 남성 중심적 조직 문화에서 기인할 수 있다.

ㄹ. 인사권을 가진 여성 고위직의 비율이 낮아 여성의 승진이 이루어지지 못한다는 것으로 보아 회사의 업무 중 핵심 업무가 고위직으로 가기 위한 주요한 단계로 작용함을 알 수 있다.

오답넘기

ㄱ. 제시문과 관련 없는 내용이다.

372 성 불평등 문제 / 답 ①

알짜풀이

① 드라마는 성 불평등 원인에 대한 구조적 접근이 아닌 성 역할의 고정관념 속에서 여성을 재현하고 있다.

오답넘기

② 드라마는 사회 변화에도 불구하고 어떠한 인내와 희생이라도 감수해야만 하는 여성상으로 표현하는 등 성 역할의 고정관념 속에서 여성을 재현하고 있다.

③ 드라마에서 끊임없이 제시되는 여성상은 현모양처형이다.

④ 드라마 속 여성의 이미지는 시청자들로 하여금 성별에 따른 잘못된 고정관념과 편견을 심어줄 수 있다.

⑤ 여성의 직장 활동 등 사회 진출의 모습이 나타나지만 성 역할에 대한 고정관념을 탈피하지 못하고 있다.

item 26 사회적 소수자 문제

373 ⑤ 374 ③ 375 ⑤ 376 ① 377 ⑤ 378 ④

373 사회적 소수자 이해 / 답 ⑤

알짜풀이

갑국에 사는 노인 A와 을국에 사는 이주민 3세 B는 사회적 소수자에 해당한다.

⑤ A는 나이라는 귀속적 특성, B는 민족과 인종이라는 귀속적 특성으로 인해 차별받았다.

오답넘기

① 노인 A와 이주민 3세 B는 모두 사회적 소수자로 권력의 열세로 차별받는 집단이다.

② A가 속해 있는 사회적 소수자 집단은 노인 하나뿐이고, 이주민 3세 B가 속해 있는 사회적 소수자 집단은 민족과 인종 2개이다.

③ A가 나이가 많다는 이유로 받은 차별과 B가 민족적 · 인종적 특성으로 인해 받은 차별이다. 이는 모두 고정 관념으로 인해 차별의 대상이 된 경우에 해당한다.

④ A와 B 모두 식별 가능성으로 인해 차별의 대상이 되었다. A는 노인이라는 점에서, B는 을국 사람들과 구분되는 민족적 · 인종적 특성을 갖고 있다는 점에서 모두 식별 가능하다.

정답률 분석 ① 2% ② 3% ③ 8% ④ 13% ⑤ 75%

374 사회적 소수자의 이해 / 답 ③

알짜풀이

③ 제시문의 갑국에는 한 개인이 속한 외국인 근로자, 여성이라는 사회적 소수자 집단에 대한 차별 사례가 나와 있고, 을국에는 한 개인이 속한 민족과 타 종교를 믿는 사회적 소수자에 대한 차별 사례가 나와 있다. 이를 통해 갑국과 을국 모두 한 개인이 여러 사회적 소수자 집단에 중첩되어 속할 수 있음을 알 수 있다.

오답넘기

① 수적으로 열세라서 사회적 소수자가 되는 것이 아니라 권력의 열세로 사회적 소수자가 된다.

② 사회적 소수자에 대한 우대 정책이 역차별을 가져올 수 있다는 내용은 제시된 자료에 나타나 있지 않다.

④ 사회적 소수자를 규정하는 기준은 가변적이지 않고 고정적이라는 내용은 제시된 자료에 나타나 있지 않다.

⑤ 사회적 소수자는 선천적, 후천적 요인에 의해 결정된다. 여성, 민족 등은 선천적 요인에 의해 결정된다.

정답률 분석 ① 3% ② 2% ③ 88% ④ 3% ⑤ 4%

375 사회 소수자 이해 / 답 ⑤

알짜풀이

⑤ C는 시각 장애인만 안마사가 될 수 있도록 한 제도, E는 장애인 의무 고용 제도의 적용을 받았다. 두 제도는 모두 사회적 소수자의 불리한 위치를 개선하기 위한 적극적 우대 조치에 해당한다.

오답넘기

① A는 외국 유학시에 외국인, 여성이라는 이유로, B는 난민, 여성이라는 이유로 차별받았다. A와 B 모두 한 개인이 여러 사회적 소수자 집단에 중첩되어 속할 수 있음을 보여 준다.

② C는 후천적 요인에 의해 시각 장애인이 되었다. 즉 후천적 요인에 의해 사회적

소수자가 된 것이다.
③ D는 사회적 소수자 집단이 아니라는 이유로 역차별을 받았다며 국가 기관에 문제를 제기하였다.
④ A는 사회적 소수자에 대한 차별을 제도적으로 해결하고자 하였지만 D는 사회적 소수자 보호 제도로 인해 역차별을 받았다고 주장하고 있다.

정답률 분석 ① 7% ② 3% ③ 3% ④ 12% ⑤ 75%

376 사회적 소수자 / 답 ①

알짜풀이

① 제시문을 통해 사회적 소수자는 영구적이거나 고정된 개념이 아니라 상대적인 개념임을 알 수 있다.

377 사회적 소수자 / 답 ⑤

알짜풀이

ㄷ. 소수자는 지배 집단에 대비한 피지배 집단을 가리키는 개념으로, 소수가 반드시 수적 소수를 뜻하는 것은 아니다. 즉, 소수자 집단을 규정하는 핵심 기준은 권력의 크기이다.
ㄹ. 어떤 사람이 자기가 차별받는 집단의 성원이라는 점을 느껴야 비로소 그 사람은 소수자 집단의 성원이 된다.

오답넘기

ㄱ, ㄴ. 사회적 소수자는 선천적 요인에서 비롯되기도 하지만, 후천적 요인에 근거한 경우가 더 많다. 따라서 소수자의 집합적 정체성은 단일하고 안정적이라기보다 변화할 수 있고 불안정한 것이다.

더 알아보기

사회적 소수자의 정의

첫째, 소수자 집단은 신체 또는 문화적으로 다른 집단과 구별되는 뚜렷한 차이가 있다. 둘째, 권력에서 열세에 있거나, 자원 동원 능력이 뒤처진다. 셋째, 소수자 집단은 그 집단의 구성원이라는 이유만으로 사회적 차별의 대상이 된다. 넷째, 어떤 사람이 자기가 차별받는 집단의 구성원이라는 점을 느껴야 비로소 그 사람은 소수자 집단의 구성원이 된다.

378 사회적 소수자 문제 / 답 ④

알짜풀이

제시문에서는 사회적 소수자 차별 문제를 해결하기 위한 대책의 필요성을 강조하지만 소수자 집단에 대한 특혜를 제공하는 우대 정책이 역차별 문제를 일으킬 수 있다는 점도 지적하고 있다.

03 사회 복지와 복지 제도

item 27 사회 보장 제도

379 ②	380 ③	381 ③	382 ③	383 ⑤	384 ⑤
385 ⑤	386 ②	387 ④	388 ④	389 ⑤	390 ④
391 ①	392 ⑤	393 ④	394 ②	395 ④	396 ④

379 사회 보장 제도 / 답 ②

알짜풀이

A는 상호 부조의 원리가 적용되는 사회 보험, B는 정부 재정으로 비용을 전액 충당하는 공공 부조이다. 제시된 자료를 토대로 t년과 t+30년의 수급자 비율을 정리하면 다음 표와 같다.

(단위 : %)

구분	A 수급자			B 수급자		
	A만 수급	A와 B 중복 수급	계	B만 수급	A와 B 중복 수급	계
t년	32	8	40	7	8	15
t+30년	34	16	50	4	16	20

② 수혜자 비용 부담 원칙이 적용되는 제도는 사회 보험인 A이다. t+30년에 사회 보험 수급자 비율은 50%이고, t년에 A와 B 어느 것도 받지 않는 비수급자 비율은 53%{=100−(40+15−8)}이다. 그런데 전체 인구는 t+30년이 t년의 1.5배이므로 t+30년에 사회 보험 수급자 수는 t년에 A와 B 어느 것도 받지 않는 비수급자 수보다 많다.

오답넘기

① 부정적 낙인이 발생할 수 있는 제도는 공공 부조인 B이다. t년에 공공 부조인 B에만 해당하는 수급자 비율은 7%로, A와 B의 중복 수급자 비율인 8%보다 작다.
③ 강제 가입의 원칙이 적용되는 제도는 사회 보험인 A이다. t+30년에 전체 인구에서 A에만 해당하는 수급자 수 비율(34%)은 A와 B의 중복 수급자 수 비율(16%)보다 크다.
④ 사전 예방적 성격이 강한 제도는 사회 보험인 A이고, 사후 처방적 성격이 강한 제도는 공공 부조인 B이다. t년에 A의 수급자 비율은 40%이고, t+30년에 B의 수급자 비율인 20%이다. 전체 인구가 t+30년이 t년의 1.5배이므로 t+30년에 B의 수급자의 t년의 A 수급자 수의 2배보다 작다.
⑤ t년의 전체 인구를 100으로 가정하면 t년 대비 t+30년에 인구가 1.5배가 되므로 A 수급자 수는 40명에서 75명으로 87.5% 증가하고, B 수급자 수는 15명에서 30명으로 100% 증가한다.

정답률 분석 ① 5% ② 42% ③ 15% ④ 14% ⑤ 23%

380 사회 보장 제도 수급자 분석 / 답 ③

알짜풀이

제시된 자료에서 (가)는 기초 연금 제도로 공공 부조에 해당하고, (나) 국민 연금 제도로 사회 보험에 해당한다.
ㄴ. 수혜자 비용 부담 원칙이 적용되는 제도는 사회 보험인 (나)이다. (나)의 수급자 수는 t년에 100만 명(남자 60만 명+ 여자 40만 명), t+30년에 160만 명(남자 80만 명+ 여자 80만 명)으로 t년 대비 t+30년에 60만 명 증가하였다.
ㄷ. 상호 부조의 원리가 적용되는 제도와 강제 가입의 원칙이 적용되는 제도는 모두 사회 보험인 (나)이다. t년에 (나)의 남성 수급자의 비율은 전체 수급자 100만 명이고, 남성 수급자는 60만 명이므로 60%이다. t+30년에 (나)의 여성 수급자의 비율은 전체 수급자 160만 명이고, 여성 수급자는 80만 명이므로 50%가 된다.

오답넘기

ㄱ. 수급자에 대한 부정적인 낙인이 발생할 수 있는 제도는 공공 부조인 (가)이다. t년에 (가)의 여성 수급자 수는 45만 명으로 남성 수급자 수 15만 명의 3배이다.
ㄹ. 사전 예방적 성격이 강한 제도는 사회 보험인 (나)이고, t년에 갑국 인구는 2,000만 명이고, (나)의 수급자 수는 100만 명으로 비율은 5%이다. 사후 처방적 성격이 강한 제도는 공공 부조인 (가)이다. t+30년에 갑국 인구는 2,000만 명이고, (가)의 수급자 수는 90만 명이므로 비율은 4.5%이다.

정답률 분석 ① 6% ② 7% ③ 46% ④ 25% ⑤ 16%

381 사회 보장 제도 / 답 ③

알짜풀이

ㄴ. ㉠은 기초 연금 제도로 공공 부조에 해당한다. 공공 부조는 사전 예방적 성격보다 사후 처방적 성격이 강하다.

ㄷ. A안 시행 전후의 상대적 빈곤 가구 수의 차이는 1인 가구가 25만(50만−25만) 가구, 부부 가구가 40만(80만−40만) 가구로, 1인 가구가 부부 가구보다 작다.

오답넘기

ㄱ. 사회 부조의 원리를 바탕으로 하는 사회 보장 제도는 사회 보험이다.
ㄹ. 상대적 빈곤에 해당하는 부부 가구는 A안을 시행할 경우 40만 가구, B안을 시행할 경우 30만 가구이다. 부부 가구 인구는 2만 명으로 상대적 빈곤에 해당하는 부부 가구는 A안을 시행할 경우 80만 명, B안을 시행할 경우 60만 명이다. 따라서 A안을 시행할 경우가 B안을 시행할 경우보다 20만 명 많다.

정답률 분석 ① 5% ② 14% ③ 53% ④ 18% ⑤ 10%

382 사회 보장 제도 / 답 ③

알짜풀이

A는 사회 보험, B는 공공 부조, C는 사회 서비스이다.
③ 공공 부조는 원칙적으로 비용을 국가와 지방 자치 단체가 세금을 재원으로 하여 전액 부담한다. 사회 보험은 원칙적으로 가입자, 기업, 국가가 공동으로 부담한다.

오답넘기

① 공공 부조는 빈곤자의 자립과 자활을 목적으로 한다.
② 수혜 정도와 상관없이 능력에 따라 비용을 부담하는 것은 사회 보험이다.
④ 사전 예방적 성격이 강한 것은 사회 보험이고, 사후 처방적인 성격이 강한 것은 공공 부조이다.
⑤ 상호 부조의 성격이 강한 것은 사회 보험이다.

정답률 분석 ① 5% ② 6% ③ 83% ④ 2% ⑤ 1%

383 사회 보장 제도 / 답 ⑤

알짜풀이

(가)는 공공 부조, (나)는 사회 보험에 해당한다.
⑤ 강제 가입 원칙이 적용되는 제도는 사회 보험이고, 사후 처방적 성격이 강한 제도는 공공 부조이다. 사회 보험 수급자 수 대비 공공 부조 수급자 수의 비는 A 지역의 경우 2.8/4.2이고, C 지역의 경우 3.2/6.4로, A 지역이 C 지역보다 높다.

오답넘기

① 상호 부조의 원리가 적용되는 제도는 사회 보험이다. 사회 보험의 경우 A 지역 수급자 비율은 4.2%이다.
② 선별적 복지의 성격이 강한 제도는 공공 부조이다. 공공 부조의 경우 A~C 지역 중 B 지역 수급자 비율이 가장 높으나, A~C 지역별 전체 인구를 알 수 없으므로 수급자 수를 비교할 수 없다.
③ 공공 부조가 사회 보험보다 소득 재분배 효과가 더 크다. 공공 부조의 경우 A~C 지역 중에서 수급자 비율이 가장 높은 지역은 B 지역으로, B 지역의 공공 부조 수급자 비율은 6.0%이다.
④ 사회 보험은 수혜자 부담 원칙이 적용되나, 공공 부조는 적용되지 않는다. 공공 부조의 경우 A 지역 수급자 비율은 2.8%이고, B 지역 수급자 비율은 6.0%이다. A 지역과 B 지역의 전체 인구를 알 수 없으므로 수급자 수를 비교할 수 없다.

정답률 분석 ① 6% ② 27% ③ 12% ④ 14% ⑤ 38%

384 사회 보장 제도 / 답 ⑤

알짜풀이

(가)는 국민 기초 생활 보장 제도로 공공 부조에 해당하고, (나)는 국민 연금 제도로 사회 보험에 해당하며, (다)는 노인 장기 요양 보험 제도로 사회 보험에 해당한다.
⑤ 수혜자 비용 부담 원칙이 적용되지 않는 제도는 공공 부조이다. 여성 노인 인구 중에서 수급자 비율은 7.0%이고, 남성 노인 인구 중에서 수급자 비율은 4.6%이다.

오답넘기

① (나)와 (다)는 모두 사회 보험으로, 상호 부조 원리가 적용된다.
② 공공 부조는 사후 처방적 성격을 지니고, 사회 보험은 사전 예방적 성격을 지닌다.
③ 강제 가입을 원칙으로 하는 제도는 사회 보험으로 (나)와 (다)가 해당한다. (나)와 (다)는 중복되는 경우도 있으므로 전체 노인 수급자 중에서 남성이 여성의 2배 이상이 된다고 할 수 없다.
④ 소득 재분배 효과가 있는 제도는 공공 부조와 사회 보험이다. (가)~(다) 모두 소득 재분배 효과가 있으므로 남성 노인 인구 중에서 수급자 비율과 여성 노인 인구 중에서 수급자 비율이 모두 10% 미만이라고 보기 어렵다.

정답률 분석 ① 18% ② 3% ③ 11% ④ 5% ⑤ 62%

385 사회 보장 제도 / 답 ⑤

알짜풀이

비금전적 지원을 원칙으로 하는 제도는 사회 서비스이다. 따라서 A는 사회 서비스이고, B와 C는 각각 사회 보험과 공공 부조 중 하나이다.
⑤ 상호 부조의 원리를 기반으로 하는 제도는 사회 보험이다. (가)에 '상호 부조의 원리를 기반으로 하는가?'가 들어가면 B는 사회 보험, C는 공공 부조이다. 공공 부조는 생활 유지 능력이 없거나 생활이 어려운 사람을 대상으로 한다.

오답넘기

① 사회 보험은 사전 예방적 성격이 강하고, 공공 부조는 사후 처방적 성격이 강하다.
② B보다 C가 대상자의 범위가 넓다면 B는 공공 부조, C는 사회 보험이다. 공공 부조는 사회 보장 제도 중 소득 재분배 효과가 가장 크다.
③ C가 사회 보험이면 B는 공공 부조이다. 강제 가입을 원칙으로 하는 제도는 사회 보험이므로 '강제 가입을 원칙으로 하는가?'는 (가)에 들어갈 수 없다.
④ 국가와 지방 자치 단체가 비용을 모두 부담하는 제도는 공공 부조이다. (가)에 '국가와 지방 자치 단체가 비용을 모두 부담하는가?'가 들어가면 B는 공공 부조, C는 사회 보험이다. 사회 서비스와 사회 보험은 모든 국민을 대상으로 하므로 대상자가 중복될 수 있다.

정답률 분석 ① 2% ② 5% ③ 4% ④ 4% ⑤ 83%

386 공공 부조와 사회 보험 / 답 ②

알짜풀이

제시된 자료에서 A는 공공 부조인 의료 급여 제도, B는 사회 보험인 국민 연금 제도, C는 사회 서비스인 가사 · 간병 방문 지원 사업이다.
② 비금전적 지원을 원칙으로 하는 제도는 사회 서비스인 가사 간병 방문 지원 사업인 C 제도이다. 2015년 전체 인구 중 C 제도의 수혜자 비율은 24%이고, 수혜자 중 남성의 비율이 50%이다. 따라서 2015년 C 제도의 남성 수혜자 수는 전체 인구의 12(=24×0.5)%이다.

오답넘기

① 최저 생활 보장을 목적으로 하는 제도는 공공 부조인 A 제도이다. 2015년 전체 인구 중 A 제도의 수혜자 비율은 12%이다.
③ 상호 부조의 원리를 바탕으로 하는 제도는 사회 보험인 B 제도이다. B 제도의 2015년과 2020년 전체 인구 중 수혜자 비율이 48%로 같고, 수혜자 중 여성의 비율은 30%로 같다. 하지만 두 연도의 전체 인구가 달라지면 수혜자 수가 달라진다. 따라서 두 연도의 전체 인구를 알 수 없으므로 2015년과 2020년 B 제도의 여성 수혜자 수가 같다고 단정할 수 없다.
④ 소득 재분배 효과가 가장 큰 제도는 공공 부조인 A 제도이고, 의무 가입이 원칙인 제도는 사회 보험인 B 제도이다. 2015년 B 제도의 수혜자 수(전체 인구의 48%)는 A의 수혜자 수(전체 인구의 12%)의 4배이다.
⑤ 2020년의 경우, 공공 부조에 해당하는 제도인 A 제도의 남성 수혜자 수는 전체 인구의 6.3(18×0.35)%로 이고, 사회 보험에 해당하는 제도인 B의 남성 수혜자 수는 전체 인구의 33.6(48×0.7)%이다. 따라서 A의 남성 수혜자 수는 B의 남성 수혜자 수의 절반보다 적다.

정답률 분석 ① 7% ② 59% ③ 16% ④ 11% ⑤ 7%

387 사회 보장 제도 / 답 ④

알짜풀이

보편적 복지의 성격이 강한 A는 사회 보험이고, 선별적 복지의 성격이 강한 B는 공공 부조이다.
갑국의 t년의 인구를 1000명으로 가정하여 수급자 수를 구하면 아래와 같다.

(단위 : 명)

구분	t년			t+20년		
	(가) 지역	(나) 지역	전체	(가) 지역	(나) 지역	전체
인구	400	600	1000	400	800	1200
A 수급자	184	216	400	184	416	600
B 수급자	120	120	240	120	336	456
A와 B 중복 수급자	60	60	120	24	144	168

④ 사전 예방적 성격보다 사후 처방적 성격이 강한 제도는 공공 부조인 B이다. t+20년의 B에만 해당하는 수급자 수는 (가) 지역이 96(120−24)명, (나) 지역이 192(336−144)명으로 (나) 지역이 (가) 지역의 2배이다.

오답넘기

① 상호 부조의 원리가 적용되는 제도는 사회 보험인 A이다. A 수급자 수는 t년과 t+20년 모두 184명으로 동일하다.
② 수혜자 비용 부담 원칙이 적용되는 제도는 사회 보험인 A이다. t+20년의 A 수급자 수는 (가) 지역이 184명으로 t년의 (나) 지역 A 수급자 수는 216명보다 적다.
③ 정부 재정으로 비용을 전액 충당하는 것을 원칙으로 하는 제도는 공공 부조인 B이다. t년에 B에만 해당하는 수급자 수는 60(120−60)명으로 A와 B 중복 수급자 수 60명과 동일하다.
⑤ t+20년의 A와 B 중복 수급자 수는 (나) 지역이 144명으로 (가) 지역 24명의 6배이다.

정답률 분석 ① 4% ② 19% ③ 25% ④ 45% ⑤ 7%

388 사회 서비스 / 답 ④

알짜풀이

제시된 서비스들과 관련 있는 것은 사회 서비스이다.
ㄴ, ㄹ. 사회 서비스는 비금전적 지원을 원칙으로 하며, 공공 부문만이 아니라 민간 부문도 참여할 수 있다.

오답넘기

ㄱ. 수혜자의 소득에 따라 차등적으로 비용을 부담하는 것은 사회 보험이다.
ㄷ. 소득 재분배 효과가 가장 큰 제도는 공공 부조이다.

더 알아보기

사회 서비스의 사례

노인 돌봄 종합 서비스, 장애인 활동 지원 사업, 산모 · 신생아 건강 관리사 지원, 지역 사회 서비스 투자 사업, 가사 · 간병 방문 관리사 지원 사업, 발달 재활 서비스, 언어 발달 지원 사업, 발달 장애인 부모 상담 서비스, 임신 · 출산 진료비 지원 제도 등

389 사회 보장 제도 / 답 ⑤

알짜풀이

A는 사회 서비스, B는 사회 보험, C는 공공 부조에 해당한다.
⑤ 사회 보험은 소득이 많을수록 보험료를 많이 내기 때문에 소득 재분배 효과가 나타난다. 공공 부조는 국가 또는 지방 자치 단체가 조세로 마련한 재원을 통해 비용 전액을 부담하므로 소득 재분배 효과가 사회 보험보다 크게 나타난다.

오답넘기

① 상호 부조의 성격을 갖는 것은 사회 보험이다.
② 사회 보험 가입자는 수혜 정도가 아닌 소득 정도 등에 비례하여 보험료를 차등 부담한다.
③ 사회 보험과 공공 부조는 국가가 주도한다.
④ 사회 서비스는 복지 서비스를 원하는 주체에게 다양한 형태(예 노인 복지, 아동 복지, 장애인 복지, 여성 복지 등)로 제공되는 것이고, 사회 보험은 전 국민을 대상으로 의무적으로 가입하게 하여 시행한다. 따라서 혜택을 받는 대상자의 폭은 사회 보험이 사회 서비스보다 넓다.

390 사회 보장 제도 / 답 ④

알짜풀이

(가)는 사회 보험, (나)는 공공 부조, (다)는 사회 서비스이다.
ㄴ. 공공 부조에는 국민 기초 생활 보장 제도, 의료 급여 제도, 기초 연금 제도, 장애인 연금 제도 등이 있다.
ㄹ. 사회 서비스는 비금전적 지원을 원칙으로 하며, 복지, 보건 의료, 교육, 고용 등의 분야에서 국민의 삶의 질이 향상되도록 지원한다.

오답넘기

ㄱ. 사회 보험은 모든 국민을 가입 대상으로 한다.
ㄷ. 공공 부조는 수급권자의 소득 수준에 따라 최저 생계비 지급 기준액이 다르며, 수급권자가 최저 생활을 하는 데 지장이 없도록 부족한 부분을 보충 지원해 주는 것을 원칙으로 한다. 따라서 수혜 대상자에게 최저 생계비를 균등하게 지급하는 것은 아니다.

더 알아보기

우리나라의 사회 보장 제도

구분	사회 보험	공공 부조	사회 서비스
대상	모든 국민	생활 유지 능력이 없거나 생활이 어려운 국민	국가나 지방 자치 단체 및 민간 부문의 도움이 필요한 모든 국민
특징	의무 가입, 능력별 비용 부담 · 수익자 부담 원칙, 상호 부조 효과, 사전 예방적 성격, 금전적 지원 원칙	금전적 지원 원칙, 소득 재분배 효과가 큼, 국가 재정 부담 심화, 수혜자의 근로 의욕 저하 발생, 대상자 선정 과정에서 부정적 낙인이 발생할 수 있음	비금전적 지원 원칙, 부담 능력이 있는 국민에 대한 비용은 수익자가 부담을 원칙으로 하고, 일정 소득 수준 이하의 국민에 대한 비용의 전부 또는 일부는 국가와 지방 자치 단체가 부담함

391 사회 보장 제도 / 답 ①

알짜풀이

ㄱ. 사회 보험은 상호 부조의 원리가 적용된다.
ㄴ. 사회 보험은 사전 예방적 성격을 지니고 있다.

오답넘기

ㄷ. 사회 보험과 공공 부조는 금전적 지원을, 사회 서비스는 비금전적 지원을 원칙으로 한다.
ㄹ. 사회 보험과 공공 부조 모두 소득 재분배 효과가 발생한다.

392 사회 보장 제도에 관한 자료 분석 / 답 ⑤

알짜풀이

⑤ 남성 노인의 수급률은 5.0%, 여성 노인의 수급률은 9.4%이다. 둘을 평균하면 7.2%인데 전체 노인 수급자 평균이 7.6%이므로 여성 노인 수급자의 수가 더 많음을 알 수 있다.

오답넘기

① 140만 명이 넘는 전체 수급자의 26.5%가 노인 수급자이므로 노인 수급자 수는 30만 명을 초과한다.
② 전체 노인 중 여성 노인의 수가 더 많다.
③ 국민 전체 수급자 중 노인 수급자는 26.5%이다.
④ 남성 전체의 수급률은 알 수 없다.

393 생산적 복지 / 답 ④

알짜풀이

④ A국~C국은 정부의 재정 부담을 줄이고 복지의 효율성 제고를 위해 생산적 복지 이념에 따라 복지 제도를 실시하고 있다. 즉, 생산적 복지를 통해 정부 재정의 방만한 지출을 막고 형평성과 효율성의 조화를 모색하고자 한다.

394 사회 보장 제도 / 답 ②

알짜풀이

A는 사회 보험, B는 공공 부조이다.

ㄱ. 사회 보험은 강제 가입을 원칙으로 한다.

ㄹ. 공공 부조는 정부와 지방 자치 단체가 비용을 전액 부담하므로 소득 재분배 효과가 사회 보험보다 크다.

오답넘기

ㄴ. 사회 보험은 비용 부담자와 수혜자가 일치하지만, 공공 부조는 비용 부담자와 수혜자가 일치하지 않는다.

ㄷ. 미래의 위험에 대한 사전 예방적 성격을 갖는 것은 사회 보험이다. 공공 부조는 사후 처방적 성격을 가진다.

395 근로 장려 세제 / 답 ④

알짜풀이

ㄱ, ㄴ, ㄹ. 근로 장려 세제는 근로 소득에 따라 산정된 근로 장려금을 지급함으로써 제도 자체가 근로 유인을 제고하고, 빈곤에서 벗어나 경제적 자립을 할 수 있도록 지원해 줌으로써 근로 계층을 사회적으로 보호한다. 또한 저소득 근로자 가구에 현금 급여를 제공하여 실질 소득을 증가시킨다.

오답넘기

ㄷ. 근로 장려 세제는 조세 제도를 통한 소득 재분배 효과를 기대할 수 있다.

더 알아보기

생산적 복지
- 소외 계층들이 자활 사업에 참여하거나 노동을 하는 것을 조건으로 지원해 주는 새로운 형태의 복지
- 복지와 경제적 생산성을 동시에 추구하며, 근로 능력이 있는 사람의 근로 의욕과 경제 활동 참여를 장려함

396 근로 장려 세제 / 답 ④

알짜풀이

④ 총 급여액이 1,000만 원인 맞벌이 가구는 210만 원의 근로 장려금을 받으므로 총 급여액이 500만 원인 맞벌이 가구가 받는 근로 장려금은 105만 원이다.

오답넘기

① 총 급여액이 0원이면 근로 장려금도 0원이다.

② 근로 장려 세제는 생산적 복지 개념을 도입한 것으로 절대적 평등을 추구하는 것이 아니다.

③ 총 급여액이 1,300~2,500만 원 구간에서 근로 장려금은 감소하지만 근로 장려금을 포함한 가구의 총소득이 낮아진다고 볼 수 없다.

⑤ 총 급여액이 1,300만 원인 단독 가구의 총소득은 1,300만 원이고, 총 급여액이 1,200만 원인 홑벌이 가구의 총소득은 1,370만 원이다.

Ⅴ. 현대의 사회 변동

01 사회 변동과 사회 운동

item 28 사회 변동의 방향에 대한 관점

397 ③	398 ②	399 ①	400 ②	401 ⑤	402 ③
403 ②	404 ⑤	405 ②	406 ⑤	407 ④	408 ⑤
409 ④	410 ⑤				

397 진화론과 순환론 / 답 ③

알짜풀이

(가)는 자연의 순환 과정에 빗대어 사회 변동을 설명하고 있다. 이는 사회가 생성, 성장, 퇴화, 소멸을 반복한다는 순환론에 해당한다. (나)는 적자 생존 경쟁에 빗대어 사회 변동을 설명하고 있다. 이는 사회 변동을 진보와 발전으로 보는 진화론에 해당한다.

③ 진화론은 모든 사회가 동일한 단계를 거쳐 단선적으로 진화, 발전한다고 본다. 따라서 미래에 대한 예측과 대응이 용이하다. 그러나 순환론은 단선적으로 진화하는 것이 아니라 생성, 성장, 퇴화, 소멸이라는 과정을 거친다고 보기 때문에 진화론에 비해 미래 변동 방향을 예측하여 대응하기 어렵다.

오답넘기

① 순환론(가)은 장기적인 변동 과정을 설명하기에 용이하나 단기적인 사회 변동 과정을 설명하기 어렵다.

②, ④ 진화론(나)은 사회 변동이 일정한 방향을 가지고 발전한다고 보기 때문에 단선적인 사회 변동의 과정과 진보한 사회를 설명하기 용이하다.

⑤ 서구 중심적인 사고라는 비판을 받는 사회 변동 이론은 진화론(나)이다. 숙명론적 사고라는 비판을 받는 사회 변동 이론은 순환론(가)이다.

정답률 분석 ① 6% ② 8% ③ 79% ④ 4% ⑤ 4%

398 사회 운동 / 답 ②

알짜풀이

② ㉡은 B국 안에서 사회적 약자인 노숙인 인권 보장을 요구하는 사회 운동으로 사회 체제 내에서 특정 사회 문제를 개선하고자 하는 사회 운동에 해당한다.

오답넘기

① ㉠은 세대 간 통합이 아니라 환경 보호를 추구하는 사회 운동이다.

③ ㉡은 사회적 약자인 노숙인의 권리 보장을 목적으로 하지만, ㉠은 환경 보호를 추구하는 사회 운동으로 사회적 약자 권리 보장과는 관계가 없다.

④ ㉠은 온라인 캠페인이라는 비대면 방식을 활용하고 있지만, ㉡은 대면 방식의 활동인지, 비대면 방식의 활동인지에 대한 내용이 나와 있지 않다.

⑤ ㉠과 ㉡은 모두 개혁을 추구하는 사회 운동이다.

정답률 분석 ① 2% ② 93% ③ 2% ④ 2% ⑤ 1%

399 진화론과 순환론 / 답 ①

알짜풀이

(가)는 사회가 생성, 성장, 퇴화, 소멸의 과정을 거친다는 순환론, (나)는 사회가 과거의 유산을 토대로 진보, 발전한다는 진화론이다.

① 순환론은 미래에 대한 예측이 어렵기 때문에 미래의 사회 변동에 대한 역동적 대응이 곤란하다는 비판을 받는다.

오답넘기

② 진화론(나)은 모든 사회가 동일한 단계를 거쳐 진화, 발전한다고 본다. 따라서 사회 변동이 항상 발전을 의미한다고 본다.

③ 서구 사회가 가장 진보한 사회임을 전제하는 이론은 진화론(나)이다.
④ 사회가 주기적으로 동일한 과정을 반복하며 변동한다고 보는 이론은 순환론(가)이다.
⑤ 순환론(가)은 역사 속에서 반복되는 사회 변동을 설명하기에는 용이하나 단기적인 사회 변동을 설명하기에 적합하지 않다.

정답률 분석 ① 81% ② 3% ③ 3% ④ 3% ⑤ 9%

400 진화론과 순환론 / 답 ②

알짜풀이

(가)는 소멸과 생성이 반복된다고 보는 순환론, (나)는 인간 사회가 단계적 성장을 통해 이전보다 나은 형태로 변화한다는 진화론이다.
② 진화론은 모든 사회가 동일한 단계를 거쳐 더 나은 상태로 변동한다고 본다. 즉, 진화론은 사회 변동을 사회 발전과 동일시한다.

오답넘기

① 서구 중심의 사고라는 비판을 받는 사회 변동 이론은 진화론이다.
③ 순환론은 미래에 대한 예측이 어렵기 때문에 사회 변동에 대한 역동적 대응이 용이하지 않다.
④, ⑤ 운명론적 관점에서 사회 변동을 설명하는 사회 변동 이론은 순환론이다. 순환론은 역사 속에서 반복되어 온 사회 변동을 설명하기에는 용이하나 앞으로의 사회 변동을 예측하는 데 적합하지 않고, 단기적인 사회 변동 과정을 설명하기도 어렵다는 지적을 받고 있다.

정답률 분석 ① 1% ② 87% ③ 5% ④ 2% ⑤ 4%

401 진화론과 순환론 / 답 ⑤

알짜풀이

(가)~(다)에 들어갈 질문에 따라 관점 A와 B는 진화론과 순환론으로 구분된다. 진화론은 사회 변동을 진보와 발전으로 보는 반면, 순환론은 사회 변동을 생성, 성장, 쇠퇴, 소멸을 반복하는 과정으로 본다.
⑤ 제국주의를 정당화하는 근거로 사용되는 관점은 진화론이고, 사회 변동 과정에서 문명이 퇴보할 수 있다고 보는 관점은 순환론이다. (가)가 "제국주의를 정당화하는 근거로 사용되었는가?"이면 A는 순환론, B는 진화론이다. 따라서 "사회 변동 과정에서 문명이 퇴보할 수 있는가?"는 (나)에 들어갈 수 있다.

오답넘기

① 서구 중심적 사고라는 비판을 받는 관점은 진화론이다. 따라서 A가 진화론이면 "서구 중심적 사고라고 비판을 받는가?"는 (나)에 들어갈 수 있다.
② 사회 변동을 사회 발전으로 인식하는 관점은 진화론이다. B가 순환론이면 "사회 변동을 사회 발전으로 인식하는가?"는 (나)에 들어갈 수 있다.
③ 사회 변동이 주기적으로 동일한 과정을 반복하는 것이라고 보는 관점은 순환론이다. (나)에 "사회 변동은 주기적으로 동일한 과정을 반복하는가?"가 들어가면 A는 순환론, B는 진화론이다.
④ 사회 변동이 일정한 방향을 가지고 있다고 보는 관점은 진화론이다. "사회 변동은 일정한 방향을 가지고 있는가?"는 (다)에 들어갈 수 없다.

정답률 분석 ① 6% ② 7% ③ 4% ④ 13% ⑤ 67%

더 알아보기

진화론과 제국주의
진화론에 따르면 서구 사회가 더 진보되고 발전된 사회이며 서구 문명을 향하여 모든 사회들이 진화한다. 이러한 주장은 서구 선진 사회가 후진 사회를 식민지화하고 착취하는 것을 정당화하는 논리로 악용되기도 하였다.

402 진화론과 순환론 / 답 ③

알짜풀이

(가)는 문명이 발전하는 경향을 강조하므로 진화론에 해당하고, (나)는 문명이 일정한 방향이 아니라 끊임없이 기존과 다른 방향을 향해 움직인다고 보고 있으므로 순환론에 해당한다.
ㄴ. 진화론은 사회가 항상 진보한다고 보는 반면, 순환론은 사회가 항상 진보하는 것은 아니라고 본다.
ㄷ. 진화론은 개발도상국이 근대화 과정을 거쳐 선진국으로 발전한 사례를 설명할 수 있다.

오답넘기

ㄱ. 사회 변동을 동일한 과정의 주기적 반복으로 설명하는 관점은 순환론이다.
ㄹ. 순환론은 앞으로의 변동 방향을 예측하여 대응하기에 적합하지 않다.

정답률 분석 ① 4% ② 6% ③ 76% ④ 8% ⑤ 4%

403 진화론과 순환론 / 답 ②

알짜풀이

② (나)가 '근대화론의 이론적 근거가 된다.'라면 A는 진화론, B는 순환론이다. 미래 사회의 변동 방향에 대한 예측에 한계가 있는 관점은 순환론이다. 따라서 (다)에 '미래 사회의 변동 방향에 대한 예측에 한계가 있다.'가 들어갈 수 있다.

오답넘기

① 제국주의를 정당화하는 근거로 사용되는 관점은 진화론이다. (가)에는 A와 B의 공통점이 들어가야 하므로 (가)에 '제국주의를 정당화하는 근거로 사용되었다.'가 들어갈 수 없다.
③ (다)가 '사회 변동을 긍정적으로 본다.'라면 A는 순환론, B는 진화론이다. 사회 변동을 단선적인 진보의 과정으로 설명하는 관점은 진화론이다. 따라서 '사회 변동을 단선적인 진보의 과정으로 설명한다.'는 (다)에 적절하다.
④ A가 진화론이면 B는 순환론이다. 따라서 '사회 변동이 항상 발전을 의미하지는 않는다는 점을 간과한다.'는 (나)에 적절하다.
⑤ B가 순환론이면 A는 진화론이므로 '과거의 사회 변동만을 설명한다는 비판을 받는다.'는 (다)에 적절하다.

정답률 분석 ① 3% ② 76% ③ 8% ④ 6% ⑤ 6%

404 진화론과 순환론 / 답 ⑤

알짜풀이

사회가 생성과 몰락의 과정을 반복한다고 보는 것은 순환론이고, 사회 변동이 일정한 방향을 가지고 있다고 보는 것은 진화론이다. 따라서 A는 순환론, B는 진화론에 해당한다.
ㄷ. 사회 변동이 일정한 방향을 가지고 있다고 보는 것은 진화론이므로 ㉠에는 '아니요', ㉡에는 '예'가 적절하다.
ㄹ. 서구 중심적 사고라는 비판을 받는 것은 진화론이다. 따라서 '서구 중심적 사고라는 비판을 받는가?'는 (가)에 들어갈 수 있다.

오답넘기

ㄱ. 진화론은 사회 변동이 바람직한 방향으로의 변화를 의미한다고 본다.
ㄴ. 순환론은 앞으로의 변동 방향을 예측하여 대응하기에 적합하지 않다.

정답률 분석 ① 5% ② 6% ③ 8% ④ 15% ⑤ 65%

405 진화론과 순환론 / 답 ②

알짜풀이

갑의 관점은 진화론, 을의 관점은 순환론에 해당한다.
ㄱ. 진화론에서 사회 변동은 곧 발전과 진보를 의미한다.
ㄹ. 순환론은 과거의 사회 변동을 설명하는 데에는 용이하지만, 미래의 사회 변동을 예측하고 대응하는 데에는 한계가 있다는 비판을 받는다.

오답넘기

ㄴ. 진화론은 비서구 사회가 서구 사회를 모방해야 한다고 본다.
ㄷ. 순환론은 사회의 모습이 일정한 패턴에 따라 주기적으로 변화한다고 본다.

406 진화론 / 답 ⑤

알짜풀이

갑의 관점은 진화론이다.
ㄴ. 진화론은 모든 사회가 일정한 방향으로 단계적으로 진보 또는 발전해 간다고 본다.
ㄷ. 진화론은 서구 산업 사회가 질적으로 가장 높은 수준의 사회라는 가정을 전제로 하기 때문에 서구의 자문화 중심주의적 사고를 반영한다는 비판을 받는다.
ㄹ. 진화론은 후진적인 사회가 선진적인 사회로 발전해 가는 것을 사회 변동이라고 본다.

오답넘기

ㄱ. 갑은 진화론의 관점에서 사회 변동을 보고 있다.

407 순환론 / 답 ④

알짜풀이

제시된 관점은 순환론이다.
④ 순환론은 사회가 생성, 성장, 쇠퇴, 해체를 반복한다고 본다.

오답넘기

① 모든 사회가 같은 방향으로 변화한다고 보는 것은 진화론이다.
② 현대 사회가 전통 사회보다 모든 면에서 우월하다고 보는 것은 진화론이다.
③ 진화론은 사회가 단일한 방향성을 가지고 발전한다고 보기 때문에 미래의 사회 변동에 대해 예측하고 대응하기가 용이하다.
⑤ 문명화하지 못한 사회도 사회 변동을 통해 궁극적으로 진보를 이룬다고 보는 것은 진화론이다.

408 사회 변동을 보는 관점 / 답 ⑤

알짜풀이

(가)의 관점은 기능론, (나)의 관점은 갈등론이다.
ㄷ. 기능론은 사회 질서와 안정을 강조하는 보수적 관점이다.
ㄹ. 기능론과 갈등론은 모두 사회 변동을 구조적 측면에서 바라보는 거시적 관점에 해당한다.

오답넘기

ㄱ. 사회가 끊임없는 갈등을 표출하면서 변동한다고 보는 것은 갈등론이다.
ㄴ. 사회 변동이 본래의 균형에 위협을 줄 수 있다고 보는 것은 기능론이다.

409 사회 변동을 보는 관점 / 답 ④

알짜풀이

제시문의 관점은 기능론에 해당한다.
ㄱ. 기능론은 사회 체제의 안정성을 강조하여 보수적 이론이라는 비판을 받는다.
ㄴ. 기능론에 따르면 갈등은 사회의 균형을 해치는 병리적인 현상이다.
ㄹ. 기능론에 의하면 사회 변동은 사회가 일시적으로 불균형 상태에 있다가 원래의 상태로 돌아가는 것을 의미한다.

오답넘기

ㄷ. 기능론은 사회 질서나 통합, 상호 의존성을 중시한다.

410 사회 변동을 보는 관점 / 답 ⑤

알짜풀이

제시문의 관점은 갈등론에 해당한다.
ㄷ. 갈등론은 지나치게 대립과 갈등을 부각시켜 사회 구성 요소 간 상호 의존성을 간과한다는 비판을 받는다.
ㄹ. 갈등론은 사회는 내부적으로 서로 대립하는 집단 간 갈등으로 인한 변화의 요인을 내재하고 있다고 본다.

오답넘기

ㄱ. 사회를 하나의 유기체로 이해하는 것은 기능론이다.
ㄴ. 기능론은 갈등을 사회 병리 현상으로 보는 반면, 갈등론은 갈등을 사회 발전의 원동력으로 본다.

더 알아보기

마르크스의 갈등론적 관점

사회의 발전은 주기적인 계급 갈등에 의해 특징지어지며, 그것의 첨예한 대립이 결국 혁명적 변동의 과정으로 귀결된다. 계급 투쟁은 사회에 내재되어 있는 모순으로부터 파생된다. 그 모순은 기본적으로 경제적 변화, 즉 생산력의 변화에 기인한다. 생산력이 변화함에 따라 모순은 심화되고, 그것은 계급 간의 충돌을 야기하여 결국은 혁명으로 나아가게 된다.

02 세계화와 정보화

item 29 농업 사회, 산업 사회, 정보 사회

411 ①	412 ①	413 ③	414 ②	415 ①	416 ④
417 ②	418 ③	419 ②	420 ④	421 ③	422 ①
423 ④					

411 산업 사회와 정보 사회 / 답 ①

알짜풀이

두 번째 질문의 옳은 대답이 아니요이다. 따라서 B 사회는 정보 제공자와 수용자 간 구분이 명확하지 않은 정보 사회이다. 따라서 A는 산업 사회, B는 정보 사회이다.
ㄱ. 산업 사회(A)는 정보 사회(B)에 비해 물리적 거리가 사회적 관계 형성에 미치는 제약 정도가 크다.

오답넘기

ㄴ. 산업 사회(A)는 정보 사회(B)에 비해 사회의 다원화 정도가 낮다. 따라서 (가)에 '사회의 다원화 정도'가 들어가면 대답이 예이므로 틀린 대답이 되어 채점 결과는 0점이 된다.
ㄷ. ㉠이 '0점'이면 첫 번째 질문은 옳은 대답이 아니요인 질문이 들어가야 한다. 산업 사회(A)는 정보 사회(B)에 비해 가정과 일터의 결합 정도가 낮다. 따라서 (가)에는 '가정과 일터의 결합 정도'가 들어갈 수 있다.

정답률 분석 ① 49% ② 8% ③ 15% ④ 25% ⑤ 3%

412 산업 사회와 정보 사회 / 답 ①

알짜풀이

사회 변동 속도는 정보 사회가 산업 사회보다 빠르다. 따라서 A는 산업 사회, B는 정보 사회이다.
① 산업 사회는 정보 사회에 비해 전자 상거래 비중이 작다.

오답넘기

② 의사 결정의 분권화 정도는 정보 사회(B)가 산업 사회(A)보다 높다.
③ 다품종 소량 생산은 정보 사회(B), 소품종 대량 생산은 산업 사회(A)에서 주로 이루어진다.
④ 부가 가치 창출의 원천이 지식과 정보인 사회는 정보 사회(B), 자본과 노동인 사회는 산업 사회(A)이다.
⑤ (가)에는 산업 사회에 맞는 질문이 와야 하는데, '정보의 생산자와 소비자 간 구분의 명확성 정도'는 산업 사회가 정보 사회보다 높으므로 (가)에 들어갈 수 있다.

정답률 분석 ① 83% ② 4% ③ 5% ④ 4% ⑤ 4%

413 산업 사회와 정보 사회 / 답 ③

알짜풀이

A 사회는 정보 사회, B 사회는 산업 사회이다.
③ 관료제 조직의 비중은 정보 사회보다 산업 사회에서 높다.

오답넘기

① 면대면 접촉의 비중은 정보 사회보다 산업 사회에서 높다.
② 자본과 노동을 부가 가치의 원천으로 중시하는 사회는 산업 사회이다.
④ 다품종 소량 생산 방식이 확대되는 사회는 정보 사회이다.
⑤ 가상 공간의 등장으로 인해 소비자와 생산자 간의 공간적 제약이 극복되는 것은 정보 사회와 관련 있다.

정답률 분석 ① 3% ② 2% ③ 91% ④ 1% ⑤ 1%

414 산업 사회와 정보 사회 / 답 ②

알짜풀이

제시된 자료에서 개인이 취향의 자유를 더 누리고, 다양한 방식으로 욕구를 실현하는 B는 정보 사회이고, A는 산업 사회이다.
ㄱ. 물리적 거리가 사회적 관계 형성을 제약하는 사회는 산업 사회(A)가 정보 사회(B)보다 크다.
ㄷ. 정보 사회(B)는 (가)와 (나)가 모두 높은 상태이다. 따라서 (가)와 (나)에는 정보 사회에서 높은 결과가 나오는 내용이 들어가야 한다. 정보 사회는 의사 결정의 분권화 정도가 높고, 비대면 접촉의 비중이 크므로 해당 내용은 (가)와 (나)에 들어갈 수 있다.

오답넘기

ㄴ. 쌍방향 매체의 정보 전달 비중은 정보 사회(B)가 산업 사회(A)에 비해 높다.
ㄹ. '정보 생산자와 소비자 간 구분의 명확성 정도'와, '가정과 일터의 분리 정도'는 모두 산업 사회에서 높게 나타나므로 (가)와 (나)에 들어갈 수 없다.

정답률 분석 ① 2% ② 92% ③ 2% ④ 2% ⑤ 2%

415 산업 사회와 정보 사회 / 답 ①

알짜풀이

제시된 자료에서 소품종 대량 생산 체제의 등장은 정보 사회의 특징에 해당하므로 예로 답한 A는 산업 사회, 아니요로 답한 B는 정보 사회이다.
① 사회의 다원화 정도는 산업 사회(A)가 정보 사회(B)보다 낮다.

오답넘기

② 가정과 일터의 분리 정도는 정보 사회(B)가 산업 사회(A)보다 낮다.
③ 비대면 접촉 정도는 산업 사회(A)가 정보 사회(B)보다 낮다.
④ 의사 결정의 분권화 정도는 산업 사회(A)가 정보 사회(B)보다 낮다.
⑤ (가)에는 산업 사회(A)에 아니요로 답해야 하는 질문이 들어가야 한다. '정보 생산자와 소비자의 경계가 명확한가?'를 예로 답해야 하는 산업 사회에 해당하는 질문이므로 (가)에 들어갈 수 없다.

정답률 분석 ① 82% ② 6% ③ 4% ④ 5% ⑤ 4%

416 농업 사회, 산업 사회, 정보 사회 / 답 ④

알짜풀이

직업의 동질성이 가장 높은 사회는 농업 사회이다. 따라서 A는 농업 사회이고, B와 C는 각각 산업 사회와 정보 사회 중 하나이다.
ㄴ. (가)가 '면대면 접촉의 비중이 더 높은 사회인가?'라면 B는 산업 사회, C는 정보 사회이다. 일터와 가정의 분리 정도는 산업 사회>정보 사회>농업 사회 순이다.
ㄹ. (가)가 '조직 내 의사 결정 권한의 분산 정도가 더 높은 사회인가?'라면 B는 정보 사회, C는 산업 사회이다. 사회적 관계 형성의 공간적 제약 정도는 농업 사회>산업 사회>정보 사회 순이다.

오답넘기

ㄱ. (가)가 '전자 상거래 비중이 더 높은 사회인가?'라면 B는 정보 사회, C는 산업 사회이다. 기술의 발전 속도는 정보 사회>산업 사회>농업 사회 순이다.
ㄷ. (가)가 '소품종 대량 생산 방식이 더 보편적인 사회인가?'라면 B는 산업 사회, C는 정보 사회이다. 구성원 간 익명성의 정도는 정보 사회>산업 사회>농업 사회 순이다.

정답률 분석 ① 6% ② 6% ③ 7% ④ 71% ⑤ 8%

⊕ 더 알아보기

산업 사회와 정보 사회의 조직 특성

산업 사회	• 과업 중심의 수직적 관계가 중시됨 • 조직 관리 및 업무 보고, 지시 등에 업무 시간이 주로 할애됨 • 한정되고 명시된 책임과 의무가 부여됨 • 엄격한 분업 체제
정보 사회	• 수평적인 네트워크와 의사소통이 중시됨 • 창의적이고 생산적인 의사 결정에 업무 시간이 주로 할애됨 • 목적 중심으로 전반적인 책임과 의무가 부여됨 • 탄력적인 업무 처리 가능

417 농업 사회, 산업 사회, 정보 사회 / 답 ②

알짜풀이

A는 정보 이용의 시·공간적 제약성이 가장 큰 사회이므로 농업 사회에 해당하고, B는 2차 산업 비중이 C에 비해 낮으므로 B는 정보 사회, C는 산업 사회에 해당한다.
② 가정과 일터의 결합 정도는 농업 사회>정보 사회>산업 사회 순으로 나타난다.

오답넘기

① 산업 사회는 농업 사회에 비해 직업의 이질성이 높다.
③ 정보 사회는 비대면적 의사소통의 비중이 가장 높고, 농업 사회는 대면적 의사소통의 비중이 가장 높다.
④ 산업 사회는 관료제 조직의 비중이 가장 높다.
⑤ 산업 사회는 소품종 대량 생산 비중이 높고, 정보 사회는 다품종 소량 생산 비중이 높다.

정답률 분석 ① 7% ② 70% ③ 6% ④ 5% ⑤ 10%

418 농업 사회, 산업 사회, 정보 사회 / 답 ③

알짜풀이

A는 산업 사회, B는 정보 사회, C는 농업 사회이다.
③ 가정과 일터의 결합 정도는 농업 사회>정보 사회>산업 사회 순으로 나타난다.

오답넘기

① 전체 산업에서 지식 정보 산업이 차지하는 비중이 높은 사회는 정보 사회이다.
② 정보 사회는 농업 사회에 비해 면대면 접촉의 비중이 낮다.
④ 산업 사회는 소품종 대량 생산 체제가, 정보 사회는 다품종 소량 생산 체제가 지배적이다.
⑤ 2차 산업 중심의 사회는 산업 사회이다.

정답률 분석 ① 2% ② 2% ③ 88% ④ 3% ⑤ 2%

419 농업 사회, 산업 사회, 정보 사회 / 답 ②

알짜풀이

A는 산업 사회, B는 정보 사회, C는 농업 사회이다.
ㄱ. 가정과 일터의 결합 정도는 농업 사회>정보 사회>산업 사회 순이다.
ㄷ. 정보 사회가 농업 사회보다 사회의 다원화 정도가 높다.

오답넘기

ㄴ. 산업 사회가 정보 사회보다 관료제 조직의 비중이 높다.
ㄹ. 농업 사회는 정보 사회보다 구성원 간의 면대면 접촉의 비중이 높다.

420 농업 사회, 산업 사회, 정보 사회 / 답 ④

알짜풀이

A 사회는 부가 가치의 원천이 토지와 노동인 농업 사회, B 사회는 주요 산업이 제조업인 산업 사회, C 사회는 부가 가치의 주요 원천이 지식과 정보인 정보 사회이다.
ㄴ. 산업 사회에서 부가 가치의 원천은 자본과 노동이다.
ㄹ. 산업 사회에서는 소품종 대량 생산이 주를 이루었으나, 정보 사회로 넘어오면서 다품종 소량 생산 방식이 확대되었다.

오답넘기

ㄱ. 산업 사회의 중심 직업군은 자본가와 노동자이다. 자본가와 노동자는 산업 혁명의 결과로 등장하였다.
ㄷ. 일터와 주거지의 통합 정도가 가장 높은 사회는 농업 사회이다.

421 산업 사회와 정보 사회 / 답 ③

알짜풀이

정보 사회에서는 산업 사회보다 양방향성 매체의 비중, 지식 · 정보 · 서비스 산업의 비중, 일터와 주거지의 결합 정도, 탈관료제 조직의 비중, 다품종 소량 생산 방식의 비중, 의사 결정의 분권화 정도, 네트워크형 사회 조직의 발달 정도, 전자 상거래의 비중 등이 더 높다. 산업 사회에서는 정보 사회보다 대중문화의 획일화 정도, 정보의 생산자와 소비자의 구별 정도, 면대면 접촉 정도, 2차 제조업 비중, 일방향성 매체의 비중, 획일화 · 규격화 현상이 나타나는 정도, 소품종 대량 생산 방식의 비중 등이 더 높다.

422 산업 사회와 정보 사회 / 답 ①

알짜풀이

인터넷과 같은 쌍방향 매체의 이용이 일상화되는 사회는 정보 사회이다. 따라서 A는 산업 사회, B는 정보 사회이다.
① 제조업의 비중이 가장 높은 사회는 산업 사회이다. 정보 사회가 되면 제조업 중심에서 전문직, 신종 서비스업, 과학 기술, 엔지니어 등의 비중이 높아지는 방향으로 변화한다.

오답넘기

② 산업 사회는 소품종 대량 생산 방식, 정보 사회는 다품종 소량 생산 방식이 중시된다.
③ 정보 사회에서는 개인의 창의성이 중시된다.
④ 정보 사회에서는 재택근무의 확산으로 가정과 일터의 통합 정도가 산업 사회보다 높다.
⑤ 관료제의 비중은 정보 사회보다 산업 사회에서 더 높다.

423 세계화를 바라보는 관점 / 답 ④

알짜풀이

(가)는 세계화에 대한 낙관론, (나)는 세계화에 대한 비관론이다.
ㄱ. 세계화에 대한 낙관론에서는 세계화가 진행되면 다양한 문화들이 공존함으로써 문화 다양성을 증진시킬 수 있다고 본다.
ㄷ. 세계화에 대한 비관론에서는 세계화를 통해 특정 지역의 이념, 예술, 가치가 확산되어 문화 획일화를 가져온다고 본다.
ㄹ. (가)와 (나)는 모두 세계화를 문화적 측면에서 분석하고 있다.

오답넘기

ㄴ. 세계화가 국가 간 갈등을 심화시킨다고 보는 것은 비관론의 입장이다.

03 저출산 · 고령화와 다문화 사회

item 30 인구 문제

424 ④ 425 ③ 426 ④ 427 ⑤ 428 ③ 429 ②
430 ⑤

424 인구 구조의 변화 / 답 ④

알짜풀이

제시된 자료를 통해 갑국과 을국의 t년의 인구를 100명으로 하여 t년과 t+50년의 인구 구성을 계산하면 표와 같다.

(단위 : 명)

구분	갑국		을국	
	t년	t+50년	t년	t+50년
유소년 인구(0~14세)	40	18	20	12
14~64세 인구	50	54	50	44
노년 인구(65세 이상 인구)	10	18	30	24
계	100	90	100	80

④ 갑국과 을국의 t년 전체 인구를 100명이라고 가정하면 t+50년 전체 인구는 갑국이 90명, 을국이 80명이다. 따라서 t년에 을국의 유소년 인구는 20명으로, t+50년에 갑국의 유소년 인구인 18명보다 많다.

오답넘기

① t년과 t+50년 모두 합계 출산율은 갑국이 을국보다 높다. 따라서 t년과 t+50년 갑국보다 을국에서 저출산 현상이 강하게 나타난다.
② t년에 갑국은 노인 인구가 10%로 초고령 사회가 아니다.
③ t년 대비 t+50년의 노령화 지수 증가율은 갑국이 300%{=(75/25)×100}, 을국이 약 33.3%{=(50/150)×100}으로, 갑국이 을국보다 크다.
⑤ t년에 노년 인구는 을국(30명)이 갑국(10명)의 3배이고, t+50년에 노년 인구는 을국(24명)이 갑국(18명)의 약 1.33배이다.

정답률 분석 ① 5% ② 14% ③ 14% ④ 48% ⑤ 19%

425 인구 구조의 변화 / 답 ③

알짜풀이

주어진 자료를 토대로 갑국의 전체 인구를 100명으로 가정하여 인구 수를 정리하면 다음 표와 같다.

(단위 : 명)

구분	t년	t+50년
유소년 인구	40	35
부양 인구	40	40
노년 인구	20	50
전체 인구	100	125

③ t년과 t+50년에 부양 인구가 40으로 동일하므로 유소년 부양비 감소율은 12.5%[(5/40)×100%]로 유소년 인구 감소율 12.5%와 동일하다.

오답넘기

① t년의 유소년 인구(40명)는 t+50년의 노년 인구(50명)보다 작다.
②, ⑤ t년과 t+50년에서 부양 인구는 40명으로 동일하므로 부양 인구 증가율은 0이다. 따라서 피부양 인구 증가율은 전체 인구 증가율보다 크다.
④ t년보다 t+50년에 전체 인구는 증가하였고, 부양 인구는 40명으로 동일하므로 t년보다 t+50년에 전체 인구에서 부양 인구가 차지하는 비율이 작다.

정답률 분석 ① 3% ② 19% ③ 36% ④ 26% ⑤ 16%

426 인구 구조의 변화 / 답 ④

알짜풀이

제시된 자료를 토대로 t년의 인구를 160명으로 하여 표를 정리하면 다음과 같다.

(단위 : 명)

구분	t년	t+100년
유소년 인구	40	10
부양 인구	100	50
노년 인구	20	20
총인구	160	80
유소년 부양비	40=(40/100)×100	20=(10/50)×100
노년 부양비	20=(20/100)×100	40=(20/50)×100
총부양비	60=[(40+20)/100]×100	60=[(10+20)/50]×100

t년의 총인구를 160명이라고 가정하면 총부양비가 60이므로 부양 인구는 100명이고, 유소년 인구의 비율이 25.0%이므로 유소년 인구는 40명이다. 따라서 노년 인구는 20명이다. t년의 총인구를 160명이라고 가정하면 t+100년의 총인구는 80명이다. t+100년의 총부양비가 60이므로 부양 인구는 50명이고, 유소년 인구의 비율이 12.5%이므로 유소년 인구는 10명이다. 따라서 노년 인구는 20명이다.

ㄴ. t년의 노년 인구(20명)와 t+100년의 노년 인구(20명)는 같다.

ㄹ. 유소년 부양비는 t년에 40에서 t+100년에 20으로 절반이 되었고, 노년 부양비는 t년에 20에서 t+100년에 40으로 2배가 되었다. 따라서 해당 내용은 (가)에 들어갈 수 있다.

오답넘기

ㄱ. 총인구를 160명이라고 가정하면 t년의 유소년 인구는 40에서 t+100년에 10으로 75%가 감소하였다.

ㄷ. 유소년 인구와 노년 인구의 합이 전체 인구에서 차지하는 비율은 t년과 t+100년 모두 37.5%로 동일하다.

정답률 분석 ① 6% ② 13% ③ 13% ④ 46% ⑤ 22%

427 인구 구조의 변화 / 답 ⑤

알짜풀이

제시된 자료를 토대로 A 지역의 인구를 100명으로 하여 완성하면 다음 표와 같다.

(단위 : 명)

구분	2000년	2020년
0~14세 인구(유소년 인구)	25	24
15~64세 인구(부양 인구)	60	66
65세 이상 인구(노인 인구)	15	30
총인구	100	120
노령화 지수	60	125
유소년 부양비	41.7=(25/60)×100	36.4=(24/66)×100
노인 부양비	25=(15/60)×100	45.5=(30/66)×100
총부양비	66.7=[(25+15)/60]×100	81.8=[(24+30)/66]×100

⑤ 2000년에 비해 2020년의 유소년 부양비는 41.7에서 36.4로 감소하였고, 노인 부양비는 25에서 45.5로, 총부양비는 66.7에서 81.8로 증가하였다.

오답넘기

① 2020년에 노인 인구는 30명으로 유소년 인구 24명의 1.25배이다.

② 2000년의 총인구를 100명이라고 가정하면 2020년의 총인구는 120명이다. 따라서 부양 인구는 2000년(60명)에 비해 2020년(66명)이 많다.

③ 2000년 유소년 부양비는 41.7, 2020년 노인 부양비는 45.5이다. 즉 2020년 노인 부양비가 2000년 유소년 부양비보다 크다.

④ 유소년 인구는 2000년에 25명, 2020년에 24명이고, 노인 인구는 2000년에 15명, 2020년에 30명이다. 즉, 2000년에 비해 2020년의 노인 인구는 100% 증가하였고, 유소년 인구는 4% 감소하였다.

정답률 분석 ① 4% ② 10% ③ 11% ④ 19% ⑤ 56%

더 알아보기

고령화

일반적으로 전체 인구 중 65세 이상 인구가 7% 이상인 사회를 고령화 사회, 14% 이상인 사회를 고령 사회, 20% 이상인 사회를 초고령 사회라고 한다.

428 인구 구성비 추이 / 답 ③

알짜풀이

ㄴ. 2011년 이후 15~64세 인구가 차지하는 비율은 지속적으로 감소하고 있다.

ㄷ. 제시된 모든 연도에서 15~64세 인구의 비율이 전체의 50%를 넘고 있다.

오답넘기

ㄱ. 2010년과 2011년의 15~64세 인구 비율은 같지만 총인구가 지속적으로 증가하고 있으므로 2011년의 15~64세 인구가 2010년보다 더 많다.

ㄹ. 1990년의 15~64세 인구가 전체 인구에서 차지하는 비율이 2030년의 15~64세 인구가 전체 인구에서 차지하는 비율보다 크지만 총인구가 계속 증가하고 있으므로 제시된 자료만으로는 15~64세 인구수를 비교할 수 없다.

429 인구 문제 / 답 ②

알짜풀이

② 2단계는 출생률은 높고 사망률이 낮아 인구 증가율이 가장 높다.

오답넘기

① 1단계에서는 출생률과 사망률이 모두 높다.

③ 3단계에서는 인구 증가율이 감소할 뿐 인구는 여전히 증가한다.

④ 4단계에서는 노년층의 비율이 일정하게 유지된다.

⑤ 4단계가 마무리되는 시점에서 산업화가 마무리된다.

430 전 지구적 차원의 문제 / 답 ⑤

알짜풀이

첫 번째 사례는 전 세계적으로 식량이 충분하지만 특정 지역이 기아 문제로 어려움을 겪고 있다는 내용이고, 두 번째 사례는 환경 문제가 전 지구적으로 연관된다는 내용이다.

⑤ 두 사례는 모두 전 지구적 차원에서 대응해야 하는 문제들이 있음을 보여 주고 있다.

MEMO

메가스터디 (고등 학습) 시리즈

메가스터디 N제

사회탐구영역 사회·문화

정답 및 해설

메가스터디BOOKS
내용 문의 02-6984-6915 | 구입 문의 02-6984-6868,9 | www.megastudybooks.com